工程造价系列丛书（根据“2024 计价标准”编写）

U0890985

工 程 审 计

（第 3 版）

主　编　赵庆华
副主编　刘　欣　张　兵

东南大学出版社
SOUTHEAST UNIVERSITY PRESS
·南京·

内 容 提 要

本书根据国家最新的法律法规，结合工程审计当前的实践和研究成果，全面阐述了工程审计的概念、特点及法律法规，工程审计实施方案设计，工程项目决策阶段、设计阶段和招标投标阶段的审计，工程项目合同审计、工程管理审计、造价审计和财务审计、工程项目绩效审计等理论和实践问题。

本书注重实用性和可操作性，力求将审计理论、工程项目管理理论与工程项目实践相结合，使读者通过对本书的阅读，对工程审计有较系统、全面的认识。本书可供工程管理专业、审计专业及其他相关专业的高等院校师生选择使用，也可供工程领域相关专业人员参考使用。

图书在版编目（CIP）数据

工程审计 / 赵庆华主编. -- 3 版. -- 南京：东南大学出版社，2025. 9. -- ISBN 978-7-5766-2303-1

Ⅰ. F239.63

中国国家版本馆 CIP 数据核字第 2025DT0583 号

责任编辑：曹胜玫　　责任校对：子雪莲　　封面设计：余武莉　　责任印制：周荣虎

工程审计（第3版）

Gongcheng Shenji (Di 3 Ban)

主　　编：赵庆华
出版发行：东南大学出版社
社　　址：南京四牌楼 2 号　邮编：210096　电话：025－83793330
出 版 人：白云飞
网　　址：http://www.seupress.com
电子邮件：press@seupress.com
经　　销：全国各地新华书店
印　　刷：兴化印刷有限责任公司
开　　本：787 mm×1092 mm　1/16
印　　张：25.5
字　　数：627 千字
版　　次：2025 年 9 月第 3 版
印　　次：2025 年 9 月第 1 次印刷
书　　号：ISBN 978－7－5766－2303－1
定　　价：65.00 元

本社图书若有印装质量问题，请直接与营销部联系。电话（传真）：025－83791830。

第3版前言

《工程审计》于2015年出版了第2版，基于以下原因，需对第2版进行修订：

1.《工程审计》第2版出版以来，国家出台了《中华人民共和国民法典》，相继修订了《中华人民共和国审计法》《中华人民共和国招标投标法实施条例》；审计署出台了《审计署关于内部审计工作的规定》，同时修订和废止了一系列审计准则和管理规定；住房和城乡建设部出台了《建设工程工程量清单计价标准》(GB/T 50500—2024)等等。这些法律法规、规范标准的变化使得本书第2版内容已经不符合规定，需要进行相应的调整。

2. 近几年来，随着工程审计理论研究和工程实践的不断深入，工程审计在项目建设和投资管理中的重要性日益明显和突出；工程审计内容在广度上不断拓展和丰富、在深度上不断深化和优化，工程审计已经不仅仅是对工程的合法、合规性的审计，其内涵已从单纯的造价审计向工程的绩效审计和管理审计等多方面扩展，工程建设的跟踪审计、绩效审计、工程运营期的优化管理、评估性审计，已逐步融入工程审计的内涵和实践中，本书的内容需要做相应的补充。

3.《工程审计》第2版出版以来，国内的许多专家、学者通过各种途径提出不少意见，希望增加本书的实操性，增加工程案例及案例分析。

本书在保留第2版的总体结构的基础上，尽可能满足上述要求，对本书的内容做了如下几方面修改：

1. 对本书涉及的法律法规、标准、规范进行相应的修订。

2. 第2章工程审计方法中增加了现代审计方法，包括BIM技术、区块链技术和大数据在工程审计中的应用的内容。

3. 根据中国内部审计协会发布的《第3201号内部审计实务指南——建设项目审计》的内容，对相关章节内容做了适当调整，并增加了"工程项目工程管理审计"章节。

4. 为适应审计理论的发展，更新了部分工程审计案例。

本书反映工程审计的实务，注重实用性和可操作性，力求将审计理论、工程项目管理理论与工程项目实践相结合，使读者通过对本书的阅读，对工程审计有较系统、全面的认识。本书可供工程管理专业、审计专业及其他相关专业的高等院校师生选择使用，也可供工程领域相关专业人员参考使用。

本书由赵庆华担任主编，他负责总体策划、构思及定稿，刘欣、张兵担任副主编。其中，第1、2、3、6章由赵庆华编写，第4章由张兵编写，第5章由王梓鉴编写，第7章由吴志江编写，第8章由熊炜编写，第9章由杜千卉编写，第10章由刘欣编写。

本书在编写过程中得到许多单位和学者的支持和帮助，特别是扬州市建设工程造价管理站、江苏时代投资咨询有限公司、扬州筑苑工程招标咨询有限公司、江苏唯诚建设咨询有限公司、江苏汇诚投资咨询管理有限公司、江苏省鼎诚建设工程顾问有限公司等单位提供了大量案例,在此表示衷心感谢。同时,在编写过程中编者查阅、检索了许多工程审计方面的信息资料和有关专家、学者的著作、论文,在此一并表示衷心感谢。

由于工程审计学科较新,其理论体系尚不完备,理论、方法和运作还在工程实践中不断丰富、发展和完善,加之编者水平有限,书中难免有疏忽甚至错误之处,敬请各位读者、同行批评指正,对此编者不胜感激。

编者

2025.4

目　录

第1章 工程审计概述

1.1 工程项目

1.1.1 工程项目的概念及特征

1) 工程项目的概念

工程项目是指需要一定的投资，按照一定的程序，在一定的时间内完成，符合质量要求，以形成固定资产为目标的一次性的任务。

工程项目是最为常见、最为典型的项目类型，它属于投资项目中最重要的一类，是一种投资行为和建设行为相结合的投资项目。

一般来讲，投资与建设是分不开的，投资是项目建设的起点，没有投资就不可能进行建设；反过来，没有建设行为，投资的目的就不可能实现。建设过程实质上是投资的决策和实施过程，是投资目的的实现过程，是把投入的货币转换为实物资产的经济活动过程。

2) 工程项目的特征

工程项目一般具有下列特征：

(1) 工程项目的对象是有着预定要求的工程技术系统

通常可以用一定的功能要求、实物工程量、质量、技术标准等指标表达预定要求，如一定规模的医院、一定长度和等级的公路、一定规模的住宅小区等。

这个工程技术系统决定了工程项目的范围，它在项目的生命期中经历了由构思到实施、由总体到具体的过程：在项目前期策划和决策阶段形成概念；在项目的设计和计划阶段被逐渐分解、细化和具体化，通过项目任务书、设计图纸等定义和描述；通过工程的施工过程逐渐形成工程实体，形成一个具有完备使用功能的工程技术系统；最终在运行(使用)过程中实现它的价值。

(2) 具有明确的建设目标

工程项目建设目标按照性质可分为功能性目标和约束性目标。

功能性目标即工程项目的预定要求，包括宏观目标和微观目标。政府主管部门审核项目，主要审核项目的宏观经济效果、社会效果和环境效果；企业则多重视项目的盈利能力等微观财务目标。

工程项目目标的实现会受到多方面的限制：① 时间约束，即一个工程项目要有合理的建设工期限制；② 资源约束，即工程项目要在一定的人、财、物条件下完成建设任务；③ 质量约束，即工程项目要达到预期的生产能力、技术水平、产品等级或工程使用效益的要求；④ 环境约束，包括自然条件的限制(如气候、水文和地质条件，地理位置、地形和现场空间的制约)和社会条件的限制和法律的制约(如环境保护法对工程施工和运行过程中废弃物排放标准的规定,招标投标法的规定,劳动保护法的规定等)。

(3) 具有一次性和不可逆性

主要表现为工程项目建设地点固定,项目建成后不可移动,以及设计的单一性,施工的单件性。工程项目与一般的商品生产不同,不是批量生产。工程项目一旦建成,要想改变非常困难。

(4) 影响的长期性

工程项目一般建设周期长,投资回收期长,工程项目的使用寿命长,工程质量好坏影响面大、作用时间长。

(5) 投资的风险性

由于工程项目的投资巨大和项目建设的一次性,建设过程中各种不确定因素多,因此项目投资的风险很大。

(6) 特殊的组织和法律法规

与企业组织相比,项目组织有它的特殊性,主要体现在:

① 由于社会化大生产和专业化分工,现代工程项目都有几十个、几百个,甚至几千个企业和部门参加,需要严密的特殊的组织形式。

② 企业组织按企业法和企业章程建立,企业的组织单元之间主要为行政的隶属关系,它们之间的协调和行为规范按企业规章制度执行。

工程项目参加单位之间主要以合同作为纽带,建立起项目组织,以合同作为分配工作、划分责权关系的依据,作为最重要的组织运作规则。

工程项目适用的与其建设和运行相关的法律法规包括:民法典、环境保护法、税法、招标投标法、城市规划法等。

③ 企业组织结构是相对稳定的,而工程项目组织是一次性的、多变的、不稳定的。

由于工程项目组织和法律法规的特殊性,合同对项目的管理模式、项目运作、组织行为、组织沟通有很大的影响。合同管理在工程项目管理中有特殊的地位和作用。

(7) 复杂性

现代工程项目的复杂性体现在:

① 投资大、规模大、高科技含量大、多专业的综合、参加单位多,是复杂的系统工程;

② 现代工程项目的对象不仅包括传统意义上的建筑工程,而且包括软件系统、运行程序、操作规程和活动等;

③ 现代工程项目常常是研究过程、开发过程、工程施工过程和运行过程的统一体,而不是传统意义上的仅按照设计任务书或图纸进行工程施工的过程;

④ 现代工程项目的资本组成方式(资本结构)、管理模式、组织形式、承包方式、合同形式是丰富多彩的。

现在我国有许多工程项目,如三峡工程项目、青藏铁路建设工程项目、南水北调工程项目、大型国防工程项目、城市地铁建设项目等,它们都是特大型的、复杂的、综合性的工程项目。

1.1.2 工程项目的分类

由于工程项目的种类繁多,如各类工业与民用建筑工程、城市基础设施项目、机场工程、港口工程等。为了便于科学管理,需要从不同角度进行分类。

1）按投资的再生产性质划分

工程项目按投资的再生产性质可以分为基本建设项目和更新改造项目：如新建项目、扩建项目、改建项目、迁建项目、重建项目（属于基本建设项目）、技术改造项目、技术引进项目、更新改造项目等（如设备更新项目）。

（1）新建项目

新建项目是指从无到有、“平地起家”的项目，即在原有固定资产为零的基础上投资建设的项目。按国家规定，若建设项目原有基础很小，扩大建设规模后，其新增固定资产价值超过原有固定资产价值3倍以上的，也当作新建项目。

（2）扩建项目

扩建项目是指企事业单位在原有的基础上投资扩大建设的项目。如在企业原有场地范围内或其他地点为扩大原有产品的生产能力或增加新产品的生产能力而建设的主要生产车间、独立的生产线或总厂下的分厂等工程项目，事业单位和行政单位增建的业务用房（如办公楼、病房、门诊部等）。

（3）改建项目

改建项目是指企事业单位对原有设施、工艺条件进行改造的项目。我国规定，企业为消除各工序或车间之间生产能力的不平衡，增加或扩建的不直接增加本企业主要产品生产能力的项目为改建项目。现有企业、事业、行政单位增加或扩建部分辅助工程和生活福利设施并不增加本单位主要效益的，也为改建项目。

（4）迁建项目

迁建项目是指原有企事业单位，为改变生产布局，或出于环境保护和安全生产等需要，迁移到另外地方进行建设的项目，不论其建设规模和原来相比是扩大还是缩小，都属于迁建项目。

（5）重建项目

重建项目也称恢复项目，是指企事业和行政单位因自然灾害、战争和人为灾害等原因，在已建成的固定资产的全部或部分报废以后又投资重新建设的项目。这类项目，无论是按原有规模恢复建设，还是在恢复中又进行扩建的，都属于重建项目。但是尚未建成投产或交付使用的项目，因灾害损坏后，仍继续按原设计再重建的，仍按原项目看待，不属于重建项目；若按新设计重建的，则根据新建设内容确定其建设性质。

（6）技术改造项目

技术改造项目是指企事业单位采用先进的技术、工艺、设备和管理方法，为增加产品品种、提高产品质量、扩大生产能力、降低生产成本、改善劳动条件而投资建设的改造项目。其综合范围为总投资50万元以上的更新改造项目，这类项目的特点是：① 技术改造项目一般针对生产性项目；② 技术改造项目的目的是通过增加产品品种、提高产品质量、扩大生产能力、降低生产成本、改善劳动条件等手段实现内涵式扩大再生产；③ 技术改造项目既包括设备、生产线和工艺流程的改造，也包括与之配套的工程的改建。

（7）技术引进项目

技术引进项目是技术改造项目的一种，少数是新建项目，其主要特点是由国外引进专利、技术许可证和先进设备，再配合国内投资建设的工程。

（8）更新改造项目

更新改造项目是指企业为了维持简单再生产、改善生产经营条件、提升经济效益，对现有的设施、设备、工艺和技术进行更新、升级、替换或改造的投资项目。

设备更新项目属于更新改造项目的一种,是最常见、最基础的更新改造项目形式。设备更新项目有可能属于技术改造项目,但并不自动等同。两者是交叉关系,而非包含关系。

设备更新的核心目的是维持简单再生产、恢复原有功能、降低维修成本,其技术性质是原样替换或微小改进,技术无实质性进步;而技术改造的核心目的是实现内涵式扩大再生产、提高效益、提升技术质量水平,其技术性质是采用新技术、新工艺、新材料,带来显著的技术进步。

2) 按建设规模划分

按建设规模(设计生产能力或投资规模)划分,分为大、中、小型项目。划分标准根据行业、部门不同而有不同的规定。

(1) 工业项目按设计生产能力或总投资,确定大、中、小型项目。

生产单一产品的项目,按产品的设计生产能力划分。

生产多种产品的项目,按主要产品的设计生产能力划分;生产品种繁多的项目,难以按生产能力划分者,按投资总额划分。

对于改扩建项目,按改扩建增加的设计生产能力或所需投资划分。

(2) 非工业项目可分为大中型和小型两种,均按项目的经济效益或总投资额划分。

3) 按建设阶段划分

按建设阶段划分,可分为:

(1) 预备项目(投资前期项目)或筹建项目

预备项目是指按照中长期投资计划拟建而又未立项的建设项目。一般对此类项目只进行初步可行性研究或提出设想方案供决策参考,并不进行实质性建设准备工作。

筹建项目是指已经获得批准立项,正在进行建设前期准备工作,如征地拆迁、设计、招标等,但尚未正式开始施工建设的项目。

(2) 新开工项目

建设准备工作已经就绪,工程开工报告已经获得批准并已经列入年度计划开始建设的项目。

(3) 续建项目

续建项目是指本年度以前已正式开始建设,并在本年度继续进行建设的项目。续建项目可以是上年度跨入本年度继续施工的项目,也可以是以前停建而在本年度经过批准得以重新恢复施工的项目。

(4) 投产项目

投产项目是指本年度内按照设计文件要求建成主体工程及相应的配套辅助设施,形成生产能力或发挥工程效益,经验收合格并正式投入生产或交付使用的建设项目。投产项目又分为全部投产项目、部分投产项目和建成投产单项项目。

(5) 收尾项目

以前年度已经全部建成投产,但尚有少量不影响正常生产或正常使用的辅助工程或非生产线工程,在本年度继续施工的项目。

(6) 停建项目

因某种特殊原因使得正在建设被停止建设的项目。

4) 按投资建设的用途划分

按投资建设的用途划分,可分为:

(1) 生产性建设项目

如工业项目、运输项目、农田水利项目、能源项目等,即用于物质产品生产的建设项目。

(2) 非生产性建设项目

指满足人们物质文化生活需要的项目。非生产性建设项目可分为经营性项目和非经营性项目。

5) 按资金来源划分

按资金来源划分,可分为:

(1) 国家预算拨款项目。

(2) 银行贷款项目。

(3) 企业联合投资项目。

(4) 企业自筹项目。

(5) 利用外资项目。

(6) 外资项目。

1.1.3 工程项目的构成

按照工程项目分解管理的需要,工程项目通常可以分为若干个单项工程、单位工程、分部工程和分项工程。

1) 单项工程

指具有独立的设计文件,建成后能够独立发挥生产能力或使用功能的工程项目。一个建设项目可以包括多个单项工程,也可以仅有一个单项工程。如工业建筑中一个工厂可以称为一个建设项目,那么各个生产车间、办公大楼、食堂、库房、烟囱、水塔等都可称为独立的单项工程。

2) 单位工程

指具有独立的设计文件,能够独立组织施工,但不能独立发挥生产能力或使用功能的工程项目,是单项工程的组成部分。如一幢教学大楼可以划分为建筑工程、装饰工程、电气工程、给排水工程等单位工程。

3) 分部工程

是单位工程的组成部分,是按结构部位、路段长度及施工特点或施工任务将单位工程划分为若干个项目单元。如建筑工程可以分为土石方工程、地基基础工程、砌筑工程等分部工程。

4) 分项工程

是分部工程的组成部分,即按不同施工方法、材料、工序及路段长度等划分,可用适当的计量单位测算或计算其消耗量和单价的建筑或安装单元。如土石方工程,可以划分为平整场地、挖沟槽土方、挖基坑土方等分项工程。分项工程并不能独立存在,只是为了确定建设工程造价和计算人工、材料、机械等消耗量而划分出来的计价单元。

1.1.4 工程项目的生命期与建设程序

1) 工程项目的生命期

项目的时间限制和一次性决定了项目的生命期。每一个项目通常都分为多个项目阶段(Project Phase)。项目阶段的集合组成一个项目生命期(Project Life Cycle)。

项目阶段随项目的复杂性或所属行业的不同而不同。根据项目管理知识体系(Project Management Body of Knowledge, PMBOK)的规定,典型的项目阶段包括以下四个阶段:

◆ 概念(Concept)

◆ 开发/规划(Development/Planning)

◆ 实施/执行(Implementation/Executing)

◆ 收尾/结束(Close-out/Termination)

前两个阶段也称为项目可行性阶段(Project Feasibility Phase)。项目可行性阶段约占总的项目周期的25%(其中概念阶段占5%,开发阶段占20%)。后两个阶段也称为项目获得阶段(Project Acquisition Phase)。项目获得阶段约占总的项目周期的75%(其中实施阶段占60%,收尾阶段占15%)。

与此对应,工程项目生命期可以分为如下四个阶段:

(1) 项目的前期策划和决策阶段(又被称为概念阶段)。这个阶段从项目构思到批准立项为止。

(2) 项目的设计与计划阶段,即开发阶段。这个阶段从批准立项到现场开工为止。

(3) 项目的施工阶段,即实施阶段。这个阶段从现场开工直到项目的可交付成果完成,工程竣工并通过验收为止。

(4) 项目的结束阶段。

一个工程建设项目的生命期阶段划分如图1-1所示。

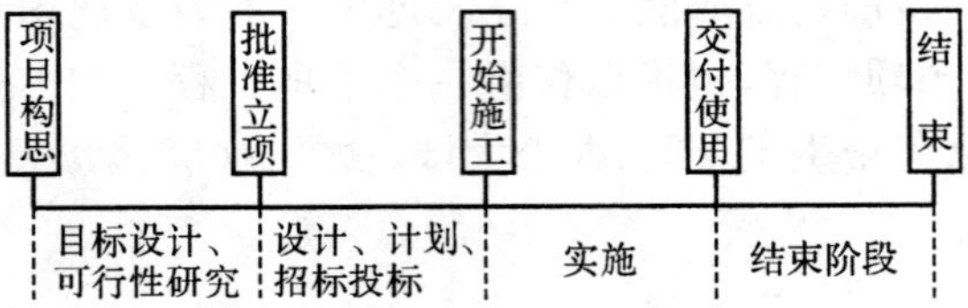

图1-1 工程项目的生命期阶段划分

2) 工程项目的建设程序

在上述工程项目的生命期中,每个阶段又有复杂的过程,形成工程项目的建设程序。工程项目的建设程序是指一项工程从设想提出到决策,经过设计、施工直到投产使用的全部过程的各阶段、各环节以及各主要工作内容之间必须遵循的先后顺序。

建设程序反映了建设工作客观的规律性,由国家制定法规。严格遵循和坚持按建设程序办事是提高工程建设经济效益的必要保证。

工程项目的建设程序如图1-2所示。

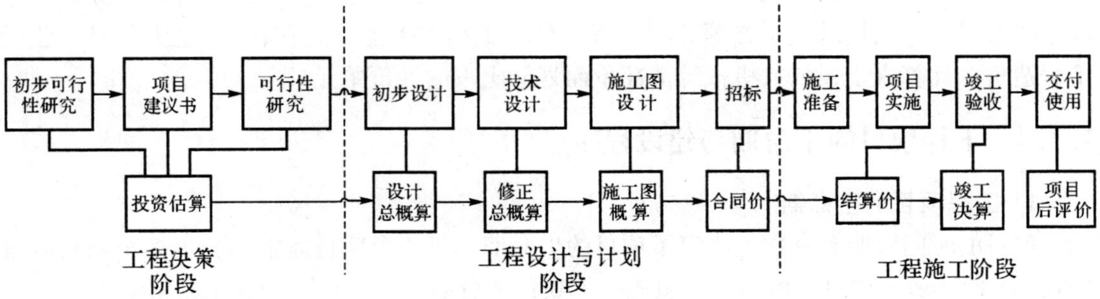

图1-2 工程项目的建设程序

按照工程项目的性质、规模、采购模式的不同，建设程序会有一定的差别。目前，我国大中型项目的建设过程大体上分为项目决策、项目实施和项目结束三大阶段。

(1) 项目决策阶段

项目决策阶段的主要工作是工程项目的前期策划，编制项目建议书，进行可行性研究和编制可行性研究报告。将可行性研究报告得到批准作为一个重要的“里程碑”，通常称为批准立项。

① 工程项目的前期策划

工程项目的前期策划主要包括如下工作：

◆ 工程项目构思的产生和选择。

◆ 确定工程项目建设要达到的预期总体目标。

◆ 项目的定义和总体方案策划。

根据项目总目标，对项目的总体实施方案进行策划，如工程总的功能定位和各部分的功能分解、总的产品方案、工程总体的建设方案、工程的总布局，项目总的阶段的划分、总的融资方案、设计、实施、运营方面的组织策略等。

② 编制项目建议书

项目建议书是建设单位向国家提出的要求建设某一建设项目的建议文件，是对建设项目的轮廓设想。投资者对拟兴建的项目要论证项目建设的必要性、可行性以及建设的目的、要求、计划等内容，写成报告，送交审批。

③ 可行性研究

项目建议书批准后，应着手进行可行性研究。

可行性研究是对建设项目技术上和经济上是否可行而进行的科学的分析和论证，为项目决策提供科学依据。

可行性研究的主要任务是通过多方案比较，提出评价意见，推荐最佳方案。其内容可概括为市场研究、技术研究和经济研究。在可行性研究的基础上编写可行性研究报告。

④ 工程项目的评价和决策

在可行性研究的基础上，对工程项目进行财务评价、国民经济评价和环境影响评价。根据可行性研究和评价的结果，由上层组织对工程项目的立项做出最后决策。

在我国，可行性研究报告经过批准后项目就立项，经批准的可行性研究报告就作为工程项目的任务书，是项目初步设计的依据。

(2) 项目实施阶段

立项后，建设项目进入实施阶段，主要工作是工程项目管理组织筹建、项目设计、项目计划、工程招标、建设准备、施工阶段和使用前准备、竣工验收等。

① 工程项目管理组织筹建

在可行性研究报告被批准后，项目即获得立项，就应正式组建工程建设单位，由它负责工程项目的建设管理。

② 项目设计

可行性研究报告经批准后，建设单位可委托设计单位，按可行性研究报告中的有关要求编制设计文件。设计文件是安排建设项目和组织工程施工的主要依据。

一般建设项目进行两阶段设计，即初步设计和施工图设计。技术上比较复杂而又缺乏设计经验的建设项目,进行三阶段设计,即初步设计、技术设计和施工图设计。

初步设计的目的是阐明在指定的地点、时间和投产限额内,拟建项目在技术上的可行性、经济上的合理性,并对建设项目做出基本技术经济规定,编制建设项目总概算。

技术设计的目的是进一步解决初步设计的重大技术问题,如工艺流程、建筑结构、设备选型及数量确定等,同时对初步设计进行补充和修正,然后编制修正总概算。

施工图设计在初步设计或技术设计的基础上进行,需完整地表现建筑物外形、内部空间尺寸、结构体系、构造状况以及建筑群的组成和周围环境的配合,还包括各种运输、通信、管道系统、建筑设备的设计。施工图设计完成后应编制施工图预算。国家规定,施工图设计文件应当经有关部门审查。

③ 项目计划

项目计划是指对工程建设和运营的实施方法、过程、预算投资、资金使用、建设进度、采购和供应、组织等做详细的安排,以保证项目目标的实现。

应根据批准的总概算和建设工期,合理地编制建设项目的建设计划和建设年度计划,计划内容要与投资、材料、设备相适应;配套项目要同时安排,相互衔接。

④ 工程招标

即通过招标委托工程项目范围内的设计、施工、供应、项目管理(咨询、监理)等任务,选择这些项目任务的承担者。

根据招标对象的不同,有些招标工作会延伸到工程的施工过程中,如有些装饰工程、部分材料和设备的采购等。

⑤ 建设准备

为了保证施工顺利进行,必须做好各项建设准备工作。包括征地、拆迁、场地的平整、现场施工用的水电气/通信等工程,组织设备、材料订货等。

⑥ 施工阶段

这个阶段从现场开工直到工程的竣工、验收交付。在这个阶段工程设计单位、监理单位、施工单位等项目相关者按照合同规定完成各自的工程任务,密切合作,按照实施计划将项目由构思到设计蓝图,再经过施工形成符合要求的实体工程。这个阶段是项目管理最为活跃的阶段,资源的投入量最大,管理的难度也最大。

⑦ 项目投产前的准备工作

项目投产前要进行生产准备,这是建设单位进行的一项重要工作,包括建立生产经营管理机构,制定有关制度和规定,招收培训生产人员,组织生产人员进行设备的安装、设备和工程验收,签订原材料、协作产品、燃料、水、电等供应及运输协议,进行工具、器具、备品、备件的制造或订货,进行其他必需的准备。

⑧ 竣工验收

当建设项目按设计文件内容全部施工完毕后,应组织竣工验收。当整个工程都经过竣工检验,则标志着整个施工任务(阶段)结束。这是建设程序的最后一步,是投资成果转入生产或服务的标志,对促进建设项目及时投产、发挥投资效益及总结建设经验都有重要意义。

(3) 项目结束阶段

① 工程由业主移交工程的运营单位,或工程进入运营状态,则标示着工程建设阶段任

务的结束，工程项目进入运营（生产或使用）阶段。移交过程有各种手续和仪式，对于工业工程项目，在此前要共同进行试生产（试车）。

② 工程项目竣工后的工作，包括工程竣工决算、竣工资料的总结、交付、存档等工作。

③ 工程的保修（缺陷通知期）和回访。在运营的初期，施工阶段的任务承担者（如设计、施工、供应、项目管理单位）和业主按照项目任务书或合同还要继续承担因建设问题产生的缺陷责任，包括维护、维修、整改、进一步完善等。他们还要对工程项目做回访，了解工程项目的运营情况、质量、用户的意见等。

④ 工程项目的后评价。项目的后评价是指对已经完成的，并已投入运营的项目的目标、实施过程、运营效益、作用、影响进行系统客观的总结、分析和评价。

⑤ 运营过程中的维护管理，还可能包括对本工程的扩建、更新改造、资本的运作管理等。本项工作原来不作为工程项目生命期的一部分，但现在运营和维护管理作为工程项目管理的延伸，无论是业主，还是承包商，都十分注重这项工作。

3）工程建设项目的实施程序

工程建设项目的实施程序，是指工程项目新建、扩建、改建活动的施工准备、施工阶段、竣工阶段应遵循的有关工作步骤。其中，施工准备阶段分为工程建设项目报建、开工前审计、委托建设监理、招标投标、施工合同签订；施工阶段分为建设项目施工许可证领取、施工；竣工阶段分为竣工验收及保修。

（1）工程建设项目报建

建设单位或其代理机构在工程建设项目可行性研究报告或其他立项文件批准后，必须向当地建设行政主管部门或其授权机构进行报建，交验工程建设项目立项的批准文件、批准的建设用地等其他有关文件。

① 报建内容

工程建设项目的报建内容主要包括：工程名称、建设地点、投资规模、资金来源、当年投资额、工程规模、开竣工日期、发包方式、工程筹建情况。

② 报建程序

◆ 建设单位到建设行政主管部门或其授权机构领取《工程建设项目报建表》。

◆ 按报表的内容及要求认真填写。

◆ 向建设行政主管部门或其授权机构报送《工程建设项目报建表》，经批准后，按规定进行招标准备。

工程建设项目的投资和建设规模有变化时，建设单位应及时到建设行政主管部门或其授权机构进行补充登记。筹建负责人变更时，应重新登记。

③ 建设行政主管部门报建管理

◆ 贯彻实施《建筑市场管理条例》和有关的方针政策。

◆ 管理监督工程项目的报建登记。

◆ 对报建的工程建设项目进行核实、分类、汇总。

◆ 向上级主管机关提供综合的工程建设项目报建情况。

◆ 查处隐瞒不报违章建设的行为。

凡未报建的工程建设项目，不得办理招标手续和发放施工许可证，设计、施工单位不得承接该项工程的设计和施工任务。

(2) 开工前审计

固定资产投资项目实行开工前审计制度。大中型建设项目和总投资在3 000万元以上的楼堂馆所项目(不包括技术改造项目,下同)的开工报告,须先经审计机关审计,方可向有权审批机关报批。小型建设项目和3 000万元以下的楼堂馆所项目开工前,须先经审计机关审计,方可向有权审批开工的机关办理项目开工手续。

(3) 委托建设监理

建设单位应当根据国家有关规定,对必须委托监理的工程,委托具有相应资质的建设监理单位进行监理。

(4) 工程建设项目招标

工程建设项目施工,除某些不适宜招标的特殊建设工程项目外,均需依法实行招标。施工招标可采用公开招标、邀请招标的方式。

工程建设项目的施工招标,按《中华人民共和国招标投标法》(简称《招标投标法》)的规定进行。

(5) 签订施工合同

建设单位和施工企业必须签订建设工程施工合同。总承包企业将承包的工程建设项目分包给其他单位时,应当签订分包合同。分包合同与总承包合同的约定应当一致;不一致时,以总承包合同为准。

施工合同的签订,应使用住房和城乡建设部、国家工商行政管理总局制定的《建设工程施工合同(示范文本)》(GF—2017—0201),并严格执行《中华人民共和国民法典》(简称《民法典》)、《建设工程施工合同管理办法》的规定。

(6) 办理建设项目施工许可证

建设单位必须在开工前向建设项目所在地县级以上人民政府建设行政主管部门办理建设项目施工许可证手续。未取得施工许可证的,不得开工。

申请施工许可证应当具备下列条件:

① 已经办理该建设工程用地批准手续。

② 在城市规划区的建设工程,已经取得建设工程规划许可证。

③ 需要拆迁的,其拆迁进度符合施工要求。

④ 已经确定施工单位。

⑤ 有满足施工需要的施工图纸和技术资料。

⑥ 有保证工程质量和安全的具体措施。

⑦ 建设资金已经落实。

⑧ 法律、法规规定的其他条件。

建设单位应当自领取施工许可证之日起3个月内组织开工。因故不能按期开工的,建设单位应当向发证机关说明理由,申请延期。延期以两次为限,每次不超过3个月。不按期开工又不按期申请延期的或超过延期时限的,施工许可证自行废止。

(7) 工程施工

承包工程建设项目的施工单位必须持有资质证书,并在资质许可的范围内承揽工程。建设项目开工前,建设单位应当指定施工现场的工程师,施工单位应当指定项目经理,并分别将工程师和项目经理的姓名及授权事项书面通知对方,同时报工程所在地县级以上地方人民政府建设行政主管部门备案。

施工单位项目经理必须持有资质证书，并在资质许可的业务范围内履行项目经理职责。

项目经理全面负责施工过程中的现场管理，并根据工程规模、技术复杂程度和施工现场的具体情况，建立施工现场管理责任制，并组织实施。

施工单位必须严格按照有关法律、法规和工程建设技术标准的规定，编制施工组织设计，制定质量、安全、技术、文明施工等各项保证措施，确保工程质量、施工安全和现场文明施工。

施工单位必须严格按照批准的设计文件、施工合同和国家现行的施工及验收规范进行工程建设项目施工。施工中若需变更设计，应按照有关规定和程序进行，不得擅自变更。

建设、监理、勘察设计、施工单位和建筑材料、构配件及设备生产供应单位，应按照《中华人民共和国建筑法》(简称《建筑法》)、《建设工程质量管理条例》的规定承担工程质量责任和其他相应责任。

(8) 竣工验收

竣工验收是全面考核建设工作，检查项目是否符合设计要求和工程质量的重要环节，对促进建设项目及时投产，发挥经济效益，总结建设经验有重要作用。

(9) 建设项目保修

为使建设项目在竣工验收后达到最佳使用条件和使用寿命，施工企业在工程移交时，必须向建设单位提交建筑物及设备使用和保养要领，并在用户开始使用后，认真执行移交后回防和保修。

《建筑工程质量管理条例》规定：建设工程实行质量保修制度。施工单位在向建设单位提交竣工验收报告时，应当向建设单位出具质量保修书。质量保修书中应当明确建设工程的保修范围、保修期限和保修责任等。

建设工程保修期限是指从竣工验收合格之日起，对出现的质量缺陷承担保修和赔偿责任的年限。保修期限、返修和损害赔偿按《建设工程质量管理条例》的规定执行。

1.2 工程审计

1.2.1 工程审计的概念

1) 审计的概念

审计作为一种监督机制，其实践活动历史悠久，人们对审计的定义不一。公认具有代表性且被广泛引用的是美国会计学会 1972 年颁布的《基本审计概念公告》中给出了审计定义，即“审计是指为了查明有关经济活动和经济现象的认定与所制定标准之间的一致程度，而客观地收集和评估证据，并将结果传递给有利害关系的使用者的系统过程”。

审计是由国家授权或接受政府或其他单位委托的专职机构和人员，依照国家相关法律法规、审计准则和审计理论，运用专门的方法，对被审计单位的财政、财务收支及其他经济活动及相关资料的真实性、合规性、效益性进行审查、评价和监督，评价经济责任，鉴证经济业务，用以维护财经法纪、改善经营管理、提高经济效益的一项独立性的经济监督活动。

审计监督是国家监督体系的重要组成部分，肩负着维护财政经济秩序、提高公共资金使用效益、促进廉政建设、为经济社会健康发展提供保障的重大职责。我国审计机关成立40多年来,在维护国家财政经济秩序、提高财政资金使用效益、促进廉政建设、保障经济社会健康发展等方面发挥了重要作用。特别是党的十八大以来,为促进党中央令行禁止、维护国家经济安全、推动全面深化改革、促进依法治国、推进廉政建设等做出了重要贡献。

2018年5月23日,中共中央总书记、国家主席、中央军委主席、中央审计委员会主任习近平主持召开中央审计委员会第一次会议并发表重要讲话。习近平强调,要落实党中央对审计工作的部署要求,加强全国审计工作统筹,优化审计资源配置,做到应审尽审、凡审必严、严肃问责,努力构建集中统一、全面覆盖、权威高效的审计监督体系,更好发挥审计在党和国家监督体系中的重要作用。

审计作为一门独立学科,其主要研究对象是审计理论、审计方法、审计组织和审计制度等审计活动。现代审计学科体系一般由理论审计学、审计技术学、历史审计学、应用审计学四个分学科组成。理论审计学,主要研究审计基本概念、原理和规律,以及对不同类项、不同国家的审计进行比较研究等。它包括审计学基础理论和比较审计等。其中,审计学原理主要研究审计基本概念、原理、知识和规律,它对于整个审计学科研究具有指导意义。审计技术学,主要研究各种审计方式、技术、方法和手段及其应用。历史审计学,主要研究审计的产生、发展和兴衰存亡的规律性。应用审计学,主要研究各类不同目标的审计和各个不同行业的审计以及审计法学。工程审计主要体现如何在工程项目建设过程中开展审计工作。

2)工程审计的概念

随着我国经济的飞速发展,工程建设项目众多,工程建设投资数额巨大,然而我国现行建设管理模式尚未完善,一些项目还存在项目前期策划不够严谨科学,项目审批程序不够规范,项目建设管理制度缺乏标准化、流程化管理,导致建设周期过长,损失浪费情况比较严重,项目建成后达不到预期目标等问题。因此,如何利用现代化的管理技术和手段,加强工程项目的管理,按照工程项目建设程序进行有效的计划、组织、协调和控制,以适应内外部环境并组织高效益的施工,使生产要素优化组合、合理配置,保证施工生产的均衡性,从而促进我国工程项目管理水平和投资效益的全面提高,已是投资者和建设方等各方日益关注的问题。

工程审计是指由独立的审计机构和审计人员,依据国家现行法律法规、财务制度、工程建设管理标准和规章制度、相关审计标准,运用审计技术,对工程项目建设全过程的技术经济活动和建设行为进行监督、评价和鉴证的活动。

工程审计作为我国审计监督工作的重要组成部分,通过对建设项目建设过程中的合法性、合规性和有效性进行监督、评价和鉴证,提出改善工程项目管理成效的意见和建议,达到提高建设项目投资效益、保证工程项目预定目标顺利实现的目的。

中国内部审计协会发布的2021年8月1日施行的《第3201号内部审计实务指南——建设项目审计》指出:"建设项目审计的总体目标,是通过对建设项目建设全过程各项技术经济活动进行监督和评价,确认建设项目建设与管理活动的真实性、合法性和效益性,促进项目建设质量、工期、成本等建设目标顺利实现,促进提升项目绩效,增加建设项目价值。"由此可以看出工程审计有以下几层含义:

(1)工程审计的主体

根据定义,工程审计应当由独立的审计机构以及该机构所派的审计人员进行,其中包括政府审计机关、企事业单位内部审计机构和社会审计组织。其中,政府审计机关重点审计以国家投资或融资为主的基础设施项目和公益性项目。《中华人民共和国审计法》(修正版,从2022年1月1日起正式实施,简称《审计法》)第二十三条规定:“审计机关对政府投资和以政府投资为主的建设项目的预算执行情况和决算,对其他关系国家利益和公共利益的重大公共工程项目的资金管理使用和建设运营情况,进行审计监督。”

内部审计机构重点审计本单位或本系统内投资建设的所有建设项目。而社会审计是指依法成立的社会审计机构和审计人员接受委托人的委托,对委托审计的项目实施审计。对于以国家投资或融资为主的基础设施项目和公益性项目,视建设单位的归属,由国家或地方审计机关组织审计。国家或地方审计机关也可以授权建设单位组织工程内部审计,或者委托社会审计组织进行审计。《交通建设项目委托审计管理办法》第二条规定:“列入各级交通主管部门、企事业单位固定资产投资计划的建设项目办理委托审计事项,适用本办法。本办法所称建设项目委托审计,是指各级交通主管部门、企事业单位根据审计工作需要,将建设项目审计业务委托给包括会计师事务所、工程造价咨询企业等在内的社会审计组织实施的行为。”

对于非国家投资或融资的基础设施项目和公益性项目,如以PPP、BOT等方式建造的项目,根据审计法的要求,应当由项目出资方决定审计主体。

不具备审计职能和资格的非审计组织和审计人员不能进行工程审计。《中华人民共和国审计法》第十三条规定,“审计机关根据工作需要,可以聘请具有与审计事项相关专业知识的人员参加审计工作”。

(2) 工程审计的客体

即工程审计的对象。从其性质上可以分为3类:一是所审计的具体工程项目,既包括生产性建设项目,也包括基础设施项目及各企事业单位的各种建设项目。二是审计工作所面对的工程项目实施的主体即工程项目参与者,包括建设单位、设计单位、施工单位、监理单位、金融机构、建设行政主管部门、建设单位主管部门等所有参与工程项目建设和管理工作的部门和单位。三是审计各项目实施参与者在工程项目建设过程中的技术经济活动,包括工程项目投资决策阶段、项目实施阶段和竣工验收阶段的所有工作。

(3) 工程审计的依据

工程项目的审计依据包括三个层次:

① 现行方针政策

主要指国家、行业和地方现行实施的与工程项目建设密切相关的方针政策,如与国民经济发展有关的宏观调控政策、产业政策和发展规划等。这些方针政策直接决定了项目的性质和规模,也决定了工程审计工作的目标和方向。因此,它是工程审计宏观性和指导性的依据。

② 法律法规

主要指国家现行与工程审计相关的法律法规,包括三个层次:一是相关法律,包括《中华人民共和国审计法》《中华人民共和国建筑法》《中华人民共和国民法典》《中华人民共和国招标投标法》《中华人民共和国价格法》《中华人民共和国税收征收管理法》《中华人民共和国土地管理法》等,二是行政法规,包括《中华人民共和国审计法实施条例》《建设工程质量管理条例》《建设工程勘察设计管理条例》等,三是各地区、各行业所颁发的地区和部门规章,如《第3201号内部审计实务指南——建设项目审计》《工程建设项目施工招标投标办法》《建设工程价款结算暂行办法》《基本建设财务规则》等。

③ 相关技术经济指标

包括两个方面指标：一是与工程项目投资决策评价相关的技术经济指标，包括拟建项目的投资、费用、盈利状况、清偿能力及外汇效果等财务评价指标，影子价格、影子工资、影子汇率、社会折现率等国民经济评价指标等，这些指标主要是工程项目绩效审计的依据；二是与工程造价相关的定额指标，包括概算定额、概算指标、预算定额等，这些指标主要是确定工程项目最终价格的依据。

(4) 工程审计的目标

《第3201号内部审计实务指南——建设项目审计》规定："建设项目审计的总体目标，是通过对建设项目建设全过程各项技术经济活动进行监督和评价，确认建设项目建设与管理活动的真实性、合法性和效益性，促进项目建设质量、工期、成本等建设目标顺利实现，促进提升项目绩效，增加建设项目价值。"

具体来说，工程审计的目标包括：

① 规范建设管理

工程审计以促进项目管理机构和参建单位提升管理水平，理顺建设项目内外部关系，规范建设行为，提升项目质量和效益为目标。一是要确认建设项目与国家法律法规和行业规范的符合程度；二是要确认项目管理机构和参建单位对本组织内部控制体系的符合程度；三是要确认项目建设中对各项建设设计和施工技术规程、规范以及本项目的设计文件的符合程度；四是要确认项目财务信息、进度信息、投资完成信息的真实性，关注工程数量、质量、建设内容和过程的真实性。同时，审计还应当关注财经制度和廉政纪律执行情况，协助促进反腐倡廉机制建设。

② 揭示建设风险

内部审计机构关注建设项目建设各阶段在工期、质量、成本、安全、环境等管理中可能存在的薄弱环节、偏差和风险，协助项目管理单位查找漏洞和缺陷，促进规范管理和风险防范。

③ 提升建设项目绩效

内部审计机构在审计中应当检验建设目标实现程度，提升项目效益，从而增加项目投资人的回报。一是确认项目进度目标任务是否实现。项目按期交付使用，就能尽早实现投资效益。二是确认建设项目质量、安全控制目标是否实现。建设项目的质量、安全风险同时也是审计关注的重要风险。三是确认项目投资控制及绩效目标是否实现。通过对项目造价控制提出切实可行的审计意见和建议，完成阶段性或单项工程造价审计，能直接节约投资，提高项目绩效。

(5) 工程审计的目的

① 监督财政、财务收支的合法性，项目信息的真实性

工程项目审计，首先以监督财政、财务收支的合法性为主要目标。随着我国公共财政基本框架的建立，工程项目信息的真实性也成为审计机关监督的重点。工程项目审计具备鉴证职能，能对工程项目信息是否真实做出合理的判断。通过审计，可以判断建设项目的建设成本是否真实、可靠，在投资中有无随意扩大建设规模，挪用、挤占建设资金，盲目采购造成浪费的情况等。

② 审计建设项目实施过程的合法性

主要审查工程项目在实施期间是否严格遵守《中华人民共和国建筑法》《中华人民共和

国招标投标法》等有关规定，项目法人的设立是否符合要求，项目资料、手续是否齐全、完备，项目立项、实施程序是否合规、合法等。

③ 监督建设单位内控制度的建立

主要审计建设单位内控制度是否健全，是否缺少关键业务流程和管理流程，是否明确各控制点的职责分工、监督评价、绩效考核制度等。

④ 预警作用

工程审计是事前、事中和事后审计相结合的全过程跟踪审计，通过审计，及时发现工程项目管理过程中存在的漏洞以及存在的苗头性、倾向性的违纪违规问题，及时预警并有针对性地提出建议，促使被审计单位及时采取有效措施，完善相关制度，堵塞管理漏洞，降低或防止工程建设过程中各种风险的发生。

⑤ 审计工程项目的绩效状况

绩效审计是审计的重要工作。绩效审计包括效率审计和效益审计，其中效率审计是指监督审查整个建设活动按照批准的投资计划和进度、设计质量标准和相应规范的要求，高质量、按期或提前交付使用，尽快形成和达到设计生产能力；效益审计是指审计监督建设活动的各个阶段和环节，坚持以全面提高经济效益为中心，确保投资项目达到预期质量、速度、效益三项目标。

1.2.2 工程审计的特点

工程项目的审计活动是对投资者、建设单位及其他项目参加者从其主观和客观上进行的一种经济监督、评价和鉴证活动，是对建设单位及其他项目参加者所进行的建设活动中的经济行为予以客观评价的活动。

作为审计业务的一部分，工程审计与其他审计业务一样，具有以下特点：

1）工作的相对独立性

这是审计的本质属性。主要体现在：

组织上——审计机构是独立的专职机构，与被审单位无隶属关系。

人员上——审计机构与被审单位无利益冲突关系，实行回避制度，受法律保护。

工作上——审计机构独立行使审计监督权，不受干预，客观审计。

经费上——审计机构有足够的经费来源，不受被审单位牵制。

在审计过程中必须根据国家法律法规及有关财务会计制度，独立地检查、评价被审部门、单位及所属各部门、各单位的财务收支及与此相关的经营管理活动，维护国家利益。但是对于内部审计来说，由于内部审计人员是本单位的职工，这就使内部审计的独立性受到很大的制约。特别是在国家利益与部门、单位利益冲突的情况下，内部审计机构的独立决策可能会受到本单位利益的限制。而社会审计的独立性往往也受委托者的利益或观念的制约。

2）服务性

工程审计的目的在于促进建设项目实现质量、速度、效益三项目标，因此审计者既可对被审计单位的建设活动进行审计监督，也可为被审计单位提供专门咨询服务。

3）审查范围的广泛性

工程审计主要是为了实现建设项目既定的质量、速度和效益目标，这就决定了工程审计必然要涉及项目建设活动的方方面面。

由于工程项目建设涉及面广,建设周期长,投资数额较大,项目相关者众多,且必须遵循基本建设程序,因此与其他专业审计相比,工程审计有其自身固有的特征,主要表现在:

(1) 审计对象的复杂性

工程项目涉及面广,既包括生产性建设项目,也包括非生产性建设项目。建设项目的投资主体千差万别,不同行业的建设项目投资特点也不尽相同。同时,工程项目参与者众多,各项目参加者在工程项目建设过程中扮演的角色也不一样。因此工程审计涉及面广,审计工作量较大。

(2) 审计内容的多样性

传统的审计工作着重于对被审计单位财务收支活动及会计资料进行审计。而工程审计涉及被审计单位工程项目建设过程中的所有技术经济活动,包括工程项目投资决策阶段、实施阶段和竣工验收阶段的所有工作。

(3) 审计过程的阶段性

由于建设项目建设周期长,建设程序性强,因此审计人员进行工程审计时,应当根据基本建设程序分阶段地进行审计。

(4) 审计职能的特殊性

传统的审计通过事后财务审计来监督被审计单位的财务活动,以监督为主。而工程审计以建设职能为主,对建设项目进行全过程审计,以经济性、效益性为主,强调事前、事中和事后审计相结合的全过程跟踪审计,围绕“提前跟进、全程跟踪,立足服务、着眼防范”的思路,将审计的关口前移。其优势在于及时发现资金和项目管理中的漏洞以及存在的苗头性、倾向性的违纪违规问题,并有针对性地提出建议,促进被审计单位完善相关制度,堵塞管理漏洞,防止铺张浪费和投资损失,以达到“边审计、边整改、边规范、边提高”的目的。

(5) 审计方法的灵活性

建设项目的建设过程就是知识、组织、管理和技术的集成,在进行工程审计时,既要对建设单位的财务收支、项目资金来源、资金使用情况进行审计,也可以根据审计目标,对建设项目工程造价和投资效益等进行审计,还可以对建设过程项目管理情况进行审计。因此,工程审计是一项较为复杂的工作,为了实现审计目标,工程审计除了采用传统的审计方法,还应当根据审计目标和审计方案,借鉴管理学、计量经济学、工程技术等领域的方法,比如价格确定方法、项目评估方法、经济预测方法、工程项目管理方法等技术经济方法,以便更加有效地实施监督。

(6) 审计目的的确定性

传统的审计着重对被审计单位的财务活动的真实性、合法性、合规性进行审计。工程审计主要是促进被审计单位规范建设程序,改善建设管理,提高工程质量,加快施工进度,防止资金流失,节约资金成本,提高资金使用效益。

1.2.3 我国现行审计体系

在我国审计实践工作中,按审计主体分类所分成的国家审计、内部审计和社会审计,正好与我国的审计组织体系相符合。也可以说,这种分类在组织上构成了具有中国特色的社会主义审计体系。

1）国家审计

（1）国家审计的特点

我国国务院审计署及派出机构和地方各级人民政府审计厅(局)所组织和实施的审计，均属于国家审计。我国国家审计机关代表政府实行审计监督，依法独立行使审计监督权。其权威性和独立性是国家审计区别于其余两类审计最重要的特点。

（2）国家审计体系的构成

① 中央审计委员会

《中华人民共和国审计法》第二条规定，“国家实行审计监督制度。坚持中国共产党对审计工作的领导，构建集中统一、全面覆盖、权威高效的审计监督体系”。

2018年5月23日我国中央审计委员会成立，习近平在中央审计委员会第一次会议上强调，改革审计管理体制，组建中央审计委员会，是加强党对审计工作领导的重大举措。中央审计委员会要强化顶层设计和统筹协调，提高把方向、谋大局、定政策、促改革能力，为审计工作提供有力指导。

全国审计领域重大事项由中央审计委员会审议决定。地方各级审计委员会贯彻执行中央审计委员会的决定，审议决定本行政区域内的审计工作重大事项。审计委员会办公室设在同级审计机关。

2023年5月23日，习近平主持召开二十届中央审计委员会第一次会议。习近平在会上发表重要讲话强调，在强国建设、民族复兴新征程上，审计担负重要使命，要立足经济监督定位，聚焦主责主业，更好发挥审计在推进党的自我革命中的独特作用。做好新一届中央审计委员会工作，要坚持以习近平新时代中国特色社会主义思想为指导，深入学习贯彻党的二十大精神，完整、准确、全面贯彻新发展理念，聚焦全局性、长远性、战略性问题，加强审计领域战略谋划与顶层设计，进一步推进新时代审计工作高质量发展，以有力有效的审计监督服务保障党和国家工作大局。

② 国家最高审计机关

中华人民共和国审计署成立于1983年9月15日，是国务院所属部委级的国家机关，是我国最高审计机关。在国务院总理领导下，组织领导全国的审计工作，对国务院负责并报告工作。它负责对国务院所属各部门、经济实体、金融机构，各省、自治区、直辖市、计划单列市，以及接受中央财政拨款单位的财政财务收支进行审计，检查和督促这些行业改进管理，提高整个行业的经济效益；对财政经济活动中的重要问题进行专题审计调查，从宏观经济角度进行研究，向政府和有关部门提出改进宏观调控的建议；对省级地方审计机关审计的事项进行抽查和对被审计单位提出的申诉进行复审。

③ 地方审计机关

《中华人民共和国审计法》第二条规定，“国务院和县级以上地方人民政府设立审计机关”。

我国地方审计机关共分三级，即：各省、自治区、直辖市审计(厅)局；省辖市、自治州、盟、行政公署(省人民政府派出机关)审计局；县(旗、县级市、市辖区)级审计局。此外，中国人民解放军系统也设置了审计机构。

地方审计机关也是根据宪法、审计法有关条文规定设立的，同样也具有法律地位。

我国地方各级审计机关，分别在省长、市长、县长和上一级审计机关的双重领导下，组织领导本行政区的审计工作，负责对本级政府所属单位和下一级政府的财政财务收支进行审计。地方审计机关的审计业务以上级审计机关领导为主,接受上级审计机关部署的审计任务,审计工作情况、重要审计结论和决定,在报告本级政府的同时,要向上一级审计机关报告。为了保障地方审计机关依法独立行使职权,地方政府任免审计机关领导人员,必须征得上一级审计机关同意。

④ 审计机关派出机构

审计机关根据工作需要,可以在重点地区、部门设立派出机构,进行审计监督。审计署向重点地区、城市和计划单列市派出的代表人员,在该地区和城市组成审计署特派员办事处,代表审计署执行审计业务,解决某些地方审计局难以解决的审计项目。例如,审计署派驻××市的机构称为"审计署驻××市特派员办事处",其负责人称为"审计特派员"。审计特派员办事处根据审计署的授权,开展审计监督工作,直接对审计署负责并报告工作。

(3) 政府审计机关的主要职责

① 审查预算的执行情况和决算,以及预算外资金的管理和使用情况;

② 审查中央银行和国家各事业单位的财务收支;

③ 审查国有金融机构和国有企业的资产、负债、损益;

④ 审查国家建设项目预算的执行情况和决算;

⑤ 审查政府部门管理的社会团体受政府委托管理的社会保障基金、社会捐赠资金以及其他有关基金、资金的财务收支;

⑥ 审查国际组织和外国政府援助、贷款项目的财务收支等。

政府审计机关对与国计民生有重大关系的国有企业、接受财政补贴较多或者亏损数额较大的国有企业,以及国务院和本级地方人民政府指定的其他国有企业,应当有计划地定期进行审计。对国有资产占控股地位或者占主导地位的企业的审计监督,由国务院予以规定。

政府审计机关对各部门以及国有金融机构和企事业组织的内部审计,应予以指导和监督。

《中华人民共和国审计法》第二十三条规定:"审计机关对政府投资和以政府投资为主的建设项目的预算执行情况和决算,对其他关系国家利益和公共利益的重大公共工程项目的资金管理使用和建设运营情况,进行审计监督。"

(4) 政府审计机关的权限

《中华人民共和国审计法》第五条规定:"审计机关依照法律规定独立行使审计监督权,不受其他行政机关、社会团体和个人的干涉。"

① 审计检查与调查权。即有权要求被审计单位报送有关资料,被审计单位不得拒绝、拖延、谎报;有权检查被审计单位的会计凭证、会计账簿、会计报表以及其他与财政收支或财务收支有关的资料和资产,被审计单位不得拒绝;有权就审计事项的有关问题向有关单位和个人进行调查,并取得有关证明材料。有关单位和个人应当支持、协助审计机关工作,如实向审计机关反映情况,提供有关证明材料。

② 制止违规行为权和处理建议权。即审计机关对被审计单位正在进行的违反国家规定的财政收支、财务收支行为有权予以制止;制止无效的,经县级以上审计机关负责人批准,通知财政部门和有关主管机关、单位暂停拨付与违反国家规定的财政收支、财务收支行为直接有关的款项,已经拨付的,暂停使用。审计机关认为被审计单位所执行的上级主管机关、单位有关财政收支、财务收支的规定与法律、行政法规相抵触的,应当建议有关主管机关、单位纠

正；有关主管机关、单位不予纠正的，审计机关应当提请有权处理的机关、单位依法处理。

③ 审计结果公布权。即审计机关可以向政府有关部门通报或者向社会公布审计结果。

④ 一定的行政处罚权。即审计机关可以对违反审计法的单位或个人做出通报批评、警告、责令限期缴纳应当上缴的收入等处罚。

国家审计机关在行使这些职权时，必须严格依法办理。如果审计人员滥用职权、徇私舞弊、玩忽职守或者泄露所知悉的国家秘密、商业秘密的，依法给予处分；构成犯罪的，依法追究刑事责任。

2）内部审计

（1）内部审计的概念

内部审计是指本部门或本单位的专职审计机构，针对本部门或本单位的财务收支和其他经济活动所进行的以提高经济效益为主要目的的审查、评价活动，由于其机构设置在本部门或本单位内部，故称为内部审计。

（2）内部审计的特征

① 组织机构相对独立；

② 审计内容以经济效益为重点；

③ 审计范围以内向为主；

④ 审计工作更具有群众性。

（3）内部审计的内容

内部审计机构从事着一个组织内部中的独立审计活动，它的基本任务是对全部管理职能进行系统的检查和评价，向管理部门报告关于内部管理方针、实务和控制是否具有效率性、经济性和效果性。根据《审计署关于内部审计工作的规定》第十二条的规定，内部审计职责包括：

① 对本单位及所属单位贯彻落实国家重大政策措施情况进行审计；

② 对本单位及所属单位发展规划、战略决策、重大措施以及年度业务计划执行情况进行审计；

③ 对本单位及所属单位财政财务收支进行审计；

④ 对本单位及所属单位固定资产投资项目进行审计；

⑤ 对本单位及所属单位的自然资源资产管理和生态环境保护责任的履行情况进行审计；

⑥ 对本单位及所属单位的境外机构、境外资产和境外经济活动进行审计；

⑦ 对本单位及所属单位经济管理和效益情况进行审计；

⑧ 对本单位及所属单位内部控制及风险管理情况进行审计；

⑨ 对本单位内部管理的领导人员履行经济责任情况进行审计；

⑩ 协助本单位主要负责人督促落实审计发现问题的整改工作；

⑪ 对本单位所属单位的内部审计工作进行指导、监督和管理；

⑫ 国家有关规定和本单位要求办理的其他事项。

内部审计机构每年应当向本单位主要负责人或者权力机构提出内部审计工作报告。

（4）内部审计机构的权限

根据《审计署关于内部审计工作的规定》第十三条的规定，内部审计机构主要有以下权限：

① 要求报送资料权；
② 参加与召开会议权；
③ 参与制定规章制度权；
④ 检查资料与勘察实物权；
⑤ 检查电子数据、资料权；
⑥ 调查取证权；
⑦ 临时制止决定权；
⑧ 暂时封存权；
⑨ 提出纠正、处理意见和建议权；
⑩ 通报批评与追究建议权；
⑪ 表彰建议权。

此外，部门、单位还可以在其管理权限范围内，授予内部审计机构必要的经济处理、处罚的权限。

(5) 国家审计机关与内部审计机构的关系

内部审计机构实行行业管理，但应当接受国家审计机关的业务指导和监督。

3) 社会审计

(1) 社会审计的概念

社会审计，又叫民间审计，是指依法设立并接受委托从事审计和其他经济活动咨询、服务业务的审计活动。

社会审计组织是指根据国家法律或条例规定，经政府有关部门审核批准，注册登记的审计事务所和其他审计咨询机构，如工程造价咨询机构等。这些机构是国家批准、依法设立并独立承办相关审计业务的机构，实行有偿服务、自收自支、独立核算、依法纳税。

(2) 社会审计的特点

① 受托审计，有偿服务；
② 承办涉外审计业务。

(3) 社会审计的业务范围

① 审计业务

审计业务是注册会计师、注册审计师、注册造价工程师等注册人员的法定业务，没有注册执业资格的个人或组织不能承担审计业务。

② 其他业务

工程造价咨询、风险评估、会计服务等。

(4) 社会审计组织的权限

① 受理业务不受行政区域和行业的限制；
② 委托业务不受任何单位和个人干预，依法审计受法律保护；
③ 执行业务有检查和查看权并有要求提供协助权；
④ 有权拒绝出具不当、不实、不正确的报告。

(5) 社会审计组织的义务

① 必须遵守法律、行政法规；
② 事务所统一受理业务并签订委托合同，承担民事责任；

③ 实行回避制度；
④ 负有保密义务；
⑤ 应按执业准则、规则确定工作程序和出具报告；
⑥ 不得有任何违反职业道德的行为；
⑦ 应依法纳税。
(6) 我国社会审计管理
① 社会审计实行行业管理；
② 由财政部、住房和城乡建设部等主管部门进行业务指导和管理；
③ 由审计署进行质量监督检查。

1.3　工程审计相关法律及部门规章

1.3.1　我国工程审计法律规范体系的构成

审计法律规范是由国家制定或认可的、国家强制力保证实施的、调整各种审计监督关系的行为规则。审计法律规范属于行政监督法律，具有行政监督法律固有的基本特征。

1）我国审计法律规范的构成

我国审计法律规范体系由《中华人民共和国宪法》(简称《宪法》)、《中华人民共和国审计法》、行政法规、部门行政规章和地方性法规五个层次组成，其中《宪法》居审计法律体系的最高层次，《审计法》是审计法律体系中专门性的基本法律，行政法规和部门行政规章是依据《审计法》制定的专门的且操作性很强的法律规范，是对《审计法》一般要求的具体化。

(1)《宪法》

《宪法》是我国的根本大法，其中与审计有直接关系的规定共有七条。这些条款对审计机关的设置、性质、地位、审计监督的范围和内容、审计监督的基本原则等做了明确规定。其中，《宪法》第九十一条规定："国务院设立审计机关，对国务院各部门和地方各级政府的财政收支，对国家的财政金融机构和企业事业组织的财务收支，进行审计监督。审计机关在国务院总理领导下，依照法律规定独立行使审计监督权，不受其他行政机关、社会团体和个人的干涉。"第一百零九条规定："县级以上的地方各级人民政府设立审计机关。地方各级审计机关依照法律规定独立行使审计监督权，对本级人民政府和上一级审计机关负责。"

(2) 审计法

审计法是由国家制定或认可，并由国家以强制力保证实施的、具有普遍约束力的、调整审计活动中形成的各种审计关系的法律规范的总称。审计法有广义和狭义之分，广义上的审计法是指各种审计法律规范的总和，从性质上看，既包括国家审计法，也包括内部审计法和社会审计法；从法律形式的效力层次上看，既包括宪法，全国人大及其常委会制定的审计法律，也包括国务院制定的审计行政法规，地方人大及其常委会制定的地方审计法规以及国务院各部门和地方人民政府制定的审计行政规章等。狭义上的审计法专指国家审计法律，即1994年8月31日第八届全国人民代表大会常务委员会第九次会议通过，2021年10月23日第十三届全国人民代表大会常务委员会第三十一次会议通过，2022年1月1日起施行的修正的《中华人民共和国审计法》。《审计法》对我国审计监督制度的内容做了全面、具体的规定，是我国审计工作的基本法。另外，全国人民代表大会及其常务委员会颁布的许多法律中，对与审计监督有关的问题做了规定，如预算法、会计法、企业法等。

(3) 行政法规

行政法规由国务院制定。国务院为了贯彻执行国家法律，解决行政管理工作中存在的具体问题，颁布了大量的行政法规。在审计监督方面，1997 年 10 月 21 日中华人民共和国国务院令第 231 号公布，2010 年 2 月 2 日国务院第 100 次常务会议修订通过的国务院颁布的《中华人民共和国审计法实施条例》和 2004 年 11 月 5 日国务院第 69 次常务会议通过并于 2005 年 2 月 1 日起施行的《财政违法行为处罚处分条例》是审计工作的基本行政法规，为审计工作提供了重要的法规依据。

(4) 部门行政规章

部门行政规章既包括由审计署制定颁发的业务规章，也包括审计署和其他部门联合发布的行政规章和其他部门自行发布的与审计工作有关的行政规章。目前，我国政府审计的部门规章以《宪法》《审计法》为依据，对《审计法》有关内容予以具体化，形成合理有序，层次分明的规范体系。审计行政规章共分为 4 类：

① 审计准则类规范，这是对审计机关及审计人员应当具备的资格条件和职业要求的规范，是实施审计过程中编制审计方案，收集和使用审计证据，编写工作底稿，评价审计事项，审定审计报告，出具审计意见书和做出审计决定时应当遵循的行为规范。如审计署 2010 年 9 月 1 日颁布，2011 年 1 月 1 日起施行的《中华人民共和国国家审计准则》(审计署令第 8 号)；中国建设工程造价管理协会出台的《工程造价咨询单位执业行为准则》《造价工程师职业道德行为准则》等。

② 审计项目类规范，这是审计机关开展业务审计的具体规定，包括对财政、金融、行政经费、事业经费、国有工业企业、商品流通行业、国家建设项目的预算执行情况和决算、农业专项资金、社会保障基金、社会捐赠资金、国外贷援款项目、专项审计调查等方面的内容。如审计署于 1996 年 12 月 3 日颁布的《审计机关对国外贷援款项目审计实施办法》、2006 年出台的《政府投资项目审计管理办法》、水利部颁布的 2008 年 4 月 1 日起施行的《水利工程建设项目招标投标审计办法》等。其他还有《交通建设项目审计实施办法》《交通行业内部审计工作规定》《审计机关对建设项目竣工决算报表进行审计监督的主要内容》《工程造价咨询业务操作指导规程》《会计师事务所从事基本建设工程预算、结算、决算审核暂行办法》等。

③ 审计管理类规范，这是审计机关在行使审计监督权以及实施审计行政管理过程中对有关事项的规定。这些管理规范又可以分为以下三类：第一类是对审计主体进行管理的规范，包括对审计人员和审计机构的管理规范，如审计署 2017 年 9 月 6 日颁布的《审计署关于进一步完善和规范投资审计工作的意见》(审投发〔2017〕30 号)、2019 年 7 月 7 日起施行的《党政主要领导干部和国有企事业单位主要领导人员经济责任审计规定》、2020 年 9 月 25 日颁布并施行的《政府财务报告审计办法(试行)》等。第二类是对审计过程和审计行为进行管理的规范，包括审计项目计划、处理处罚、行政强制性措施，以及统计、复核、复议、审计应诉等方面的规定。如 2006 年 6 月 20 日施行的《审计署公告审计结果办法》、2018 年 3 月 1 日起施行的《审计署关于内部审计工作的规定》、2020 年 12 月 30 日修订的《审计机关审计项目计划管理办法》、2021 年 11 月 19 日施行的《审计机关审计听证规定》。第三类是对审计信息

和审计档案进行管理的规范，包括审计信息、公文、档案、通报和公布审计结果的规定，如2013年1月1日起施行的《审计机关审计档案管理规定》(审计署、国家档案局令第10号)、国务院办公厅2019年4月25日发布的《关于利用计算机信息系统开展审计工作有关问题的通知》(国办发〔2001〕88号)。

④ 审计督导类规范。审计机关在对审计行业进行监督和指导方面有关事项的规定。主要有1996年12月17日审计署颁布的《审计机关指导监督社会审计机构的规定》、2016年2月15日审计署发布的《审计署关于适应新常态践行新理念更好地履行审计监督职责的意见》(审政研发〔2016〕20号)等。

(5) 地方性法规

地方性法规是由省、自治区、直辖市的人民代表大会及其常务委员会，省、自治区的人民政府所在地的市和经国务院批准的较大的市的人民代表大会及其常务委员会制定的规章制度。有关审计方面的地方政府行政规章是由省、自治区、直辖市人民政府，省、自治区人民政府所在地的市及较大市的人民政府结合本地审计工作的情况制定的在本地区适用的行政规章。

2) 我国政府审计法律规范的效力等级

审计法律规范通过审计法律条文和审计法律规范性文件表现出来，它们之间是一种内容与形式的关系。审计法律规范的效力等级是指审计法律规范外部表现形式的规范性文件的效力等级。这种效力等级的划分，根据制定的机关不同和宪法及有关组织法的规定，我国政府审计法律规范可分为以下几个层次：第一层次是《宪法》。《宪法》关于审计监督的规定具有最高的法律效力，一切审计法律、行政法规、地方性法规都不得同宪法相抵触。第二层次是《审计法》和其他有关工程审计方面的法律，如《中华人民共和国建筑法》《中华人民共和国民法典》《中华人民共和国招标投标法》等。这些法律具有较高的法律效力，一切审计方面的行政法规、地方性法规和行政规章不得同国家法律相抵触。第三层次是审计方面的行政法规，行政法规由国务院制定，在全国范围内具有约束力。第四层次是部门行政规章，在全国范围的某一行业内具有约束力。第五层次是地方性行政法规规章，仅在某一地区范围具有约束力，而且不得同国务院的行政法规相抵触。省级以下地方政府及政府各部门制定的有关审计方面的规范性文件，不得与地方性法规和行政规章相抵触。

1.3.2 《审计法》简介

为了加强国家的审计监督，维护国家财政经济秩序，提高财政资金使用效益，促进廉政建设，保障国民经济和社会健康发展，我国于1994年8月31日第八届全国人民代表大会常务委员会第九次会议通过《中华人民共和国审计法》，并于2021年10月23日第十三届全国人民代表大会常务委员会第三十一次会议修正通过。《审计法》对我国的审计监督的原则、审计机关和审计人员、审计机关职责、审计机关权限、审计程序、法律责任等做了全面、具体的规定，是我国审计工作的基本法。

《审计法》按照《宪法》规定的原则，为建立与社会主义市场经济体制相适应的审计监督制度，构造了法律框架。这强化了审计监督，为审计机关依法履行审计监督职责，提供了法律保障。

《审计法》共分七章，即总则、审计机关和审计人员、审计机关职责、审计机关权限、审计程序、法律责任和附则,共六十条。

《审计法》第二十三条规定:"审计机关对政府投资和以政府投资为主的建设项目的预算执行情况和决算,对其他关系国家利益和公共利益的重大公共工程项目的资金管理使用和建设运营情况,进行审计监督。"这为审计机关对我国政府投资和以政府投资为主的建设项目进行审计监督奠定了合法性基础。

《审计法》的颁布实施,是我国社会主义法治建设的一项重要举措。这部法律把审计监督活动进一步纳入了法制运行轨道,为审计机关和审计人员的审计监督活动提供了法律依据和行为准则;使被审计单位明确了自身在审计监督活动中的权利和义务,增强其接受监督的自觉性;同时还对广大人民群众监督审计工作做出了法律规定。《审计法》第十二条规定,"审计机关和审计人员应当依法接受监督"。

1.3.3 《审计机关国家建设项目审计准则》简介

为了规范审计机关对国家建设项目的审计,保证审计质量,审计署根据《中华人民共和国审计法》和《中华人民共和国国家审计基本准则》,于 2001 年 8 月 1 日颁布了《审计机关国家建设项目审计准则》(审计署令第 3 号)。

这里所称国家建设项目,是指以国有资产投资或者融资为主(即占控股或者主导地位)的基本建设项目和技术改造项目。

《审计机关国家建设项目审计准则》共二十六条,其中第一~三条主要规定了审计的目的和审计范围。如《审计机关国家建设项目审计准则》第二条规定,"与国家建设项目直接有关的建设、勘察、设计、施工、监理、采购、供货等单位的财务收支,应当接受审计机关的审计监督"。第三条规定:"审计机关在安排国家建设项目审计时,应当确定建设单位(含项目法人,下同)为被审计单位。必要时,可以依照法定审计程序对勘察、设计、施工、监理、采购、供货等单位与国家建设项目有关的财务收支进行审计监督。"

第四~二十四条主要对审计机关进行的国家建设项目业务审计工作做出具体规定。如《审计机关国家建设项目审计准则》第二十三条规定:"对财政性资金投入较大或者关系国计民生的国家建设项目,审计机关可以对其前期准备、建设实施、竣工投产的全过程进行跟踪审计。"第二十四条规定:"审计机关在组织对国家建设项目审计时,可以根据需要对专项建设资金的征集、管理与使用情况和与国家建设项目有关的重要事项或者倾向性问题进行专项审计或者专项审计调查。"

1.3.4 《第 3201 号内部审计实务指南——建设项目审计》简介

为了规范建设项目审计工作,指导内部审计人员更好地实施建设项目审计,提高审计质量,中国内部审计协会根据《内部审计基本准则》《内部审计人员职业道德规范》及相关法律法规,制定并发布《第 3201 号内部审计实务指南——建设项目审计》,自 2021 年 8 月 1 日起施行。

1) 编写原则

(1) 指导性原则

本指南是为内部审计机构和内部审计人员实施建设项目审计提供指导性的操作规程和方法,以便于规范审计行为,控制审计风险,提高审计工作效率,提升审计质量。

本指南对建设项目审计业务具有指导性。内部审计机构和内部审计人员在执行本指南时,可以根据项目需要,有所选择,或加以改进。

(2) 系统性原则

本指南编写侧重内容的系统性和全面性,围绕建设项目审计可能涉及的各参建单位,贯穿建设项目准备、实施、竣工的全过程,覆盖建设项目合同管理、造价管理、进度管理、质量管理、资金管理等多条业务主线,基本涵盖了大中型建设项目审计可能涉及的所有主要方面。

(3) 可操作性原则

本指南编写重在指导内部审计人员确定建设项目审计具体审计目标,确认数据真实性、程序合法性和管理有效性,采用适当的审计方法、审计步骤和审计依据,力求达到简明、易懂、易操作。

2) 适用范围

本指南适用于各系统、各组织、各单位内部审计机构对自身投资建设项目组织开展的审计,也适用于接受委托的会计师事务所、工程咨询机构等各类中介机构组织或参与的建设项目审计。国家审计机关和审计人员开展建设项目审计时,也可参考使用本指南。

3) 主要内容

本指南共分八章。第一章介绍建设项目审计的要求、目标、内容和程序等;第二章至第八章,分别介绍建设项目各项主要业务与审计内容、程序及方法。包括建设项目前期决策审计、建设项目内部控制和风险管理审计、建设项目采购审计、建设项目工程管理审计、工程造价审计、建设项目财务审计以及建设项目绩效审计等。

需注意的是,《第 3201 号内部审计实务指南——建设项目审计》由中国内部审计协会发布,并不属于法律法规,仅仅给各类组织进行建设项目内部审计工作提供工作指南。

1.4 工程审计的法律效力

工程审计是指由独立的审计机构和审计人员,依据国家现行法律法规和相关审计标准,运用审计技术,对工程项目建设的全过程的技术经济活动和建设行为进行监督、评价和鉴证的活动。

根据工程项目资金来源的不同,工程项目可分为:国家预算拨款项目、银行贷款项目、企业联合投资项目、企业自筹项目、利用外资项目和外资项目。工程项目的投资主体不同,工程审计的法律效力也不尽相同。

1.4.1 国家建设项目审计的法律效力

1) 国家建设项目审计的法律地位

审计机关是国家行政机关,审计机关依法对国家财政、财务收支和国有资产的审计监督是行政法律关系范畴。《审计法》主要规定了行政法律关系,第二条规定,“国家实行审计监督制度。坚持中国共产党对审计工作的领导,构建集中统一、全面覆盖、权威高效的审计监督体系。国务院和县级以上地方人民政府设立审计机关。国务院各部门和地方各级人民政府及其各部门的财政收支,国有的金融机构和企业事业组织的财务收支,以及其他依照本法规定应当接受审计的财政收支、财务收支,依照本法规定接受审计监督”。《审计法》也认可了行政行为介入民事法律领域,第二十三条规定:“审计机关对政府投资和以政府投资为主的建设项目的预算执行情况和决算,对其他关系国家利益和公共利益的重大公共工程项目的资金管理使用和建设运营情况,进行审计监督。”第二十五条规定:“审计机关对国际组织和外国政府援助、贷款项目的财务收支,进行审计监督。”2010 年 2 月 11 日颁布,2010 年 5 月 1 日起施行的《中华人民共和国审计法实施条例》(国务院令第 571 号)第二十条规定:“审计法第二十二条所称政府投资和以政府投资为主的建设项目,包括:(一) 全部使用预算内投资资金、专项建设基金、政府举借债务筹措的资金等财政资金的;(二) 未全部使用财政资金,财政资金占项目总投资的比例超过 50%,或者占项目总投资的比例在 50%以下,但政府拥有项目建设、运营实际控制权的。审计机关对前款规定的建设项目的总预算或者概算的执行情况、年度预算的执行情况和年度决算、单项工程结算、项目竣工决算,依法进行审计监督;对前款规定的建设项目进行审计时,可以对直接有关的设计、施工、供货等单位取得建设项目资金的真实性、合法性进行调查。”第二十二条规定:“审计法第二十四条所称国际组织和外国政府援助、贷款项目,包括:(一) 国际组织、外国政府及其机构向中国政府及其机构提供的贷款项目;(二) 国际组织、外国政府及其机构向中国企业事业组织以及其他组织提供的由中国政府及其机构担保的贷款项目;(三) 国际组织、外国政府及其机构向中国政府及其机构提供的援助和赠款项目;(四) 国际组织、外国政府及其机构向受中国政府委托管理有关基金、资金的单位提供的援助和赠款项目;(五) 国际组织、外国政府及其机构提供援助、贷款的其他项目。”因此,审计机关对国家建设项目的审计是有法律依据的,是国家审计的一项重要内容。

2) 国家建设项目审计的法律效力

审计机关按照法定程序实施审计,实施审计后,依法出具审计报告,在审计报告中对审计工作进行总结和情况反映,依法需要给予处理、处罚的,在法定职权范围内做出审计决定。审计机关依法出具的审计报告、做出的审计决定具有法律约束力,被审计单位和有关部门应当遵照执行。

(1) 审计监督的对象

① 建设单位

政府审计是由法律规定的、独立的、专门的行使监督权的政府行政机关和人员实施的强制性的行政行为。政府审计的本质是国有资产所有者对国有资产经营管理者的受托经济责任进行的监督行为。审计发生的基础是财产所有者和经营管理者分离,财产所有者要对经营管理者的受托经济责任进行监督。

依法做出审计决定是《审计法》赋予审计机关的权力。《审计机关国家建设项目审计准则》第三条规定:“审计机关在安排国家建设项目审计时,应当确定建设单位(含项目法人,下同)为被审计单位。必要时,可以依照法定审计程序对勘察、设计、施工、监理、采购、供货等单位与国家建设项目有关的财务收支进行审计监督。”

由此可见,在国家建设项目审计中,审计机关和建设单位(被审计单位)之间基于审计监督权力产生行政法律关系。行政法律关系是指行政权力行使中产生的各种社会关系加以调整之后所形成的一种行政法上的权利义务关系。

行政法律关系是典型的隶属型法律关系,具有主体地位不对等的显著特点,在该法律关系中，行政主体作为公共利益的代表，以国家的名义参与法律关系并以国家强制力保证其职权的行使，这就决定了行政主体在行政法律关系中处于主导地位，行政相对人则处于从属或服从的地位。《审计法》第五十一条规定，“审计机关在法定职权范围内作出的审计决定，被审计单位应当执行”。

② 其他项目参与者

《审计机关国家建设项目审计准则》第二条规定，“与国家建设项目直接有关的建设、勘察、设计、施工、监理、采购、供货等单位的财务收支，应当接受审计机关的审计监督”。第三条规定：“审计机关在安排国家建设项目审计时，应当确定建设单位（含项目法人，下同）为被审计单位。必要时，可以依照法定审计程序对勘察、设计、施工、监理、采购、供货等单位与国家建设项目有关的财务收支进行审计监督。”

由此可见，在国家建设项目审计中，其他项目参与者（这里特指勘察、设计、施工、监理、采购、供货等单位）也可以纳入被审计对象。但是在审计实践中，需注意区分政府向相关主体（建设单位）拨付财政资金，由其管理使用，进行项目建设开发和政府向相关主体（其他项目参与者）支付报酬，购买其服务和相关产品这两种情况的区别。国家建设项目建设单位的建设行为实际上行使了政府委托的行政职权，同时也是一种国有资产的经营管理行为，审计机关可以对其进行审计监督。而其他项目参加者的建设行为，仅仅是为建设单位提供了产品或服务，如设计单位提供设计图纸，监理单位提供监理服务，施工单位提供工程建设工作，而供应单位则提供工程项目建设所需要的建筑材料和设备。政府并没有委托这些主体行使行政职权，这些主体也没有使用、管理财政资金，而仅是向政府提供服务和产品并收取了相应的报酬。因此审计机关很难直接对其进行审计。在实践中，即使审计机关发现这些企业存在以次充好、以假充真的欺诈行为，也只能追究建设单位的责任，要求其通过法律渠道进行解决，或者将这些企业的违法行为的相关证据移送给相应的行政主管部门，由其对这些企业进行处理处罚。

(2) 对国家建设项目相关合同的审计监督的法律效力

《审计机关国家建设项目审计准则》第八条规定：“审计机关根据需要对与国家建设项目有关的合同进行审计时，应当检查合同的订立、效力、履行、变更和转让、终止的真实性和合法性。”由此可见，审计机关可以依法对国家建设项目相关合同的签订和履行过程进行审计。

但是，在对国家建设项目相关合同进行审计监督过程中，如果发现相关合同在签订和履行过程中出现不真实、不合法的情况如何处理？

要正确处理审计决定与工程承包合同法律效力的冲突问题，首先必须明确《审计法》和《民法典》的性质。

《审计法》规定各级审计机关代表国家行使审计行政权力，对行政相对人的财政收支、财务收支的真实、合法和效益进行监督，维护国家财政经济秩序，促进廉政建设，保障国民经济健康发展，调整审计机关与被监督对象之间的行政权力义务关系，是公法。《民法典》调整平等主体的自然人、法人、其他组织之间的民事权利义务关系，是私法。两者在各自范围内、各自层面上发挥作用，各得其所，互不冲突。

综上所述，审计依据《审计法》实施，具有公法属性；合同依据《民法典》签订，具有私法属性。公法和私法的区别，决定了在公法领域中遵守行政主导原则，在私法领域中遵守私法自治原则。区分公法和私法，有助于在私法领域提倡当事人意思自治，尽可能地减少国家的干预。因此,审计决定对建设单位具有法律强制力,但其效力不及承建单位;合同是建设单位和承建单位平等、自主协商的结果,适用私法关系中的意思自治原则,审计机关不应以行政权力干预民事权利。

在国家建设项目审计中,合同和审计决定在各自范围内发生效力,发挥作用,一般情况下并不冲突。合同是否有效取决于合同是否符合《民法典》规定,而不取决于审计机关是否认可。因此,只要工程合同无上述情形即有效。而根据《审计法》的有关规定,审计决定符合《中华人民共和国行政处罚法》《审计法》等有关法律规定的,即为有效。审计决定一经做出就对建设单位具有先定力、公定力、确定力、拘束力、执行力(但对其他项目参加者无上述效力)。综上所述,合同和审计决定即使内容上有所冲突,但仍在各自范围内发生法律效力。合同、审计决定的法律效力都是客观存在的,合同的效力不会因为审计决定的存在、审计机关的看法而失去其效力。同理,审计决定的法律效力也不会因为被审计单位的不同认识、人民法院的采信与否而有所改变。

审计机关对项目相关合同进行审计监督并不是对合同的合法性和有效性进行判定,而是检查被审计单位经营管理行为的真实性、合法性和效益性,以保证其正确履行项目合同的各项义务。无论审计机关的审计结论是什么,都不必然导致合同的无效,因为判定合同是否合法、有效并不是审计机关的法定职责。因此,审计机关即使在审计过程中,发现了足以证明项目合同存在违法、无效的事实,也不能以自己的名义判定合同违法或者无效,而只能移送给有权机关或者向政府报告,由其进行处理。

(3) 审计机关项目决算价款审计的法律效力

《审计法》第二十三条规定:“审计机关对政府投资和以政府投资为主的建设项目的预算执行情况和决算,对其他关系国家利益和公共利益的重大公共工程项目的资金管理使用和建设运营情况,进行审计监督。”这就赋予审计机关工程决算审计的权力。但是在审计实践中审计决定认定应付的价款往往与合同价款不一致。在这种情况下,判断国家建设项目价款应以何者为准,要根据有关行政法律、民事法律的规定分析行政法律关系和民事法律关系的不同内涵。

前些年,北京、山东等14个省级人大常委会先后出台了地方性审计条例或监督条例,规定政府投资和以政府投资为主的建设项目,以审计结果作为工程竣工结算依据。如2006年7月1日起施行的《宁夏回族自治区审计监督条例》第二十四条规定,“审计机关审定的建设项目竣工决算审计决定,有关部门应当作为办理竣工验收、工程结算以及固定资产移交的依据”。2012年10月1日施行的《北京市审计条例》第二十三条规定,“政府投资和以政府投资为主的建设项目,建设单位应当与承接项目的单位或者个人在合同中约定,建设项目纳入审计项目计划的,双方应当配合、接受审计,审计结论作为双方工程结算的依据;依法进行招标的,招标人应当在招标文件中载明上述内容”。

2013年,中国建筑业协会(简称中建协)联合26家地方建筑业协会和有关行业建设协会两次向全国人大常委会申请对规定“以审计结果作为工程竣工结算依据”的地方性法规进行立法审查,并建议予以撤销。2015年5月,中建协再次向全国人大常委会法工委提交申请,中建协认为,如果通过审计发现确有对工程结算款高估冒算行为,甚至行贿受贿等犯罪行为,完全可以适用《中华人民共和国民法通则》《中华人民共和国合同法》(现均已废止)等民事法律规定中的撤销、无效等有关条款,或按照相关法律移交法院审理。强制性地将第三方做出的审计结果作为平等主体之间的民事合同双方的最终结算依据，不仅不合理，而且没有现行法律的支持。“长期以来，一些政府投资工程的建设单位以等候审计结果为由拖延工程结算时间，进而拖延支付工程款，使施工企业不堪重负，并直接影响对材料、设备供应商及劳务企业的款项结算和支付。该规定不利于保护施工企业合法权益。”中建协还认为，通过地方立法强制要求将审计结果运用于民事合同的价款结算，实际上是以行政定价代替市场定价，而审计机关和被审计单位之间是一种行政监督关系，审计机关没有对具体交易行为进行定价的权力。“合同法把平等、自愿、公平、诚实信用等作为从事民事活动、订立合同的基本原则，此规定违背了合同法规定的平等自愿原则”。

中建协的申请，引起了全国人大常委会法工委的高度重视，经过充分调研，征求了审计署、国务院法制办、财政部、住房城乡建设部、国务院国资委、最高人民法院等多家单位的意见。2017年6月5日，中建协收到法工委《关于对地方性法规中以审计结果作为政府投资建设项目竣工结算依据有关规定提出的审查建议的复函》(法工备函〔2017〕22号)。法工委提出，“地方性法规中直接以审计结果作为竣工结算依据和应当在招标文件中载明或者在合同中约定以审计结果作为竣工结算依据的规定，限制了民事权利，超越了地方立法权限，应当予以纠正”。

政府投资工程接受国家审计，是审计机关发挥国家审计监督的职能、保障政府投资资金安全和使用效益的手段，只要该工程被列入审计对象，政府审计程序就不因发承包双方合同约定而排除；加之经审计超出概算的资金投入需要地方财政承担，仅从地方政府资金风险控制角度出发，政府投资的工程就难以避免地需要在合同中设置结算以审计为准的条款，也正是因此导致一些地方政府相继出台规定直接要求以审计结果作为工程价款的结算依据。

但政府投资项目依法接受政府审计，并不意味着政府审计结论就应当作为发承包双方工程竣工结算的依据，所以这类地方立法规定实际上混淆了行政职能和民事法律关系的界限，限制了民事权利，超越了地方立法权限，由此全国人大常委会法工委才会提出立法审查意见并要求地方政府对此类规定进行纠正。

2017年9月6日，审计署颁布的《审计署关于进一步完善和规范投资审计工作的意见》(审投发〔2017〕30号)中第三条规定，“各级审计机关要严格遵守审计法等法律法规，进一步健全和完善投资审计制度，认真履行工程结算审计法定职责，促进相关单位履职尽责，提高投资绩效。对平等民事主体在合同中约定采用审计结果作为竣工结算依据的，审计机关应依照合同法等有关规定，尊重双方意愿。审计项目结束后，审计机关应依法独立出具投资项目审计报告，对审计发现的结算不实等问题，应做出审计决定，责令建设单位整改；对审计发现的违纪违法、损失浪费等问题线索，应依法移送有关部门处理。要健全审计查出问题整改督查机制，促进整改落实和追责问责”。

在国家建设项目审计中，涉及审计机关、建设单位(被审计单位)、承包商三个主体，存在行政、民事两种法律关系。民事法律关系是典型的平权型法律关系，平等、自愿、契约自由、意思自治是其显著特点。而行政法律关系是典型的隶属型法律关系，具有主体地位不对等的显著特点，在该法律关系中，行政主体作为公共利益的代表，以国家的名义参与法律关系并以国家强制力保证其职权的行使，这就决定了行政主体在行政法律关系中处于主导地位，行政相对人则处于从属或服从的地位。这明显地区别于民事法律关系的平等、自愿、意思自治等特征。在国家建设项目审计中，审计机关和建设单位(被审计单位)之间基于审计监督权力产生行政法律关系,建设单位与承包商之间则基于工程承包合同产生民事法律关系,这是两种相互独立的法律关系。审计机关的审计决定只对行政法律关系的另一方——建设单位(被审计单位)起作用,并不对承包商起作用。因此,建设单位究竟应当支付多少价款给承包商是民事法律问题,解决该问题合同优先,应当以双方合法签订的合同为准。

【案例1-1】 如何界定最终结算价款以审计单位审定价格为准

大理某公司、云南某公司等建设工程施工合同纠纷

民事申请再审审查民事裁定书

中华人民共和国最高人民法院民事裁定书

(2024年3月11日)

再审申请人(一审原告、反诉被告,二审被上诉人):大理某建设工程有限公司(以下简称A公司)。

被申请人(一审被告、反诉原告,二审上诉人):云南建投某建设有限公司(以下简称B公司)。

被申请人(一审被告、反诉原告,二审上诉人):云南省建投某集团(以下简称C公司)。

再审申请人A公司因与被申请人B公司、C公司建设工程施工合同纠纷一案,不服云南省高级人民法院(以下简称二审法院)做出的(2023)云民终88号民事判决(以下简称二审判决),向本院申请再审。本院依法组成合议庭进行了审查,现已审查终结。

A公司申请再审称,其对二审判决认定的基本事实、认定事实的主要证据、适用的诉讼程序均无异议,但认为本案符合《中华人民共和国民事诉讼法》第二百一十一条第六项的规定,应予再审。主要理由是:

一、A公司对按照合同约定的依审计结果确定工程价款没有异议,但B公司确认工程量的方法不合法,其提交的资料不属于签证,而A公司提交的资料是经过当事人确认的签证,审计报告没有按照合同约定计算工程量及工程价款错误。B公司(甲方)和A公司(乙方)签订的《工程专业施工分包合同》第三条第一款第(三)项约定,按乙方实际完成、经验收合格并由甲方管理人员书面签字认可的工程量进行结算,最终结算价款以建设方委托的审计单位审定价格为准。工程量结算以施工单位、监理单位、建设单位签字确认的现场签证为准,工程造价鉴定和审计都必须遵守该约定,方可以审计单位最终审定的工程价款为准。二审法院采信没有监理单位签字确认、只加盖了欠缺建设单位签字和时间的公章、仅由B公司和C公司单方面制作的审计材料认定工程量,既不符合证据的客观性要求,也不符合合同约定。《工程专业施工分包合同》第三条第二款第(四)、(五)项再次明确了确认工程量的结算单必须有甲方和乙方相关专业人员的签字或盖章,二审法院片面理解按审计报告最终结算的意思,忽略了合同约定对工程量的确认方法与依据是以签证为基础。《工程专业施工分包合同》第十六条也明确要求竣工验收由甲方负责、乙方配合,竣工验收的意见以甲方、监理单位、分包单位共同签字确认的文件为准。根据《最高人民法院关于审理建设工程施工合同纠纷案件适用法律问题的解释(一)》第二十条的规定,当事人对工程量有争议的,按照施工过程中形成的签证等书面文件确认。案涉审计报告并没有遵照该条规定。最高人民法院在类案裁判中也认为工程量鉴定要符合合同约定,而本案审计在工程量的确认方面缺乏合同依据。云南省大理白族自治州中级人民法院(以下简称一审法院)遵照合同约定的工程量确认方法,以签证为基础认定工程价款,全面客观,合理合法,二审法院推翻一审法院认定的工程价款,缺乏事实依据,证据不足,适用法律错误。

二、二审法院采信的审计报告确认的工程量错误,工程造价鉴定结果缺乏客观证据支撑。二审法院依照不合法的审计报告确认的工程量与依照签证形成的工程量相比产生了众多漏项,涉及1#、2#、3#、28#、29#、30#、38#、42#、43#、49#、52#、54#、55#、56#、57#、59#签证,B公司、C公司单方面扣减的工程价款高达6 570 137元。二审法院采信的某工程造价咨询有限公司(以下简称D造价咨询公司)出具的《审核定案表》与本案不发生直接关联,该表是针对C公司承建的洱海流域水资源综合调度利用三库连通洱海应急补水工程峡谷段到洱海段工程的总体审核,并未针对A公司分包的十工区工程进行单独审核,审核主体并非A公司和B公司,审核结果与本案无关,无法反映十工区工程的实际施工内容及工程造价。二审法院采信的由B公司和C公司制作的《审计(核)事实认定书》也漏洞百出。2#签证与38#签证施工部位不一样,不存在重复;批注载明57#签证与61#签证重复,但计算工程量的签证编号为1#至59#,不存在61#签证。B公司、C公司提交的只有建设单位大理州某水利建设投资有限公司(以下简称水利投资公司)与C公司双方盖章的《洱海流域水资源综合调度利用三库连通洱海应急补水工程峡谷段(XG02+469.188)至××段××期××工区DS10+793.218——DS13+856.488)竣工结算审核定案表》(以下简称《竣工结算审核定案表》)并无签字,也未签署日期,更没有审计单位和审计师签章,该表在形式和要件上均不符合审计规范,不能作为本案的定案依据。二审法院根据该表确认A公司已完成工程量及工程造价是错误的。

三、针对B公司、C公司提出的"三边工程具有特殊性"的说法不成立。工程量的认定与是否系"三边工程"没有关系,只有经签订合同的甲方(或总承包方)、乙方和监理单位三方共同签字盖章的书面文件才能作为认定工程量的依据。因此,只有全面依照合同约定的条款进行工程造价鉴定或审计,才能真实、客观、合法地确认工程量,然后依照审计结果认定真实的工程价款。

B公司提交意见称,二审判决认定事实清楚,适用法律正确,程序合法,A公司申请再审的理由不能成立,应予驳回。

一、A公司对二审判决认定的基本事实和认定事实的主要证据均无异议,A公司已确认59份签证对应的工程量并非由其全部施工的事实,建设单位、监理单位联系的施工单位是B公司,故不是所有反映A公司实际工程量的文件都有A公司的签章。案涉59份签证均无A公司的签章,本案中没有一份反映工程量的文件有A公司的签章,A公司在诉讼中要求反映工程量的文件必须有其签章明显违背诚信原则。

二、某招标造价咨询有限公司(以下简称E造价咨询公司)做出的《工程造价鉴定意见书》选择性意见(二)已经由二审法院确认,B公司不存在扣减A公司工程量、压低工程单价的意思和行为。《工程专业施工分包合同》第二条对合同价款有明确约定,洱海流域水资源综合调度利用三库连通洱海应急补水工程具有特殊性,属于"三边工程",且在工程实施过程中没有设计图、施工图、工程量清单,无法通过总价或者单价确定工程的计价标准,只能采取C公司与建设单位结算价下浮的方式确定A公司分包工程价款,这也是《工程专业施工分包合同》的附件全费用综合单价表只作为支付进度款使用而不作为最终结算使用的原因,因此才会出现超付工程价款的情况。双方不再单独就A公司分包的十工区工程进行计量和计价,量和价都以建设单位指定的审计部门最终审计结果作为双方最终结算的依据,这也是双方在合同履行过程中没有单独形成相应施工资料的原因。双方也约定认可建设单位根据第三方审核认定的工程价款作为最终结算价款,如果以《工程造价鉴定意见书》作为本案的定案依据,选择性意见(二)更符合双方合同约定的结算原则。

三、《审计(核)事实认定书》符合民事诉讼证据的要件,合法有效,具备扣减工程量的证明力。该证据形成于2021年1月8日,晚于签证形成的时间,是在审计过程中于施工现场并结合相应事实材料而形成的,资料来源及依据充分,对应审减工程量的签证具有客观、详细的说明和描述,且经过审计单位D造价咨询公司审核人员签字、建设单位水利投资公司和施工单位C公司签章签字确认,合法有效。审计单位在审计时发现结算量与签证量不一致,根据审计原则、计价规则进行审减,得到了建设单位水利投资公司和施工单位C公司的认可,符合B公司和A公司约定的以审计结果为准的原则,且A公司申请再审时对该证据无异议,二审法院根据审计结果认定工程量符合法律规定。

四、A公司申请再审只提出二审判决适用法律错误,但并未明确二审判决适用具体哪条法律规定错误。类案判决能否适用于本案也需具体分析,本案的特殊性在于1#至59#签证因不能反映A公司的实际施工量而不能作为定案依据,以该59份签证作为结算工程价款的依据是错误的。

五、A公司要求B公司支付工程价款9 044 130.97元没有事实依据,也与鉴定意见不符。

本院经审查认为,本案再审审查主要涉及A公司的再审申请是否符合民事诉讼法第二百一十一条第六项规定的情形。

《最高人民法院关于审理建设工程施工合同纠纷案件适用法律问题的解释(一)》第十九条规定:“当事人对建设工程的计价标准或者计价方法有约定的,按照约定结算工程价款。”本案中,2017年8月28日,水利投资公司与C公司签订《建设工程总承包合同》,约定由C公司承包洱海流域水资源综合调度利用三库连通洱海应急补水工程。2017年4月3日,B公司(甲方)与A公司(乙方)签订《工程专业施工分包合同》,由A公司分包洱海流域水资源综合调度利用三库连通洱海应急补水工程十工区工程。《工程专业施工分包合同》第三条第一款第(三)项约定“结算工程量以乙方实际完成、经验收合格并经甲方管理人员书面签字认可的工程量进行结算。最终结算价款以建设方委托的审计单位审定价格为准”。第三条第二款第(一)项约定“分包价款的结算:在建设方指定的审计部门最终审计审定总承包合同结算基础上总价上缴甲方35%的管理费用后扣减甲方另行分包部分价款及甲方代购材料款项作为乙方分包总价”。第三条第二款第(三)项约定“分包工程最终结算在甲方总包合同最终结算审计审定后进行。在施工过程中,乙方有责任协同甲方与建设单位办理相关签证及工程结算等相关资料”。从上述约定内容看,最终结算工程价款以水利投资公司委托的审计单位审定价格为准,A公司的工程价款应在水利投资公司指定的审计部门对C公司承包的洱海流域水资源综合调度利用三库连通洱海应急补水工程进行审计结算后,依A公司的工程量并扣减相关费用后再行结算。2021年1月8日,水利投资公司、C公司、D造价咨询公司、大理白族自治州水务局签署《洱海流域水资源综合调度利用三库连通洱海应急补水工程峡谷段(XG02+469.188)至洱海段竣工结算审核定案表》,审定工程价款为256 474 059.50元,审定的工程包含B公司与A公司签订《工程专业施工分包合同》约定的十工区工程。

在本案一审审理过程中，一审法院依A公司申请，委托E造价咨询公司对A公司已完成工程造价进行鉴定。E造价咨询公司于2022年4月28日做出《工程造价鉴定意见书》，按不同的鉴材，提出了两种鉴定意见供一审法院参考，其中选择性意见（一）以1#至59#签证及两份无签字盖章的签证为基础计算工程造价，选择性意见（二）以水利投资公司与C公司盖章的《竣工结算审核定案表》为基础计算工程造价。选择性意见（一）计算工程造价未以《竣工结算审核定案表》审定金额为参考，与《工程专业施工分包合同》约定的结算方式不符。虽然水利投资公司与C公司于2021年1月8日签署的《审计（核）事实认定书》仅有D造价咨询公司审核人员的签字，但《峡谷段（XG02+469.188）至洱海段各工区第二次汇总工程量审核情况表》有水利投资公司负责人的签字确认、D造价咨询公司审核人员签字确认并加盖D造价咨询公司印章，C公司也加盖印章予以确认，故该表符合《工程专业施工分包合同》第三条第一款第（三）项约定的工程量确定方式。水利投资公司与C公司据此结算，签署《竣工结算审核定案表》，确定审定金额36 137 842.35元，虽未经D造价咨询公司确认，但《工程专业施工分包合同》约定A公司的工程价款计价方式为水利投资公司指定的审计部门最终审计审定总承包合同结算基础上总价上缴B公司35%的管理费用后扣减B公司另行分包部分价款及B公司代购材料款，故二审法院认为选择性意见（二）符合《工程专业施工分包合同》约定的结算原则，采纳选择性意见（二）认定工程造价，在扣除按工程造价20%（含税）计算的管理费后，确认A公司的工程价款，并无不当。

综上所述，A公司申请再审的事由不能成立，其再审申请不符合《中华人民共和国民事诉讼法》第二百一十一条第六项规定的情形。依照《中华人民共和国民事诉讼法》第二百一十五条第一款，《最高人民法院关于适用〈中华人民共和国民事诉讼法〉的解释》第三百九十三条第二款规定，裁定如下：

驳回A公司的再审申请。

[摘编自（2023）最高法民申1539号，有删减]

1.4.2 非国家建设项目审计的法律效力

非国家建设项目审计从其性质上来说属于内部审计范畴。内部审计是由本单位或本部门的审计机构或审计人员实施的审计。随着我国现代企业制度的逐步完善，内部审计性质相应地发生了变化，它不再从属于国家审计的监督、评价体系，而是转变为管理职能的重要组成部分，在审计组织体系中所起的作用日益重要。

《第3201号内部审计实务指南——建设项目审计》规定："建设项目审计的总体目标，是通过对建设项目建设全过程各项技术经济活动进行监督和评价，确认建设项目建设与管理活动的真实性、合法性和效益性，促进项目建设质量、工期、成本等建设目标顺利实现，促进提升项目绩效，增加建设项目价值。"

内部审计以检查评价被审计单位内部控制制度为基础，其主要目标是通过对被审计单位内部控制的测评，找出薄弱环节，协助单位完善内部管理，降低工程项目成本支出，促进建设项目实现质量、速度、效益三项目标。

1）建设项目内部审计对建设单位的法律效力

《第3201号内部审计实务指南——建设项目审计》规定，"本指南适用于各系统、各组织、各单位内部审计机构对自身投资建设项目组织开展的审计,也适用于接受委托的会计师事务所、工程咨询机构等各类中介机构组织或参与的建设项目审计。国家审计机关和审计人员开展建设项目审计时,也可参考使用本指南”。由此可见,无论建设单位是何类型组织,都可以进行建设项目内部审计。

建设项目内部审计是一种独立、客观的保证工作与咨询活动,它的目的是促进建设项目实现“质量、速度、效益”三项目标。

内部审计机构和内部审计人员依据法律法规和组织内部授权开展建设项目审计,审计对象是所在组织作为投资主体或建设主体所建设的项目。投资主体或建设主体是指对投资资金拥有所有权或者对建设项目拥有决策权、建设管理权、经营管理权,对投资所形成的固定资产有收益权,并因此承担投资的法律责任和风险的法人或自然人。

由此可见,在建设项目内部审计中,内部审计部门与建设管理部门之间基于审计监督权力产生组织关系。建设项目内部审计的监督职能应该是代表组织最高管理层监督组织内部建设管理人员和员工的行为和效果,而不是监督管理当局本身。事实上,由组织最高管理层委任和领导的内部审计机构来监督组织最高管理层本身也是不可行的。内部审计是管理职能的一部分。内部审计是为组织最高管理层服务的,是组织最高管理层管理组织的手段,内部审计人员并不是管理人员,而是管理人员的参谋、助手。最终的决定和处理应当由组织最高管理层作出。

每个建设项目都有建设目标,不同类型、不同管理模式的建设项目各有其特点,内部审计机构对建设项目展开审计,要根据项目建设目标,结合项目类型、管理模式,有重点地开展审计。

内部审计机构对建设项目开展审计要以所在组织的治理结构为依托,以组织整体利益为服务目标,以组织内部与建设项目相关的管理制度为标准,并与组织内部和工程建设业务相关的各职能管理部门协调。

2) 建设项目内部审计对其他项目参与者的法律效力

《第3201号内部审计实务指南——建设项目审计》规定,“建设项目审计内容主要包括:建设项目前期决策审计、建设项目内部控制与风险管理审计、建设项目采购审计、建设项目工程管理审计、建设项目工程造价审计、建设项目财务审计、建设项目绩效审计等”。

由此可见,建设项目内部审计范围涉及工程建设项目建设全过程。内部审计机构和内部审计人员依据法律法规和组织内部授权开展建设项目审计,审计对象是所在组织作为投资主体或建设主体所建设的项目。当组织以其他身份,如施工单位、设计单位等身份,参与一个或多个项目建设时,不能对建设项目开展全面审计,只能对本组织依据合同、文件在项目建设中所承担的职责履行情况开展审计。其审计结论能否对其他项目参与者(这里特指勘察、设计、施工、监理、采购、供货等单位)产生法律效力,笔者认为这应当与建设单位在和其他项目参与者所签订的工程合同中是否赋予内部审计部门相应的权利有关。如果工程合同中赋予内部审计部门相应的权利,那么在工程合同履行过程中内部审计部门就可以依据工程合同规定行使合同权利,如工程变更价款的确认,工程签证单的复核等,其他项目参与者应当按照合同约定执行。相反,如果工程合同中并未赋予内部审计部门相应的权利,那么内部审计部门所出具的审计结论只能给组织最高管理层提供参考,而对其他项目参与者将不产生任何法律效力。

第2章 工程审计实施方案

2.1 工程审计的分类

可以从不同的角度对工程审计加以考察，从而得出不同的分类，这有利于加深对工程审计的认识，从而有效地组织工程审计活动，充分发挥审计的积极作用。

2.1.1 按照投资主体划分

随着现代工程融资模式的多样化，建设项目投资主体也逐渐呈现多元化格局。按照投资主体的不同，工程审计可分为：

1）国家投资建设项目审计

主要是对中央政府投资的建设项目进行审计，包括全部或主要由国家财政性资金、国家直接安排的银行贷款资金和国家统借统还的外国政府或国际金融组织及其他资金投资的建设项目。

2）地方政府投资建设项目审计

主要是对各级地方政府投资的建设项目进行审计，即对以各省、自治区、直辖市、省级市、县、乡等各级地方政府财政性资金及其他资金投资的建设项目进行审计。

3）单位投资建设项目审计

主要是对各单位自己投资的建设项目进行审计，包括企事业单位利用自有资金或自筹资金投资的建设项目。

4）外商投资建设项目审计

主要是对外商投资的建设项目进行审计，包括中外合资、中外合作和外商独资投资兴建的建设项目。

5）联合投资建设项目审计

主要是对多方组成的投资联合体投资兴建的建设项目进行审计。

投资主体不同，工程审计的作用及法律效力也有较大差异。

对于政府投资和以政府投资为主的建设项目，审计机关按照法定程序实施审计，实施审计后，依法出具审计报告，在审计报告中对审计工作进行总结和情况反映，依法需要给予处理、处罚的，在法定职权范围内做出审计决定。审计机关依法出具的审计报告、做出的审计决定具有法律约束力，被审计单位和有关部门应当遵照执行。

而对于非国家投资建设项目审计，从其性质上来说属于内部审计，内部审计的监督职能应该是代表组织最高管理层监督组织内部建设管理人员和员工的行为。

2.1.2　按照工程项目建设过程划分

根据工程项目生命周期理论,工程项目生命周期包括投资决策阶段、实施阶段和投产使用阶段,与之对应,工程审计可分为:

1) 工程项目投资决策阶段审计

包括项目可行性研究报告的财务资料以及相关经济数据的咨询服务审计、建设项目法人单位成立的前期相关审计、项目预期盈利审计、项目筹资融资情况审计等。

2) 工程项目实施阶段审计

主要包括设计单位、施工单位等项目参加者资信度审计,项目采购工作审计,建设单位、施工单位财政财务收支审计,建设单位、施工单位年度财务会计报表审计,项目资金来源与资金使用审计,建设单位法人经济责任审计,项目资金管理审计,工程概算、预算和决算审计,以及各项目参加者工作情况审计等。

3) 工程项目投产使用阶段审计

主要包括项目竣工决算审计、项目经济效益审计、项目经济效益后评估审计、项目经济责任审计、项目投资决策审计、建设项目单位清算审计等。

2.1.3　按照审计活动执行主体的性质划分

按照审计活动执行主体的性质分类,工程审计可分为政府审计、独立审计和内部审计三种。

1) 政府审计

政府审计是由政府审计机关依法进行的审计,也称为国家审计。我国国家审计机关包括国务院设置的审计署及其派出机构和地方各级人民政府设置的审计厅(局)两个层次。国家审计机关依法独立行使审计监督权,对国务院各部门和地方人民政府、国家财政金融机构、国有企事业单位以及其他以国有资产投资为主的建设项目的预算执行情况和决算,及其经济效益进行审计监督。各国政府审计都具有法律所赋予的履行审计监督职责的强制性。同时,国家审计机关还有要求报送资料权,监督检查权,调查取证权,建议纠正有关规定权,向有关部门通报或向社会公布审计结果权,经济处理权、处罚权,建议给予有关责任人员行政处分权以及一些行政强制措施权等。同时,国家审计机关还可以进行授权审计和委托审计。

2) 独立审计

独立审计,即由独立的社会审计机构受托有偿进行的审计活动,也称为社会审计。我国注册会计师协会(CICPA)在发布的《独立审计基本准则》中指出:“独立审计是指注册会计师依法接受委托,对被审计单位的会计报表及其相关资料进行独立审查并发表审计意见。”我国社会审计组织主要承办海外企业、横向联合企业、集体所有制企业、个体企业的建设项目建设行为审计和管理咨询业务;接受国家审计机关、政府其他部门、企业主管部门和企事业单位的委托,办理经济案件鉴定,纳税申报、资本验证、可行性方案研究、项目竣工决算审计等方面的审计工作。

3) 内部审计

内部审计是指由本单位内部专门的审计机构和人员对本单位建设项目实施过程中财务

收支和经济活动实施的独立审查和评价，审计结果向本单位主要负责人报告。内部审计机构和内部审计人员依据法律法规和组织内部授权开展建设项目审计，审计对象是所在组织作为投资主体或建设主体所建设的项目。投资主体或建设主体是指对投资资金拥有所有权或者对建设项目拥有决策权、建设管理权、经营管理权，对投资所形成的固定资产有收益权，并因此承担投资的法律责任和风险的法人或自然人。内部审计组织独立于财会部门之外，直接接受本部门、本单位最高负责人领导，并向他们报告工作。这种审计具有显著的建设性和内向服务性，其目的在于帮助本单位健全内部控制，改善经营管理，提高经济效益。内部审计所涉及的范围广泛，其审计方式也较为灵活。

2.1.4 按照工程审计实施时间划分

按照审计实施时间相对于被审单位建设行为发生的前后分类，工程审计可分为事前审计、事中审计和事后审计。

1）事前审计

事前审计是指在工程项目正式实施之前进行的审计。这实质上是对计划、预算、预测和决策进行审计，如国家审计机关对工程项目批准立项的必要性和可行性、项目财政预算编制的合理性、重大投资项目的可行性等进行的审查；内部审计组织对本单位工程项目建设计划的科学性与经济性、工程合同的完备性进行的评价等。

事前审计是指在经济业务发生之前所进行的审查、评价活动。这种审计的优点是事前明确责任，因而可以防患于未然，减少或杜绝损失、浪费和违纪、违法的可能性。开展工程事前审计，有利于建设单位进行科学决策和管理，保证未来工程建设活动的有效性，避免因决策失误而遭受重大损失。

2）事中审计

事中审计是指在工程项目实施过程中进行的审计。例如，对工程项目招标投标过程，工程合同的执行情况，工程项目概算、预算、决算情况，工程项目进展状况等进行审查。通过这种审计，能够及时发现和反馈问题，尽早纠正偏差，从而保证工程建设活动按预期目标合法合理和有效地进行。事中审计的优点是可以随时了解、掌握工程项目建设的进展情况或经济责任的履行情况，可以及时发现问题，及时进行纠正。事中审计的实时性，决定了在开展工程审计时，事中审计方法运用较广。

3）事后审计

事后审计是指在工程项目竣工验收交付使用之后进行的审计。如对工程竣工验收情况、项目投资财政预算执行情况、项目建设目标的实现情况、工程项目管理绩效状况等进行审计。事后审计的目标是监督工程项目建设过程的合法合规性，鉴证工程建设各种报告报表的真实公允性，评价项目建设的效果和效益状况等。

2.1.5 按照审计内容和目的划分

按照审计内容和目的分类，可将工程审计分为财政财务审计、财经法纪审计、经济效益审计和经济责任审计。

1）财政财务审计

财政财务审计是指检查建设项目财政预、决算和工程财务收支情况，并判断其是否真实正确和合规合法的一种审计,旨在纠正错误、防止舞弊。具体来说,财政审计又包括财政预算执行审计、财政决算审计和其他财政收支审计。财务审计则是指对企事业单位的资产、负债和损益的真实性和合法合规性进行审查。

2) 财经法纪审计

财经法纪审计是以维护国家财经法纪,保证党和国家各项方针政策的贯彻落实为目的的一种经济监督形式。在开展财政财务审计的过程中,如果发现被审单位和人员存在严重违反国家现金管理、结算制度、信贷制度、成本费用开支范围、税利上交规定等国家财经法规,侵占国家资财、损害国家利益的行为,往往会立专案进行深入审查,以查清违法违纪事实,做出相应处罚。这种专案审计实质上只是财政财务审计的深化,重点审查和揭露各种舞弊、侵占社会公共资源和财产的事项,审查和揭露使国家和集体财产造成重大损失浪费的各种失职渎职行为。

3) 经济效益审计

经济效益审计是指审计组织或审计人员为了促进经济效益的提高,以审查评价实现经济效益的程度和途径为内容,对被审单位经济活动之经济效益状况和影响因素进行的审查、分析和评价活动。

对工程项目而言,经济效益审计是指由独立的审计机构或审计人员,依据有关法规和标准,运用审计程序和方法,对被审计建设工程项目投资活动的合理性、经济性、有效性进行监督、评价和鉴证,提出改进建议,促进其提高资金管理效益的一种独立性的监督活动。

4) 经济责任审计

经济责任审计是在我国审计实践中创立的新的审计种类。它是指由独立的审计机构或审计人员依据财经法规和有关规定对企事业单位的法定代表人或经营承包人在任期内或承包期内应负的经济责任的履行情况所进行的审查、评价和证明活动。

对工程项目而言,由于我国实行项目法人责任制,因此有必要将对工程项目法人的经济责任审计纳入工程审计工作范畴之中。

2.1.6 按照工程审计内容的专业特征划分

根据工程审计内容的专业特征,可分为工程项目财务收支审计、工程项目造价审计、工程项目建设管理审计和工程项目投资效益审计。

1) 工程项目财务收支审计

主要对工程项目建设过程中的项目资金的来源和支出情况进行审计。

2) 工程项目造价审计

主要检查工程项目建设过程中的工程项目投资财政预、决算情况,并判断其是否真实正确和合规合法的一种审计,包括投资估算审计,工程概算、预算审计和工程决算审计。

3) 工程项目建设管理审计

主要对建设单位及其他项目参加者在工程项目建设过程中的建设行为的合规合法情况及工作效率进行审计。

4) 工程项目投资效益审计

主要指对被审计建设工程项目投资活动的合理性、经济性、有效性进行监督、评价和鉴证活动的审计。

2.1.7　按照审计内容的范围划分

按照审计内容的范围分类，可分为全部审计和专项审计。

1）全部审计

全部审计或称全面审计，是指对被审单位一定期间内的财务收支和其他经济活动所进行的全面的审查、评价或证明活动。一般年终的财务审计就属于这类审计。经济责任审计要审查责任履行的各方面，所以也属于全部审计。

工程项目全面审计涵盖建设程序合规性、建设管理、建设质量、建设成本等多项内容。因此，所需审计资源较多，审计的时点一般应当选择在项目建设中后期或完工之后，每个建设项目完成之前，一般审计 1～2 次。

通过工程项目全面审计，发现项目建设中存在的管理缺陷、工程隐患和潜在风险，以促进建设项目改进管理，提高质量，加快进度，节约成本，提升效益。实施建设项目全面审计时，可调配或聘请专业技术人员或技术服务机构参加。

由于工程项目各阶段工作任务、工作目标不同，对重要工程项目的全面审计也可以通过全过程跟踪审计的方式实现。跟踪审计的本质就是将审计工作贯穿在项目建设过程中的各个重要业务环节，增加审计频次，甚至对项目采取持续不间断派驻式审计的做法。

2）专项审计

专项审计或称专题审计、特种审计，是指对特定的审计项目所进行的审查或鉴定活动，对与此项目无关的经济业务则一般不进行审查。例如，审查某工程项目在建设过程中是否存在挪用国家下拨的项目建设资金的行为，就围绕这一特定项目进行审查，无关的效益方面的问题就不审查；审查预算外的收支，就不审查预算内的收支情况。

专项审计是工程项目审计常用做法，相对于全面审计，审计机构开展工程项目专项审计的优点主要是可以节约审计资源，发现同类项目存在的共性问题，为组织提供更加有效的咨询服务。

工程项目专项审计一般包括：工程造价专项审计、工程管理专项审计、竣工决算专项审计等。政府与社会资本合作(PPP)项目兴起后，还可以组织项目融资专项审计、项目回购专项审计等。

2.1.8　按照审计实施的周期性划分

按照审计实施的周期性分类，审计可分为定期审计和不定期审计。

1）定期审计

定期审计是按照预定的间隔周期进行的审计，如注册会计师对股票上市公司年度会计报表进行的每年一次审计、国家审计机关每隔几年对行政事业单位进行的财务收支审计等。

2）不定期审计

不定期审计是出于需要而临时安排进行的审计，如国家审计机关对被审单位存在的严重违反财经法规行为突击进行的财经法纪专案审计，工程造价咨询单位接受建设单位委托对工程项目造价进行审计，内部审计机构接受指派对本单位物资采购部门存在的舞弊行为进行审查等。

2.1.9　按照审计执行地点划分

按照审计地点不同分类，可分为就地审计和报送审计。

1) 就地审计

就地审计是指审计机构委派审计人员到被审单位现场所进行的审查活动。这种审计的优点是可以深入实际、调查研究,易于全面了解和掌握情况,因此是实际审计工作中经常使用的一种重要审计方式。如建设项目的跟踪审计即采用此方法。

2) 报送审计

报送审计是指被审单位按照审计机关的通知,将有关建设项目财务会计资料、工程技术经济资料在规定的时间内报送审计机关,由审计机关依法进行审计。

2.1.10 按照审计专业工作内容划分

按照工程项目审计专业工作内容,工程审计包括对投资项目立项、设计(勘察)管理、招标投标、合同管理、设备和材料采购、工程管理、工程造价、竣工验收、财务管理、后评价等过程进行审计和评价。

1) 投资立项审计

投资立项审计是指对已立项建设项目的决策程序和可行性研究报告的真实性、完整性和科学性进行的审查和评价。

2) 设计(勘察)管理审计

设计(勘察)管理审计是指对项目建设过程中勘察、设计环节各项管理工作质量及绩效进行的审查和评价。

3) 招标投标审计

招标投标审计是指对建设项目的勘察设计、施工等各方面的招标和工程承发包的质量及绩效进行的审查和评价。

4) 合同管理审计

合同管理审计是指对项目建设过程中各专项合同内容及各项管理工作质量及绩效进行的审查和评价。

5) 设备和材料采购审计

设备和材料采购审计是指对项目建设过程中设备和材料采购环节各项管理工作质量及绩效进行的审查和评价。

6) 工程管理审计

工程管理审计是指对建设项目实施过程中的工作进度、施工质量、工程监理和投资控制进行的审查和评价。

7) 工程造价审计

工程造价审计是指对建设项目全部成本的真实性、合法性进行的审查和评价。

8) 竣工验收审计

竣工验收审计是指对已完工建设项目的验收情况、试运行情况及合同履行情况进行的检查和评价。

9) 财务管理审计

财务管理审计是指对建设项目资金筹措、资金使用及其账务处理的真实性、合规性进行的监督和评价。

10）后评价审计

后评价审计是指对建设项目交付使用经过试运行后有关经济指标和技术指标是否达到预期目标的审查和评价。

2.2　工程审计的内容

根据审计实施时间相对于被审单位建设行为发生的前后分类，工程审计可分为事前审计、事中审计和事后审计。与之相对应，工程审计的内容可分为开工前审计、工程实施期审计和工程竣工验收后审计三大主要部分。

2.2.1　开工前审计

主要对工程项目开工前各项主要工作进行审计。主要包括：

（1）检查建设项目的审批文件。包括项目建议书、可行性研究报告、环境影响评估报告、概算批复、建设用地批准、建设规划及施工许可、环保及消防批准、项目设计及设计图审核等文件是否齐全。

（2）检查招投标程序及其结果是否合法、有效。

（3）检查工程项目筹资融资工作进展情况。

（4）工程项目设计工作审计。包括设计方案是否合理，设计质量水平，设计中材料、设备的选用是否符合规定等。

（5）检查与各建设项目相关单位签订的合同条款是否合规、公允，与招标文件和投标承诺是否一致。

（6）检查内部控制制度建立情况。检查建设单位是否建立健全了各项内部控制制度。如工程签证、验收制度，设备材料采购、价格控制、验收、领用、清点制度，费用支出报销制度等。

（7）工程项目开工前准备工作审计。

2.2.2　工程实施期审计

根据《审计机关国家建设项目审计准则》的规定，我国审计机关对工程项目实施期的审计包括以下内容：

（1）对工程项目准备阶段资金使用情况进行审计。包括：建设用地是否按批准的数量和价格征用，土地使用是否符合规划要求，土地使用权是否已经取得，征地拆迁费用支出是否合理合规等。

（2）对工程项目费用指标调整情况进行审计。包括：概算、预算指标调整是否符合国家有关规范和标准的规定，调整是否由具备相应资质的单位和人员做出，调整数据和方法是否正确，是否经过有关部门审批，设计变更是否符合规定，设计变更是否存在擅自扩大工程建设规模、提高建设标准的现象。

（3）对工程合同履行情况进行审计。包括：检查与建设项目有关的单位是否认真履行合同义务，有无违法分包、转包工程。如有变更、增补、转让或终止情况，应检查其真实性、合法性。

(4) 对工程项目投资目标执行情况进行审计,分析重大差异产生的原因。

(5) 对内部控制制度执行情况进行审计。包括:检查建设单位是否有效执行了各项内部控制制度。如工程签证、验收制度,设备材料采购、价格控制、验收、领用、清点制度,费用支出报销制度等内部控制制度是否有效执行,是否需要加以督促、指导和健全,项目建设是否规范运行等。

(6) 对工程项目建设资金来源、到位与使用情况进行审计。包括:项目融资手段和方法是否合法,建设资金来源是否合法,项目建设资金是否已经按照计划落实到位,工程项目建设资金使用是否合法合规,有无转移、侵占、挪用项目建设资金现象等。

(7) 对工程项目建设成本及其他财务收支核算进行审计监督。重点审计工程造价结算是否真实、合法,财务报表是否完整真实;投资超支的幅度及其原因,是否有将不合法的费用列入项目费用中;是否严格按照经批准的投资目标及有关制度对工程项目建设成本进行归集,单位工程成本是否准确;生产成本和建设成本是否严格区分,有无"账外账"等违纪现象出现等。

(8) 对工程项目材料设备采购进行审计。包括:参与材料、设备等采购合同有关条款的商洽,在确保材料、设备的质量和满足使用功能的前提下,提供材料、设备价格审核意见,并跟踪合同管理,事前提供费用签证联系单。针对无确定价格材料,提供市场调查分析报告及性价比。

(9) 对工程变更签证情况进行审计。包括:与建设单位、施工单位一起参加施工图纸会审,了解施工图纸变更情况,根据现场实际情况及时审核各项变更和签证。必须变更的,应先报审变更资料,经审核需要变更的,要严格遵守程序,避免随意变更。严格审查施工签证的规范性、及时性和必要性。

(10) 对工程项目投资控制情况进行审计。包括:根据施工合同和施工进度计划,参与编制初步的工程用款计划和工程造价控制目标。根据实际进度与计划,及时进行工程费用分析与比较,找出实际发生额与投资控制目标的偏差值,制定纠偏方案。

(11) 对工程项目工程进度价款支付进行审核,出具工程进度款付款意见。

(12) 根据工程项目进展情况对工程项目分期或阶段性结算进行审核。

(13) 及时分析评价工程项目实施过程中出现的施工索赔与反索赔,提供预防措施及处理意见。

(14) 对工程项目税费计缴情况进行审计监督,检查建设单位是否按照国家规定及时足额地计提和缴纳税费。

(15) 对工程项目环境保护情况进行审计监督。重点检查工程项目设计、施工等环节是否严格执行国家有关环境保护法律法规、政策,环境治理项目是否与工程项目同步建设等。

(16) 对工程设计单位进行审计监督。包括:工程项目设计是否按照批准的规模和标准进行,设计是否符合规范标准的规定,设计费用收取是否符合国家规定和合同约定。

(17) 对工程施工单位进行审计监督。包括:施工单位主体资格是否合法,有无违法分包、转包工程的现象,工程价款结算是否真实,有无偷工减料、高估冒领、虚报冒领工程款现象等。

(18) 对工程项目监理等咨询单位进行审计监督。包括:单位主体资格是否合法,是否按照合同约定履行工程咨询服务工作,收费是否符合国家规定和合同约定。

2.2.3 工程竣工验收后审计

工程项目竣工验收后审计包括对竣工验收工作和交付使用阶段所有工作进行审计。主要有以下内容:

(1) 对工程项目竣工验收情况进行审计监督。包括:检查竣工验收程序是否符合有关规定,竣工验收报告内容是否完整真实,验收标准和方法是否科学适用等。

(2) 编制投资控制总结报告。包括:工程项目实际投资是否符合经批准的投资计划目标,有无超出项目预算标准。

(3) 对单项竣工决算进行初审,检查竣工决算计算和结果是否真实准确,出具初审报告。

(4) 协助编制竣工财务决算,出具财务决算审计报告。

(5) 提供一套完整的档案资料,包括:招投标文件、施工合同、设计标底及图纸会审记录、签证单、隐蔽工程验收记录、开竣工报告、甲供材料及明细表、资质证书、营业执照、施工许可证书、收费许可证书以及施工组织设计等与工程结算相关的资料。

(6) 对工程项目竣工投产后评估进行审计。分析项目的实际盈利情况、市场情况、产品的竞争力等指标,并与立项时的预测相比较,以判断该工程项目建成投产后的实际效益是否达到投资决策时所预定的目标。

(7) 对工程项目交付使用资产情况进行审计监督。包括:交付的固定资产是否真实,是否办理竣工验收手续;流动资产和铺底流动资金移交的真实性和合法性;交付无形资产和递延资产情况等。

(8) 对尚未完成的工程量及所需的投资进行审计监督,检查是否留足投资,有无新增工程现象。

(9) 对工程项目结余资金进行审计监督。包括:银行存款、现金和其他货币资金;库存物资实存量的真实性,有无积压、隐瞒、转移、挪用等现象;往来款项,核实债权债务,有无转移、挪用建设资金和债权债务清理不及时现象等。

(10) 对工程项目建设收入的来源、分配、上缴和留成、使用情况的真实性、合法性进行审计监督。

(11) 对投资包干结余进行审计监督。重点审计包干指标完成情况,包干结余分配是否符合有关规定。

(12) 对工程项目投资效益进行评审。包括:评价分析建设工期对投资效益的影响;分析工程造价情况;测算投资回收期、财务净现值、内部收益率等技术经济指标;分析贷款偿还能力;评价项目经济效益、社会效益和环境效益等。

其中,决算审计是工程审计各环节中的关键一环,也是审计效益较明显的阶段。该阶段的审计重点应突出对工程结算真实性、完整性、合法性的审查。接受审计机关竣工决算审计的工程项目必须具备以下两个条件:一是已经完成初步验收;二是已经编制出竣工决算。

2.2.4 《第3201号内部审计实务指南——建设项目审计》中规定的工程审计的内容

按照《第3201号内部审计实务指南——建设项目审计》中的规定,工程项目审计内容主要包括：工程项目前期决策审计、工程项目内部控制与风险管理审计、工程项目采购审计、工程项目工程管理审计、工程项目工程造价审计、工程项目财务审计、工程项目绩效审计等。具体到每个审计项目时，审计内容视开展审计的时间和项目建设进展情况而有所不同。

在项目前期、建设期、完工验收阶段的审计内容主要包括：

1）项目前期阶段审计

（1）基本建设程序的规范性

基本建设程序主要包括项目建议书、可行性研究、设计工作阶段、建设准备阶段、建设实施阶段、竣工验收阶段、后评价阶段等，具体阶段划分和审批要求视项目所处行业、投资大小、是否使用财政资金等条件各有不同。对建设程序和前期工作进行审计时需要关注的问题主要是违反基本建设程序搞建设、逃避国家审批等。审计时要按照建设投资管理规定，审查项目立项决策的程序，确定项目论证是否充分，有无违反建设管理程序虚报项目和投资等问题。

（2）项目前期文件的真实性、科学性和完整性

项目投资估算、概算来自前期工作形成的设计文件。因此，前期文件的真实性、编制的科学性，直接决定了项目能申请到的建设资金数额，应当加以重点关注。同时，项目前期文件中提到的内外部建设条件是否落实、对项目建成后效益的预测是否科学等，也是审计的重要内容。

（3）前期工作成果的有效性

前期阶段审计除了关注合规性外，也要更多关注前期工作成果的有效性。要通过对初步设计、施工图设计的复核，发现设计工作中可能存在的错误。

（4）项目资金来源的可靠性

全额政府投资的项目一般主要依据投资计划，审计资金到位的及时性。主要查处不按承诺筹集、安排配套建设资金，导致工程建设资金严重不足，从而造成建设内容大幅缩水等问题。

融资建设的项目审计中要详细审核融资条件，确认利率和相关约束条款是否高于当时的市场平均水平。对于使用了股权融资方式的项目，需要依据相关法律法规审核股权发起、转让的合规性。

（5）工程承发包过程的规范性和合同签订的合法性

工程采用招标投标等方式确定供应商之后，工程建设甲乙双方应当按照招标结果签订承包合同。审计在此阶段应当关注的问题有：一是未按招标结果签订合同。包括建设单位招标范围或金额小、合同范围或金额大、单位无正当理由未按评标委员会推荐顺序选择中标人、单位违反招标文件实质性约定与中标单位签订补充协议等。二是违规转分包及挂靠。项目业主单位和承包单位违反住房和城乡建设部发布的《建筑工程施工发包与承包违法行为认定查处管理办法》的规定：业主单位违法发包，违规指定工程施工分包单位和物资供应单位等，由关联或者关系单位及人员操控工程，谋取利益造成工程建设成本增高、资金流失；承包单位非法转、分包及挂靠，层层截留建设资金，导致建设资金的流失以及工程质量的降低。三是合同不完善。工程在签订承发包合同时，不确定单价，或者采取暂定单价，为在工程价款结算中留下人为操作空间；以“原设计漏项、赶工、提高工程质量”等为由，通过设计变更增加工程量或改变原施工处理方式，以提高工程造价。

2）项目建设期审计

项目建设期，即业主、施工、设计、监理等参建各方在合同框架下紧密配合，将各类建设资源的投入转变为建设产品的过程。建设期审计的主要内容包括：

（1）工程管理的规范性和有效性

对工期、质量、安全管理进行审计是建设项目审计的重点和难点。首先，审计项目是否按计划编制工期及施工组织设计并有效执行，是否存在各种因素影响项目工期进展现象；其次，审计项目是否按规定执行各项工程质量控制和验收规范、规程、标准，做好质量管理工作；最后，审计项目是否贯彻落实各项安全管理规定，落实安全生产责任等内容。

（2）工程结算的真实性和规范性

审计工程月度和年度结算的编制情况。首先，审计工程造价管理是否规范，各类资料是否齐全，结算办理制度是否完整，结算程序是否规范；其次，审计月度、年度结算工程量和费用内容是否真实，计算方法是否正确；最后，审计结算办理的依据是否齐全，内容是否真实，重点关注合同完工结算和变更签证的真实性。

（3）资金管理和会计核算的真实性与合规性

审计建设项目业主会计账簿、财务报告的核算和披露是否真实、合法。通过检查财务资料发现各类建设业务的不合理支出问题。项目建设的过程伴随着大量采购工作，采购对象包括工程以及与工程建设有关的货物、服务。对采购工作开展审计的重点在于建设项目所需的工程、货物或服务的采购方式的选择及其运用情况，如是否按规定履行招标投标或询价等采购程序，是否保证所采购工程、货物、服务的成本、供货周期和质量。

3）项目完工验收阶段审计

在工程完工结算和竣工验收阶段，审计工作主要围绕承包单位编制的完工结算的真实性和业主单位编制的竣工决算的真实性、合规性，开展工程造价审计和工程财务审计。审计内容主要包括：

（1）工程竣工结算的真实性

审计竣工结算中是否存在虚列工程、不实签证、高估冒算等，如竞争性费用是否按合同约定计价、不可竞争费用是否按法规政策计取等；审计合同文件与招投标文件中的计价约定是否存在实质性不一致等；审计竣工结算中的计价事项有无需要进一步优化的情况，如设计变更不必要、施工方案偏保守等。

（2）工程财务竣工决算的真实性和完整性

依据财务账表和工程竣工报告、竣工图及竣工验收单、施工合同、各种施工签证或施工记录和国家或地区颁布的有关规定，审计工程财务竣工决算编制依据是否符合国家有关规定，资料是否齐全，手续是否完备，对遗留问题处理是否合规。

（3）竣工验收的真实性和规范性

审计竣工验收报告是否真实、完整、合法、有效，相关单项验收资料是否经有关主管单项验收的部门认可，工程立项文件、财务资料、合同资料、现场签证资料、结算资料和竣工验收资料是否完整，竣工验收程序是否符合规定，验收委员会会议记录和签字是否完整等。

（4）投资效益的真实性

依据项目立项和可行性研究报告，对照项目各项建设目标，逐项审计项目建成后投资效益是否真实达成。建设目标随项目各异，但通常至少包括成本、进度、质量等三大目标，各大目标又都可以分解成若干项小目标。对这些目标的实现程度,需要逐项核实。

2.3 工程审计的程序

2.3.1 审计程序的含义

审计程序是指审计主体与客体必须遵循的顺序、形式和期限等。它说明在一定时期内审查具体对象或项目所需要的步骤。

审计程序贯穿审计工作计划、实施和报告阶段的全过程,是项目审计的工作程序和步骤。确定审计程序,有利于保证审计质量,提高工作效率,有利审计规范化。审计工作能否按照规定程序有条不紊地进行,是审计工作能否顺利完成、预期审计目标能否得到实现的重要条件。

审计主体不同,审计程序差异也较大。

1) 国家审计程序

国家审计程序通常包括审计准备、审计实施、审计报告和审计处理四个环节。

(1) 审计准备阶段

审计机关应根据国家形势和审计工作实际,对一定时期的审计工作目标任务、内容重点、保证措施等进行事前安排,编制审计项目计划。

根据年度审计项目计划组成审计组,按照审计准则的要求编制审计实施方案。审计组实行审计组长负责制,每个审计组实施审计前应当进行审前调查,编制具体的审计实施方案。在实施审计3日前,向被审计单位送达审计通知书。

(2) 审计实施阶段

审计人员通过审查各种招投标文件、工程合同、会谈纪要、工程备忘录及各种签证,工程进度计划,工程结算资料和有关财务报告,检查验收报告和技术鉴定报告,查阅与审计事项有关的工程日志、工程照片及声像资料、分包合同、订货单、采购单、工资单、官方的物价指数、国家法律法规资料等,实地查看现场,向有关单位和个人调查等方式进行审计,取得证明材料,并按规定编写审计日记,编制审计工作底稿。

(3) 审计报告阶段

审计组对审计事项实施审计后,应当向审计机关提交审计组的审计报告。审计报告报送审计机关前,应当征求被审计单位的意见。被审计单位应当自接到审计报告之日起10日内,将其书面意见送交审计组或者审计机关;自接到审计报告10日内未提出书面意见的,视同无异议。

(4) 审计处理阶段

审计机关审定审计报告,对审计事项做出评价,出具审计意见书;对违反国家规定的财政收支、财务收支行为,需要依法给予处理、处罚的,在法定职权范围内做出审计决定或者向有关主管机关提出处理、处罚意见。审计机关应当自收到审计报告之日起30日内,将审计意见书和审计决定送达被审计单位和有关单位。审计决定自送达之日起生效。被审计单位对地方审计机关做出的审计决定不服的,可以在收到决定之日起60日内向本级人民政府和上级审计机关申请复议。被审计单位对审计复议决定不服的,可以依照《中华人民共和国行政诉讼法》的规定向人民法院提起行政诉讼。

2）社会审计程序

社会审计的审计程序因受委托业务的不同也有差异,一般来说,社会审计包括以下过程:

（1）签订审计业务委托合同

① 审计委托业务洽谈;

② 签订业务委托合同。

（2）编制审计计划

① 根据审计业务委托合同,编制审计计划,制定审计方案;

② 审计计划复核,报委托单位审批。

（3）内部控制制度测评

（4）运用审计方法获取相关证据

（5）编制审计工作底稿

（6）完成审计外勤工作

（7）出具审计报告

3）内部审计程序

内部审计程序通常包括审计准备、审计实施和审计终结三个阶段。

（1）准备阶段

内部审计机构接受单位最高领导者委派,组建审计组,编制审计实施方案。

（2）实施阶段

由本部门和本单位内部专职的审计机构,对系统内和单位内建设项目资金使用及有关项目实施情况进行审计。

（3）终结阶段

内部审计机构在对审计事项实施审计后,向本单位主要负责人或者权力机构提交内部审计工作报告。

2.3.2　工程审计程序

由于工程项目规模大,建设周期长,项目参与者众多,涉及的审计对象较广,审计技术专业要求比较复杂,因此在进行工程审计时,应当根据每一项业务的对象、目标、专业技术要求等不同情况,分别制定相应的审计工作程序。

根据《第3201号内部审计实务指南——建设项目审计》的规定,工程审计包括下列程序:

1）开展审前调查,编制工程审计方案

在开展建设项目审计之前,审计人员应当通过收集项目基本情况报告、审批过程资料、财务报告、投资完成情况报表等资料,对建设项目建立初步认识,然后对项目审计工作量、工作重点做出评估判断,并作为审计资源调配的依据。

根据审前调查的结果,编制项目审计方案。审计方案应当报经内部审计机构负责人审定,必要时还应当报组织内部分管审计工作的领导批准,指导审计项目开展。审计过程中该方案可以根据审计发现的问题做出必要调整,调整时应当履行规定程序。

2) 制定并送达审计通知书

根据审前调查结果,审计项目负责人应当抽调相关专业审计人员组成审计组,并将审计范围、审计起始时间、审计组成员和组长人选等信息加以明确,列入审计通知书,经规定程序签发后,发送至被审计建设项目管理机构。必要时,审计通知书可抄送审计工作可能涉及的其他部门和参建单位。

3) 收集资料和了解情况

审计组按照审计通知书规定时间开展审计工作后,首要任务是全面了解被审计建设项目的现状。审计人员应当按照审计方案进行适当分工,分别收集前期审批、工程施工管理、物资管理、合同结算、财务会计和相关内部控制方面的文件资料,对工程施工管理和物资管理中的重要环节,还应当收集实物资料或影像资料。对收集到的资料进行认真阅读和分析,是审计工作的必要程序。全面了解被审计的建设项目后,审计人员即可按照审计分工,开展符合性测试和实质性测试程序。

4) 检查并测试内部控制

审计人员应当根据工程项目管理特点,收集与项目相关的各项制度:包括进度管理、质量管理、安全管理和投资控制等方面的内部控制制度;施工管理、设计管理、物资材料管理等重要环节的操作规程规范;建设项目人员的培训管理、廉政管理、日常办公等制度。根据审计分工,分别开展内部控制制度符合性的测试。目的是发现是否存在制度缺失、制度未执行或执行不严格等现象,为下一步重点审计提供方向。内部控制调查和内部控制测试经常是结合进行的。

5) 执行审计程序并获取证据

审计实施是对各项业务的真实、合法、效益情况进行审计,并获取相关证明材料,以便得出审计结论的过程。主要审计方法包括审核、观察、监盘、访谈、调查、函证、计算和分析程序等。获取证据的主要原则是,应当保证证据的相关性、可靠性和充分性。

审计组开展工程项目审计应当依据项目特点、审计所需证据和项目审计各环节的审计目标选择恰当的审计方法,以保证审计质量和审计资源的有效配置。在审计过程中,审计人员应当努力发挥专业特长,以灵活多样的方式为项目和组织提供意见和建议,协助改善建设项目实施管理,加强项目内部控制和风险管理,提高项目效益。

在建设项目审计中,获取的证据如果是实物证据,如现场观察得到的证据,应当尽量转化为影像证据、证明材料等书面证据,以便保存和管理。

6) 编制审计工作底稿

依据内部审计准则,在实施审计工作的同时,审计人员应当编制审计工作底稿,记录审计程序,归纳审计证据,形成审计结论。

7) 出具并报送审计报告

依据建设项目审计中获取的证据和形成的审计工作底稿,审计组应当在实施必要的审计程序后,出具审计报告。

编制审计报告前,审计人员应当就审计概况、审计中所发现的问题和审计意见、建议等事项与被审计单位进行沟通,有些必要的事项,如工程造价审计相关发现涉及合同价款结算调整时,应当征求当事第三方参建单位和其他利益相关方的意见。

编制审计报告应做到客观、完整、清晰、及时。审计报告应当包括审计概况、审计依据、审计结论、审计发现、审计意见、审计建议等内容。

8）后续审计

工程项目后续审计是指内部审计机构为跟踪检查被审计单位针对建设项目审计发现的问题所采取的纠正措施及其改进效果，而进行的审查和评价活动。

后续审计应当结合项目建设进程，对审计意见落实情况、对审计促进项目质量、成本、进度管理，提升项目整体效益的情况做出客观评价，对整改工作存在的不足提出改进意见。

委托外部机构开展建设项目审计时，内部审计机构仍需要对委托审计项目的质量承担责任，故需对拟选择的受托机构的执业能力和质量进行必要的调查，对审计目标和具体要求提出清晰明确的意见，对受托机构派出的审计组人员组成和专业结构以及审计实施方案审核把关，对受托机构的审计实施工作加强业务督导和检查，对受托机构的质量控制体系进行抽查，对受托机构出具的审计报告进行复核和完善。

工程审计流程如图 2-1 所示。

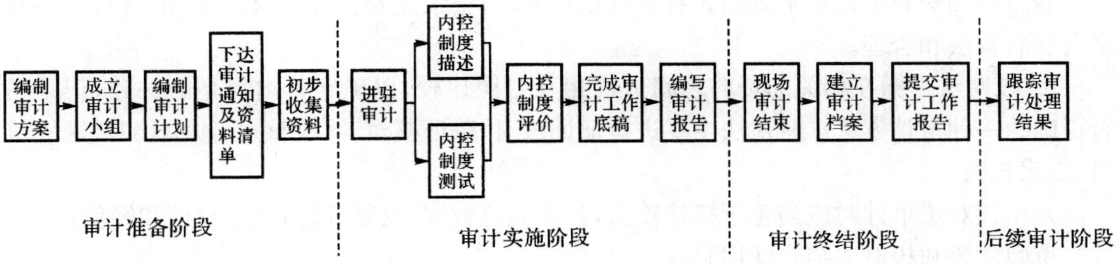

图 2-1 工程审计流程

2.4 工程审计方法

2.4.1 审计方法概述

审计方法指为完成审计任务，实现审计目标而在审计过程中运用的方式、方法和手段。

审计方法体系包括基本方法和技术方法。在此着重介绍技术方法，也就是具体用以查明或证实审计项目真实性、合法性及正确性的各种专门方法。

审计的技术方法包括审查书面资料的方法和证实客观事物的方法。

（1）审查书面资料的方法

① 顺序检查法。包括顺查法和逆查法。

顺查法也称正查法，是指按照工程项目实施程序或时间的先后顺序依次审查工程技术经济资料及其他资料的方法。

逆查法也称倒查法，是指逆着工程项目实施程序或时间的先后顺序来审查工程技术经济资料及其他资料的方法。

② 范围检查法。包括详查法和抽查法。

详查法是指对被审计单位一定时间内全部或某一部分工程项目实施过程的有关资料进

行全面的、细致的、彻底的审查的一种方法。

详查法适用于被审计单位内部控制制度和核算工作质量较差的审计项目,以及业务简单、工程技术经济资料较少的审计项目。

抽查法是指从被审计单位一定时间内全部或某一部分经济活动的有关资料中抽取一部分作为样本进行审查,据以推断总体资料的正确性、公允性的一种方法。

抽查法适用于审计样本数目繁多的审计项目。

抽查法按抽取样本方法的不同又分为任意抽样法、判断抽样法和统计抽样法。

③ 资料检查法。包括审阅法、核对法、查询法、分析法。

a. 审阅法是对有关书面资料进行仔细观察和阅读来获取审计证据的一种方法。根据法规等审计标准,对照资料记录,鉴别其真实性、正确性、合法性、合理性及有效性。

作用:获取直接证据(书面证据)、发现审计线索。

相关资料包括会计资料、统计资料、业务资料、法规文件、制度规定、合同和协议、计划和预算、定额和标准、会议记录、来往信函等。

着重审阅资料的外在形式是否符合规定和要求;记录是否符合要求;反映的内容是否真实、正确、合法和合理。

b. 核对法是指在相关的资料之间进行相互对照比较,以确定其内容是否一致,记录是否正确的一种审计方法。核对法主要进行证证核对、账证核对、账账核对、账单核对、账表核对、表表核对。

采用核对法审计时应当善于抓住重点,找准关键数据,反复验算,决不自信和轻信。

审阅法要和核对法结合使用。

c. 查询法是指通过查对和询问来取得必要资料,以获得真实可靠的审计证据的方法。

查询法包括询问法和函证法。

询问法是指审计人员在审计过程中,以口头的方式向被审计单位有关人员提出问题,并将他们的口头回答做成询问笔录的审计方法。利用询问法可对会计凭证、会计账簿、会计报表及其他资料中存在的问题进行询问。

询问时应当营造适宜的气氛,注意倾听、适当引导、平易近人;注意询问技巧,把握核心问题提出机会;问题具体、条理清楚、用词恰当;要求被询问人予以保密,认真做好记录并要求被询问人签章;当涉及多人时,应当单独同时询问,防止事后串供。

函证法是指审计人员为查清被审计单位的某项记录正确与否,通过发函到给审计单位或有关人员进行查对,以取得证明材料的一种调查方法。它有两种类型:肯定式、否定式。

采用函证法审计时要注意对有关人员调查不能由被审计单位收、发函,重要事项应予保密;未收到复函,应再次发函或亲临核实;做好函证记录。

d. 分析法也称分析性复核法,是指审计人员在审计过程中,通过对审计事项的相关指标进行对比、分析、评价,以便发现其中有无问题或异常情况,为进一步审计提供线索的一种审计方法。

(2) 证实客观事物的方法

① 盘存法也称盘点法或实物清查法,是指审计人员通过实地盘点来审查以实物形态存在的有形资产,如库存现金及其他财产物资实有数额的审计方法。

盘存法按组织方式不同有直接盘存法和间接盘存法。

直接盘存法是指审计人员亲自到现场盘点实物，以确定其实有数额的方法。

间接盘存法是指审计人员通过观察盘点借以确定实物实有数额的方法。

② 调节法是指为验证某一项目数据的正确性，使两个独立和各自分离的相关数据，通过调整而趋于一致的审计方法。

调节法主要应用于证实财产物资账实是否相符，证实相关数据是否趋于一致。

注意调节法计算公式的内涵及运用。

③ 观察法是指审计人员亲临审计现场对被审单位的经济管理及业务活动进行实地观察，借以查明被审事项的事实真相的一种审计方法。

观察法适用于观察内部控制制度的执行情况及观察经济业务的运作过程。

④ 鉴定法是指通过物理、化学、技术鉴别等手段来确定实物资产的性能、质量和书面资料真伪的一种方法。

⑤ 穿行测试法(Walk Through Testing)是指追踪交易在财务报告信息系统中的处理过程。审计人员在了解内部控制时，可以观察被审计单位的生产经营活动，检查文件、记录和内部控制手册，阅读由管理层和治理层编制的报告，实地察看被审计单位的生产经营场所和设备，追踪交易在财务报告信息系统中的处理过程。其步骤包括：第一，将公司规范某项经济业务行为的制度按业务流程的方式描述出来，这表明公司的该项经济业务应该都是按所描述的业务流程运行的；第二，抽取某几笔业务样本；第三，要求被审计单位提供所有所抽取业务样本的运行记录；第四，按照流程环节，描述样本业务的实际运行情况；第五，对照流程环节与要求，比较并记录没有做到位的地方。这是审计人员了解被审计单位业务流程及其相关控制时经常使用的审计程序。

(3) 审计方法的选用原则

① 依据审计对象和目标选用；

② 依据被审单位具体情况选用；

③ 依据不同审计类型选用；

④ 依据审计人员素质选用；

⑤ 依据审计方式选用；

⑥ 依据审计结论保证程度和审计成本选用；

⑦ 依据系统观点选用。

2.4.2 工程审计方法

由于工程项目投资大，建设周期长，工作内容多，项目参加者涉及面广，因此工程审计的内容不同，所采用的审计方法也各不相同。

工程审计可以采用以下审计方法：

1) 投资立项审计方法

投资立项审计的主要方法包括审阅法、对比分析法等。

审阅法是指对有关书面资料如项目建议书、可行性研究报告和项目立项批文等进行审计，以审查与评价已立项建设项目的决策程序和可行性研究报告的真实性、完整性和科学性情况。

对比分析法是指通过相关资料和技术经济指标的对比(拟建项目与国内同类项目的对

比)来确定差异、发现问题的方法。

2) 设计管理审计方法

设计管理审计主要采用分析性复核法、复算法、文字描述法和现场核查法等方法。

分析性复核法主要是通过对设计文件的分析复查,检查设计文件是否规范、完整,是否符合经批准的可行性研究报告的要求等。

复算法主要是通过计算检查设计概算是否符合投资估算要求,施工图预算是否符合经批准的概算要求等。

文字描述法主要是通过文字描述检查施工图设计文件是否规范、完整,勘察、设计资料依据的充分性和可靠性等。

现场核查法主要是检查设计单位是否建立、健全勘察设计的内部控制工作制度,各项管理活动的真实性、合法性和效益性。

3) 招投标审计方法

招投标审计主要采用观察法、分析性复核法、文字描述法、询问法、现场核查法等方法。

观察法是指审计人员亲临现场对招标、资格预审、现场踏勘、标前会议、开标、评标、签订合同等业务活动进行实地观察,借以查明招标投标事实真相的一种审计方法。

分析性复核法是指审计人员在审计过程中,通过对标底的单价和总价、投标报价的价格组成、工期和质量等指标进行对比、分析、评价,查看招投标过程有无问题或异常情况的一种审计方法。

文字描述法主要是通过对招标文件、资格预审文件、各投标商的投标文件、评标报告和中标通知书等进行复核,查看招标文件和资格预审文件等是否有违法违规情况出现,投标文件是否对招标文件做出实质性响应,评标报告是否与招标文件确定的评标方法和标准相符,中标通知书是否与招标文件及中标人的投标文件相符等。

4) 合同管理审计方法

对工程合同进行审计主要采用审阅法、核对法、重点追踪审计法等方法。

审阅法是指对工程合同进行仔细观察和阅读,对照资料记录,鉴别其真实性、正确性、合法性、合理性及有效性。

核对法主要是对工程合同的合法性、完备性和公正性进行审核。如检查工程合同当事人双方是否按照招标文件及中标人的投标文件的内容签订合同,是否存在实质性内容的变更,合同文件各部分内容是否有前后矛盾的现象,合同条款是否与现行法律法规相冲突,补偿合同、备忘录是否真实客观等。

重点追踪审计法主要是对工程合同的签订过程和履约过程进行跟踪审计,特别是对工程变更、签证、索赔和争议的处理过程进行跟踪,鉴别其真实性、正确性、合法性、合理性及有效性。

5) 设备、材料采购审计方法

设备、材料采购审计主要采用审阅法、网上比价审计法、跟踪审计法、分析性复核法、现场观察法、实地清查法等方法。

网上比价审计法主要是通过工程造价信息网、建材价格信息网等对材料设备的价格进行查询、比对,鉴别设备、材料采购价格的真实性和合理性。

实地清查法主要是通过对设备、材料供应厂商的实地考察,设备、材料进场后的实地检验等方法，鉴别设备材料的数量、规格、质量等是否符合要求。

6）工程管理审计方法

工程管理审计主要采用关键线路跟踪审计法、技术经济分析法、质量鉴定法、现场核定法等方法。

关键线路跟踪审计法主要是针对工程建设过程中的关键工作进行跟踪审计，保证工程建设按计划、按步骤实施。

技术经济分析法主要是通过对工程建设过程中的主要技术经济指标，如投资额、工期、主要材料消耗、工程造价相关资料等进行对比分析，考察相关被审计单位的工程管理水平和能力。

质量鉴定法主要是通过对工程实体质量的检查鉴定，查看工程建设过程中质量目标的实现情况。

现场核定法主要是对工程现场管理制度和程序等进行现场核定，考察被审计单位的工程管理水平和能力。

7）工程造价审计方法

工程造价审计主要采用重点审计法、现场检查法、对比审计法等方法。

重点审计法即选择建设项目中工程量大、单价高，对造价有较大影响的单位工程、分部工程进行重点审查的方法。该方法主要用于审查材料用量、单价是否正确、工资单价、机械台班是否合理。

现场检查法是指对施工现场直接考察的方法，即观察现场工作人员及管理活动，检查工程量、工程进度、所用材料质量是否与设计相符。

对比审计法主要是通过设计概算与投资估算、施工图预算与设计概算、投标报价与标底、工程决算价与工程合同价之间的总价及其价格组成的对比分析，考察工程造价是否真实合理，投资目标是否得到有效控制。

8）竣工验收审计方法

竣工验收审计主要采用现场检查法、设计图与竣工图循环审查法等方法。

现场检查法主要是参与工程竣工验收，通过对工程的现场验收及竣工验收资料的复核检查，来考察工程建设目标的实现程度。

设计图与竣工图循环审查法是指通过分析设计图与竣工图之间的差异来分析评价相关变更、签证等的真实性与合理性的方法。

9）财务管理审计方法

财务管理审计主要采用调查法、分析性复核法、抽查法等方法对建设项目资金筹措、资金使用及其账务处理的真实性、合规性进行监督和评价。

10）后评价审计方法

后评价审计主要采用文字描述法、对比分析法、现场核查法等方法对建设项目交付使用经过试运行后有关经济指标和技术指标是否达到预期目标进行审查和评价。

11）内控制度建设、建立及执行审计方法

内控制度建设、建立及执行审计是指在工程建设项目过程对于管理制度及体系的建设及执行情况的检查，通过制度审计审核工程管理情况，督促相关部门完善制度体系、严格执行制度以提高工程管理水平，降低因疏于管理而导致的成本增加的风险。

审计人员可采用穿行测试的方式检查内控制度体系是否完善,制度是否可行,是否还存在管理漏洞、制度缺失的情况。

审计中还应根据审计期间发现的问题追根溯源,检查是否为内控制度规定不明确或部分重要内容缺失导致操作无法可依或无法进行有效管理。

审计中可采用抽样调查或查阅相关文件的方式检查内控制度是否执行及执行的情况,也应采用访谈的形式了解执行人对于内控制度的理解程度、意见和建议。

2.4.3 现代审计方法在工程审计中的应用

1) BIM技术在工程审计中的应用

BIM(Building Information Modeling)又称为建筑信息化或建筑信息模型,是指以三维几何模型、包含其他信息和支持开放式标准的建筑信息为基础,通过数字信息仿真模拟建筑物所具有的真实信息,创建并利用数字技术对工程项目的全寿命周期管理和优化的过程、方法和技术,提高建筑工程的规划、设计、施工管理及运行维护的效率和水平,实现建筑全生命周期信息共享,从而实现建筑全生命周期成本等关键方面的优化。

BIM技术具有信息完备性、信息关联性、信息一致性、可视化、协调性、模拟性、优化性、造价精确性和造价可控性等诸多特点。作为一种新型技术,BIM技术可保证项目各参与方,在同一平台上共享同一建筑数据信息。BIM技术具有三维可视化、虚拟化、系统管理、成本和进度控制等优势,将极大地提升工程决策、规划、设计、施工和运营管理水平,进一步提升建设工程信息的透明度和可追溯性,对预防建设领域腐败、提高工程审计效率和质量具有重要作用。

BIM技术可应用于工程审计全过程,包括:

(1) BIM技术将工程审计范围覆盖到项目投资决策及设计阶段,实现建设项目全过程审计

以往工程审计对项目投资决策及设计的合理性、经济性等深层次问题鲜有涉及和评价,运用BIM技术后,在项目前期决策过程中BIM可以对日照、可视度、光环境、热环境、风环境、交通等进行仿真模拟,对能耗、水耗、碳排量进行分析,充分考虑周围环境与拟建项目的相互影响,提高决策质量与效率。在设计阶段基于三维空间可视,加入时间维度,可以全面审视整个项目的建造过程,开展设计成果碰撞检测,及早发现设计的缺陷和问题,大幅度减少传统施工过程中管线、构件的错漏碰缺的现象,避免了施工返工和变更事项,减少了材料浪费,降低了项目成本、缩短了工期,为审计评价建筑设计的经济性、合理性、安全性、美观性及工艺设备的先进性等方面提供了依据,进而对项目设计提出可行性、合理化的审计建议。有效避免施工过程中设计调整可能带来的损失。另外,建筑材质、功能、造价等信息均可集成在信息模型中,这将帮助审计人员达到综合、合理控制工程成本和质量的目标。

(2) BIM技术使施工招标阶段工程量清单、招标控制价的审计更准确

传统工程量清单、招标控制价审计中,审计人员通过图纸人工核算工程量,由于招标时间限制等因素,人工核算工程量往往较粗糙,招标控制价审计的偏差也较大。审计人员通过运用BIM技术,从建筑三维模型中直接导出工程量清单,提高了工程量清单、招标控制价核算的准确度,通过查找不平衡清单报价、审核工程造价、上传审阅现场图片资料、维护信息交互、大数据对比分析等具体应用,使投标价格及工程合同价格更合理,有效遏制了项目投资

失控的现象。

(3) BIM技术将跟踪审计延伸拓展到项目运营维护阶段,有效实现了跟踪审计与项目运营情况绩效审计的结合

审计人员运用BIM技术,能够更充分了解建设项目建成后运营维护流程,可以比较迅速准确地找到项目维护维修的关键点、关键部位,有效核实运营维护的实际工作量和成本,更客观准确地从技术角度对项目的运营维护开展绩效评价。

同时,可进一步挖掘BIM在投资审计领域应用的新功能、新方法,编制BIM模型建立、平台应用等方面的规范性标准,形成思路明晰、有规可依的工程审计BIM应用“新标准体系”。积极引导项目参与各方建立基于BIM技术的协同管理平台,转变项目管理和审计监督方式,形成远程智能化工程审计“新监督体系”。

2) 基于大数据的工程审计

随着科技的发展,大数据是继云计算、物联网之后又一次新的技术革命,当今社会谁拥有数据谁就能够占得先机。大数据具有四大特征:一是数据种类多样,数据类型包括结构化、半结构化和非结构化的数据。二是数据体量巨大,数据总量已经达到ZB级(十万亿亿字节)。三是数据处理快速,海量的数据洪流在有效时间内能够得到处理。四是价值密度低,需要从原始海量数据中进行深度挖掘和计算,提炼出具有较高价值的数据。

大数据技术的发展,为工程审计的开展提供了新的契机。在工程领域,不计其数的数据每时每刻都在产生,包括造价指标、建造标准、技术规格、含量指标、综合单价等基础性数据和实时性信息,但这些有用的数据并没有真正实现共通共享,导致审计人员无法及时有效利用。在这种情况下,需要一个大数据平台来解决这一问题,平台可以处理与工程项目相关的数据资料,并可以对数据进行存储、分类,以及进行数据优化实现共享,从而实现项目数据的精益化管理。

(1) 大数据给工程审计指明重点领域

大数据背景下,各种数据错综复杂,要从当中找到重点信息或者找出各自之间的关联,不仅耗费大量的时间,还要耗费大量的人力物力。大数据可以帮助审计人员在众多的数据当中找出重点的内容,给工程审计指明方向,这样可以通过大数据的分析找出其主要因素,给审计目标的确定带来了极大的方便,促进了审计工作的进行。

(2) 大数据给工程审计提供数据分析

大数据的存在给工程审计带来了海量的数据,在进行工程审计之前,可以帮助其进行分析,为工程审计的顺利进行打下了坚实的基础。如工程建设过程中可以借鉴往年的气象记录、地质水文资料制定项目实施计划和实施方案,极大地方便了工程审计的顺利开展,提供了实质性的帮助。

(3) 大数据给工程审计带来价值证据

工程项目的成功或失败在大数据时代都会留下大量的数据记录。在大数据时代下,能够对各种各样的工程活动进行实时记录,在对一项工程活动进行审计时,可以利用其庞大的数据资源,找寻出各种不利于工程活动的价值证据,给即将进行的工程活动提供经验的借鉴和参考,避免工程活动的失败。

(4) 创新技术:拓展大数据技术,发展工程“云审计”

互联网环境下的大数据处理功能可大幅提高工程审计的精准度和时效性。因此,工程

审计应抓住国家加快实施“金审工程”(China's Golden Auditing Project,中国国家审计信息化建设项目的简称)的契机,拓展大数据技术在工程审计领域的运用。同时,针对工程审计的特点,加快工程审计相关软件的研发与推广,以打破大数据技术与审计人员之间的壁垒,为大数据技术真正发挥作用创造条件。云审计平台是基于互联网环境下的大数据处理技术和云计算服务功能搭建的第三方审计平台。在这一平台下,云平台不仅可以收集并整理工程审计所需数据资料,而且能够及时更新储存的工程数据,实时维护搭建的审计平台,实现审计数据的云储存和审计资源的协同共享,并由此提高审计的质量与效率。此外,相比传统的工程审计大多依赖于现场审计来获取工程企业财务凭证、组织机构、业务活动等第一手信息,云审计平台可通过互联网与工程企业的数据信息进行协同,为工程企业的房屋建筑物、办公设备、机械设备等资产和其他物证贴上电子标签,将审计专用设备连接到云审计平台,通过物联网并利用无线射频识别技术对工程企业的实物信息进行实时跟踪,实现线上线下审计数据的实时共享。

3) 基于区块链技术的工程项目全过程审计作业模式

在当下的数字化时代,区块链作为一项新兴技术,正在逐步融入金融、医疗、教育、安全等领域,同时以其特有的“全民记账”先进性和创新性,正掀起新一轮的产业变革浪潮。2016年,国务院颁布了《“十三五”国家信息化规划》,同年工业和信息化部发布《中国区块链技术和应用发展白皮书(2016)》,将区块链技术正式提到国家战略层面。

目前,随着“金审工程”的开展,工程审计正逐步从传统模式向全过程审计的信息化模式发展,但全过程审计还存在许多问题亟待解决。第一,在审计信息方面,工程建设项目参与单位众多、难以联通,工程数据没有实现共通共享,导致信息容易被篡改且不易留下篡改痕迹,信息真实性、准确性存疑,加大审计难度。第二,在审计时效方面,由于目前我国工程项目全过程审计取证的方式主要是现场人工取证(例如现场走访、收发函证等),出具的阶段性审计报告存在滞后性问题,审计处于“亚实时”阶段,容易引发难以控制的审计风险。第三,在审计技术方面,目前的工程项目审计仅利用普通审计技术从原始海量的项目数据中挖掘有价值的审计信息,这不仅需要耗费大量的审计资源,而且掣肘了审计效率的提升。而区块链是由区块构成的链式数据结构,其内在核心是每一区块包含当前区块、前一区块的哈希值和唯一的时间戳,能够有效地提升全过程审计工作的效率,实现智能审计。

(1) 区块链技术对工程项目全过程审计工作的影响

① 时间戳:跟踪审计整改和问责

时间戳根据事项发生的先后顺序在区块上添加不可改动且编号唯一的“邮戳”,提供了一种有效的信息追溯机制。依据时间戳以及节点数字签名,平台将审计疑点区块发送于相关节点进行验证核实,相关节点就核实整改情况全网广播并记于新的区块上。审计人员再将审计疑点、整改情况以及审计问责信息结构化形成新的区块。这种发现—验证—审核—问责智能化跟踪审计可以轻易实现时间维度上对相关工程交易事项来源的追溯,形成项目交易事项审计溯源的全景视图。

② 去中心化:全民记账

去中心化是实现全面记账的最基础的特征。节点通过点对点的方式连接,各节点功能和重要程度都是一样的,不需要类似管理机构这样的第三方中介。平台中各节点都自动保存着工程项目的全部数据,任一节点的数据丢失或篡改都不会影响其他节点,有效防止因中心节点损坏而导致整个系统瘫痪，保证审计证据存储的安全性。

③ 不可篡改：防范舞弊

传统的工程全过程审计体系难以完全防范信息舞弊，而区块链技术与工程审计相结合能够有效制约工程项目数据系统中的舞弊行为。工程项目交易事项一旦得到所有节点验证审核即可盖上时间戳，形成按时间序列排列的链条。假如要修改某一指定区块，则与该区块相连接的区块均需修改，并且需与超过一半的节点达成共识才可修改，可以形象地理解为“牵一发而动全身”。

④ 网络共识：缓解信任危机

传统工程审计在信息传递过程中需要各工程事项关联方审核验证确认，此过程在一定程度上降低工程审计的时效性。基于区块链的共识机制，各节点之间可以及时进行信息的传递与共享，实现数据比对和交叉验证。共识机制实现由对“人”信任到对“机器”信任的转换，保证数据信息真实与准确，提高审计证据的可靠性。

⑤ 智能合约：审计实时预警

传统人工审计数据获取存在明显的滞后性，审计人员无法通过审计及时发现工程项目建设过程中存在的问题并提出针对性的建议，降低或防止项目建设过程中风险的发生。区块链中“智能合约”本质上是一系列自动化运行的程序代码，审计人员根据工程项目特点的需要编写相应的审计算法和业务处理规则。基于智能合约，可以实现对工程项目进展进行实时追踪记录，智能化发现异常情况同时进行全网广播提醒，进而避免审计监督的滞后性。

(2) 基于区块链技术的工程项目全过程审计模型框架的构建

区块链对全过程审计的影响主要体现为解决工程项目各参与方间的“信息孤岛”问题，以便于审计数据的公开透明；利用代码提高审计自动化程度，减少人为管理，实现实时自审计。基于区块链技术的工程项目全过程审计模型框架，如图 2-2 所示。

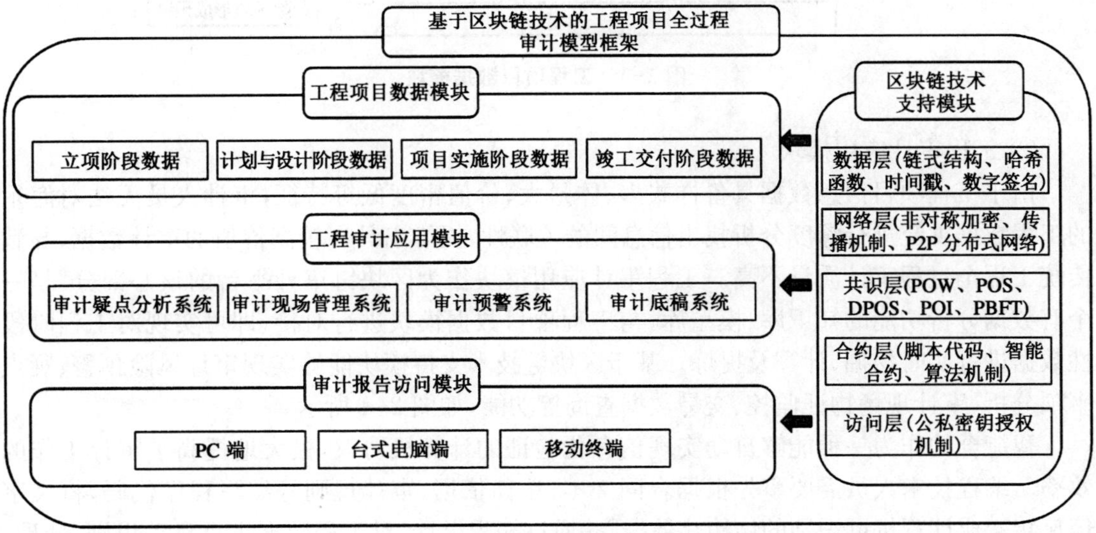

POW—工作量证明；POS—权益证明；DPOS—股份授权证明；POI—重要性证明；PBFT—实用拜占庭容错。

图 2-2 基于区块链技术的工程项目全过程审计模型框架

① 工程项目数据模块

工程项目数据模块是区块链审计应用平台的数据接收器。其特点是实现对存储空间各异、格式各异的多样化电子资料(如合同文本、现场签证)的统一存储管理,形成支撑后续审计工作的证据。搭建区块链审计应用平台的第一步就是授权工程项目参与各方进入区块链平台中,作为之后验证工程各交易事项真伪的节点。当工程项目各参与方经验证并标准化其时间戳、共识机制后方可纳入区块链平台形成联盟链。每一个链上的节点都有义务遵循区块链的运行机制和规则,并各自需做好工程交易事项验证审核、存储工作。工程每发生一笔交易事项,工程项目数据模块就会利用区块链技术模块对数据进行标准化加工并由关联方对事项进行确认,确认有效数据上链备份,错误数据会被拒绝。相关节点全程参与为上链信息负责,有效防止虚假信息产生。此模块不仅实现工程信息分布式存储,保证审计数据的真实可靠,而且记录这些数据的时间信息,提供了稳定的审计数据线索链,实现时间维度上审计数据的可追溯性。工程项目数据模块如图 2-3 所示。

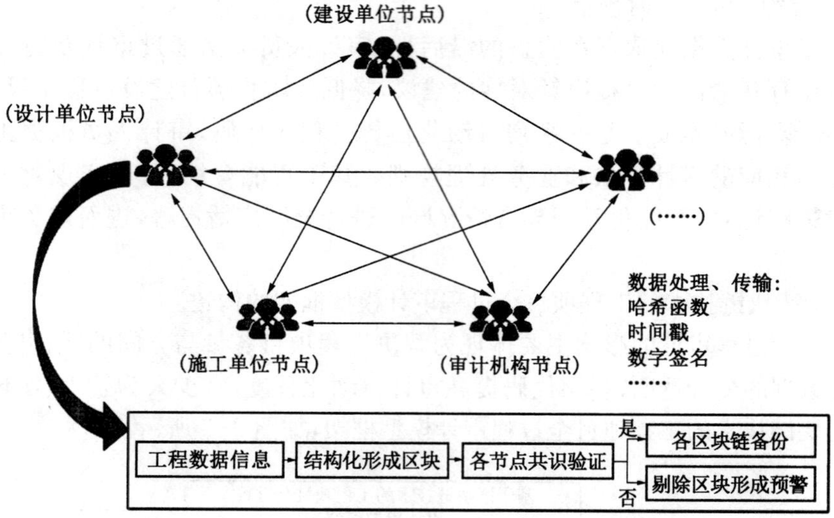

图 2-3 工程项目数据模块

② 工程审计应用模块

由于工程项目信息数据具备样式多、体量大、价值密度低等特征,审计人员无法对海量的工程数据洪流进行深度分析找出信息间的关联性,提炼出具有较高价值的审计数据,导致传统工程全过程审计质量不高。工程审计应用模块作为区块链审计平台的核心部分,是一个有数据分析功能的知识库、模型库,与工程项目数据模块进行对接,即可实现对工程阶段性数据进行实时挖掘、计算及提炼。基于区块链技术支持模块能够实现审计风险预警、疑点事项分析、审计现场物证监控、交易数据查询等功能,如图 2-4 所示。

智能合约作为一种能够自动实现信息化验证的计算机协议,极大地提高了审计工作的效率。编程技术人员需要事先根据合同文本、法律依据、审计规则等编写程序代码,将文字信息转变成计算机可识别的结构化数据,并通过编程设计,对工程数据进行自动识别、处理、监控,实现线上线下审计数据的实时共享,以发现合约中的安全漏洞,形成审计预警,提醒审计人员关注。

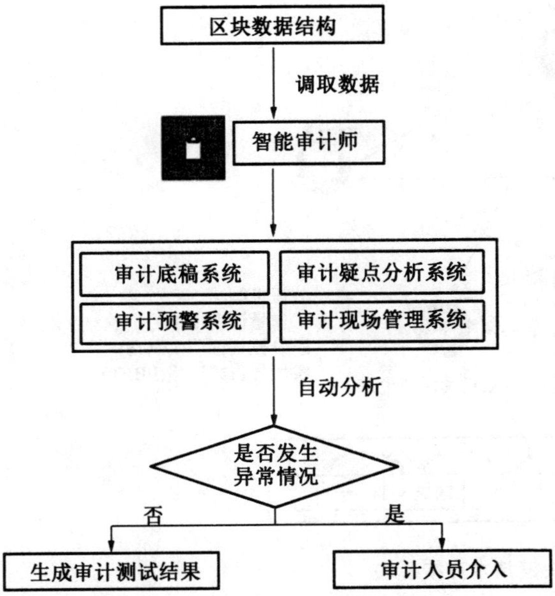

图 2-4　工程审计应用模块

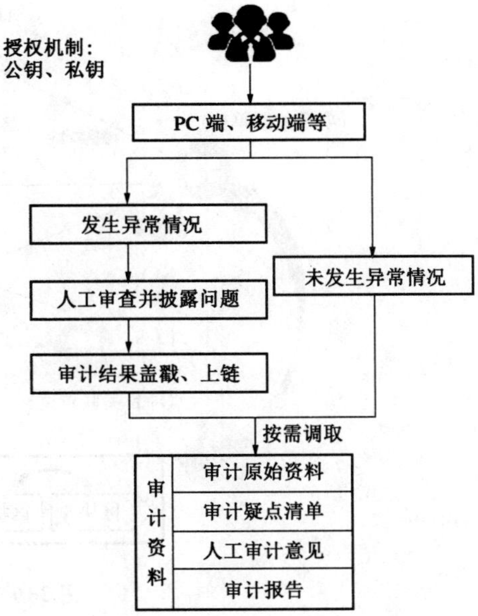

图 2-5　审计报告访问模块

③ 审计报告访问模块

审计报告访问模块一方面将工程审计结果按需求形成个性化审计报告，另一方面将审计情况、意见通过全网广播的方式告知链上各个节点，以达到查错防弊、提高建设项目效益的审计目的，如图 2-5 所示。

在区块链背景下，审计报告访问模块不同于其他模块，审计人员访问模块受到区块链授权机制的保护，不同角色分配不同的登录权限。审计人员利用便携电脑、移动端等设备在联网情况下通过共识机制的验证以及私钥解密，获取访问权限才能进入区块链审计平台对被审项目进行实时监控和审查，并对审计异常事项进行人工审计、主观判断。

④ 区块链技术支持模块

区块链技术支持模块上下协调各模块、节点之间的数据传输、处理和存储，整体上可以划分为数据层、网络层、共识层、合约层以及访问层，如图 2-2 所示。其中数据层主要利用哈希函数和时间戳将交易中的工程数据以结构化形式进行记录并存储于交易池中。基于 P2P 分布式网络，网络层利用非对称加密以及传播机制，实现不同节点、模块之间数据传输的功能。共识层利用工作量证明（POW）、股份授权证明（DPOS）、权益证明（POS）等共识算法封装网络节点，快速高效地实现节点对工程项目各事项信息真实性的认证，为高质量审计证据的获取提供便利（图 2-6）。具备“合约智能化”的合约层，是区块链技术支持模块的核心部分，是由算法机制和脚本代码进行合约条款的编制并置于区块链之上且能自动执行承诺的协议。访问层是指在区块链技术环境下，利用公钥、私钥非对称加密体系，针对不同审计人员授权不同访问权限，解决审计数据管理安全方面的问题。

（3）基于区块链技术的工程项目全过程审计工作流程再造

区块链技术能够应用到审计工作中一方面在于区块链技术能够快速、精确地解决工程项目全过程审计中遇到的问题，保证审计的时效性；另一方面在于区块链的特性能与审计领域相融合，存在优化工程项目全过程审计作业流程的潜能，如图 2-7 所示。

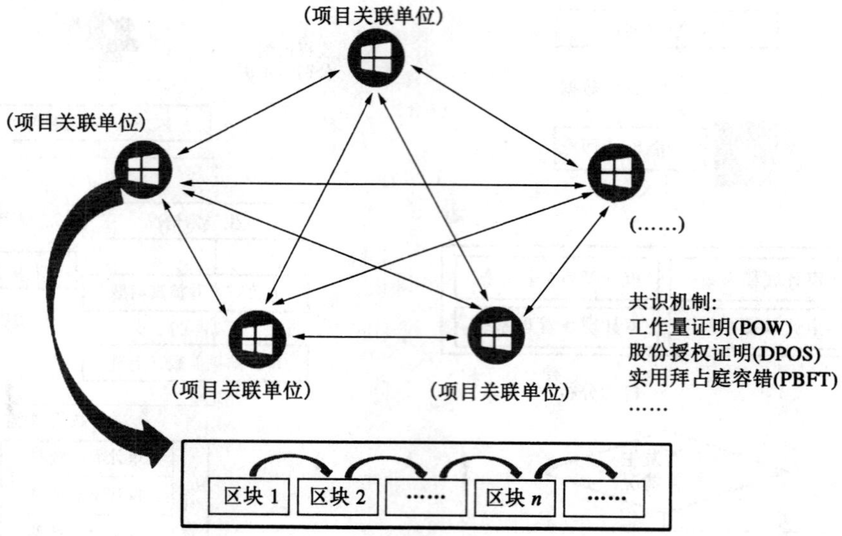

图 2-6　区块链技术支持模块

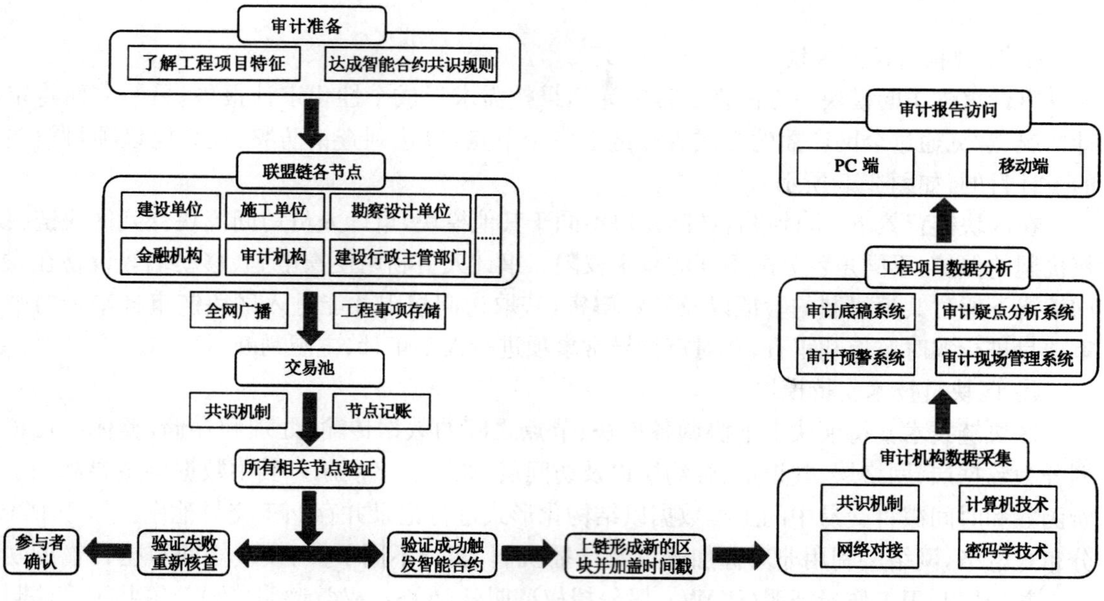

图 2-7　基于区块链技术的工程项目全过程审计工作流程图

在审计准备阶段,审计单位需要事先了解被审工程项目的业务活动以及项目参与方情况,同时制定审计计划并将各单位纳入区块链审计平台,完成联盟链的组建。同时按照角色不同分配权限,在相关权限的基础上就规则设定与各方达成共识。由此形成节点之间的信任机制,区块链审计的初始化工作完成。

在审计实施阶段,当联盟链构建完成并正式运行之后,工程项目所发生的事项信息便会被记录并汇入交易池中进行存储。每一步具体的工程事项信息在汇入交易池存储前,需要附上该节点的数字签名并全网广播,为之后的审计工作提供可靠的、可追溯的审计证据。当交易池中所存储的工程项目事项达到一个额定的容量之后，系统便会从交易池中提取该部分交易事项以及附带的原始凭证进行记账、验证、打包上链工作。记账工作开始时，区块链上的所有节点会基于共识机制确定记账人。记账人将该工程事项相关签证、会议纪要、审批文本信息等项目明文信息依据哈希算法转换成机器可识别的结构化数据并打包，另外将前一区块的所有信息进行一次哈希，生成新交易事项的默克尔树根。当节点记账完成之后，便将记账结果进行公示，同时其他节点对此记账结果进行相应的验证工作，包括记账的正确性以及事项的真实性。如果链上节点判断数据有效验证通过，那么系统自动触发智能合约进行实时自审计。审计工作完成后，工程交易信息和审计各阶段结果被打包上链于区块链结构中，并加盖时间戳，其他节点同步接收并实时更新。如果链上任一节点或多个节点未验证通过该相关事项，那么表明记账结果错误，需要向该事项参与者重新复核，查找问题所在。成功上链的工程项目事项信息以及阶段性审计报告被安全存储于各节点，以备下阶段审计分析。

审计人员利用一系列技术手段包括计算机技术、共识机制、密码学技术等，将被审工程项目的工程事项信息区块与审计机关数据库相对接，实现数据传输功能。当工程项目区块汇入审计机构数据库后，审计人员需要根据权限匹配到的私钥进行数据解密进而查看相关数据。这种非对称加密的方式更好地保障链上数据的安全性，进而保证审计的质量。

完成工程项目信息采集汇总后，下一步工作便是对这些审计证据进行相关的数据分析，这也是审计工作中最为重要的一步，主要有审计底稿系统、审计疑点分析系统、审计预警系统和审计现场管理系统四个方面。

首先，审计底稿系统、审计疑点分析系统可以针对工程事项的真实数据通过数据分析、审计模型预测发现审计疑点，分为以下两步：第一步按照时间顺序将包含工程事项交易信息、阶段性审计报告的区块通过数据传输功能放于审计底稿系统，以便审计人员提取审计证据。第二步依据所需审查的事项，基于时间戳实时调取该区块并对照该事项原始凭证（例如工程合同文本、工程交易计划、工程财务报告等）进行疑点分析。如果发现异常的信息，那么将有疑点的事项汇总进行进一步的分析并反映到审计预警系统中，由专门的审计人员针对该项目事项进行定性、定量分析，在之后审计报告中发表意见并进行披露。

其次，审计现场管理系统结合现代化人工智能技术来实现线上线下审计数据的实时共享，如利用无人机进行工程项目现场勘察，利用安全检测平台实时进行项目质量检测，利用电子标签、无线射频识别技术进行项目资产盘点。基于审计现场管理系统，实现对工程项目实物信息的实时追踪，减少审计人员部分的信息核实工作。

最后，在审计报告阶段系统将整理审计准则、审计证据、审计报告等审计有关资料并电子化存储，同时依据工程项目参与者的需求实时提供个性化定制的审计报告。审计人员可以在项目竣工结算过程中，对工程尾款及工程质保金的预留是否符合合同约定，预留手续的合规性、完整性以及其他审计相关的问题依托全网节点共见共验，形成持续审计。工程项目审计人员可以根据需要，实时地通过手机、PC端等途径对被审项目进行实时监控和审查，及时地发现问题并进行处理，进而有效预防审计滞后问题所带来的不可挽回的损失。

2.5 审计文件的编写

2.5.1 工程审计方案的编写

1) 审计方案的概念

审计方案是对具体审计项目的审计程序及其时间等所做出的详细安排。这是保证审计效果的有效措施，也是检查、控制审计工作质量、进度的依据。

审计方案是审计计划的一部分。根据《内部审计具体准则第 1 号——审计计划》，审计计划一般包括年度审计计划、项目审计计划和审计方案三个层次：年度审计计划是对年度的审计任务所做的事先规划，是组织年度工作计划的重要组成部分；项目审计计划是对具体审计项目实施的全过程所做的综合安排；而审计方案是对具体审计项目的审计程序及其时间等所做出的详细安排。

审计机构可以根据组织的性质、规模、审计业务的复杂程度等因素决定审计计划层次和审计方案内容的繁简程度。

审计方案由审计业务部门编制，由审计项目负责人具体负责，审计方案编写完成后报分管领导批准，并下达到具体承担审计任务的下级审计机构或者审计组实施。

2) 审计方案的内容

《审计机关审计项目质量控制办法(试行)》(审计署令第 6 号)第六条规定，“审计机关和审计组在实施审计前，应当编制审计工作方案和审计实施方案”。

审计工作方案是审计机关为了统一组织多个审计组对部门、行业或者专项资金等审计项目实施审计而制定的总体工作计划。

审计实施方案是审计组为了完成审计项目任务，从发送审计通知书到处理审计报告全部过程的工作安排。当一个审计项目涉及单位多，财政收支、财务收支量大时，审计组为了完成审计实施方案所规定的审计目标，可以对不同的审计事项制定若干具体实施步骤和方法。

由此可见，审计工作方案是审计工作的指导性文件，而审计实施方案则是将审计工作方案的审计工作目标具体化。审计实施方案是整个审计质量控制体系中的灵魂，是完成审计项目、实现审计目标的关键点。

(1) 审计工作方案的主要内容

① 审计工作目标；

② 审计范围；

③ 审计对象；

④ 审计内容与重点；

⑤ 审计组织与分工；

⑥ 工作要求。

审计工作方案可以采用表格形式，如表 2-1 所示。

表2-1 审计方案格式

被审计单位名称		审计方式	就地审计（ ） 送达审计（ ）
审计项目名称		编制人员	
编制依据		编制日期	
被审计单位基本情况：			
审计目标、范围、内容与重点：			
审计方法与实施步骤：			
预定时间：			
审计组组长及成员：			
人员分工：			
部门负责人审批：			
主管领导审批：			

（2）审计实施方案的基本内容

① 编制的依据；

② 被审计单位的名称和基本情况；

③ 审计目标；

④ 重要性水平的确定和审计风险的评估；

⑤ 审计的范围、内容、重点以及对审计目标有重要影响的审计事项的审计步骤和方法；

⑥ 预定的审计工作起止时间；

⑦ 审计组组长、审计组成员及其分工；

⑧ 编制的日期；

⑨ 其他有关内容。

3）审计实施方案的编写要求

（1）审计目标

审计目标是通过实施审计或审计调查所要达到的最终目的，它决定着整个审计项目的定位和审计所要发挥的具体监督服务作用，也决定着审计工作重点的选择。一般应当根据审计工作方案的要求，将审计工作方案中的审计工作目标具体化。

确定审计目标时，应当考虑下列因素：

① 法律、法规、规章的规定及相关政策；

② 政府、审计机关、有关部门对审计项目的要求；

③ 被审计单位的有关情况；

④ 审计组成员的业务能力、审计经验；

⑤ 审计的时间和经费预算；

⑥ 其他需要考虑的因素。

审计目标定位要明确，具有可操作性；同时要保证审计目标的可实现性。对工程审计而言,每个审计项目从不同角度可以确定出若干不同的审计目标,因此,一定要结合审计项目的定位,以及审计人员、审计环境、审计手段、可获得的信息和资料等的现状,选择出符合实际的、可以实现的、最重要和最直接的审计目标,切忌目标多元、定位模糊、偏离实际、空洞抽象、太过理想化而无法实现。

(2) 重要性水平的确定和审计风险的评估

审计组应当分析被审计单位的有关情况,确定重要性水平和评估审计风险,围绕审计目标确定审计的范围、内容和重点。

审计组应当对被审计单位内部控制进行初步评价,确定是否依赖内部控制。依赖内部控制的,要对内部控制进行符合性测试。在内部控制测评的基础上,对被审计单位财政收支、财务收支的业务活动或者会计报表项目进行实质性测试;不依赖内部控制的,在实施审计时直接对被审计单位财政收支、财务收支的业务活动或者会计报表项目进行实质性测试。

对规模较小或者业务简单的审计项目,可以直接确定实质性测试的范围、内容和重点。

(3) 审计实施方案的审计范围

审计实施方案的审计范围是指被审计单位工程项目建设周期内的建设行为和有关审计事项。

工程审计范围涉及工程项目整个生命周期,包括投资决策阶段、项目实施阶段和投产运营阶段。具体审计范围由审计机关或单位领导下达,或者根据委托者委托审计事项确定。

(4) 审计实施方案的审计内容

审计实施方案的审计内容是指为实现审计目标所需实施的具体审计事项以及所要达到的具体审计目标。

工程项目审计是财务审计与管理审计的融合,其范围包括对工程项目投资立项、设计(勘察)管理、招投标、合同管理、设备和材料采购、工程管理、工程造价、竣工验收、财务管理、后评价等过程的审查和评价。

细化审计内容就是针对每一个具体审计事项确定所要达到的具体审计目标。如果一个审计项目涉及单位多、财政财务收支量大、审计事项多且复杂时,应当在实施方案上明确具体的内容及要达到的具体审计目标。审计事项一般可以按照建设单位投资财政收支、工程项目建设业务活动(环节)或者会计报表项目划分。

(5) 审计实施方案的审计重点

审计实施方案的审计重点是指对实现审计目标有重要影响的审计事项。

审计组应当对审前调查所取得的资料进行初步分析性复核,关注资料间的异常关系和异常变动,分析被审计单位财政收支、财务收支及其有关的经济活动中可能存在的重要问题和线索,确定审计重点。

(6) 确定审计的步骤和方法

对实现审计目标有重要影响的审计事项应当确定审计的步骤和方法。审计步骤和方法应当能够指导审计人员实施审计,实现具体审计目标。

(7) 审计组成员及其分工

《中华人民共和国审计法》第十三条规定,"审计人员应当具备与其从事的审计工作相适应的专业知识和业务能力"。

确定审计组组长、审计组成员及其分工时，应当考虑其专业胜任能力和职业道德水平符合有关规定要求。

由于现代项目大多是先进科学的产物或是一种涉及多学科、多领域的系统工程，工程审计组成员应当由工程技术人员、工程造价人员、财务会计人员、技术经济人员和项目管理人员构成。工程技术人员应当熟悉工程项目设计、招标投标、工程施工、竣工验收程序及相应的法律法规，能够胜任工程技术审计工作；工程造价人员胜任工程概算、预算、标底、竣工决算等工程造价指标的编制和审核工作；财务会计人员应当具备建设单位财务会计审计知识；技术经济人员应当熟悉工程经济、投资经济等知识，在工程审计工作中，对投资决策审计、工程项目效益审计等内容负责；项目管理人员一方面要负责工程项目管理审计工作，另一方面要负责整个审计工作的统筹和协调工作。审计人员数量根据项目规模的大小、审计期限及审计内容的复杂程度而定。

工程审计实行审计组组长或主审负责制，审计组组长具体负责编制审计实施方案，经审计组所在部门负责人审核，报审计机关分管领导批准，由审计组负责实施。

【案例 2-1】 工程项目审计实施方案

××项目工程审计部××项目全过程审计实施方案

根据审计工作计划，审计组准备自××年×月×日起对××(单位)××项目进行审计，现根据审前调查了解的情况制定出对××项目的审计实施方案。

一、编制依据

(1)《中华人民共和国审计法》《中华人民共和国预算法》《中华人民共和国民法典》《中华人民共和国招投标法》《中华人民共和国建筑法》《中华人民共和国审计法实施条例》；

(2)《审计机关国家建设项目审计准则》(审计署令第 3 号)、《中华人民共和国国家审计准则》(审计署令第 8 号)、《审计机关审计方案准则》(审计署令第 2 号)；

(3) ××(单位)年度审计计划；

(4) 住房和城乡建设部第 16 号令《建筑工程施工发包与承包计价管理办法》；

(5) 财政部 建设部财建〔2004〕369 号关于印发《建设工程价款结算暂行办法》的通知；

(6) 国家及地方现行的有关其他法律法规，有关部门颁布的工程建设其他费用的计取标准等；

(7) ××工程建设项目建设前期文件、概算及批复文件；

(8) 工程招投标文件、施工图；

(9) 合同协议、委托书及会议纪要等。

二、被审计单位的名称及项目基本情况(略)

三、审计目标

① 监督财政、财务收支的合法性，项目信息的真实性；

② 审计建设项目实施过程的合法性；

③ 监督建设单位内控制度的建立；

④ 预警作用，降低工程建设过程中的风险损失；

⑤ 审计工程项目的绩效状况。

四、审计对象和范围

××项目(土建、水暖通、电气、装饰工程)从项目立项到工程竣工验收及投产运营阶段的全过程审计和竣工财务决算审计。

五、审计风险的评估及重要性水平的确定

××项目的项目融资采用PPP方式,投资关系较为复杂,投资金额巨大,投资财务收支较为复杂,其中一些项目投资方存在资金不到位现象,项目建设周期长,工程技术要求较高,加之工程分标较多,项目涉及面广,鉴于以上情况,将××项目的固有风险水平评价为高等。根据审前调查情况看,建设单位内部控制制度基本健全,内设的审计部切实履行内部审计职责,重大投资决策、建设资金调度、招标投标、合同签订、工程变更等工作经过授权且实际执行良好,故将建设单位的控制风险水平评价为中等。由于只能接受中等水平的检查风险,因此决定了此次审计采用全面审计和专项审计相结合的方式,以获取适量证据。

本次工程审计中投资财务收支审计的会计报表层次的审计重要性水平按照总资产固有比率法确定,即以项目总投资为判断基础,乘以固有比率,即重要性水平=投资总额22 635万元×0.5%=113.175万元。各账户的重要性水平分配按会计报表层次重要性的4%确定,金额为4.527万元(113.175万元×4%),只要发现投资财务收支账户的错报或漏报超过这一水平,就确定为重大差错。

六、审计的内容和步骤

此次审计采用全面审计和专项审计相结合的方式,审计内容和步骤如下:

第一部分　工程全过程审计

工程全过程审计包括三个阶段。

第一阶段　对审计进入前的前期情况进行阶段性审计

审计进入前,下达审计通知书时向建设单位提交工程项目审计所需资料清单,建设单位应当提供相关资料,审计组安排工程技术人员、工程造价人员、财务会计人员、技术经济人员和项目管理人员进行前期工程建设情况阶段性审计。

(一) 投资立项及前期费用审计

(1) 审计基本建设程序执行情况。根据现行规定,基本建设程序投资决策阶段工作包括项目建议书、可行性研究报告、批准立项等工作环节。只有前一个工作环节完成后,才能进行下一步工作。审计时重点检查各环节相关审批手续是否完备。

(2) 审计征地拆迁费用支出是否真实、合法,管理是否符合有关规定。

(二) 工程设计审计

设计(勘察)管理审计的目标主要是:审查和评价设计(勘察)环节的内部控制及风险管理的适当性、合法性和有效性;勘察、设计资料依据的充分性和可靠性;委托设计(勘察)、初步设计、施工图设计等各项管理活动的真实性、合法性和效益性。主要内容包括:

(1) 委托设计(勘察)管理的审计。主要审查设计任务书编写是否完整合规,设计(勘察)单位的选择是否合法合规;设计(勘察)单位的资质是否符合项目规模要求等。

(2) 初步设计管理的审计。主要审查初步设计深度是否符合规定,报经批准的初步设计方案和概算是否符合经批准的可行性研究报告及估算要求,初步设计文件是否规范、完整等。

(3) 施工图设计管理的审计。主要审查施工图设计深度是否符合规定,设计文件是

否规范、完整，施工图设计的内容及施工图预算是否符合经批准的初步设计方案、概算及标准等。

（三）工程招投标审计

招投标审计的目标主要包括：审查和评价招投标环节的内部控制及风险管理的适当性、合法性和有效性；招投标资料依据的充分性和可靠性；招投标程序及其结果的真实性、合法性和公正性，以及工程发包的合法性和有效性等。主要内容包括：

（1）检查工程施工、主要建筑材料和设备采购等是否经过招投标，标段的划分是否适当，招标文件是否完整合法，招投标的程序和方式是否符合有关法规和制度的规定，标底的编制是否准确等。

（2）检查开标、评标、定标的程序和方式是否符合有关法规和制度的规定，评标标准是否公正，是否存在串标、压价现象等。

（四）合同审计

合同审计的目标主要包括：审查和评价工程合同的合法性、公正性、完备性和有效性，主要内容包括：

（1）审查工程项目是否全面推行合同制，合同的订立是否规范，是否存在口头协议现象等。

（2）对已签订的工程合同，审查合同条款是否完整、合法，合同条款是否与招标文件及承包商的投标文件相一致，是否存在“黑白合同”的现象等。

（3）审查勘察设计合同、监理合同、施工合同等是否合法合规，投标报价是否合理。

第二阶段　工程跟踪审计

（一）投资控制跟踪审计

（1）甲供材料设备的审计。检查供应商的选择方法和原则是否合法合规，大宗材料设备采购是否经过招标投标程序，采购价格是否与当地实际市场价格相符等。

（2）工程价款支付审计。主要检查工程计量、工程款支付程序是否按照合同约定实施，主要分部分项工程量计量结果是否真实，工程预付款是否按照合同约定扣回，工程款支付价格是否与投标报价相符，新增项目价格确定程序和方法是否合法合规，工程进度款额度是否与合同约定一致，是否存在超付现象等。

（3）工程变更审计。主要检查工程变更洽商单的内容、变更程序是否符合规定，设计变更是否符合经审批的批准立项文件及施工图的要求，是否存在超量超标现象，施工方提出的变更是否经过监理和建设单位的审批，工程变更增减范围和内容是否真实、合理，变更处理方法是否与合同约定一致，变更签证文件的处理是否符合时效要求，是否存在突击补签证现象，变更工程价款的调整是否符合合同约定等。

（二）质量控制跟踪审计

（1）检查验收审计。主要检查工程验收内容和程序是否与合同约定一致，工程验收结果是否达到合同约定标准，建设单位是否增加额外检验，建设单位是否存在拖延验收或检验现象等。

（2）承包商施工审计。主要检查承包商施工操作是否按照规范和标准实施，是否存在偷工减料的现象，对出现的质量问题是否按照合同约定进行处理，是否按照监理和建设单位的要求对有问题部位进行返修或更换，现场见证取样是否按照规定实施等。

（3）对乙供材料设备的审计。主要检查材料设备质量要求、规格品种是否符合合同约定，是否存在以次充好的现象，所提供的试验和检验报告是否真实，进场入库验收程序是否按照规定执行，代用材料是否经过监理和建设单位的批准等。

(4) 对分包工程项目的审计。主要检查分包的工程项目是否经发包人同意，承包商是否按照合同约定对分包工程进行管理，分包单位有无将其承包的工程再分包现象等。

(三) 进度控制跟踪审计

主要检查承包商是否按照经批准的进度计划安排施工，对工期延误的处理是否符合合同约定，承包商赶工措施是否符合质量和安全要求，承包商的延期要求是否真实合理，批准程序是否合法合规等。

第三阶段　工程竣工结算审计

(一) 审计准备

向建设单位下达提供工程竣工验收所需资料清单通知，制定工程竣工结算审计方案。

(二) 实施审计

审计目标：检查工程价格结算与实际完成的投资额的真实性、合法性；检查是否存在虚列工程、套取资金、弄虚作假、高估冒算的行为等。

主要审计工作包括：

(1) 核查送审结算书中的工程量的计算是否按照工程量清单计价规范中规定的计算规则进行，计算是否准确，必要时需到现场复核。

(2) 检查分部分项工程量清单组价是否合理合规，项目选用是否恰当。

(3) 检查措施项目清单、其他项目清单、规费计取是否符合标准，有无重复计费现象。

(4) 核查材料设备价格是否调整，如有调整，调整是否按照合同约定执行，价格调整是否真实合理。

(5) 检查结算项目是否与竣工图相一致，竣工图是否与实际相符。

(6) 检查设计变更是否真实合理，变更价格调整是否按照合同约定执行。

(7) 审查现场签证是否真实可靠，是否存在重复计算的现象。

(8) 审查送审结算书中的材料设备的数量、品种和规格是否与实际施工相符。

(9) 对于分包项目，审查分包商结算造价是否合理，承包商收取的管理费及配套费是否符合合同约定等。

对于审计中发现的问题，需要向建设单位、监理单位、设计单位和施工单位了解情况的，及时询问，有关各方应予以协助配合。

经过初步审计后出具工程造价初审定案单，在和建设单位交流后，由建设单位组织项目有关各方参加，由审计人员与施工单位针对初审定案单中的分歧问题交换意见，达成一致意见后，由建设单位、审计单位和施工单位三方签字确认。

竣工决算审计完成后，出具审计报告征求意见稿，与建设单位交流后定稿，出具审计报告，提交管理建议书。

审计工作总结。

第二部分　竣工财务决算审计

(一) 审计准备

向建设单位下达提供工程财务审计所需资料清单通知，制定财务审计方案。针对实际情况开展工程前期财务情况的阶段性审计。

（二）实施审计

审计目标：审查和评价建设单位建设项目财政、财务收支的真实性、合法性和效益性。

在开展全过程跟踪审计期间，财务审计适时介入。工程结算全部完成后，进行工程竣工财务决算审计。

工程竣工财务决算审计的具体实施过程如下：

（1）建设单位提供工程决算审计的有关资料，提供工程竣工财务决算审计涉及的有关会计资料。

（2）审查工程项目立项手续是否完备、齐全，是否合法合规。

（3）检查、评价建设项目会计核算制度、内控制度的健全性、有效性及其执行情况。

（4）检查“工程物资”科目，检查明细科目中的材料和设备是否与设计文件相符，有无盲目采购的情况；款项支付有无违规多付的情况；工程完工后对剩余工程物资的盘盈、盘亏、报废、毁损等是否做出了正确的账务处理。

（5）检查“在建工程”科目，检查是否存在设计概算外其他工程项目的支出；是否将生产领用的备件、材料、仪器、仪表和设备列入建设成本；据以付款的原始凭证是否按规定进行了审批，是否合法、齐全；是否按合同规定支付预付工程款、备料款、进度款；支付工程结算款时，是否按合同规定扣除了预付工程款、备料款和质量保证期间的保证金；工程管理费、征地费、可行性研究费、临时设施费、公证费、监理费等各项费用支出是否存在扩大开支范围、提高开支标准以及将建设资金用于集资或提供赞助而列入其他支出的问题；是否存在以试生产为由，有意拖延不办固定资产交付手续，从而增加负荷联合试车费用的问题；是否存在截留负荷联合试车期间发生的收入，不将其冲减试车费用的问题；试生产产品出售价格是否合理；是否存在将应由生产承担的递延费用列入本科目的问题；投资借款利息资本化计算的正确性，有无将应由生产承担的财务费用列入本科目的问题；本科目累计发生额摊销标准与摊销比例是否适当、正确；有无弄虚作假、随意扩大开支范围及舞弊迹象。

（6）竣工决算的审计。主要包括：

① 检查所编制的竣工决算是否符合建设项目实施程序，有无将未经审批立项、可行性研究、初步设计等环节而自行建设的项目编制竣工工程决算的问题。

② 检查竣工决算编制方法的可靠性。有无造成交付使用的固定资产价值不实的问题。

③ 检查有无将不具备竣工决算编制条件的建设项目提前或强行编制竣工决算的情况。

④ 检查“竣工工程概况表”中的各项投资支出，并分别与设计概算数相比较，分析节约或超支情况。

⑤ 检查“交付使用资产明细表”，将各项资产的实际支出与设计概算数进行比较，以确定各项资产的节约或超支数额。

⑥ 分析投资支出偏离设计概算的主要原因。

⑦ 检查建设项目结余资金及剩余设备材料等物资的真实性和处置情况，包括：检查建设项目“工程物资盘存表”，核实库存设备、专用材料账实是否相符；检查建设项目现金结余的真实性；检查应收、应付款项的真实性，关注是否按合同规定预留了承包商在工程质量保证期间的保证金。

⑧ 检查工程项目竣工结算报表是否真实、全面、合法。

工程竣工财务决算审计完成后，出具竣工决算审计报告征求意见稿，对审计中发现的问题，根据国家相关法律法规出具处理意见，与建设单位交换意见后，出具审计报告，并提出管理建议书。

七、审计组成员及其分工(表2-2)

表2-2 审计组成员及其分工

姓名	职称	执业资格	审计任务
×××	高级审计师	国际注册内部审计师(CIA)	审计组组长主持审计
×××	高级审计师	国际注册内部审计师(CIA)	主持财务决算审计
×××	高级会计师	注册会计师(CPA)	财务决算审计
×××	审计师	注册会计师(CPA)	财务决算审计
×××	审计师	注册会计师(CPA)	财务决算审计
×××	会计师	注册会计师(CPA)	财务决算审计
×××	高级工程师	注册造价工程师、咨询工程师	主持工程项目审计
×××	高级工程师	注册造价工程师、咨询工程师	主持前期阶段性审计，协助跟踪审计
×××	工程师	注册造价工程师	前期审计及投资控制审计
×××	工程师	注册造价工程师	前期审计及投资控制审计
×××	工程师	注册咨询工程师	前期审计及质量控制审计
×××	工程师	注册咨询工程师	前期审计及进度控制审计
×××	高级工程师	注册造价工程师	主持工程竣工结算审计
×××	工程师	注册造价工程师	工程竣工结算审计
×××	工程师	注册造价工程师	工程竣工结算审计
×××	工程师	注册造价工程师	工程竣工结算审计
×××	工程师	注册造价工程师	工程竣工结算审计

八、工作要求

(一) 审计人员在审计过程中对审计事项既要充分取证，更要注意保密，有关事项或疑难问题应及时向审计组组长汇报。在执行审计实施方案过程中，如遇重大事项，按照规定程序进行修改和补充审计方案，并按规定报批。

(二) 取得述职报告和审计承诺。审计实施初期，应要求建设单位向审计组就其提交的会计凭证、账簿、报表等会计资料及相关工程建设技术经济资料的真实性、完整性做出书面承诺。审计中可以要求项目参加者分级承诺或分项承诺，尽可能降低审计风险。

(三) 充分利用计算机辅助审计、内部控制测评、统计抽样、项目管理软件、工程造价软件等先进的审计技术方法，降低审计检查风险，减少现场审计时间，提高审计工作效率。

(四) 审计组在审计过程中要严格审计纪律。

九、审计时间要求

××年×月×日下达审计通知书；××年×月×日～××年×月×日进行工程前期阶

段性审计；××年×月×日进点实施审计，××年×月×日前跟踪审计实施阶段结束；××年×月×日前完成工程竣工结算审计；××年×月×日前完成工程竣工决算财务审计；××年×月×日前完成审计报告初稿；××年×月×日前审计报告征求意见完毕，××年×月×日前送法规处复核。

××项目工程审计部

××年×月×日

4）审计实施方案的调整

当发生下列情况时，应当及时调整审计实施方案：

(1) 年度审计项目计划、审计工作方案发生变化的；

(2) 审计目标发生重大变化的；

(3) 重要审计事项发生变化的；

(4) 被审计单位及其相关情况发生重大变化的；

(5) 审计组人员及其分工发生重大变化的；

(6) 需要调整的其他情形。

2.5.2 审计通知书的编写

1）审计通知书的概念

审计通知书是指审计机构在实施审计前，根据审计工作方案，通知被审计单位或个人接受审计的书面文件，也称审计指令。

无论是国家审计、社会审计，还是内部审计，在正式开展审计工作之前，向被审计单位送达审计通知书，一方面保证被审计单位对审计工作知情；另一方面也使得被审计单位对自己在审计部门开展审计工作时应当提供哪些协助工作能够有所了解，保证审计工作的顺利进行。特殊审计业务可在实施审计时送达。

2）审计通知书格式

审计通知书一般包括以下内容：

(1) 被审计单位名称；

(2) 审计时间；

(3) 审计目的、审计范围和项目；

(4) 被审计单位应提供的具体资料和其他必要的协助；

(5) 审计组组成人员名单；

(6) 发出审计通知书的审计机构及其负责人的签章和签发日期。

【案例2-2】 审计通知书格式

审 计 通 知 书

××市审计局关于审计××市××(单位)××××项目的通知

××(单位)：

根据《中华人民共和国审计法》第二十二条规定，我局决定派出审计组对你单位××××项目进行审计，现将有关事项通知如下：

1. 审计时时间：××年×月×日～××年×月×日

2. 审计内容

(1) ××××

(2) ××××

(3) ××××

3. 审计要求

(1) 请按要求和单位实际情况认真填写下列所附自查表。

(2) 届时请积极配合，按要求提供有关资料和必要的工作条件，并对所提供和填列的所有资料的真实性和完整性做出承诺。

4. 审计组成员

审计组组长：×××

审计组成员：×××　×××

附：1. 承诺书；

2. ××××

××××(审计机关全称印章)

××年×月×日

2.5.3 审计工作底稿的编写

1) 审计工作底稿的含义

审计工作底稿是审计人员在审计过程中形成的与审计事项有关的工作记录和获取的审计证据。审计工作底稿是审计证据的载体，是审计人员在审计过程中形成的审计工作记录和获取的资料。它形成于审计过程，也反映整个审计过程。审计工作底稿是联系审计证据和审计结论的桥梁。

2) 审计工作底稿的作用

(1) 为形成审计报告提供依据

审计结论和审计意见是审计过程中一系列专业判断的结果，这些专业判断的客观依据是审计证据。审计人员所搜集到的审计证据与形成的专业判断都完整记录在审计工作底稿中，因此，审计工作底稿是形成审计结论、发表审计意见的直接依据。

(2) 为评价审计工作质量提供依据

审计质量包括审计工作质量和审计报告质量，而审计报告质量又依赖于审计工作质量，因此严格控制审计工作质量是保证审计质量的关键。审计工作质量很大程度上体现在审计工作底稿上，要控制审计工作质量，必须对审计工作底稿的编制和复核规定一整套严格的程序，层层把关，保证应该实施的审计程序没有遗漏，已实施的审计程序足够说明问题，所做的专业判断是合适的，才能使审计质量的控制和监督落到实处。

(3) 证实审计机构及人员是否遵循审计准则

审计准则是审计工作本身的规范，是审计人员的行为指南，它是衡量审计主体工作优劣和工作质量问题的标准。而审计工作底稿是审计人员在审计过程中形成的审计工作记录和获取的资料。为了提高审计质量，必须对审计工作底稿的编制和复核规定一整套严格的程序，《中国注册会计师审计准则第1131号——审计工作底稿》《内部审计具体准则第4

号——审计工作底稿》等均对审计工作底稿的编制和复核做出严格的规定。通过对审计工作底稿的检查，可以证实审计机构及人员是否遵循审计准则。

(4) 为以后的审计工作提供参考

由于工程审计是连续进行的，工程审计工作底稿可以为以后的审计工作提供参考。一般来说，当一个工程项目审计开始前，首先要全面了解以前工程审计的审计工作底稿，再结合工程项目的特点，了解内部控制的薄弱环节在哪里，重点审计的内容是什么，审计报告是哪种类型等，将其作为本项目审计计划的参考。

(5) 提高审计人员的专业素质

依据执业准则实施必要的审计程序，发表客观公正的审计意见是审计人员的审计责任。审计人员在审计过程中是否执行了执业准则，选择的审计是否恰当、合理，所做出的专业判断是否准确等都直接反映在审计工作底稿中。因此，审计工作底稿是评价审计人员业绩，衡量其业务水平、工作能力，反映其职业责任强弱的标尺。

通过审计工作底稿的编写，可以使审计人员掌握审计的工作方法和重点，不断提高自身的专业素质，促进审计质量的提高。

3) 审计工作底稿的编写依据

审计工作底稿是在实施审计过程中取得的，其编写依据包括：

(1) 与工程审计相关的国家方针、政策和法律法规；

(2) 被审计工程的相关批准文件；

(3) 被审计单位工作计划、实施方案、管理制度；

(4) 被审计单位各类账表、凭证、统计资料以及工程建设技术经济分析、项目实施状况等；

(5) 其他单位提供的与审计项目相关的资料；

(6) 审计工作日记、调查询问记录、各种查证、函证核实资料等。

4) 审计工作底稿的要素

根据《审计机关审计项目质量控制办法(试行)》(审计署令第6号)第五十条规定，审计工作底稿包括以下八个要素

(1) 被审计单位名称，即接受审计的单位或者项目的名称；

(2) 审计事项，即审计实施方案确定的审计事项；

(3) 会计期间或者截止日期，即审计事项所属会计期间或者截止日期；

(4) 审计人员及编制日期，即实施审计项目并编制审计工作底稿的人员及编制日期；

(5) 审计结论或者审计查出问题摘要及其依据，即简要描述审计结论或者审计查出问题的性质、金额、数量、发生时间、地点、方式等内容，以及相关依据；

(6) 复核人员、复核意见及复核日期，即审计组组长或者其委托的有资格的审计人员对审计工作底稿的复核意见及实施复核的日期；

(7) 索引号及页次，即审计工作底稿的统一编号及本页的页次；

(8) 附件，即审计工作底稿所附的审计证据及相关资料。

5) 审计工作底稿的内容

编制的审计工作底稿，应当使得未曾接触该项审计工作的有经验的专业人士清楚地了解：按照审计准则的规定实施的审计程序的性质、时间和范围；实施审计程序的结果和获取的审计证据；就重大事项得出的结论等。

审计工作底稿通常包括总体审计策略、具体审计计划、审前调查计划表、审计发现记录表、审计发现汇总表、询证函回函、管理层声明书、核对表、审计资料清单，以及与被审计单位交换意见表等。审计工作底稿的内容主要包括：

(1) 审计项目名称；

(2) 审计事项名称；

(3) 审计过程和结论；

(4) 审计人员姓名及审计工作底稿编制日期并签名；

(5) 审核人员姓名、审核意见及审核日期并签名；

(6) 索引号及页码；

(7) 附件数量。

审计工作底稿记录的审计过程和结论主要包括：

(1) 实施审计的主要步骤和方法；

(2) 取得的审计证据的名称和来源；

(3) 审计认定的事实摘要；

(4) 得出的审计结论及其相关标准。

工程审计工作底稿参考格式如表 2-3～表 2-9 所示。

表 2-3 审计项目基本情况

<table>
<tr><td>项目名称</td><td></td><td>建设地址</td><td></td></tr>
<tr><td>项目法人</td><td></td><td>建设性质</td><td></td></tr>
<tr><td>设计单位</td><td></td><td>监理单位</td><td></td></tr>
<tr><td>施工单位</td><td></td><td>质量监督单位</td><td></td></tr>
<tr><td>初设批复单位</td><td></td><td>项目批准文号</td><td></td></tr>
<tr><td>工程规模及内容</td><td colspan="3"></td></tr>
<tr><td rowspan="6">批复投资总额</td><td>项目</td><td>计划/万元</td><td>到位/万元</td></tr>
<tr><td>国家财政拨款</td><td></td><td></td></tr>
<tr><td>业主自筹</td><td></td><td></td></tr>
<tr><td>银行贷款</td><td></td><td></td></tr>
<tr><td>其他</td><td></td><td></td></tr>
<tr><td>合计</td><td></td><td></td></tr>
<tr><td rowspan="4">主要开工建设项目</td><td>项目名称</td><td>概算投资/万元</td><td>已完成投资/万元</td></tr>
<tr><td></td><td></td><td></td></tr>
<tr><td></td><td></td><td></td></tr>
<tr><td>合计</td><td></td><td></td></tr>
<tr><td rowspan="2">建设起止时间</td><td colspan="3">设计：从 年 月 日开工至 年 月 日竣工</td></tr>
<tr><td colspan="3">实际：从 年 月 日开工至 年 月 日竣工</td></tr>
</table>

表 2-4　审计程序表

<table>
<tr><td>被审计单位</td><td colspan="2"></td><td>签名</td><td>日期</td><td>索引号</td><td></td></tr>
<tr><td>项目</td><td></td><td>编制人</td><td></td><td></td><td>页次</td><td></td></tr>
<tr><td>截止日</td><td></td><td>审核人</td><td></td><td></td><td></td><td></td></tr>
<tr><td colspan="7">一、审计目标</td></tr>
<tr><td colspan="7">1.
2.
3.</td></tr>
<tr><td colspan="3">二、审计流程</td><td colspan="3">执行情况</td><td>索引号</td></tr>
<tr><td colspan="3">1.
2.
3.</td><td colspan="3"></td><td></td></tr>
<tr><td colspan="7">三、审计说明</td></tr>
<tr><td colspan="7"></td></tr>
</table>

表 2-5　审计发现记录表

<table>
<tr><td>被审计单位</td><td colspan="2"></td><td>签名</td><td>日期</td><td>索引号</td><td></td></tr>
<tr><td>项目</td><td></td><td>编制人</td><td></td><td></td><td>页次</td><td></td></tr>
<tr><td>截止日</td><td></td><td>审核人</td><td></td><td></td><td></td><td></td></tr>
<tr><td colspan="7">一、审计结论或审计发现内容摘要</td></tr>
<tr><td colspan="7"></td></tr>
<tr><td colspan="7">二、审计依据</td></tr>
<tr><td colspan="7"></td></tr>
<tr><td colspan="7">三、潜在风险及影响</td></tr>
<tr><td colspan="7"></td></tr>
<tr><td colspan="7">四、审计意见及建议</td></tr>
<tr><td colspan="7"></td></tr>
<tr><td colspan="7">五、附件资料</td></tr>
<tr><td colspan="7"></td></tr>
<tr><td colspan="7">六、复核意见</td></tr>
<tr><td colspan="7"></td></tr>
</table>

表 2-6　审计资料清单

被审计单位			签名	日期	索引号	
项目		编制人			页次	
截止日		审核人				
序号	资料名称	页数	资料来源	提供时间	备注	
说明						

表 2-7　审前调查计划表

被审计单位			签名	日期	索引号	
项目		编制人			页次	
截止日		审核人				
一、审计目标						
二、审前调查范围						
三、审前调查重点						
四、审前调查方法						
五、审前调查人员及分工						
六、审前调查时间						

表 2-8　审计发现汇总表

被审计单位			签名	日期	索引号	
项目		编制人			页次	
截止日		审核人				
序号	性质	问题定性及处理意见	底稿索引号			
审计说明						

表 2-9 与被审计单位交换意见表

审计组参加人员					
被审计单位参加人员					
序号	审计发现摘要	主要事实	潜在风险及影响	审计意见及建议	被审计单位意见
与被审计单位交换意见后的处理意见					

6）编制审计工作底稿的总体要求

审计工作底稿是审计证据的载体，是形成审计意见、出具审计报告的依据，是按规定要求完成审计工作、履行应尽职责的证明。审计工作底稿应如实反映审计计划的制订及其实施情况，完整记录参审人员的审计轨迹。

审计工作底稿在内容上应做到资料翔实、重点突出、繁简得当、结论明确；在形式上做到要素齐全、格式规范、标识一致、记录清晰。

（1）资料翔实，即记录在审计工作底稿上的各类资料来源真实可靠，内容完整。

（2）重点突出，即审计工作底稿应反映对审计结论有重大影响的内容。

（3）繁简得当，即审计工作底稿应根据记录内容的不同，对重要内容详细记录，对一般内容可以简单记录。

（4）结论明确，即按审计程序对审计项目实施审计后，参审人员应对该审计项目表达明确的专业判断意见。

（5）要素齐全，即构成审计工作底稿的基本内容应全部包括在内。

（6）格式规范，即审计工作底稿采用的格式规范。

（7）标识一致，即审计标识符的含义前后一致，并标识在审计工作底稿上。

（8）记录清晰，即审计工作底稿上记录的内容连贯，文字端正，有关验算数据正确。

7）审计工作底稿的编制方法和技巧

（1）规范审计工作底稿

审计工作底稿编制规范化，不仅能提高审计工作质量，防范审计风险，还便于审计情况总结，提高审计工作效率。

（2）审计工作底稿完备化

审计工作底稿的完整性是指审计工作底稿要覆盖全部审计项目。编制完整的项目审计工作底稿，既是审计准则的要求，也是实际工作的需要。通过编制审计工作底稿，可以对审计事项重新核实、查证，从而彻底了解被审计事项的基本情况，做到成竹在胸，达到审计目标。

（3）审计工作底稿简明清晰、合理有序

由于审计涉及面广，取证的材料比较多，这就要求审计人员根据审计方案逐项逐事编制审计工作底稿，做到一项一稿或一事一稿，编写要情节表述简明清晰、定性准确、编写合理有序，以便看清问题的来龙去脉、因果关系。

(4) 注意审计工作底稿之间的关联性

相关审计工作底稿之间应当具有清晰的钩稽关系，相互引用时，应当交叉注明资料来源及底稿编号。

(5) 审计工作底稿繁简得当

编制审计工作底稿时，应当充分考虑工程审计的性质、目的和要求，体现审计工作底稿的简明性和适用性。

(6) 审计问题定性要准确

审计工作底稿是审计人员编写审计报告和审计机关做出审计决定、提出审计意见的基础，因此对审计工作底稿反映的问题进行定性一定要准确，这将关系到审计报告的质量和审计决定、审计意见书是否客观公正、合理有据、经得起考验。要做到定性准确，除了情节表述客观公正、简明清晰、数据要精确以外，还必须要求对其所运用的法规、依据充分有效，不能使用废止、失效的法规，没有追溯力的法规和其他不适用的法规。

8）审计工作底稿的复核

审计组应当指定专人对审计工作底稿的下列事项进行复核，并签署复核意见：

(1) 审计实施方案确定的审计事项是否实施了审计；

(2) 审计实施方案确定的具体审计目标是否实现，拟定的审计步骤和方法是否执行；

(3) 事实是否清楚；

(4) 审计证据是否充分；

(5) 适用法律、法规、规章是否准确；

(6) 审计结论是否恰当；

(7) 其他有关重要事项。

对审计工作底稿中存在的问题，审计组组长应当责成审计人员及时纠正。

经复核审定的审计工作底稿，不得擅自增删或修改。若确需改动的，应当另行编制审计工作底稿，并做出书面说明。

审计工作底稿的编制人员和复核人员对审计工作底稿的真实性负责，并对审计工作底稿中涉及的被审计单位的商业秘密负有保密责任，审计工作底稿未经审计机构负责人批准，不得对外提供。

审计工作底稿必须分类整理，归入审计项目档案，并由专人保管。

2.5.4 审计报告的编写

1）审计报告的定义

审计报告是审计小组或审计人员在审计工作结束后，将审计工作任务完成情况和审计工作的结果，向审计机构、委托者或有关部门提交的书面文件。它是记载审计人员实施审计的情况和表达审计意见的书面文件。撰写审计报告是审计工作的最终产品，是审计过程中极为重要的一个环节。

2）审计报告的作用

(1) 审计报告全面地总结了审计过程和结果；

(2) 审计报告表明了审计人员的审计意见和建议；

(3) 审计报告是审计机关据以做出审计决定的依据；

(4) 审计报告可以起到公证或鉴证的作用；

(5) 审计报告有利于被审单位纠错防弊、改善经营；

(6) 审计报告是评价审计质量、审计人员工作业绩的重要依据。

3) 审计报告的基本要素

审计报告因审计项目预定目的的不同而存在差异，一般的审计报告应包括以下基本要素：

(1) 标题

标题应能反映审计的性质，力求言简意赅，可统一表述为“审计报告”。

(2) 编号

为便于归档和索引，一般表述为“××××年第×号”。

(3) 被审计单位名称

(4) 审计项目名称

一般表述为“××××年度××××审计”。

(5) 内容正文

审计报告的正文是审计报告的核心内容。内容包括：审计概况、审计依据、审计发现、审计结论、审计建议、其他方面。

(6) 出具单位

即派出审计组的审计机关、内部审计机构，以及接受委托审计业务的社会审计单位。审计报告应当由审计机构盖章，并由审计机构负责人、审计项目负责人和其他经授权的人员签字。

(7) 签发日期

审计报告日期一般采用审计机构负责人批准送出日作为报告日期。

(8) 附件

审计报告的附件是对审计报告正文进行补充说明的文字和数字材料，其内容包括：相关问题的计算及分析性复核审计过程；审计发现问题的详细说明；被审计单位及被审计责任人的反馈意见；记录审计人员修改意见、明确审计责任、体现审计报告版本的审计清单；需要提供解释和说明的其他内容。

4) 审计报告的主要内容

(1) 审计概况

审计概况是对审计项目的总体情况的介绍和说明。一般包括以下内容：

① 立项依据

② 背景介绍

被审计项目的基本情况，包括被审计单位的名称、性质、管理体制，财政、财务隶属关系或者国有资产监督管理关系，以及财政收支、财务收支状况，工程项目基本情况，包括项目资金来源、工程概况、建设规模、工期等。

③ 被审计单位的责任

一般表述为被审计单位应对其提供的与审计相关的资料、其他证明材料的真实性和完整性负责。

④ 实施审计的基本情况

一般包括审计范围、审计方式和审计实施的起止时间。

审计范围应说明审计所涉及的被审计单位财政收支、财务收支所属的审计期间和有关审计事项。

审计报告中应当明确地陈述本次审计的目标,并应与审计计划中提出的目标相一致;还应当指出本次审计的活动内容和所包含的期间。

⑤ 审计重点

审计报告应当对本次审计项目的重点、难点进行详细说明,并指出针对这些方面采取了何种措施及其所产生的效果,也可以对审计中所发现的重点问题做出简短的叙述及评论。

⑥ 审计标准

(2) 审计依据

即实施审计所依据的法律、法规、规章的具体规定。审计报告应声明审计程序是按照审计准则的规定实施审计的。当确实无法按照审计准则要求执行必要的审计程序时,应在审计报告中陈述理由,并对由此可能导致的对审计结论和整个审计项目质量的影响做出必要的说明。

(3) 审计发现

审计发现是审计人员在对被审计单位的经营活动与内部控制的检查和测试过程中所得到的积极或消极的事实,一般应包括以下内容:

① 所发现事实的现状,即审计发现的具体情况,对被审计单位建设项目财务收支、项目实施的真实、合法和效益情况发表评价意见。

真实性主要评价被审计单位的业务处理遵守相关业务准则、制度的情况,以及相关会计信息与实际的财政收支、财务收支状况和业务经营活动成果的符合程度。

合法性主要评价被审计单位的财政收支、财务收支符合相关法律、法规、规章和其他规范性文件的程度。

效益性主要评价被审计单位财政收支、财务收支及其经济活动的经济、效率和效果的实现程度。

② 所发现事实应遵照的标准,如政策、程序和相关法律法规。

③ 所发现事实与预定标准的差异。

④ 所发现事实已经或可能造成的影响。

⑤ 所发现事实在现状下产生的原因(包括内在原因与环境原因)。

(4) 审计结论

审计结论是审计人员对审计发现所做出的职业判断和评价结果,表明审计人员对被审计单位的经营活动和内部控制所持有的态度和看法。

在做出审计结论时,审计人员应针对本次审计的目的和要求,根据已掌握的证据和已查明的事实,对被审计单位的经营活动和内部控制做出评价。发表审计评价意见应运用审计人员的专业判断,并考虑重要性水平,可接受的审计风险,审计发现问题的情节、性质和金额等因素。

审计人员得出的结论可以是对经营活动或内部控制的全面评价,也可仅限于对部分经营活动和内部控制进行评价。审计单位只对所审计的事项发表审计评价意见,对审计过程中未涉及、审计证据不充分、评价依据或者标准不明确以及超越审计职责范围的事项,不发表审计评价意见。

(5) 审计建议

审计建议是审计人员针对审计发现提出的方案、措施和办法。审计建议可以是对被审计单位经营活动和内部控制存在的缺陷和问题提出的改善和纠正的建议；也可以是对显著经济效益和有效内部控制提出的表彰和奖励的建议。

审计建议可分为以下两种类型：

① 现有系统运行良好，无须改变；

② 现有系统需要全部或局部改变，包括：

◆ 改进的方案设计；

◆ 方案实施的要求；

◆ 方案实施效果的预计；

◆ 未实施此方案的后果分析。

(6) 其他方面

5) 审计报告的基本格式

审计报告的基本格式包括：

(1) 标题；

(2) 收件人；

(3) 审计概况(立项依据及背景介绍、上次审计后的整改情况说明、审计目的和范围、审计重点等)；

(4) 审计依据；

(5) 审计发现；

(6) 审计结论；

(7) 审计建议；

(8) 附件；

(9) 签章；

(10) 报告日期。

6) 审计报告编写的基本原则

编制审计报告应当遵循以下原则：

(1) 客观性。审计报告应以可靠的证据为依据，实事求是地反映审计事项，给出客观、公正的审计结论。

(2) 完整性。审计报告应当做到要素齐全、内容完整，不遗漏审计发现的重大事项。

(3) 清晰性。审计报告应当做到逻辑性强、突出重点，简明扼要地阐明事实和结论。避免使用不必要的过于专业性和技术性的复杂语言。文字应当通顺流畅，用词准确，避免使用“几个、少数、大量”等模糊字眼说明情况。

(4) 及时性。审计报告应当及时编制，以便被审计单位管理层适时采取有效纠正措施。在保证审计报告质量的前提下，审计报告应当在完成现场审计后尽快编制，经过征求意见和补充修改后分别送达各有关部门。

(5) 实用性。审计报告所提供的信息，应当有利于解决经营管理中存在的重要问题，并有助于组织实现预定的目标。

(6) 建设性。审计报告不仅应当发现问题和评价过去，而且还应能解决问题和指导未来，应当针对被审计单位经营活动和内部控制的缺陷提出适当的改进建议。

(7) 重要性。在形成审计结论与建议时，应充分考虑与审计项目相关的风险水平和重要性，对于被审计单位经营活动和内部控制中存在的严重差异和漏洞以及审计风险高的领域应当在审计报告中有重点的详细说明。同时，审计人员还要考虑被审计单位接受审计建议、采取相应措施的成本与效益关系。

7) 审计报告的编制程序

审计报告的编制应当在结束现场审计工作之后进行。审计人员应当按照以下程序编制审计报告：

(1) 审计工作底稿的整理分析

审计人员在实施审计任务的过程中形成的审计证据集中反映在审计工作底稿中，这是拟定审计报告的基础。但由于底稿分散、不系统，不可能不分轻重地全部写进审计报告。因此，审计人员需要对审计工作底稿进行归类整理，去粗取精，作为编写审计报告的基础。

(2) 拟定审计报告提纲

由审计组成员集体讨论拟定审计报告的内容、结构安排及其格式，并逐项列出编写提纲。审计报告编写提纲包括前言概述部分怎样写；被审计单位概况写哪些内容；存在的问题部分写什么问题，次序怎么安排；使用哪些证据，引用哪些法律、法规；如何写出评价和结论等。

(3) 编制审计报告初稿

审计报告初稿由审计项目负责人或者由其授权的审计项目小组其他成员起草。如由其他人员起草时，应当由审计项目负责人进行复核。审计项目小组应当对审计报告初稿进行讨论，并根据讨论结果进行适当的修订。编制审计报告应当充分体现审计报告的质量要求。

(4) 征求被审计单位意见

为了保证审计工作的客观性和公正性，在审计报告正式提交之前，审计项目小组应与被审计单位及其相关人员进行及时、充分的沟通，征求被审计单位的意见，以便使审计报告符合客观实际，能被其所接受。

审计项目小组与被审计单位的沟通，应当根据沟通内容的要求，选择会议形式或个人交谈形式。审计机构和人员在与被审计单位进行沟通时，应注意沟通技巧，进行平等、诚恳、恰当、充分的交流。

审计项目小组应当根据沟通结果对审计报告适当进行处理，并将被审计单位的意见作为审计报告的附件一并报出。

(5) 复核、修订审计报告并最后定稿

审计报告应当由被授权的审计项目小组成员以及审计项目负责人、审计机构负责人等相关人员进行严格的复核和适当的修订。审计报告复核、修订后，再经与被审计单位管理层充分沟通后，由经授权人员签章，提交给审计项目有责任的机构或个人。

8) 审计报告的编制方法

审计人员应当在实施必要的审计程序后，采用以下方法编制审计报告：

(1) 考虑审计报告使用者的各种合理需求。有些事项或后续审计结果虽然与本次审计结论没有直接关系或关系不重要，但需审计人员向报告收件人如组织管理当局反映提请关注，此类事项和情况应适当写入审计报告。

(2) 反映被审计对象的相关成绩。对被审计单位的突出业绩应当在审计报告中予以适当说明。

(3) 反映改进的计划和采取的行动。由于受到审计目标和准备工作的制约，或受到审计过程中新发生情况的影响，审计范围可能与年度审计计划或最初拟定的范围不一致，必要时可在审计报告中指出所改进的计划与所采取的行动。

(4) 揭示导致问题产生的外部不利因素的影响。

(5) 采用正面的、积极的语言。对审计过程中揭示的消极的审计发现，在不损害内部审计独立性和声誉的前提下，应当充分考虑被审计单位的意见及可能对其造成的不利影响，客观准确地以被审计单位可接受的语言写入审计报告。

(6) 运用恰当的图表和脚注。审计报告可以运用适当的图表和脚注，以增强灵活性，快速、准确、直观地揭示和传递提供的审计信息。

9) 编制审计报告应注意的问题

(1) 审计报告内容要全面

根据《中华人民共和国国家审计准则》第一百二十三条规定，审计报告的主要内容包括：(一) 审计依据，即实施审计所依据的法律法规规定；(二) 实施审计的基本情况，一般包括审计范围、内容、方式和实施的起止时间；(三) 被审计单位基本情况；(四) 审计评价意见，即根据不同的审计目标，以适当、充分的审计证据为基础发表的评价意见；(五) 以往审计决定执行情况和审计建议采纳情况；(六) 审计发现的被审计单位违反国家规定的财政收支、财务收支行为和其他重要问题的事实、定性、处理处罚意见以及依据的法律法规和标准；(七) 审计发现的移送处理事项的事实和移送处理意见，但是涉嫌犯罪等不宜让被审计单位知悉的事项除外；(八) 针对审计发现的问题，根据需要提出的改进建议。审计期间被审计单位对审计发现的问题已经整改的，审计报告还应当包括有关整改情况。

(2) 审计报告应当以第三人称书写

由于审计报告定位为对外公开的审计法律文书，报告中人称表述应当以第三人称表述。如"××审计厅(局、办)组成审计组对××单位××项目进行了审计"。

(3) 审计报告宜按以下顺序编写

① 审计依据：对审计法规定的审计事项，审计依据一般可表述为《中华人民共和国审计法》《中华人民共和国审计法实施条例》的具体条款。

② 审计工作开展情况：包括审计范围、审计方式、审计实施的起止时间等。一般可表述为，审计机关组织审计组从××年××月××日至××月××日，以现场审计(或送达审计)的方式，对被审计单位××工程项目建设情况进行了审计。

③ 审计承诺：一般可表述为根据《中华人民共和国国家审计基本准则》第九十三条规定，审计机关要求被审计单位对与审计事项有关的工程技术经济资料的真实性、完整性和其他相关情况作出书面承诺。

④ 工程管理责任和审计责任的划分：一般可表述为，根据承诺，被审计单位对其提供的与审计相关的会计资料、其他证明材料的真实性和完整性负责。审计机关的审计是在被审计单位提供的有关资料的基础上进行的。

⑤ 正文部分，包括：

◆ 被审计单位和被审计项目基本情况，包括被审计单位的经济性质、管理体制、财政财务隶属关系或者国有资产监督管理关系、工程项目投资资金来源，工程概况等。

◆ 审计评价：审计评价是对工程项目财政财务收支，工程建设活动的真实性、合法性和效益性的评价。审计评价要根据审计实施方案确定的审计目标做出。

◆ 审计发现及处理决定

该部分对审计查出的问题,可逐个按如下要求和顺序进行表述:

第一,概括指出审计查出的问题是什么问题。如对挪用项目建设资金现象的问题,可以概括为“挤占挪用项目建设资金××万元”。

第二,对该问题进行实事求是的描述。要明确表述出违纪违规行为主体、行为时间、行为地点、行为内容、行为金额、行为结果等。有关表述应明确具体,不宜过于简单。

第三,对该问题进行定性,明确列出定性依据。定性依据一般要具体列出法律法规规定的全称、文号、条款、条款内容。

第四,该问题依法应给予处理处罚的,明确列出处理处罚依据。处理处罚依据一般要具体列出法律、法规的全称、文号、条款、条款内容,并根据上述依据做出处理处罚决定。原则上,审计决定书做出的处理处罚决定应与此决定保持一致。

◆ 意见和建议:现代审计的发展使审计功能由“监督”向“监督与服务”并举发展,要求为被审计单位的发展提供增值服务。提出意见和建议要根据审计查出的问题,突出针对性,提出的意见和建议要结合实际,具备可操作性,易于被审计单位采纳,且一经采纳确实能够收到实效。

10) 审计报告的复核

审计机构应当建立审计报告的三级复核制度。由审计项目负责人主持现场全面复核;由审计机构的业务主管主持非现场重点复核;由审计机构负责人主持非现场总体复核。三级复核的分工,可由审计机构自行决定。各级复核的主持人在必要时可以授权他人行使权力,但责任仍由主持人承担。

审计报告复核主要包括形式复核和内容复核。

(1) 形式复核。一般包括:

① 审计项目名称是否准确,描述是否恰当;

② 被审计单位的名称和地址是否可靠;

③ 审计日期是否准确,审计报告格式是否规范;

④ 审计报告收件人是否为适当的发送对象,职位、名称、地址是否正确;

⑤ 审计报告是否表示希望获得被审计单位的回应;

⑥ 审计报告是否需要目录页,目录页的位置是否恰当,页码索引是否前后一致;

⑦ 审计报告中的附件序号与附件的实际编号是否对应;

⑧ 审计报告是否征求被审计单位意见;

⑨ 审计报告的复核手续是否完整。

(2) 内容复核。一般包括:

① 背景情况的介绍是否真实,语气是否适当;

② 审计范围和目标是否明确,审计范围是否受限;

③ 审计发现的描述是否真实,证据是否充分;

④ 签发人是否恰当,签发人与收件人的级别是否相称;

⑤ 参与审计人员的名单是否列示完整,排名是否正确;

⑥ 报告收件人是否恰当,有无遗漏,姓名与职位是否正确;

⑦ 标题的使用是否适当;

⑧ 审计结论的表述是否准确；

⑨ 审计评价依据的引用是否适当；

⑩ 审计建议是否可行。

【案例 2-3】 审计报告

2017 年保障性安居工程跟踪审计结果

（2018 年 6 月 20 日公告）

为促进中共中央、国务院关于保障性安居工程政策的全面贯彻落实，2017 年 12 月至 2018 年 3 月，审计署组织地方各级审计机关对 2017 年全国保障性安居工程（含公共租赁住房等保障性住房和各类棚户区改造、农村危房改造，以下统称安居工程）的计划、投资、建设、分配、运营及配套基础设施建设等情况进行了审计，重点审查了安居工程项目 1.77 万个，共涉及项目投资 2.52 万亿元，并对 13.03 万户农村危房改造家庭做了入户调查。现将审计情况公告如下：

一、安居工程实施基本情况和取得的主要成效

根据相关部门和单位提供的数据，2017 年，全国各级财政共筹集安居工程资金 7 841.88 亿元（其中中央财政 2 487.62 亿元），项目单位等通过银行贷款、发行企业债券等社会融资方式筹集安居工程资金 21 739.02 亿元。2017 年全国棚户区改造开工 609.34 万套、基本建成 604.18 万套，公共租赁住房基本建成 81.56 万套，农村危房改造开工 190.59 万户，分别完成当年目标任务的 101.48%、183.97%、124.4%和 100%。

从审计情况看，2017 年，各地各部门积极贯彻落实中央决策部署和各项政策要求，加快推进各类安居工程及配套基础设施建设，进一步改善了住房困难群众的居住条件，进一步加强了安居工程住房分配使用和管理，较好地满足了中低收入家庭基本住房需求，促进了社会和谐稳定和新型城镇化健康发展。

（一）安居工程住房有效供给进一步加大，为建立多渠道保障的住房制度提供有力支持

各地加大安居工程建设推进力度，积极保障安居工程建设用地供应，各类保障性住房和棚户区改造按计划建成和投入使用。2017 年，全国公共租赁住房、棚户区改造共开工 617.7 万套，基本建成 685.74 万套，以货币补贴形式支持中低收入困难家庭到市场自主租房 242.32 万户。各类安居工程住房有效供给不断增加，向困难群众提供基本住房保障的能力不断增强，为建立多主体供给、多渠道保障、租购并举的住房制度提供了有力支持。

（二）城乡住房困难群众居住条件进一步改善，为解决发展不平衡不充分问题发挥积极作用

各地进一步完善分配方式，加大对重点人群的保障力度，使更多住房困难群众受益。2017 年底，公共租赁住房在保家庭 1 658.26 万户，涉及 4 100 多万城镇中低收入住房困难群众。全年完成棚户区拆迁 66 756.66 万 m^2，524.59 万户家庭出棚进楼，城市棚户区居住条件得到提升，林区、垦区、国有工矿等棚户区面貌得到改观。中央财政全年安排农村危房改造资金 266.90 亿元，并提高补助标准，集中支持建档立卡贫困户等 4 类重点对象，地方各级政府加大对农村住房困难群众的支持力度，全年共有 176.73 万户农村贫困家庭建成安全住房，为打赢精准脱贫攻坚战创造了有利条件。

(三) 安居工程住房分配使用和管理进一步加强,为提升住房保障政策效果夯实基础

各级政府不断加强目标责任管理,将公共租赁住房建成和分配纳入考核范围,层层落实主体责任,并加大配套基础设施建设力度,2017 年中央财政投入专项资金 962.70 亿元,推动加快公共租赁住房和棚户区改造住房交付使用;落实深化"放管服"改革要求,优化完善公共租赁住房申请和分配流程,提高审批效率,使群众享受住房保障的便捷程度进一步增强。同时,各地进一步完善安居工程后续管理,健全准入和退出机制,59.69 万户家庭按规定退出公共租赁住房保障,保障精准程度不断提高;各地还积极采取措施控制棚户区改造成本,抓好棚户区改造腾空土地出让偿还项目贷款,努力实现市域范围内棚户区改造资金总体平衡,促进棚户区改造良性可持续发展。

(四) 安居工程投资稳增长作用进一步凸显,有力促进了经济平稳健康发展

各地积极拓宽融资渠道,创新融资方式,2017 年筹集安居工程及配套基础设施建设资金 29 580.90 亿元,比上年增长 6.34%,保障公共租赁住房和棚户区改造及配套基础设施建设资金需求。棚户区改造当年完成投资 1.84 万亿元,带动了相关行业投资和消费,为推动经济平稳增长提供了动力支持,同时城中村改造促进了农民就地转化为市民,推动了以人为核心的新型城镇化进程。

二、审计发现的主要问题

(一) 部分地区存在骗取侵占安居工程资金和住房等违法违规问题

276 个单位或个人套取挪用或骗取侵占安居工程资金 25.67 亿元,用于其他非公共项目支出等;91 个单位违规扩大保障范围或提高补偿标准,多支付拆迁补偿款 2.85 亿元。3.68 万户不符合条件家庭违规享受城镇住房保障货币补贴 8 639.90 万元,住房 2.66 万套;1.84 万户不符合条件家庭违规享受农村危房改造补助资金 1.46 亿元;3.53 万户家庭条件发生变化不再符合保障条件但未按规定及时退出,仍享受住房 2.75 万套、货币补贴 1 384.43 万元。683 个项目未依法履行招投标程序,涉及合同金额 696.43 亿元;294 个项目未取得建设用地批准而占地 1 440.54 公顷进行建设;883 个已开工在建项目未取得建筑工程施工许可证等基本建设审批手续。

(二) 部分地区安居工程住房和资金管理使用绩效不高

由于配套基础设施建设滞后等原因,9.71 万套住房已基本建成 1 年以上未分配或分配后无法入住;由于供需不匹配、规划设计不合理、地址偏远等原因,14.21 万套已竣工验收的住房至 2017 年底空置超过 1 年。截至 2017 年底,有 147.92 亿元财政专项资金、472.54 亿元银行贷款等市场化融资未及时安排使用。1 211 个安居工程项目建成后由于前期手续不齐全等原因无法办理竣工验收备案;427 个项目存在未按照设计图纸施工等问题。

(三) 部分地区安居工程政策和扶持措施未落实到位

403 个项目未按规定享受应减免税费,多支付 9.18 亿元;13 个项目扩大棚户区改造范围违规享受税费减免政策,少缴纳 4 039.69 万元;0.99 万户家庭由于棚户区改造项目建设进展缓慢等原因未能如期回迁安置,多支付安置费 5.86 亿元。

三、审计处理和初步整改情况

以上审计查出的问题,地方各级审计机关已依法出具审计报告、提出处理意见。审计查出的相关涉嫌违法违纪问题线索,已依法移送有关部门进一步调查处理。审计指出问题后,有关地方积极组织整改,截至 2018 年 3 月底,共追回被套取挪用资金 11.29 亿元,退还多收

取税费7 184.99万元，盘活资金14.42亿元，取消保障资格或调整保障待遇1.68万户，追回补贴补助资金3 553.36万元，收回和加快分配住房8 602套。其他问题正在进一步整改中，审计署将持续跟踪检查后续整改情况，督促整改到位。

附件：审计发现的主要问题及初步整改情况表(部分)

序号	问题类型	单位/项目/保障对象	问题事项	初步整改情况
1	部分地区存在骗取侵占安居工程资金和住房等违法违规问题	××棚户区改造对象	不符合条件家庭多获得征地拆迁补偿款341.29万元	正在整改中
2		××投资经营有限公司	虚报城市保障性住房修缮项目，套取棚户区改造贷款资金2 643万元	已全部追回
3		××县发展和改革局	以未纳入目标任务考核的××城中村改造项目申报，违规获取基础设施配套资金1 104万元	正在整改中
4		××城市建设投资有限公司	在申请获取安居工程资金过程中通过报多建少等手段违规获取资金168.27万元	正在整改中
5		××县房地产管理局	××中学教师公共租赁住房配套基础设施项目工程结算价多计费用85.69万元	正在整改中
6		××置业有限公司	将××经济适用住房项目贷款20 370万元，用于非公共项目支出	已全部追回
7		××棚户区改造投资建设有限公司	将棚户区改造贷款资金14 000万元，出借给××房地产开发经营有限公司	已全部追回
8		××投资发展有限公司	将棚户区改造项目配套基础设施建设补助资金4 000万元，作为入股××资产管理有限公司资本金	正在整改中
9		××片区旧改项目	以违规扩大保障范围、乱发津贴补贴等方式违规获取征收补偿和安置，涉及资金441.53万元	已追回资金398.25万元，其他正在整改
10		××城镇住房保障对象	个人申报材料不实，相关部门审核把关不严，340户不符合条件家庭违规享受住房保障待遇，其中3户获得补贴资金0.74万元，337户享受公共租赁住房实物配租	已收回全部补贴资金和住房
11		××农村危房改造补助对象	个人申报材料不实，相关部门审核把关不严，204户不符合条件家庭取得农村危房改造资格，获得补助资金336.1万元	正在整改中
12		××城镇住房保障对象	保障对象动态管理不到位，退出机制不健全，94户不再符合保障条件未及时退出，其中93户违规享受住房租赁补贴17.41万元，1户享受公共租赁住房实物配租1套	已追回补贴14.31万元，其他正在整改中
13		××棚户区改造项目	主体工程施工、勘察、设计等未按规定履行招投标程序	正在整改中
14		××市行政中心安置小区项目	施工未按规定履行招投标程序	已缴纳罚款103.96万元

(续表)

序号	问题类型	单位/项目/保障对象	问题事项	初步整改情况
15	部分地区安居工程住房和资金管理使用绩效不高	××公共租赁住房项目	由于配套基础设施建设滞后,导致已基本建成1年以上的3 205套住房未交付使用	正在整改中
16		××财政局、住房和城乡建设局	上级财政预算安排的安居工程专项资金22 394.98万元未分配使用至2017年底已超过1年	正在整改中
17		××棚户区改造项目	因前期建设手续不全导致已基本建成1年以上的4 413套住房未办理竣工验收备案	正在整改中
18		××棚户区改造项目	因规划和环保验收未完成导致已基本建成1年以上的4 424套住房未办理竣工验收备案	正在整改中
19		××经济区新家园项目	因消防专项验收未完成导致已基本建成1年以上的3 500套住房未办理竣工验收备案	正在整改中
20	部分地区安居工程政策和扶持措施未落实到位	××财政局	未按规定减免××棚户区改造项目城市基础设施配套费、新型墙体材料专项费用等共计14 785.45万元	正在整改中
21		××市规划局经济开发区分局	未按规定减免××安置小区二期、三期城市基础设施配套费等共计3 332.62万元	正在整改中
22		××财政局	未按规定减免××项目城市基础设施配套费2 422.30万元	已全部退还
23		××住房和城乡建设局	未按规定减免××棚户区改造项目城市基础设施配套费、新型墙体材料专项基金、散装水泥专项基金等共计623.62万元	正在整改中
24		××建设投资有限公司	××项目中非保障性安居工程住房违规享受人防易地建设费、营业税等税费减免共计1 774.19万元	正在整改中

(摘编自中华人民共和国审计署网站2018年6月20日公告,有删减)

2.6 工程审计人员的职业道德

2.6.1 工程审计人员的素质要求

审计职能的日益完善和审计地位的日益提高对审计人员的素质提出了新要求。作为审计工作的具体执行者,审计人员素质和水平的高低直接影响着审计工作质量。

2018年5月23日,习近平总书记在中央审计委员会第一次会议上指出,要加强审计机关自身建设,努力建设信念坚定、业务精通、作风务实、清正廉洁的高素质专业化审计干部队伍。

审计人员应当具备以下的素质要求:

1) 要具备良好的道德素质和职业操守

高度的责任感、强烈的正义之心是审计人员最基本的道德要求。审计一般要揭露处理一些违法违纪或违规问题，这会导致某些项目利益相关者不正当的利益因为审计而受损，因此，审计过程中往往会遇到各种阻力和压力。审计人员必须树立正确的世界观、人生观、价值观、权力观、地位观、利益观，具备良好的责任感和使命感，履行职责时，做到独立、客观、正直和勤勉，不从被审计单位获得任何可能有损职业判断的利益，保持应有的职业谨慎，不做任何违反诚信原则的事情，做国家资产和人民利益或顾客利益的忠诚卫士。

2）具备较强的业务知识

与财务审计相比，工程审计涉及的领域非常广，工程审计人员应当掌握以下业务知识：

（1）审计知识

审计人员必须系统掌握审计知识，精通并能熟练地运用审计标准、程序和方法，及时了解和掌握审计方面的政策法规、相关专业等知识以及运用先进审计方法和手段等方面的能力等。

（2）财务知识

审计人员要系统掌握财会业务知识，熟悉会计制度和会计准则，精通财会制度和与之有关的法律、法规，能够通过工程项目财务收支和财务结算了解业务轨迹，为工程审计工作提供线索。

（3）工程经济知识

工程审计涉及工程项目建设全过程，从项目的前期策划、可行性研究，到工程项目后评价，工程审计人员可通过技术经济分析，确定项目预期目标是否达到，主要效益指标是否实现；查找项目成败的原因，总结经验教训，及时有效反馈信息，提高未来新项目的管理水平；为项目投入运营中出现的问题提出改进意见和建议，达到提高投资效益的目的。

（4）工程项目管理知识

一个工程项目能否取得成功，高效、强有力的项目管理至关重要。审计人员应当掌握现代项目管理知识、手段和方法，客观、公正地评价项目活动成绩和失误的主客观原因，比较公正地、客观地确定项目决策者、管理者和建设者的工作业绩和存在的问题。

（5）工程技术知识

工程建设专业性较强，涉及设计、施工、造价等方面，工程审计人员只有掌握一定的工程技术知识，才能对设计方案是否合理科学、施工方法是否经济可行、工程造价是否准确可靠做出客观公正、实事求是的审计评价。

3）熟练掌握专业技能

要提高工程审计工作质量，还要求工程审计人员熟练掌握以下专业技能：

（1）高度的职业敏感性

接受审计任务后，通过查阅审计资料、现场考察等手段，凭借审计人员的职业敏感，迅速找到切入点，从蛛丝马迹中发现问题，推动审计工作迅速展开。

（2）敏锐的洞察力

敏锐的洞察力可以帮助工程审计人员找到解决问题的着眼点，以此对审计中出现的问题做出正确判断。

（3）综合判断能力

由于工程建设涉及面较广，因此，审计中发现的问题的根源往往也错综复杂，这就需要审计人员对发现的问题进行仔细的甄别和剖析，分析问题的产生和发展脉络，对审计单位所处的现状进行不同程度的研究，能够把握审计所涉及的方方面面。在统筹分析基础上才能对所掌握的材料进行高度的概括和总结，做到对问题准确的处理，提出有价值的意见和建议。

(4) 良好的沟通协调能力

审计机构、人员采用适当方式与组织内外相关机构和人员进行积极有效的沟通，正确处理审计与被审计对象、与各有关部门的关系，以保证信息的快捷传递和充分交流。这就需要审计人员具备良好的交流技巧，选择合适的交流方式，与被审计人员心平气和地交换意见，既做到不卑不亢，又不能简单地以监督者自居，要掌握沟通的艺术和技巧。要学会耐心倾听，在倾听中有针对性地采用提问、回应、重述、讨论等方式，确保对问题的全面正确理解，同时在听的过程中，要勤于思考，以获得更多的有效信息。特别是针对审计查出的问题与被审计单位交换意见、对问题看法有分歧时，必须沉着冷静，讲话有分寸，避免指责性或领导性口吻，以诚相待，尊重事实，以理服人。

(5) 良好的文字综合能力

审计工作方案、审计工作底稿、审计调查报告、综合审计报告等是审计成果的载体，反映了审计工作的整体水平和审计人员的业务水平。因此，审计人员应当具备较强的书面表达能力，尽量使用通俗的概念性语言，简明扼要，切忌因审计成果专业术语太多、数字堆砌、报告太长、文章晦涩难懂而造成与被审计对象沟通困难，从而影响审计工作的顺利开展。

2.6.2 工程审计人员的职业道德

审计人员的职业道德，是为指导审计人员在从事审计工作中保持独立的地位、公正的态度和约束自己行为而制定的职业道德规范，包括审计人员的职业品德、职业纪律、职业胜任能力和职业责任。

2023 年 5 月 23 日，中共中央总书记、国家主席、中央军委主席、中央审计委员会主任习近平主持召开二十届中央审计委员会第一次会议。会议指出，党中央对审计寄予厚望，要传承审计光荣传统和优良作风，塑造职业精神，提高专业能力。要全面从严治党治审，深入开展主题教育和审计队伍教育整顿，建设忠诚干净担当的高素质专业化审计干部队伍。

审计人员的职业道德水准的高低直接影响审计工作的成效。对此，审计署于 2001 年 8 月 1 日专门发布了《审计机关审计人员职业道德准则》(审计署令第 3 号)，为审计机关审计人员制定了专门的职业道德规范。中国内部审计协会也于 2014 年 1 月 1 日起正式施行《内部审计人员职业道德规范》(中国内部审计准则第 1201 号)。中国建设工程造价管理协会也出台了《工程造价咨询单位执业行为准则》《造价工程师职业道德行为准则》等。

工程审计人员的职业道德主要体现在以下几个方面：

1) 守法

审计人员应当依照法律规定、委托合同约定或组织确定的职责、权限和程序，进行审计工作，在开展审计过程中，严格遵守法律法规、部门规章及审计准则，尊重被审计部门人员，在审计过程中有理有据有节，不得采用非法手段获取审计证明，确保审计行为和审计成果的合法性。

2) 独立性

审计人员在履行职务、执行审计业务、出具审计报告时，应当在实质上和形式上独立于被审计单位，保持应有的独立性，不受其他行政机关、社会团体和个人的干涉。工程审计人员在审计过程中，不得负责或参与被审计部门日常工作和决策，不得参与有可能影响审计公正性的工作及活动，不得以任何方式与被审计项目的各相关方有利益往来。如果审计人员在审计过程中发现自己与被审计单位或者审计事项有以下直接利害关系情况的，应当立即汇报并按照有关规定回避，被审计单位也有权申请审计人员回避：

(1) 与被审计单位负责人或者有关主管人员有夫妻关系、直系血亲关系、三代以内旁系血亲或者近姻亲关系的；

(2) 与被审计单位或者审计事项有经济利益关系的；

(3) 与被审计单位、审计事项、被审计单位负责人或者有关主管人员有其他利害关系，可能影响公正执行公务的。

3) 诚信正直

审计人员办理审计事项，应当坚持原则、客观公正、实事求是、廉洁正直、诚实守信、合理谨慎、恪尽职守。审计人员在执行职务时，应当忠诚老实，廉洁自律，不得利用职权谋取私利，或屈从于外部压力而违反审计原则，如隐瞒或者曲解事实、隐瞒审计发现的问题、进行缺少证据支持的判断或做出误导性的或者含糊的陈述等。在审计过程中应妥善保存报送资料，审计结束后应完整归还报送资料，不得遗失、涂改报送资料。

4) 客观性

审计人员应当保持客观公正的立场和态度，以适当、充分的审计证据支持审计结论，实事求是地做出审计评价和处理审计发现的问题，合理运用审计知识、技能和经验，保持职业谨慎，合理运用职业判断，不得对没有证据支持的、未经核清事实的、法律依据不当的和超越审计职责范围的事项发表审计意见。在做出审计评价、提出审计意见时，审计人员应当做到依法办事，实事求是，客观公正，不得偏袒任何一方。

5) 保密

工程审计人员应慎重地使用在履行职责过程中所获得的信息，对其执行职务时知悉的国家秘密和被审计单位的商业秘密，负有保密的义务。审计人员在执行职务中取得的资料和审计工作记录，非因有效授权、法律规定或其他合法事由不得对外提供和泄露，不得利用其在实施审计业务时获取的信息牟取不正当利益，或者以有悖于法律法规、组织规定及职业道德的方式使用信息。

6) 专业胜任能力

工程审计人员应当具备履行职责所需的审计、会计、财务、工程技术、项目管理、工程估价、投资经济、管理、内部控制、风险管理、法律和信息技术等专业知识，掌握语言文字表达、问题分析、审计技术应用、人际沟通、组织管理等职业技能，具备必要的实践经验及相关职业经历，善于总结实践中的经验教训，不断学习、更新理论知识，以保持和提高工作能力和水平。

2.7 工程审计人员的职责

工程审计应当实行审计组成员、审计组组长、审计组主审、审计机关业务部门、审理机构、总审计师和审计机关负责人对审计业务的分级质量控制。

2.7.1 审计组成员的工作职责与责任

1) 审计组成员的工作职责

(1) 遵守《中华人民共和国国家审计准则》,保持审计独立性;

(2) 按照分工完成审计任务,获取审计证据;

(3) 如实记录实施的审计工作并报告工作结果;

(4) 完成分配的其他工作。

2) 审计组成员的责任

审计组成员应当对下列事项承担责任:

(1) 未按审计实施方案实施审计导致重大问题未被发现的;

(2) 未按照《中华人民共和国国家审计准则》的要求获取审计证据导致审计证据不适当、不充分的;

(3) 审计记录不真实、不完整的;

(4) 对发现的重要问题隐瞒不报或者不如实报告的。

2.7.2 审计组组长的工作职责与责任

1) 审计组组长的工作职责

(1) 编制或者审定审计实施方案;

(2) 组织实施审计工作;

(3) 督导审计组成员的工作;

(4) 审核审计工作底稿和审计证据;

(5) 组织编制并审核审计组起草的审计报告、审计决定书、审计移送处理书、专题报告、审计信息;

(6) 配置和管理审计组的资源;

(7) 审计机关规定的其他职责。

2) 审计组组长的责任

审计组组长应当对审计项目的总体质量负责,并对下列事项承担责任:

(1) 审计实施方案编制或者组织实施不当,造成审计目标未实现或者重要问题未被发现的;

(2) 审核未发现或者未纠正审计证据不适当、不充分问题的;

(3) 审核未发现或者未纠正审计工作底稿不真实、不完整问题的;

(4) 得出的审计结论不正确的;

(5) 审计组起草的审计文书和审计信息反映的问题严重失实的;

(6) 提出的审计处理处罚意见或者移送处理意见不正确的;

(7) 对审计组发现的重要问题隐瞒不报或者不如实报告的;

(8) 违反法定审计程序的。

2.7.3 审计组主审的工作职责

根据工作需要,审计组可以设立主审。主审根据审计分工和审计组组长的委托,主要履行下列职责：

(1) 起草审计实施方案、审计文书和审计信息；
(2) 对主要审计事项进行审计查证；
(3) 协助组织实施审计；
(4) 督导审计组成员的工作；
(5) 审核审计工作底稿和审计证据；
(6) 组织审计项目归档工作；
(7) 完成审计组组长委托的其他工作。

2.7.4 审计机关业务部门的工作职责与责任

1) 工作职责

(1) 提出审计组组长人选；
(2) 确定聘请外部人员事宜；
(3) 指导、监督审计组的审计工作；
(4) 复核审计报告、审计决定书等审计项目材料；
(5) 审计机关规定的其他职责。

2) 责任

(1) 对审计组请示的问题未及时采取适当措施导致严重后果的；
(2) 复核未发现审计报告、审计决定书等审计项目材料中存在的重要问题的；
(3) 复核意见不正确的；
(4) 要求审计组不在审计文书和审计信息中反映重要问题的。

业务部门对统一组织审计项目的汇总审计结果出现重大错误、造成严重不良影响的事项承担责任。

2.7.5 审计机关审理机构的工作职责与责任

1) 工作职责

(1) 审查修改审计报告、审计决定书；
(2) 提出审理意见；
(3) 审计机关规定的其他职责。

2) 责任

审计机关审理机构对下列事项承担责任：

(1) 审理意见不正确的；
(2) 对审计报告、审计决定书作出的修改不正确的；
(3) 审理时应当发现而未发现重要问题的。

2.7.6 审计机关负责人的工作职责与责任

审计机关负责人的工作职责包括：

(1) 审定审计项目目标、范围和审计资源的配置；
(2) 指导和监督检查审计工作；

(3) 审定审计文书和审计信息;

(4) 审计管理中的其他重要事项。

审计机关负责人对审计项目实施结果承担最终责任。

2.8 审计档案管理

为了规范审计档案管理,维护审计档案的完整与安全,保证审计档案的质量,发挥审计档案的作用,审计署、国家档案局根据《中华人民共和国档案法》、《中华人民共和国审计法》和其他有关法律法规,于2012年11月28日颁布,2013年1月1日起施行《审计机关审计档案管理规定》(审计署 国家档案局令第10号)。

审计档案是指审计单位和部门进行审计(含专项审计调查)活动中直接形成的对国家和社会具有保存价值的各种文字、图表等不同形式的历史记录。

审计单位和部门应当设立档案机构或者配备专职(兼职)档案人员,负责本单位的审计档案工作。

2.8.1 审计档案案卷质量的基本要求

审计项目文件材料应当真实、完整、有效、规范,并做到遵循文件材料的形成规律和特点,保持文件材料之间的有机联系,区别不同价值,便于保管和利用。

审计档案应当采用"年度—组织机构—保管期限"的方法排列、编目和存放。审计案卷排列方法应当统一,前后保持一致,不可任意变动。

2.8.2 审计文件材料的归档

审计文件材料应当按照结论类、证明类、立项类、备查类4个单元进行排列:

(1) 结论类文件材料:上级机关(领导)对该审计项目形成的《审计要情》《重要信息要目》等审计信息批示的情况说明、审计报告、审计决定书、审计移送处理书等结论类报告,及相关的审理意见书、审计业务会议记录和纪要、被审计对象对审计报告的书面意见、审计组的书面说明等。

(2) 证明类文件材料:被审计单位承诺书、审计工作底稿汇总表、审计工作底稿及相应的审计取证单、审计证据等。

(3) 立项类文件材料:上级审计机关或者本级政府的指令性文件、与审计事项有关的举报材料及领导批示、调查了解记录、审计实施方案及相关材料、审计通知书和授权审计通知书等。

(4) 备查类文件材料:被审计单位整改情况、该审计项目审计过程中产生的信息等不属于前三类的其他文件材料。

审计文件材料按审计项目立卷,不同审计项目不得合并立卷。

审计文件材料归档工作实行审计组组长负责制。

审计组组长确定的立卷人应当及时收集审计项目的文件材料,在审计项目终结后按立卷方法和规则进行归类整理,经业务部门负责人审核、档案人员检查后,按照有关规定进行编目和装订，由审计业务部门向本机关档案机构或者专职(兼职)档案人员办理移交手续。

审计机关统一组织多个下级审计机关的审计组共同实施一个审计项目，由审计机关负责组织的业务部门确定文件材料归档工作。审计复议案件的文件材料由复议机构逐案单独立卷归档。

为了便于查找和利用，档案机构(人员)应当将审计复议案件归档情况在被复议的审计项目案卷备考表中加以说明。

省级以上(含省级)审计机关应当将永久保管的、省级以下审计机关应当将永久和 30 年保管的审计档案在本机关保管 20 年后，定期向同级国家综合档案馆移交。

审计机关应当按照有关规定成立鉴定小组，在审计机关办公厅(室)主要负责人的主持下定期对已超过保管期限的审计档案进行鉴定，准确地判定档案的存毁。审计机关应当对确无保存价值的审计档案进行登记造册，经分管负责人批准后销毁。销毁审计档案，应当指定两人负责监销。

2.8.3　审计档案的保管期限

审计档案的保管期限应当根据审计项目涉及的金额、性质、社会影响等因素划定为永久、定期两种，定期分为 30 年、10 年。

(1) 永久保管的档案，是指特别重大的审计事项、列入审计工作报告、审计结果报告或第一次涉及的审计领域等具有突出代表意义的审计事项档案。

(2) 保管 30 年的档案，是指重要审计事项、查考价值较大的档案。

(3) 保管 10 年的档案，是指一般性审计事项的档案。

审计机关业务部门应当负责划定审计档案的保管期限。

执行同一审计工作方案的审计项目档案，由审计机关负责组织的业务部门确定相同保管期限。

审计档案的保管期限自归档年度开始计算。

审计文件材料的归档时间应当在该审计项目终结后的 5 个月内，不得迟于次年 4 月底。

跟踪审计项目，按年度分别立卷归档。

2.8.4　审计档案的保密期限

审计机关应当根据审计工作保密事项范围和有关主管部门保密事项范围的规定确定密级和保密期限。凡未标明保密期限的，按照绝密级 30 年、机密级 20 年、秘密级 10 年认定。

审计档案的密级及其保密期限，按卷内文件的最高密级及其保密期限确定，由审计业务部门按有关规定作出标识。

审计档案保密期限届满，即自行解密。因工作需要提前或者推迟解密的，由审计业务部门向本机关保密工作部门按解密程序申请办理。

2.8.5　审计档案的管理

审计机关应当加强审计档案信息化管理，采用计算机等现代化管理技术编制适用的检索工具和参考材料，积极开展审计档案的利用工作。

审计机关应当建立健全审计档案利用制度。借阅审计档案,仅限定在审计机关内部。审计机关以外的单位有特殊情况需要查阅、复制审计档案或者要求出具审计档案证明的,须经审计档案所属审计机关分管领导审批,重大审计事项的档案须经审计机关主要领导审批。

对审计机关工作人员损毁、丢失、涂改、伪造、出卖、转卖、擅自提供审计档案的,由任免机关或者监察机关依法对直接责任人员和负有责任的领导人员给予行政处分;涉嫌犯罪的,移送司法机关依法追究刑事责任。档案行政管理部门可以对相关责任单位依法给予行政处罚。

第3章

工程项目投资决策审计

3.1 工程项目投资决策审计概述

3.1.1 项目投资决策审计的内涵

工程项目的前期投资决策主要是项目投资方内部研究和论证，而后按照国家、地方政府及有关部门规定的程序，以及投资方内部规定履行审批流程的过程。投资决策包括了项目立项、论证、审批、报建等一系列复杂的工作，涵盖了项目投资决策单位按照规定的建设程序，以及根据所在组织的宏观战略要求，结合拟建项目相关情况，通过多方面的技术经济分析、综合分析，选择拟建项目是否投资以及投资的位置、最优开发方案、开发时机等因素的决定过程。

项目投资决策是项目全生命周期的起点和关键，其核心要素在于决策，关键行为主体是具有决策权限的决策者及为此决策提供建议的辅助人员，如出具可行性研究报告的工作人员。

为了确保基本建设项目的适当性和合理性，项目投资决策应遵循规范、可行和高效三个原则。首先在程序方面强化规范性，即按照项目建设的客观规律，在遵循国家政策、法律法规的基础上循序渐进，避免投资决策流于形式、相关决策者拍脑袋"一言堂"的现象出现。其次在项目能否成立环节强化可行性研究，项目可行性研究是投资决策的基础，是项目成败得失的关键因素，在这方面应该严谨对待。最后在具体项目前期策划方面要强化项目建成后的绩效分析，建设项目的绩效分析既是可行性研究工作的延伸，也是对建设项目实施阶段的要求，关系着建设项目的终极成效。

投资决策审计，是指审计机构在某项目的投资方案实施之前，依法对该建设项目的研究、论证、决策、准备等工作的必要性、技术的可行性、经济的合规性和预期收益的可实现性进行审核，为最高决策层最终确认或否决该项决策提供依据的经济监督行为。

项目投资决策审计涉及建设项目工作内容、建设项目技术和经济及管理方面的可行性、建设项目投资规模等问题，是工程审计的关键。

项目投资决策审计的内涵包括以下几个要素：

(1) 决策审计的主体是专职机构和专业人员。专职机构是指国家审计机构、内部审计机构和社会审计机构，专业人员是指与大型工程相关的各领域的专家。由于大型项目越来越多，仅采用国家审计难以满足审计需求，需要联合各方审计力量形成一个目标统一、优势互补的有效整体。而在专职机构的基础上，还需聘请来自各个领域的专业人员，凭借他们在所在领域的专业技能与知识、经验,为专职机构的审计人员提供咨询与参考,以提高大型工程审计质量。专家群体来自广泛的领域,在具体开展审计工作时,需要根据工程特质和工程决策特点,选择相应的专业人员。

(2) 审计关系可以通过被授权或者受委托形成。通常,我国社会审计机构的注册会计师、注册造价师的审计业务是通过接受委托来进行的,政府审计和内部审计多由上级管理部门或领导授权。而专家群体咨询机构通常通过接受委托和聘请而参与到决策审计中来。

(3) 决策审计的对象是大型工程前期决策活动。工程投资决策活动包括决策计划、决策环境、决策主体、决策行为、决策方法、决策管理等。这些要素要通过会计、统计、记录等资料反映出来。

(4) 审计工作的执行及对审计对象的判断要按照国家法律法规和一定的标准、准则。这些法规和标准既是有效控制决策审计工作的依据,也是正确判断审计对象的依据。只有严格遵守这些法规和标准,才能使审计工作顺利有效地进行,审计结论才能更客观准确,被有关各方接受。

(5) 决策审计的基本目标是判断其真实性、正确性、合规性、效率性、效果性和公平性等,并做出与之相应的评价鉴证报告。审计主体要通过一系列审计工作,对审计对象的相关资料及相关活动做出判断,形成审计结论,以书面报告的形式提交给委托或授权单位。

(6) 决策审计的直接目标是促进建设主体更好地履行受托责任,这也是审计工作监督职能的体现。通过审计工作发现问题,给出审计意见和建议,管理当局能采取相应措施,社会公众也能得到关于工程的有效信息而跟踪关注,从而促使建设主体更好地履行受托职责。

(7) 决策审计的最终目标是通过减少决策失误,进而提高决策的科学性。决策的科学性主要体现在两方面:一是防止重大决策失误的出现;二是迅速纠正出现的失误。大型工程决策审计不仅肩负着监督的职责,还应该以专家的身份参与决策的全过程,提供咨询意见和建议,减少决策失误,保证决策的科学性。

3.1.2 投资决策审计的分类

1) 按项目建设实施过程分类

(1) 前期决策审计

主要是对项目建议书、可行性研究和评估报告进行审查。

(2) 中期决策审计

主要侧重对决策实施方案的执行情况进行监督。

(3) 后期评价审计

重点评价决策质量,总结经验。

2) 按固定资产投资审计的范围分类

(1) 基本建设投资审计

(2) 技术改造投资审计

(3) 其他投资审计

3) 按审计的专业特征分类

(1) 投资建设技术审计

投资建设技术审计主要对项目实施方案、建设单位及其他项目参加者在工程项目建设过程中的建设行为的合规合法情况及工作效率进行审计。

(2) 财务审计

财务审计是指检查建设项目资金筹措方案、资金使用计划等情况,并判断其是否真实正确和合规合法的一种审计,旨在纠正错误、防止舞弊。

(3) 经济审计

经济审计是指对被审计建设项目投资活动的合理性、经济性、有效性进行监督、评价和鉴证,提出改进建议,促进其提高资金管理效益的监督活动。

(4) 管理审计

管理审计是指对投资决策机制、投资决策动力机制、投资决策控制机制和投资责任制等进行审计,并对投资决策的效果提出意见,以促使决策者完善管理工作制度、提高投资经济效益。

4) 按审计的对象分类

(1) 对决策主体的审计

对决策主体的审计,首先是对决策权力使用方面的审计,其次是审计决策主体的能力。

(2) 对决策依据的审计

决策依据是影响决策质量至关重要的一个因素,必须对决策依据(主要包括项目建议书、可行性研究报告等)的真实性、可靠性、系统性、全面性、适应性等做出合理有效的评审分析。

(3) 对决策程序的审计

决策程序的民主性、合规性是决策科学化、制度化的保证。审计决策程序的民主性,首先看决策程序是否遵守民主集中原则。

审计决策程序的合规性,主要审查决策主体是否按工作流程进行决策,审计工程项目的立项、可行性研究、项目评估等是否符合规定和要求。

(4) 对决策方案的审计

工程投资决策阶段形成的决策方案是编制设计任务书、确定项目质量要求和投资效益等目标的纲领性文件。因此,加强对决策方案的审计,是客观公正地评价决策质量,促进决策责任落实的必要手段。对决策方案的审计,主要从以下几个方面进行:技术可行性和适应性、投资估算和资金筹措、预计收益、风险防范。

3.1.3 投资决策审计的特点

项目投资决策审计具有以下特点:

1) 审计目标标准明确

项目投资决策审计成果是一系列经济评价结论,而这些结论本身体现了项目投资者的投资规模标准和期望收益标准。通过审计约束,以整体的标准约束局部的标准,以公众的标准约束部分人的标准,以协调投资者与各方的利益关系。因此,项目投资决策审计是以标准对标准的约束,区别于其他审计以标准对行为或结果的约束。

但是由于建设项目投资千差万别,部分建设项目缺乏参照物,目标标准确定有一定的难度,审计人员面对特定情况很难做出审计判断,容易导致决策审计质量不高。

2) 审计过程是一个理论性的检查、测试和分析证明过程

首先,项目投资决策审计不是立足于既成事实,对已经实施的行为及其产生的后果进行审计,而是依靠各种科学手段和预测分析,从理论上对将要采取的行动及期望的结果状态进行预见性的评价。其次,投资决策审计的核心内容是对可行性研究报告中项目的经济效益、社会效益和环境效益结论进行再评价,以揭示可行性研究中存在的问题及其这些问题产生的原因,确证项目投资是否能达到项目效益的最优化,确证此项投资的必要程度和项目的风险程度,以及项目承受风险,谋取最大价值的理论可能。那么,审计人员首先要对这些项目目标有一系列明确、清晰、合乎项目实际的完整认识,并将其用科学的归纳方式,从理论上表述为一个审计评价标准系统。最后,审计的主要内容是可行性研究报告所论证的全部经济方面的结论,它们本身也是一系列的理论值。因此,审计过程是一个理论性的检查、测试和分析证明过程,审计结论只是一系列的理论值。

3) 审计内容涉及面广

投资不是独立的行为和现象,进行投资决策审计时既要查看资金使用情况,也要研究构成投资要素的工程技术和工程造价,在财务上规定用基建财务会计核算科目来进行财务记账和核算。所以说投资决策审计专门性很强,同时又涉及多学科、多行业、联系面广的多元审计。

4) 审计存在信息不对称

决策审计的行为主体是有决策权限的特殊人员及其他相关人员,这些人员在职位层级、素质视野、掌控资源方面均远超过一般审计人员,甚至超过审计部门的管理人员。这种职级不对称会导致信息不对称,审计团队很难搜集到充分、切实、相关、可信的基础信息,从而会影响决策审计效果。

5) 决策审计定位较为困难

为了确保建设项目的科学性、合理性及高效性,项目实施各环节的内控机制、相关部门的审批把关及专家团队的集体论证均在不同维度发挥作用,决策审计无形中被弱化。在这种情况下,即使审计人员提出中肯的审计建议也往往被层级较高的决策层忽视或难以实现审计结果的有效运用。

3.2 工程项目投资决策审计的程序

3.2.1 工程项目投资决策流程

目前国家规定一般企业投资建设的项目不必再实行审批制,而采用核准制和备案制。但对于对社会经济发展具有重大影响的大中型基础设施项目仍采用审批制度。按照国家相关规定要求,大型工程前期决策基本程序包括:

1) 提出项目建议

项目建议是通过项目建议书的方式提出的。项目建议书是项目主体根据国民经济发展、国家和地区中长期规划、行业发展规划和社会经济技术政策等,在调查研究和综合比较的基础上,向国家项目管理部门提出的新建或扩建项目的书面申请文件。在项目建议书中,项目主体会提出对拟建项目的框架设计、总体构想,并对某些重大问题进行初步论证,其目的在于表明项目的必要性与可能性。项目建议书必须包括工程项目建设的必要性、建设条件及工程方案、投资估算与资金筹措方式、工程实施进度计划、社会经济基本效益等内容。由于项目条件还未成熟，通常项目建议书的论证和估算都较粗略，项目的具体建设方案也都还不明晰。

项目建议书提交后，国家投资主管部门对项目进行综合评价，将符合国家发展规划、对社会经济具有重要影响的项目列入国家建设计划，批准这些项目的建议申请，并委托项目主体组织开展工程可行性研究。

2）工程可行性研究

工程可行性研究是指在项目建议书通过国家有关部门审批之后，由项目业主联合有资质的设计单位、科研单位、咨询单位等对项目建设的自然条件、总体规划、经济技术、材料资源、建设方案等进行研究、分析与论证。可行性研究是前期决策的重要依据，其核心在于通过科学研究及论证活动对项目建设的必要性、可能性及可行性做出综合评价，以避免盲目投资，减少建设风险。大型工程是个复杂工程，涉及因素极多，横跨自然科学、社会科学、技术科学、经济科学等，往往需要组织多领域的专业团队联合开展研究与论证活动。

编制工程可行性研究报告是可行性研究阶段极重要的一项工作，是对本阶段研究成果的总结，不仅包括工程论证内容、论证过程、论证方法，还包括工程建设涉及的重大问题推荐方案、方案选择标准、过程、方法以及待解决的问题或存有争议的问题等。

实际上，工程可行性研究报告是项目业主综合多方面论证成果对工程项目建设各项重大问题的决策结果，也是政府立项审批的重要依据。工程可行性研究过程中，项目业主还需获得国家和地区相关职能部门的批准，例如工程选址及总体规划方案需要获得规划部门批准，土地使用需要获得国土资源部门批准，环保评价需要获得环保部门批准等。

3）项目总体评估

为了保证论证研究的真实性、科学性与合法性，国家主管部门在审批与正式投资立项决策前将组织专家组对论证研究过程及决策结果进行综合审查与评估，由此可见，项目总体评估是对可行性研究的再研究、再评审、再论证，为最终决策提供更加全面客观的参考依据。审查与评估内容包括：工程可行性研究及推荐方案是否与建议书相符；工程可行性研究是否符合国家相关技术、参数标准与要求；论证内容是否全面；论证深度是否达到标准；论证过程、技术与方法是否科学；各项推荐方案是否为最优方案等。

按照国家相关规定要求，大中型建设项目由各主管部门，各省、市、自治区或全国性专业公司组织专家对项目进行评估；重大项目和特殊项目则由国家发展和改革委员会同有关部门组织专家进行评估。专家组在综合评定后需要出具评审意见，项目主体必须按照评审意见组织委托单位对工程可行性研究进行修改和复审。

4）投资立项审批

投资立项审批是工程前期决策的最后环节，审批通过标志着项目正式立项。2004年，《国务院关于投资体制改革的决定》指出，大中型建设项目的审批部门为国家发展和改革委员会，重大项目和特殊项目则由国务院进行最终审批。政府行政审批通过后，工程前期决策阶段完成。准予立项的工程，项目业主即可按照工程可行性研究报告组织实施工程建设。

工程项目投资决策的程序如图 3-1 所示。

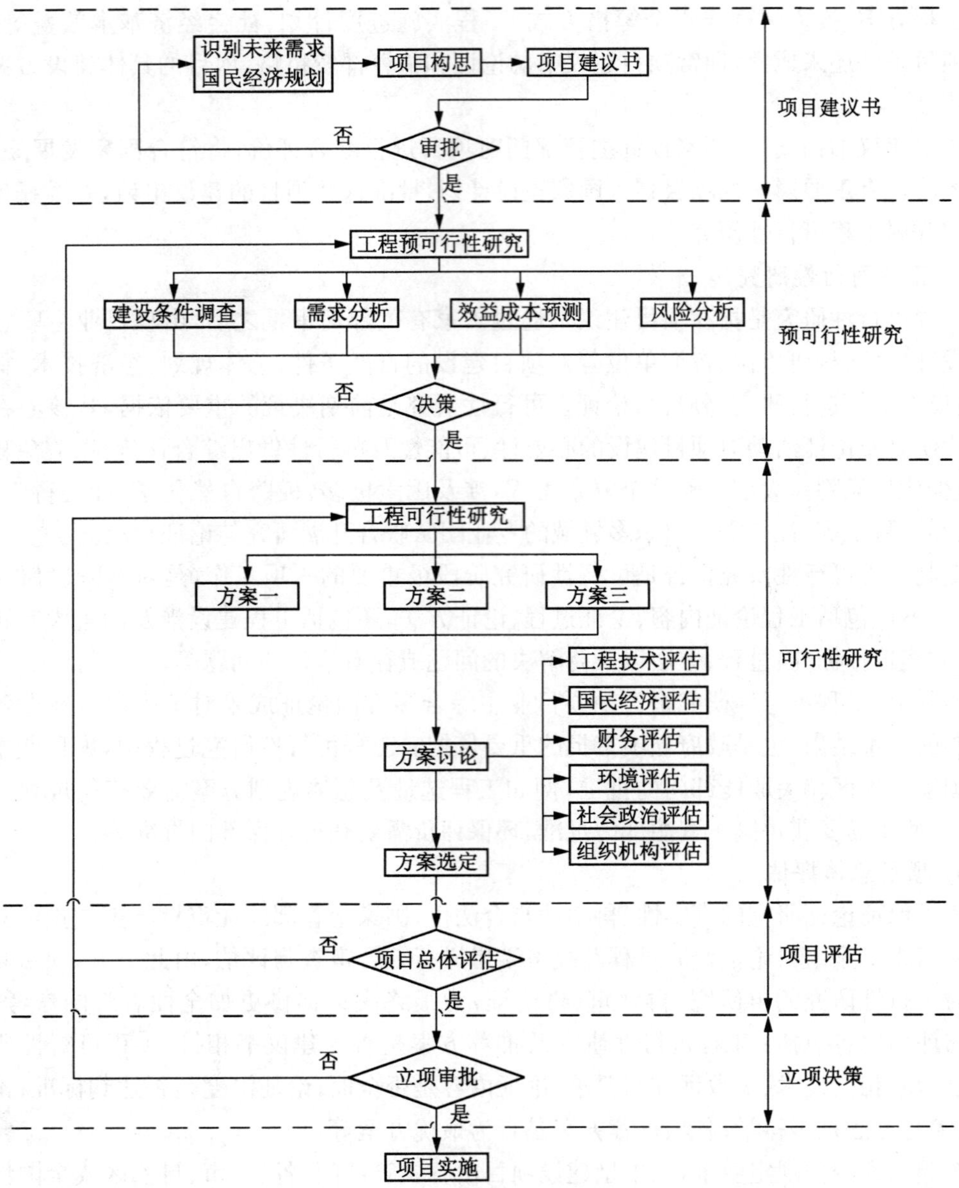

图3-1　工程项目投资决策程序

3.2.2　工程项目投资决策审计程序

工程项目投资决策审计是指被授权或者受委托的专职机构和专业人员，以工程投资决策活动为对象，对决策计划、决策环境、决策主体、决策行为、决策方法、决策管理等进行系统性的审查、监督和评价。通过收集和整理相关信息，按照国家法律法规和一定的标准、准则，确定工程前期决策的实际情况，判断其真实性、正确性、合规性、效率性、效果性和公平性等，并做出与之相应的评价鉴证报告，从而促进建设主体更好地履行受托责任，满足管理当局、利害相关人及社会公众对工程的了解和监督的需要；同时通过审计发现问题，发出预警，使工程建设者能够及时采取措施加以控制，从而减少决策失误，或将因决策失误造成的损失降低至最小限度。

工程项目投资决策审计程序应当与工程项目投资决策流程相适应，投资决策审计程序如图 3-2 所示。

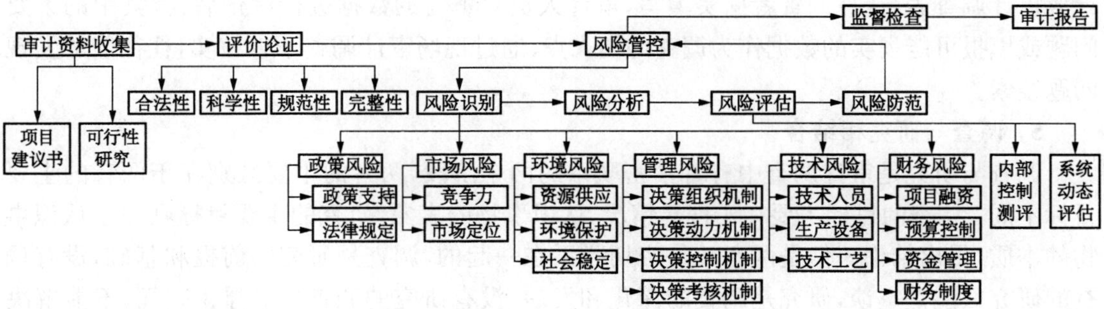

图 3-2 工程项目投资决策审计程序

3.2.3 工程项目决策审计的主要方法

为提高审计调查的有效性，审计人员在审计调查过程中应该把握如下几个原则：

1）审计方法与调查方法相配合的原则

审计调查要综合运用审计和调查方法对有关事项进行分析研究。审计方法与调查方法只是达到审计目的的手段，选用时的原则是，宜采用能提高调查工作效率和质量的方法。一般来说，运用审计方法获取的数据资料真实性强、准确度高，但耗用的时间多；调查方法在一般问题的调查上，具有简便、易行、效率高的特点，但不如审计方法的权威性高。因此，应该用审计的方法获取一些重要的财务数据以及用调查方法难以获取到的真实情况的数据，以确保审计调查的权威性；能用调查方法查明的问题，尽量用调查方法获取，以提高审计调查的时效性。

2）调查的范围与层次适度的原则

调查的范围也就是调查的广度，调查的范围越广，需要消耗的人力和时间成本就越大。为体现审计的经济效益性，调查的范围要有边界。经济运行中具有普遍性、倾向性、苗头性的问题是各级党政领导十分关心和亟待解决的问题。这也是审计过程中应重点关注的问题。对该类问题要适当加大调查力度。对其他非普遍性问题，可采用先分类、再抽样的方式进行调查，可在一定程度上避免资源消耗过大问题，并且保证了审计工作的及时性。

3）个别访谈与集体访谈相结合的原则

审计调查离不开访谈，个别访谈和集体访谈是两种常用的方法，各有优劣。个别访谈的保密性比较强，容易得到真实情况，但是调查面窄，比较费时；集体访谈具有公开性的优点，有利于在短时间内就某一问题了解一些观点情况，但却很难把隐秘性的问题挖掘出来。因此在审计调查中要把两者结合起来。

4）直接资料调查与间接资料调查相结合的原则

对于较大的调查项目，不可能完全依靠现场调查获取直接资料，为弥补直接调查的不足,同时检查直接调查内容的真实性和准确性,对有关数据指标进行比较等,需要到与调查对象有关的其他单位、互联网、图书馆等获取一些相关的间接资料和数据。这就是直接资料调查与间接资料调查相结合,这种方法有助于调查者全面掌握情况,有较多的参考资料进行纵向和横向比较,写出有理有据的调查报告。可先根据调查的内容确定若干个量化指标,设计成审计调查表,让被调查者据实填写,审计人员对填写的数据进行审核后,将其中的重要问题或填报可能失实的数据作为调查的切入点,通过现场审计调查予以核实,往往能够发现问题线索。

5) 调查与研究相结合

调查与研究是审计调查中有着紧密联系的两个阶段,两者的主要区别在于两者的主要目标不同:调查的目标主要在于搜集情况,认识事物的表象,研究的主要目标则在于认识事物的本质,得出结论。但是两者又是密切联系在一起的,调查是研究的前提和基础,没有调查的研究只能是空谈,研究是调查的深化和发展,没有研究的调查只能浮于表面,不能解决问题。调查过程中不仅要搜集问题方面的材料,还要随时分析研究问题的原因和对策,以便于在调查阶段搜集齐全与此有关的材料。

6) 注重审计方式的合理运用

工程项目前期决策审计不同于一般的财务收支的审计,在审计方法上主要应用对比分析的方法、经济活动分析的方法、现代管理的方法、数理统计的方法以及数学的方法等。具体来说:对可行性研究审计中的工程及技术问题用统计分析法;审计市场预测、生产增长率用计量经济法、市场预测回归法;投资效益决策审计可采用效益分析的线性和非线性方法;对投资估算的审计可采用投资估算法、决策分析的期望值法等。

3.3 工程项目建议书编制审计

3.3.1 概述

在项目构思阶段,投资主体应当设立专门团队,通过系统规划排查、设计市场接触、现有项目拓展、市场收集等方式获得资源信息的相关信息人,提交潜在项目建议。项目建议需包括项目区域情况、项目技术条件、项目前期业主设计及上报情况等基本信息。根据项目建议提供的信息,投资主体会集合项目管理、技术、经济部门专业人才收集项目信息,开展机会研究,审查和讨论相关资料。

项目建议书应对项目建设的必要性、主要建设内容、拟建地点、拟建规模、投资匡算、资金筹措以及社会效益和经济效益等进行初步分析,并附相关文件资料。项目建议书的编制格式、内容和深度应当达到规定要求。

投资主体对于潜在投资机会研究报告均需要开展投资评审。评审内容包括:粗略评估项目自身技术经济条件;粗略评估项目环境背景状况;粗略评估项目投资与企业自身状况是否相适应;具体落实投资机会的措施。

投资评审的结论需要明确是否同意开展投资前期研究工作。同意开展前期工作的项目方可准许开展现场前期准备,委托设计部门开展可研设计,并与项目拟建地地方政府对接,取得地方政府支持开展前期工作的协议，上报审批、核准或备案。

3.3.2 项目建议书编制审计目标和内容

1）审计目标

（1）核实建设条件的真实性

项目建议书所依据的市场调研资料、技术分析资料、建设条件调查资料应真实、完整地反映项目建设条件，不得存在对投资主体的立项决策构成重大误导现象。项目确定阶段拟定的建设资金筹措方案应可靠，投资来源应落实。项目出资各方承诺内容应真实，不得有超越自身能力承诺问题。

（2）查实项目比选推荐程序合规性

项目建议阶段各项工作应符合组织内部关于市场调研、项目发现、项目比选、项目推荐工作的内部流程规定；项目建议书应得到管理层和治理层的批准；项目建议阶段历次评审中利益相关方所提意见应得到落实。审查项目建议阶段应按规定取得政府相关部门的审批、许可，按规定聘请有资质的中介机构承担相关文件的编制、评审职责。

（3）确认项目评审结论科学有效性

项目甄别和比选工作应获取足够信息提供决策参考，评审专家应科学、专业、合理地确定建设方案，有利于项目运行，最大限度地提升投资绩效。

2）审计内容

审计人员应当根据项目建议工作流程，检查市场调查团队是否及时获取潜在项目的信息，对备选项目的调研是否到位，对建设环境是否足够了解，以备决策参考；检查各阶段上报的方案资料是否依据充分翔实，计算是否准确，结论是否客观，风险评估是否到位；了解项目咨询机构的资质能力，评估其是否具备编制相关文件的能力，是否尽职尽责。

3.3.3 项目建议书编制审计程序和方法

1）需要取得的资料

（1）项目建议书及其附件资料。

（2）项目选址规划意见书及其附件资料。

（3）建设用地规划许可证和工程规划许可证及其申报文件。

（4）土地使用、环保申报和批复文件等。

（5）项目投资主体关于项目建议阶段工作的内部管理制度。

（6）项目咨询单位、设计单位的资质文件和招投标资料。

（7）国家、地方政府及其建设项目相关行业主管部门关于建设项目前期决策程序管理的相关法律法规及规范性文件，境外建设项目还应补充所在国家和地区政府相关法律法规文件。

（8）组织的股东、出资人代表、上级机构或债权人等利益相关方关于组织开展建设项目前期工作的有关限制性要求。

（9）组织内部，如企业董事会、经理层制定的关于项目决策和批准程序的相关规章制度。

2) 内部控制测评

(1) 内部控制调查

① 了解投资主体是否具备投资资格

风险控制点主要包括:建设项目所处行业是否属于投资主体主营业务范围,投资主体是否经上级单位批准后具备了投资建设职能的授权。

② 了解该建设项目与政府产业政策或上级机构批准的发展战略是否相符合

风险控制点主要是项目是否为追求经济利益而超出授权范围。

③ 调查投资主体及其上级机构的资信和支付能力是否能满足项目建设需要

风险控制点主要是项目投资主体的资金困难可能造成项目建设中止,进而带来更大损失。

④ 调查评审机构、报告编制机构的选取

风险控制点主要包括选取流程是否恰当、投资人是否对其能力进行考核。

(2) 内部控制测试

① 了解投资主体是否具备投资资格

查阅投资主体授权文件、公司章程等文档,了解建设项目所处行业是否属于投资主体主营业务范围,投资主体是否经上级单位批准后具备了投资建设职能的授权。

② 了解该建设项目与政府产业政策或上级机构批准的发展战略是否相符合

查阅投资主体发展战略、规划等文档,收集政府产业政策最新规定,对照项目建议书进行核实。

③ 调查投资主体及其上级机构的资信和支付能力是否能满足项目建设需要

通过查阅投资主体的资金预算、发展规划,对比建设项目资金使用计划,判断资金缺口及断流风险。

④ 调查评审机构、报告编制机构的选取

审核招标投标、竞争性谈判等记录,展开外部调查,核实评审机构、报告编制机构的资质、能力和选择过程是否符合管理流程和规定。

3) 审计取证

(1) 检查

① 是否按照规定编制项目建议书;是否办理项目选址规划意见书、建设用地规划许可证和工程规划许可证,办理土地使用审批、环保审批手续。政府部门的审批是否在法定权限范围之内,是否化整为零规避审批。

② 重点检查建设项目是否遵循总体规划要求,是否及时编制和下达了实施规划和年度投资计划,建设需求与资金筹集是否匹配;建设标准的确定是否符合国家相关强制性规定,特别是能否满足国家防震要求。

③ 项目建设是否符合国家有关投资政策的要求。项目建议书提出的拟建规模和建设方案是否符合有关建设、环境、资源等法规要求。

(2) 审核

① 选址规划意见书、建设用地规划许可证、工程规划许可证、土地审批手续、环保手续是否真实;审批文件申报材料的相关内容,包括事实、文字、数据、表述等是否存在虚假和错漏。

② 项目建议书的相关内容，包括事实、依据、数据、表述等是否存在虚假。

③ 资金来源和筹措是否准备充分。

④ 调阅项目评审调查现场作业记录，通过了解相关费用支出情况和评审调查结果，了解项目评审调查过程，分析评审数据的真实性。通过对可行性研究报告和评审调查报告的经济、技术数据进行对比，分析二者是否存在矛盾。

(3) 计算

审计人员通过验算或重新计算，确认投资估算和资金筹措及还贷方案是否明确，建设规模、建设方案是否明确达到项目建议书要求等。

(4) 分析

① 同行业同规模项目进行比较，判断项目建设方案、投资水平是否存在异常。

② 项目建议书对项目经济效益、社会效益、环境效益的估计是否准确。

(5) 提出意见和建议

在审计中，审计人员如发现项目在建议书阶段存在违反外部强制性、指导性制度、规定的问题，应评估违规决策可能给组织和项目带来的影响和风险。有条件时，内部审计机构可提出关于补充相关工作、完善决策程序的建议。

3.4 工程项目可行性研究或核准备案审计

3.4.1 业务概述

1) 政府投资项目可行性研究报告编制工作简介

对于政府投资或融资项目，项目建议书批复后，项目单位组织开展可行性研究。可行性研究阶段的主要任务是对项目在技术和经济上的可行性以及社会效益、节能、资源综合利用、生态环境影响、社会稳定风险等进行全面分析论证，落实各项建设和运行保障条件，并按照有关规定取得相关许可、审查意见。可行性研究报告的编制格式、内容和深度应当达到规定要求。可行性研究报告的审批文件是项目决策，即最终确定项目是否能开展的重要文件，也是进行初步设计的重要依据。因此，报告一经审查批准，项目单位不得随意修改和变更。

可行性研究报告应当经过必要审查。投资主体内部需要召集相关部门，有时包括外部审查机构和投资机构、融资机构，对项目的可行性及颠覆性因素进行论证，并给出审查意见和修改建议。项目团队则需要针对审查意见进行修改完善。项目审批单位在必要时也会组织专家或委托中介机构对项目单位上报的可行性研究报告进行审查。根据审查收口的可行性研究报告，应当编制投资项目风险评估报告。

可行性研究报告的审批，就是项目的决策评审过程。立项决策一般分为，专家组成的投资评审委员会进行的技术评审决策，组织内部决策机构履行决策职能进行的行政决策。投资评审委员会的专家对建设项目的政策及战略分析、技术可行性与经济收益性、实施能力及资金筹措、风险评估及对策做出评估，并给出结论是否建议项目立项、组建项目筹备团队。专家意见提交后，进入组织内部行政决策流程。行政决策流程因组织治理结构的不同而有较大区别，如国有企业一般履行“三重一大”决策流程，公司一般履行经理层决策→董事会决策→股东大会决策等流程，行政事业单位一般履行的是责任部门→分管领导→主要领导→上级主管单位等逐级层层上报审批的流程。

通过投资决策的项目，需开展项目建设准备工作，内容包括：与政府有关部门对接，与地方政府签订特许权协议(如有)；下达任务委托设计部门开展可研报告编制及核准前服务总承包工作；成立项目筹备小组，负责项目公司成立前的核准工作；将项目投资概况及组建项目公司的申请上报上级组织；配合政府有关机构完成项目审批(或核准、备案)和各项专项审批。

2) 企业投资项目核准和备案工作简介

2004 年《国务院关于投资体制改革的决定》出台后，企业投资项目不再报批可行性研究报告，实行核准或备案制。具体而言，企业在中国境内投资建设的固定资产投资项目中，关系国家安全、涉及全国重大生产力布局、战略性资源开发和重大公共利益等项目，实行核准管理。具体项目范围以及核准机关、核准权限依照政府核准的投资项目目录执行。其他项目实行备案管理。除国务院另有规定的，实行备案管理的项目按照属地原则备案。

企业办理项目核准手续，应当按照国家有关要求编制项目申请报告并报送有关部门。组织编制和报送项目申请报告的项目单位，应当对项目申请报告以及依法应当附具文件的真实性、合法性和完整性负责。项目的市场前景、经济效益、资金来源和产品技术方案等，应当依法由企业自主决策并自担风险，项目核准、备案机关及其他行政机关不得非法干预企业的投资自主权。

项目单位或者其委托的工程咨询单位应当按照项目申请报告通用文本和行业示范文本的要求，编写项目申请报告。项目申请报告主要包括以下内容：项目单位情况；拟建项目情况，包括项目名称、建设地点、建设规模、建设内容等；项目资源利用情况分析以及对生态环境的影响分析；项目对经济和社会的影响分析。项目申请使用政府投资补助、贷款贴息的，应在履行核准或备案手续后，提出资金申请报告。

项目核准机关在正式受理项目申请报告后，需要评估的，可委托具有相应资质的工程咨询机构进行评估。项目建设可能对公众利益构成重大影响的，项目核准机关在做出核准决定前，应当采取适当方式征求公众意见。相关部门对直接涉及群众切身利益的用地(用海)、环境影响、移民安置、社会稳定风险等事项已经进行实质性审查并出具了相关审批文件的，项目核准机关可不再就相关内容重复征求公众意见。对于特别重大的项目，可以实行专家评议制度。项目核准机关应当从以下方面对项目进行审查：是否危害经济安全、社会安全、生态安全等国家安全；是否符合相关发展建设规划、产业政策和技术标准；是否合理开发并有效利用资源；是否对重大公共利益产生不利影响。

对于按照国家规定应当核准的项目，项目单位在向核准机关报送项目申请报告时，根据国家法律法规的规定应当报送的文件包括：城乡规划行政主管部门出具的选址意见书(仅指以划拨方式提供国有土地使用权的项目)；国土资源(海洋)行政主管部门出具的用地(用海)预审意见(国土资源主管部门明确可以不进行用地预审的情形除外)；法律、行政法规规定需要办理的其他相关手续。

对于实行备案管理的项目，项目单位应当在开工建设前，通过在线平台将相关信息告知项目备案机关，依法履行投资项目信息告知义务，并遵循诚信和规范原则。项目单位应当对备案项目信息的真实性、合法性和完整性负责。项目备案机关收到全部信息即为备案。

项目备案基本信息包括：项目单位基本情况，项目名称、建设地点、建设规模、建设内容，项目总投资额；项目符合产业政策声明。

3.4.2 审计目标和内容

1）审计目标

（1）核查资料依据充分可靠性

可行性研究报告所依据的市场调研资料、技术分析资料、建设条件调查资料应真实、完整地反映项目建设条件，不得存在对投资主体的立项决策构成重大误导现象。对于核准项目，项目申请报告内容应真实，各项建设条件、建设内容应符合实际情况。对于备案项目，项目备案资料应真实，相关信息应反映项目实际建设内容。

（2）评价可行性研究报告等文件的有效性

项目可行性研究工作应获取足够信息提供决策参考。评审专家应科学、合理地确定建设方案，以有利于项目运行，最大限度地提升投资绩效；要结合可行性研究报告及其编制依据，对照项目实际情况及建设中发现的各类问题，对可行性研究报告的有效性做出评价。

（3）确认决策过程合规性

可行性研究报告和项目申请报告的编制流程应符合国家相关规定；项目备案资料应通过线上平台按规定提交。可行性研究报告、项目申请报告应按规定经过必要的专家评审、公众评议、评估、公示，得到政府机构、企业治理层和管理层的批准；评审、评估、评议和公示中收集到的利益相关方所提意见应得到落实。

2）审计内容

审计人员应当根据项目投资来源、所属行业、规模大小，确定项目应当执行审批、核准、备案何种决策流程，并根据可行性研究报告编制和评审、项目申请报告核准或项目信息备案相应工作流程，对每个环节工作是否合规、尽责，是否达到最佳效果进行跟踪检查。审计应当复核各阶段上报的方案资料是否充分翔实，计算是否准确，结论是否客观，风险评估是否到位。要了解项目咨询机构的资质能力，评估其是否具备编制相关文件的能力，是否尽职尽责。

（1）对决策主体的审计

对决策主体的审计，首先是对决策权力使用方面的审计。对于国家或地方政府重点工程来说，决策主体具有国家或地方政府赋予的行政权，决策者可能会从代理者的角度考虑，谋求自身的报酬。比如地方政府为了形象政绩，或者为了相关者利益，急功近利开展一些并不必要或并不合适的工程。因此在进行决策审计时，要考察决策主体是否依法行使决策权力，是否有合理、完善的决策制度，是否有有效的权力制衡和约束机制，是否存在决策管理的盲区和漏洞等。

其次是审计决策主体的能力。决策能力缺失或不足，通常会导致重大的决策失误，造成巨大损失，因此对决策主体的能力进行审计是十分必要的。由于建设项目的复杂性和综合性，决策者往往会召集多方专家进行决策，通过专家的协助，完成对建设项目技术、经济、生态等多方面的调研与论证。这些专家的选取与工程自身的行业相关。因此在对决策主体进行审计时，要注意查看决策主体是否具备相应的决策能力，专家的数量、资质等是否符合需求，专家的专业方向是否与工程相符，专家在相关领域是否具有丰富的经验，是否在以往参与的工程中有过重大失误，专家在进行可行性研究论证时是否保持了独立性和专业性等。

如果可行性研究报告是委托咨询单位编制的，还应当审计可行性研究报告的编制与审批单位的资质和级别的合规性。国家对可行性研究报告的编制和审批单位的资质和级别有明确规定，尤其是政府工程项目，要进行编制单位的资质符合性审计。按照我国有关部门的规定要求，编制可行性研究报告的单位必须是经各部、各省和各有关部门批准的工程咨询机构和设计院所，必须有合法的营业执照和资质证书。甲级设计单位或咨询机构，可以在全国范围内承揽大中型项目的可行性研究报告的编制任务；乙级设计单位或工程咨询机构可以在地方或行业范围内承揽中小型项目的可行性研究报告的编制任务。大中型建设项目，由主管部门负责评审，报现国家发展改革委审批；特大型项目的可行性研究报告，由国家发展改革委会同各主管部门评审，报国务院批准。审计过程中若建设项目可行性研究报告的编批单位不符合规定的资格或标准，则应要求建设单位重新报批，否则不得进行后续工作。

(2) 对决策依据的审计

决策依据是影响决策质量至关重要的一个因素。一些工程决策出现重大失误，审查起来有很多原因，但最重要的原因之一就是决策依据不充分、不齐全，信息有误，或者对未来发展变化预计不足等。因此，实施大型工程决策审计，必须认真对决策依据的真实性、可靠性、系统性、全面性、适应性等做出合理有效的评审分析。为此，审计主体需要督促被审计单位做好资料收集、整理、筛选、加工、传递等工作，同时通过跟踪审计及时地、全过程地介入决策活动，以获取更全面、更有效的决策依据信息。

工程投资决策最重要的决策依据，是该工程的可行性研究。可行性研究是指在工程投资决策之前，对工程相关的各个方面进行深入、细致的调查和研究，开展全面、系统的技术经济分析和论证，对工程建成后的成果效益进行科学合理的预测和评价，从而对建设工程进行合理选择的一种重要方法。可行性研究对工程建设的必要性和可行性、技术的适用性、效用的有效性进行了综合评价，是工程决策的重要依据。可行性研究是工程决策的重要环节，对工程决策具有直接的、决定性的影响，深入细致的可行性研究工作可以为决策提供真实可靠的依据。因此可行性研究是决策审计的重点，必须加大审计力度。

审计大型工程决策依据的真实可靠性，一要审计该工程的可行性研究报告的编制是否合规，是否达到规定的深度要求，内容是否真实完整。根据国家对建设项目和投资项目可行性研究的管理要求，各部门制定了有关管理办法，对可行性研究报告的内容和深度进行了规定。审计人员在进行审计时，可以将被审计工程项目的可行性研究报告与有关规定进行对照，判断报告内容的完整性、合规性和报告深度的符合性等。二要审计可行性研究过程是否严密扎实。对可行性研究过程的审计，可以从以下方面进行展开：

是否经过实地调查；项目场地、规模、建设方案等是否经过多方案比较选优；各项数据是否齐全、可信程度如何；运用经济评价、效益分析考核指标对投资估算和预计效益进行复核、分析、测评，看是否进行动态分析、静态分析、财务分析、效益分析，重大项目是否进行国民经济评价；审计可行性报告审批情况是否合规、完整，审计建设规模和市场需求预测的准确性；审计厂址及建设条件；审计建设项目工艺和技术方案；审计交通运输环境条件是否有保证，从长远规划角度考虑；审计环境保护的措施。

可行性研究是否科学合理，重点在于财务评价。

财务评价是指在财务数据估算的基础上，从企业和项目的角度出发，根据现行财务制度和价款，对项目财务可行性所进行的分析和评价。财务评价的内容包括：财务盈利能力（投产后产生的利润和税金）；清偿能力（财务、债务清偿）；财务外汇平衡能力。

财务评价的基本程序为：第一步，估算财务数据，具体包括总投资额、总成本、销售收入或营业收入、销售税金及附加、利润及利润的分配。第二步，编制财务报表，具体包括编制资产负债表、现金流量表、损益表等主要报表和固定资产投资估算表、投资计划与资金筹措表、总成本费用估算表等辅助报表。第三步，计算财务指标，具体包括静态指标（投资回收期、投资利润率、投资利税率、资本金利润率）和动态指标（财务净现值、财务内部收益率、动态投资回收期等）。第四步，得出财务评价结论，看项目是否可行。

（3）对决策程序的审计

建设项目投资决策程序的合规性是审计工作的首要内容。合规性审计的内容包括：审计投资决策程序是否完整，是否做到了前后呼应；审计建设项目投资决策程序是否符合项目的建设要求，是否与项目的建设程序相一致。对大中型建设项目的审计要注重是否具备可行性研究报告书，可行性研究报告书的编制与审批程序是否符合国家要求，有无先报批、后论证的行为等问题。如果审计人员在在建期或竣工后对建设项目投资决策进行审计的话，那么应注意审计前期的决策方案是否得到了严格的执行，建设质量和建设项目的综合效益是否达到了前期投资决策中所预期的目标和标准。投资决策行为的这种前后呼应性，从客观上要求前期决策审计必须注重决策过程的符合性。可以说，就目前的国家审计面临的实际情况和项目前期决策的特点而言，审计工作的重点就是程序审计，通过程序审计来反映前期决策的问题，提出审计意见。当前，投资决策程序的合规性审计是我国审计部门比较重视的审计内容之一，在审计实务中，主要是通过查文件、看批文等具体工作体现的。

决策程序的民主性、合规性是决策科学化、制度化的保证。审计决策程序的民主性主要从两个方面体现，首先看决策程序是否遵守民主集中原则。民主是指工程投资决策时必须召集本单位其他相关人员参与决策，同时决策时还应充分参考专家群体的意见，不干预专家分析与论证工作，保持其独立性和专业性。集中是指决策者要善于从多方意见和建议中吸取合理、科学的部分，挑选合适方案，果断做出决策并承担相应的决策责任。决策程序的民主性的另一体现是公众参与原则。对涉及公众利益的重大经济事项决策按照“公众参与、专家论证、集体决策”的程序执行。进行决策审计时，审计人员必须审查决策过程中决策主体是否有与公众的沟通交流，是否充分听取专家意见、公众意见和尊重公众权利。公众参与决策，可以使决策系统广泛吸收民智，降低决策风险，同时有利于缓解工程项目建设可能带来的社会矛盾。

审计决策程序的合规性，主要审查决策主体是否按工作流程进行决策，审计工程项目的立项、可行性研究、项目评估等是否符合规定和要求。具体包括以下内容：审计调研程序是否合规，是否按照相关规定组织和开展前期调研，是否建立社会民意反映与吸纳机制；是否按照规定进行可行性研究，论证过程是否合规，是否经过严密的多方面分析，是否经过多方案比选；评估程序是否合规，评估标准是否科学，是否有独立的专业机构参与评估并给出客观的评估报告；决议程序是否合规，是否按照规定制度和程序进行项目决策，决议是否在充分参考可行性研究报告和项目评估结论的基础上给出等。在对上述内容进行审计时，审计人员应重点审查决策程序的完整性和审批手续的规范性。

(4) 对决策方案的审计

工程投资决策阶段形成的决策方案是编制设计任务书、确定项目质量要求和投资效益等目标的纲领性文件。因此,加强对决策方案的审计,是客观公正地评价决策质量,促进决策责任落实的必要手段。对决策方案的审计,主要从以下几个方面进行:技术可行性和适应性、投资估算和资金筹措、预测收益、风险防范。

大型工程通常需要根据项目的实际情况,运用合适的先进技术手段,有时甚至已有技术不能满足需求,还需通过技术创新来实现,因此审计决策方案的技术可行性和适应性是十分必要的。主要审查现有的或可实现的技术能否满足该工程需求,是否有比目前选定的更合适的技术手段,专家是否能提供严密可行的实施计划和说明等。

投资估算和资金筹措的审计,主要是审查建设资金安排是否合理,估算和概算内容是否完整合理,指标选用是否合理全面,资金来源渠道是否正常,资金来源与用途安排是否满足项目建设需求,是否具备贷款还款能力,投资回收期是否正确,各种测算是否科学、合理,结论是否正确等。

对预测收益进行审计,可以采用经济评价、效益分析考核指标对其进行复核、分析、测评,审查其分析方法是否正确、齐全,进行预测所依据的历史数据来源是否真实可靠,预测方法是否正确,预测是否科学合理,投资效果的经济评价结论是否正确、完整、科学,审查预测收益的可实现性等。

对决策方案的风险防范审计也是必需的。大型工程的环境具有开放性、动态性,并且由于系统的"涌现"等,稍有不慎即有可能酿成大祸,因此必须对方案的风险防范进行审计。决策方案的风险方案审计,主要审查决策时是否以风险为导向,是否有风险披露,在方案中是否有相应的风险管理机制,是否有对风险管理程序(包括风险预警、风险识别、风险估计、风险处理、监控评价)的相应说明等,风险防范措施是否有效、是否可实现等。

【案例 3-1】 工程项目决策审计案例分析

(1) 计算期估算相关资料。建设期 2 年,生产期 15 年,其中,投产期为 1 年。生产负荷为 80%,设计生产能力:年产量 1 000 t。

(2) 总投资估算相关资料。建筑工程,总建筑面积 1 500 m^2,平均造价 2 000 元/m^2。设备购置:全部进口设备离岸价为 210 万美元,合同货价为到岸价,以美元结算。海运费率为 6%,海运保险率为 0.2%,进口关税税率为 10%,进口增值税税率为 17%,外贸、银行手续费、国内运杂费计费依据均为到岸价,费率分别为 1.5%、0.4%、2%。国内设备全部到厂费用为 220 万元。设备安装费取进口设备和到厂设备费用的 10%。工程建设其他费用为 500 万元。预备费用:建筑工程、设备购置费用、设备安装费用和工程建设其他费用之和的 10%(分别按人民币和美元计算)。固定资产投资方向调节税税率为 15%。建设期利息估算资料:在该项目固定资产投资和固定资产投资方向调节税中,自有资金为 600 万元,其余均为外部借款。人民币投资中 60%(含 600 万元自有资金)在项目建设期第一年投入,其余 40%在第二年投入,人民币借款由当地银行提供,年利率为 7.02%。外币在建设期第二年投入,均为借款,由国际金融机构提供,年利率为 5.25%。

(3) 流动资金估算相关资料。根据经验数据和本项目的具体情况,流动资金取正常生产年度销售收入的 18%,根据生产负荷投入。在流动资金中,自有资金 30%,其余 70%为当地银行借款，贷款年利率为6.21%，自有流动资金全部在投产期投入。

(4) 总承包估算相关资料。原材料达产年需要量为1 000 t，单价为0.8万元/t，辅助材料达产年费用总额为35万元。购入的动力和燃料经测试达产年耗用为100万元。工资及福利费，该项目职工定员为40人，人均年工资为26 000元，职工福利资金取工资总额的14%。固定资产折旧费，折旧年限为15年，净残值率为4%。修理费取折旧费的30%。利息支出只考虑流动资金利息，根据各年实际占用，分别加以计算。

(5) 销售收入和销售税金估算的相关资料。销售收入，本项目所生产的产品，出口和内销各占50%，销售价格为：产品1出口5 000美元/t，内销3万元/t；产品2出口4 500美元/t，内销2.8万元/t；产品3出口3 500美元/t，内销2.4万元/t。税金及附加，该项目为一般项目纳税人，增值税进项税和销项税税率均为17%，城市维护建设税、教育费附加税率分别为7%和3%，出口产品免税。项目产品年产量指标为产品1为250 t，产品2为500 t，产品3为250 t。

(6) 利润总额及分配估算，该项目不缴纳资源税，企业所得税率为33%。

(7) 相关参数，汇率取1美元=6.8元人民币，基准收益率为12%。

项目前期决策审计过程：

(1) 编制前期决策情况调查表

表3-1 建设项目前期决策审计调查表

客户：×××公司		签名	日期		
项目：建设项目前期决策调查	编制人	××		索引号	
截止日期：××××年××月××日	复核人	××		页次	
调查内容			是	否	备注
1. 建设项目前期决策是否科学?					
2. 建设项目前期决策程序是否合理?					
3. 建设项目前期决策是否必要?					
4. 编制可行性研究报告的单位和批准单位是否具备相应资格?					
5. 可行性研究报告的内容是否完整?					
6. 项目建设的条件是否具备?					
7. 项目产品方案是否先进、可行?					
8. 投资估算的依据是否符合国家和地区的有关规定?					
9. 资金的筹措方式是否合法、可行?					
10. 建设项目是否着眼于长期的、综合的、符合社会要求的利益?					
审计小结：					

(2) 进行建设项目的财务效益评审

① 固定资产投资额=建筑工程投资额+设备购置费用+安装费+其他费用+预备费用

=300+2 230.91+223.09+500+325.4=3 579.4(万元)

其中：建筑工程投资额=0.2×1 500=300(万元)

设备购置费用=进口设备购置费用+国内设备购置费用

进口设备购置费用=离岸价+海运费+海运保险费+进口关税+进口增值税+国内运杂费(装卸费+运输费)+手续费(银行手续费+外贸手续费)

到岸价(CIF)=离岸价+海运费+海运保险费

=210×(1+6%+0.2%)=223.02(万美元)

=1 516.53(万元)

关税=到岸价×进口关税税率=1 516.53×10%=151.65(万元)

进口增值税=(1 516.53+151.65)×17%=283.59(万元)

国内运杂费、银行、外贸手续费=到岸价×适用费率=1 516.53×(2%+0.4%+1.5%)=59.14(万元)

国产设备购置费用=220 万元

设备购置费用小计:1 516.53+151.65+283.59+59.14+220=2 230.91(万元)

安装费=2 230.91×10%=223.09(万元)

其他费用=500 万元

预备费用:人民币预备费=[(300+2 230.91+223.09+500)-1 516.53]×10%

=173.75(万元)

美元预备费=223.02×10%×6.8=151.65(万元)

预备费用小计:173.75+151.65=325.4(万元)

投资方向调节税=3 579.4×15%=536.91(万元)

建设期利息估算:

借入投资额:第一年(3 579.4+536.91-1 516.53-151.65)×60%-600=868.88(万元)

第二年人民币(3 579.4+536.91-1 516.53-151.65)×40%=979.25(万元)

美元 223.02+22.302=245.32(万美元)

L_1=(0+868.88/2)×7.02%=30.50(万元)

L_2=(868.88+30.50+979.25/2)×7.02%=97.51(万元)

L_2 外币=245.32/2×5.25%=6.44(万美元)合人民币 43.79(万元)

建设期利息小计:30.50+97.51+43.79=171.80(万元)

流动资金估算:[125×3+250×2.8+125×2.4+(125×0.5+250×0.45+125×0.35)×6.8]×18%=515.25(万元)

总投资额=3 579.4+536.91+171.80+515.25=4 803.36(万元)

② 成本估算

原材料:达产年 1 000×0.8+35=835(万元),投产年 835×80%=668(万元)

动力和燃料:达产年 100(万元),投产年 100×80%=80(万元)

工资及福利费:40×2.6×(1+14%)=118.56(万元)

折旧费:3 579.4×(1-4%)/15=229.08(万元)

净残值:3 579.4×4%=143.18(万元)

修理费:229.08×30%=68.72(万元)

利息支出:投产年 515.25×(80%-30%)×6.21%=16.00(万元)

达产年 515.25×(1-30%)×6.21%=22.40(万元)

其他费用：(835＋100＋118.56＋229.08＋68.72＋22.4)×10%＝137.38(万元)

总成本：投产年：668＋80＋118.56＋229.08＋68.72＋16.0＋137.38＝1 317.74(万元)

达产年：835＋100＋118.56＋229.08＋68.72＋22.40＋137.38＝1 511.14(万元)

经营成本：投产年：1 317.74－229.08－16.0＝1 072.66(万元)

达产年：1 511.14－229.08－22.40＝1 259.66(万元)

③ 销售收入与销售税金及附加的估算

销售收入：达产年：(125×3＋250×2.8＋125×2.4)＋(125×0.5＋250×0.45＋125×0.35)×6.8＝1 375＋1 487.5＝2 862.5(万元)

投产年：2 862.5×80%＝2 290(万元)

税金及附加：达产年：(1 375－835－100)×17%×(1＋7%＋3%)＝82.28(万元)

投产年：82.28×80%＝65.82(万元)

利润：投产年：2 290－1 317.74－65.82＝906.44(万元)

达产年：2 862.5－1 511.14－82.28＝1 269.08(万元)

④ 财务指标

静态指标：

投资利润率＝[(906.44＋1 269.08×14)/15]/4 803.36＝25.92%

投资利税率＝[(906.44＋1 269.08×14＋65.82＋82.28×14)/15]/4 803.36＝27.61%

投资回收期(P_t)＝2＋1＋(4 803.36－906.44)/1 269.08＝6.07(年)

资本金利润率＝[(906.44＋1 269.08×14)/15]/(600＋515.25×30%)＝164.98%

动态指标：经过计算本项目 FNPV＞0，FIRR＞i_c，均可行。

3.4.3 审计程序和方法

1) 需要取得的资料

(1) 可行性研究报告及其附件资料。

(2) 可行性研究报告论证、批复文件。

(3) 项目建议书及其批复文件、国民经济和社会发展规划、行业发展规划资料。

(4) 土地、地勘、市政等审批文件。

(5) 与投资决策有关的会议纪要、收发文件等。

(6) 项目规划选址、工程规划设计要求、环境影响评价等批复文件。

(7) 项目资本金证明、银行贷款承诺函、其他来源资金证明等文件。

2) 审计取证

(1) 对可行性研究报告(或项目申请报告，下同)编制过程进行复核

① 审查建设项目投资决策程序是否符合相应规模、行业项目的建设要求，决策程序是否民主、科学。

② 查阅可行性研究报告及其附件、可行性研究报告论证、批复文件以及其他有关批复文件等资料，审查投资决策程序是否完整。

③ 查阅可行性研究报告论证和批复文件、国民经济和社会发展规划、行业发展规划资料以及其他有关批复文件等资料，审核政府有关部门是否在法定权限范围内对上述程序进

行审批,是否存在通过化整为零等手段规避审批。项目建设是否符合国家有关投资政策的要求。

④ 查阅国民经济和社会发展规划、行业发展规划资料以及其他有关批复文件等资料,审查项目是否符合规划和产业政策;是否有项目建议书及其批文;需利用矿产资源的项目,是否有国家批准的矿藏资源报告。

⑤ 对组织内部参与决策评审的单位或部门以及受托对决策过程资料进行评审的中介服务机构,是否尽到评审职责,所提评审意见是否科学、合理;检查参与可行性研究机构资质及论证的专家的专业结构和资格。

(2) 对可行性研究报告的内容进行检查

① 检查可行性研究报告的相关内容,包括事实、依据、数据、表述等是否真实;资金来源和筹措是否准备充分、项目实施进度预测是否合理等;建设规模、建设方案是否明确达到项目建议书要求;投资估算和资金筹措及还贷方案是否明确。

② 通过审阅决策成果文件及其相关支持性材料,收集决策时点内外部数据,还原决策过程;检查决策成果文件及其相关支持性材料内容是否完整,是否足以支持决策参与单位和部门提出评审意见。查阅可行性研究报告及其附件、可行性研究报告论证、批复文件以及其他有关批复文件等资料,审查是否具备行业主管部门发布的《投资项目可行性研究指南》规定的内容。建设投资估算是否有主要设备的咨询价格资料和依据相应的工程造价的定额、标准;建设项目的经济评价是否依据必要的财务指标和参数等。

③ 对决策中依据的基础资料、基础数据的真实性、合理性进行检查核实。包括检查市场调查及市场预测中数据获取方式的适当性及合理性;检查财务估算中成本项目是否完整,以及对历史价格、实际价格、内部价格及成本水平的真实性进行测试等。检查投资方案、投资规模、生产规模、布局选址、技术、设备、环保等方面的资料来源;检查原材料、燃料、动力供应和交通及公用配套设施是否满足项目要求;检查是否在多方案比较选择的基础上进行决策;检查拟建项目与类似已建成项目的有关技术经济指标和投资预算的对比情况;检查工程设计是否符合国家环境保护的法律法规和有关政策,需要配套的环境治理项目是否编制并与建设项目同步进行等;检查投资估算和资金筹措的安排是否合理;检查投资估算是否准确,并按现值法或终值法对估算进行测试。建设规模的市场预测是否准确;厂址及建设条件是否符合地形、地质、水文等条件;建设项目工艺和技术方案是否先进;经济上是否合理;审查交通运输环境条件是否有保证;审查环保措施是否与主体工程设计、建设投资同步进行;审查投资估算和资金筹措,主要审查建设资金安排是否合理、估算和概算内容是否完整、指标选用是否合理、资金来源有无正常的来源渠道、贷款有无偿还能力、投资回收期是否正确等。

④ 检查决策是否符合国家宏观政策及自身的发展战略,是否以提高自身核心竞争能力为宗旨;重点检查内容有无违反决策程序及决策失误的情况等。对项目决策机构最终决策结果的科学性做出评价。主要关注项目预定建设条件是否能落实,预计效益是否能实现,项目决策中是否遗漏忽视了重大风险等。关注参与决策的单位或部门所提评审意见是否得到落实,无法落实的是否做出合理说明。

⑤ 参考审计时项目决策执行情况,包括实际建设情况和外部环境变化情况,对决策过程中形成的成果文件及其支撑材料的质量做出评价,包括对其中所做各种假设、前提、预测的真实性、合理性和风险冗余度做出评价。

⑥ 提出关于完善项目决策机制、改进项目决策流程、调整项目决策意见、加强项目后期风险管控和提升项目效益的意见和建议。

3.5 建设项目报批报建审计

建设项目报批报建审计是指内部审计机构和内部审计人员对建设项目完成内部决策之后，按规定取得政府有关部门和相关机构审批审核、核准批准、评估评审、检验验收等行政许可或审批情况的确认。

3.5.1 业务概述

1）外部行政审批事项

投资项目报建审批事项是投资项目申请报告核准或者可行性研究报告批复之后、开工之前，由相关部门和单位依据法律法规向项目单位做出的行政审批事项。这里有两个主要要素：一是时间段，是在核准批准后、开工前。这区别于核准批准前办理的前置审批事项，也区别于开工后竣工前办理的竣工验收相关手续。二是参与主体，应由项目单位提出申请，相关部门做出行政审批。这区别于行政机关之间征求意见等内部程序，也区别于项目单位委托相关中介机构做出的强制性评估评审等事项。

建设项目需要取得的行政许可和审批事项涉及多个部门、多个行业，较为繁杂，且各地方政府均有不同要求。近年来，随着行政体制改革的深化，建设项目所需行政审批事项逐步减少。

在目前实践中，所有建设项目都会涉及的报批报建，也就是投资项目开工前通常都需要办理的事项包括：建设用地（含临时用地）规划许可证（住房和城乡建设部门）；建设工程（含临时建设）规划类许可证核发（住房和城乡建设部门）；建筑工程施工许可证核发（住房和城乡建设部门）；市政设施建设类审批（住房和城乡建设部门）；供地方案审批（国土资源部门）；防雷装置设计审核（气象部门）；应建防空地下室民用建筑项目报建审批（人民防空部门）；非重特大项目环评审批（环境保护部门）；节能审查意见（发展改革部门）；建设工程消防设计审核（消防部门）。

建设项目由于自身功能、行业、规模特点，涉及交通、水利、风景名胜区、海洋、民航、水土保持、煤矿、宗教、国家安全、核设施、文物等事项的，还需要办理其他审批手续，大致包括以下 36 项（表 3-2）：

表 3-2 行政审批主管部门及报批事项

主管部门	项数	报批事项
住房和城乡建设部门	5	乡村建设规划许可证核发 超限高层建筑工程抗震设防审批 风景名胜区内建设活动审批 工程建设涉及城市绿地、树木审批 因工程建设需要拆除、改动、迁移，供水、排水与污水处理设施审核

(续表)

主管部门	项数	报批事项
交通运输部门	5	水运工程设计文件审查 公路建设项目设计审批 公路建设项目施工许可 航道通航条件影响评价审核 港口岸线使用审批
国土资源部门	3	农用地转用审批 土地征收审批 建设项目压覆重要矿床审批
水利部门	5	农业灌排影响意见书 生产建设项目水土保持方案审批 水利基建项目初步设计文件审批 洪水影响评价审批 取水许可
海洋部门	3	海域使用权证书核发 无居民海岛开发利用审核 海洋工程建设项目环境影响报告书核准(非重特大项目)
环境保护部门	2	非重特大项目环评审批 核设施建造许可证核发
气象部门	1	新建、扩建、改建建设工程避免危害气象探测环境审批
能源部门	2	煤矿项目核准后开工前地方煤炭行业管理部门实施的初步设计审批 核电厂工程消防初步设计审批
文物部门	1	建设工程文物保护和考古许可
林业部门	1	建设项目使用林地及在林业部门管理的自然保护区、沙化土地封禁保护区建设审批(核)
发展改革部门	1	节能审查意见
公安部门	1	建设工程消防设计审核
安全部门	1	涉及国家安全事项的建设项目审批
国防科技工业部门	1	军用核设施[含铀尾矿(渣)库选址、建造]安全许可
民航部门	1	民航专业工程及含有中央投资的民航建设项目初步设计审批
宗教部门	1	宗教活动场所内改建或者新建建筑物审批
移民管理机构	1	移民安置规划及审核意见
人民防空部门	1	应建防空地下室的民用建筑项目报建审批

此外,不需要建设项目申报审批,但需要政府部门间征求意见的,主要是军队有关部门2项:贯彻国防要求、军事设施保护意见。

除许可、审批项目外，建设项目还需要申报涉及安全的强制性评估5项：

安全监管部门2项：职业病危害预评价、建设项目安全预评价。

国土资源部门1项：地质灾害危险性评估。

气象部门1项：重大规划、重点工程项目气候可行性论证。

地震部门1项：地震安全性评价。

2) 内部报批流程

建设项目除满足外部立项、核准、报批报建要求外，也必须满足内部审批流程。常见的建设项目内部审批流程包括内部投资评审、国有企业"三重一大"会议决策、投资估算评审、投资计划上报和下达等。

3.5.2 审计目标和内容

1) 审计目标

(1) 核实报批报建提交资料的真实性、可靠性和完整性

建设项目所办理的各项报批报建手续应真实存在，上报文件应真实、可靠、完整，各审批文件应由相关政府机关出具，内容应符合建设项目实际情况。

(2) 查实报批报建程序合规性，批复恰当性

建设项目应按规定程序、时间要求履行所有必要的报批报建手续，各项报批报建手续应按照法定或规定程序，由相关部门核发。

(3) 确认报建手续完成及时性，审批要求合理性

审计也要确认各项报批报建手续办理是否及时，审批中如提出过高要求给项目建设增加成本或建设周期，影响项目可行性，应提交决策部门重新决策。

2) 审计内容

(1) 建设项目行政许可审批程序的规范性

审查建设项目是否取得或办理项目选址规划意见书、建设用地规划许可证、工程规划许可证、土地使用审批、环保审批、消防、工程质量监督和施工许可证等行政许可文件。

(2) 建设项目行政许可批复的真实性

审计建设项目办理或取得上述行政许可文件的过程和程序是否符合国家有关规定。

(3) 建设项目行政许可的时效性

审计建设项目办理或取得上述行政许可文件是否制约项目建设进度，导致项目不能按计划投入使用，从而影响项目发挥其经济性和效益性。

(4) 建设项目内部审批流程完备性

审计项目是否按组织内部规定履行审批并取得了必要批复文件，是否按照批复内容执行。

3.5.3 审计程序和方法

1) 需要取得的资料

(1) 建设项目选址规划意见书、建设用地规划许可证和工程规划许可证。

(2) 土地使用审批手续、环保审批手续。

(3) 土地使用证，征地、青苗补偿、拆迁安置等手续。

(4) 消防手续、工程质量监督手续及施工许可证。

(5) 土地、地勘、市政等审批文件,其他相关单位、部门的审批意见。

2) 审计取证

(1) 审查项目建设单位是否到规划部门办理项目选址规划意见书、建设用地规划许可证和工程规划许可证;是否办理土地使用审批、征地、青苗补偿、拆迁安置、环保审批、消防、工程质量监督手续和施工许可证。

(2) 查阅上述审批手续的申请和批复文件,审查上述审批手续的批复是否真实;对照审查相关申报材料,审核其事实、数据等是否存在虚假;审查相关审批手续的报批、批复时间是否合理。

(3) 采用检查、查勘、分析性复核等方法,抽查规划、土地、环保、消防等关键指标是否符合法律法规要求。

(4) 检查建设项目是否取得组织(法人)内部决策机构立项批准。组织属于行政事业单位的,需要经过内部人事、财务等部门审批;属于国有企业的,需要取得政府作为产权人行使有关资产管理审批权力的,审计也应当关注相应报批程序的执行。内部审计机构还应关注国家宏观调控政策及其趋势,提出调整项目规模、布局、技术方案等咨询意见,防范未来法律风险,提升项目效益。

(5) 检查项目建设过程中,是否遵守了政府有关部门关于建设项目质量管理、环境保护管理、勘察设计管理、概算审批和调整管理方面的管理和审批程序;建设项目需要取得政府财政优惠待遇审批(主要是政府基金使用、税费减免、进入政府产业园区等事项)、授予荣誉称号审批和宗教民族政策性等事项审批的,审计也应关注相关报批事项的履行。

(6) 检查项目竣工前,是否根据相关规定办理了单项工程初步验收、试运行、环境保护、劳动安全保卫、消防设施、财务决算审计、竣工资料档案验收等必要手续,是否具备竣工验收条件,并按规定时间提出竣工验收申请。

(7) 审计机构要通过确认建设项目各项建设行为的合规性,评估建设项目法律风险,并提出防范风险的意见和建议。

第4章 工程项目勘察设计审计

4.1 概述

建设工程勘察，是指根据建设工程的要求，查明、分析、评价建设场地的地质地理环境特征和岩土工程条件，编制建设工程勘察文件的活动。工程勘察的目的是为工程项目选址、规划、设计、施工及综合治理提供科学、可靠的基础资料。工程勘察的深度和质量是否符合有关技术标准，选址是否得当等，对项目建成后的使用效果和投资效益将产生直接的影响。

建设工程设计，是指根据建设工程的要求，对建设工程所需的技术、经济、资源、环境等条件进行综合分析、论证，编制建设工程设计文件的活动。设计是工程建设的主导，对工程质量、速度、投资规模、效益的实现等均起到决定性的作用。

设计质量的好坏不仅决定建设项目的使用功能，而且还将从根本上影响建设项目的经济性。据统计，初步设计阶段影响项目投资的可能性为75%～95%，技术设计阶段为35%～75%，施工图设计阶段为5%～35%。因此，对建设项目勘察设计阶段的有效控制是实现建设工程项目管理目标的有力保障。

国务院以《中华人民共和国建筑法》为依据，于2017年修订了《建设工程勘察设计管理条例》(国务院令第687号)，该条例是从事建设工程勘察和建设工程设计的工作准则和法律依据。建设工程勘察设计应当与社会、经济发展水平相适应，做到经济效益、社会效益和环境效益相统一。从工程项目管理的角度来讲，勘察设计阶段的管理其核心任务仍是进行项目投资、进度、质量三大目标的控制，以保障工程项目安全、可靠，提高其适应用性和经济性。

工程勘察设计审计是工程审计的重要内容，对节约建设资金、避免损失浪费，都具有十分重要的意义。设计概算是衡量建设单位项目管理水平高低、投资效益大小的重要指标，因此，对工程项目特别是国有资金投资项目的概算的审计也是工程审计的重点。

4.1.1 工程项目设计分类

工程项目设计依据工作进度和深度不同，一般分为扩大初步设计、施工图设计两个阶段进行；技术复杂的建设工程项目可按初步设计、技术设计和施工图设计三个阶段进行。两阶段设计和三阶段设计，是我国工程设计行业长期形成的基本工作模式，各阶段的设计成果包括设计说明、技术文件(图纸)和经济文件(概预算)。其目的在于通过不同设计阶段设计深度的控制来保证设计质量。

(1) 方案设计，这里的设计方案主要是指初步设计前建设工程项目的总体规划设计方案,个体建筑物、构筑物的设计方案等。

(2) 扩大初步设计,一般建设工程项目的方案设计深度满足不了指导施工图设计,编制施工招标文件或主要设备材料订货的需要和政府有关部门的审批要求,应通过扩大初步设计使设计具体化,解决遗留的复杂疑难问题。

(3) 施工图设计是在初步设计、技术设计或方案设计的基础上进行详细、具体的设计,指出工程和设备各构成部分尺寸、布置和主要施工做法等,绘制出正确、完整的安装详图,并配以必要的详细文字说明。

4.1.2 工程项目设计原则

国家对从事建设工程设计的单位,实行资质管理,对从事建设工程设计活动的专业技术人员,实行执业资格注册管理制度,建设工程设计单位应当在其资质等级许可的范围内承揽业务。对此,《中华人民共和国建筑法》,国务院《建设工程勘察设计管理条例》均有明确规定。国家建设行政主管部门先后颁发了与之相配套的《建设工程勘察设计管理条例》(国务院令第 293 号)、《建设工程勘察设计资质管理规定》(建设部令第 160 号)和《工程勘察资质分级标准》、《工程设计资质分级标准》(建市〔2007〕86 号)。单位资质制度是指建设行政主管部门对从事建筑活动单位的人员素质、管理水平、资金数量、业务能力等进行审查,以确定其承担任务的范围,并发给相应的资质证书。建设项目设计的原则根据设计的不同阶段也有所不同,可分为方案设计阶段、初步设计阶段、施工图设计阶段。

1) 工程项目方案设计的一般原则

工程项目的方案设计应符合国家有关工程建设的方针政策,符合现行建筑设计标准规范,在符合城市规划、消防、节能、环保的前提下,按照设计任务书的要求,综合考虑设计方案的经济、技术、功能和造型等方面,就其能否发挥工程项目的社会效益、经济效益和环境效益进行比选、评价。方案设计的深度要求是:满足初步设计的展开,主要大型设备、材料的预安排及土地征用的需要。

2) 工程项目初步设计文件编制的一般原则

工程项目初步设计文件应符合已审定的设计方案,应能据以确定土地征用范围、应提供工程设计概算,作为审批确定项目投资的依据,应能据以准备主要设备及材料,应能据以进行施工图设计并能据以进行施工准备。

3) 工程项目施工图设计文件编制的一般原则

工程项目施工图应能据以编制施工图预算,能据以安排材料、设备订货和非标准设备的制作,能据以进行施工和安装,能据以进行工程验收。

4.1.3 工程项目勘察设计从业资质的相关规定

1) 工程勘察单位资质和等级

工程勘察资质范围包括建设工程项目的岩土工程、水文地质勘察和工程测量等专业,其中岩土工程是指岩土工程勘察,岩土工程设计,岩土工程测试、监测、检测,岩土工程咨询、监理,岩土工程治理五个项目。

工程勘察资质分为综合类、专业类和劳务类。综合类包括工程勘察所有专业;专业类是指岩土工程、水文地质勘察、工程测量等专业中的某一项,其中,岩土工程专业可以是岩土工程勘察、设计、测试监测检测、咨询监理中的一项或全部；劳务类是指岩土工程治理、工程钻探、凿井等。

工程勘察综合类资质只设甲级；工程勘察专业类资质原则上设甲、乙级两个级别，确有必要设置丙级勘察资质的地区经住房和城乡建设部批准后方可设置专业类丙级；工程勘察劳务类资质不分级别。

取得工程勘察三项专业中任意两项的专业类甲级资质即可申请工程勘察综合类资质，其中的岩土工程专业类须包括岩土工程的所有项目。

2）工程设计单位资质类别和等级

工程设计资质分工程设计综合资质、工程设计行业资质和工程设计专项资质三类。工程设计资质分级标准按单位资历和信誉、技术力量、技术水平、技术装备及应用水平、管理水平、业务成果等六方面考核确定，其中业务成果指标供资质考核备用，其余五项为硬性要求。工程设计资质等级的设立：

（1）工程设计综合类资质不设级别。

（2）工程设计行业资质根据其工程性质划分为煤炭、化工石化医药、石油天然气（海洋石油）、电力、冶金、军工、机械、商物粮、核工业、电子通信广电、轻纺、建材、铁道、公路、水运、民航、市政公用、海洋、水利、农林、建筑等 21 个行业。工程设计资质设甲、乙、丙三个级别，除建筑工程、市政公用、水利和公路等行业设工程设计丙级外，其他行业工程设计丙级设置对象仅为企业内部所属的非独立法人单位。工程设计行业资质范围包括本行业建设工程项目的主体工程和必要的配套工程（含厂区内自备电站、道路、铁路专用线、各种管道和配套的建筑物等全部配套工程）以及与主体工程、配套工程相关的工艺、土木、建筑、环境保护、消防工程、安全、卫生、节能等。

（3）工程设计专项资质划分为建筑装饰、环境工程、建筑智能化、消防工程、建筑幕墙、轻型房屋钢结构等六个专项。工程设计专项资质根据专业发展需要设置级别。工程设计专项的设立，需由相关行业部门或授权的行业协会提出并经住房城乡建设部批准，其分级可根据专业发展的需要设置甲、乙、丙或丙级以下级别。

承担任务的范围和地区：

（1）甲级工程设计行业资质单位承担相应行业业务范围和地区不受限制。

（2）乙级工程设计行业资质单位承担相应行业中、小型建设项目的工程设计任务，地区不受限制。

（3）丙级工程设计行业资质单位承担相应行业小型建设项目的工程设计任务，限定在省、自治区、直辖市所辖区行政范围内。

（4）具有甲、乙级行业资质的单位，可承担相应的咨询任务，除特殊规定外，还应承担相应的工程设计专项资质业务。

（5）取得工程设计专项甲级资质证书的单位可承担大、中、小型专项工程设计项目，不受地区限制；取得乙级资质的单位可承担中、小型专项工程设计项目，不受地区限制。

（6）持工程设计专项甲、乙级资质的单位可承担相应咨询业务。

（7）工程设计单位取得市政公用、公路、铁道等行业中任一行业中桥梁、隧道工程设计类型的甲级设计资质，即可承担其他两个行业桥梁、隧道工程甲级设计范围的设计业务。

建筑工程设计甲级及其他工程设计甲、乙级资质由国务院建设行政主管部门审批，委托企业工商注册所在地省、自治区、直辖市建设行政主管部门负责年检，年检合格的报国家建设行政主管部门备案，基本合格或不合格的亦应上报确认其年检结论。建筑工程设计乙级资质和其他建设工程设计丙级及以下资质，由企业工商注册所在地省、自治区、直辖市建设行政主管部门审批并负责年检。年检结论为合格、基本合格、不合格三种。

4.1.4 工程项目勘察设计从业人员执业资格的相关规定

注册建筑师、注册结构工程师的资格考试、注册和执业由国家建设主管部门和人事主管部门共同指导和监督。对注册建筑师、注册结构工程师这两种专业技术性最强的职业资格，国家住房和城乡建设部、人力资源和社会保障部还会组建专门的管理委员会。全国注册建筑师管理委员会和省、自治区、直辖市注册建筑师管理委员会，依照有关规定负责注册建筑师的考试和注册的具体工作。全国和省、自治区、直辖市的注册结构工程师管理委员会可依照有关规定，负责注册结构工程师的考试和注册等具体工作。

勘察设计注册工程师由于承担的业务不局限于房屋建筑工程和市政工程，还涉及水利、交通、铁路等专业工程领域，其执业资格管理体制都是由国务院建设主管部门统一监督管理。

4.1.5 工程项目施工图设计文件审查

1）审图工作作用

国家实施施工图设计文件审查制度，施工图须经有资质的审查机构审查合格后方能使用。施工图审查机构按照有关法律、法规，对施工图涉及的公共利益、公众安全和工程建设强制性标准等内容进行以下方面审查：

(1) 是否符合工程建设强制性标准；

(2) 地基基础和主体结构的安全性；

(3) 勘察设计企业和注册执业人员以及其他相关人员是否按规定在施工图上加盖相应的图章和签字。

对施工图纸进行核查，记录汇总图纸上存在的差错，把设计方面存在的问题在施工前予以纠正，避免施工中因设计问题而造成返工，影响工程质量。

2）审图工作内容

常规审图工作内容包括：审查几何尺寸、标高、平面位置等是否正确；审查施工图中是否有施工不便之处，对不合理设计方案提出修改意见；审查可能对工程质量、进度、投资等造成影响的设计内容，对施工图局部提出修改意见；审查施工图中是否采用了新技术、新材料、新工艺，对采用新技术、新材料、新工艺部分设计内容请设计单位提出设计要求，介绍材料性能，论证新技术的可行性，证明新工艺的科学性。审查图纸中要求采用的规程、规定及施工标准、图集、图册等，并请设计单位做好相关交底工作。审查施工图预算，将工程项目的投资额控制在相应范围之内。

审查合格的，审查机构应当向建设单位出具审查合格书，并将经审查机构盖章的全套施工图交还建设单位。审查合格书应当由各专业的审查人员签字，经法定代表人签发，并加盖审查机构公章。审查机构应当在5个工作日内将审查情况报工程所在地县级以上地方人民政府建设主管部门备案。

审查不合格的，审查机构应当将施工图退回建设单位并书面说明不合格原因。同时，应当将审查中发现的建设单位、勘察设计企业和注册执业人员违反法律、法规和工程建设强制性标准的问题，报工程所在地县级以上地方人民政府建设主管部门。

4.1.6　勘察设计单位的职责

勘察、设计单位对其承担的工程勘察设计质量负责。勘察、设计文件须符合有关法律、行政法规的规定，符合建筑工程质量、安全标准、建筑工程勘察、设计技术规范以及合同的约定。

勘察单位应按国家技术规范、标准、规程和委托书及技术要求进行工程勘察，初勘应符合建设工程选址的要求，详勘应符合施工图设计需求，并按合同规定的时间提交质量合格的勘察成果资料。

设计单位应按国家技术规范、标准、规程及发包人提出的设计要求进行工程设计，初步设计应与批准的可行性研究报告内容范围相符，施工图设计应与批准的初步设计内容范围相符，按合同规定的内容、时间及份数向发包人交付设计文件，并对提交的设计文件的质量负责。

设计单位交付设计资料及文件后，按规定参加有关的设计审查，并根据审查结论负责对不超出原定范围的内容做必要调整补充。

勘察单位提交勘察成果后应参加开工验槽，当发现基础实际情况与勘察成果不符时应补充施工勘察。

当建设单位委托监理单位进行设计监理时，监理单位代表建设单位对设计单位的设计活动实施监理。

4.2　工程项目勘察设计审计

4.2.1　工程项目勘察设计审计内容和程序

1) 勘察设计审计的目标

设计(勘察)管理审计是指对项目建设过程中勘察、设计环节各项管理工作质量及绩效进行的审查和评价。

设计(勘察)管理审计的目标主要是：

(1) 审计建设项目勘察设计相关事项的真实性

审查项目勘察设计招标投标、设计合同签订是否真实，勘察设计文件是否按期提供，勘察设计费用支付是否真实。

(2) 审计建设项目勘察设计相关事项的合法性

审查勘察设计业务的取得是否合法合规，是否存在违法转分包；审查勘察设计单位资质、工商营业执照等是否满足国家规定的资质要求，项目勘察设计人员资质是否满足要求，勘察设计文件编制是否规范，工程量计算是否准确。

(3) 审计建设项目勘察设计相关事项的效益性

审查勘察设计规模是否与设计任务书一致，是否存在夹带项目、超规模等问题。审查勘察设计深度能否满足技术、经济等各方面的要求。

(4) 审查和评价设计(勘察)环节的内部控制及风险管理的适当性、合法性和有效性

(5) 勘察、设计资料依据的充分性和可靠性

2) 勘察设计审计的依据

勘察设计审计应依据以下主要资料:

(1) 与工程勘察设计审计相关的法律

包括:《中华人民共和国审计法》《中华人民共和国民法典》《中华人民共和国建筑法》《中华人民共和国招标投标法》《中华人民共和国水污染防治法》《中华人民共和国土地管理法》《中华人民共和国可再生能源法》《中华人民共和国环境保护法》《中华人民共和国环境影响评价法》《中华人民共和国城市规划法》《中华人民共和国节约能源法》《中华人民共和国水法》《中华人民共和国公路法》《中华人民共和国电力法》《中华人民共和国铁路法》等。

(2) 与工程勘察设计审计相关的法规

包括:《中华人民共和国审计法实施条例》《建设工程勘察设计管理条例》《建设工程质量管理条例》《建设工程勘察设计企业资质管理规定》《建设工程勘察设计资质管理规定实施意见》《建设工程勘察质量管理办法》《基本建设财务管理规定》《工程勘察设计收费管理规定》《实施工程建设强制性标准监督规定》等。

(3) 与工程勘察设计审计相关的规章

包括:《建筑工程设计招标投标管理办法》《公路工程勘察设计招标投标管理办法》《铁路建设项目勘察设计咨询暂行办法》《超限高层建筑工程抗震设防管理规定》《建设部关于工程设计与工程监理有关问题的通知》《房屋建筑工程施工图设计文件审查要点(试行)》《超限高层建筑工程抗震设防专项审查技术要点》《建设工程勘察设计资质标准》等。

(4) 与工程勘察设计审计相关的规范

包括国家及相关行业部门制定的与勘察设计有关的工程建设强制性标准和规范,以及各地根据国家及行业部门制定的地区性标准和规定等。

其中,勘察设计审计常用依据主要包括:《建设工程勘察设计管理条例》《工程建设项目勘察设计招标投标办法》《基本建设设计工作管理暂行办法》《建设工程勘察设计资质管理规定》《工程勘察资质标准》《工程设计资质标准》及与工程勘察设计审计相关的规程、规范、标准等。

3) 勘察设计审计所需资料

(1) 勘察设计管理制度、设计变更管理制度及相关管理制度;

(2) 经批准的可行性研究报告及估算;

(3) 设计所需的气象资料、水文资料、地质资料、技术方案、建设条件批准文件、设计界面划分文件、能源介质管网资料、环保资料概算编制原则、计价依据等基础资料;

(4) 勘察和设计招标资料;

(5) 勘察和设计合同;

(6) 初步设计审查及批准制度;

(7) 初步设计审查会议纪要等相关文件;

(8) 组织管理部门与勘察、设计单位往来函件;

(9) 经批准的初步设计文件及概算;

(10) 修正概算审批制度;

(11) 施工图设计管理制度；
(12) 施工图交底和会审会议纪要；
(13) 经会审的施工图设计文件及施工图预算；
(14) 设计变更管理制度及变更文件；
(15) 设计资料管理制度等。

4) 勘察设计审计的程序

(1) 明确建设项目勘察设计审计的目的，制定审计程序

建设项目勘察设计审计的目的是确定勘察设计的合规性、可行性和合理性。建设项目勘察设计的程序包括：收集与建设工程项目勘察设计有关的资料、调查勘察设计过程和综合评价勘察设计总体情况。在审计过程中审计人员要准确把握建设项目审计目的，并根据审计总体计划和所了解的勘察设计情况确定建设项目勘察设计的审计程序。对审计执行情况应做好记录，以便在今后的工作中进行查询。

(2) 资料准备

建设工程项目审计人员应注意收集与勘察设计有关的各种资料，对收集的相关资料进行整理和分类，编制建设项目勘察设计审计的资料清单。资料的整理和分类可根据建设项目勘察设计资料来源进行划分。

审计人员可要求相关单位提供以下与勘察设计单位资格审查相关的资料：

建设单位：可行性研究报告、招标文件、投标文件、勘察设计合同等。

勘察设计单位：勘察设计资质证书、工商营业执照、个人执业资格证书、勘察设计单位为职工缴纳社保证明、转分包合同、勘察设计单位财务资料及设计内业资料等。

(3) 审计建设项目勘察设计执行程序

建设项目勘察设计执行程序的审计内容主要包括：审查建设项目的类型及建设项目勘察、设计工作的承发包方式是否符合国家有关法律法规的规定，审查项目勘察单位资质是否符合项目建设要求，审查设计单位资质是否符合项目建设要求，审查设计人员的执业资格是否符合项目建设要求。

(4) 审计建设项目勘察设计执行过程

建设项目勘察设计执行过程审计内容包括：审查勘察和设计成果深度是否达到项目建设需要、审查勘察和设计成果技术是否先进、审查勘察和设计成果经济性是否符合项目建设要求。

5) 勘察设计管理审计的内容

勘察设计管理审计主要包括：

(1) 行政性审查

① 勘察设计单位是否具备与被审查项目相应的资质等级和范围

通过查阅勘察设计单位资质、工商营业执照等，参照国家关于勘察设计资质管理有关规定，结合项目规模和投资，审查勘察设计单位是否满足国家规定的资质要求，建设单位是否存在降低资质发包勘察设计工作的情况。根据建设单位发布的招标文件，对比投标文件，审查勘察设计单位资质、工商营业执照，分析勘察设计单位是否存在投标时提供虚假资质或资质不够的问题。

② 审查项目勘察设计人员资质

查阅建设单位招标文件中对勘察设计人员资质要求和投标文件中勘察设计人员的承诺

情况，审查勘察设计人员资质是否满足要求；查阅内业资料人员签字情况，包括勘察设计单位为职工缴纳社保证明，审查勘察设计人员是否为该单位备案人员；审查相关勘察设计人员是否按要求到位。

③ 施工图设计文件是否按规定由具备执业资格的人员签字盖章，以及按规定所要求的其他签字、盖章手续是否齐全。

④ 项目是否按规定履行了方案设计招投标、初步设计等审批手续，各相关部门的审批资料是否齐全，包括项目立项批件、建设规划许可证、建筑工程消防设计审核意见书和节能、安评、环评的批准文件等。

⑤ 甲、乙双方所签订的勘察设计合同在价格、设计周期等方面是否符合国家规定，以及合同的履行是否正常等。

⑥ 法律、法规、规章规定的其他审查内容。

(2) 一般技术性审查

① 建(构)筑物的稳定性、安全性审查，包括地基基础和主体结构是否安全、可靠；

② 是否符合抗震、消防、节能、环保、防雷、卫生、人防安全防范、无障碍设计等国家有关强制性标准、规范和地方政府的有关规定；

③ 法律、法规、规章规定的其他审查内容。

(3) 勘察设计合同管理的审计

① 检查是否建立、健全委托勘察设计的内部控制，看其执行是否有效。

② 检查委托勘察设计的范围是否符合已报经批准的可行性研究报告。

③ 检查是否选用招投标方式来选择勘察设计单位及其有关单位的资质是否合法合规；招投标程序是否合法、公开，其结果是否真实、公正，有无因选择勘察设计单位失误而导致的委托风险。

④ 检查组织管理部门是否及时组织技术交流，其所提供的基础资料是否准确、及时。

⑤ 检查勘察设计合同的内容是否合法、合规，其中是否明确规定双方的权利与义务以及针对设计单位的激励条款。

⑤ 检查勘察设计合同的履行情况，索赔和反索赔是否符合合同的有关规定。

⑥ 审查勘察设计单位分包情况，通过查阅勘察设计单位财务资料，审查是否存在向协作单位支付勘察设计费的情况，若向其他单位支付勘察设计费，查阅相关合同和发票，分析该单位是否为分包单位。也可以查阅设计单位内业资料，审查内业资料中的签字人员是否为该单位人员，分析该勘察设计工作是否被分包。如果确认勘察设计工作被分包后，首先审查分包行为是否合规，是否经过建设单位同意，以及审查分包单位资质和人员资质是否符合要求。

(4) 勘察设计文件编制情况的审查

审计人员要求相关单位提供以下与勘察设计文件编制相关的资料：

建设单位提供项目批准文件、城市规划、工程建设强制性标准、有关部门对勘察设计文件的审批等。

勘察设计单位提供勘察设计文件、勘察设计文件审查会议纪要、勘察设计修改文件等。

勘察设计文件编制情况的审查主要从以下几个方面进行：

① 审查勘察设计文件审批情况

通过查阅勘察设计审批文件、勘察设计文件，以及国家对于项目审批权限的管理制度，分析是否存在越权审批勘察设计文件的问题，同时对勘察设计文件的审查过程进行复核，审查勘察设计文件审查过程是否符合规定，审查会议中提出的问题是否得到整改。

② 审查勘察设计文件编制的规范与合规性

查看勘察设计文件编制办法，对比审批后的勘察设计文件，分析勘察设计文件是否与规定体例一致，内容是否完备，描述是否准确。具体包括：

a. 设计规模是否与设计任务书一致，有无夹带项目、超规模等问题。

b. 设计深度能否满足技术、经济等各方面的要求。

c. 设计文件所选择的工艺、设备是否先进、合理、经济，设计是否符合安全、适用、美观的原则等；通过复核性测试，查看荷载计算是否准确，设计的标准规范是否符合国家关于编制、审核的规定。

6）勘察设计审计重点

工程项目勘察设计工作的审计重点主要有：

① 审计勘察证书；

② 审计建设工程勘察工作报告；

③ 审计建设工程勘察取费；

④ 审计建设工程勘察合同。

4.2.2　工程项目设计审计的内容

1）审计设计依据

设计人员进行项目设计审计的依据有：

（1）批准的可行性研究报告及有关文件

如批准的项目建议书、投资估算资料等。如果具备了这些文件性资料，并且报批手续齐全的话，那么意味着建设项目经过了前期决策，已经立项，只有经过了立项批准的项目，才能进行勘察设计。

（2）勘察部门提供的地质勘探资料，如水文地质状况资料等

勘察工作是设计工作的基础，勘察部门提供的地质勘察资料反映了建设场地的基本情况，通过勘察确定建设地点以及建设地点的地下和地上情况，为设计工作提供基础资料。

（3）有关建设地区的气候、人文环境以及各种资源、原材料、燃料等方面的资料

这些资料为项目设计方案比选而进行的技术经济分析和评价奠定了基础，也是落实配套工程设施的先决条件。

（4）城市规划、环境保护等部门有关用地、规划、环保、消防、防震抗震等方面的资料

根据这些资料，设计人员可确定项目的建设规模、使用用途和结构形式，并明确对建设项目特殊功能的设计要求。

（5）国家制图标准及设计规范等有关资料

国家制图标准对制图过程提出了规范性的要求，以保证图纸的标准性和通用性；设计规范是确定工程结构形式和尺寸的主要依据，通过这些规范可确定主体结构类型、主要材料的配置、工程的设计标准等相关内容。

对建设项目设计依据的审计，主要涉及上述文件与资料，审计人员在行使审计职责时，一方面要注意这些资料的完整性、真实性，另一方面还要关注其准确性与可靠性。这些文件

和资料直接影响建设项目设计方案的选择,影响设计质量。因此,对设计依据进行审计,对设计工作质量影响较大。

建筑设计分方案设计、扩初设计、施工图设计。勘察设计管理审计不同阶段审计的内容也不尽相同。

2) 初步设计(方案设计)的审计

(1) 行政性审查

初步设计(方案设计)阶段行政性审查主要包括:

◆ 检查是否建立、健全初步设计审查和批准的内部控制,看其执行是否有效;

◆ 检查是否及时对国内外初步设计进行协调;

◆ 检查初步设计完成的时间及其对建设进度的影响;

◆ 检查是否及时对初步设计进行审查,并进行多种方案的比较和选择;

◆ 检查报经批准的初步设计方案和概算是否符合经批准的可行性研究报告及估算;

◆ 检查初步设计方案及概算的修改情况;

◆ 检查初步设计深度是否符合规定,有无因设计深度不足而造成投资失控的风险;

◆ 检查概算及修正概算的编制依据是否有效、内容是否完整、数据是否准确;

◆ 检查修正概算审批制度的执行是否有效;

◆ 检查是否采取限额设计、方案优化等控制工程造价的措施,限额设计是否与类似工程进行比较和优化论证,是否采用价值工程等分析方法;

◆ 检查初步设计文件是否规范、完整。

(2) 技术性审查

◆ 总平面设计方面,重点审查以下内容:图面是否标明指北针;建筑用地是否满足退红线的要求;各指标是否满足《建筑用地规划许可证》的要求,包括总占地面积、总建筑面积、容积率、覆盖率、建筑高度、各分项建筑面积等;建筑设计是否满足朝向、通风、景观、视线、间距的要求;流向设计是否合理,包括人流、车流等;道路设计是否合理;景观设计、环境设计是否合适;各空间设计是否合适;是否满足均好性的要求;总体设计是否有创意;是否满足各规范的要求;是否满足甲方要求等。

◆ 平面图设计方面,重点审查以下内容:图面是否标明指北针;尺寸标注是否完整,包括总尺寸、轴线尺寸、标高标注等;功能设计方面包括各空间面积配比关系是否合适,各空间平面关系是否合理,流线是否通畅,朝向、视线、景观是否满足要求,门的大小是否满足各功能空间的要求,门的选型是否合适等,窗的大小是否满足各功能空间对采光、通风的要求,开启扇是否合理、美观,窗的选型是否合适,空调位设计是否满足功能、经济的要求,留洞高度是否符合功能要求,阳台面积大小、标高设计是否满足功能要求,卫生间面积大小、标高设计是否满足功能要求,厨房面积大小、标高设计是否满足功能要求;屋面设计是否满足功能要求,构架设计是否合适;交通空间面积是否满足功能要求、流线是否合理;设计是否满足各规范要求;是否有创意;能否反映甲方意图等。

◆ 立面图设计方面,重点审查以下内容:尺寸标注是否完整,包括总尺寸、层高尺寸、标高等;平面各元素表达是否准确;立面整体效果如何,是否有新意,能否反映甲方要求;材质、色彩选择是否合适;门的尺度、式样是否美观;窗的尺度、式样、分格形式是否美观、合理,开启扇是否满足功能、美观的要求;空调高度、空调板、罩设计是否满足美观要求;阳台栏杆式样、阳台造型是否满足功能、美观的要求；屋面构架造型是否满足经济、美观要求；各元素标高是否表达准确；天际线设计效果如何；设计是否满足各规范要求等。

◆ 剖面图设计方面，重点审查以下内容：尺寸标注是否完整，包括总尺寸、层高尺寸、门窗尺寸、标高尺寸；平面各元素表达是否准确；各元素标高表达是否准确；门洞高度是否满足功能要求；窗台高度是否合适，窗洞尺寸是否满足功能要求，窗台是否设计护栏，护栏高度是否满足要求；空调高度是否满足要求；阳台栏杆高度是否满足要求；卫生间标高设计是否准确，是否有降板设计；厨房标高设计是否准确，是否有降板设计；是否满足各规范要求；设计能否满足甲方意图等。

◆ 其他方面：是否达到设计合同的要求；是否达到国家对方案设计深度的要求。

3）建筑施工图设计的审计

（1）行政性审查

施工图设计阶段行政性审查主要包括：

◆ 检查是否建立、健全施工图设计的内部控制，看其执行是否有效；

◆ 检查施工图设计完成的时间及其对建设进度的影响，有无因设计图纸延迟而导致的进度风险；

◆ 检查施工图设计深度是否符合规定，有无因设计深度不足而造成投资失控的风险；

◆ 检查施工图交底、施工图会审的情况以及施工图会审后的修改情况；

◆ 检查施工图设计的内容及施工图预算是否符合经批准的初步设计方案、概算及标准；

◆ 检查施工图预算的编制依据是否有效、内容是否完整、数据是否准确；

◆ 检查施工图设计文件是否规范、完整；

◆ 检查设计商提供的现场服务是否全面、及时，是否存在影响工程进度和质量的风险。

（2）技术性审查

◆ 总平面设计方面，重点审查以下内容：图面是否标明指北针；建筑用地是否满足退红线的要求；各指标是否满足《建筑用地规划许可证》的要求，包括总占地面积、总建筑面积、容积率、覆盖率、建筑高度、各分项建筑面积等；建筑设计是否满足朝向、通风、景观、视线、间距的要求；流向设计是否合理，包括人流、车流等；道路设计是否合理；景观设计、环境设计是否合适；各空间设计是否合适；是否满足均好性的要求；是否满足各规范的要求；设计是否反映方案设计特点；方案设计是否合理、可行；是否满足甲方要求等。

◆ 平面图设计方面，重点审查以下内容：图面是否标明指北针；尺寸标注是否完整，包括总尺寸、轴线尺寸、细部尺寸、标高标注等；功能设计方面包括各空间面积配比关系是否合适，各空间平面关系是否合理，流线是否通畅，朝向、视线、景观是否满足要求，门的大小是否满足各功能空间的要求，门的选型是否合适等，窗的大小是否满足各功能空间对采光、通风的要求，开启扇是否合理、美观，窗的选型是否合适，空调位设计是否满足功能、经济的要求，留洞高度、空调板设计是否满足要求，阳台面积大小、排水、标高设计是否满足功能要求，卫生间面积大小、排水、标高设计是否满足功能要求，厨房面积大小、排水、标高设计是否满足功能要求；屋面设计是否满足功能要求，构架设计是否合适；交通空间面积是否满足功能要求、流线是否合理，消火栓位置是否合适，设备管井及门的设计是否合适；各空间标高设计是否准确无误；大样图设计是否准确；设计是否满足各规范要求；设计是否反映方案设计特点；方案设计是否合理、可行；能否反映甲方意图等。

◆ 立面图设计方面，重点审查以下内容：尺寸标注是否完整，包括总尺寸、层高尺寸、门窗尺寸、标高等；平面各元素表达是否准确；立面整体效果如何，能否反映方案特点及甲方要求；方案设计是否合理、可行；材质、色彩选择是否合适；门的尺度、式样是否美观；窗的尺度、式样、分格形式是否美观、合理，开启扇是否满足功能、美观的要求；空调高度、空调板、罩设计是否满足美观要求；阳台栏杆式样、阳台造型是否满足功能、美观的要求；屋面构架造型是否满足经济、美观要求；各管线设计是否影响立面效果；各元素标高是否表达准确；天际线设计是否优美、新颖，反映方案设计特点；设计是否满足各规范要求等。

◆ 剖面图设计方面，重点审查以下内容：尺寸标注是否完整，包括总尺寸、层高尺寸、门窗尺寸、标高尺寸；平面各元素表达是否准确；各元素标高表达是否准确；门洞高度是否满足功能要求；窗台高度是否合适，窗洞尺寸是否满足功能要求，窗台是否设计护栏，护栏高度是否满足要求；空调高度是否满足要求；阳台栏杆高度是否满足要求；卫生间标高设计是否准确，是否有降板设计；厨房标高设计是否准确，是否有降板设计；是否满足各规范要求；设计是否反映方案设计特点；方案设计是否合理、可行；设计能否满足甲方意图等。

◆ 其他方面：是否达到设计合同的要求；是否达到国家对施工图设计深度的要求。

4）结构施工图设计的审计

结构施工图设计技术性审查主要包括：

◆ 对结构选型及基础和设计基本条件的确认；

◆ 设计有无漏项和深度审查，包括核查设计范围确认有无漏项、设计深度确认、人防部分深度确认；

◆ 计算书确认审查；

◆ 工种协调审查；

◆ 设计过程中的管理，包括专题例会、确定设计控制要点、中间检查、图纸校审检查、图纸会签检查等。

5）设计阶段经济审计

设计阶段的经济审计主要包括设计概算审计和设计费用审计。

(1) 设计概算审计

审计建设项目的设计概算，一般以其概算文件为主要对象，按照如下顺序进行审计：

① 审计设计概算的编制条件

主要审计建设单位是否具备已批准的可行性研究报告及项目建议书；初步设计是否已经完成；建设资金是否能够满足工程建设需要；是否具备一定的生产能力；建设规模与建设标准是否符合投资估算与投资计划的要求。

② 审计设计概算的编制依据

首先，审计编制依据的合法性。建设项目设计概算编制依据必须经过国家和授权机关批准，未经批准的不能采用。

其次，审计编制依据的时效性。编制建设项目设计概算的大部分依据都应为国家或有关部门颁发的现行规定，注意编制概算的时间与其使用的文件资料的适时性。

最后，审计设计概算编制依据的适用性。各种编制依据都有规定的适用范围，如各主管部门规定的各种专业定额及取费标准，只适用于该部门的专业工程；各地区规定的定额及取费标准只适合于本地区的工程等。在编制设计概算时不得使用规定范围之外的依据资料。

③ 审计设计概算的内容

审计设计概算的费用内容时，应注意把握如下内容：

a. 明确建设项目总费用所对应的项目范围

建设项目总费用对应的项目范围为建设项目全部，其构成的费用内容即投资估算与设计概算中所要确定的全部费用。因此，建设项目总费用的构成实质上也就是建设项目投资估算与设计概算的计算范围。

b. 注意建筑工程费用具体范围的划定

建筑工程费包括：各类房屋建筑工程的建造费用和列入房屋建筑工程的供水、供暖、供电、卫生、通风、煤气等设备及其安装工程的费用，以及列入建筑工程的各种管道、电力、电信和电缆导线敷设工程的费用；设备基础、支柱、工作台、烟囱、水塔、水池等附属工程的建造费用；为施工而进行的场地平整，工程和水文地质勘察，原有建筑物和障碍物的拆除以及施工临时用水、电、气、路和完工后的场地清理、环境绿化、美化等工作费用。

安装工程费是指为项目投入使用而必须安装的设备在其安装过程中所发生的费用。实际工作中常见的设备有动力设备、起重设备、运输设备、医疗设备、试验设备等，安装工程费也包括与设备相连的工作台、梯子、栏杆等装设工程以及附设于被安装设备的管线敷设工程和对安装设备的绝缘、防腐、保温、油漆等费用。另外，为测定安装工程质量，对单个设备进行单机试运行和对系统设备进行系统联动无负荷试运转而进行的调试工作所需费用也属于安装工程费。

需注意的是对设备进行系统联动有负荷试运转而进行的调试工作所需费用不属于安装工程费，它包含在工程建设其他费用中。附属于房屋建筑工程的给排水工程、电气照明工程、供热通风工程等的安装费用不属于安装工程费，而是被列入了建筑工程费中。

c. 工具、器具与生产用家具购置费的范围划定

设备及工具、器具购置费用由设备购置费和工具、器具及生产用家具购置费组成，是固定资产投资中的积极部分。在生产性工程建设中，设备及工具、器具购置费用占工程造价比重的增大，意味着生产技术的进步和资本有机构成的提高。

判别工具、器具与生产用家具的大前提是看其是否达到固定资产规格。由于建设项目的用途、建设规模等有关内容的不同，工具、器具与生产用家具的具体划分标准也不尽相同，在一个小型项目中称为固定资产，而在另一个大型项目内则可能称为工具、器具或生产用家具；在一个非生产性项目中可能称为固定资产，但在生产性项目中则可能称为工器具。因此，在确定工具、器具与生产用家具购置费时，要严格遵循这一划分界线。

(2) 设计费用审计

国家对各种专业工程的设计收费都有规定。审计人员在对这一部分内容进行审计时，应以国家文件规定的标准和有关文件资料、合同等为依据，结合实际，监督设计单位合理收费。

首先，审计设计单位是否执行了国家有关部门规定的设计收费标准，有无高套级别、高套类别的情况发生。我国目前的设计收费标准是按行业制定的，由国务院主管部门统一编制，各设计单位不得自行编制设计收费标准。

其次，审计设计的内容是否完整，图纸页数是否齐全，如果设计单位只进行了工程项目部分内容的设计，那么应对规定的设计收费进行适当的扣减。

6) 设计变更管理的审计

(1) 检查是否建立、健全设计变更的内部控制,有无针对因过失造成设计变更的责任追究制度以及该制度执行是否有效;

(2) 检查是否采取提高工作效率、加强设计接口部位的管理与协调措施;

(3) 检查是否及时签发与审批设计变更通知单,是否存在影响建设进度的风险;

(4) 检查设计变更的内容是否符合经批准的初步设计方案;

(5) 检查设计变更对工程造价和建设进度的影响,是否存在工程量只增不减而提高工程造价的风险;

(6) 检查设计变更的文件是否规范、完整。

7) 设计资料管理的审计

(1) 检查是否建立、健全设计资料的内部控制,看其执行是否有效;

(2) 检查施工图、竣工图和其他设计资料的归档是否规范、完整。

8) 工程项目设计工作的审计重点

(1) 审计建设工程设计单位的资格、等级;

(2) 审计建设工程设计合同,审计过程中重点对建设工程设计单位是否遵循合同条款约定,是否按时按质完成合同约定工作量,是否由于设计单位责任导致交付延迟而影响工程进度,设计单位的取费是否符合有关法律法规的要求,设计单位是否存在采用不正当方式取得设计任务,设计费用支付是否符合相关财务规定和现金管理制度;

(3) 审计设计任务书;

(4) 审计初步设计。

4.2.3 工程项目勘察设计审计方法

建设工程勘察设计的审计包括勘察设计文件的合理性和合规性审查。审计人员应了解建设工程类型、建设工程特点和建设单位对建设工程勘察设计的特定要求,了解国家关于建设工程勘察设计方面的各项规定,了解建设工程勘察设计文件编制的要求,了解设计任务书内容和勘察设计合同相关条款的约定。勘察设计审计主要包括:

(1) 审查初步设计与批准的可行性研究报告的一致性。可行性研究报告是初步设计的主要依据,在审查过程中主要关注初步设计是否按照可行性研究报告中确定的建设项目的规模、标准、技术方案等进行,如果初步设计不符合主要指标,那么可认定初步设计不合格。

(2) 审查初步设计的合规性。初步设计编制的程序和内容必须符合国家有关规定。

(3) 审查初步设计的合理性。初步设计作为设计过程的首要环节,对建设工程投资和项目的成功度会造成极大影响,需要对初步设计中项目的规划布局、环境保护和配套条件等进行重点审查,对发现的不合理支出应及时进行调整。

设计管理审计主要采用分析性复核法、复算法、文字描述法、现场核查法等方法。

分析性复核法主要通过对设计文件的分析复查,检查设计文件是否规范、完整,是否符合经批准的可行性研究报告的要求等。

复算法主要通过计算检查设计概算是否符合投资估算要求,施工图预算是否符合经批准的概算要求等。

文字描述法主要通过文字描述检查施工图设计文件是否规范、完整,勘察、设计资料依据的充分性和可靠性等。

现场核查法主要检查设计单位是否建立、健全勘察设计的内部控制工作制度,各项管理活动的真实性、合法性和效益性。

设计审计的内容和采用的方法如表 4-1 所示。

表 4-1 设计审计的内容和方法表

审计对象	审计方法	审计内容	审计目的
设计内控制度	穿行测试、现场核查法	制度体系	检查制度体系是否完善,制度是否可行
设计合同、工程进度	对比法	设计进度、设计深度	检查设计进度控制情况
设计图纸、设计成果	重点抽样、复算法	可行性、经济性、严谨性	检查工程设计经济性,是否可控制工程成本
	文字描述法、分析性复核法	设计文件内容、设计依据	检查内容是否规范、完整,设计依据是否充分、可靠
设计变更、洽商、现场签证	调查分析	设计是否存在缺陷、漏洞	检查是否存在设计的问题导致工程成本增加
工程现场	现场观测	设计图纸符合性	检查设计能否符合工程现场情况及工程进度

【案例 4-1】 某项目设计审计意见书

根据设计合同、项目投资估算及设计所需的基础资料;×××审计局自从 2023 年 1 月开始,组织审计组,对×××项目的设计工作情况进行了跟踪审计。现将项目阶段性跟踪审计结果总计如下:

一、跟踪审计情况和审计评价

(一) 项目跟踪审计情况

本次审计以设计阶段为主线,从项目入手,及时跟进,及时查处,及时整改。通过跟踪审计,及时揭示了设计管理等方面的问题,以点带面,积极反映设计工作实施等方面的情况,及时防止和纠正一些设计过程中违纪违规问题。审计中,审计组提前介入,全过程跟踪,立足服务,着眼预防,帮助规范,坚持边审计、边整改、边提高,督促各单位及有关部门及时整改,充分发挥国家审计"免疫系统"作用。整个项目设计跟踪审计共提出审计建议 16 条,有关部门和单位全部采纳,目前已整改完成 12 条,另有 4 条正在整改中。

(二) 审计评价

审计结果表明,建设单位和设计单位认真落实项目规划要求,积极采取措施保障设计进度和设计质量,设计进展比较顺利。方案设计、扩初设计及施工图设计均按照合同约定时间如期完成。项目建设单位和设计单位对工程设计质量意识较强,不断建立健全各项管理制度,加强了项目设计管理和监督,并对跟踪审计发现的问题及时整改规范,设计管理情况总体是好的,没有发现重大违法违规问题。但跟踪审计也发现,部分工作存在一些应引起重视的问题。

二、跟踪审计发现的主要问题及整改情况

(一) 项目设计任务书编制不够准确。由于项目初期建设单位建设目标不够明确,造成项目设计过程中出现较多变更,导致设计工作量加大,施工受到一定干扰。审计发现上述问题后及时提出审计建议,建设单位已根据审计意见对投资目标进行了调整,并细化建设目标。

(二) 设计的内部控制制度执行不够严格。有的补充的设计修改图、设计变更通知未进行专业会签,有的补充的设计修改图、设计变更缺少专业负责人和工程负责人签字,并加盖执业注册章。存在一专业的修改涉及其他专业的,其相关专业未做出相应修改。审计发现上述问题后及时提出审计建议,设计单位已根据审计意见规范了内控制度。

(三) 在跟踪审计过程中,审计组从便于施工的角度提出如下改进意见:

① 连续框架梁相邻跨度较大,图纸中中间支座负弯矩筋分开锚固,造成梁柱接头处钢筋太密,浇捣混凝土困难,审计组建议:负筋能连通的尽量连通。在保证梁负筋的前提下,尽量保持各跨梁宽一致,只对梁高进行调整,以便于面筋连通和浇捣混凝土。

② 由于结构造型复杂,结构施工难以一次完成,在设计交底时应当说明混凝土施工缝如何留置。

③ 阳台面标高降低后,由于中间有梁,且此梁与室内相通,梁受力筋在降低处是弯折还是分开锚固,设计未做出说明。

④ 工程结构混凝土用量及钢筋用量偏高。主体混凝土总量为 19 454 m^3,混凝土含量为 0.655 m^3/m^2;钢筋总量为 2 266 t,钢筋含量为 76.3 kg/m^2。混凝土含量及钢筋含量均超出本地区同类工程,经对施工图仔细研究认真分析后认为主要原因是结构设计方面不经济,基础、梁、柱混凝土截面、钢筋量设计偏大所致,建议设计单位进行优化,对结构重新复核计算。

⑤ 地下工程分割不够合理,建议优化平面布置。

跟踪审计过程中,审计人员就上述问题及时向有关单位提出审计建议,各单位认真进行了整改。优化后钢筋含量调整为 56.3 kg/m^2,混凝土含量调整为 0.485 m^3/m^2,节约混凝土 5 049 m^3,节约钢筋 594 t,节约造价 450 万元,仅结构部分优化造价节约 12.1%。建筑面积节约了 2 860 m^2,装饰部分按单价 400 元/m^2 计算,约节约 115 万元。同时,连通的地下室还多出 38 个车位。按 8 万元/个计算,可多盈利 304 万元。综上所述,由于优化设计总造价约可节约 18.25%。

三、审计建议

(一) 建设单位应当重视前期项目策划工作,在编制设计任务书时尽量将工程建设目标具体化,保证设计工作的科学性、合理性和针对性。

(二) 虽然设计单位已经建立了内部控制制度,但制度并未得到有效的执行。应当加强对设计关键环节的审批控制,完善相关程序。

(三) 在审计所发现的问题中,涉及违反工程建设标准强制性条文或危及安全和公众利益等的,必须进行修改;涉及施工图设计深度不够或技术资料不完整的,必须补充完善。

第5章

工程项目采购审计

5.1 工程项目采购概述

5.1.1 工程项目采购的类型

建设项目的建设过程就是业主单位完成“建设项目”这一产品的采购过程。由于建设项目具有单一、定制、独有的特点，对该产品的采购较其他标准化产品的采购更加复杂。建设项目一般将材料物资等产品、工程设计和施工劳务等服务分开来，采用多种方式分散采购，然后综合利用各参建单位的管理力量，建成符合设计要求的产品。因此，采购行为贯穿建设全过程，是审计的重点。

建设项目采购产品和劳务常用的方式，主要包括公开招标、邀请招标、竞争性谈判、单一来源采购、询价采购等方式。

1) 公开招标

公开招标(Open Tendering)，又叫竞争性招标，即由招标人在报刊、电子网络或其他媒体上刊登招标公告，吸引众多潜在投标人参加投标竞争，招标人从中择优选择中标人的招标方式。按照竞争程度，公开招标可分为国际竞争性招标和国内竞争性招标。国际竞争性招标 ICB(International Competitive Tendering)是在世界范围内进行招标，国内外合格的投标人均可以投标。要求制作完整的英文标书，在国际上通过各种宣传媒介刊登招标公告。国内竞争性招标(National Competitive Tendering)是在国内进行招标，用本国语言编写标书，只在国内的媒体上登出广告，公开出售标书，公开开标。适用于合同金额较小、劳动密集型、商品成本较低而运费较高、当地价格明显低于国际市场等项目的招标。从国内招标工程项目承包商可以大大节省时间，而且这种便利将对项目的实施具有重要的意义。在国内竞争性招标的情况下，如果外国公司愿意参加，那么应允许他们按照国内竞争性招标参加投标，不应人为设置障碍，妨碍其公平参加竞争。

公开招标是一种最能充分实现信息公开性、程序规范性、竞争公平性的采购方式，是国家和省(市)重点建设项目、全部使用或者部分使用国有资金投资或者国家融资的项目、使用国际组织或外国政府贷款、援助资金的项目，以及依据法律法规规定应当公开招标的项目进行采购的主要方式。

2) 邀请招标

邀请招标也称有限竞争性招标(Restricted Tendering)或选择性招标(Selective Tendering)，即由招标人选择一定数目的承包商，向其发出投标邀请书，邀请他们参加投标竞争。其优点在于：经过选择的投标单位在工程经验、技术力量、经济和信誉上都比较可靠，因而一般都能保证进度和质量要求。此外，参加投标的承包商数量少，因而招标时间相对缩短，招标费用也较少。我国招投标法规定，招标人采用邀请招标方式的，应当向三个以上具备承担招标项目的能力、资信良好的法人或其他组织发出投标邀请书。

公开招标与邀请招标的区别主要表现在：

(1) 招标信息的发布方式不同

公开招标利用招标公告发布招标信息，而邀请招标则采用向三个以上具备实施能力的投标人发出投标邀请书的方式，请他们参与投标竞争。

(2) 选择的范围不同

公开招标因使用招标公告的形式，针对的是一切潜在的对招标项目感兴趣的法人或其他组织，招标人事先不知道投标人的数量；邀请招标针对的是已经了解的法人或其他组织，事先已经知道投标人的数量。

(3) 竞争的范围不同

由于公开招标使所有符合条件的法人或其他组织都有机会参加投标，竞争的范围较广，竞争性体现得也比较充分，招标人拥有绝对的选择余地，容易获得最佳招标效果；邀请招标中投标人的数目有限，竞争的范围有限，招标人拥有的选择余地相对较小，也有可能将某些更有竞争力的承包商遗漏。

(4) 公开的程度不同

公开招标中，所有的活动都必须严格按照预先指定并为大家所知的程序标准公开进行，大大减少了作弊的可能。

(5) 时间和费用不同

由于邀请招标不发公告，招标文件只送几家，这使整个招投标的时间大大缩短，招标费用也相应减少；公开招标的程序比较严谨，对依法招标项目，除遵守发布公告、投标人做出反应、评标、签订合同等程序外，还有许多时间上的限制要求，因而耗时较长，费用也比较高。

3) 竞争性谈判

竞争性谈判是指采购人向符合相应资格条件的多家(一般不少于三家)供应商或承包人发出谈判文件，分别通过报价、还价、承诺等谈判商定价格、实施方案和合同条件，并依据谈判文件确定的采购需求及质量和服务要求，且报价最低的原则(政府采购的原则)从谈判对象中确定交易对象的采购方式。

4) 单一来源采购

单一来源采购指的是采购人直接与唯一的供应商进行谈判采购，商定价格和合同条件的采购方式，也称直接采购。

5) 询价

询价指的是采购人一般向三个及以上符合相应资格条件的供应商或承包人就采购的货物或服务发出询价通知书让其报价(一般为一次报价，不得更改)，且主要通过价格评审比较，选择符合采购需求，质量服务相等，且报价最低的交易对象的采购方式。

5.1.2 工程项目采购的类型选择

上述采购方式并非随意选择，而是各有其适用条件。

1) 公开招标

公开招标采购,程序最繁杂,是建设项目大宗采购的主要方式。

2) 邀请招标

邀请招标属于有限竞争招标,是在技术复杂、有特殊要求或者受自然环境限制,只有少量潜在投标人可供选择;或者采用公开招标方式的费用占项目合同金额的比例过大时采用的采购方式,必须满足自然条件、地域条件、保密条件等一定条件,并经过核准或备案方可采用。

3) 竞争性谈判

竞争性谈判受采购时间、技术标准、市场范围限制,采购供应双方对采购物及对方意图都缺少了解,采购人只能通过与有限和特定的供应商或承包人进行灵活、充分的谈判,才能充分、正确地表达、沟通与确定采购的意图要求、供应服务的能力、实施方案及其技术标准规格,从而选择满意的采购物及交易对象。

与招标相比,谈判采购程序简单,周期短,可以避免盲目竞争。但是,竞争性弱,透明性、规范性差,容易作弊。一般要求满足四个条件:

(1) 招标后没有供应商投标或者没有合格的供应商,或者重新招标未能成立的;

(2) 技术复杂或者性质特殊,不能确定详细规格的;

(3) 采用招标所需时间不能满足用户需求的;

(4) 不能事先计算出价格总额的。

议标,实质上即为谈判性采购,是采购人和被采购人之间通过一对一谈判而最终达到采购目的的一种采购方式,不具有公开性和竞争性,因而不属于招投标法所称的招标投标采购方式。

4) 单一来源采购

单一来源采购适用特点和条件与竞争性谈判采购相似,且程序更加简单,没有竞争性。一般要求满足下述三个条件:

(1) 只能从唯一供应商处采购的;

(2) 发生了不可预见的紧急情况不能从其他供应商处采购的;

(3) 必须保证原有采购项目一致性的。

5) 询价采购

询价采购则要求采购标的规格、标准统一,货源充足且价格变化幅度小,且主要比较价格,而无须进一步考察评价供应商能力和实施方案的货物和服务采购。

询价采购程序简单、节约采购时间和费用,但竞争性、规范性弱,选择范围窄。

5.1.3　不同采购模式适用的法律规定

国家机关、事业单位和社会团体使用财政性资金采购工程、货物及服务时,应当遵循《中华人民共和国政府采购法》(发布日期:2002 年 6 月 29 日,实施日期:2003 年 1 月 1 日;2014 年 8 月 31 日第十二届全国人民代表大会常务委员会第十次会议修正,简称《政府采购法》)及《中华人民共和国政府采购法实施条例》(2014 年 12 月 31 日国务院第 75 次常务会议通过,于 2015 年 1 月 30 日以中华人民共和国国务院令第 658 号公布,自 2015 年 3 月 1 日起施行,简称《政府采购法实施条例》)。其中,政府采购工程以及与工程建设有关的货物、服务,采用招标方式采购的,适用《中华人民共和国招标投标法》(1999 年 8 月 30 日第九届全国人民代表大会常务委员会第十一次会议通过,2000 年 1 月 1 日起施行;2017 年 12 月 27 日第十二届全国人民代表大会常务委员会第三十一次会议修正,自 2017 年 12 月 28 日起施行)及《中华人民共和国招标投标法实施条例》(2011 年 11 月 30 日国务院第 183 次常务会议通过,自 2012 年 2 月 1 日起施行;2017 年、2018 年、2019 年三次修订,简称《招标投标法实施条例》);采用其他方式采购的,适用《中华人民共和国政府采购法》及《中华人民共和国政府采购法实施条例》。

5.2 工程项目招标投标审计

招标投标是建设项目采购的主要方式。国有资金、国有企业投资建设项目受法律限定,强制采用招标投标方式进行采购。法定范围之外,多数建设项目也自愿选用了招标投标方式。因此,建设项目采购审计的工作重点是对招标投标过程及其成果的审计。

5.2.1 工程项目招标的概念

工程项目招标,是指招标人事先提出工程项目的条件和要求,邀请众多投标人参加投标并按照规定程序从中选择承包商的一种市场交易行为。工程项目投标,是指投标人对招标人提出的实质性要求和条件做出响应,按招标文件的要求编制、提交投标文件,通过投标报价的方式承揽工程项目的过程。

招标投标具有以下几个特征:

① 通过竞争机制,实行交易公开。

② 鼓励竞争、防止垄断、优胜劣汰,可较好地实现投资效益。

③ 通过科学合理和规范化的管理制度与运作程序,可有效地杜绝不正之风,保证交易的公正和公平。

市场经济下国家的各级政府部门和其他公共部门的采购和建设资金主要来源于法人和公民的税金和捐赠,必须尽量节省开支,最大限度地透明与公开,保证公平竞争、提高采购效率,保证有效使用公共资金,因此招标投标成为政府采购和工程项目建设的最主要方式。

5.2.2 工程项目招标的范围

按照国家有关规定需要履行项目审批、核准手续,依法必须进行招标的项目,其招标范围、招标方式、招标组织形式应当报项目审批、核准部门审批、核准。项目审批、核准部门应当及时将审批、核准确定的招标范围、招标方式、招标组织形式通报有关行政监督部门。

全部或者部分使用国有资金投资或者国家融资的项目(包括使用预算资金 200 万元人民币以上,并且该资金占投资额 10%以上的项目,及国有企业事业单位通过投资关系、协议或者其他安排,能够实际支配项目建设的情形),使用国际组织或者外国政府贷款、援助资金的项目,大型基础设施、公用事业等关系社会公共利益、公众安全的项目,如果同一项目中可以合并进行的勘察、设计、施工、监理以及与工程建设有关的重要设备、材料等的采购,合同估算价合计达到规定标准,其单项采购或整个项目的总承包采购必须招标。在技术复杂、有特殊要求或者受自然环境限制，只有少量潜在投标人可供选择；或者采用公开招标方式的费用占项目合同金额的比例过大时，经过有关部门批准可以采用邀请招标。具备法定条件，如采用不可替代的专利或者专有技术；采购人依法能够自行建设、生产或者提供的，可以不进行招标。

5.2.3　工程项目招标的主要工作

工程项目招标的程序大致可分成招标准备、招标、投标、定标等几个主要阶段，具体流程可参见图5-1。

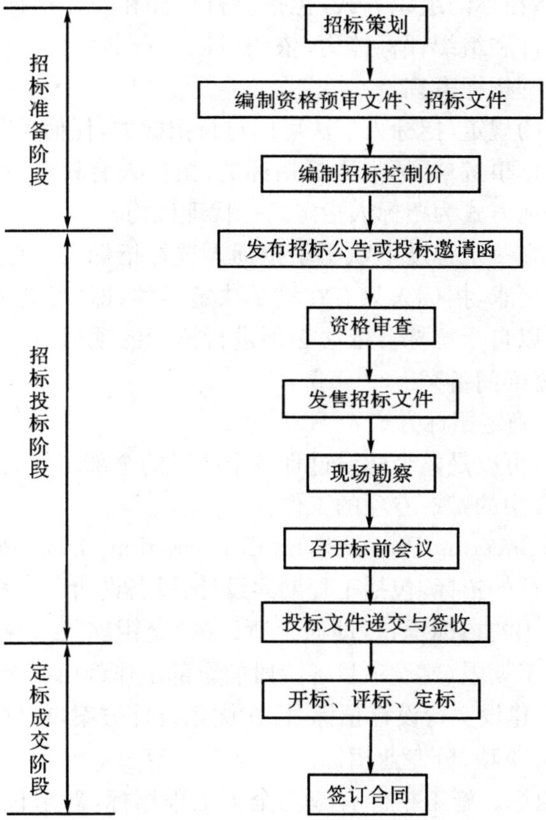

图5-1　工程项目招标投标流程图

1）招标准备阶段

工程项目招标准备阶段的工作基本由招标人或其代理人完成，主要工作包括以下方面：

（1）招标策划

招标策划是指招标人或其委托的招标代理机构在工程项目正式招标前，根据招标项目的特点、资金来源及其他诸多因素，对招标过程中一系列需事先考虑的问题进行过程准备。主要内容包括：工程项目招标所需具备条件、招标范围、招标方案（如是否划分标段）、招标方式、招标进度计划等。

（2）工程招标条件

工程项目只有具备一定的条件后，才能进行招标，这些条件主要有以下三方面要求：一是资金条件；二是相关审批手续；三是必要的准备工作。如住房城乡建设部要求房屋建筑和市政基础设施工程施工招标时必须具备下列条件：

① 按照国家有关规定需要履行项目审批手续的，已经履行审批手续；

② 工程资金或者资金来源已经落实；

③ 有满足施工招标需要的设计文件及其他技术资料；

④ 法律、法规、规章规定的其他条件。

工程项目具备必要条件后，招标人才可以开展招标活动。

(3) 招标组织形式

招标组织形式，是指招标的组织方式，包括自行招标和委托招标。自行招标，是指招标人自身具有编制招标文件和组织评标能力，依法可以自行办理招标；而委托招标，是指招标人委托招标代理机构办理招标事宜。

根据《招标投标法》的规定，招标人依法可以自行招标的，任何单位和个人不得强制其委托招标代理机构办理招标事宜；招标人委托招标的，招标人有权自行选择招标代理机构，任何单位和个人不得以任何方式为招标人指定招标代理机构。

《招标投标法》虽然在一定程度上赋予了招标人选择招标组织形式的权利，但由于招标工作的复杂性和专业性要求，招标人只有在满足法定条件，即“具有编制招标文件和组织评标能力”的前提下，才可以自行招标。依法必须进行招标的项目，招标人自行办理招标事宜的，应当向有关行政监督部门备案。

(4) 拟定招标内容，确定招标方式

建设工程招标内容，可以是整个建设过程各个阶段的全部工作，也可以是其中某个阶段的工作，或是某一个阶段中的某一专项的工作。

① 工程总承包(Engineering Procurement Construction，EPC)招标。建设项目立项后，对建设全过程的实施进行的招标，包括工程勘察设计、设备询价与选购、材料订货、组织工程施工，直至试车、交付使用的招标承包，即通常所说的“交钥匙”工程招标。招标人提出对建设工程功能的要求和竣工期限，建设项目各阶段的全部工作都由一个总承包单位负责完成。

② 设计招标。工程建设实行设计招标，旨在优化设计方案，择优选择设计单位，可以是一次性总招标，也可以分单项、分专业招标。

③ 工程项目施工招标。施工招标有施工全部工程招标(总承包)、单项工程招标、专业工程招标等形式。工程承包可采取全部包工包料、部分包工包料或包工不包料。采用施工总承包的，承包人不得转包、不得违法分包，工程非主体、非关键性工作经业主同意可以分包，分包工程的质量、安全、进度等责任由总包人负责，总、分包人就分包工程承担连带责任。

④ 工程监理招标。在项目实施中，业主为了对项目质量、进度、投资等进行管理监督，通过委托的方式，公开招标项目监理单位对项目实施单位进行质量、进度、投资等控制管理。工程监理工作可以在设计阶段，也可以在施工阶段，实践中工程监理主要针对的是工程项目施工阶段。

⑤ 设备材料供应招标。大中型建设项目设备招标，视项目设备的不同情况，可以由业主直接向设备供应商招标，也可以委托设备成套管理机构或工程承包单位招标。招标的方式可以是单项设备招标，也可以按分项工程或整个项目所需设备一次性招标。

⑥ PPP(Public-Private-Partnerships)项目招标。PPP模式实质上是一种融资模式，即公共部门与私人企业合作模式，也称为“公私合作”融资模式。这种模式是政府、营利性企业

和非营利性企业基于某个项目而形成的相互合作关系，合作各方参与项目时，政府并不把项目的责任全部转移给私人企业，而是由参与合作的各方共同承担责任和融资风险。在这种模式下，私营企业的投资目标是寻求既能够还贷又有投资回报的项目，政府的社会经济目标是通过投资给社会带来最大的经济效益。

PPP融资模式的优点包括：① 贷款人以政府给予的有限承诺作为贷款的安全保障；② 该模式下，政府部门对于项目的建设工作拥有一定决策权和控制权；③ 项目的风险和责任分配更合理，因此项目融资成功的可能性更大。

建设工程招标方式分公开招标和邀请招标两种方式。招标人在此阶段的工作应综合考虑以下几个方面：

① 根据工程项目特点和招标人自身管理能力确定招标范围。

② 依据项目建设总进度计划确定项目建设过程中的招标次数和每次招标内容。

③ 按每次招标前准备工作完成情况，选择合同计价方式。如施工招标时，对于已完成施工图设计的中小型工程，可采用总价合同；若是初步设计完成后的大型复杂工程，则应采用估计工程量的单价合同。

④ 依据工程项目的特点、招标前准备工作的完成情况、合同类型等因素，最终确定招标方式。

(5) 编制资格预审文件、招标文件

资格审查分为资格预审和资格后审，公开招标工程项目采用资格预审时，只有通过资格预审的单位才可参加投标；不采用资格预审的公开招标项目则在开标后进行资格后审。采用资格预审时招标人需编制资格预审文件和招标文件；采用资格后审时招标人只需编制招标文件，而将有关资格审查的内容放在招标文件内。

招标人编制资格预审文件时可参照标准资格预审文件范本，根据工程具体情况和要求编写，如施工招标资格预审文件一般包括以下内容：

① 投标单位组织机构；

② 资质等资格证明文件；

③ 近年经审计的财务报表；

④ 近年完成工程的一览表；

⑤ 类似工程一览表；

⑥ 投入本项目的人员情况(证明材料)；

⑦ 投标单位近几年获奖情况；

⑧ 投标单位信用证明；

⑨ 与本资格预审有关的其他资料。

招标人应根据工程项目的具体情况、招标投标法及相应的规定编制招标文件，编写格式可参照“招标文件范本”，一般招标文件的内容有：

① 投标须知；

② 招标工程的技术要求和设计文件；

③ 采用工程量清单招标的，应提供工程量清单及招标控制价；

④ 投标函的格式及附录；

⑤ 拟签订合同的主要条款；

⑥ 资格审查表(资格后审的工程);

⑦ 要求投标人提交的其他材料。

招标人编制的招标文件在向投标人发放的同时应向建设行政主管部门备案。建设行政主管部门发现招标文件有违反法律、法规内容的,应责令招标人改正。

(6) 编制工程量清单与招标控制价

建设工程施工招标在建设工程招标中是较重要的内容,其中招标工程量清单与招标控制价的编制工作极为重要。

招标工程量清单是表现拟建工程的分部分项工程项目、措施项目、其他项目的项目编码、项目名称计量单位和工程数量的详细清单,采用工程量清单招标的项目,招标工程量清单由招标人统一提供,招标工程量清单必须作为招标文件的组成部分,是招标文件的重要组成部分。招标工程量清单是工程量清单计价的基础,应作为编制招标控制价、投标报价、计算或调整工程量、索赔等的依据之一。投标人根据市场行情和自身实力对招标工程量清单项目逐项报价。招标工程量清单的准确性和完整性应由招标人负责。

招标工程量清单的编制依据是:

① 建设工程工程量清单计价规范和相关工程的专业计量规范;

② 国家或省级、行业建设主管部门颁发的计价定额和办法;

③ 建设工程设计文件及相关资料;

④ 与建设工程有关的标准、规范、技术资料;

⑤ 拟定的招标文件;

⑥ 施工现场情况、地勘水文资料、工程特点及常规施工方案;

⑦ 其他相关资料。

我国规定国有资金投资的工程应实行工程量清单招标,我国现行工程量清单计价规范规定招标人应编制招标控制价。招标控制价是公开的拟招标工程的最高限价并在招标文件中公布,这体现了招标公开、公正的原则。当招标控制价超过批准的概算时,招标人应报原概算审批部门审核。投标人的投标报价高于招标控制价的,其投标应予拒绝。招标控制价不应上调或下浮,同时招标人将招标控制价的明细表报工程所在地或有该工程管辖权的行业管理部门工程造价管理机构备查。

招标控制价的编制依据是:

① 清单计价规范;

② 国家或省级、行业建设主管部门颁发的计价定额和计价办法;

③ 建设工程设计文件及相关资料;

④ 招标文件中的工程量清单及有关要求;

⑤ 与建设项目相关的标准、规范、技术资料;

⑥ 工程造价管理机构发布的工程造价信息,工程造价信息没有发布的材料,按市场价;

⑦ 其他的相关资料。

招标人应在发布招标文件时公布招标控制价,投标人经复核认为招标人公布的招标控制价未按照规定进行编制的,应在招标控制价公布后5天内向招投标监督机构和工程造价管理机构投诉。招投标监督机构应会同工程造价管理机构对投诉进行处理,当招标控制价复查结论与原公布的招标控制价误差大于±3%时,责成招标人改正。

2）招标投标阶段

公开招标时从发布招标公告开始，邀请招标从发出投标邀请函开始，到投标截止的这段时间称为招标投标阶段，在这段时间内招标人做好招标的组织工作，而投标人则按招标的有关要求响应招标，进行投标报价竞争工作。具体工作有：

（1）发布招标公告或投标邀请书

招标公告的作用是让潜在投标人获得招标信息，以便进行项目筛选确定是否参加投标，《招标公告和公示信息发布管理办法》规定：依法必须招标项目的招标公告和公示信息应当在"中国招标投标公共服务平台"或者项目所在地省级电子招标投标公共服务平台发布。实行邀请招标的工程项目，招标人可以向三个以上符合资质条件的投标人发出投标邀请书。招标公告或投标邀请函的具体格式可由招标人自定，内容一般包括：招标项目名称、内容、范围、规模、资金来源；投标资格能力要求，以及是否接受联合体投标；获取资格预审文件或招标文件的时间、方式；递交资格预审文件或投标文件的截止时间、方式；招标人及其招标代理机构的名称、地址、联系人及联系方式；采用电子招标投标方式的，潜在投标人访问电子招标投标交易平台的网址和方法；其他依法应当载明的内容。

（2）资格审查

资格审查程序是为了在招标投标过程中剔除不适合承担或履行合同的潜在投标人。根据我国《工程建设项目施工招标投标办法》（七部委〔2003〕30 号令，已被九部委 2013 年 23 号令修改更新）规定：资格审查应主要审查潜在投标人或者投标人是否符合下列条件：① 具有独立订立合同的权利；② 具有履行合同的能力，包括专业、技术资格和能力，资金、设备和其他物质设施状况，管理能力，经验、信誉和相应的从业人员；③ 没有处于被责令停业，投标资格被取消，财产被接管、冻结，破产状态；④ 在最近三年内没有骗取中标和严重违约及重大工程质量问题；⑤ 国家规定的其他资格条件。资格审查时，招标人不得以不合理的条件限制、排斥潜在投标人或者投标人，不得对潜在投标人或者投标人实行歧视待遇。任何单位和个人不得以行政手段或者其他不合理方式限制投标人的数量。

资格审查，主要考察该企业的总体能力是否具备完成招标工作所要求的条件，可以采用资格预审或者资格后审。

资格预审的优点是保证投标人在资质和能力等方面能够满足完成招标工作的要求；另外，先通过资格预审优选出综合实力较强的投标人，再请他们参加投标竞争，可减少评标的工作量，同时可让明显不符合要求或实力不够的单位不参与投标节约成本。进行资格预审，对潜在投标人讲，当了解工程具体情况及要求后，达不到条件时可放弃投标，节约投标费用；对招标人来说，可淘汰那些不合格的投标人，缩减评审和比较投标文件的数量，同时可以了解潜在投标人的财务能力、技术状况及类似本工程的施工经验，筛选出确有实力和信誉的潜在投标人参与投标。

资格后审的好处是参加投标的投标人相对较多，对业主来说选择的余地相对较大；另外，从开标到确定中标人时间较短，投标人的信息能得到有效保密，切断了信息传递，减少了围标、串标等现象的发生；再有就是从源头上进一步预防腐败现象的发生。采用资格后审的招标工程，招标人应在招标文件中设置专门的章节，明确合格投标人的资格条件、资格后审的评审标准和评审方法，其中合格投标人的资格条件应当清晰明确，易于准确判定。

资格预审和资格后审，各有利弊，在实际操作中，也具有很强的互补性，很难说哪种方式好,哪种方式不好。目前,只要投标人满足招标文件中规定的资质、业绩、人员、财力和信誉等最低条件要求,在报价合理的前提下,各地多采用资格后审,以便让符合资格的投标人都有同等的机会去参加竞争。在特殊情况下,如建设规模大、技术含量高的项目,也可采用资格后审。为防止资格后审中可能出现的种种弊端,作为政府和招投标监管部门,应明确资格预审的基本条件,严格资格预审的审批程序,最大限度地减少人为因素的制约,以真正体现招投标的公开、公平、公正的原则。

(3) 发售招标文件

招标文件是由招标人编制并提供给投标人的重要文件。招标文件说明拟招标工程的性质、范围,招标人对投标人的所有实质性要求和条件;评定标准以及订立合同的条件等。招标文件规定的各项实质性要求和条件,对工程招标的承发包双方都具有约束力,是投标人编制投标文件的依据,是评标及招标人与中标人签订承发包合同的基础,它还规定了招标人与投标人之间的权利和义务,作为今后签订施工合同的基础。

采用资格预审的项目,招标人只向资格审查合格的投标人发放招标文件。招标人对于发出的招标文件可以酌收工本费,但不得以此牟利。投标人收到招标文件、图纸和有关资料后,应认真核对,核对无误后应以书面形式予以确认。投标人若有疑问或不清楚的问题需要解答、解释,应在收到招标文件后在规定的时间前以书面形式向招标人提出,招标人应以书面形式或在答疑会上予以解答。招标人对招标文件所做的任何澄清或修改,须报建设行政主管部门备案,并在投标截止日期15日前发给获得招标文件的投标人。投标人收到招标文件的澄清或修改内容应以书面形式予以确认。招标文件的澄清或修改内容作为招标文件的组成部分,对招标人和投标人起约束作用。

(4) 现场踏勘

现场踏勘的目的在于让投标人了解工程现场场地情况和周围环境情况等,以便投标人编制施工组织设计或施工方案,以及获取计算各种措施费用时必要的信息,另外也可要求投标人通过自己的实地考察确定自己的投标策略,避免合同履行过程中投标人以不了解现场情况为由推卸应承担的合同责任。一般招标人在投标须知规定的时间组织投标人自费进行现场考察,当然根据工程项目情况,招标人也可能不统一组织现场踏勘。

投标人在踏勘现场中如有疑问问题,应在答疑会前以书面形式向招标人提出。投标人踏勘现场的疑问问题,招标人可以书面形式答复,也可以在标前会议会上予以答复。

(5) 标前会议

标前会议也称"答疑会",在招标文件规定的时间、地点,由招标人主持召开,其目的在于解答投标人提出的、招标文件和踏勘现场中的疑问问题。解答的疑问问题包括会议前由投标人书面提出的和在答疑会上口头提出的疑问。答疑会结束后,由招标人整理会议记录和解答内容(包括会上口头提出的询问和解答),以书面形式将所有问题及解答向获得招标文件的投标人发放。会议记录作为招标文件的组成部分,内容若与已发放的招标文件有不一致之处,以会议记录的解答为准。问题及解答纪要作为招标文件的组成部分,具有同等的法律效力,同时须向建设行政主管部门备案。

(6) 投标文件的递交与接收

投标人应按招标文件的要求编制投标文件,在投标截止时间前按规定时间、地点将投标文件递交至招标人。在开标前,任何单位和个人均不得开启投标文件。招标人应做好投标文件的接收工作,并做好接收记录。采用电子招标,投标人同样应当在投标截止时间前完成投标文件的传输提交,投标截止时间前未完成投标文件传输的,视为撤回投标文件。投标截止时间后传送的投标文件,电子招标投标交易平台应当拒收。电子招标投标交易平台收到投标人送达的投标文件,应当即时向投标人发出确认回执通知,并妥善保存投标文件。

投标截止时间之前,投标人可以对所递交的投标文件进行修改或撤回。招标人可以在招标文件中要求提交投标保证金或者投标保函,投标人应当按照招标文件要求的方式和金额,将投标保证金或者投标保函随投标文件提交招标人。

3) 定标成交阶段

从开标到签订合同这一期间称为定标成交阶段,是对各投标文件进行评审比较,最终确定中标人的过程。这期间的主要工作是:

(1) 开标

开标是招标人将所有的投标文件当众启封揭晓。开标应在招标文件确定的投标截止时间的同一时间公开进行;开标地点应是招标文件中规定的地点。公开招标和邀请招标均应举行开标会议,体现招标的公平、公正和公开原则。开标会议由招标人组织并主持,可以邀请公证部门对开标过程进行公证。招标人应对开标会议做好签到记录,以证明投标人出席开标会议。

启封投标文件后,按报送投标文件时间先后的逆顺序进行唱标,当众宣读有效投标的投标人名称、投标报价、工期、质量、主要材料用量,以及招标人认为有必要的内容。但提交合格的"撤回通知"和逾期送达的投标文件不予启封。招标人应对唱标内容做好记录,并请投标人法定代表人或授权代理人签字确认。

电子招标时,开标也可按照招标文件确定时间,在交易平台上公开进行。开标时,交易平台可自动提取所有投标人的投标文件,招标人和投标人按招标文件规定方式按时在线解密,当前采用较多的投标文件解密方式是:投标时投标人 CA 锁(数字证书及电子签章)加密,开标时由投标人采用 CA 锁解密。解密全部完成后,交易平台将系统生成的开标记录向社会公众公布(依法应当保密的除外),公布投标人名称、投标价格和招标文件中规定的其他内容。

(2) 评标

评标由评标委员会按照招标文件中明确的评标定标方法进行。

评标委员会成员由招标人和招标人邀请的有关经济、技术专家组成,评标委员会是负责评标的临时组织。有关经济、技术专家应从建设行政主管部门及其他有关政府部门确定的专家名册或者工程招标代理机构的专家库内相关专业的专家名单中随机抽取,随机抽取的评委人员如与招标人或投标人有利害关系的应重新抽取。招标人、招标代理机构以外的经济、技术专家人数不少于评标委员会总人数的 2/3。

评标的工作程序一般如下:首先评标委员会对投标文件进行符合性鉴定,核查投标文件是否按照招标文件的规定和要求编制、签署;投标文件是否实质上响应招标文件的要求。其次评标委员会应按招标文件规定的评标定标方法,对投标人的报价、工期、质量、主要材料用量、施工方案或组织设计、以往业绩、社会信誉、优惠条件(如果有时)等方面进行评审;必要时,评标委员会可要求投标人澄清其投标文件或答辩。投标文件的答辩一般召开答辩会,分别由投标人进行答辩,先以口头形式询问并解答,随后在规定的时间内投标人以书面形式予以确认,澄清或答辩问题的答复作为投标文件的组成部分。但澄清的问题不应更改投标价格或投标的实质性内容。

评标委员会按照招标文件中规定的评标定标方法完成评标后,编制评标报告,向招标人推选中标候选人或确定中标人;评标报告中应阐明评标委员会对各投标人的投标文件的评审和比较意见。评标报告应包括评标情况说明、对各合格投标文件的评价、推荐合格的中标候选人等。如果评标委员会经过评审认为所有投标都不符合招标文件的要求,可以否决所有投标。出现这种情况,招标人一般应重新招标。

(3) 定标

我国招标投标法规定中标人的投标应当符合下列条件之一:能够最大限度地满足招标文件中规定的各项综合评价标准;能够满足招标文件的实质性要求,并且经评审的投标价格最低;但是投标价格低于成本的除外。

在确定中标人前,招标人不得与投标人就投标价格、投标方案等实质性内容进行谈判。招标人根据评标委员会提出的书面评标报告和推荐的中标候选人确定中标人。招标人也可以授权评标委员会直接确定中标人。中标人确定后,招标人应当向中标人发出中标通知书,同时将中标结果通知所有未中标的投标人并同时退还其投标保证金。中标通知书对招标人和中标人具有法律效力。中标通知书发出后,招标人改变中标结果的,或者中标人放弃中标项目的,应当依法承担法律责任。

依法必须进行招标的项目,招标人应将工程招标、开标、评标情况,根据评标委员会编写的评标报告编制招标投标情况书面报告,并在自确定中标人之日起15日内,将招标投标情况书面报告和有关招标投标情况备案资料、中标人的投标文件等向建设行政主管部门备案。

(4) 签订合同

招标人和中标人应当自中标通知书发出之日起30日内,按照招标文件和中标人的投标文件订立书面合同。招标人和中标人不得再行订立背离合同实质性内容的其他协议。

5.2.4 工程项目招标投标审计的目标和内容

招标投标工作是工程项目的建设程序之一,其工作质量的好坏直接影响到项目的投资效益,因此加强工程项目招标投标的审计工作就显得十分必要。当前,在工程项目审计领域,尚不存在对招标投标审计时间的明确规定,我国政府审计机构一般在招标投标工作完成之后进行事后审计。但从审计实务角度看,内审人员应在开标时介入以实施建设项目招标投标审计,在招标投标时实施对工程项目的跟踪审计能够发现招标过程中甚至是前期的一些问题,则可建议有关部门及时改正;此时承包合同尚未签订,审计建议也能够易于有效执行。招标投标阶段工程项目的审计工作属于工程项目的早期审计,这相当于事前审计,具有主动性,可以提高工程项目承发包的质量与绩效。但在这个过程中,审计人员不得参与招标投标管理,不能参与标书的评定,审计意见只能作为评标委员会评定标书的依据,审计人员应当注意保持审计工作的独立性,只有在独立基础上进行的审计,才能保证审计结果的公正与客观。在承包合同签订之后,审计人员注重审计合同的执行情况,即审计人员以已经经过审计的招标投标过程确认的合同为依据,审计招标人与投标人在合同履行过程中的合法合规性程度,实施建设全过程的监督。

1）审计目标

（1）核实招标资料的真实性和可靠性

建设项目的招标范围、招标方式、招标组织形式应报政府有关部门审批或核准，各项审批、备案资料应齐全。建设项目应按规定程序组织招标投标工作，各个环节记录文件应真实存在。开标应在招标文件规定的时间、地点进行；审查评标委员会应按照招标文件确定的评标标准和方法，对投标文件进行评审；招标人应接受评标委员会推荐的中标候选人。

（2）审核招标过程合规性

建设项目的招标范围、招标方式、招标组织形式应符合国家法律法规要求；招标投标过程应遵守国家和行业有关程序。项目的开标、评标和定标应符合国家和行业有关法律法规要求，满足招标文件的相关要求。

（3）确认招标工作完成及时性，结果最优化

建设项目招标前期准备、招标投标过程应在国家和行业相关规定的时间内进行，遵循经济效益性原则。项目的开标、评标和定标环节应在国家和行业有关规定的期限范围内完成；选定的中标人应为投标技术方案最优、报价合理的投标人。

2）工程项目招标投标审计依据

（1）我国建设工程项目招标投标的法律法规，如《中华人民共和国招标投标法》《中华人民共和国招标投标法实施条例》《工程建设项目施工招标投标办法》等。

（2）单位内部招标管理制度。

（3）《第3201号内部审计实务指南——建设项目审计》

（4）招标投标程序中各项文件资料，主要有：

① 招标管理制度；

② 招标文件；

③ 招标答疑文件；

④ 标底文件(招标控制价文件)；

⑤ 投标保函；

⑥ 投标人资质证明文件；

⑦ 投标文件；

⑧ 投标澄清文件；

⑨ 开标记录；

⑩ 开标鉴证文件；

⑪ 评标记录；

⑫ 定标记录；

⑬ 中标通知书；

⑭ 专项合同等。

3）审计内容

（1）项目招标前期准备情况

审查各项招标前期审批手续是否完备，审查招标标段划分、招标范围和方式是否合规，是否存在肢解工程、规避招标的行为等。

工程项目发包的内容与方式应该根据工程项目的特征来确定，一般是以单项工程作为

发包对象,工程达到一定规模就必须招标。

根据《必须招标的工程项目规定》(国家发展和改革委令第16号,2018年3月27日发布,2018年6月1日实施)第五条规定:"本规定第二条至第四条规定范围内的项目,其勘察、设计、施工、监理以及与工程建设有关的重要设备、材料等的采购达到下列标准之一的,必须招标:

① 施工单项合同估算价在400万元人民币以上;

② 重要设备、材料等货物的采购,单项合同估算价在200万元人民币以上;

③ 勘察、设计、监理等服务的采购,单项合同估算价在100万元人民币以上。

同一项目中可以合并进行的勘察、设计、施工、监理以及与工程建设有关的重要设备、材料等的采购,合同估算价合计达到前款规定标准的,必须招标。"

(2) 项目招标、投标程序

审查建设单位或招标代理机构是否具备相关能力和资质,检查招标申请及其批准情况;审查招标程序是否合规;投标人和投标文件是否满足国家和行业有关规定,是否对招标文件提出的实质性要求和条件做出响应;审查招标投标过程是否在法律法规要求的期限内完成,是否合法合规,是否遵循经济效益性原则。

【案例5-1】 串通投标企业的通报

2021年2月26日东莞市住房和城乡建设局发布了一项串通投标企业的通报,一次性通报88家企业,涉参与水利工程串通投标,通报主要内容如下:

近期,本市人民法院共审结判决串通投标的刑事案件16宗,调查发现,犯罪手段主要表现为主犯等人组织多家公司串通投标,统一制定项目投标报价,参与实施水利、市政等工程围串标。相关违法违规行为严重影响我市招标投标市场工作秩序,经研究,我局决定对参与串通投标的北京金河水务建设集团有限公司东莞分公司、潮州市利源水利水电工程有限公司、东莞高业建设有限公司(原东莞高业建设集团有限公司)等88家企业予以通报。

各有关企业要高度重视,认真吸取教训,引以为戒。在参与工程招投标活动时必须严格遵守法律法规及行业管理规定,诚实守信,规范从业行为,杜绝围标串标、弄虚作假等违法违规行为发生,确保公开、公平、公正、诚实信用的招投标市场秩序,营造良好市场环境。市住建局将加大执法力度,严肃查处企业在招标投标活动中的违法行为。

通报最后为各通报企业详细名单的附件此处略。

工程项目招标投标审计工作的主要内容提要如表5-1所示。

表5-1 招标投标工作审计主要内容提要表

流程名称	审查目的	审查内容提要
招标前期	工作是否可控	审批手续是否完备,建设单位或招标代理机构是否具备相应能力和资质
	招标能否符合工程需要	招标标段划分、招标范围和方式是否合规;招标文件是否真实、全面及标底(控制价)编制情况等
	合同形式是否与工程相符	招标文件所附合同主要条款是否符合工程特点

（续表）

流程名称	审查目的	审查内容提要
招投标过程	招标过程合规性	开标过程是否符合规定、有人监督
	招标过程真实性	是否有围标、串标、虚假招投标的迹象
评标及定标	评标严谨性	检查评标人员是否符合制度及相关规定
	评标合理性	审查评标标准是否与招标文件所述一致、真实合理；投标人和投标文件是否满足国家和行业有关规定，是否对招标文件提出的实质性要求和条件做出响应；评标报告是否真实合理，是否遵循经济效益原则
	工作可控情况	评标结果是否经审批等
	招投标结果实现情况	签订合同是否与招标文件一致、与评标结果一致
全程关注：关注在招投标工作全过程中的时间顺序是否符合逻辑，招标投标过程是否在法律法规要求的期限内完成，以确定招投标工作的真实性、合理性		

5.2.5 工程项目招标投标审计程序

1）需要取得的资料

在工程项目招标投标环节中的每项工作都有可能出现问题，因此以招标投标工作程序为主线，审视招标投标全过程的每一项工作内容，是招标投标审计工作的客观要求。首先招标审计需要取得招标投标各阶段文件资料：

（1）招标准备阶段，审计人员应取得建设项目招标批复文件、招标公告、勘察设计报告、可行性研究报告、初步设计文件等资料。查阅批准的项目招标范围和招标计划、自行招标组织方式及专家库行政备案的相关资料、邀请招标的相关单项工程申请及批复文件等。

（2）招标阶段，审计人员应取得有关建设单位资质审查和招标申请、招标公告、招标文件和补充招标文件（招标答疑纪要）、相关会议记录、投标文件、招标投标情况书面报告等文件资料，并调阅建设项目管理单位已招标单项工程台账、设备材料清单等文件。

（3）投标开标评标阶段，审计人员应取得投标文件、投标保函、开标记录、开标鉴证文件、评标记录、评标委员会书面报告等文件。

（4）定标阶段，审计人员应取得定标记录、中标通知书、合同协议、补充合同协议等文件。

2）内部控制测评

（1）内部控制调查。了解建设项目管理单位内部关于招标评标工作的制度、流程、体系、人员配备及分工、权限设置等。

（2）内部控制测试。通过招标投标事项检查，检查招投标制度及其各流程、各环节是否得到贯彻实施，有无领导意志凌驾制度之上导致内部控制失效的可能。

3）审计取证

（1）查阅相关文档资料，确认建设项目是否具备招标条件，招标方案是否经过审批或核准，设计标准是否合规，是否列入政府部门或上级单位的投资计划，查看工程场地征用、拆迁等准备工作是否完成。审阅相关审批或核准的记录文件资料，检查招标项目的招标范围、招标方式、招标组织形式是否报项目审批、核准部门审批、核准。

(2) 查阅招标文件关于标段的划分情况，分析是否按照单项工程或单体工程进行划分，各标段能否独立组织施工，是否存在化整为零，规避公开招投标等问题。

(3) 检查招标项目范围是否符合规定，主要检查项目的招标台账记录以及招标文件，查验勘察、设计和施工等合同是否通过招标选定承建单位。判断采用邀请招标是否符合法律法规约定；没有进行招标的，要进一步查验未招标的原因以及是否得到上级有关部门的批准。审查招标代理机构的专业能力是否满足法定要求和项目需要。

(4) 审阅相关招标文件及其记录，检查招标人是否对投标人进行了资格审查并及时公告审查结果，或者向资格预审申请人发出资格预审结果通知书；是否按照规定发布招标公告，是否及时发售工程招标文件，有无依法召开工程投标预备会议，组织投标人进行现场勘查。

(5) 审阅相关招标文件及其记录，审查招标人是否在投标人提交投标文件15日前对已发出的招标文件进行了澄清或者修改，不足15日的是否顺延投标文件截止时间。

(6) 审阅相关招标文件及其记录。对招标标底进行复核性测算；分析标底编制内容是否符合标段招标文件规定的施工范围、工程量、施工条件等。

(7) 审阅相关投标文件和记录，审查投标人是否达到所要求的资质等级，查看其相应资质允许的承接范围是否满足招标工程的建设规模和内容，是否具有良好的信誉，是否拥有必要的技术力量和机械设备，是否具备优良的施工和安全生产记录等，是否按要求交纳投标保证金。

(8) 综合分析相关投标文件，审查投标人是否按照招标文件的规定要求编制投标文件，是否对招标文件提出的实质性要求做出明确响应，其内容是否齐全、规范，投标报价和施工组织设计是否合理，是否存在对招标人不利、不合理的条款等。

(9) 审查并综合分析招标文件，审核不同投标人的投标文件，判断是否存在由同一单位或者个人编制、不同投标人委托同一单位或者个人办理投标事宜、不同投标人的投标文件载明的项目管理成员为同一人、不同投标人的投标文件相互混装以及不同投标人的投标保证金从同一单位或者个人的账户转出等问题。

(10) 查阅开标记录，审查开标是否在招标文件规定的时间、地点进行，是否邀请所有投标人参加。审查开标过程中废标等处理是否合规。

(11) 审查评标是否由招标人或代理机构依法组建的评标委员会负责；评标委员会名单在中标结果确定前是否保密。评标委员会组成和人员是否满足法定要求。

(12) 查阅评标记录，审查评标委员会是否按照招标文件确定的评标标准和方法，对投标文件进行评审和比较；关注是否存在评标打分不合理或投标人相互串通或投标人与招标人串通投标现象。

(13) 审查评标委员会完成评标后，是否向招标人提出书面评标报告，并推荐1～3名中标候选人，标明排列顺序；评标报告是否由评标委员会全体成员签字。

(14) 检查招标人是否接受评标委员会推荐的中标候选人，是否在评标委员会推荐的中标候选人之外确定中标人。审查在确定中标人前，招标人是否存在与投标人就投标价格、投标方案等实质性内容进行谈判的情况。国有资金占控股或者主导地位的必须依法进行招标的项目，招标人是否确定排名第一的中标候选人为中标人。

（15）审查中标人确定后，招标人是否向中标人发出书面中标通知书，并同时将中标结果书面通知所有未中标的投标人。审查确定中标人是否符合法律规定程序。

（16）查阅中标人的投标文件以及让中标人提供相应资质证明材料，审查施工资质情况、施工组织能力、社会信誉度、财务状况等，审查是否存在借用资质或非法转包情况，所承包的专业工程是否超越其资质能力等。

（17）查阅招标文件、中标人投标文件和合同，是否存在中标人向他人转让中标项目，或将中标项目肢解后分别向他人转让现象。审查分包人的资格条件；查阅工程中标人的施工记录、劳务分包及物资材料供应等对外签订的合同及财务付款记录，审核是否存在转包和违规分包的情况。

（18）查阅中标合同、招标文件和投标文件，审查合同是否与招标文件相一致，招标中形成的书面答疑、澄清文件和承诺书等是否作为合同文件的组成部分。是否另行订立了与合同实质内容不一致的其他协议。审查合同语言表达是否清晰和严谨，合同计价方式是否符合工程特点，是否存在招标人承担不应有的风险，或者向中标人过度转嫁风险。

（19）审计人员要通过招投标事项的审计，努力提出规范招标投标制度、约束招标采购权力、杜绝违规事例的意见和建议。

加强工程项目招标投标审计工作，有助于构建全方位审计监督体系，实施全程同步审计监督，形成系统的监督体制和机制，对规范建筑市场行为，提高工程质量和投资效益，保证建设资金合法、高效使用具有重大意义。

5.2.6 工程项目招标投标审计方法

根据建设项目内部审计的要求，审计人员在工程招标投标审计工作时可采用观察法、询问法、分析性复核法、文字描述法、现场核查法等方法，来获取充分、相关、可靠的审计证据，以支持其审计结论和建议。

1）观察法

观察法是指审计人员亲临审计现场对被审计单位的招标投标的管理工作及招标投标活动进行实地观察，以获取第一手资料的方法。

2）询问法

询问法是指审计人员通过面对面的方式询问调查有关情况。审计执法中常采用询问的方式进行调查取证。在实践中，应结合实际情况，有针对性地选用询问方法，注意询问技巧，另外还需判断被调查人员回答得是否准确等。

3）分析性复核法

分析性复核法是获取审计证据的一种基本方法，主要是指对招标投标中相关事项的相关指标进行对比、分析、评价，以便发现其中有无问题或异常情况，为进一步审计提供线索的一种审计方法。在招标投标阶段采用此法主要对工程标底或招标控制价、投标人的投标报价等工程造价文件中的重要比率进行分析，确定是否存在可能影响工程造价准确性的异常情况，以确定重点审计领域。招标投标阶段可采用分析性复核法审计，其主要审查内容如下：

① 项目招投标情况是否符合国家法规及企业内部规定；

② 工程施工合同、补充合同的签订是否符合规定;

③ 相关造价文件的编制单位、编制人是否有相应资质,是否已签章;

④ 单位造价与同类工程平均单价是否存在重大差异;

⑤ 主要材料、设备用量与定额含量或设计含量是否存在较大差异等。

4) 文字说明法

文字说明法是指完全用文字说明形式来调查、记录被审计对象具体情况的方法。这种方法的特点是完全用书面文字形式,一面调查询问一面逐笔记录,而后再用简明扼要的文字在书面上综合说明。文字说明法的优点是简便、灵活,可以进行全面系统的描述;缺点是费时费力,尤其是比较复杂的业务,记述冗长而不清楚。如果审计人员的书面语言能力不强,那么容易发生曲解。

5) 现场核查法

现场核查法也是审计实践中较为常用的一种审计方法,即通过对被审计对象的现场观察来核实资料记录的真实性和准确性,在招标投标审计中可用于对工程项目工程量的核查。

各种审计方法各具特点,也各有优缺点。在招标投标审计实践中,审计人员对审计方法的具体使用是没有定法的,应结合工程实际情况,可采用其中的一种或数种方法联合使用,扬长避短、互为补充。除采用上述传统方法外,审计人员还要充分利用现代信息技术,对招标投标进行审计,如联合使用网上查询法与调查询问法,通过互联网建立材料等价格数据库备用;对招标中可能出现的索贿、吃回扣行为则联合使用询问法与调研核查法,注意发现招标投标中的舞弊、违法线索,对招标中的违法中标者应依法查处。

【案例5-2】 某市招标投标情况专项审计调查

据江苏省T市审计局官网信息,为进一步规范本市工程项目招标投标市场秩序,消除招投标过程中对不同所有制企业设置的各类不合理限制和壁垒,进一步优化营商环境,对招投标法规政策文件进行清理,对招投标实践操作中各类不合规行为进行排查和纠正,对该市近两年内政府投资项目的招标投标情况进行专项审计调查。此次审计调查抽阅了该市公共资源交易中心132个政府投资项目或标段的招投标情况,项目中标价为1 718 962.34万元。

审计调查发现的主要问题:

(1) 部分项目未按规定进行公开招投标。审计调查过程中发现有些项目应招标但未公开招标;有些项目先直接发包后补办手续;有些项目应公开招标但采用邀请招标;有些代建项目,项目代建未招标且约定代建管理费超标准。

(2) 未按招标文件要求收取或退还履约保证金、投标保证金。审计调查发现部分项目未按招标文件对履约保证金进行管理,主要表现为:一是少收履约保证金或未提交履约保函;二是改变履约保证金缴纳方式;三是提前收取和退还履约保证金;四是履约保证金、投标保证金超规定比例。根据《招标投标法实施条例》第五十八条规定:招标文件要求中标人提交履约保证金的,中标人应当按照招标文件的要求提交。履约保证金不得超过中标合同金额的10%。第五十五条规定:国有资金占控股或者主导地位的依法必须进行招标的项目,招标人应当确定排名第一的中标候选人为中标人。排名第一的中标候选人放弃中标、因不可抗力不能履行合同、不按照招标文件要求提交履约保证金,或者被查实存在影响中标结果的违法行为等情形，不符合中标条件的，招标人可以按照评标委员会提出的中标候选人名单排序依次确定其他中标候选人为中标人，也可以重新招标。

(3) 部分项目采用费率招标，未编制招标控制价。共有28个项目或标段未编制招标控制价而采用费率招标，涉及金额999 024.7万元。根据《建设工程工程量清单计价规范》(GB 50500—2013)规定：国有资金投资的建设工程招标，招标人必须编制招标控制价。

(4) 付款方式优惠后未重新发布招标公告。医药高新区部分项目招标人在与中标人签订合同时，改变了资格预审公告、招标公告中提供的付款方式，主要是提高付款比例并增加施工期利息，但均未重新发布公告。根据《招标投标法实施条例》第五十七条规定：招标人和中标人应当依照招标投标法和本条例的规定签订书面合同，合同的标的、价款、质量、履行期限等主要条款应当与招标文件和中标人的投标文件的内容一致。招标人和中标人不得再行订立背离合同实质性内容的其他协议。招标人最迟应当在书面合同签订后5日内向中标人和未中标的投标人退还投标保证金及银行同期存款利息。付款方式、施工期利息等内容属于合同实质性内容。

(5) 其他不规范的行为。审计调查发现还存在以下一些不规范的行为：一是招标代理、预算编制等收费未执行减半征收政策；二是部分项目的项目经理、监理人员未按合同约定到位；三是部分未中标单位隐瞒或未如实提供业绩和相关资料；四是超越资质范围承揽工程；五是某工程修建性详细规划及设计方案邀请招标单位与投标单位、中标单位、签订合同单位均不一致。

本次审计调查属于事后审计，所有抽检项目或标段的合同已按法定程序签订完毕，多项项目已按约完成，因此审计只能对所查问题予以指出，并提出了以下建议：

(1) 严格执行招标投标的相关法规，加强国有资金投资项目招标投标的监督管理；

(2) 建议市政府对政府投资项目招投标情况进行专项治理；

(3) 规范设置投标人资格条件；

(4) 规范投标行为，完善评标方法；

(5) 规范中标后履约行为；

(6) 建立招标项目代理责任制，规范招标代理收费；

(7) 完善体制机制，防范廉政风险。

对审计调查提出的问题，各责任单位均进行了及时整改，市委、市政府主要领导对审计调查结果高度重视，批示要求在全市范围内对政府投资招投标项目开展专项治理，以促进市招投标工作的规范化。

【案例5-3】 某招标投标活动投诉案例

案例背景

2021年6月，某市污水处理厂项目的招标投标活动受到投标人的投诉。该市新建一污水处理项目，共有四个标段，受到投诉的是其中三标段。该标段工程内容是泵站(含泵站)到污水处理厂厂区管网工程施工，共有七个投标人参与投标竞争。经评标委员会评审，该标段最终有效投标不足三家，投标明显缺乏竞争性，评标委员会做出三标段招标失败，建议重新招标的结论。

投诉人为参与该标段的投标人X，投诉内容是：

(1) 三标段开标时有七个投标人参与投标,怎么可能会出现有效投标人不足三个变成流标?参加三标段投标的投标人有七个,已超过了《招标投标法》规定的三个投标人,就应视为已产生了有效竞争,流标的决定违反了相关规定,应按招标文件要求确定有效投标人最低价的投标人(X)为中标人。

(2) 招标文件中有以类似工程业绩作为资格审查合格条件,属于"以不合理条件限制、排斥潜在投标人或者投标人",违背了国家相关法律、法规的规定,招标文件不应如此要求,评标委员会也不应以此作为投标人废标的理由。

(3) 招标控制价中列出了暂列金额150万元,并说明按分部分项清单费用的2%计取,结果有投标人因此被评标委员会认定为废标予以否决,评标委员会没有按招标文件规定的评标方式进行评审。

投诉人X还向市委、市政府及纪委、监察、信访、检察等部门做了书面反映。

调查处理

该市建设工程招标投标办公室收到投诉后,依法进行了调查处理。

(1) 关于投诉的投标人是否超过三个问题

根据《招标投标法》《招标投标法实施条例》等规定,招标人应当按照招标文件规定的时间、地点开标。投标人少于3个的,不得开标;招标人应当重新招标。这是在开标时(投标截止时)法律规定的投标人数量,投标人少于3个一般就认为没有竞争性。本项目开标时投标人为七个,已经正常开标。

"有效投标"与"投标人"是不同的概念,《评标委员会和评标方法暂行规定》第二十七条规定:"评标委员会根据本规定第二十条、第二十一条、第二十二条、第二十三条、第二十五条的规定否决不合格投标后,因有效投标不足三个使得投标明显缺乏竞争的,评标委员会可以否决全部投标。"这里说的"有效投标"是评标委员会在评标时将所有不符合招标文件实质性条款的、有重大偏差的投标人否决后剩余的投标人。据调查,三标段在开标后的评审中,有五个投标人因不同原因其投标文件做废标处理,因此只剩下两个有效投标人(其中一家为投诉人X),评标委员会是根据《评标委员会和评标方法暂行规定》第二十七条的规定做出"否决全部投标"的决定,且在"废标报告"中已说明各废标单位的名称、废标情况说明等,有所有评标委员会成员的签名,流标报告中有所有评标委员会成员的签名,本标段流标的决定没有违反相关规定。

《评标委员会和评标方法暂行规定》第二十七条规定的"因有效投标不足三个使得投标明显缺乏竞争的,评标委员会可以否决全部投标",这是赋予评标委员会的一项评审权利:否决或者不否决全部投标,当评标委员会认为"有效投标不足三个"和"投标明显缺乏竞争"时,则可以"否决全部投标"。反之,虽然在评审过程中因种种原因使得"有效投标不足三个",但并不意味着一定使得投标缺乏竞争性,毕竟投标人之间的竞争在投标截止前就已形成,因此评标委员会经评审也可以不否决全部投标,从而继续评审。是否否决全部投标应由评标委员会评审确定。

(2) 招标文件中不应以类似工程业绩作为资格审查合格条件问题

《招标投标法》第二十七条规定:"投标人应当按照招标文件的要求编制投标文件。投标文件应当对招标文件提出的实质性要求和条件作出响应。招标项目属于建设施工的,投标文件的内容应当包括拟派出的项目负责人与主要技术人员的简历、业绩和拟用于完成招标项目的机械设备等。”因此招标人完全可以根据招标项目本身的要求，在招标公告、招标文件中，要求潜在投标人提供有关资质证明文件和业绩情况，并对潜在投标人进行资格审查。在工程界招标人以过往业绩来衡量投标人的能力、作为资格审查要求之一是很正常、很常见的现象，不存在违反法律法规的问题。

但是经查证，在本工程中招标人的业绩要求方面存在问题，在招标公告、招标文件中对类似业绩的认定不明确："投标人自2018年6月1日至今(以竣工验收时间为准)完成过质量合格的类似工程"，其中没有对"类似工程"的明确界定。

评委发现该问题后向招标人、监督人员进行了汇报并征求招标人意见，经充分讨论，评标委员会、招标人一致同意将"500万元以上给水工程或排水工程项目"作为投标人资格审查业绩标准的统一尺度，并写有记录说明，全体评委、招标人代表、监督人员签字。评审中，投标人A没有提交业绩；投标人B提交业绩的竣工验收时间为"2017年11月"，该业绩未被认可；投标人H提交的业绩的佐证资料中竣工验收证明没有设计单位、监理单位印章，没有中标通知书或直接发包确认书(招标文件中说明业绩的佐证资料为：中标通知书或直接发包确认书、施工合同、竣工验收证明，三者须齐全)，投标人H的业绩也未被认可。因此，在资格审查环节，投标人A、B、H未通过资格审查。

虽然在该项目评审中并没有投标人因评委会制定的资格审查标准而废标，但评标委员会使用招标文件没有规定的评标标准和方法进行评审是违规行为，应予纠正。

(3) 暂列金额问题

据调查，三标段的招标控制价中列出了暂列金额150万元，并说明按分部分项清单费用的2%计取，而投标人S、D均是按本单位投标报价文件中的分部分项清单费用的2%计算的，分别为138.5万元、137.49万元，评标委员会判定这两个投标人出现"重大偏差"，评委的评审是正确的。

根据工量清单计价规范的规定，暂列金额是招标人包含在合同价款中的一笔暂定款项，在招投标时属于不可竞争费用，结算时根据工程实际情况调整。在招标人提供的招标控制价中，说明暂列金额是按分部分项清单费用的2%计取，表明了招标控制价中暂列金额150万元的计算方法，并不意味着要求投标人也按照此方法重新计算暂列金额，更不表明暂列金额也可以变成可竞争费用参与报价。因此，这是投标人对工程量清单计价理解的错误。评标委员会对投标人将不可竞争性费用的改变评为重大偏差是正确的。

【案例5-4】　某工程招标准备

某市会议中心杏园楼3～11层装修改造工程即将启动，项目业主Y将会议中心委托给某咨询机构代理招标事宜，业主提出一定要遵守国家的政策法规，选出好的承包人，工程质量好，节约投资。在业主与代理机构的协同工作下，招标工作得以井然有序开展，其核心工作确定过程及结果如下：

(1) 项目招标条件确定。工程规模约10 665 m^2，业主已经有项目主要空间功能需求总平面布局图、部分空间效果图等设计方案，估算价为3 900.0万元，建设资金已全部自筹，经市行政审批局(项目审批、核准或备案机关名称)批准同意建设。项目已具备招标条件。

(2) 项目招标范围。投标人在招标人提供的设计方案基础上完成本项目的方案深化设计，直至施工图设计工作；完成项目实施阶段全过程施工及管理，直至工程竣工验收、工程保修;完成本工程设备采购及安装工作。

(3) 招标方式确定。业主与代理一致认可对本工程采用 EPC 总承包方式进行公开招标。

(4) 对投标人要求。

业主提出要选择最好的承包人,因此要求投标人应具备:工程设计综合甲级资质和建筑装修装饰工程专业承包特级资质。代理告知业主:首先工程设计综合甲级资质是满足本工程装饰设计要求的,其次建筑装饰工程设计有专项资质,另外在工程设计建筑工程专业甲级资质中资质证书核验的承接工程范围包含装饰设计业务内容的也满足本工程要求。还有建筑装修装饰工程专业承包序列没有特级资质,只分一级、二级。因此,最后确定对投标人在资质方面的要求如下:

① 对投标人的资质要求如下:建筑装修装饰工程专业承包一级资质和工程设计综合甲级资质;或者建筑装修装饰工程专业承包一级资质和工程设计建筑行业甲级资质(资质证书核验的承接范围必须包含装饰设计业务范围的内容);或者建筑装修装饰工程专业承包一级资质和工程设计建筑行业(建筑工程)专业甲级资质(资质证书核验的承接范围必须包含装饰设计业务范围的内容);或者建筑装修装饰工程专业承包一级资质和建筑装饰工程设计专项甲级资质。

② 对项目的负责人要求。项目负责人除了具备相应专业业务能力外,还应专心于本工程,代理完全赞同,拟定项目负责人除具备必要的专业资格外,还应满足下列条件:项目负责人未同时在两个或者两个以上单位受聘或者执业[a. 同时在两个及以上单位签订劳动合同或交纳社会保险;b. 将本人执(职)业资格证书同时注册在两个及以上单位。]。项目负责人是非变更后无在建工程,或项目负责人是变更后无在建工程(必须原合同工期已满且变更备案之日已满 6 个月),或因非承包方原因致使工程项目停工或因故不能按期开工且已办理了项目负责人解锁手续,或项目负责人有在建工程,但该在建工程与本次招标的工程属于同一工程项目、同一项目批文、同一施工地点分段发包或分期施工的情况且总的工程规模在项目负责人执业范围之内。项目负责人无行贿犯罪行为记录,或者有行贿犯罪行为记录,但自记录之日起已超过 5 年。

(5) 资格审查方式。对投标资格审查,业主方无感,代理方向其解释了资格预审、资格后审的区别和各自的优缺点,代理方提到当前涉及装饰工程施工总承包的工程项目投标人会非常非常多,资格后审会给工程评标带来相当大的压力,通过资格预审,对潜在投标人进行资格审查,可以减少投标人数量,降低招标过程中各方投入的成本,代理方建议本工程采用资格预审,业主方采纳此建议。

(6) 关于联合体问题。业主方提出可以考虑采用联合体,建议在招标文件中注明选择某两家建筑装修装饰公司之一作为联合体成员,并说明:这两家单位都是经过业主充分了解考察的,资信非常好,而且和业主方没有任何利害关系,业主完全是基于项目的原因如此考虑。

招标代理方反对,并解释:根据我国现行法规,招标人可以在招标文件中说明接受或不接受联合体投标,如果不接受联合体投标,那么投标人不可组成联合体投标;如果接受联合体投标,那么投标人是否组成联合体由投标人自主确定,投标人联合体对象选择也是由投标人自主确定,招标人不可以强制要求投标人组成联合体共同投标,不可以强制要求投标人选择联合体对象，这种行为属于“公共资源领域联合惩戒对象失信行为之一”。2018 年 3 月 21 日国家发展改革委、住房城乡建设部等 24 个部门共同签署《关于对公共资源交易领域严重失信主体开展联合惩戒的备忘录》，决定对公共资源交易领域存在严重失信行为的企业及负有责任的法定代表人、自然人股东、评标评审专家及其他相关人员实施联合惩戒。联合惩戒对象是违反公共资源交易相关法律法规规定，违背诚实信用原则，存在严重失信行为并被主管部门依法实施行政处罚的招标人、采购人、投标人、供应商、招标代理机构、采购代理机构、评标评审专家以及其他参与公共资源交易的公民、法人或者其他组织。对于严重失信主体，有关部门将依法采取包括“限制参与工程建设项目招标投标”“限制参与政府采购活动”“限制参与土地使用权和矿业权出让”“限制参与国有产权交易活动”等在内的 38 项联合惩戒措施。

业主虚心接受招标代理方的专业建议，招标工作顺利完成。

【案例 5-5】　过低的最高限价导致招标失败

案例背景

第二生活垃圾填埋场工程是 X 市市政府财政拨款建设的市政工程项目，2015 年 10 月 15 日，该工程依法发布了公开招标公告，11 月 10 日，该市辖区内某县的市政工程公司（投诉人）和另外 7 家施工企业通过了资格预审后并获取了招标文件。招标文件确定的评标办法是“经评审的合理低价法”，即采用有效投标报价加权平均后乘以 β 系数（β 系数从 1、1.5、2 三个数字中在开标时随机抽取）得出基准价，低于且接近基准价的投标人为第一中标候选人；投标报价不设标底值，但设最高限价；最高限价根据清单计价规范、当地计价定额和取费标准、市场价格并考虑常规施工方法计算，最高限价于开标当日在开标地点与投标报价同时公布。

12 月 15 日，该项目公开开标。但招标人公布的最高限价让众投标人非常意外：该价格是众投标报价中最高报价的 62%，最低报价的 70%，只相当于按当地造价定额、市场价格等计算出的造价价格的 60%。招标人因所有报价均高于最高限价均被定为废标，本次招标失败。

12 月 16 日，该市市政工程公司（另一施工企业）向市政府递交了一份申请：“鉴于生活垃圾场建设工程已经流拍，已无法正常进行招投标，我司为国有市政工程建设专业单位，请市政府直接指定由我司承建该项目。”于是，该市政府将该依法应当招投标的重点市政基础设施工程直接交给该市市政工程公司承建。

次年 2 月 5 日得知此情况后，投诉人实名投诉，投诉该市环境卫生管理处（招标人）、市政府相关部门在该市生活垃圾填埋场工程招投标活动中违法。

X 市审计部门对此项目招标中存在的相关问题进行审计。

审计分析

（1）最高限价的问题

招标中的最高限价即工程量清单计价规范中的招标控制价，其在招标中的作用是招标人向投标人公示的工程价格的最高限制标准，要求投标人的投标报价不能超过它，否则即为废标。根据《招标投标法实施条例》第二十七条规定，“招标人设有最高投标限价的，应当在招标文件中明确最高投标限价或者最高投标限价的计算方法”。因此，本工程招标人在招标文件中明确最高限价的计算方法在开标时公布的做法是可行的。

工程量清单计价规范规定招标控制价应由具有编制能力的招标人或受其委托具有相应

资质的工程造价咨询人编制和复核，以保证其准确性。如果投标人经复核认为招标人公布的招标控制价误差较大，那么应及时(公布后5日内)向招投标监督机构和工程造价管理机构投诉，工程造价管理机构则应当在受理投诉后进行复查，当招标控制价复查结论与原公布的招标控制价误差大于±3%时，应当责成招标人改正。在工程量清单规范实施之前，各地实践中采用工程量清单招标项目，通常做法是招标人要求投标人对招标人提供的工程量清单进行认真细致的复核，如果投标人经过检查和复核以后认为招标人提供的工程量清单存在差异，那么投标人应将此类差异的详细情况连同按投标人须知规定提交的要求招标人澄清的其他问题一起提交给招标人，招标人将根据实际情况决定是否颁发工程量清单的补充或修改文件。

本案中招标人的最高限价是在开标时予以公布的，因此投标人没有任何机会对招标人的最高限价进行复核，但从最高限价只有定额价(社会平均价)的60%这一结果分析，其原因有两种：一是招标人特意为之，即以定额价的60%作为招标人的期望值；二是最高限价计算有误。

《招标投标法》规定，“投标人不得以低于成本的方式投标竞争”。《评标委员会和评标方法暂行规定》则明确规定，投标人以低于成本报价竞标，其投标应做废标处理。招标人的最高限价显然不可以低于成本。虽然对如何界定低于成本没有统一尺度，但对建筑工程来说，定额价的60%显然低于成本，而招标人特意以低于成本的价格作为最高限价来进行公开招标这一说法是行不通的。因此，本案较大的可能是最高限价计算有误。

开标时发现最高限价计算有误该如何处理？招标人应积极采取补救措施予以纠正，我国现有法规没有专门应对此问题的处理条款，而2000年新疆维吾尔自治区建设行政主管部门发布的《新疆维吾尔自治区建设工程招标投标管理办法》中第三十六条规定：“经评标委员会评审，投标文件均不符合招标文件实质性要求的，评标委员会可以否决所有投标。经评标委员会评审，投标价格与标底价格有明显出入的，按下列方式处理：(一) 属于标底编制错误，废除标底，以投标人有效报价平均值作为计算依据，进行评标、定标；……”标底和最高限价是不能等同的，但这一规定对本案问题的处理却有借鉴作用，且实践中，很多地方对这类问题的处理方式也都与此相似，放在此案中则应重新计算最高限价。重新计算最高限价会使本案不能如国内常规的做法：开标后即评标，但目前国内并没有任何法律法规规定评标的开始时间，在《评标委员会和评标方法暂行规定》(国家发展改革委等九部门2013年第23号令修正)中规定了“评标和定标应当在投标有效期内完成。”因此，本案中招标人以错误的最高限价来判定投标人的投标均为废标且因此导致招标失败的做法是错误的。

(2) 招标失败后的处理

《招标投标法》第四十二条：“评标委员会经评审，认为所有投标都不符合招标文件要求的，可以否决所有投标。依法必须进行招标的项目的所有投标被否决的，招标人应当依照本法重新招标。”这一条款明确规定了招标失败后该如何处理：重新招标。

九部门第23号令(2013年3月修订)《工程建设项目施工招标投标办法》第三十八条规定：“依法必须进行施工招标的项目提交投标文件的投标人少于三个的，招标人在分析招标失败的原因并采取相应措施后，应当依法重新招标。重新招标后投标人仍少于三个的，属于必须审批、核准的工程建设项目，报经原审批、核准部门核准后可以不再进行招标；其他工程建设项目，招标人可自行决定不再进行招标。”这一条款规定了在重新招标失败后的处理方式：须审批的项目，报经原审批、核准部门核准后可以不再进行招标；其他项目，招标人可自行决定不再进行招标。

因本案是市政府财政拨款的须审批的工程项目，所以第一次招标失败后应重新招标；在第二次招标失败后，招标人须报请原审批、核准部门核准不再招标的申请。而本案却由一施工企业在第一次招标失败后即向市政府申请直接指定工程承包权，而市政府也直接指定了。因此，本案招标人、市政府（审批部门）的做法与我国现行法规不相容之处是非常明确的。

(3) 招标人过失行为的责任

本案中招标人以一过低的最高限价拦住了所有的投标报价，致使招标失败，那么因招标人的过失行为使招标工作失败，招标人应承担什么法律后果呢？招标人是否应赔偿给投标人造成的损失？

按我国现行法律规定，招标人无须承担赔偿责任。根据《中华人民共和国合同法》规定，招标属于要约邀请，投标是要约，而确定中标人发出中标通知书是承诺。根据合同法原理，发出要约邀请的一方无须承担法律责任。对于招标活动，招标人更是无法保证投标人中标，招标人无法对投标人不中标行为承担赔偿责任。在招标活动期间，招标人的修改、补充、中止招标行为，投标人必须承担商业风险。《招标投标法实施条例》第三十一条规定："招标人终止招标的，应当及时发布公告，或者以书面形式通知被邀请的或者已经获取资格预审文件、招标文件的潜在投标人。已经发售资格预审文件、招标文件或者已经收取投标保证金的，招标人应当及时退还所收取的资格预审文件、招标文件的费用，以及所收取的投标保证金及银行同期存款利息。"而在开标后招标失败的，招标人退还投标保证金，无须退还所收取的资格预审文件、招标文件的费用，以及所收取的投标保证金银行利息。

招标人也无违约及缔约过失责任。招标阶段合同没有成立，当事人没有违约责任；缔约过失责任只发生在要约、承诺阶段，实际上发生在中标通知书发出后，签订合同之前。在要约发生前，当事人只承担一般人之间的信用，无缔约过失问题。

招标人过失行为给投标人造成损失，应包括无心造成的过失和故意失误，如果无心的过失要求招标人赔偿，是招标人无法承受的风险，因此于法不支持赔偿，于情理可以理解；招标人故意失误，如招标人蓄意操作或为某利益集团量身定做招标文件等，从而给投标人造成损失的，其实质形同欺骗，则投标人无法长期承受，不赔偿于情理不符，于立法原则不符。

【案例 5-6】 评标委员会评审错误案例分析

某依法必须进行招标的公路工程施工项目，该项目共分为两个标段招标，都要求施工企业具备公路工程施工总承包一级及以上资质等级，采用综合评分法评标。招标人依法公开招标，招标程序顺利进展到定标环节时，招标人在对投标文件和评标报告进行审查过程中，发现两个标段都出现了问题：

(1) 标段一：排名第一的中标候选人 A 没有实质上响应招标文件的要求。招标文件要求的计划开工日期：2021 年 4 月 18 日，而投标人在其投标文件工期计划中均以 2017 年 9 月 28 日为开工时间节点安排进度，且其投标文件中的进度计划安排的总工期与其投标函中的工期并不符。但评标委员会对投标人 A 投标评审的结论是响应性投标，并将其推荐为第一中标候选人。

在发现中标候选人 A 的问题后，招标人有三种意见：

第一种意见：根据九部门第23号令(2013年3月修订)《工程建设项目施工招标投标办法》规定，依法必须招标的项目，招标人应当确定排名第一的中标候选人为中标人，仅在三种情况下，即排名第一的中标候选人放弃中标、因不可抗力提出不能履行合同或者应当提交履约保证金而未在规定期限提交的情况下，可以选择排名第二的中标候选人为中标人。而目前三种情况都不存在，故招标人只能选择推荐的A为中标人。

第二种意见：A为非响应性投标，应该拒绝，招标人可以直接确定排名第二的中标候选人B为中标人。

第三种意见：A为非响应性投标，而评标委员会的评标结论为响应性投标，所以该结论不能作为定标依据。本次招标无效，应该重新招标。

(2) 标段二：排名第一的中标候选人B和排名第二的中标候选人C仅相差0.34分。查看这两家的投标报价相差不多，C投标人领先B投标人1分；技术标，评标委员会评分结果是B投标人领先C投标人1.34分；业绩分都是满分2分，这样B投标人就以微弱优势领先于C投标人。让招标人不甘心的是C投标人公司业绩极为丰富，如果不是招标文件规定了业绩分最高分为2分，C投标人的综合得分就会排第一。招标人非常看重C投标人丰富业绩下的经验，因此很想选C投标人中标，只是如何让不是排名第一的C投标人中标呢？是直接修改评标委员会的评标结果还是加大评标标准中的业绩分请评标委员会重新评标？招标人很犹豫。

分析：

(1) 标段一：第一种意见是错误的，错误在于适用法律条文的错误。九部门第23号令中确实有“依法必须进行招标的项目，招标人应当确定排名第一的中标候选人为中标人”这样的规定，但是这一规定的适用前提是评标委员会应当根据招标文件规定的评标标准和方法，对投标文件进行系统的评审和比较。招标文件中没有规定的标准和方法不得作为评标的依据。评标委员会成员应当客观、公正地履行职责，遵守职业道德，对所提出的评审意见承担个人责任。而本工程案例中评标委员会在对投标人A的投标评审过程中，没能审查出投标人A将工程开工时间定在了早已过去的2017年9月28日、进度计划严重与本工程不对应一事，从而将A的非响应性投标评审为了响应性投标，这不是简单的失误，而是没有认真按照招标文件确定的评标标准和方法来进行评审，是没有认真履行法律赋予其的职责。

九部门第23号令第七十八条规定：“评标委员会……对依法应当否决的投标不提出否决意见，……有关行政监督部门责令改正；……”招标人和监督机构可以依据这个条款的规定，认定本次评标无效，应当依法重新进行评标或者重新进行招标。

第二种意见同样是适用法律条款错误。不符合招标人可以确定排名第二的中标候选人为中标人的法定情节，自然不能适用相应条款。

第三种意见“A为非响应投标，评标委员会推荐错误”说法是正确的，结论“本次招标无效，应该重新招标”过于严重，重新招标对招标人无论是从时间上还是从经济上来说代价都较大，而且本案例的评审错误大概率是因评标委员会的工作疏忽造成的，而非故意未严格按照招标文件规定的标准和方法评标，并且此事发生于招标人在对评标结果的审查过程中，因此可按照23号令规定“依法重新进行评审”。

在工程实践中，招标人大多在定标前会认真审核评标委员会提交的评标报告，如果发现评标委员会因工作疏忽导致评审结论错误，通常会与评标委员会进行沟通并要求评标委员会纠正错误；如果评标委员会拒绝纠正错误，招标人则可以向行政监督部门投诉，由行政监督部门责令改正。

(2) 标段二：招标人的想法可以理解，但如果照此执行则是不可行的。我国现行的关于招投标的法律法规中都有类似规定："国有资金占控股或者主导地位的项目，招标人应当确定排名第一的中标候选人为中标人。排名第一的中标候选人放弃中标、因不可抗力提出不能履行合同，或者招标文件规定应当提交履约保证金而在规定的期限内未能提交，或者被查实存在影响中标结果的违法行为等情形，不符合中标条件的，招标人可以按照评标委员会提出的中标候选人名单排序依次确定其他中标候选人为中标人。依次确定其他中标候选人与招标人预期差距较大，或者对招标人明显不利的，招标人可以重新招标。"本案的评标结果显然不属于上述规定中的情形，招标人不按评审结果确定中标人属违法行为。

招标人不可以直接修改评标委员会的评审结果；招标人也不可以加大评标标准中的业绩分请评标委员会重新评标，评标只能按照招标文件规定的评标标准和方法，招标人即使再看重C投标人的丰富业绩本次结果也不应更改，只可以在以后的项目招标时提前在招标文件中加大"业绩丰富"情况的分值。

【案例5-7】 某公开招标工程的废标情况

2021年5月Y市城市建设投资公司对该市工人文化宫进行加固装修改造，该项目科技楼装饰装修、幕墙施工标段的施工进行公开招标，要求投标人具备建筑装修装饰工程专业承包二级及以上资质和建筑幕墙工程专业承包二级及以上资质，并有独立订立合同的能力等；投标人拟派项目负责人须具备建筑工程专业二级及以上注册建造师资格，具备有效的安全生产考核合格证书(B证)，且满足项目负责人未同时在两个或者两个以上单位受聘或者执业等；投标人应具备经Y市建管处发放的企业信用管理手册或企业资格、资质核验书或江苏省省外建筑施工企业信息登记表；投标人为授权委托人及拟派项目负责人缴纳近3个月养老保险等。本招标工程招标控制价为963.53万元，采用资格后审方式进行资格审查，评标办法采用合理低价法。

共有66个投标人参与项目竞争，经评标委员会评审有9个投标人因故废标，招标人收到评标报告后认真查看废标原因：

(1) 投标人A、B在资格审查阶段被废标，原因是A投标人未按照招标文件要求提交上传授权委托人的养老保险证明；B投标人只提交上传拟派项目负责人养老保险证明三份，其中有一个月重复提交，即缺少一个月的养老保险证明。

招标人要求投标人为授权委托人及拟派项目负责人缴纳近3个月养老保险是施工招标时的常规要求，以确保授权委托人及拟派项目负责人在投标人本单位就职，但是投标人因粗心大意常常会犯一些较低级错误。

(2) 投标人C在资格审查阶段被废标，原因是该投标人是外地企业，确实办理了Y市建管处发放的资质核验书，但是却并非本工程的资质核验书。

(3) 投标人D在资格审查阶段被废标，原因是拟派项目负责人的安全生产考核合格证书(B证)已过期一个月。

(4) 投标人E在资格审查阶段被废标，原因是投标有效期不满足招标要求。本工程招标文件规定的投标有效期是60天，而投标人却写成本地工程经常出现的45天。

(5) 投标人F在初步评审阶段被废标，评委清标时发现投标人F改变了招标人的暂列金额。本工程由于招标人的疏忽在招标文件中列出的暂列金额与招标工程量清单里的暂列金额不一致，因此招标人特地进行了招标答疑，并且将答疑放在网上。投标人F填写了错误的暂列金额。

(6) 投标人G、H、I在初步评审阶段被废标，评委清标时发现投标人G、H、I的投标文件机器码相同。这三个投标人被认定有围标、串标行为而被废标。

机器码相同，说明使用软件生成的文件或其他东西是在同一电脑上完成的，虽然不是同时完成，内容也不一样，但是是同一个软件在同一个机器上生成的。硬盘和CPU都有一个无法修改的识别码。在用户注册的时候会根据用户软件所安装的计算机软硬件信息生成唯一的识别码，一般称作机器码，也叫序列号、认证码、注册申请码。软件提供商一般根据用户所提供的机器码来产生唯一的注册码。

通常以下行为都会视为电子标的围标、串标行为，会被判为废标：

(1) 不同投标人网上报名时的IP地址一致；

(2) 不同投标人网上上传电子标书时的IP地址一致；

(3) 不同的投标文件由同一台电脑编写或同一台附属设备打印；

(4) 不同投标文件计价文件加密锁信息一致；

(5) 不同投标文件文件格式相同，字体、表格等一致，电子评标系统可进行查重分析；

(6) 不同投标文件错误一致，如不同投标文件同样的地方出现同样的错别字、同样的空格等；

(7) 投标人提供的已标价工程量清单XML电子文档没有记录软硬件信息或记录的软硬件信息经电子招标投标交易平台校验认定被篡改。

【案例5-8】 某工程招标过程中的不妥之处分析

案例背景

某省政府投资3 500万元建设该省信息中心办公楼，按照《建筑业企业资质标准》，该工程可由具备房屋建筑工程施工总承包三级及以上的企业承揽。

招标人在中国招标网上发布了完整的招标公告，其中对投标人资格的要求是："投标人须具备房屋建筑工程施工总承包三级资质及装修装饰专业工程三级施工资质，有类似项目业绩，并在人员、设备、资金等方面具有相应的施工能力。"在招标文件获取方面的要求是："(1) 凡有意参加投标者，请于××年5月16日至5月18日，每日8时30分至11时30分，14时30分至17时30分(北京时间，下同)，在××地点购买招标文件；(2) 购买招标文件时，须提交8万元人民币投标保证金；(3) 招标文件售价200元/套，图纸3 000元/套，售后不退。"同时，招标人在《中国建设报》上发布了该工程招标公告，但公告中仅仅明确了项目概况和投标人资格要求。

招标公告发出3日后，已经有26家满足资格要求的施工企业购买了招标文件和图纸，此时招标人感觉公布的资格条件过低，潜在投标人太多也不经济，于是决定提高资质要求：投标人须有房屋建筑工程施工总承包二级资质及装修装饰专业工程二级施工资质，8项以上类似项目业绩。为了减少招标时间，招标人决定直接在招标文件的澄清与修改中对上述两项资格条件进行调整，并在开标前十五日通知所有购买招标文件的投标人，这样可以保证原开标计划如期进行。最后，有7个投标人递交了投标文件。

审计分析

审计机关依据审计法律法规，对招标文件进行审查，发现招标人在本次招标过程中的不妥之处如下：

(1) 要求投标人具备装修装饰专业工程三级施工资质不妥

理由：根据住房城乡建设部《建筑业企业资质标准》中的规定，“取得施工总承包资质的企业可以对所承接的施工总承包工程内各专业工程全部自行施工……”因此，满足建筑工程施工总承包三级资质的投标人是可以承揽其项目下的装饰装修工程的，招标人再另行要求“装修装饰专业工程三级施工资质”这样的专业承包资质的做法是不适当的，是以不合理条件限制和排斥潜在投标人。

(2) 招标文件发售时间“5月16日至5月18日”不妥

理由：《招标投标法实施条例》规定：“招标人应当按照资格预审公告、招标公告或者投标邀请书规定的时间、地点发售资格预审文件或者招标文件。资格预审文件或者招标文件的发售期不得少于5日。”

(3) 购买招标文件时提交8万元投标保证金不妥

理由：投标保证金属于投标文件的一部分，投标人只要在投标截止时间前提交即可。

(4) 图纸按3 000元/套销售不妥

理由：对于招标所附设计文件，可以酌收押金，但不得销售。《招标投标法实施条例》规定：“招标人发售资格预审文件、招标文件收取的费用应当限于补偿印刷、邮寄的成本支出，不得以营利为目的。”

(5) 招标人在《中国建设报》的招标公告中仅明确项目概况和投标人资格要求做法不妥

理由：国家发展改革委在2017发布的《招标公告和公示信息发布管理办法》中规定：“依法必须招标项目的招标公告和公示信息除在发布媒介发布外，招标人或其招标代理机构也可以同步在其他媒介公开，并确保内容一致。”而原国家计委的《招标公告发布暂行办法》中也有类似规定，在两家以上媒介发布的统一招标公告内容应一致。

(6) 在招标文件的澄清与修改中，将投标人资格要求直接调整为房屋建筑工程施工总承包二级资质及装修装饰专业工程二级施工资质，8项以上类似项目业绩不妥

理由：招标文件是对招标公告的细化，不能在其中修改投标人资格要求；提高投标人资质等级，是对潜在投标人实行歧视待遇。《招标投标法》规定，招标人在招标公告发布后修改其中的实质性条件的，需要重新发布招标公告，重新确定投标截止时间和开标时间。

5.3 设备和材料采购审计

5.3.1 设备和材料采购

设备和材料采购是工程项目实施中的重要工作之一，采购质量的好坏、采购价格的高低，直接关系到工程质量与投资效益。我国法规规定工程建设项目符合《必须招标的工程项目规定》(国家发展改革委令第16号)规定的范围和标准的，必须通过招标选择货物供应单

位,这里所称货物,是指与工程建设项目有关的重要设备、材料等。由于工程建设中设备和材料产品多种多样、技术上专业性较强、价格层次极其丰富,因此设备和材料的采购工作与工程项目的招标采购相比,又有其自身的特点。

1) 设备和材料采购方式

为做好设备和材料采购工作,采购人员应根据所采购货物的特征,选择最合适、最经济的采购方式。

(1) 公开招标

对于设备和材料采购,公开招标可在尽量大的范围内征集设备和材料采购的供应商,能引起最大范围内的竞争,使采购者以合理的价格获得所需的设备与材料。公开招标的组织方式严密,涉及环节众多,因此所需工作时间较长,成本较高。因此,一些紧急需要或价值较小的设备、材料不适宜这种方式。

我国《政府采购法》规定:"公开招标应作为政府采购的主要采购方式。"

(2) 邀请招标

设备和材料采购采用邀请招标方式时,招标人应当向三家以上具备供货能力的单位直接发出投标邀请书,邀请其参加投标。一般设备和材料采购采用邀请招标是有条件的,主要有:

① 具有特殊性,只能从有限范围的供应商处采购的;

② 采用公开招标方式的费用占采购项目总价值的比例过大的。

同时,如果是属于政府采购工程项目的设备和材料的邀请招标,应当经设区的市级以上人民政府财政部门批准。

设备和材料的采购招标,招标人一般不要求投标人提供样品,仅凭书面方式不能准确描述采购需求或者需要对样品进行主观判断以确认是否满足采购需求等特殊情况除外。

要求投标人提供样品的,则在招标文件中明确规定样品制作的标准和要求、是否需要随样品提交相关检测报告、样品的评审方法以及评审标准。需要随样品提交检测报告的,还应当规定检测机构的要求、检测内容等。

招标采购活动结束后,对于未中标人提供的样品,应当及时退还或者经未中标人同意后自行处理;对于中标人提供的样品,应当按照招标文件的规定进行保管、封存,并作为履约验收的参考。

(3) 其他采购方式

① 竞争性谈判

竞争性谈判是指采购人直接邀请三家以上符合资格条件的供应商就采购事宜进行谈判的采购方式。采购人向供应商发出谈判文件,分别通过报价、还价、承诺等谈判商定价格、实施方案和合同条件,并依据谈判文件确定的采购需求及质量和服务要求,且报价最低的原则(政府采购的原则)从谈判对象中确定交易对象。

与招标相比,竞争性谈判程序简单,周期短,可以避免盲目竞争。但是竞争性弱,透明性、规范性差,容易作弊。一般竞争性谈判采购方式适用于下列情况下的货物采购:招标后没有供应商投标、没有合格标的或者重新招标未能成立的;技术复杂或性质特殊,不能确定详细规格或者具体要求的;采用招标所需时间不能满足用户紧急需要的;不能事先计算出价格总额的。

采用竞争性谈判方式采购，主要包括五个步骤：成立谈判小组、制作谈判文件、确定邀请参加谈判的供应商名单、谈判、确定成交供应商。通常可以把这五个步骤归纳为两个阶段，即谈判前的准备阶段和谈判阶段。

在准备阶段，应注意做好以下几项工作：一是从资金、技术、生产、市场等几个方面对采购项目进行全方位综合分析；二是确定项目采购清单；三是编制竞争性谈判邀请函；四是制作竞争性谈判文件；五是邀请参加谈判的供应商；六是对参加谈判的供应商进行资格预审；七是根据资格审查情况，确定参加谈判的供应商名单，并发售竞争性谈判文件；八是成立由技术专家、采购单位和有关方面的代表组成的谈判小组；九是确定工作人员；十是邀请监督机关、公证机关对谈判过程实施监督。

谈判阶段需要做的工作主要包括：一是报价文件递交时间截止后，在规定的时间、地点对各供应商提交的报价文件中的报价表进行公开报价；二是在公开报价后，谈判小组要对各谈判方递交的报价文件进行审阅，以判定谈判方资格的有效性，确定进入谈判阶段的供应商名单；三是谈判小组与各谈判方就技术方案进行谈判，技术谈判结束后，要确定进入下一轮谈判即商务谈判的供应商名单；四是谈判小组与各谈判方分别就商务方案进行谈判，确定进入最终承诺报价的供应商名单；五是组织技术、商务方案均符合要求的各谈判方进行最终承诺报价，最终承诺报价结束后，谈判小组要对最终承诺报价进行综合评审；六是经过对最终承诺报价进行综合评审、评断，汇总出综合评审结果，最后由谈判小组出具最终谈判结果，推荐预成交供应商；七是采购代理机构根据谈判小组出具的谈判结果报告和确定成交的意见，综合审查相关资料，确定最终成交供应商。

② 询价

询价一般是采购人向三家及以上符合资格条件的供应商发出询价通知书让其报价，在对各供应商的报价进行比较后，选择符合采购需求，质量和服务相等，且报价最低的交易对象与之签订采购合同。

以询价方式选择设备、材料供应商的采购方法一般适用于所采购货物的规格、标准统一，现货货源充足且价格变化幅度小，且主要比较价格，无须进一步考察评价供应商能力和实施方案的采购项目。询价采购程序简单，节约采购时间和费用，但是竞争性、规范性弱，选择范围窄。

为了使询价采购能充分体现公开、公平、公正及竞争和效益原则，在询价准备阶段，采购单位要进行采购项目分析，制定采购方案，确定采购项目清单，编写询价书，采取公开方式和有限邀请方式邀请供应商参与询价。

各供应商应在规定的时间内提交报价文件，报价文件中应一次报出一个不可更改的最终报价，以确保公平竞争。报价文件要求密封报送，一般不应接受传真或电话报价。报价文件提交后，供应商不得对报价文件进行修改。采购机构在报价时间截止后，要公开唱标，对各供应商提供的报价文件中的报价表进行公开报价。询价小组进行综合评价后，推荐预成交供应商，出具询价结果报告，经批准后，签发询价结果通知书，签订采购合同。

③ 单一来源采购

单一来源采购，即采购部门与一家供应商进行谈判采购，商定价格和合同条件。这种采购方式是没有竞争性的，所以采用这种方式必须具备一定条件。

单一来源采购主要适用于以下情况：首先是只能从唯一供应商处采购的，指因货物或者服务使用不可替代的专利、专有技术,或者公共服务项目具有特殊要求,导致只能从某一特定供应商处采购;其次是发生了不可预见的紧急情况不能从其他供应商处采购的,这种“不可预见的紧急情况”应当是采购人不可预见的或者非因采购人拖延导致的;最后是为了保证原有采购项目一致性或者服务配套的要求,需要继续从原供应商处添购。

国家机关、事业单位和社会团体使用财政资金采购工程、货物及服务时,应当遵循《政府采购法》。其中政府采购工程以及与工程建设有关的货物、服务,采用招标方式采购的,适用《招标投标法》及其实施条例;依法采用其他方式采购的,应当依照《政府采购法》和《政府采购法实施条例》规定的竞争性谈判、单一来源采购或是询价方式采购。

2) 设备和材料采购的评审

设备和材料采购的评审原则应以最合理价格采购为原则,即评审时不仅要看其报价的高低,还要考虑货物运抵现场过程中可能需支付的费用,考虑设备在项目寿命期内运营期间的运营、维修和管理的费用。设备和材料采购招标和工程施工招标的评标方法是有所不同的,其复杂的采购种类和采购内容,决定了货物类采购项目的评标办法不可能有固定的模式,它需根据采购项目的独特性而不断变化。

实践中工程设备和材料采购评标方法名称虽然不尽相同,但实质上都可归属于《政府采购法实施条例》、《政府采购货物和服务招标投标管理办法》(2017 年 7 月修订,财政部令第 87 号文公布,自 2017 年 10 月 1 日起施行)、《工程建设项目货物招标投标办法》等法规中规定的最低评标价法和综合评分法这两类。

(1) 最低评标价法。最低评标价法是指投标文件满足招标文件全部实质性要求且投标报价最低的供应商为中标候选人的评标方法。

技术、服务等标准统一的货物和服务项目,应当采用最低评标价法。

《政府采购货物和服务招标投标管理办法》规定,采用最低评标价法的采购项目,提供相同品牌产品的不同投标人参加同一合同项下投标的,以其中通过资格审查、符合性审查且报价最低的参加评标;报价相同的,由采购人或者采购人委托评标委员会按照招标文件规定的方式确定 1 个参加评标的投标人,招标文件未规定的采取随机抽取方式确定,其他投标无效。

(2) 综合评分法。综合评分法是指投标文件满足招标文件全部实质性要求且按照评审因素的量化指标评审得分最高的供应商为中标候选人的评标方法。

采用综合评分法的,评审标准中的分值设置应当与评审因素的量化指标相对应。

《政府采购货物和服务招标投标管理办法》规定,使用综合评分法的采购项目,提供相同品牌产品且通过资格审查、符合性审查的不同投标人参加同一合同项下投标的,按 1 家投标人计算,评审后得分最高的同品牌投标人获得中标人推荐资格;评审得分相同的,由采购人或者采购人委托评标委员会按照招标文件规定的方式确定 1 个投标人获得中标人推荐资格,招标文件未规定的采取随机抽取方式确定,其他同品牌投标人不作为中标候选人。

非单一产品采购项目,采购人应当根据采购项目技术构成、产品价格比重等合理确定核心产品,并在招标文件中载明。

招标文件中没有规定的评标标准不得作为评审的依据。

不同的评标方法有不同的特点,也有其不同的适用情况,同一招标项目,若采用不同的评标标准、评标方法,往往会得出不同的评标结论。因此,采购人员在编制招标文件时,应根据所需采购货物的特征性能要求选择适合的评标方法，在招标文件中载明，从而取得良好的招标采购效果。而审计时则应审查所采用的评标标准与方法的合理性和科学性。

5.3.2 设备和材料审计时间和依据

工程项目货物采购的内部审计时间介入一般较早，是全过程、全面审计，全过程审计是指从计划、审批询价、招标、签约、验收、核算、付款和领用等所有环节的监督。审计重点是对计划制订、签订合同、质量验收和结账付款4个关键控制点的审计监督，以防止舞弊行为；全方位的审计是指内控审计、财务审计、制度考核三管齐下，把审计监督贯穿于采购活动的全过程，是确保采购规范和控制质量风险的第二道防线。这种科学规范的采购机制，不仅可以降低公司的物资采购价格，提高物资采购质量，还可以保护采购人员、避免外部矛盾。

设备和材料采购的外部审计事后审计比例依然很大，但也有相当多的工程依据相关规定，通过公开招标方式聘用了中介机构参与工程跟踪审计，从而增强了跟踪审计的功能。

在进行设备和材料采购审计时应依据以下主要资料：

(1) 采购计划；

(2) 采购计划批准书；

(3) 采购招投标文件、询价文件；

(4) 中标通知书；

(5) 专项合同书；

(6) 采购、收发和保管等的内部控制制度；

(7) 相关会计凭证和会计账簿等。

5.3.3 设备和材料采购审计目标与内容

1) 审计目标

(1) 核实采购过程记录完整可靠性。建设项目设备和材料采购事项应属于建设项目概算内采购内容，采购过程应完整记录，各个环节记录文件应真实存在。

(2) 查实采购工作流程合规性。建设项目设备和材料采购形式应符合国家法律法规要求；采购过程应遵守国家和本单位有关程序。采购过程不得有串通作假或未尽责情形。

(3) 确认选定供应商报价合理最优化。建设项目设备和材料采购应按国家和行业相关规定进行，遵循经济效益性原则。选定的供应商报价合理并满足工程质量和时间要求。

2) 审计内容

审计人员应当关注采购方是否遵循合规、高效、节约成本的原则来选择恰当的采购方式，并根据不同采购方式的规定程序，开展建设项目所需的设备和材料的采购活动。

5.3.4 设备和材料采购审计程序

1) 需要取得的资料

审计人员应当取得建设项目项目建议书、可行性研究报告及其批准文件、核准文件等前期报批文件，取得初步设计文件及其批复，投资计划及其批复，批准的招标和采购计划，项目设备、材料清单，以及采购过程中形成的采购制度、采购机构设置、采购方案、采购计划、采购过程记录、采购公告、谈判记录等。

2) 内控测评

(1) 内部控制调查。查阅制度文件并询问相关管理人员,了解建设项目及其上级机关是否制定了相关采购工作规则、流程、制度、办法。了解建设项目是否组织有资质、有能力的团队开展采购工作,相关人员是否知悉采购工作制度流程。了解项目采购计划与财务、物资保管、运输等业务是否衔接。

(2) 内部控制测试。对照内部采购工作流程,检查项目是否执行工作流程规定,实施了规定的计划制定、公告发布、邀请、谈判等程序。

3) 审计取证

(1) 查阅项目前期报批文件,对照相关法规制度,判断项目是否符合询价采购、竞争性谈判等采购条件,如采购时间紧张无法招标、单一产品市场供应充分、产品价格市场变化幅度小等。

(2) 查阅项目采购过程文档,检查项目是否按照组织内部或项目自身制定的采购工作流程执行。无论采用什么采购方法,采购工作过程一定要细致、严格地按照采购规定和程序办事,避免出现"人为因素"等影响采购工作公平、公正的行为,对材料、设备的采购过程审计,主要审计采购环节各项经营管理活动的真实性、合法性和有效性等。

对于工程货物采购中运用较多的招标采购来说,则应根据所招标货物的不同特点,对招标采购程序的合法性、合规性以及内容有所侧重。

(3) 调查供应商资质、业绩、供货能力、财务能力,确定供应商是否具备提供相应产品和服务的实力、信用和意愿,是否按要求时间和质量条件提供不可撤销报价。

(4) 检查采购过程记录,如谈判过程和询价评审记录,审核询价评审机构是否深入细致地开展了评审工作,提供公正、客观的评审意见。

(5) 抽查质量检验资料和实物,审核所选供应商是否满足采购需求,是否在质量和服务条件相当情况下报价最低,是否按合同提供了合格产品。

(6) 检查财务付款记录,对照合同检查采购工作是否按照采购结果签订并执行采购合同。

(7) 调查市场供应情况,检查项目是否在满足工程建设对产品或服务质量、时间需求的前提下,降低采购成本,提高项目效益。

(8) 如单位组织内部制定了关于建设项目集中采购、合格供应商库、不合格供应商黑名单等管理规定,审计人员应当关注建设项目是否按照规定上报了采购需求并采取了集中采购方式,签约供应商是否合格等内容,也应当关注上述集中采购和供应商管理机构是否按规定尽职履责,是否保证了所采购产品或服务的质量、时间,是否降低了采购成本。

(9) 审计人员应当努力提出改进询价工作流程,完善询价采购权力运行方面的建议和意见。

5.3.5 设备和材料审计方法

设备、材料的采购审计主要采用审阅法、网上比价审计法、跟踪审计法、分析性复核法、现场观察法、实地清查法等方法。

1) 审阅法

审阅法是指通过翻阅与原先的交易相关的文件、档案来了解交易原貌,获得书证。这是审计中使用最多的方法。审阅法主要需查看以下几方面内容：

(1) 资料的完整性，即查看办理该笔业务应该具备的文件是否都齐备。

(2) 资料的协调性，就是看各项资料相互之间是否一致、是否有突兀感、能否相互印证。

(3) 资料的真实性，就是看重要文件是否真实，有无伪造、变造。

(4) 重要文件是否有法定效力。比如，担保贷款，要看抵押人是否为有效主体(政府担保效力就存在问题)、抵押担保期是否有效。

2) 网上比价审计法

设备、材料采购的网上比价审计法是指利用同期的市场价格与待审货物的价格在同等条件下进行比较、分析，判断其价格差异的合理性。比价审计的核心是价格，基础是比价，比价审计的关键在于确定合理的公允价格，而确定公允价格的关键又在于审计人员能否及时获取各种物资价格的实时行情，审计部门根据本单位所采购的货物种类、数量、价格等情况，建立适合本单位特点的价格信息查询体系，通过建立计算机信息网络、加入因特网建立价格咨询系统、与价格信息中心联网等种种途径，获取相关价格信息，为采购部门提供一个合理而有效的公允价格。

3) 跟踪审计法

设备、材料采购的跟踪审计，是指单位审计部门组织对设备、材料采购过程的合法性、真实性、规范性进行审计监督的活动，内容包括从采购计划、采购过程及验收、入库、保管及使用全过程实施的审计监督与服务，及时发现和纠正货物采购中的问题，促进采购工作有序、有效运行。

4) 分析性复核法

分析性复核在整个审计过程中占有极为重要的地位，在材料、设备采购中分析性复核法主要是通过对材料、设备采购中各相关事项，如采购计划、采购文件、投标文件中的相关指标的对比、分析、评价，发现其中有无问题或异常情况，为进一步审计提供线索的一种审计方法。在此阶段，可采用分析性复核的主要内容如下：① 采购计划是否符合工程进度要求；② 采购合同的签订是否符合规定；③ 采购价格是否合理；④ 材料库存量的合理性等。

5) 现场观察法

现场观察法就是通过在现场实地查看在交易中出现过的材料和设备的实物，来了解交易原貌，获得物证。现场观察法首先应观察货物的存在性，即看交易所涉及的实物是不是存在；其次观察完整性，即查看交易所涉及的货物实物是否保持完好。

6) 实地清查法

设备和材料的实地清查法是指审计人员在货物存放现场逐一清点数量或用计量仪器确定其实存数，查明账上存数与实存数是否相符的一种专门方法。

【案例5-9】　类似竞争性谈判的询价

某事业单位工程建设过程中因不可抗力等原因，亟须采购部分物资，总金额为140万元。因为时间紧急，采用公开招标方式无法满足采购需求，因此建设单位采购管理办公室(以下简称为采管办)接到采购任务后，迅速成立采购项目小组，核实项目采购需求。了解到需采购货物规格、标准统一，且现货货源充足，采购小组拟采用询价方式采购，报请采管办领导并获得了批准。采购小组以最快速度发出了询价单，询价单中明确规定最低价成交。

5天后,采购大会如期举行,除了有关部门领导到场外,采购单位纪检部门、审计部门以及采购办均派人参加了大会,进行全程监督并且采购现场监控全程录像。

根据与会领导要求,采购办组织的专家组先与每位供应商进行了谈判,同时要求他们对自己在询价单上的报价做出相应调整(二次报价)。报价结束后,根据各供应商二次报价的情况及各单位的资质情况、企业信誉,专家组进行了综合评分,并根据得分的高低向采购方推举本次采购各个货物采购项目的中标候选人,完成了采购任务。

审计部门对采购过程进行了审计,提出了如下审计结论:

首先,根据我国《政府采购法》相关规定,"公开招标应作为政府采购的主要采购方式","因特殊情况需要采用公开招标以外的采购方式的,应当在采购活动开始前获得设区的市、自治州以上人民政府采购监督管理部门或者政府有关部门批准"。本案例由于时间问题并且"货物规格、标准统一,且现货货源充足",选择询价这一采购方式是正确的。但是,本应公开招标的采购没有公开招标,采购方式的选择只是得到了采购单位内部采管办领导的批准,并没有"获得设区的市、自治州以上人民政府采购监督管理部门或者政府有关部门批准"。因此,在没能得到政府采购监管部门审批情况下直接进行询价采购是一种违法采购。

其次,《政府采购法》询价程序中规定,"询价小组要求被询价的供应商一次报出不得更改的价格","确定成交供应商。采购人根据符合采购需求、质量和服务相等且报价最低的原则确定成交供应商,并将结果通知所有被询价的未成交的供应商"。而本案例中采购专家组先与每位供应商进行了谈判、要求其进行了二次报价;确定供应商也没有遵循询价采购"最低价成交"的规定原则,而是采用综合评分的方式确定供应商,这种做法类似于竞争性谈判采购,说明该单位的本次采购在操作行为上也不规范、不合法。

【案例5-10】 某智能供热系统设备招标采购

某市一绿色安居示范小区的智能供热系统设备及安装采用公开招标方式采购,招标人对该系统技术要求较高,委托招标代理机构组织招标工作。该工程采用资格后审,招标人要求投标人在资格审查文件中提供:投标人营业执照扫描件、资质证书扫描件、制造商的资格声明、制造商出具的授权函等证明资料。

本次评标采用综合评估法。综合总分100分,由技术分和价格分组成,其中技术分60分、价格分40分,商务部分只进行符合性检查,不参加评分。

1) 价格评分标准

评标价确定:满足工程所需的全部配置价格,如投标人配置缺项,采用其他投标人的同类最高配置价格进行加价计算。

评标价格得分确定:投标人评标价最低者得40分,评标价每高于评标基准价1%的扣1.0分。

2) 技术评分标准

技术标由各评委根据评分细则,采用打分方式确定各投标人投标方案优劣,各项去除最高分和最低分后均值为该投标人该项得分,汇总后得技术分,技术分满分60分。

评标情况:

1) 资格审查情况

该工程是在省电子交易平台上进行的电子招标,开标后共计有9家单位投标,经评标委员会评审，有5家投标人被认定资格审查不符合要求，原因如下：

(1) 投标人A上传两份单位资质证书扫描件，未按招标文件要求提交单位营业执照扫描件。

(2) 投标人B法定代表人授权书中工程名称、代理人名称、日期错误(上传的是该公司所投另一工程的授权书)。

(3) 投标人C、D、E提交的“制造商出具的授权函”中有严重瑕疵：缺少报价供应商名称或者是缺少制造商单位印章。

2) 经济标评审

资格审查合格的投标人F、G、H、I 4家投标人都通过了商务符合性审查。这4家投标人的投标总价如表5-1所示。

表5-1　投标人投标总价

投标人	F	G	H	I
投标总价/万元	1 396	1 180	1 628	1 600

评委对各投标人的投标配置及价格进行了审查，发现如下情况：投标人G在系统配置上缺少了某种设备2台，评委根据自己经验估算该设备单价为100万元/台，而投标人F的报价为120万元/台、投标人H的报价为180万元/台、投标人I的报价为150万元/台。评委计算各投标人评标价如表5-2所示。

表5-2　投标人评标价

<table>
<tr><td>投标人</td><td>F</td><td>G</td><td>H</td><td>I</td></tr>
<tr><td>投标总价/万元</td><td>1 396</td><td>1 180</td><td>1 628</td><td>1 600</td></tr>
<tr><td rowspan="2">配置调整</td><td>配置全</td><td>缺少某设备2台</td><td>配置全</td><td>配置全</td></tr>
<tr><td>无调整</td><td>增加100×2=200(万元)</td><td>无调整</td><td>无调整</td></tr>
<tr><td>评标价/万元</td><td>1 396</td><td>1 380</td><td>1 628</td><td>1 600</td></tr>
</table>

评标委员会最终对各投标人经济标打分如表5-3所示。

表5-3　投标人价格分

	F	G	H	I
价格分	38.84	40	22.03	24.06

3) 技术标评审(略)

评审结束公示时有投标人提出申诉，认为招标人采用资格后审方式不当，以及评审专家评审不当。审计机关对该项目采购过程进行了审计，得出下列审计结论：

(1) 本工程采用资格后审是妥当的

资格审查主要是为了保证项目顺利完成及完成质量，将那些能力不足、资质不够的单位排除。我国现行法律规定要对投标单位进行资格审查，主要审查企业资质、财务状况、类似项目经验、人员及设备配置情况、企业信誉等。

资格审查分为资格预审和资格后审两种办法。

资格预审是指在投标前,对潜在投标人的资格和能力进行的预先审查。资格预审的优点是:可以淘汰一批不符合资质要求的投标人,选择在技术、资金等方面优秀的投标人参加投标,避免因未经资格预审而可能造成的项目建设风险;可以事先掌握投标人的基本情况,在一定程度上减少恶意投标竞争,保证秩序竞争;可以减少开标后的评审时间。资格预审的弊端是:某些别有意图的招标人有可能借用资格预审这一环节,将一些具有某项目投标资格的投标人排挤在外,把"公开招标"变成"邀请招标",变相改变招标方式;由于项目业主、招投标监管部门、中介代理机构和招投标管理人员都有机会接触报名信息,对潜在投标人名称、数量等相关信息的保密工作难度较大,在投标人不多的情况下,在资格预审后各投标人之间有可能相互串通,抬高价格。

资格后审是在开标后由评标委员会对投标人的投标资格按照招标文件规定条件和标准进行审查。资格后审的优点是:参加投标人相对较多,对业主来讲,选择的余地相对较大;加大了围标成本,减少了围标、串标等现象的发生;从源头上可进一步预防腐败现象的发生。资格后审的弊端是:在参加的投标人较多的情况下,增加了评标的时间和成本;在参加的投标人过少的情况下,因在开标前不知道投标人数,一旦出现流标,无形中增加招标成本,延长招标周期,导致招标效率下降;因在开标前不知道投标人的基本情况,若被没有相关项目实践经验的投标人中标,有可能给项目建设带来一定风险。

资格预审和资格后审,各有利弊。一般情况下,只要投标人满足招标文件中规定的资质、业绩、人员、财力和信誉等基本条件要求,在报价合理的前提下,可采用资格后审,让符合资格的投标人都有同等的机会去参加竞争。现阶段,很多公开招标项目采用资格后审,因此,本工程招标人采用资格后审是妥当的。

(2) 本项目评标委员会判定这几家投标人资格审查不符合要求正确

投标人A未按招标文件要求提交单位营业执照扫描件,虽然在电子招标时,投标人一般在当地的交易中心办理CA证书时,需要提交营业执照、资质证书、组织机构代码证等各项证明资料,且基本会存有电子扫描件,但投标人不按要求上传,评委见不着,这相当于纸质投标状态下,投标人将该材料保存在自己包里,没与其他投标文件一并提交。

投标人B、C、D、E的情况也都属于招标文件规定的资格审查不合格的情形。因此,评标委员会的判定是正确的。

(3) 评委对经济标评审不正确

招标文件规定,评标价中"如投标人配置缺项,采用其他投标人的同类最高配置价格进行加价计算。"而评委对G投标人所缺少的2台设备是根据自己估算价加价的,没有按其他投标人中最高价180万元/台加价,正确的各投标人评标价如表5-4所示。

表5-4 正确的投标人评标价

	F	G	H	I
投标总价	1 396	1 180	1 628	1 600
配置调整	配置全,无调整	缺少某设备2台 增加 180×2=360(万元)	配置全,无调整	配置全,无调整
评标价	1 396	1 540	1 628	1 600

评标委员会最终对各投标人经济标打分为如表 5-5 所示。

表 5-5　投标人最终价格分

	F	G	H	I
价格分	40	29.68	23.38	25.39

(4)《招标投标法实施条例》第七十一条规定:“评标委员会成员有下列行为之一的,由有关行政监督部门责令改正;情节严重的,禁止其在一定期限内参加依法必须进行招标的项目的评标;情节特别严重的,取消其担任评标委员会成员的资格:……(三)不按照招标文件规定的评标标准和方法评标;……”第八十一条规定:“依法必须进行招标的项目的招标投标活动违反招标投标法和本条例的规定,对中标结果造成实质性影响,且不能采取补救措施予以纠正的,招标、投标、中标无效,应当依法重新招标或者评标。”

因此,法规中对评审专家评标过程中出现的错误处理原则是:(1) 责令改正;(2) 对中标结果造成实质性影响的采取补救措施纠正;(3) 不能补救的,重新评标或重新招标。

【案例 5-11】　某设备采购项目的“重新评审”与澄清

某依法必须进行招标工程的设备采购项目,用综合评估法进行评标。评标工作在该市公共资源交易中心电子评标室进行。初步评审后进入经济标、技术标详细评审,技术标评委在完成了各自对投标文件的技术标评审与比较后进行打分并确认提交。评标组长(由各评委共同推荐)汇总完成后,有一位评委(该评委是招标人代表)不同意技术标的汇总结果,提出需重新核对一下自己的打分项,并建议其他评委再次核分,要求评标组长返回之前操作界面,让其能重新打分,组长很为难:评标组长无返回权限。于是该评委请交易中心工作人员打电话给电子评标系统后台工作人员想强行返回,但一旦返回,所有评委的操作均清空,这下别的评委也不同意,一时评标现场有三种意见:第一种,以招标人代表为主的少数评委认为,依据相关规定,评标委员会成员对评标结果承担个人责任,既然有人不同意评审结论,则应该同意重新审核;第二种意见,另一部分评委(含组长)对持有不同意见的人重新返回评审没有意见,但不能要求所有评标委员会成员进行重新评审;第三种意见,现场工作人员认为法律规定“评标由招标人依法组建的评标委员会负责”。“任何单位和个人不得非法干预、影响评标的过程和结果。”因此他不好随便打电话,但由于各评委意见不统一,工作人员建议评委们通过举手表决、按照少数服从多数的原则决定是否由后台强行返回,决定后他则可应评标委员会的要求打电话。评委们通过匿名表决形式决定是否重新评审,有超过三分之二的评委不同意重新评审,于是评审继续。

经评标委员会的评审,投标人 A 综合排名第一,其投标的设备与招标文件中要求的使用环境、参数等基本一致,但其价格高于排名第二的投标人 B。为此,招标人代表建议评标委员会进行进一步澄清,要求投标人 A 做进一步说明:首先,如果中标,在现有的报价基础上可否再下浮 1%~3%;其次,如果中标,针对设备中的一些关键部件,如喷油嘴,可否在招标文件要求的供货范围之外再免费提供一套。因评委们之前已经否定了招标人代表的一次请求,于是基本一致同意了此项澄清。

在规定的时间内,投标人 A 及时进行了回复,承诺如果中标,在原投标报价的基础上下浮 2%;但没有承诺免费提供喷油嘴,因为其价格太贵,只是承诺可以优惠 20%提供一套供货范围之外的喷油嘴。招标人代表对投标人A的回复较满意,于是评标委员会最终的评标报告中推荐了投标人A为第一中标候选人。

评审结束公示时有投标人提出异议。审计机关对该项目采购过程进行了审计,得出下列审计结论:

(1)本案例关于技术标"重新评审"这一问题,交易中心工作人员对评标委员会的地位和《招标投标法》中"任何单位和个人不得非法干预、影响评标的过程和结果。"这一规定的理解有误,我国法规中的这一规定是以法律形式排除在现实中经常会出现的非法干预,排除从外界施加给评委们的压力,使其能客观、公正地履行职务,遵守职业道德,对所提出的评审意见承担个人责任,这是在法律上保证公正评标,维护招标人、投标人的合法权益。而本案例中个别评委在看到汇总后的评审结果(虽然只是技术标的结果)后对其有异议而要求重新评审,已经违反了法律赋予其独立评审的职责,违反了公平、公正的原则。所以,在技术评标结果汇总后,交易中心工作人员不能应评标委员会的要求去申请重新评审,而且也没有权利建议、要求评标委员会就此事进行投票表决。评委提交自己的评审结论后就应对此负责,在评标汇总结果出台后,无论是某个评委还是某几个评委或是全体评委意图进行重新评审,均违背了法律赋予的职责。

本案例中评委们的两种意见,无论是第一种意见还是第二种意见,均违背了法律法规赋予评标委员会的职能,即依据招标文件中的评标标准和方法,按照公平、公正、科学、择优的原则对投标文件进行系统的评审和比较。这种评审是一次性的,即在评标结果出台前,评标委员会的每个成员应秉承客观、公平、公正的态度,严肃、认真地按招标文件规定对各投标文件进行评审,慎重提交自己的评审意见,并对自己的评审意见负责,最后才能进行汇总、推荐中标候选人并完成评标报告。

当有评委不同意评审结论时,根据《评标委员会和评标方法暂行规定》"对评标结论持有异议的评标委员会成员可以书面方式阐述其不同意见和理由。评标委员会成员拒绝在评标报告上签字且不陈述其不同意见和理由的,视为同意评标结论。"因此,正确的做法应是要求该评委以书面方式阐述其不同意见和理由,并在其上签字,进而完成整个评标活动,而不能许可评标委员会修改已经完成的评标结论,否则就违背了公平、公正的评标原则。

(2)我国法规对评标委员会要求投标人澄清的内容有明确的限制。《招标投标法》第三十九条规定:"评标委员会可以要求投标人对投标文件中含义不明确的内容作必要的澄清或者说明,但是澄清或者说明不得超出投标文件的范围或者改变投标文件的实质性内容。"《工程建设项目货物招标投标办法》(九部门第23号令,2013年修订)第四十二条规定:"评标委员会可以书面方式要求投标人对投标文件中含义不明确、对同类问题表述不一致或者有明显文字和计算错误的内容作必要的澄清、说明或补正。评标委员会不得向投标人提出带有暗示性或诱导性的问题,或向其明确投标文件中的遗漏和错误。"因此,在评标过程中,评标委员会可以书面形式,要求投标人对投标文件中含义不明确、对同类问题表达不一致或者有明显文字和计算错误的内容做必要的澄清,但澄清、说明或补正不得超出投标文件的范围或者改变投标文件的实质性内容。

特别是不可要求投标人对投标价格、投标方案等实质性内容进行修改或变相修改。

(3)本案例中,招标人通过评标委员会向投标人A发出的两项澄清内容,即如果中标,在现有的报价基础上可否再下浮1%~3%和如果中标,针对设备中的一些关键部件,如喷油嘴,可否在招标文件要求的供货范围之外免费提供一套,属于法规明确规定不允许澄清的内容。评标委员会的这种行为，实质上等同于代替招标人在确定中标人之前，与投标人A就投标价格、投标方案进行了谈判，违反了《招标投标法》中关于“在确定中标人前，招标人不得与投标人就投标价格、投标方案等实质性内容进行谈判。”的规定。《工程建设项目货物招标投标办法》的第四十九条规定：“招标人不得向中标人提出压低报价、增加配件或者售后服务量以及其他超出招标文件规定的违背中标人意愿的要求，以此作为发出中标通知书和签订合同的条件。”

【案例5-12】 某建工集团分公司设备、材料采购中的舞弊行为

某建工集团是以工程建设、房地产开发为主业，集建筑设计、建筑科研、设备安装、装饰装修、市政路桥、环保节能等于一体的大型企业集团，具有建筑工程施工总承包特级资质，市政公用工程施工总承包一级资质，房地产开发经营一级资质，机电设备安装施工总承包一级资质，地基与基础、装修装饰、钢结构等专业承包一级资质。集团下××分公司长期驻于××地开展业务，集团公司内审人员在某年公司审计过程中发现××分公司设备、材料采购中有违规舞弊行为。

1) 钢材询价环节中的舞弊嫌疑

××分公司在××地的形势较好，业务较多，其中钢材需求量较大，而审计人员发现公司采购的钢材合同价格普遍高于市场价格，经核查果然发现有舞弊嫌疑。公司规定采购询价对象不能少于3家，××分公司每批次采购均向4～5家供应商询价，程序符合规定，但在实际执行过程中却有猫腻：

(1) 几乎每次都被询价的A、B公司，注册地不同，报价单却来自同一台传真机。经追查过往留存纸质资料，这两家公司基本是共用同一台传真机，共用同一个传真号。说明这两家公司互相关联，明显有串标嫌疑。

(2) 常常参与询标报价的C、D、E、F公司都是外地公司，距离××地均有相当距离，经查询这几家公司规模较小，甚至有家办公地点位于某居民小区内。本地有家规模较大且信誉良好的供应商，而××分公司极少向其询价，就××分公司如何选择供应商问题，审计人员做了数次访谈，而分公司相关人员的回答互相矛盾、前后矛盾，舞弊嫌疑明显。

(3) 采购人员有倾向性嫌疑。如在某批次钢材询价采购报价后，C公司有两个规格品种的钢材报价偏高，采购人员要求其进行了二次报价。二次报价后，C公司以总价低于H公司0.2万元的微弱优势获胜，而另外同时参与本次询价的3家公司没有得到二次报价的机会。

2) 设备招标采购中的围标、串标嫌疑

审计发现××分公司组织某项目“二次控制系统”设备招标中，有极大的围标、串标嫌疑。本次招标采用的是邀请招标，邀请的5家投标单位有3家单位的投标光盘是同种类型的光盘，且“最后一次保存者”是同一人，围标行为嫌疑明显；邀请的另2家投标单位J、K在同一办公地点，且J公司的联系电话注册在K公司名下，经实地查询，2家公司从同一大门进出，门外挂了两个牌子，这是一套人马两套班组，这2家公司实质是1家公司。

我国《招标投标法实施条例》第三十九条规定：“禁止投标人相互串通投标。有下列情形之一的，属于投标人相互串通投标：(一)投标人之间协商投标报价等投标文件的实质性内容；(二)投标人之间约定中标人；(三)投标人之间约定部分投标人放弃投标或者中标；(四)属于同一集团、协会、商会等组织成员的投标人按照该组织要求协同投标；(五)投标人之间为谋取中标或者排斥特定投标人而采取的其他联合行动。”第四十条规定:“有下列情形之一的,视为投标人相互串通投标:(一)不同投标人的投标文件由同一单位或者个人编制;(二)不同投标人委托同一单位或者个人办理投标事宜;……”本案例招标虽然不属于我国依法强制招标范围,但是作为企业内部采购招标,其规则也是根据我国《招标投标法》《政府采购法》等法规制定的,本案中投标人显然有围标、串标嫌疑。

作为采购招标人的××分公司是否与投标人串通虽不好下定论,但是本案中采购招标邀请的投标人之间这么明显的互相关联关系,若说采购人员毫不知情实在是勉强。

第6章

工程项目合同审计

6.1 概述

1) 工程合同的概念

根据我国基本建设程序，工程建设要经过勘察、设计、采购和施工等过程，建设周期长，项目参与者众多。按照目前国内工程建设的法律法规框架体系，工程项目的参与方主要有：业主、设计商、监理单位、承包商、招标代理单位、造价咨询单位、分包商以及材料设备供应商等，为他们提供专业服务的专业人士主要有：咨询工程师、建筑师、结构工程师、监理工程师、造价工程师、建造师等。其中咨询工程师主要为业主或总承包商提供项目前期决策咨询服务；建筑师和结构工程师主要为设计商或业主、总承包商提供专业设计服务；监理工程师主要为监理单位或业主提供项目管理服务；造价工程师主要为造价咨询单位或业主、承包商、分包商、监理单位提供投资估算、投标报价、成本控制等服务；建造师主要为承包商、分包商或业主提供项目施工管理服务。

各项目参与者主要通过工程合同产生业务联系。在国内目前建设法规体系下，工程项目各参与方之间形成的典型合同关系参见图6-1。

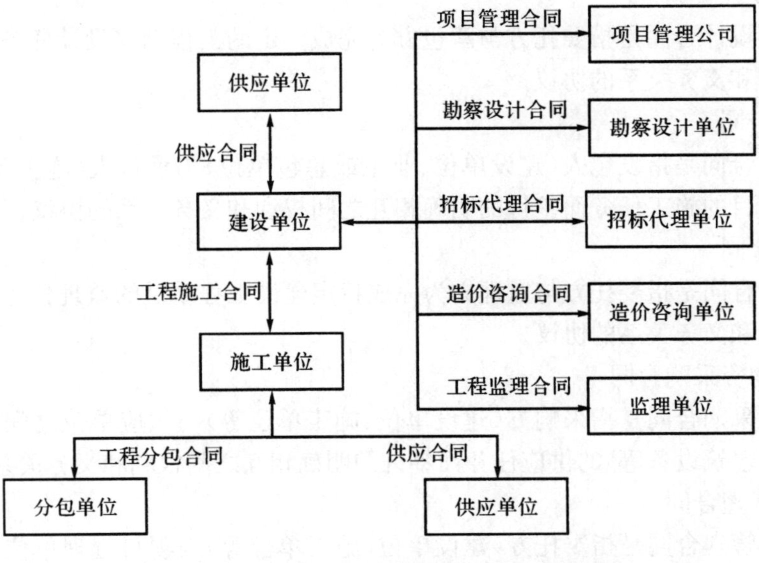

图6-1 国内建设法律法规体系下的典型合同关系

根据各项目参与者在工程项目建设过程中扮演的角色的不同,与工程建设相关的工程合同主要包括以下几种:

(1) 建设工程合同

建设工程合同,又称为建设工程承包合同,是承包人进行工程建设,发包人支付价款的合同。建设工程合同的发包人是业主或者业主所委托的管理机构,而承担勘察、设计、建筑、安装任务的勘察人、设计人和施工人通称为承包人。

(2) 委托咨询合同

工程委托咨询合同是指工程咨询单位受委托方的委托,就工程建设特定的业务提供咨询服务而订立的合同。根据咨询业务性质的不同,工程委托咨询合同包括项目管理合同、监理合同、招标代理合同和造价咨询合同等。

(3) 材料设备采购合同

由于工程建设所需的设备、建筑材料种类、规格、品种繁多,各种材料用量也参差不齐,因此,必须做好采购工作,特别是对用量大、价值高且对工程造价、工程质量影响较大的材料和设备,必须慎重选择供应商,签订采购合同,以保证工程的顺利实施。

2) 工程合同的分类

在市场经济活动中,交易的形式千差万别,合同的种类也各不相同。根据性质的不同,工程合同有以下几种分类方法。

(1) 按照合同的标的内容不同分类

① 工程总承包合同

工程总承包合同是指发包人和承包人为完成特定工程的勘察设计和施工任务而签订的明确相互之间权利和义务关系的协议。按照总承包范围的不同,工程总承包合同又可以分为设计建造总承包(DB)合同、设计-采购-建造总承包(EPC)合同和交钥匙承包(Turnkey)合同等。

② 勘察设计合同

工程勘察设计合同是指委托方与承包方为完成一定的工程勘察设计任务而签订的明确相互之间权利和义务关系的协议。

③ 施工合同

工程施工合同是指发包人(建设单位、业主或总包单位)与承包人(施工单位)之间为完成建设工程项目的施工任务而签订的明确相互之间权利和义务关系的协议。

④ 监理合同

工程监理合同是指委托方与监理方为完成特定建设工程项目的监理任务而签订的明确相互之间权利和义务关系的协议。

⑤ 工程物资采购合同

工程物资采购合同是指采购方(建设单位、施工单位等)与供应单位之间为完成特定物资(建筑材料、建筑设备等)的供应任务而签订的明确相互之间权利和义务关系的协议。

⑥ 项目管理合同

工程项目管理合同是指委托方(建设单位、施工单位等)与项目管理单位为完成特定的项目管理咨询服务任务而签订的明确相互之间权利和义务关系的协议。按照工程项目管理模式的不同,工程项目管理合同又可以分为施工管理(CM)合同、项目管理承包(PMC)合同和合伙(Partnering)管理合同等。

⑦ 招标代理合同

招标代理合同是指委托方(建设单位)与工程招标代理机构为完成特定工程的工程招标代理任务而签订的明确相互之间权利和义务关系的协议。

⑧ 造价咨询合同

工程造价咨询合同是指委托方(建设单位、施工单位等)与工程造价咨询单位为完成特定工程的工程造价咨询任务而签订的明确相互之间权利和义务关系的协议。

(2) 按照合同的计价方式的不同分类

① 总价合同

总价合同是指业主付给承包商的款额在合同中是一个规定的金额,即总价。总价合同有固定总价合同、调值总价合同、固定工程量总价合同和管理费总价合同 4 种不同形式。

② 单价合同

在单价合同中,承包商仅按合同规定承担报价的风险,即对报价(主要是单价)的正确性和适宜性承担责任,而业主则承担工程量增减的风险。由于风险分配比较合理,因此单价合同是最常见的合同类型。工程单价合同有估计工程量单价合同、纯单价合同和单价与包干混合式合同 3 种形式。

③ 成本加酬金合同

成本加酬金合同也称成本补偿合同,是指以实际成本加上双方商定的酬金来确定合同总价,即业主向承包商支付实际工程成本中的直接费,按事先协议好的某一种方式支付管理费及利润的一种合同方式。成本加酬金合同又分为成本加固定费用合同、成本加定比费用合同、成本加浮动酬金合同、目标成本加奖励合同和成本加固定最大酬金合同。

3) 工程合同的特征

(1) 合同主体的特定性

合同能够产生法律效力的前提是合同的主体和内容必须合法。合同主体合法包括合同当事人的资格以及工程建设从业人员要符合相关法律法规的规定。建设合同的发包人一般为建设工程的建设单位,即投资建设工程的单位。建设工程的承包人只能是具有从事勘察、设计、建筑、安装任务资格的法人,并且承包人按照其拥有的注册资本、专业人员、技术设备和完成的建筑安装业绩等资质条件被划分为不同的资质等级。合同当事人严格的市场准入也是工程审计监督的重点。

(2) 合同客体(拟建的工程项目)的特殊性

合同客体(拟建的工程项目)的特殊性体现在建设工程合同是以完成特定不动产的工程建设为主要内容的合同,而并非买卖合同出卖人的转移特定标的物的所有权。工程建设就是以资金、材料、设备为条件,以科学技术为手段,通过脑力劳动和体力劳动,形成扩大再生产的能力和改进人民物质文化生活的建设工作。

(3) 建设工程合同主体之间有严密的协作性关系

在建设工程承包合同履行中,不仅要求承包方完成一定的工作,还要求双方当事人在完成该项工作中密切配合,共同努力确保整个合同义务得以全面履行。这种配合是完成工程项目建设任务所必需的,它不仅体现了合同当事人彼此应尽的义务,也体现了他们共同担负的责任。

(4) 建设工程合同监督管理的特定性

建设工程合同监督管理的特定性体现在以下几个方面:

① 严格的市场准入制度

施工单位、勘察设计单位、监理单位、工程造价咨询单位和项目管理咨询单位等要由主管部门对其技术力量和工作能力进行审查,核定承包范围,发给资格证书,并由当地工商行政管理部门核准发给营业执照后,才有权签订工程合同。同时,建设单位只有满足工程建设条件,取得相应的批准手续后才有资格发包工程。

② 工程招标投标制度

我国招标投标法规定了必须通过招标投标方式确定承包人的工程范围,招标承包合同正在成为建设工程承包合同的基本形式,对于使用国有资金投资的项目,必须采用招标投标确定承包人。

③ 加强建设全过程的监督管理

从工程招标投标,到合同的签订,从工程材料设备的使用,到施工操作都需要进行全面的监督管理。对大型的重要工程,国家主管部门还直接参加竣工验收工作,对工程质量和合同的全面履行实行有效的监督检查。

④ 合同形式的要式性

由于建筑产品的体积庞大,结构复杂,建设周期较长,《民法典》规定,建设工程合同应当采用书面形式。

建设工程合同监督管理的内容也是工程审计监督的重点。

4) 工程合同管理审计

(1) 工程合同管理审计的概念

工程合同管理审计是指对工程项目建设过程中各工程合同内容及各项管理工作质量进行的审查和评价。

(2) 工程合同管理审计的目标

① 合同管理环节的内部控制状况

通过审计,可以考察被审计单位内部合同管理水平,包括合同管理机构和人员的设置,合同管理制度的建立和落实情况等。

② 审查和评价工程项目风险管理水平

由于工程项目建设周期长,投资大,不可预见因素多,因此工程项目建设风险性较大。而在工程建设过程中各项目参加者风险责任的承担主要通过合同来约定。通过审计,可以考察被审计单位的适当性、合法性和有效性。

③ 审查和评价合同资料是否完备、真实可靠

工程合同涉及面广,合同内容繁多,通过审计,可以考察被审计单位所签订的工程合同组成是否完整,合同条款是否完备,合同权利和义务是否公平。

④ 审查和评价合同的签订和履行情况

提供审计,考察被审计单位工程合同的签订、履行、变更和终止是否真实合法。

(3) 工程合同管理审计的依据

工程合同管理审计应依据以下主要资料:

① 合同当事人的资质资料,包括建设单位与工程建设相关的批准文件,承包单位的营

业执照、资格证书等。

② 工程合同形成过程涉及的各种资料，包括招标文件、投标文件、中标通知书、会议纪要、备忘录等。

③ 工程建设过程中涉及的各种工程合同，包括勘察设计合同、施工合同、委托监理合同、项目管理合同、招标代理合同、造价咨询合同等。

④ 各种合同在履行过程中形成的变更和补充合同等。

⑤ 被审计单位内部合同管理制度文件。

(4) 工程合同管理审计的方法

工程合同管理审计主要采用审阅法、核对法、重点追踪审计法等方法。

审阅法是对工程合同文件如合同签批手续、合同、合同附件、对方法定代表人身份证明书和法定代表人授权委托书、合同补充协议、合同变更协议、合同解除协议、合同纠纷处理协议、法院判决书、仲裁书、会审记录、相关招投标文件、约谈记录等进行仔细观察和阅读，对照资料记录，鉴别其真实性、正确性、合法性、合理性及有效性。

核对法主要是对工程合同的合法性、完备性和公正性进行审核。如检查工程合同当事人双方是否按照招标文件及中标人的投标文件的内容签订合同，是否存在实质性内容的变更，合同文件各部分内容是否有前后矛盾的现象，合同条款是否与现行法律法规相冲突，补偿合同、备忘录是否真实客观等。

重点追踪审计法主要是对工程合同的签订过程和履约过程进行跟踪审计，特别是对招投标、工程变更、签证、索赔和争议的处理过程进行跟踪，鉴别其真实性、正确性、合法性、合理性及有效性。如应招标而未招标的合同是否有经过主管部门批准的直接委托说明、合同签订的会签文件，审查合同修订或补充条款或协议是否未会签或经有效授权。

6.2 工程合同管理内控制度审计

1) 工程合同管理内控制度审计的概念

工程合同管理内控制度审计是指对被审计单位在工程项目建设过程中工程合同管理制度建立、健全和执行情况进行的审查和评价。

2) 工程合同管理内控制度审计的作用

合同的本质在于规范市场交易、节约交易费用。工程合同确定了成本、工期、质量、安全和环境等项目总体目标，规定和明确了当事人各方的权利、义务和责任。因此合同管理是工程项目管理的核心，合同管理贯穿于工程实施的全过程，对整个项目实施起着控制和保证作用。

由于建设单位涉及的工程合同众多，合同种类繁杂多样，加之工程合同周期较长，合同不确定因素多，这就需要建设单位具备较高的合同管理水平。通过工程合同管理内控制度审计，可以发现被审计单位在工程合同管理的制度上和管理环节上存在的缺陷和漏洞，及时、妥善地解决可能出现的合同问题，以维护被审计单位的合法权益，提高项目的投资效益。

3) 工程合同管理内控制度审计的内容

(1) 审查和评价被审计单位合同管理组织机构设置的情况

合同管理是一项重要的经济管理工作，合同管理水平的高低对企业和项目的经济效益影响很大,因此,建设单位必须结合工程项目的规模和特点以及自身的专业能力建立完善合同管理的组织机构,以维护单位或项目的经济利益和合法权益。合同管理组织机构评价主要考察被审计单位人员的配备和工作职责的划分等。

(2) 审查和评价被审计单位合同管理人才的配备情况

做好合同管理工作,人是关键因素。合同管理作为一种复合型和智力性的工作,需要高度专业化及具有丰富知识和经验的专门人才。合同管理人才的评价主要体现在以下三个方面:

① 知识。包括法律专业知识、工程技术知识、项目管理知识、工程经济知识以及财务管理知识等。

② 素质。合同管理人员应注重社会的公德,保证社会利益,严守法律和规章;具有很好的职业道德和敬业精神;具有创新精神,务实的态度,勇于承担责任和风险;为人诚实正直,恪守信用,言行一致,实事求是;能承担艰苦的工作,任劳任怨,忠于职守。

③ 能力。合同管理人员具有长期的工程合同管理工作经历和经验,特别是有同类项目成功的经历,对项目工作有成熟的判断能力、思维能力、随机应变能力;具有很强的沟通能力、激励能力和处理人事关系的能力;具有较强的组织管理能力和协调能力;思维敏捷,有洞察力,具有较强的语言表达能力和说服能力;具有系统思维和决策能力。

(3) 审查和评价被审计单位合同管理制度的建立和执行情况

要做好工程合同管理工作,必须建立健全一套行之有效、严格的规章制度和可操作的作业制度。具体而言就是:企业或项目应设立专门的合同管理机构,统一保存和管理合同;配备专门的专业人员具体负责合同管理工作;强化合同管理过程中企业或项目内外部的分工、协调与合作,逐步建立和完善合同管理体系和制度。合同管理制度主要包括以下方面:

① 合同会签制度

由于工程合同涉及项目相关部门的工作,为了保证合同签订后得以全面履行,在合同正式签订之前,由办理合同的业务部门会同其他部门共同研究,提出对合同条款的具体意见,进行会签。实行合同会签制度,有利于调动各部门的积极性,发挥各部门管理职能作用,群策群力,集思广益,以保证合同履行的可行性,并促使各部门之间的相互衔接和协调,确保合同全面、切实地履行。

② 合同审查制度

为了保证签订的合同合法、有效,必须在签订前履行审查、批准手续。合同审查是指将准备签订的合同在部门会签后,交给主管合同的机构或法律顾问进行审查;合同批准是指由单位主管或法定代表人签署意见,同意对外正式签订合同。通过严格的审查和批准手续,可以使合同的签订建立在可靠的基础上,尽量防止合同纠纷的发生,维护项目的合法利益。

③ 合同印章管理制度

合同专用章是代表单位在经营活动中对外行使权利、承担义务、签订合同的凭证。因此,对合同专用章的登记、保管、使用等都要有严格的规定。合同专用章应由合同管理员保管、签印,并实行专章专用。合同专用章只能在规定的业务范围内使用,不能超越范围使用;不得为空白合同文本加盖合同印章;不得为未经审查批准的合同文本加盖合同印章;严禁与合同洽谈人员勾结,利用合同专用章谋取个人利益。出现上述情况,要追究合同专用章管理人员的责任。凡外出签订合同时,应由合同专用章管理人员携章陪同负责办理签约的人员一起前往签约。

④ 合同信息管理制度

由于工程合同在签订和履行中往来函件和资料非常多，故合同管理系统性强，必须实行档案化、信息化管理。首先应建立文档编码及检索系统，每一份合同、往来函件、会议纪要和图纸变更等文件均应录入计算机系统，并确立特定的文档编码，根据计算机设置的检索系统进行保存和调阅；其次应建立文档的收集、处理制度，有专人及时收集、整理、归档各种工程信息，严格信息资料的查阅、登记、管理和保密制度，工程全部竣工后，应将全部合同及文件，包括完整的工程竣工资料、竣工图纸、竣工验收、工程结算和决算等，按照《中华人民共和国档案法》及有关规定，建档保管；最后应建立行文制度、传送制度和确认制度，合同管理机构应制定标准化的行文格式，对外统一使用，相关文件和信息经过合同管理机构准许后才能对外传送。经由信息化传送方式传达的资料需由收到方以书面的或同样信息化的方式加以确认，确认结果由合同管理机构统一保管。

⑤ 合同检查和奖惩制度

应建立合同签订、履行的监督检查制度，通过检查及时发现合同履行管理中的薄弱环节和矛盾，以利提出改进意见，促进各部门的协调配合，提高合同管理水平。实行奖惩制度有利于增强各部门和有关人员履行合同的责任心，是保证全面履行合同的有力措施。

⑥ 合同统计考核制度

合同统计考核制度，是单位整个统计报表制度的重要组成部分。合同统计考核制度是指运用科学方法，利用统计数字，反馈合同订立和履行情况，通过对统计数字的分析，总结经验，找出教训，为单位经营决策提供重要依据。合同统计考核制度包括统计范围、计算方法、报表格式、填报规定、报送期限和部门等。

⑦ 合同管理目标制度

合同管理目标是各项合同管理活动应达到的预期结果和最终目的。合同管理的目的是通过自身在合同订立和履行过程中进行的计划、组织、指挥、监督和协调等工作，促使各部门、各环节互相衔接、密切配合，进而使人、财、物、信息等要素得到合理组织和充分利用，保证单位经营管理活动的顺利进行，提高工程管理水平，提高项目的投资效益。

⑧ 合同管理质量责任制度

合同管理质量责任制度是合同管理的一项基本管理制度，它具体规定承担合同管理任务的部门和合同管理人员的工作范围、履行合同中应负的责任以及拥有的职权。这一制度有利于单位内部合同管理工作分工协作，责任明确，任务落实，逐级负责，人人负责，从而调动企业合同管理人员以及合同履行中涉及的有关人员的积极性，促进合同管理工作正常开展，保证合同圆满完成。

合同管理制度是合同管理活动及其运行过程的行为规范，合同管理制度是否健全是合同管理的关键所在。合同管理内控制度的审查和评价主要从以下几个方面进行：

① 合法性：指合同管理制度应符合国家有关法律法规的规定。

② 规范性：指合同管理制度具有规范合同行为的作用，对合同管理行为进行评价、指导和预测，对合法行为进行保护奖励，对违法行为进行预防、警示或制裁等。

③ 实用性：指合同管理制度能适应合同管理的需求，便于操作和实施。

④ 系统性：指各类合同的管理制度互相协调、互相制约，形成一个有机系统，在工程合同管理中能发挥整体效应。

⑤ 科学性：指合同管理制度能够正确反映合同管理的客观规律，能保证利用客观规律进行有效的合同管理。

(4) 审查和评价被审计单位合同风险管理情况

由于建设单位涉及的工程合同众多，合同种类繁杂多样，加之工程合同周期较长，合同不确定因素多，因此，加强工程合同的风险管理对减少工程项目投资，提高工程项目的投资效益至关重要。审查和评价合同风险管理情况主要是考察被审计单位防范重大设计变更、不可抗力、政策变动等的风险管理体系的建立、健全和执行情况。

工程合同内控审计工作底稿如表 6-1 所示。

表 6-1　工程合同管理内控审计表

<table>
<tr><td>被审计单位</td><td colspan="2"></td><td>签名</td><td>日期</td><td>索引号</td><td></td></tr>
<tr><td>项目</td><td></td><td>编制人</td><td></td><td></td><td>页次</td><td></td></tr>
<tr><td>截止日</td><td></td><td>审核人</td><td></td><td></td><td></td><td></td></tr>
<tr><td colspan="7">内部控制制度情况评审</td></tr>
<tr><td>序号</td><td>制度名称</td><td>建立情况</td><td colspan="2">执行情况</td><td colspan="2">备注</td></tr>
<tr><td>1</td><td>合同会签制度</td><td></td><td colspan="2"></td><td colspan="2"></td></tr>
<tr><td>2</td><td>合同审查制度</td><td></td><td colspan="2"></td><td colspan="2"></td></tr>
<tr><td>3</td><td>合同印章管理制度</td><td></td><td colspan="2"></td><td colspan="2"></td></tr>
<tr><td>4</td><td>合同信息管理制度</td><td></td><td colspan="2"></td><td colspan="2"></td></tr>
<tr><td>5</td><td>合同检查和奖励制度</td><td></td><td colspan="2"></td><td colspan="2"></td></tr>
<tr><td>6</td><td>合同统计考核制度</td><td></td><td colspan="2"></td><td colspan="2"></td></tr>
<tr><td>7</td><td>合同管理目标制度</td><td></td><td colspan="2"></td><td colspan="2"></td></tr>
<tr><td>8</td><td>合同管理质量责任制度</td><td></td><td colspan="2"></td><td colspan="2"></td></tr>
<tr><td></td><td>基本评价</td><td colspan="5">健全 □　一般 □　不健全 □</td></tr>
<tr><td colspan="7">合同管理情况审查</td></tr>
<tr><td rowspan="2">序号</td><td rowspan="2">审查内容</td><td colspan="3">审查情况</td><td colspan="2" rowspan="2">备注</td></tr>
<tr><td>是</td><td colspan="2">否</td></tr>
<tr><td>1</td><td>合同管理机构人员配备情况</td><td></td><td colspan="2"></td><td colspan="2"></td></tr>
<tr><td>2</td><td>合同管理专业人员情况</td><td></td><td colspan="2"></td><td colspan="2"></td></tr>
<tr><td>3</td><td>合同档案建立情况</td><td></td><td colspan="2"></td><td colspan="2"></td></tr>
<tr><td>4</td><td>台账管理建立情况</td><td></td><td colspan="2"></td><td colspan="2"></td></tr>
<tr><td>5</td><td>合同目标分解情况</td><td></td><td colspan="2"></td><td colspan="2"></td></tr>
<tr><td>6</td><td>合同交底情况</td><td></td><td colspan="2"></td><td colspan="2"></td></tr>
<tr><td></td><td>基本评价</td><td colspan="5">良好 □　中等 □　较差 □</td></tr>
</table>

（续表）

合同风险管理审计				
序号	审查内容	审查情况		备注
		是	否	
1	合同履约担保情况			
2	预付款担保情况			
3	缺陷责任期保修或回访担保情况			
4	保险情况			
5	争议处理方式			
	基本评价	良好 □　中等 □　较差 □		
合同管理内控情况综合评价： 良好 □　中等 □　较差 □				

4）工程合同内控制度审计的方法

工程合同内控制度审计是指在工程建设项目过程对于工程合同管理制度及体系的建设及执行情况的检查。通过制度审计审核工程合同管理情况，督促规范相关部门完善制度体系、严格执行制度以提高工程合同管理水平、降低因疏于管理而导致的成本增加的风险。

工程合同管理内控制度审计方法包括穿行测试、抽样调查、访谈、逆查法等。各审计方法适用情况如表 6-2 所示。

表 6-2　内控制度审计的方法及适用情况表

调查对象	调查方法	审计目的
管理制度、规范	穿行测试	寻找缺少制度控制的环节
制度涉及资料	按比例抽样调查	检查制度执行情况
制度执行人	访谈	制度普及情况、反馈意见
项目管理发生的问题	逆查法	识别制度漏洞

6.3　工程专项合同通用内容的审计

合同审查是一项技术性很强的综合性工作，它要求审计人员必须熟悉与合同相关的法律法规，精通合同条款，对工程环境有全面的了解，有合同管理的实际工作经验并有足够的细心和耐心。工程合同审查主要包括以下几个方面的内容：

1）合同效力的审查与分析

合同必须在合同依据的法律基础的范围内签订和实施，否则会导致合同全部或部分无效，从而给合同当事人带来不必要的损失。这是合同审查分析的最基本也是最重要的工作。合同效力的审查与分析主要从以下几方面入手：

(1) 合同当事人资格的审查

即合同主体资格的审查。无论是发包人还是承包人必须具有发包和承包工程、签订合同的资格,即具备相应的民事权利能力和民事行为能力。有些招标文件或当地法规对外地或外国承包商有一些特别规定,如在当地注册、获取许可证等。

在我国,对承包方的资格审查主要审查承包人有无企业法人营业执照、是否具有与所承包工程相适应的资质证书。施工单位必须具备企业法人资格且营业执照经过年检,施工单位要在资质等级许可的范围内对外承揽工程。跨省、自治区、直辖市承包工程的还要在施工所在地的建筑行政主管部门办理施工许可手续,未办跨省施工许可手续的不影响合同有效。

(2) 工程项目合法性审查

即合同客体资格的审查。主要审查工程项目是否具备招标投标、签订和实施合同的一切条件,包括:

① 是否具备工程项目建设所需要的各种批准文件。

② 工程项目是否已经列入年度建设计划。

③ 建设资金与主要建筑材料和设备来源是否已经落实。

(3) 合同订立过程的审查

如审查招标人是否有规避招标行为和隐瞒工程真实情况的现象;投标人是否有串通作弊、哄抬标价或以行贿的手段谋取中标的现象;招标代理机构是否有泄露应当保密的与招标投标活动有关的情况和资料的现象以及其他违反公开、公平、公正原则的行为。任何单位和个人不得将依法必须进行招标的项目化整为零或者以其他任何方式规避招标。依法应当招标而未招标的合同无效。

特别需要强调的是,在工程招标投标过程中,出现少数发包人和承包人签订黑白合同的现象。所谓黑白合同是指合同当事人出于某种利益考虑,对同一合同标的物签订的、价款存在明显差额或者履行方式存在差异的两份合同,其中一份做了登记、备案等公示的合同称为"白合同",而另一份仅由双方当事人持有的、内容与备案合同不一致的私下协议,称为"黑合同"。对于黑白合同,《最高人民法院关于审理建设工程施工合同纠纷案件适用法律问题的解释(一)》第二条规定,"招标人和中标人另行签订的建设工程施工合同约定的工程范围、建设工期、工程质量、工程价款等实质性内容,与中标合同不一致,一方当事人请求按照中标合同确定权利义务的,人民法院应予支持"。第二十三条规定,"发包人将依法不属于必须招标的建设工程进行招标后,与承包人另行订立的建设工程施工合同背离中标合同的实质性内容,当事人请求以中标合同作为结算建设工程价款依据的,人民法院应予支持"。

有些合同需要公证或由官方批准后才能生效,这应当在招标文件中说明。在国际工程中,有些国家项目、政府工程,在合同签订后或业主向承包商发出中标通知书后,还得经过政府批准,合同才能生效。对此,应当特别注意。

(4) 合同内容合法性审查

主要审查合同条款是否符合法律规定,主要包括:

① 审查合同规定的工程项目是否符合政府批文;

② 审查合同规定的项目是否符合国家产业政策;

③ 政府投资项目合同是否约定带、垫资施工条款;

④ 合同内容违反地方性、专门性规定的合同效力确认，应具体审查地方性、专门性规定的效力，主要看该地方性、专门性规定是否与法律法规的禁止性或义务性规定相一致，一致的合同无效，否则，不影响合同的效力；

⑤ 其他，如分包转包的规定、劳动保护的规定、环境保护的规定、赋税和免税的规定、外汇额度条款、劳务进出口等条款是否符合相应的法律规定。

2）合同的完备性审查

根据《民法典》规定，合同应包括合同当事人、合同标的、标的的数量和质量、合同价款或酬金、履行期限、地点和方式、违约责任和解决争议的方法。一份完整的合同应包括上述所有条款。由于建设工程的工程活动多，涉及面广，合同履行中不确定性因素多，因此给合同履行带来很大风险。如果合同不够完备，就可能会给当事人造成重大损失。因此，必须对合同的完备性进行审查。合同的完备性审查包括：

（1）合同文件完备性审查

即审查属于该合同的各种文件是否齐全。如发包人提供的技术文件等资料是否与招标文件中规定的相符，合同文件是否能够满足工程需要等。

（2）合同条款完备性审查

这是合同完备性审查的重点，即审查合同条款是否齐全，是否对工程涉及的各方面问题都有规定，合同条款是否存在漏项等。合同条款完备性程度与采用何种合同文本有很大关系：

① 如果采用的是合同示范文本，如FIDIC条件或我国施工合同示范文本等，那么一般认为该合同条款较完备。此时，应重点审查专用合同条款是否与通用合同条款相符，是否有遗漏等。

② 如果未采用合同示范文本，但合同示范文本存在，那么在审查时应当以示范文本为样板，将拟签订的合同与示范文本的对应条款一一对照，从中寻找合同漏洞。

③ 无标准合同文本，如联营合同等。在审查该类合同的完备性时，审计人员应尽可能多地收集实际工程中的同类合同文本，并进行对比分析，以确定该类合同的范围和合同文本结构形式。再将被审查的合同按结构拆分开，并结合工程的实际情况，从中寻找是否存在合同漏洞。

（3）合同条款的公正性审查

公平公正、诚实信用是《民法典》的基本原则，当事人无论是签订合同还是履行合同，都必须遵守该原则。但是，在实际操作中，由于建筑市场竞争异常激烈，而合同的起草权掌握在发包人手中，承包人只能处于被动应付的地位，因此业主所提供的合同条款往往很难达到公平公正的程度。而受利益驱使，承包人在投标报价过程中也可能存在欺诈等违背诚实信用原则的现象。因此，审计人员必须对工程合同的公正性进行审核。应当重点审查以下内容：

① 工作范围

即承包人或委托人所承担的工作范围。工作范围是制定合同价格的基础，因此工作范围是合同审查与分析中一项极其重要的不可忽视的问题。招标文件中往往有一些含糊不清的条款，故有必要进一步明确工作范围。因此，合同审查一定要认真仔细，规定工作内容时一定要明确具体，责任分明。

② 权利和责任

合同应公平合理地分配双方的责任和权益。因此，在合同审查时，一定要列出双方各自的责任和权利,在此基础上进行权利义务关系分析,检查合同双方责权是否平衡,合同有无逻辑问题等。同时,还必须对双方责任和权力的制约关系进行分析。在审查时,还应当检查双方当事人的责任和权利是否具体、详细、明确,责权范围界定是否清晰等。

③ 履行期限

履行期限的长短直接影响工程项目能否在规定的时间投入使用。对发包人而言,工期过短,不利于工程质量,还会造成工程成本增加;而工期过长,则影响发包人正常使用,不利于发包人及时收回投资。因此,在审查合同时,应当综合考虑工期、质量和成本三者的制约关系,以确定履行期限是否合理。

④ 工程质量

主要审查工程质量标准的约定能否体现优质优价的原则;材料设备的标准及验收规定;工程师的质量检查权力及限制;工程验收程序及期限规定;工程质量瑕疵责任的承担方式;工程保修期期限及保修责任等。

⑤ 工程价款或报酬及支付问题

工程价款或报酬条款是工程合同的关键条款,但通常会发生约定不明或设而不定的情况,往往为日后争议和纠纷的发生埋下隐患。实际情况表明,业主与承包商之间发生的争议、仲裁和诉讼等,大多集中在付款上,承包工程的风险或利润,最终也都要在付款中表现出来。因此,对工程价款或报酬及支付条款的审查也非常必要。审查内容包括合同价格及其调整、工程款支付的时间和方式、支付保证等。

⑥ 违约责任

违约责任条款订立的目的在于促使合同双方严格履行合同义务,防止违约行为的发生。发包人拖欠工程款、承包人不能保证工程质量或不按期竣工,均会给对方以及第三人带来不可估量的损失。因此,违约责任条款的约定必须具体、完整。在审查违约责任条款时,要注意:对双方违约行为的约定是否明确,违约责任的约定是否全面;违约责任的承担是否公平;违约责任的承担方式的约定是否具体可操作等。

⑦ 其他

在合同审查时,还必须注意合同中关于保险、担保、工程保修、变更、索赔、争议的解决及合同的解除等条款的约定是否完备、公平合理。

6.4 工程勘察设计合同的审计

工程勘察设计合同审计应检查工程勘察设计合同当事人双方及建设单位与勘察设计单位之间的权利义务划分是否明确、公平、合理。工程勘察设计合同审计主要包括以下内容:

(1) 检查合同是否明确规定建设项目的设计任务目标,如建设规模、投资额、使用功能要求、建筑风格、结构形式等是否具体明确;

(2) 检查合同是否明确规定勘察设计的基础资料的提供方式和期限;

(3) 检查合同是否明确规定设计文件交付的期限;

(4) 检查合同是否明确规定勘察设计的工作范围、进度、质量是否满足工程建设需要;

(5) 检查合同是否明确规定勘察设计文件提供的份数、时间;

(6) 检查勘察设计费的计费依据、收费标准及支付方式是否符合有关规定；

(7) 检查合同是否明确规定在工程建设过程中双方配合协作条款；

(8) 检查合同中是否包括违约责任条款，违约行为的划分是否清晰，违约责任的承担是否合理等。

6.5 施工合同的审计

由于施工合同价款金额高、履行时间长、影响因素多、履行风险大，因此，审计工程合同时应当将施工合同作为审计的重点。除了上述一般工程合同审计的要点外，在施工合同审计时应重点检查以下内容：

1) 合同主体资格

对于业主，主要应了解的内容包括：

(1) 主体资格，即建设相关手续是否齐全。如建设用地是否已经批准；是否列入投资计划；规划、设计是否得到批准；合同签订者是否经过权利人的授权等。

(2) 履约能力。主要是资金问题，如施工所需资金是否已经落实、项目资金到位情况是否能够满足工程建设进度要求等。另外还有查看业主能否及时提供现场条件。

(3) 业主的社会信誉。如业主的商业信誉如何，以往工程承包商的满意度、合同履行过程中履约情况、以往工程介入案件情况等。

对于承包商，主要应了解的内容包括：

(1) 资质情况。承包商的真实资质，是否存在越级承包或挂靠情况；合同签订者是否经过权利人的授权。需注意的是承包方的二级公司和工程处不能直接对外签订合同。

(2) 施工能力。主要了解承包商施工实力、技术装备情况能否满足本工程需要。

(3) 社会信誉。如承包商的商业信誉如何，以往工程业主的满意度，合同履行过程中履约情况，以往工程介入案件情况，承包商受建设行政主管部门奖惩情况等。

(4) 财务情况。承包商近年来财务状况，承包商资金能否满足工程进度要求，承包商是否有拖欠工人工资情况，是否有拖欠分包工程款情况等。

2) 合同条款

包括合同的一般条款是什么；是否有特别条款，如果有，其内容是什么；合同条款和现行法律规定是否冲突；是否存在黑白合同；合同条款约定是否与规范标准相一致；在合同条款中是否规定了与所要进行的工作性质有关的风险。

3) 合同当事人的义务

(1) 双方所做工作的具体内容和要求是否完整；是否有合同约束力；工作范围是否清晰。

(2) 自己完成的工作是否需要对方的帮助，需要什么样的帮助。

(3) 双方各自工作什么时候开始，应该在什么时候完成。

(4) 业主方代表、工程师的职责和权利有哪些；对其职权合同条款中是否有限制性规定；如何协调与其他承包商之间的工作。

(5) 双方不按约定完成有关工作应该承担何种责任；应赔偿对方哪些损失，如何计算。

4) 合同价款及调整

(1) 检查《协议书》中合同价款的填写是否按照规定执行。招标工程的合同价款由发包人、承包人依据中标通知书中的中标价格在协议书内约定。非招标工程合同价款由发包人、承包人依据工程预算在协议书内约定。

(2) 检查工程合同计价方式约定是否清晰。合同价款是双方共同约定的条款,固定价格、可调价格、成本加酬金,不同的计价方式,双方合同风险的分担也不相同,究竟采用何种计价方式,一定要约定清楚。

(3) 如果采用固定价格合同,应检查合同中是否明确价格固定的种类,是总价固定还是单价固定。对于总价合同,究竟是固定总价、调值总价、固定工程量总价,还是管理费总价;对于单价合同,究竟是估计工程量单价还是纯单价。

(4) 如果采用固定价格,风险范围约定是否清楚;如何计算风险费用,是采用按百分比计算,还是采用绝对值法。

(5) 对于风险范围以外的风险费用如何调整。

5) 付款

(1) 是否有工程预付款,如果有,工程预付款的额度是多少;发包人向承包人拨付款项的具体时间或相对时间是否约定;工程预付款扣回的起扣点在什么时候;扣回工程预付款比例是多少,什么时候扣完。

(2) 工程进度款按何种方式支付,是按月结算、按工程形象进度结算、按竣工后一次结算还是按其他结算方式结算;付款的具体时间是什么时间;付款的货币种类,汇率方面是否存在风险。

(3) 付款方式是否会对工程资金周转产生任何有利或不利的影响。

(4) 工程进度款的拨付有什么条件;如何对已完工工程进行计量;每个付款期的付款额度如何计算,计价的依据是什么。

(5) 承包商需要提供哪些担保;能否采用保函形式,如果可以,这些保函是否为按要求即付的保函;保函支付后,是否需要提供新的保函。

(6) 是否有要求承包商垫资条款,如果有,垫资额度是多少,何时归还;垫资是否有利息约定,如果有,利息是多少。

6) 工期

(1) 合同工期是多少,与定额工期差距有多少;是否有赶工措施奖励。

(2) 完工的准确定义是什么;在完工方面双方当事人的义务有哪些;合同时间安排是否具有约束承包商有关中间日期或节点的规定;有没有实质性的完工条款。

(3) 合同中是否有工期延误的违约金或罚金规定,如果有,标准是什么,有没有最高限额。

(4) 合同中是否有最长时间的规定;达到最长时间后承包商要承担什么责任;业主是否可以此终止合同或赔偿间接损失。

(5) 合同是否允许延长工期,如果可以,延长的条件有哪些;就延期是否可要求经济补偿。

7) 质量

(1) 合同约定的质量标准是什么;合同价款是否体现了优质优价。

(2) 工程需要进行哪些验收,什么时候进行,在什么时间段内进行;验收的程序是什么。

(3) 工程需要进行哪些试验或检测,设备由谁提供,费用如何承担。

(4) 业主是否可以增加额外检验,如果可以,如何处理。

(5) 业主拖延验收或检验应当承担什么责任。

(6) 合同中是否有质量保证的规定;如果未能够达到约定的质量标准,有何处罚。

(7) 合同中是否有工程保修的规定;是否要扣留工程保修金,何时归还;是否需要对间接损失承担责任。

8) 材料和设备供应

(1) 当事人双方关于材料和设备供应的约定是否清楚;供应的具体内容、品种、规格、数量、单价、质量等级、时间和地点是否有详细约定。

(2) 供应方要承担什么样的责任。

(3) 材料和设备进场程序如何;进场需要进行哪些检验,费用如何承担。

(4) 在合同中是否约定供应材料和设备的结算方法。

9) 违约责任

(1) 在合同中是否约定双方当事人应承担的违约责任,如果有,在什么样的情况下要承担违约责任;违约责任承担方式有哪些。

(2) 对于双方共同违约如何处理。

(3) 合同规定的违约金与赔偿金具体数额是多少,如何计算。

10) 争议与工程分包

(1) 合同中争议的解决方式是选择仲裁,还是诉讼方式;如果选择仲裁,双方是否达成一致意见。

(2) 如果选择仲裁方式,双方当事人各自选择了哪家仲裁机构。

(3) 如果选择诉讼方式,是否约定有管辖权的人民法院。

(4) 分包的工程项目是否经发包人同意;分包单位有无将其承包的工程再分包现象。

(5) 有没有指定分包商,如果有,指定分包商与谁签订分包合同;如何加强对指定分包商的监督管理;指定分包商违约,双方当事人要承担什么样的责任。

(6) 双方当事人在什么样的情况下可以终止合同,合同终止后的后果如何。

通过对合同条款的检查,如果发现工程施工合同中存在不完备、不合法的情况,需要补充新条款或哪条、哪款需要细化、补充或修改,应当及时与被审计单位沟通,争取通过合同谈判另行订立合同补充条款。

【案例 6-1】 某工程类别重新核定合同价格是否调整案例

(1) 案例背景

某机场航站楼工程,总建筑面积为 31 305 m^2,由地上二层、局部地下一层组成,其中,地下建筑面积 2 923 m^2,地上面积 28 382 m^2,建筑物檐口高度 21.30 m。批复后的初步设计概算工程费用为 30 308.02 万元。

考虑到工期等因素,该项目对工程的地下工程和地上工程分别公开招标,咨询单位在编制招标控制价时,按照《江苏省建设工程费用定额》(2014 年)"三、工程类别的划分"的规定,"单独地下室工程按二类标准取费,如地下室建筑面积≥10 000 m^2 则按一类标准取费"。由于地下建筑面积为 2 923 m^2,因此,地下工程按二类工程进行了招标控制价编制,地上工程对照公共建筑的类别标准,也将工程类别划分为二类工程。在该项目招投标答疑阶段,所有投标单位均未对此提出异议。两个工程分别由两家施工企业中标施工。

在实际施工时,施工单位提出了工程类别问题,认为该工程应按一类工程计算,要求核定航站楼的工程类别。审计单位经请示业主,组织召开了一次专题认证会,邀请工程造价领域专家学者参与认证。专家学者经核定后认为航站楼属于特殊工程,在确定工程类别时,应按照《江苏省建设工程费用定额》(2014 年)的说明"对于工程施工难度很大的(如建筑物造型、结构复杂采用新的施工工艺等),以及工程类别标准中未包括的特殊工程,如展览中心、影剧院、体育馆、游泳馆等,由当地工程造价管理机构根据具体情况确定,报上级造价管理机构备案"执行。根据该工程的实际情况,将该工程核定为一类工程。

该工程顺利通过竣工验收,在竣工结算时施工单位提出工程类别应调整为一类工程,结算时应当计取一、二类工程费率的差价。

(2) 案例分析

审计单位在审计时首先审查本工程施工合同,通过审查发现两份施工合同中均约定合同价款的方式为固定综合单价合同。同时,合同中对合同价款的调整范围也进行了约定:政策性调整;不可抗力;设计变更或招标人要求变动的内容;苏建价〔2008〕67 号文件中规定的建筑材料调整内容。根据《建设工程工程量清单计价规范》(GB 50500—2013)2.0.11 条对单价合同的定义:"发承包双方约定以工程量清单及其综合单价进行合同价款计算、调整和确认的建设工程施工合同。"《建设工程工程量清单计价规范条文说明》规定,"合同约定的工程价款中所包含的工程量清单项目综合单价在约定条件内是固定的,不予调整,工程量允许调整。工程量清单项目综合单价在约定条件外,允许调整,调整方式、方法应在合同中约定。"

招标控制价是在工程发包的过程中,由招标人根据国家或省级、行业建设主管部门颁发的有关计价依据和办法,按设计施工图纸计算的,对招标工程限定的最高工程造价。

招标控制价的编制,应根据国家或省级、行业建设主管部门颁发的有关计价依据和办法进行编制。投标人的投标报价,不能高于招标控制价。

招标控制价是公开的,投标人对招标人公布的招标控制价有异议时,应当在规定的时限内向招标人书面提出,招标人应当及时核实。经核实确有错误的,招标人应当调整招标人最高限价即招标控制价。

基于上述分析,审计单位认为,本工程为固定单价合同,本项目如在结算时按一类工程费率调整,实际上就是调整综合单价。按照施工合同的约定,除合同约定的可调整的内容,其他情况下,综合单价是不可以调整的。对比施工单位提出的因定额站核定后的工程类别,与招投标时招标控制价的工程类别不同而涉及的综合单价调整,显然不在合同约定的上述四条的调整范围内,故不应调整。

同时,中标单位的投标价即合同价是其自身报价的结果,控制价仅仅是最高限价。投标价是由投标人按照招标文件的要求和招标工程量清单,根据工程特点,并结合自身的施工技术、装备和管理水平,依据有关计价规定自主确定的工程造价,是投标人希望达成工程承包交易的期望价格,它不能高于招标人设定的最高投标限价,即招标控制价。并且,在招投标过程中,各投标单位对招标文件及其招标工程量清单和招标控制价进行过答疑,所有投标单位均未对工程类别的问题提出异议。

维护招投标过程中的公开、公平、公正原则。各投标单位在该项目的招投标时,面临的是同一个标准,即统一的招标文件及其招标工程量清单和招标控制价。如果在工程结算时对工程类别进行改变,实际上是改变了招标文件及其招标工程量清单和招标控制价。这违反了《中华人民共和国招标投标法》第四十六条的规定,"招标人和中标人应当自中标通知书发出之日起三十日内,按照招标文件和中标人的投标文件订立书面合同。招标人和中标人不得再行订立背离合同实质性内容的其他协议"。同时,这种中标后再改变合同价款的做法对其他未中标的投标单位也不公平。

因此,本工程类别应属于一类工程,但本工程已完成招投标程序,合同价已确定,甲乙双方已完成"要约"和"承诺",是否调整综合单价,应按照施工合同相应条款的约定及政府有关文件执行。合同中约定是固定单价合同,工程类别的调整仅仅是造价管理部门根据工程实际情况对原工程类别重新进行核定,原工程规模并未发生变化,因此,该核定既不属于政策性调整,也不属于设计变更或招标人要求变动的内容,更不属于不可抗力及苏建价〔2008〕67号文件中规定的建筑材料调整内容。因此,应按合同条款执行,故不同意调整综合单价。

注:《建设工程工程量清单计价标准》(GB/T 50500—2024)将自2025年9月1日起实施,原《建设工程工程量清单计价规范》(GB 50500—2013)同时废止。《建设工程工程量清单计价标准》2.0.6条规定,"单价合同在约定范围内合同单价不做调整"。

【案例6-2】　某工程结算合同争议的案例分析

(1) 案例背景

某拆迁安置区工程规划建筑面积为10万m^2,建设内容包括20栋多层和高层住宅、1栋幼儿园用房、2栋商业办公楼、1座地下人防等以及附属的公共配套设施工程、公共基础设施工程,工程建设预算总投资16 802.16万元。本项目由某区建设局(以下简称委托人)委托其他市某大型房地产公司代建(以下简称代建人),项目于2007年11月30日开工,2009年10月竣工交付使用。

2009年12月代建人向委托人报送了本项目结算,并按照委托人的要求陆续于2010年3月、10月补充了签证、竣工图纸及安全文明施工措施费核定单等资料。委托人收到代建人报送的本项目结算书及补充资料后,委托某审计单位进行审核。审计单位按照相关法规、咨询作业操作规程、咨询合同的规定和要求组织专业人员对提供的结算资料进行审核,并于2010年10月22日向委托人报送了该项目结算的初步审核意见。

(2) 争议焦点

审计单位提交给委托人的初步审核意见中认为委托代建合同不应当调整"政府政策性价格调整及材料价格上涨风险"发生的相关费用,代建人与审计单位产生理解分歧。

代建人提出的"拆迁及阳光权阻挠问题索赔"的费用210.47万元,审计单位依据委托代建合同予以核减。代建人认为此项费用的增加是委托人责任,应当予以补偿代建人的相应损失。

审计单位依据委托人提供资料中的代建人在当地工程造价管理机构办理的临时计价手册中核定的劳保统筹费费率(土建工程1.6%)核减了其与代建人送审结算中计算的劳保统筹费费率(2.96%)之间的差额。代建人认为该费用应当按照合同约定计取,不应当按照临时计价手册中核定的劳保统筹费费率计算。

(3) 问题分析

① 合同价款调整

关于代建人因“政府政策性价格调整及材料价格上涨风险”提出的调整合同价款要求,审计单位认为按照该项目委托代建合同的相关条款约定,就代建人报送的结算送审资料而言,其因“政府政策性价格调整及材料价格上涨风险”要求调整合同价款980.62万元的支持依据不充分。代建人认为应当调整的依据是江苏省建设厅文件苏建价〔2008〕66号和〔2008〕67号。而这两份文件均明确规定“合同有约定时,按照约定处理”。在该项目委托建设合同的第13.1.3款中明确约定合同价款中包括的风险范围执行招标文件第四章“投标报价”的规定,即“投标人应充分考虑现场条件、施工期间各类建材的市场风险和政策性调整确定风险系数计入报价。除招标人确认的工程变更并经招标人签证,其余工程项目价款不作调整”。在委托建设合同的第13.1.5款又约定:“委托人提出的超出委托建设合同约定的范围、内容、建设标准的工程变更或施工图设计文件审查后,国家及地方政府建设标准调整导致工程变更,按第五章约定调整合同价款;国家和地方政府政策性价格调整,从其规定调整合同价款”。所以,根据本项目委托代建合同的约定及江苏省建设厅文件苏建价〔2008〕66号和〔2008〕67号的规定,审计单位认为,委托代建合同已经对“施工期间各类建材的市场风险和政策性调整”进行了约定,其中委托建设合同的第13.1.3款是针对合同内该类风险的约定,委托建设合同的第13.1.5款是针对超出委托建设合同约定范围、内容、建设标准的工程变更或施工图设计文件审查后,国家及地方政府建设标准调整导致工程变更的该类风险的约定。

代建人认为委托建设合同第13.1.5款约定“国家及地方政府政策性调价,从其规定”。此条款是在合同洽商时,考虑合同工程施工期正值我国基本建设规模膨胀,物价特别是建设工程人工费、主要工程材料及设备价格呈极不稳定的上涨趋势,苏建价66号、苏建价67号即将出台的背景下,合同双方经多次艰难而坦诚的谈判协调达成的合同风险范围以外的调价专用条款(事实上此条款的达成是代建合同能协调一致订立的决定性因素),其真实意思表达的是依据国家及地方政府政策性调价文件,调整合同价款。由于此合同条款在文字表达上让审计单位产生了理解歧义,致使双方产生了实质性争议。事实上,本合同工程代建期间,人工费、主要工程材料价格大幅上涨,钢材价格涨幅在40%以上。代建工程主体工程开工时,省政府66号、67号调价文件即发布施行。代建单位基于对合同双方洽商一致订立的代建合同的信心,在许多施工企业因不堪承受涨价压力而停工的情势下,以项目建设大局为重,不拖延不停工,顶住物价高涨压力,超计划投入资金,按计划完成了代建合同工程建造,同时也因资金成本的大幅度提高而承受了巨大损失。

审计单位根据代建人提交的新的书证材料,即委托人确认合同中关于“国家及地方政府政策性调价,从其规定”是针对整体项目。审计单位就此向委托人提出给予澄清和解释并向建设工程造价管理机构进行咨询。委托人的合同签订代表在随后的工程结算审核协调会议上做了澄清说明,即合同中“国家及地方政府政策性调价,从其规定”表述的真实意思是对于该项目,而不是当前合同中只是调整变更部分,合同的描述确实存在与真实意思的偏差。委托人的合同签订代表同时出示了合同签订时双方协商的原稿、函件和备忘等材料。建设工程造价管理机构建议合同双方本着实事求是的原则协商解决该工程中的政策性调价争议。

委托人与代建人按照建设工程造价管理机构的意见，本着实事求是的原则就该事件的原委进行了回顾和澄清，同时听取了审计单位的意见，协商确定了该事项的调整办法。按照协商一致的调整办法，审计人员对该事项涉及费用进行了审核，其中人工费调整部分核减3.56万元，材料调差部分核减218.29万元。

② 拆迁及阳光权阻挠问题索赔

代建人提出了“拆迁及阳光权阻挠问题索赔”，索赔费用为210.47万元。审计单位对此不予审核确认，认为在招标文件的第四章第17.2款中，招标人明确要求：“投标人到现场实地勘踏，应充分了解工地的位置，场地地形地貌、情况、道路、储存空间、装卸限制、公用事业工程管线接入排出条件及任何其他足以影响承包价的情况，任何忽视或误解建设项目情况而导致的工程变更、索赔或工期延长等将不获得批准。”在第十章第31.1款第1项中招标人又明确表明：“规划建设用地为招标人拆迁的现状，场地平整、河塘回填、场地标高与室外设计标高偏差导致的土方填筑或挖方工程为合同范围内工作，投标人应踏勘现场，自主报价。”在委托代建合同第四章委托人责任中，双方约定委托人因合同第15.3款约定履行义务导致工期延误，顺延延误的工期。审计单位同时认为代建人提出的该项索赔要求没有充分的书面证据证明其因“拆迁及阳光权阻挠问题”发生的损失是由委托人未适当履行合同义务或未实践承诺而造成的，而且其索赔金额的计算没有明确的计算方法。经过数次结算审核沟通和协调，因代建人始终不能提供进一步的有效证明材料，审计单位和委托人一致认为在没有证据证明的情况下，代建人的此项索赔请求不能予以认可。代建人因其自身原因所致的证据不充分而不得不放弃了该费用的索赔。

③ 劳保统筹费核减的争议

代建人认为委托代建合同是其与委托人在平等自愿的基础上依法签订的。合同约定的该项目结算方式为：结算总价＝审计确认的总计价面积×合同价（1 717.97元/m^2）－标底未实施项目－招标人费用＋审计确认的招标人费用＋委托人审计确认的工程变更价，其中合同价1 717.97元/m^2是固定综合单价，招标人费用为安全文明施工措施费的考核费及电梯的费用，合同未约定劳保统筹费为可变费用。审计单位依据的只是建设工程造价管理机构在委托人临时计价手册核定的劳保统筹费费率，该核定费率与该项目合同之间没有必然的联系。核定费率是缘于代建人同时具有建设工程总承包资质，若作为施工企业在该项目工程所在地从事建安工程的施工任务，应当按照建设工程造价管理机构核定的劳保统筹费费率计算劳保统筹费。而代建人在该项目上不是直接的承包人或总承包人，是委托人通过招标的方式选择的以房屋开发资质负责该项目投资管理和建设组织实施工作，并将项目建成后交付委托人的具有项目建设阶段法人地位的项目建设管理单位。承包人负责工程项目的建造，只对工程质量、安全、工期、造价全面负责，不具备项目法人地位，不行使项目法人权利，无须承担相应责任。而且代建人依照委托代建合同通过公开招标确定的单体项目的承包人（多为工程所在地施工企业）结算时是按照其提供的计价手册核定的费率计算的。

审计单位针对该事件专门咨询了省市建设工程造价管理机构的专家，专家认为结算审核应以合同合法的约定为依据，合同价格的确定是基于投标报价的，应当按照合同定价中该费率的约定执行。不违背法律规定或者法律明令禁止的行为都是合法行为，合理的主张应当予以支持。审计单位仔细研究了代建人的陈述意见，并对合同价中该费率的计取标准进行分析和测定,代建人劳保统筹费的报价是依据委托人编制的该项目标底确定的费率2.96%计算的。审计单位将争议调研澄清的过程向委托人做了报告并提出了同意按照合同约定的费率计算劳保统筹费的意见。

6.6 委托监理合同的审计

工程监理合同审计应检查工程监理合同当事人双方及建设单位与监理单位之间的权利义务划分是否明确、公平、合理。委托监理合同审计主要包括以下内容:

(1) 检查监理公司的监理资质与建设项目的建设规模是否相符。

(2) 检查合同是否明确所监理的建设项目的名称、规模、投资额、建设地点。

(3) 检查监理的业务范围和责任是否明确,特别是监理工程师与甲方代表的工作范围和责任的划分是否清晰。

(4) 检查现场监理人员的配备,包括总监、专业监理工程师和监理员的资格、数量、专业结构是否满足工程建设的需求。

(5) 检查委托监理合同中是否明确监理工程师的权利,包括开工令、停工令、复工令的发布权,工程施工进度的检查、监督权,工程质量的检查、监督和否决权,工程分包人的认可权,工程款支付的审核和签认权以及工程结算的复核确认权与否决权等;对这些权限合同中是否有特别的限定。

(6) 检查监理报酬的计算方法和支付方式是否符合有关规定。

(7) 检查合同中是否明确规定有权要求监理人提交监理工作月报、监理业务范围内的专项报告,以及工程竣工验收资料,时间要求是否明确。

(8) 检查合同有无规定对违约责任的追究条款。

6.7 设备和材料采购合同的审计

工程设备或材料采购合同,是指具有平等主体的自然人、法人、其他组织之间为实现工程设备或材料买卖,设立、变更、终止相互权利义务关系的协议。依据协议,出卖人转移工程设备或材料的所有权于买受人,买受人接受该项工程设备或材料并支付价款。

工程项目建设阶段需要采购的工程设备和材料种类繁多,合同形式各异,但根据合同标的物供应方式的不同,可将涉及的各种合同大致划分为物资设备采购合同和大型设备采购合同两大类。物资设备采购合同,是指采购方(业主或承包人)与供货方(供货商或生产厂家)就供应工程建设所需的建筑材料和市场上可直接购买定型生产的中小型通用设备所签订的合同;而大型设备采购合同则是指采购方(通常为业主,也可能是承包人)与供货方(大多为生产厂家,也可能是供货商)为提供工程项目所需的大型复杂设备而签订的合同。

工程设备和材料采购合同审计主要包括以下内容:

(1) 检查采购是否按照公平竞争、择优择廉的原则来确定供应方。

(2) 检查采购合同中设备和材料的规格、品种、质量、数量、单价、包装方式、结算方式、运输方式、交货地点、期限、总价和违约责任等条款规定是否齐全。

(3) 检查对新型设备、新材料的采购是否进行实地考察、资质审查、价格合理性分析及专利权真实性审查。

(4) 检查质量要求和技术标准是否完整,是否满足工程建设需要。

(5) 检查合同内约定产品数量时,是否写明订购产品的计量单位、供货数量、允许的合理磅差范围和计算方法。

(6) 检查合同中设备和材料的采购采用何种供应方式,是否能够满足工程建设需要。

(7) 检查合同中对采购的设备和材料的供应期限是否有明确的规定,是否能够满足工程建设需要。

(8) 检查合同中对采购的设备和材料验收规定包括验收依据、验收内容和验收方式是否完整具体。

(9) 检查合同有无规定对供应方违约责任的追究条款。

(10) 检查采购合同与财务结算、计划、设计、施工、工程造价等各个环节衔接部位的管理情况,是否存在因脱节而造成的资产流失问题。

6.8 工程合同履行的审计

1) 工程合同履行的审计

在工程审计时,审计人员还必须对工程合同的履行情况进行跟踪审计,工程合同履行的审计主要包括以下方面:

(1) 检查工程合同当事人双方是否按照合同约定全面、真实地履行合同义务。

(2) 检查合同履行前是否通过合同交底落实合同责任。

(3) 合同签订情况评价。包括:预定的合同战略和策划是否正确,是否已经顺利实现;招标文件分析和合同风险分析的准确程度;该合同环境调查、实施方案、工程预算以及报价方面的问题及经验教训;合同谈判中的问题及经验教训,以后签订同类合同的注意点;各个相关合同之间的协调问题等。

(4) 检查合同执行情况。包括:合同执行战略是否正确,是否符合实际,是否达到预想的结果;在本合同执行中出现了哪些特殊情况,应采取什么措施防止、避免或减少损失;合同风险控制的利弊得失;各个相关合同在执行中协调的问题等。

(5) 合同偏差分析。包括在合同履行中出现了哪些差异,差异的原因是什么,应该谁对此承担责任;采取了哪些措施,执行效果如何。

(6) 合同管理工作评价。这是对合同管理本身,如工作职能、程序、工作成果的评价,包括:合同管理工作对工程项目的总体贡献或影响;合同分析的准确程度;在投标报价和工程实施中,合同管理子系统与其他职能的协调问题,需要改进的地方;合同控制中的程序改进要求;索赔处理和纠纷处理的经验教训等。

2) 工程合同变更的审计

由于工程合同履行时间长,不确定影响因素多,因此,合同实施状态很容易与合同订立状态产生偏差,从而导致变更。合同变更包括合同条款的变更、合同主体的变更和工程变更,其中最常见、发生最频繁的是工程变更,即根据合同约定对施工程序、工程数量、质量要求及标准等做出的变更。

工程合同变更的审计主要包括以下内容:

(1) 工程变更的原因分析,包括:发生了哪些变更,变更产生的原因是什么,谁应该对此承担责任。

(2) 工程变更的程序执行检查,包括:工程变更是否按照合同约定程序进行,是否有违法违规现象等。

(3) 工程变更的影响分析,包括:工程变更对工程合同的履行(进度、质量和投资等)产生何种影响。

(4) 变更执行情况检查,包括:变更是否为必需的;是否设定不同层级负责审批不同金额范围的变更项目的制度;工程变更是否可控等。

(5) 检查合同变更后的文件处理工作,有无影响合同继续生效的漏洞。

3) 工程签证与索赔审计

工程施工中签证内容不清楚、程序不规范、责权不明确是造成工程结算扯皮、工程造价不能得到有效控制的重要原因。因此,必须加强工程签证管理。工程签证与索赔审计的重点是:

(1) 审查合同专用条款中是否明确有效签证的认定原则,工程变更签证的约定条款是否得到有效执行;

(2) 审查签证单上是否有业主、监理工程师、承包人等相关方的签字和盖章,签字人是否具备签字权限,签证单是否在规定时间提交;

(3) 审查签证事宜是否真实,资料是否完整、准确、客观,签证事宜描述是否将事由发生的原因及事实真相表述清晰,责任划分是否合理;

(4) 审查工程变更签证事项是否执行已有的合同单价,新增单价是否符合有关规定,是否符合当期市场价格;

(5) 审查索赔的期限和程序是否符合合同约定;

(6) 审查索赔事件中对双方当事人责任的划分是否明确、合理,索赔的依据是否充分;

(7) 审查索赔证据是否有效、真实、客观、全面,证据与索赔事件是否具有关联性;

(8) 审查索赔值的计算是否准确、合理;

(9) 审查索赔与反索赔事件的处理是否合法合规与合理。

4) 终止合同的审计

(1) 检查合同终止的要件是否达到;

(2) 检查终止合同的报收和验收情况;

(3) 检查最终合同费用及其支付情况;

(4) 严格检查合同资料的归档和保管,包括合同签订、履行分析、跟踪监督以及合同变更、索赔等一系列资料的收集和保管是否完整。

【案例 6-3】 某竣工结算审计案例

1) 案例背景

承包商与业主签订工程施工合同,合同中约定采用固定单价合同,在合同履行过程中出现了大量的变更，期间又遇到人工费大幅上涨。竣工验收结束后，承包商按照约定向业主提交竣工决算报告，业主也按照事先双方的约定，委托某造价审计单位进行审核决算。审计单位经过审核，出具了一份工程造价审核定案单，对承包商提交的竣工决算报告提出以下审计意见：

(1) 对承包商在竣工结算书提出的人工费调整问题予以否决。由于本合同采用固定单价合同，合同中没有特别约定人工费上涨相关费用可以调整，经调查，双方当事人也未就此达成一致意见，故竣工决算时人工工资不予调整。

(2) 在竣工结算书中承包商对工程变更内容申请价格调整，并提供了签证单。经审核，其中一部分签证单并未得到业主方签字认可，承包商也未提供其他证据材料，故该部分签证单因证据不足而不能获得补偿。另外，通过比对发现，一部分签证单是在工程变更14天以后，承包商才提交变更工程价款报告。施工合同文本第31.2条规定，"承包人在双方确定变更后14天内不向工程师提出变更工程价款报告时，视为该项变更不涉及合同价款的变更"。因此该部分签证单因不涉及合同价款的变更而无须调整合同价款。

(3) 经审核，承包商与业主共同签证的材料价格与市场实际价格不符，故材料价格应当按照实际市场价格重新计算。

承包商对审计单位提出的审计意见持有异议，故拒绝在工程造价审核定案单上签字盖章，但审计单位还是出具了工程造价审核报告。

2) 案例分析

现对审计单位出具的工程造价审核定案单进行以下分析：

(1) 人工费调整，审计单位对该问题的处理是正确的。因为采用固定单价合同，合同中未约定人工费上涨合同价款可以调整，双方当事人也未就此达成一致意见，故人工工资不应调整。如果承包商确实因此遭受重大损失，可以根据《民法典》规定，向法院提出申请，请求变更合同。

(2) 工程签证单。这里要注意以下问题：

① 对于未获业主方签字认可的签证单，审计单位的处理也是正确的。根据最高人民法院颁布的于2021年1月1日起施行的《最高人民法院关于审理建设工程施工合同纠纷案件适用法律问题的解释(一)》第二十条规定："当事人对工程量有争议的，按照施工过程中形成的签证等书面文件确认。承包人能够证明发包人同意其施工，但未能提供签证文件证明工程量发生的，可以按照当事人提供的其他证据确认实际发生的工程量。"该部分签证单需要承包商进一步提供证据。由于承包商也未提供其他证据材料，如设计变更通知、监理工程师指令、会议纪要、工程合同双方当事人往来函件、影像资料等，因此，承包商的签证单因缺少证据而无法获得补偿。

② 对于承包商在工程变更14天以后才提交变更工程价款报告，可以分两种情况考虑：其一，承包商提交的变更工程价款报告未获得业主方签字认可，根据施工合同文本第31.2条规定，可以认定该部分签证单因不涉及合同价款的变更而无须调整合同价款。其二，虽然承包商在工程变更14天以后才提交变更工程价款报告，但该报告获得业主方签字认可，根据合同自由原则，只要双方当事人的约定没有违反法律行政法规的强制性规定，该约定应当有效。所以只要是得到业主方签字认可的签证单可视为补充合同，只有法院才有权认定合同无效，因此，审计单位无权否决双方当事人达成一致意见的工程签证单。关于工

程审计的法律效力详见第一章第四节“工程审计的法律效力”相关内容。

如果工程签证单对工程量和价格均做了明确约定,此时作为双方认可的补充合同,审计单位无权予以否决。因此,对于承包商来说,在填写签证单时尽可能明确约定工作内容、工程量和价格;而对于业主来说,如果自身的专业水平和业务能力不够,在工程签证单上签署意见时,最好加上“上述内容经审价人员审核确定后方可生效”,将工程签证单效力的确定权交给具有较高专业素养的审计单位,以防止因自己的疏忽造成承包商的高估冒领。

(3) 材料价格问题。根据《最高人民法院关于审理建设工程施工合同纠纷案件适用法律问题的解释(一)》第十九条规定,“当事人对建设工程的计价标准或者计价方法有约定的,按照约定结算工程价款”。承包商与业主经过市场调研共同询价而确认的材料价格即合同双方当事人对计价标准的约定,即使其价格与市场实际价格不符,也只能按照约定结算工程价款。因此,材料价格应当按照承包商和业主确定的价格进入结算总价。作为审计单位只能给业主方提出审计建议,将材料价格的询价过程纳入审计单位的监控范围,以保证材料价格合理真实可靠。

(4) 一般来说,只有当业主、审计单位和承包商达成一致意见并签字认可后,审计单位才会出具正式的审价报告。由于承包商对其出具的审计意见持有异议,也未在工程造价审核定案单上签字盖章,表明承包商并不认可该审价报告,因此该工程造价审核报告不能作为工程价款的结算依据。

【案例 6-4】 某装饰工程跟踪审计

1) 案例背景

某装饰工程施工面积约 7 500 m^2,经过招标投标,由某承包商承担该工程的设计和施工任务,主要施工内容包括:室内装饰、水电、智能化改造,合同计价方式为固定单价合同。在施工过程中业主委托了某审计单位对工程造价实施跟踪审计。承包商按照合同约定完成了施工任务并顺利通过竣工验收,承包商也按照约定在规定的时间提交了竣工结算资料,双方在施工过程和结算审核中对石材厚度及黑筋、签证点工、钢架镀锌、地面找平等隐蔽工程问题存在很大争议。

2) 争议焦点

(1) 装饰设计图纸中规定花岗岩的设计厚度为 20 mm,承包商在投标时提供的花岗岩样品也为 20 mm 厚,而在施工过程中审计单位发现承包商运至施工现场的花岗岩石材厚度不满足设计要求,经过现场测量,花岗岩石材板厚仅有 16 mm。审计单位会同监理单位下达整改通知,明确表示不允许使用该批花岗岩板材,要求施工方严格按设计图纸施工。承包商设计部门出具了补充设计文件说明,说明 16 mm 厚花岗岩石材不影响工程的质量和装饰效果。在竣工结算审计时,审计单位认为由于花岗岩石材实际厚度小于样品厚度,要求对此项材料价格在样品论价基础上进行相应调减,而承包商则称该石材属于机器切割,厚度不能保证完全一致,而且该花岗岩不影响工程的质量和装饰效果。因此,拒绝调减花岗岩价格。

(2) 审计单位在施工过程中发现花岗岩石材有破损、断裂和黑筋现象,于是会同监理单位一起多次督促承包商进行整改,并对存在质量问题的石材进行逐一清点,并下发质量整改通知单,要求更换不合格石材。而承包商只更换了部分断裂和破损的石材,对于花岗岩石材表面出现的黑筋现象，承包商认为黑筋是天然石材本身纹路所致，并以此为由拒绝更换出现黑筋的花岗岩石材。

(3) 在结算审核过程中对于签证中的点工单价存在争议。由于工程施工时间为2024年2月到4月，审计单位根据苏建函价〔2023〕391号文件要求按123元/工日进行点工计算，而施工方则强调现行市场人工价格远远高于文件价格，因此，要求按150元/工日进行计算。

(4) 在施工过程中，审计单位在对隐蔽工程进行检查时发现墙面干挂石材的骨架均为普通钢架刷防锈漆，与招标控制价中项目特征描述的镀锌钢架不符。因此，审计单位在结算审核时据实进行了调整。而承包商则以合同计价方式为固定单价为由拒绝调减。

(5) 在竣工结算审核时，审计单位在查看隐蔽工程资料时发现，楼地面水泥砂浆找平隐蔽工程资料未注明实际厚度，而竣工图纸均写明找平80 mm。审计单位在施工现场进行跟踪审计时实际测量会议室、接待区和走道找平厚度均不同。因此，审计单位结算审核时按实进行了调整。而承包商则以竣工图纸标明找平厚度为80 mm厚为由拒绝调减。

3) 争议处理

(1) 花岗岩石材厚度

① 由于招标投标时花岗岩石材定价的依据是承包商提供的石材样品，该样品厚度为20 mm，即按照20 mm花岗岩石材板厚作为定价依据。而现场实际使用的花岗岩石材厚度均为16 mm，违背了招标投标时定价的基础依据。同时，承包商设计部门出具的补充设计文件说明可视为设计变更文件，根据施工合同约定，当出现设计变更，固定单价应当进行调整。因此，应当按照施工合同约定调减价格。

② 为了使花岗岩石材定价更加合理，审计单位和业主一起进行了市场调研，了解到成品花岗岩石材的出货步骤，即开采→形状切割→厚度切割→大板切割→小板切割→抛光处理等。在形状切割完毕后进行厚度切割时，根据切割的厚度不同，材料的利用率是不同的。例如形状切割后的石材厚度是100 mm，其原材料价格是固定的。在进行厚度切割时，如果按20 mm厚度标准则可以切割为五块标准花岗岩板材，而若按25 mm厚度标准则只能切割为四块标准花岗岩板材。因此，花岗岩石材厚度不同，石材价格显然存在差异。

最终通过与业主、承包商等各方进行协商谈判，确定该花岗岩石材最终结算价格统一在原定价基础上降低10%。

(2) 花岗岩石材板面黑筋问题

① 由于招标投标时花岗岩石材定价的依据是承包商提供的石材样品，而承包商提供的石材样品质地均匀、纹理自然，并未出现黑筋现象，因此，花岗岩石材定价依据是石材无黑筋。而在跟踪审计时发现现场使用的花岗岩石材有部分存在黑筋现象，违背了定价的基础依据，如果承包商不按照样品的标准进行更换，审计单位有权对不符合样品要求的石材价格进行调减。

② 通过市场调研，从石材供应商处了解到由于装饰工程特别注重装饰效果，因此，成品石材出货前采购者会按照设计图纸要求进行石材实地挑选，质地均匀、纹理好的石材与有黑筋、有瑕疵的石材价格差异较大。对于客户挑选剩下的有瑕疵的产品一般有两种处理方法：一是降价处理，二是返厂回收。由此可见，有黑筋的石材属于劣质石材，其质量和价格必然有别于承包商提供的样品。

③ 装饰工程不同于其他工程,如果使用有瑕疵的石材注定会影响装饰效果,尤其是高档装饰工程,对于装饰效果要求非常高,如果产品本身满足不了装饰效果,这必然会影响装饰工程的质量,降低工程本身的内在价值。

最终在业主、监理单位和审计单位的督促下,承包商对有黑筋的花岗岩石材全部进行了更换,进一步保证了工程的装饰效果。

(3) 点工单价问题

① 经审计单位实际市场调研,确定在该工程施工期间即2024年2月到4月,本地区市场装饰人工单价为250～350元/工日。

② 由于签证点工在结算清单中均以独立费形式列出,不计取管理费和利润,文件中123元/工日与市场实际点工单价确实存在一定差距,本着求真务实的原则,审计单位主持召开一次专题协调会议,与建设各方充分沟通。考虑到本工程属于装饰工程,施工工艺较为复杂,同时本工程属于本市形象工程,工期急,任务重,因此,本着实事求是的原则,各方协商一致,最终确定签证用工数量×2.0系数,单价执行文件价格不变。

(4) 钢架固定单价问题

① 在施工期间,在施工现场就钢架问题,审计单位与承包商签署了该工程隐蔽工程的审核核对纪要,双方均签字确认,施工方也承认该部位使用的是普通钢材加刷防锈漆。这是结算审核的一个客观存在的依据。

② 本工程施工合同为固定单价合同,合同价款采用固定单价方式确定,除出现设计变更,以及国家或地方政府发布政策性调整工程价格文件以外,均应当按照中标单位的投标单价办理竣工结算。因此,只有在设计变更和政策性调整这两种情况下才能对原投标单价进行修改。由于本工程投标施工图纸注明花岗岩石材干挂钢骨架采用5号镀锌角钢基层,而竣工图纸更改为5号角钢刷防锈漆三度。显然这构成了施工图纸设计变更,这与合同约定的单价调整范围完全吻合,最终按实将原招标控制价中5号镀锌角钢基层调整为5号普通角钢刷防锈漆三度,价格做了相应的调整。

(5) 楼地面找平层厚度问题

① 本工程施工合同为固定单价合同,当未出现设计变更和政策性调整时,单价固定,工作量按实结算。很多人都习惯按照竣工图纸进行计算,虽然竣工图纸是工程结算重要的组成部分,也是结算审核的重要依据,但是现在大多数竣工图纸都是承包商自己绘制的,很多承包商都在原设计施工图纸基础上进行了局部修改,和竣工现场并不能完全吻合。尤其是装饰工程,造型复杂,节点繁多,竣工图纸根本无法把每个楼层、每个房间的每个细部完全展现出来。另外,承包商竣工结算编制人员可能受本单位的利益驱动而高估冒算,这也会影响到竣工图纸的准确性。因此,对于审计人员来说,工作量按实结算的原则是按照施工过程中与承包商共同计量的实际数据为准,现场测量的实际数据真实度必定大于竣工图纸。

② 在与承包商进行竣工结算工程量核对过程中,审计单位出具了在施工期间对楼地面找平层进行测量的实地照片,照片显示各区域找平层厚度均不等:会议室为60 mm,接待室为50 mm,过道最厚处为85 mm,最薄处仅为45 mm。在事实面前,承包商最终同意按加权平均重新调整了找平层厚度。

【案例6-5】 某实验楼工程工期及费用索赔审计案例

1）案例背景

某中学实验楼新建工程总建筑面积18 359 m^2；地下一层，地上五层，高度23 m，主体采用现浇钢筋混凝土框架结构体系。

2022年11月进行公开招标，某承包商中标，12月签订施工合同，合同工期350天。承包商于2022年12月10日正式进场进行基础工程施工，至2023年6月30日，实验楼四层顶板混凝土浇筑已完成。2023年7月1日，由于城市道路雨污水管网改造，校外市政道路进行雨污水管网施工，工期2个月，期间道路进行封闭施工，只容许非机动车及行人通行。由于施工车辆无法进出，导致商品混凝土无法运进浇筑、脚手架钢管拆模后无法运出、基坑土方无法回填，对施工进度产生较大影响。承包人书面提出工期及费用索赔如下：

施工场地外市政道路封闭施工导致我方停工(2023年7月1日～2023年8月31日)，造成我方工期及费用损失。由于道路开通属于发包人工作范围，我方提出相关索赔如下：

(1) 工期索赔：相应顺延62天(2023年7月1日～2023年8月31日)

(2) 费用索赔：

人工窝工费：　90工日/天×120元/工日＝10 800元/天

机械：　塔吊1台班×1 500元/台班＝1 500元

钢筋切断机1台班×350元/台班＝350元

钢筋对焊机1台班×450元/台班＝450元

钢筋弯曲机1台班×250元/台班＝250元

混凝土搅拌机1台班×370元/台班＝370元

机械费用合计：1 500＋350＋450＋250＋370＝2 920(元/天)

盘扣式脚手架整体架体租赁的综合价为18元/(m^2・天)

租金合计：18 359×18＝330 462(元/天)(按建筑面积计算)

现场管理费：　21人×500元/(天・人)＝10 500(元/天)

合计：(10 800＋2 920＋330 462＋10 500)元/天×62天＝354 682元/天×62天＝21 990 284元

2）案例分析

(1) 该情况发生后，学校上级主管部门提出市政道路封闭施工属于不可抗力，应按照合同不可抗力条款处理。《民法典》第一百八十条规定，“不可抗力是指不能预见、不能避免且不能克服的客观情况”。不可抗力事件的不可预见性和偶然性决定了人们不可能列举出它的全部外延，不能穷尽人类和自然界可能发生的种种偶然事件，因此，当事人在签订合同时应具体约定不可抗力的范围。本工程施工合同在通用条款39.1条采用综合法进行约定：“不可抗力包括因战争、动乱、空中飞行物体坠落或其他非发包人、承包人责任造成的爆炸、火灾，以及专用条款约定的风、雨、雪、洪、震等自然灾害。”根据以上条款应可以判断市政道路封闭施工不属于合同约定不可抗力范围。

(2) 合同通用条款8.1“发包人按专用条款约定的内容和时间完成以下工作：……(3) 开通施工场地与城乡公共道路的通道，以及专用条款约定的施工场地内的主要道路，满足施工运输的需要，保证施工期间的畅通；……”说明保证施工期间道路畅通，满足施工运输需要属于业主工作范围。场外道路施工属于第三方原因引起,由此产生后果应由发包人承担。

3) 索赔的处理

审计单位会同监理单位对承包人提出的道路施工对工程所产生的费用及工期影响进行核实认定:

(1) 工期延误时间计算

该学校处于场外道路中间位置,该路施工时南北出入口封闭时间不同,根据审计单位与监理单位现场记录,该道路北出口封闭时间为7月1日,南出口封闭时间为7月14日,工程车辆在7月14日之前完全可以从道路南出口进行正常施工运输,故停运时间应从7月14日开始计算。同时在该道路施工阶段,学校负责人与市政部门进行积极协商,为降低对实验楼施工影响,市政单位先行施工学校到该道路北半段部分,预计8月15日上层沥青铺设后施工车辆即可以进出。根据以上情况计算,应确定车辆停运时间为31天。在此期间,施工现场留有少量工人进行模板脚手架拆除、腰梁下墙体砌筑工作,由于工程未完全停工,则不能将工期的延误天数等同为车辆停运的31天。经与监理单位商议,对该事件内施工单位已完成的拆模砌墙工程量进行统计,按照正常施工条件下所需时间进行预估为7天,测算工期延误天数为31−7=24(天)。

(2) 人工窝工费用计算

道路施工期间,承包方作为大型施工单位已将无法正常施工的班组调整到其他工地,未出现长时间的大量工人窝工情况,施工单位每天均按照90人上报窝工费用与实际情况不符,人工费建议考虑由于班组调换工地后再提价回请的费用增加。由于该部分费用无计算依据,只能依据市场行情与承包人进行商议,暂按60工日/天×80元/工日×24天=115 200元计算。

(3) 施工机械费用计算

施工塔吊、钢筋切断机等小型机具实际在此期间滞留于工地,现场塔吊、混凝土搅拌机为施工单位租赁的,建议按照租赁费进行计算。经过市场调研,现场所用的40型塔吊的租赁费用为1 200元/天,搅拌机的租赁费用为350元/天,切断机等小型机械为自有机械则按照机械停滞台班定额按台班费用的60%计算,总费用为:[1 200+350+(350+450+250)×60%]元/天×24天=2 180元/天×24天=52 320元。

(4) 周转材料费用计算

现场钢管与扣件等周转材料则根据现场情况,实际滞留于工地无法运出的部分按实计算工程量。经过市场调研,承包人确定租金价格与市场租赁费用相符,但综合价不应按建筑面积计算,而应按停工期间盘扣式脚手架搭设面积计算。经双方确认,停工期间脚手架搭设面积为6 120 m^2,故周转材料租金为6 120 m^2×18元/(m^2·天)×24天=2 643 840元。

(5) 管理费用计算

由于非承包人原因工期延长,致使承包人管理费不正常开支增加,承包人提出现场管理费索赔理由充分,应当额外增加费用。但承包人现场管理费索赔费用计算不够合理,费用过高,经过向跟踪审计人员及监理单位查证,承包人实际现场管理人员达不到21人,500元/(天·人)也较高。经过与业主及承包商协调,审计单位建议以承包人投标报价中管理费总价作为计算基础,按照合同工期计算每日分摊的管理费,再根据确定的延误天数,得出管理费支出总额:

1 555 945 元(投标管理费)/350 天(合同工期)×24 天(延误工期)=106 693.37 元

合计：115 200+52 320+2 643 840+106 693.37=2 918 053.37(元)

4) 审计结论

由于道路施工对本工程的材料运输、机械进出场产生影响，导致工程工期延误，承包人可以顺延工期 24 天，索赔工期核减 38 天；业主可补偿承包商的总费用支出约为 291.81 万元，索赔费用核减约 1 907.22 万元。

第7章 工程项目工程管理审计

7.1 概述

在项目建设过程中，相关参建单位应当依据国家和政府颁布的有关法律法规和行业规范，以及工程建设的有关设计合同文件，加强工程建设质量、安全和进度管理。

对工程建设质量、安全和进度的审计，首先，要关注工程质量、安全和进度内部管理制度的建立健全情况；其次，要对实体质量、相关管理措施等进行现场抽查。

除下列各节中对各专项管理工作的审计内容外，审计机构要统筹平衡各项管理目标之间的关系，根据工程建设需要，了解建设项目管理体系的建立情况，主要包括：

(1) 上级组织对建设项目管理单位的授权是否明确而充分，是否建立了恰当的目标考核机制并切实执行，建设目标是否明确、是否分解下达并进行了考核。

(2) 建设项目管理单位的组织结构是否能适应工程建设指挥需要，各部门分工是否清晰并相互衔接。

(3) 建设项目主要管理人员是否具备建设项目管理所需专业知识和管理经验，相关部门工作人员是否具备从事建设管理各有关专业工作的知识结构和背景，项目管理机构人力资源配置总体是否能满足项目建设高峰期管理需要。

(4) 是否根据建设项目特点建立并培育了适应工程所处行业、地域等特性和项目管理需要的管理文化。

(5) 是否建立了与建设承包合同模式相适应的甲乙方沟通机制，沟通是否及时、顺畅、充分。

对工程项目开展工程管理审计时，审计人员应当充分认识工程管理涉及专业多、参建单位多、外部影响因素多、突发情况多等复杂态势，与建设项目管理人员充分沟通，努力了解项目管理的架构、模式、方式和管理文化，必要时要对相关参建单位进行调查，以了解管理人员实施各项工程管理行为时所面临的环境和情势，并在此基础上做出专业判断。

对工程项目开展工程管理审计时，除应当对建设项目管理机构(业主)及其部门、人员实施的各项具体建设行为的有效性和效率性进行审计之外，还应当关注建设项目管理机构通过调配建设资源、落实建设计划、协调建设工作等方式，对项目勘察、设计、施工、供货、监理、咨询等参建单位履约提供产品或服务工作实施的组织和管理行为的有效性和效率性。

工程建设中出现因参建单位未能充分履约等各种外部原因影响工程建设目标实现的情况时，审计人员应当加以关注，并深入分析原因，判断是否存在建设项目管理机构工程管理能力不足、管理措施不当、管理效率不高导致对参建单位相关工作督导不足等问题。

7.2 工程项目工期管理审计

7.2.1 业务概述

工期计划就是为确保项目目标的实现所必须进行的工程活动，根据它们之间的内在联系及持续时间，用网络计划或横道图方法进行安排。

项目进度管理是指为实现按时完成项目工作所开展的项目专项管理工作，内容包括：项目活动分解与界定；活动排序和工时估算；编制进度计划和进度控制。

项目进度管理的目的是对建设项目进行计划、组织、协调、控制。项目进度管理是建设项目能否按期建成并投入使用的关键，也制约着工期、成本两大管理目标的实现。

7.2.2 审计目标和内容

1) 审计目标

(1) 核实工期管理资料的真实性和完整性

项目进度管理计划编制和执行以及项目进度款支付使用等环节各项进度管理工作应真实存在，各项关于项目进度管理记录资料应真实、完整。

(2) 确认工程进度是否满足合同要求，工期变更和索赔是否合理，审查进度计划编制是否以安全生产、厉行节约为前提，工程设计、施工进度、工程款到位、各类资源配置是否与进度计划相匹配；审查进度计划变更是否按规定程序通过相关部门审批，是否经济合理；审查进度款支付是否以实际完成工程量为依据，变更索赔日期和金额是否合理。

2) 审计内容

(1) 工程项目进度管理计划编制情况

工程项目管理单位进度控制的任务是控制整个项目实施阶段的进度，它包括设计前准备阶段的工作进度；设计工作进度；招标工作进度；施工前准备工作进度；工程施工和设备安装工作进度；工程物资采购工作进度；项目动用前的准备工作进度等。因此建设单位的项目进度计划编制质量对能否按期建成并投入使用至关重要。

对工程项目进度管理计划编制情况进行审计包括审查各合同文件、施工方案关于工期和项目进度的规定是否一致；是否建立了进度计划管理的体系和制度，进度计划编制是否以安全生产、厉行节约为前提，满足合同要求。

(2) 建设项目进度管理计划执行情况

项目进度计划控制，是指项目进度计划制定以后，在项目实施过程中，对实施进展情况进行的检查、对比、分析、调整，以确保项目进度计划总目标得以实现的活动。

进度管理计划执行情况的审计主要包括检查建设单位和监理进度检查报告、施工组织设计、各种进度管理计划、已完工工程量统计表等资料，审查进度计划的落实情况；审查计划变更的原因是否属实，变更后的进度计划是否合规、完整可行，进度计划变更是否按规定程序通过相关部门审批。

工程项目在实施过程中，审计人员需要对实际进度进行记录，并进行对比检查，一般进行进度对比的方法有：

① 横道图比较法

横道图比较法，是把在项目施工中检查实际进度收集的信息整理后直接用横道线并列标于原计划的横道线处，进行直观比较的方法。例如某工程项目基础工程的计划进度和截止到第 10 周末的实际进度如图 7-1 所示，其中双线条表示该工程计划进度，粗实线表示实际进度。从图中实际进度与计划进度的比较可以看出，到第 10 周末进行实际进度检查时，挖土方和垫层两项工作已经完成；支模按计划也应已经完成，但实际只完成 66.7%，任务量拖欠 33.3%；绑扎钢筋按计划应该完成 40%，而实际只完成 20%，任务量拖欠 20%。

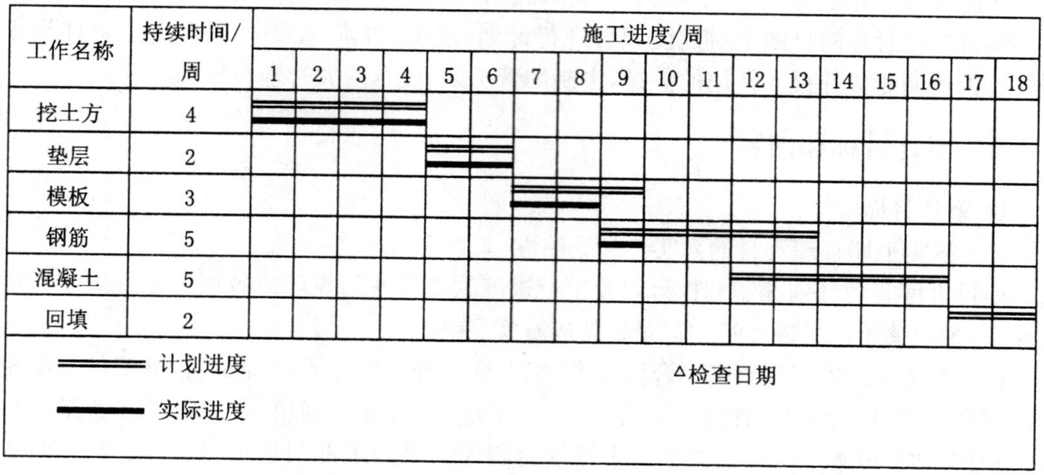

图 7-1 横道图比较法示例

横道图比较法又可分为以下几种方法：

i. 匀速施工横道图比较法

匀速施工是指施工项目实施过程中，每项工作的施工进展速度都是匀速的，即在单位时间内完成的任务量都是相等的，累计完成的任务量与时间呈直线变化。

匀速施工横道图比较法的步骤：

a. 根据横道图进度计划，分别描述当前各项工作任务的计划状况；

b. 在每一个工作任务的计划线上标出检查日期；

c. 将检查收集的实际进度数据，按比例用涂黑粗线标于计划进度刻度线的下方，如图 7-2 所示。

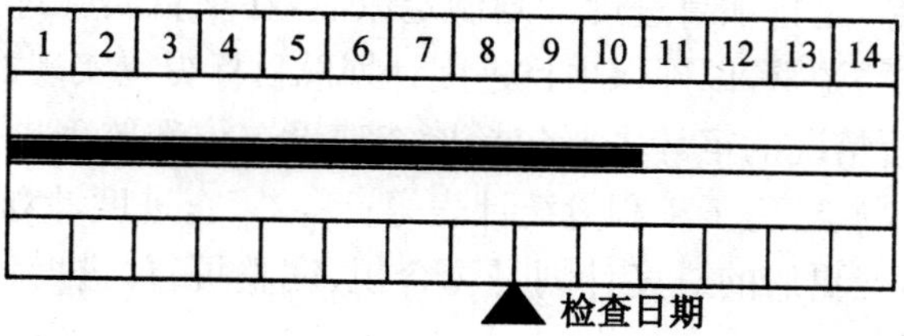

图 7-2 匀速施工横道图比较法

比较分析实际进度与计划进度：

◆ 涂黑的粗线右端与检查日期重合，表明实际进度与计划进度相一致；

◆ 涂黑的粗线右端在检查日期左侧，表明实际进度拖后；

◆ 涂黑的粗线右端在检查日期右侧，表明实际进度超前。

ii. 非匀速进展横道图比较法

当工作在不同的单位时间里的进展速度不同时，可以采用非匀速进展横道图比较法。该方法在标出工作实际进度的涂黑粗线同时，标出其对应时刻完成任务的累计百分比，将该百分比与其同时刻计划完成任务的累计百分比相比较，判断工作的实际进度与计划进度之间的关系。

◆ 当同一时刻上下两个累计百分比相等时，表明实际进度与计划进度一致；

◆ 当同一时刻上面的累计百分比大于下面的累计百分比时，表明该时刻实际施工进度拖后，拖后量为两者之差；

◆ 当同一时刻上面的累计百分比小于下面的累计百分比时，表明该时刻实际施工进度超前，超前量为两者之差。

a. 双比例单侧横道图比较法

双比例单侧横道图比较法是在工作的进度按变速进展的情况下，对工作实际进度与计划进度进行比较的一种方法。该方法在标出工作实际进度的涂黑粗线同时，在图上标出某对应时刻完成任务的累计百分比，将该百分比与其同时刻计划完成任务累计百分比相比较，判断工作的实际进度与计划进度之间的关系，如图 7-3 所示。

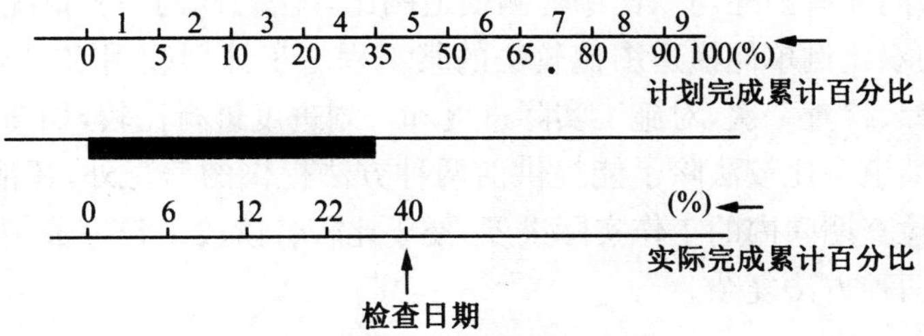

图 7-3 双比例单侧横道图比较法

双比例单测横道图比较法的步骤为：

◆ 编制横道图进度计划。

◆ 在计划横道线的上方标出各工作对应时点计划完成任务的累计百分比。

◆ 在计划横道线的下方标出工作的相应日期实际完成任务的累计百分比。

◆ 用涂黑粗线标出实际进度线，并从开工日标出，同时反映施工过程中工作的连续与间断情况。若实际进度横道线的起点在计划横道线起点的右侧，则表示实际晚开工，两端点之间的差距表示实际晚开工的时间。

◆ 对照横道线上方计划完成任务的累计百分比与同时间的下方实际完成任务的累计百分比，比较出实际进度与计划进度的偏差：

当同一时刻上下两个累计百分比相等时，表明实际进度与计划进度一致；

当同一时刻计划累计百分比大于实际累计百分比时，表明该时刻实际施工进度拖后，拖后的量为两者之差；

当同一时刻计划累计百分比小于实际累计百分比时，表明该时刻实际施工进度超前，超前的量为两者之差。

这种比较法不仅适合于施工速度在变化情况下的进度比较，同时除提供检查日期进度比较情况外还能提供某一指定时间两者比较情况的信息。

b. 双比例双侧横道图比较法

双比例双侧横道图比较法也是在工作的进度按变速进展的情况下，对工作实际进度与计划进度进行比较的一种方法。双比例双侧横道图比较法是双比例单侧横道图比较法的改进和发展，它将表示工作实际进度的斜阴影线，按检查的期间和完成的累计百分比交替地绘制在计划横道线上下方，其长度表示该时间内完成的任务量。将工作的实际完成累计百分比标于横道线下面的检查日期处，工作的计划累计完成百分比标于横道线上方，通过上下相对的两个百分比的比较，判断该工作的实际进度与计划进度之间的关系。这种比较方法从各阶段的斜阴影线的长度看出各期间实际完成的任务量及从上下相对的两个百分比看出本期间的实际进度与计划进度之间的关系。

双比例双侧横道图比较法的步骤为：

◆ 编制横道图进度计划；

◆ 在计划横道线的上方标出各工作对应时点计划完成任务的累计百分比；

◆ 在计划横道线的下方标出工作的相应日期实际完成任务的累计百分比；

◆ 用斜阴影线分别在横道线上方和下方交替地绘制出每次检查实际完成的百分比；

◆ 比较实际进度与计划进度，即通过标在横道线上下方的两个累计百分比，比较各时刻的两种进度偏差，同样有上述与双比例单侧横道图比较法相同的三种情况。

同样，将采用双比例单侧横道图比较法的某工程施工计划改用双比例双侧横道图比较法，实际施工时每天检查一次，对施工实际进度和计划进度进行比较，如图 7-4 所示。

双比例双侧横道图比较法除了能提供前两种方法提供的信息外，还能用各段涂黑粗线长度表示在相应检查期间内的工作实际进度，便于比较各阶段工作完成情况，但是其绘制方法和识别都较前两种方法复杂。

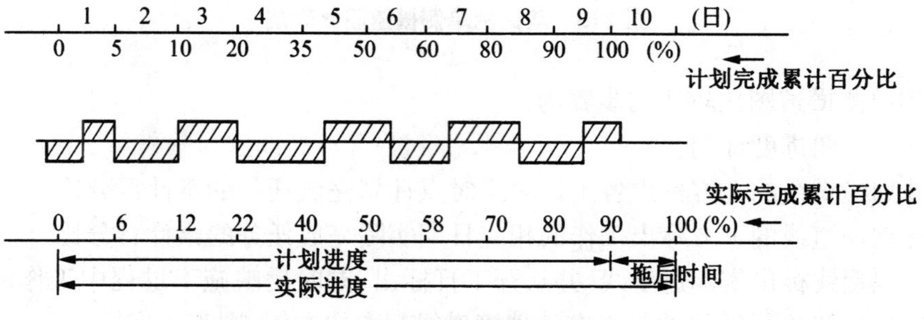

图 7-4 双比例双侧横道图比较法

② 前锋线比较法

前锋线比较法是通过绘制某检查时刻工程项目实际进度前锋线，对工程实际进度与计划进度进行比较的一种方法，它主要适用于时标网络计划。所谓前锋线，是指在原时标网络计划上，从检查时刻的时标点出发，用点划线依次将各项工作实际进展位置点连接而成的折线。前锋线法就是通过实际进度前锋线与原进度计划中各工作箭线交点的位置来判断工作实际进度与计划进度的偏差，进而判定该偏差对后续工作及总工期影响程度的一种方法。

采用前锋线比较法进行实际进度与计划进度的比较，其步骤如下：

i. 绘制时标网络计划图

工程项目实际进度前锋线在时标网络计划图上标示，为清楚起见，可在时标网络计划图的上方和下方各设一时间坐标。

ii. 绘制实际进度前锋线

一般从时标网络计划图上方时间坐标的检查日期开始绘制，依次连接相邻工作的实际进展位置点，最后与时标网络计划图下方时间坐标的检查日期相连接。

iii. 进行实际进度与计划进度的比较

前锋线可以直观地反映出检查日期有关工作实际进度与计划进度之间的关系。对某项工作来说，其实际进度与计划进度之间的关系可能存在以下三种情况：

a. 工作实际进展位置点落在检查日期的左侧，表明该工作实际进度拖后，拖后的时间为两者之差；

b. 工作实际进展位置点与检查日期重合，表明该工作实际进度与计划进度一致；

c. 工作实际进展位置点落在检查日期的右侧，表明该工作实际进度超前，超前的时间为两者之差。

由图 7-5 可知，该计划执行到第 9 周末检查实际进度时，发现工作 A、B 和 C 已经全部完成，工作 D、E、F 和 G 分别完成计划任务量的 83.33%、25%、50%和 20%。图中点划线表示第 9 周末实际进度检查结果。通过比较可以看出：

◆ 工作 D 实际进度拖后 1 周，但由于有 4 周自由时差，因此对后续工作 I 的最早开始时间没有影响，也不影响总工期；

◆ 工作 E 实际进度拖后 2 周，但由于有 2 周自由时差，因此既不影响总工期，也不影响其后续工作的正常进行；

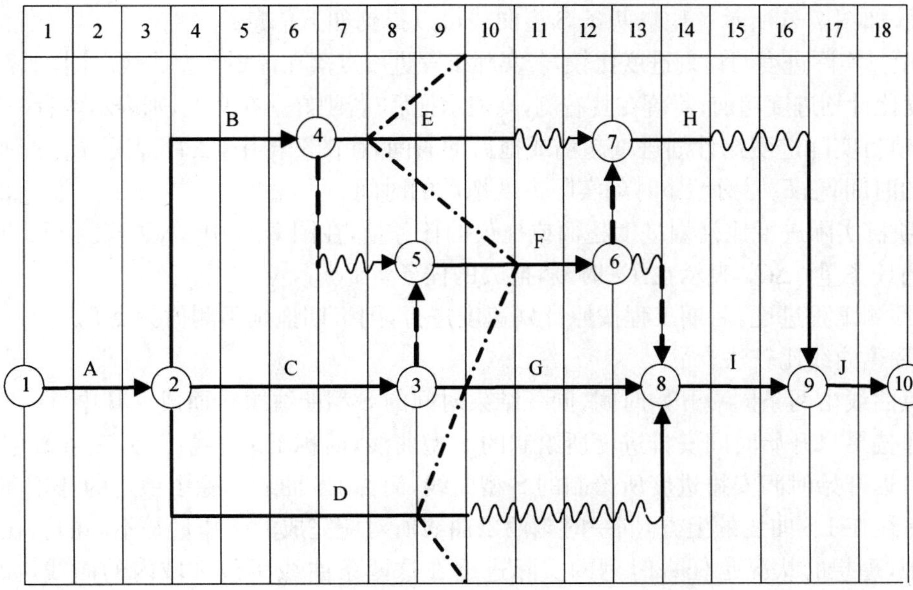

图 7-5　前锋线比较法

◆ 工作 F 实际进度提前 1 周,对后续工作和总工期没有影响;

◆ 工作 G 按计划执行。

综上所述,目前进度偏差对总工期和后续工作均无影响。

iv. 预测进度偏差对后续工作及总工期的影响

通过实际进度与计划进度的比较确定进度偏差后,还可根据工作的自由时差和总时差预测该进度偏差对后续工作及项目总工期的影响。由此可见,前锋线比较法既适用于工作实际进度与计划进度之间的局部比较,也可用来分析和预测工程项目整体进展状况。

③ S 型曲线比较法

i. S 型曲线的概念

S 型曲线比较法是以横坐标表示时间,纵坐标表示累计完成任务量,绘制一条按计划时间累计完成任务量的 S 曲线,然后将工程项目实施过程中各检查时间实际累计完成任务量的 S 曲线也绘制在同一坐标系中,进行实际进度与计划进度比较的一种方法。

ii. S 型曲线的绘制步骤

S 型曲线的绘制步骤如下:

◆ 确定工程进展速度曲线,在实际工作中,很难用定性分析方法找到一种曲线来代表计划进度曲线,但可以根据每单位时间内完成的实物工程量或投入的劳动力与费用,计算出计划单位时间的量值。

◆ 计算规定时间计划累计完成的任务量 Q_j,其计算方法等于各单位时间完成的任务量累加求和。

◆ 按各规定时间的 Q_j 值,绘制 S 型曲线。

iii. S 型曲线比较

S 型曲线比较法,同横道图一样,都是在图上直观地对施工项目实际进度与计划进度进行比较。一般情况下,计划进度控制人员在计划实施前绘制出 S 型曲线。在项目施工过程中,按规定时间将检查的实际完成情况与计划 S 型曲线绘制在同一张图上,可得出实际进度 S 型曲线,如图 7-6 所示。比较两条 S 型曲线可以得到如下信息:

a. 项目实际进度与计划进度比较,若实际工程进展点落在计划 S 型曲线左侧,则表示此时实际进度比计划进度超前;若落在其右侧,则表示拖后;若刚好落在其上,则表示两者一致。

b. 项目实际进度比计划进度超前或拖后的时间,在图 7-6 中,ΔT_a 表示 T_a 时刻实际进度超前的时间;ΔT_b 表示 T_b 时刻实际进度拖后的时间。

c. 项目实际进度比计划进度超额或拖欠的任务量,在图 7-6 中,ΔQ_a 表示 T_a 时刻,超额完成的任务量;ΔQ_b 表示在 T_b 时刻,拖欠的任务量。

d. 预测工程进度,后期工程按原计划速度进行,则工期拖延预测值为 ΔT。

④ 香蕉曲线比较法

香蕉曲线由两条同一开始时间、同一结束时间的 S 型曲线组合而成。其中,一条 S 型曲线是工作按最早开始时间安排进度所绘制的 S 型曲线,简称 ES 曲线;而另一条 S 型曲线是工作按最迟开始时间安排进度所绘制的 S 型曲线,简称 LS 曲线。除了项目的开始和结束点外,ES 曲线在 LS 曲线的上方,同一时刻两条曲线所对应完成的工作量是不同的。在项目实施过程中,理想的状况是任一时刻的实际进度在这两条曲线所包区域内的曲线,如图 7-7 所示。

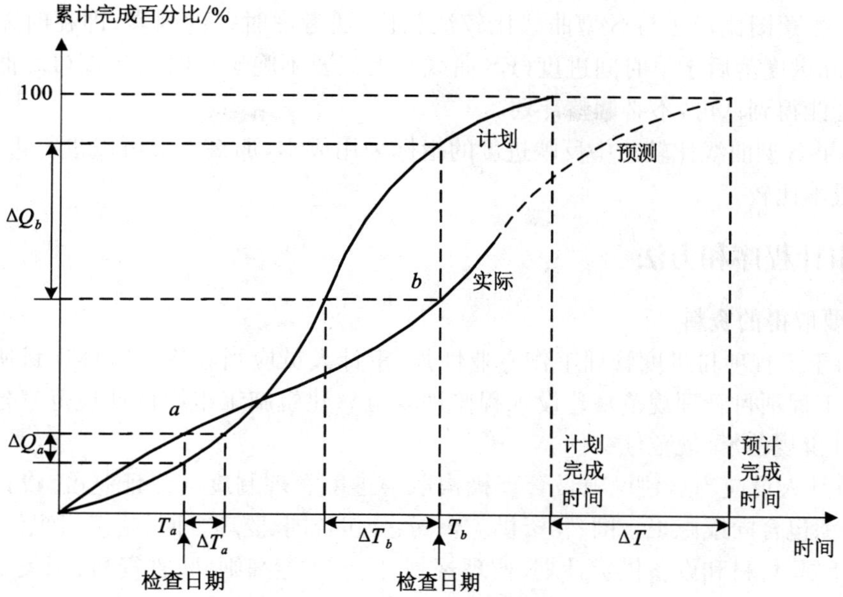

图 7-6　S 型曲线比较法

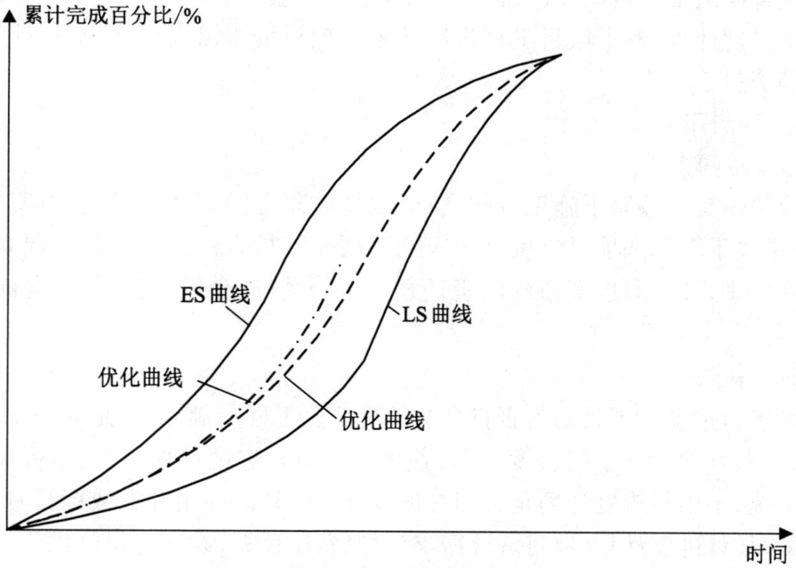

图 7-7　香蕉曲线比较法

⑤ 检查方法的使用说明

i. 前锋线比较法与横道图比较法这两种方法，只对工期进行实际与计划的对比，当资源投入及工程效率比较正常时，比较的结果可以反映施工项目进度情况。其中，横道图比较法较前锋线比较法所表达的信息更全面一些，不仅表示结果，而且反映实际进展(如开始时间、结束时间、工期完成情况)。

ii. S 型曲线比较法与香蕉图比较法不仅进行工期方面的比较，还结合能表达进度指标的实物工程量(或工作量、劳动消耗量、施工成本)进行比较，其反映的结果比较科学，符合进度的概念。香蕉图比较法与S型曲线比较法相比,还考虑时差的因素,即在时差范围内完成,即使实际进度落后于早时间进度(ES曲线),但只要不晚于迟时间进度(LS曲线),就认为目前进度能得到认可,不必调整计划。

iii. 如果S型曲线比较法中反映进度的指标采用成本,那么不仅可以进行进度比较,还可以进行成本比较。

7.2.3 审计程序和方法

1) 需要取得的资料

(1) 由于工程项目进度管理工作专业性强,审计人员应当收集被审计项目所在行业适用的《建设工程项目管理规范》《建设工程监理规范》《建筑施工组织设计规范》《建设工程工程量清单计价规范》等规范性文件。

(2) 审计人员应当从建设项目管理机构取得进度管理制度与保证制度、设计图纸及设计文件、总承包合同或施工合同、物资供应合同、分包合同、监理合同、施工组织设计(方案)、设计进度计划、材料和设备供货计划、监理规划、监理实施细则、验收资料、相关工作记录等资料。

(3) 审计人员还应当通过建设项目管理机构取得施工单位的施工合同文件(包括总承包合同及分包合同)、施工组织设计、施工总方案、项目进度管理计划(包括工程总进度计划、各项目子系统进度计划、各子项目工程进度计划)、项目资源需求计划、费用计划、项目管理目标责任书等资料。

2) 内部控制测评

(1) 内部控制调查

检查建设单位是否编制了施工合同文件、委托监理合同文件、施工总方案等,各合同文件、施工方案中关于工期和项目进度是否有明确规定。检查建设项目是否建立了进度拖延的原因分析和处理程序,对进度拖延的责任划分是否明确、合理(是否符合合同约定),处理措施是否适当。

(2) 内部控制测试

检查建设项目进度管理计划是否符合文件规定及工程定额标准,是否完整、可行。抽查工程总进度计划、各项目子系统进度计划、各子项目工程进度计划,确认是否存在各系统不均衡发展的情况;子项目进度计划是否与总进度计划一致。采用抽查或穿行测试,检查施工组织设计方案、设计进度计划、项目资源需求计划、费用计划、设备材料的供货计划等是否确实执行。

3) 审计取证

(1) 检查工程前期立项和报建报批手续的办理是否及时,是否影响工程按时开工,是否形成资金和设备闲置浪费。

(2) 检查现场的原建筑物拆除、场地平整、文物保护、相邻建筑物保护、降水措施及道路疏通是否影响工程的正常开工。

(3) 检查施工图设计完成的时间及其对建设进度的影响,有无因设计图纸拖延交付而导致的进度风险。

(4) 检查是否有对材料和设备等因素影响施工进度采取控制措施。

(5) 检查建设单位和监理进度检查报告、施工总方案、项目资源需求计划、费用计划、各种进度管理计划、已完工工程量统计表等资料，审查核实是否存在由于资金资源供给迟缓或过快导致进度偏差的情况。

(6) 检查设计变更处理流程是否完备，是否有效运行，有无因设计变更申请处理滞后等原因造成进度拖延，有无因不当管理造成返工、窝工情况。

(7) 检查对索赔的确认是否依据网络图排除了对非关键线路延迟时间的索赔。

(8) 关注项目受到资源约束或外部环境变化时，是否对进度计划进行调整。审查计划变更的原因是否属实，变更报价是否合理，变更后的进度计划是否合规、完整可行，进度计划变更是否按规定程序通过相关部门审批，由于进度计划变更导致的施工单位赔偿金额是否符合合同规定和变更实际情况。

(9) 审计人员应当努力发现工期管理中的薄弱环节，提出平衡建设项目工期、质量、成本三大目标，更好地实现建设项目综合效益的建议和意见。

7.3 工程项目质量管理审计

7.3.1 概述

工程项目质量是指工程项目满足业主需求的，符合国家法律、法规、技术规范标准、设计文件及合同规定的特性综合。根据质量的定义，可知工程项目质量包括工程本身的质量和工程项目的工作质量两个方面。

1) 工程项目质量的概念

(1) 工程本身的质量

是指项目最终可交付成果的质量。根据工程实体建设的各个阶段，反映为不同的内容。

① 项目设计和施工的安全性和可靠性；

② 项目使用的材料、设备和工艺的质量以及耐久性；

③ 项目投产运行后，工程的可用性、使用效果以及稳定性；

④ 项目提供的服务质量，通常体现为服务的满意程度和人性化等方面；

⑤ 项目的可维护性、与环境协调性、对社会周边组织产生的影响程度等。

(2) 工程项目的工作质量

是指为了保证工程质量，参与项目的实施者和管理者所从事工作的水平和完善程度。包括项目范围内所有阶段、子项目和专业工作的质量以及项目过程中的管理工作和决策工作的质量。工作质量包括：社会工作质量，如社会调查、市场预测、质量回访和保修服务等；生产过程工作质量，如政治工作质量、管理工作质量、技术工作质量和后勤工作质量等。

(3) 工程项目质量的形成过程

工程项目的质量是在工程建设的全过程中逐渐形成和发展的，即可行性研究、决策、设计、施工、竣工验收等阶段，都会对工程项目质量的形成产生不同的影响，因此工程项目的建设过程就是工程项目质量的形成过程。

项目的可行性研究阶段是对拟建项目的经济效益、社会效益和环境效益进行技术分析论证,为项目决策、设计提供依据。该阶段需要确定工程项目的质量要求,并与项目的投资目标相协调。可行性研究的水平,不仅取决于与拟建项目有关的技术、经济、社会、环境各方面条件的调查研究的深度、广度,还取决于拟建项目多种投资方案的分析论证。因此,这一阶段的工作质量直接影响工程项目的决策质量和设计质量。

项目的决策阶段是在可行性研究的基础上,对项目的建设方案(项目的建设规模、建设布局、投资和进度等)做出决策,使项目的建设充分反映使用者的意愿,并与地区环境相适应。因而,它是影响工程项目质量的关键阶段。

项目的设计阶段是根据项目决策阶段已确定的质量目标和水平,通过设计解决如何达到质量目标和水平的问题,并通过设计体现出质量目标和水平。因而,设计阶段质量的好坏,会影响项目建成后的使用价值和功能的正常发挥,该阶段是影响工程项目质量的决定性环节。

项目的施工阶段是根据图纸的要求,通过施工手段形成工程实体,即实现图纸中所描述的实体形态。因此,项目的施工阶段是项目的质量目标和水平的实现。

项目的竣工验收阶段是对项目的施工质量通过检查评定、试车运行手段,考核项目的质量是否达到设计要求,是否符合决策阶段所确定的质量目标和水平,并通过竣工验收确保工程项目的质量。所以,项目的竣工验收阶段是项目的质量目标和水平的保证。

项目的生产运行阶段是通过质量回访、定期和不定期的检查以及日常的维修管理,使工程项目既能充分发挥其功能和效益,又能确保安全运行。所以,项目的生产运行阶段是项目的质量目标和水平的保持。

从工程项目建设的全过程来看,工程项目建设各阶段对项目质量好坏及项目质量最终形成的影响是不同的。可行性研究阶段是确定项目质量目标和水平的依据;决策阶段是确定项目的质量目标和水平;设计阶段是使项目的质量目标和水平具体化;施工阶段是实现项目的质量目标和水平;竣工验收阶段是保证项目的质量目标和水平;生产运行阶段是保持项目的质量目标和水平。整个工程项目质量的最终形成是一个系统过程,是建设项目的全生命期各阶段质量的综合反映。

2) 工程质量管理的概念

工程质量管理是指建设项目确立和实现工程预定质量标准的全部职能及其工作内容,也包括对工程质量成果进行评价和改进的一系列活动,包括相关参建单位围绕工程质量所进行的指挥、协调和控制等活动。工程质量管理的目的是预防、减少或消除质量缺陷,建设质量合格的工程项目,保证投资效益的实现。

工程质量管理的基本模式是策划、实施、检查和改进。工程质量的好坏是建设、勘察、设计、施工、监理、物资供应等单位各方面、各环节工作质量的综合反映。工程质量管理的主要工作,包括质量管理体系的建立和质量管理措施的实施。

质量管理体系涵盖各个参建单位,包括制定建设项目质量管理目标,设置质量管理专职机构、明确质量责任和权限、建立质量管理制度体系、确立员工培训上岗机制等工作。

质量管理措施的实施,应当建立在各参建单位质量责任的基础上,各司其职,共同对工程质量进行控制、检测和完善。建设项目审计中应当关注工程质量管理情况,促进相关参建单位加强工程质量管理,确保建设项目建设质量。

7.3.2　工程项目质量管理审计目标和内容

工程质量管理审计是指审计部门依据相关的政策法规、办法、标准等，运用一定的审计方法，对建筑工程项目质量形成过程从决策、勘察、设计、施工到竣工验收各个阶段各参与方的质量管理行为和工程实体质量进行审计监督，审查建筑工程项目质量的真实性、合法性和有效性，以帮助实现最终的工程质量目标。其目的在于确保工程项目符合相关的质量标准、规范和要求。

通过工程质量管理审计，可以及时发现和纠正质量问题，预防质量事故的发生，保障工程项目的质量和安全，提高项目的投资效益和社会效益。

1) 审计目标

(1) 审查参建单位内控制度的建立和执行情况

内部控制制度是各质量责任主体为保证工程实体质量的真实有效性和安全性而制定的相关规定、措施和政策等，是质量保证体系的重要组成部分。审计组在对保障性安居工程进行质量审计时，对项目的内部控制制度的检查即对各责任主体的质量保证体系的检查尤为重要，是保障工程实体质量的重要环节。

审计机构对内控制度的审查是指主要通过查阅各责任主体的内部规章规范、技术标准等资料，了解其内部管理机构的设置、管理机制的运行情况，并进行相关测试，以确定工程建设中每个过程或工艺的质量是否有可靠的内控制度予以保障，并对内控制度的合理性、健全性和有效性进行评价。

(2) 核实参建单位履行质量管理职责充分性，记录完整性

参建单位应履行质量管理、质量事故处理和施工过程质量验收等职责，各项质量管理工作真实，项目质量管理记录资料完整。

(3) 查实质量管理行为合规性

参建单位质量管理职责履行、质量事故处理和施工过程质量验收等环节各项质量管理工作应符合国家和行业有关法律法规的规定。

2) 审计内容

(1) 建设项目参建单位质量管理职责履行情况

审查各参建单位确定的质量管理事项是否落实；监理工作、合同管理以及分包合同管理是否符合国家法律法规和行业规范；检查工程变更的审批程序、索赔申报与审批程序等约定是否明确及得到履行。

具体内容包括：

① 基本建设程序及有关工程管理制度履行情况

基本建设程序及有关工程管理制度履行情况对工程质量的形成、质量问题的追根溯源有很大影响，审计中必须对投资决策阶段反映项目的功能性质量水平的关键事项给予重点关注。主要包括：

i. 可行性研究深度以及投资决策的准确性与科学性，可行性研究报告中是否进行了多方案的论证。

ii. 项目选址是否符合规划、运输等的要求。

iii. 可行性研究报告是否符合项目建议书或业主的要求；是否符合国民经济长远规划、

国家经济建设的方针政策,自然、经济、社会、技术方面数据计算是否准确、合理;是否达到了内容、深度、计算指标的相应要求。

审计重点查看建设项目是否按规定编制了项目建议书、可行性研究、初步设计,以及上述文件是否有相应批复文件;是否按规定办理了土地使用权证、建设用地规划许可证、建设工程规划许可证、施工许可证等;是否存在边设计边施工的情况,是否存在因赶工期或降低费用而牺牲质量的情况;是否按规定进行技术文件的会审,是否按规定对分项工程、分部工程、单位工程、单项工程、整个工程项目进行验收、最终检验和试运行,是否做到隐蔽工程不经签字不得覆盖;是否存在工序间不经验收就进入下道工序施工的情况;是否存在已完的分项工程不经质量检查就结算工程价款的情况。

② 设计质量

设计是从技术方面来定义工程的技术系统,定义工程的功能、工艺等各个总体和细节问题。一个工程的设计质量不仅直接决定了工程最终所能达到的质量水准,而且决定了工程实施的秩序程度和费用水平。设计中的任何错误都会在计划、制造、施工、运行中扩展、放大,引起更大的失误。根据统计,因设计原因造成的质量事故占工程质量事故的40%以上。审计人员应将设计环节作为一个主要的关注点,通过查阅勘察设计合同、勘察设计单位及相关人员资质证书、设计文件、施工图审查意见、分部分项工程验收记录等发现设计阶段所存在的问题。

i. 设计单位的选择

设计单位的选择对设计质量有根本性的影响,审计重点关注建设单位是否按规定对设计项目进行招投标,是否存在应招标而未招标;审查招投标程序的合法性及操作的规范性,审查投标单位资格,审查勘察、设计单位是否具备与工程等级、规模、难度、特点相一致的资质、质量保证体系和类似工程经历;审查设计合同的完备性,有无合同转包造成损失浪费等现象。

ii. 设计单位的质量保证体系

设计单位是否设置了项目总负责人,是否设置了专业技术负责人;图纸是否经过了有关负责人员的校对与签字认可;设计过程是否严格执行设计工作程序,是否进行方案论证和图纸会审工作。

iii. 施工图审查制度执行情况

施工图审查是指国务院建设行政主管部门和省、自治区、直辖市人民政府建设行政主管部门委托依法认定的设计审查机构,根据国家法律、法规、技术标准与规范,对施工图结构安全和强制性标准、规范执行情况等进行的独立审查。

审计重点关注:是否存在应审查而未审查,或在图纸审查通过之前就开工的情况;审图机构是否按规定的审查程序、审查范围、审查内容、审查标准对施工图进行审查;设计单位是否按审图意见对图纸进行相应修改。项目建设规模的单项工程投资调整和建设内容重大变更,是否按规定程序报批。

iv. 设计周期是否合理

合理的设计周期是设计质量的保障,过短的设计周期是很多设计文件粗糙的直接原因。审计重点关注:各专业设计成果文件交付的时间节点是否明确合理,是否符合项目总体进度要求。

v. 设计文件质量

工程的质量标准是否合理，是否符合项目目标；设计是否符合规范的要求，特别是强制性的规范；设计文件的完备性、设计深度和设计成果数量是否满足要求；设计文件的正确性、各专业设计的协调性，设计文件是否易于理解；设计采用的工艺、技术、方法、标准、规范等能否保证设计产品的适用性、安全性、经济性、可靠性及环境要求；技术设计是否考虑到施工的可能性、便捷性和安全性；设计中是否考虑到将来运行、维修、设备更换、保养的方便性；设计中是否考虑到运营的安全性、便利性和运行费用的高低；设计单位是否按规定对多方案进行对比分析，对多方案进行论证和优化，进行全面技术经济分析，最后选择优化的方案；设计概（预）算编制依据是否符合规定；概算内容是否完整、真实，有无明显漏项、错项。

vi. 设计单位是否按合同约定，提供后续服务

③ 工程施工质量

i. 承包商的选择及承包商的质量行为

影响工程质量的关键是项目的实施者，建设单位应高度重视对承包商的选择。审计重点关注建设单位是否按规定通过竞争性招标选择施工承包商，是否存在应招标而未招标，应公开招标而未公开招标，审查招投标程序的合法性及操作的规范性；承包商是否具有与项目相符合的资质等级证书，项目经理等主要工程管理人员是否具有相应的执业资质；承包商是否具备与项目相适应的技术水平、装备水平、管理能力，特别是项目经理、技术总工程师的经历、经验；承包商的质量管理体系，如是否经过国际质量管理贯标认证；该承包商以往工程的质量情况，企业的资信、企业形象及声誉等；建设单位对分包商的认可（选择）是否规范，分包商是否具有与项目相适应的资质和能力；施工合同的完备性。审计承包商的质量行为是否规范，重点关注承包商是否组织设计交底和图纸会审工作，对图纸会审所提出的问题是否严格落实；是否按规范组织了隐蔽工程的验收，对不合格项的处理是否适当；是否对进入现场的成品、半成品进行验收，对不合格品的控制是否有效，对不合格工程和工程质量事故的原因是否进行分析，其责任划分是否明确、适当，是否进行返工或加固修补。工程资料是否与工程同步，资料的管理是否规范；检查评定的优良品、合格品是否符合施工验收规范，有无不实情况；通过检查承包商的往来账目或核实现场施工人员的身份，分析、判断承包商是否存在转包、违法分包（如分包单位将其承包的建设工程再分包）的行为。

ii. 监理单位的选择及监理单位的质量行为

监理单位受建设单位委托，向建设单位提供高智能的智力服务，在质量控制方面扮演着重要的角色。审计重点关注建设单位是否按规定聘请监理单位，是否按规定对监理项目进行招投标；监理单位是否具有与项目相符合的资质等级证书，总监理工程师等主要管理人员是否具有相应的资质；监理企业的技术装备、企业等级、资信及企业形象、声誉等；总监理工程师的经历、经验。审查工程监理制度的执行情况，监理单位是否对施工承包合同的执行、工程质量、进度费用等方面进行监督与管理，是否按照有关法律、法规、规章、技术规范和设计文件的要求进行工程监理。审查监理单位是否按《建设工程监理规范》《监理合同》等规定组建项目监理机构，监理人员的数量、专业、资质是否符合要求，项目监理机构的监理设施是否符合要求，签证手续的有效性、完备性，是否按规定组织隐蔽工程的验收、中间验收及竣工验收。

iii. 材料（设备）的采购

材料（设备）是构成工程实体的要素，它决定了工程的内在质量。材料（设备）不合格则

不会有合格的工程,材料(设备)的经营和采购是工程项目质量审计的重点。审计重点关注审查主要建筑材料、设备的采购方式,采购是否通过公开或邀请招标的方式选定,招投标工作是否合理合规;采购材料(设备)的质量、数量是否满足项目的要求,材料(设备)供应商履行合同的能力;延伸审计主要建筑材料、设备的供货企业,分析主要进货渠道是否合规,有无混入品牌不合规、材料不合规产品现象;主要建筑材料计划进场点验记录、合格证、材质证明、实验报告是否齐全,是否符合工程设计要求、施工技术标准和合同约定的要求;有关单位是否按规定对材料(设备)进行检查验收,建立管理台账,进行收、发、储、运等环节的管理;材料(设备)进场时,是否按规定提供质保证明,并根据供料计划和有关标准取样、检验试验,验证结果是否报监理工程师审批,监理单位是否按规定做平行检验;是否有不合格的材料(设备)进入工地,用于工程建设。

iv. 其他工程项目参与方的质量行为

重点关注材料检测单位的资质是否符合要求,检测单位是否按规范对材料进行检测;当地工程建设行政主管部门是否按规定履行其对质量的监管职责等。

v. 工程实体质量审计

查看内页资料,如混凝土、砂浆强度检测报告,钢材复检报告,验收记录等。实地查看,重点查看涉及工程结构安全的关键部位、使用功能和涉及结构安全的原材料、构配件、设备。比如使用观察法和钎探法检查地基;使用外观目测、手感检查、工具测量、工具敲击等方法检查钢筋混凝土结构工程混凝土成型尺寸,混凝土强度等级(回弹仪),混凝土表面是否有蜂窝、麻面、露筋、孔洞,轴线位置是否偏差大,混凝土是否有超出规范规定的裂缝,钢筋品种、直径、数量、位置、间距、形状、尺寸、钢筋接头及混凝土保护层厚度是否符合图纸和规范的规定;钢结构工程中钢柱底部螺栓孔偏移,底脚螺栓位移是否过大,连接板拼装是否严密;砌体结构是否存在砌筑砂浆强度不足,墙面平整度、垂直度、灰缝厚度偏差过大等;安装工程中涉及安全的重要项目是否存在隐患;钢结构的重要连接部位是否符合质量要求;道路工程中路基、基层、面层的压实度是否符合要求;给水、排水、燃气等管道工程中的功能性试验结果是否合格。

【案例 7-1】 某公共工程质量管理审计通报

某审计机关对某大型公共工程进行审计的过程中发现的主要问题

(1) 基本建设程序履行方面

建设单位违反基本建设程序,违规开工,在项目可行性研究、初步设计批复前项目已经开工建设;项目临近完工,建设工程规划许可证、施工许可证仍未取得;未按规定进行验收,验槽手续未完成就进行后续施工;主体工程未经验收,就进行装饰工程等后续施工。当地建设管理部门对上述行为监管不力。

(2) 设计方面

某单项设计标的额达两千多万元,建设单位以工期紧为由,向有关部门申请直接发包。建设单位上级主管部门和当地招标办违规批准不招标;设计文件存在违反强制性条文的情况,审图机构未审查出,在审图报告出来前项目就开始施工;设计周期太短,设计文件粗糙,存在大量差错,后续补充了大量的所谓“深化设计”图纸,导致施工返工较多,影响工程质量;

在整个施工期间，设计单位仅有一个人常驻现场(设计单位为距离较远的外省设计院)，施工中碰到的设计问题，只能通过电话联络，不能及时有效地解决施工现场的设计问题；变更不及时，很多变更是在涉及部位施工完毕后补做的变更文件。

(3) 监理不到位

监理单位未按监理合同规定选派相应人员到监理现场，总监理工程师更换未经业主同意，部分监理人员无资质证书，部分旁站监理人员未按规定进行旁站监理，导致发生严重的质量事故。

(4) 施工招投标方面

评标不规范，部分投标单位存在业绩造假、骗取中标的行为；存在肢解发包、规避招标现象。

(5) 施工单位管理混乱

财务管理混乱；材料管理混乱，材料进出场无完备的登记制度，现场随意摆放，进场材料不按规定进行抽检，经计算，抽检数量严重不足，甚至出现调换混凝土试块的严重事件，钢材质保书存在造假现象；总包单位违法分包。

(6) 工程实体质量较差，多次发生质量问题和质量事故，部分主体工程经当地建筑科学研究院鉴定加固后才通过验收。

④ 工程项目运行质量

重点关注是否有完备的系统使用、操作手册、维护要求、技术要求、使用条件说明等资料；操作人员及维护人员是否经过严格培训；生产用原材料、能源、设备运行的备用件等是否准备齐全；是否建立完备的运行机制、生产管理规章制度、管理组织及管理系统。

(2) 建设项目质量事故处理过程

审查相关机构是否对质量事故的原因进行调查分析；审查质量事故的技术处理方案是否严格执行相应的工程质量标准，事故处理技术方案是否切实可行、经济合理。

(3) 建设项目施工过程验收

审查施工单位是否落实施工工序的质量自检工作；抽查检验批质量验收记录，检查检验批验收程序是否符合规定，主控项目和一般项目的质量经抽样检验是否合格；抽查各层级质量验收记录，重点跟踪验收中出现的不合格情况的处理记录，检查施工过程质量验收不合格的处理是否符合规定。

7.3.3 工程项目质量管理审计程序和方法

工程项目质量管理审计程序如图 7-8 所示。

1) 需要取得的资料

收集建设项目相关专业的设计、施工和验收规程、规范、标准以做参考。包括各行业、专业的《建设工程项目管理规范》《工程建设施工企业质量管理规范》《建筑施工组织设计规范》《建筑工程施工质量验收统一标准》《建筑工程施工质量评价标准》《建设工程监理规范》等。

对建设项目各参建单位，应当分别收集质量管理过程资料。

(1) 需要建设单位提供的资料

项目制定的质量管理制度与保证制度、设计图纸及设计文件、总承包合同或施工合同、物资供应合同、分包合同、监理合同、施工组织设计(方案)、监理规划、监理实施细则、验收资料、相关工作记录等,包括项目管理架构、组织机构、人员情况等资料,以及描述有关人员工作职责和质量管理责任的工程管理制度等文件,记录质量管理行为的项目管理检查表、工程管理记录等文件表格资料。

(2) 需要勘察设计单位提供的资料

企业资质证书,勘察设计合同文件,勘察设计作业大纲、作业记录,各专业管理部门设计的施工图及施工图说明等资料。

(3) 需要施工单位提供的资料

企业资质证书、施工合同文件(包括总承包合同及分包合同)、施工组织设计和施工方案;质量管理与保证制度文件,总包和分包工程管理制度;质量管理记录,包括:施工日记和专项施工记录,技术交底记录,上岗培训记录和岗位资格证明,施工机具和检验测量及试验设备的管理记录,图纸的接收和发放、设计变更的有关记录,监督检查和整改、复查记录等,自检、互检、交接检记录,各分项工程检验表、隐蔽工程验收纪录,材料、产品出厂合格证,现场抽检报告,结构成品质量性能检测报告,施工过程重要工序的自检和交接检记录;抽样检验报告、见证检测报告、隐蔽工程验收报告;检验批质量验收记录、分项工程质量验收记录、分部(子分部)工程质量验收记录、单位(子单位)工程质量验收记录;质量问题处理制度、质量事故调查报告、处理方案、验收鉴定资料、工程复工报审表等。

(4) 需要监理单位提供的资料

监理单位资质证书、监理人员执业资格证明材料、委托监理合同文件、监理规划、实施细则、监理日志、项目建设质量检查记录、设备材料平行检验报告及附件等资料,质量事故的书面报告、监理工程师通知、工程暂停令。

(5) 需要设备材料供应单位提供的资料

有关建筑材料、构配件和设备的现场管理制度文件;材料设备采购计划、采购合同;主要建筑材料(如钢筋、水泥及其制品、砂石料、焊材、高强螺栓)的产品合格证、出厂检验报告、进场报验表、进场复验报告及附件,监理平行检验(监理单位提供)或见证抽检报告及附件;工程设备的产品检验、质量检验证明文件和产品合格证等。

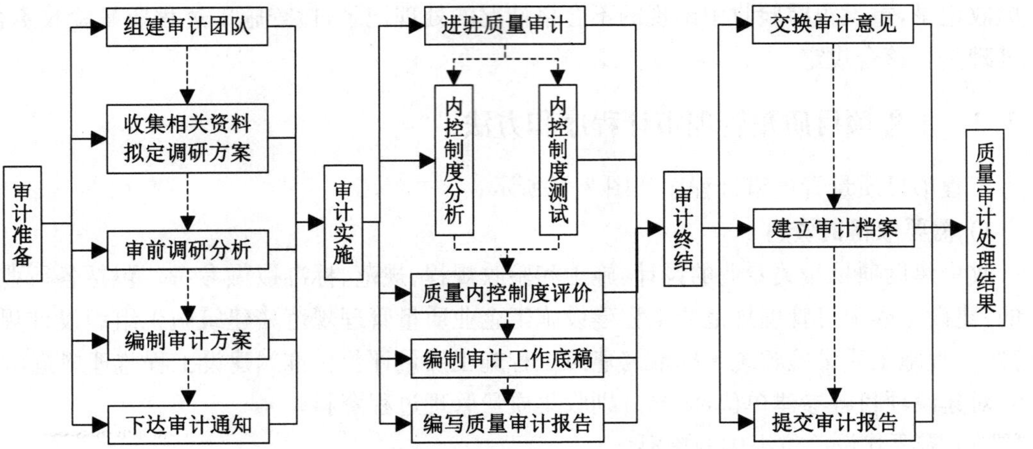

图 7-8 工程项目质量审计流程

2）内部控制测评

（1）内部控制调查

收集项目质量管理制度，了解各参建单位质量管理流程。对相关制度，如招标管理制度、采购管理制度、材料物资验收保管制度、分包管理等制度中有关质量管理的条款要重点收集。询问管理层关于项目质量管理重点、资源调配计划、质量事故预案和本项目质量管理过程情况。

（2）内部控制测试

① 对照项目管理检查表，抽查主要参建单位监督情况记录，抽查实物工程质量的检测记录；检查确定的管理事项是否落实；检查各参建单位的资质、人员持证上岗情况和质量保证体系的建立及运行情况；检查是否落实对实物工程质量的检查和检测。

② 对照《建设工程监理规范》和委托监理合同检查监理服务内容与建设单位有关监理工作管理内容。

③ 查阅工程合同管理制度，抽查工程变更、索赔文件的审批情况；检查施工合同中规定的建设单位职责与建设单位工程合同管理职责的一致性与完整性。

④ 检查分包管理制度的建立情况；检查建设单位是否建立承包商分包工程管理制度；检查施工合同中是否明确建设单位对分包工程的审批程序；检查建设单位是否按约定对分包工程进行了核准和审批。

3）审计取证

（1）对照《工程建设施工企业质量管理规范》和施工单位制定的有关施工过程中的检验与试验程序、工程内部验收程序及自检、交接检、专项检质量管理等制度，抽查施工班组自检记录、工种间交接检查表、质量检验评定记录等，检查施工单位是否落实施工工序的质量自检工作。

（2）对照相应的专业工程验收规范，抽查检验批质量验收记录，检查检验批验收程序是否符合规定，主控项目和一般项目的质量经抽样检验是否合格。必要时可聘请有资质的专业机构对检验批进行实体质量检测，检查其质量是否合格，检查其结果与验收结果的一致性。

（3）对照相应的专业工程验收规范，抽查分项工程质量验收记录，检查分项工程验收程序是否符合规定，验收内容是否完整。

（4）对照相应的专业工程验收规范，查阅分部（子分部）工程质量验收记录，抽查分部（子分部）工程验收程序是否符合规定；是否按规定对涉及安全和使用功能的分部工程进行见证取样试验或抽样检测；是否对其观感质量进行验收。必要时，可聘请有资质的专业机构对涉及结构安全和使用功能的重要分部工程进行抽样检测，检查其质量是否合格，检查其结果与验收结果的一致性。

（5）抽查各层级质量验收记录，重点跟踪验收中出现的不合格情况的处理记录，检查施工过程质量验收不合格的处理是否符合规定；是否对严重的缺陷推倒重来；是否进行必要的加固处理；是否对通过返修或加固处理后仍不能满足安全使用要求的分部工程、单位（子单位）工程不予验收。

（6）对质量事故，要检查相关机构是否对质量事故的原因进行调查分析，调查分析报告是否全面、及时、客观和准确。

(7) 检查是否制定或选择质量事故的技术处理方案,处理方案是否严格执行相应的工程质量标准,事故处理技术方案是否切实可行、经济合理。技术处理方案是否得到设计单位及相关职能部门的确认。

(8) 对照专业工程验收规范,查阅验收资料,检查质量事故的责任主体是否落实各项技术组织措施,并按照制定的方案对事故进行了处理,过程检查、验收和记录是否齐全,相关结论是否明确。必要时,可通过实测实量、聘请专业机构进行检测等方法获取可靠的数据,判断处理结果是否达到规范要求和符合设计标准。

(9) 在勘察设计环节,审计人员要考察工程勘察单位资质、能力能否满足项目需要,有无建立完善的质量控制体系,勘察报告和设计文件是否符合相关规范,内容是否完整,设计商提供的现场服务是否全面、及时。

(10) 在材料设备等物资管理环节,检查项目管理单位是否建立了完善的物资验收、抽检、保管程序,是否存在因材料设备质量影响工程质量的风险;检查项目管理单位和有关参建单位是否对进入现场的成品、半成品进行验收,对不合格品的控制是否有效,对不合格工程和工程质量事故是否进行返工或加固修补。

(11) 检查工程监理执行机构是否受项目法人委托对施工承包合同的执行、工程质量、进度费用等方面进行监督与管理,是否按照有关法律、法规、规章、技术规范设计文件的要求进行工程监理。重点检查人力资源配置是否符合规定;检查监理抽检部分的监理旁站记录、进场材料抽样检验记录、分部分项验收记录,分析监理工作是否履职尽责。

(12) 审计人员应当努力发现质量管理中的薄弱环节,提出协调建设项目工期、质量、成本三大目标,更好地实现建设项目综合效益的咨询建议或意见。

7.4 工程项目安全管理审计

7.4.1 概述

工程建设领域是一种高风险行业,工程实施过程中存在大量潜在危险和安全问题,一旦发生安全事故,一方面给直接的作业人员带来人身伤害,造成极大的人员伤亡,对项目造成极大损失;另一方面会对社会安定以及当前经济发展产生不利影响,这一事实凸显了加强建筑工程项目安全管理预防与控制的紧迫性,需要在整个项目生命周期中对安全进行有效管理。

工程安全管理的任务是发现、分析和消除生产过程中的各种危险,防止发生事故和职业病,避免各种损失,保障员工的安全健康,从而推动项目建设的顺利进行,提高建设项目的经济效益和社会效益。

工程安全管理工作主要包括工程项目安全生产责任制执行、项目现场安全管理以及项目安全防护、文明施工措施费用管理使用等。

7.4.2 工程项目安全管理审计目标和内容

工程安全管理审计是确保工程项目在实施过程中遵循安全规范和标准的重要环节。工程安全管理审计是指审计部门依据相关的政策法规、办法、标准等，运用一定的审计方法，对工程项目的安全管理、风险防控以及事故预防措施进行全面评估和监督，审查各参与方的安全管理行为的真实性、合法性和有效性，确保工程项目能够在安全的环境下顺利进行。

工程安全管理审计涉及对建筑工程项目从决策、勘察、设计、施工到竣工验收各个阶段各参与方的安全管理行为和工程现场安全设施状况进行审计监督，它不仅关注项目的经济性和合规性，更强调安全生产的重要性，以确保工程项目能够在安全的环境下顺利进行，提高建设项目的经济效益和社会效益。

1）工程安全管理审计目标

（1）确认项目各参建单位安全管理职责履行

项目各参建单位安全生产责任制执行、项目现场安全管理以及项目安全防护、文明施工措施费用管理使用等工作应到位，符合国家和行业有关法律法规和规范的要求。安全管理制度和岗位安全操作规程的培训应及时，安全事故处理方案应得到有关单位审批。

（2）确认记录完整性

项目安全管理记录资料应真实、完整。必要的资料包括对安全管理规章制度及安全操作规程的执行情况，施工组织中安全技术措施和危险作业施工专项措施的制定审核，对施工人员的技术交底情况，大型和特种机械的使用、保养、检修情况和员工安全教育培训与持证上岗记录资料等。

2）工程安全管理审计内容

（1）工程项目安全生产责任制执行审计

工程项目参与方在安全管理方面承担着重要的责任。《建设工程安全生产管理条例》第四条规定："建设单位、勘察单位、设计单位、施工单位、工程监理单位及其他与建设工程安全生产有关的单位，必须遵守安全生产法律、法规的规定，保证建设工程安全生产，依法承担建设工程安全生产责任。"

① 建设单位安全生产责任

建设单位应当建立健全安全管理制度和应急预案，确保施工现场的安全管理得到有效落实。同时，业主单位应当对承包商、监理单位等参与方的安全管理能力进行评估，确保其具备相应的安全管理水平。

② 勘察设计单位安全生产责任

应当按照法律、法规和工程建设强制性标准进行勘察，提供的勘察文件应当真实、准确，满足建设工程安全生产的需要。

设计单位应当按照法律、法规和工程建设强制性标准进行设计，防止因设计不合理导致生产安全事故的发生；设计单位应当考虑施工安全操作和防护的需要，对涉及施工安全的重点部位和环节在设计文件中注明，并对防范生产安全事故提出指导意见；采用新结构、新材料、新工艺的建设工程和特殊结构的建设工程，设计单位应当在设计中提出保障施工作业人员安全和预防生产安全事故的措施及建议。

③ 施工单位安全生产责任

施工单位作为工程项目的直接实施者，应当严格遵守安全操作规程，确保施工现场的安全生产。施工单位应当加强施工现场的安全管理，配备足够的安全人员，定期开展安全教育培训，提高施工人员的安全意识和技能水平。

施工现场主要管理人员安全生产岗位责任制如下：

i. 项目部安全生产岗位责任制

a. 认真贯彻执行《中华人民共和国安全生产法》《建设工程安全生产管理条例》及国家和地方有关安全生产、劳动保护、职业病防治方针政策，坚持以人为本，坚持人民至上、生命至上，把保护人民生命安全摆在首位，树牢安全发展理念，坚持安全第一、预防为主、综合治理的方针，从源头上防范化解重大安全风险。严格履行安全生产管理职责，认真执行企业的各项安全生产管理规章制度。

b. 建立健全本项目安全生产责任制，逐级签订责任书并按规定考核；组织制订本项目安全生产教育和培训计划，并严格按照计划实施。组织建立本项目双重预防体系，并有效落实安全风险分级管控机制和隐患排查治理工作，预防和减少安全事故发生。

c. 建立健全安全管理机构，配备专职安全管理人员，充分发挥机构和人员的作用，定期组织安全检查，及时消除事故隐患，改善劳动条件和作业环境。定期召开安全生产例会，组织研究和解决安全生产中的重大问题，保证安全管理机构正常运转。

d. 组织项目工程的危险源识别和安全风险评估工作；定期组织开展风险辨识评估，落实分级管控措施。

e. 对分包单位的安全生产承担主要监督管理责任，在分包工程时要严格审查分包单位资质等级和安全生产许可证书或经营范围，在手续完备的基础上，依法签订分包合同，审查施工组织设计，审核安全技术措施，组织安全检查，确保安全生产。

f. 严格履行工程项目承包合同中的安全条款，认真制定本工程项目的安全管理制度和操作规程，合理配置安全生产诸要素。

g. 组织对各类事故隐患的整治工作，按照“四不放过”原则督促整改，对违章指挥或决策失误造成的员工伤亡事故承担主要领导责任。

h. 辨识项目风险，制定并实施生产安全事故应急预案，及时、如实报告安全生产事故。

ii. 项目经理安全生产岗位责任制

a. 贯彻落实国家安全生产方针、政策、法规和上级单位指示、决议，统筹项目发展，同步推进安全生产工作，是项目安全生产第一责任人，组织建立并健全落实项目全员安全生产责任制，对安全生产工作全面负责。

b. 负责编制施工组织设计，组织制定质量安全技术措施，负责组织编制、论证和实施危险性较大分部分项工程专项施工方案；制定安全管理计划；负责组织质量安全技术交底。

c. 项目经理必须将安全生产费用足额用于安全防护和安全措施，不得挪作他用；作业人员未配备安全防护用具不得上岗；严禁使用国家明令淘汰、禁止使用的危及施工质量安全的工艺、设备、材料。

d. 项目经理必须定期组织质量安全隐患排查，及时消除质量安全隐患；必须落实住房城乡建设主管部门和工程建设相关单位提出的质量安全隐患整改要求，在隐患整改报告上签字。

e. 项目经理必须组织对施工现场作业人员进行岗前质量安全教育，组织审核建筑施工特种作业人员操作资格证书，未经质量安全教育和无证人员不得上岗。

f. 加强安全生产标准化建设，推动信息化、机械化、智能化技术和装备在危险工艺、关键环节上的应用，提升企业安全水平。

g. 组织建立并落实安全风险分级管控和隐患排查治理双重预防工作机制，督促、检查项目安全生产工作，及时消除生产安全事故隐患。

h. 依法规范分包队伍管控，落实领导及班组长带班责任，推动作业层基础建设，提升安全生产"最后一公尺"保障能力。

i. 项目经理必须按规定报告质量安全事故，立即启动应急预案，保护事故现场，开展应急救援，配合事故的调查。

iii. 项目技术负责人安全生产岗位责任制

a. 认真贯彻执行国家安全生产方针、政策和安全技术标准、规范，结合单位实际状况，制定具体措施，并检查落实执行情况。

b. 对本项目施工生产中安全技术工作全面负责，把安全技术工作列入重要议事日程，每月研究、规划、布置、检查、总结、评比施工安全技术工作，及时研究处理重大安全技术难题。

c. 组织编制施工组织设计、施工方案，贯彻"安全第一、预防为主、综合治理"的方针，落实施工组织设计及各专项施工方案等，每个环节都要渗透安全技术措施，针对性要强，实用效果好，使之成为科学指挥施工的技术依据，并及时报送审批，防止各类不安全因素的发生。

d. 组织制定安全技术标准规程和特殊工程工艺实施的技术措施，督促现场实施。

e. 单位新建、改建、扩建工程的审查或提出施工方案时，必须提出安全技术措施方案，同时检查实施情况。参与对安全设施的安全检查。

f. 配合安全生产事故调查，从技术上分析事故原因，提出技术鉴定意见和改进措施，经常深入施工现场，检查施工措施的实施情况，及时解决施工中的安全技术问题。

g. 项目技术负责人应当按分部分项向施工现场管理人员进行安全技术交底，交底由双方和项目专职安全生产管理人员共同签字确认。

h. 对于按照规定需要验收的危大工程，项目技术负责人应当参与验收。

i. 参与项目双重预防体系建设，参与风险点排查、评估，参与危险源辨识，制定危险源控制安全技术措施；在编制施工组织设计、专项方案、作业指导书、安全技术交底中体现双重预防体系方面的要求。

iv. 专职安全员安全生产岗位责任制

a. 在项目经理的领导下，贯彻执行国家、政府部门关于安全生产和劳动保护的法规和企业的安全生产规章制度，做好施工现场安全管理和监督检查工作，保障职工的生命安全和身体健康。

b. 负责生产现场安全技术指导工作，参与落实安全生产检查工作，及时排查生产安全事故隐患，督促落实安全生产整改措施，提出改进安全生产管理建议。

c. 参加施工组织设计、施工方案中有关安全生产措施的制定，检查和督促施工组织设计和安全技术措施的执行情况。

d. 贯彻劳动保护工作方针和政策；负责或组织对新工人的安全教育和考试；组织职工进行安全规程、安全教育、事故登记等各项安全生产的原始记录。落实规范化、标准化的基层基础管理文件精神，协助项目经理组织开展安全生产活动，做好有关安全奖惩方面的工作。

e. 按规定深入施工现场开展安全生产巡查，及时填写施工安全日志，并保持原始记录真实性。安全员应当对危大工程专项施工方案实施情况进行现场监督,对未按照专项施工方案施工的,应当要求立即整改,并及时报告项目经理和企业安全生产管理机构,项目经理应当及时组织限期整改。

f. 对检查发现的事故隐患和危及人身安全的违章作业,有权责令停止操作,并及时报告处理。发现和纠正管理制度未落实、标准未执行、作业岗位违规情况,每天深入一线制止和纠正违章指挥、强令冒险作业、违反操作规程的行为,对安全工作中有突出贡献或有重大违章违纪行为的人员提出奖励或处罚的建议。

g. 参与生产安全事故应急救援预案编制和应急救援演练,并组织员工认真学习,提高员工的应急处置能力。

h. 认真做好员工的安全思想教育工作,提高员工安全意识,保证与员工的有效沟通。

i. 负责安全台账和记录的建档工作,完善安全管理基础资料。

j. 参加事故调查、分析、处理。及时、如实地进行事故登记、报告,协助领导制定预防事故的措施,督促有关人员按"四不放过"的原则做好事故处理。

v. 班组长安全生产岗位责任制

a. 认真遵守安全规程和有关安全生产制度。根据本班组人员的体力、思想等情况,合理安排工作,做好安全交底。对本班组人员在生产中的安全健康负责。

b. 组织搞好安全生产活动,开好班前、班后安全会。对新调入的工人进行安全教育。

c. 组织本班组工人学习安全技术操作规程和制度,检查执行情况。在任何情况下,均不得违章蛮干,不得擅自动用机械、电器、架子及"四口五临边"上的防护设施。

d. 经常检查施工场地安全生产情况,发现问题及时解决,不能解决的采取临时控制措施,并及时上报。

e. 发生工伤事故要详细记录,及时上报,并组织全班组人员认真分析。

f. 有权拒绝违章指令。

g. 听从专职安全员的指令,接受改进措施,教育全班组人员坚守岗位,严格执行安全规程和制度,做好上下班的交接工作和自检工作。

h. 发动全班组职工为促进安全生产和改善劳动条件提出合理化建议。

i. 支持安全员工作,及时采纳安全员的正确意见,发动全体职工共同搞好安全生产工作。班组长做好本班组安全活动的一切记录。

④ 监理单位安全生产责任

监理单位应当对施工现场进行全过程监督,确保施工单位严格遵守安全操作规程,及时发现和整改安全隐患。监理单位应当加强施工现场的巡查和旁站,对发现的问题及时提出整改意见,并监督施工单位落实整改措施。

⑤ 政府部门安全生产责任

政府部门也应当加强对工程项目的安全监管,依法查处违法违规行为。公安、交通、消防等部门应当加强对施工现场周边环境的监管,确保施工现场周边安全。

总之,工程项目参与方应当共同承担安全管理的责任,建立健全安全管理制度和应急预案,加强施工现场的安全管理,确保工程项目的安全生产。

生产责任制执行情况审计的关键点包括:审查安全管理组织的建立情况、安全管理岗位的设置情况、安全生产制度建立和落实情况,上述各个环节的设立和执行是否符合国家法律法规和行业规范；审查项目建设过程中是否发生过安全生产责任事故，对事故的调查、分析和处理是否及时、合规，是否贯彻了“事故原因分析不清不放过，事故责任者和群众没有受到教育不放过，没有采取切实可行的防范措施不放过”的原则。

（2）工程项目现场安全管理审计

① 安全管理体系方面

i. 分析安全管理制度的建立和执行情况。例如，是否制定了完善的安全责任制度、安全培训制度、安全检查与隐患排查制度等，以及这些制度在实际操作中是否得到有效执行。

ii. 评估安全管理机构的设置和人员配备情况。查看是否设立了专门的安全管理部门或配备了足够的专职安全管理人员，其职责是否明确、履职是否到位。

② 施工现场安全方面

i. 检查施工现场的环境安全状况。如临边防护、洞口防护、高处作业防护等措施是否符合安全要求；施工用电、用火、用气等安全管理是否规范。

ii. 关注施工设备和机械的安全性能。包括塔吊、起重机、升降机等设备的安装、使用、维护是否符合相关标准；设备的安全装置是否齐全有效；塔吊的力矩限制器、高度限位器等安全装置是否正常工作等。

③ 从业人员安全方面

i. 安全培训情况。审查施工人员是否接受了必要的安全培训，如三级安全教育、特殊工种培训等。查看培训记录、考核情况等相关资料。

ii. 劳动防护用品使用情况。检查施工人员是否正确配备和使用劳动防护用品，如安全帽、安全带、安全网等。确保防护用品质量合格且符合施工要求。

工程项目现场安全管理审计的关键点包括：抽查项目负责人、安全管理人员及特种作业人员是否持有相应资格证书，是否进行全员安全教育，安全管理制度和岗位安全操作规程的培训是否及时；检查安全设备材料的使用是否符合国家法律法规、行业规范以及合同规定；审查是否制定安全事故的技术处理方案，技术处理方案是否切实可行、经济合理。

（3）工程项目安全防护、文明施工措施费用管理使用审计

《建设工程安全生产管理条例》第八条规定：“建设单位在编制工程概算时，应当确定建设工程安全作业环境及安全施工措施所需费用。”第二十二条规定：“施工单位对列入建设工程概算的安全作业环境及安全施工措施所需费用，应当用于施工安全防护用具及设施的采购和更新、安全施工措施的落实、安全生产条件的改善，不得挪作他用。”

工程项目安全防护、文明施工措施费用管理使用审计的关键点包括：检查安全防护、文明施工措施费用实际提取金额与应提取金额是否一致；审查安全生产费用提取金额、会计处理和会计报表的反映是否正确；审查落实安全生产费用的具体使用范围是否符合规定。

7.4.3 工程项目安全管理审计程序和方法

1）需要取得的资料

（1）首先应当取得安全管理相关规程规范，如《建筑施工安全检查标准》《施工企业安全生产评价标准》《建筑机械使用安全技术规程》《建筑工程施工现场供用电安全规程》《仓库防火安全管理规则》等。

(2) 在建设项目管理单位,应当取得安全管理制度与保证制度、设计图纸及设计文件、总承包合同或施工合同、物资供应合同、分包合同、监理合同、施工组织设计(方案)、监理实施细则、验收资料、相关工作记录(包括安全风险评估报告、记录安全管理行为的项目管理检查表、工程管理记录)等资料。

(3) 在施工单位,应当取得施工企业资质等级证书、施工合同文件(包括总承包合同及分包合同)、与分包单位的安全生产协议书、安全生产许可证、施工组织设计和施工方案、安全专项施工方案、应急救援预案;各工种安全技术操作规程,有关安全生产责任制度、安全教育培训制度、安全生产考核指标、安全生产资金保障制度、安全生产管理目标等文件,安全资金使用计划;安全管理记录:施工日记和专项施工记录、安全技术交底记录、上岗培训记录和岗位资格证明、安全教育培训记录、安全资金使用记录、安全检查记录、整改和复查记录等;安全事故调查分析报告、安全事故处理报告等资料。

(4) 在监理单位,应当取得监理单位资质证书、安全管理体系文件、委托监理合同文件、监理规划、监理实施细则、施工安全监理报告、监理日志等资料。

(5) 在设备材料供应单位,应当取得安全防护用具、机械设备等的购买合同、质量检验证明文件和产品合格证等。

(6) 从行业质量监督部门索取安全事故调查分析报告。

2) 内部控制测评

(1) 内部控制调查

检查安全责任制度的建立情况。逐项核实机构的建立情况、安全管理岗位的设置情况、安全生产制度和责任制落实情况、对施工及监理单位的管理细则、合同管理制度文件等。检查建设单位是否建立对承包商分包工程管理制度,检查施工合同中是否明确建设单位对分包工程的审批程序,建设单位是否按约定对分包工程实施严格的核准和审批;检查总承包商与分包商之间是否签订安全生产协议,分包商是否按协议履行安全生产责任。

(2) 内部控制测试

检查安全管理责任制度落实情况。抽查部分施工部位安全管理记录,检查施工合同中规定的建设单位安全责任与建设单位工程合同管理规定的安全责任的一致性与完整性。检查是否发生过安全生产责任事故,对事故的调查、分析和处理是否及时、合规;安全保障资金的实际使用情况与计划是否一致;安全检查事项是否落实,尤其是对工程安全生产影响重大环节的监控工作是否到位。

3) 审计取证

(1) 抽查施工单位的施工日记和专项施工记录、安全教育培训记录及相关工作人员上岗培训记录和岗位资格证明,对照国家安全生产有关规定和施工单位制定的各工种安全技术操作规程、安全教育培训制度等,检查项目负责人、安全管理人员及特种作业人员是否持有相应的资格证书,是否进行全员安全教育,安全管理制度和岗位安全操作规程的培训是否及时等情况。

(2) 检查安全技术交底记录或询问相关工作人员,对照国家安全生产有关规定和施工单位制定的各工种安全技术操作规程等,检查是否存在无安全技术交底,或交底针对性不强、不全面、未履行签字手续等情况。

(3) 查阅工程使用的安全防护用具、机械设备等购买合同、质量检验证明文件和产品合格证、入库单、出库单和日常安全检查记录，对照国家安全生产有关规定和施工合同文件等，检查资料和现场情况的一致性，检查安全设备材料的使用是否符合法律及合同规定。

(4) 查阅施工单位的安全检查记录及整改和复查记录，对照国家安全生产有关规定、施工合同文件及施工单位制定的安全检查制度等，重点关注施工现场曾存在的安全隐患及整改情况，必要时可检查记录与现场情况的一致性。

(5) 查阅安全事故处理档案文件，对照国家安全生产有关规定、施工合同文件、委托监理合同文件等，检查判断相关责任方是否对安全事故进行调查分析，调查分析报告是否全面、及时、客观和准确，是否制定或选择安全事故的技术处理方案，技术处理方案是否切实可行、经济合理，责任主体根据技术处理方案对事故进行处理的情况，处理结果是否达到规范要求和符合设计标准。

(6) 查阅工程概算、施工合同文件等，检查安全防护、文明施工措施费用实际提取金额与应提取金额是否一致；检查会计凭证、会计账簿和会计报表，查看安全生产费用提取金额、会计处理和会计报表的反映是否正确；检查安全资金银行储存账户的对账单，审查安全生产费用专户存储情况，确认是否存在挪用的现象。

(7) 查阅施工合同文件、安全防护及文明施工措施项目费用清单、安全费用年度使用计划等资料，逐项审查落实安全生产费用的具体使用范围是否在规定的开支范围内；审查会计凭证、会计账簿和会计报表，查看安全生产费用使用的会计处理和会计报表的反映是否正确。

4) 工程安全管理审计实施应注意的事项

(1) 审计准备阶段

① 充分了解项目

i. 仔细研究建设工程的设计图纸、施工方案等相关资料，熟悉工程的结构、施工工艺和流程，以便在审计过程中更好地识别潜在安全风险点。

ii. 了解项目所处的地理环境、周边设施等情况，例如是否靠近河流、高压线等可能影响施工安全的因素。

② 组建合适的审计团队

i. 确保审计团队成员具备多方面的专业知识，包括建筑工程、安全管理、电气、机械等领域，以满足对不同方面进行审计的需求。

ii. 对审计人员进行必要的培训，使其熟悉建设工程安全审计的流程、重点和相关法规政策。

(2) 审计实施阶段

① 现场检查细节

i. 在施工现场检查时，注意检查那些容易被忽视的区域，如临时搭建的仓库、隐蔽工程等。

ii. 对于施工设备，不仅要检查大型设备如塔吊、起重机等，还要关注小型设备和电动工具的安全状况，比如检查电锯的防护罩是否完好。

② 人员访谈技巧

i. 对施工人员、管理人员等进行访谈时，要注意提问的方式和技巧，避免诱导性提问，确保获取信息的真实性。

ii. 可以采用多对一的访谈方式,即多个审计人员对一个被访谈者,以便从不同角度进行询问和核实信息。

③ 数据准确性验证

i. 在收集和分析安全数据时,如事故发生率、安全检查次数等,要核实数据的来源和统计方法是否准确可靠。

ii. 对比不同来源的数据,如施工单位上报的数据和监理单位的数据,以发现可能存在的数据不一致问题。

(3) 审计报告阶段

① 客观准确表述

i. 在撰写审计报告时,避免使用模糊、含混的词汇,确保对审计发现的问题描述准确、清晰,能够客观反映实际情况。

ii. 对问题的定性要基于充分的证据和事实,避免主观臆断。

② 风险评估严谨性

i. 进行风险评估时,要采用科学合理的评估方法和标准,避免过于保守或过于激进的评估结果。

ii. 充分考虑多种因素对风险的影响,如工程进度、季节变化、人员流动等。

(4) 后续跟进阶段

持续监督整改,包括:

i. 对整改情况的跟进不能仅仅停留在整改期限结束后的一次检查,而应在整改过程中定期进行监督,及时发现整改过程中出现的新问题。

ii. 建立有效的沟通机制,与建设单位、施工单位等相关方保持密切联系,及时了解整改工作的进展和遇到的困难。

iii. 对整改效果进行全面评估,不仅要检查问题是否得到解决,还要评估整改措施对整个安全管理体系的影响,是否带来了新的潜在风险。

5) 工程安全管理审计报告的编制内容

(1) 基本信息

① 项目概况

i. 说明建设工程的名称、地点、规模、类型(如住宅、商业、工业等)以及项目的起止时间。

ii. 介绍项目的主要参与方,包括建设单位、施工单位、监理单位等相关信息。

② 审计概况

i. 阐述审计的目的,例如评估建设工程安全管理体系的有效性、检查施工现场安全措施的落实情况等。

ii. 说明审计的范围,包括审计所涵盖的工程阶段(如施工准备阶段、施工阶段、竣工验收阶段)、涉及的工程区域和业务领域等。

iii. 介绍审计的方法和依据,如采用的现场检查、文件审查、人员访谈等审计方法,以及依据的相关法律法规、行业标准和企业内部安全管理制度等。

(2) 审计发现

① 安全管理体系方面

i. 分析安全管理制度的建立和执行情况,例如是否建立了完善的安全责任制度、安全培训制度、安全检查与隐患排查制度等，以及这些制度在实际操作中是否得到有效执行。

ii. 评估安全管理机构的设置和人员配备情况。查看是否设立了专门的安全管理部门或配备了足够的专职安全管理人员，其职责是否明确、履职是否到位。

② 施工现场安全方面

i. 检查施工现场的环境安全状况，如临边防护、洞口防护、高处作业防护等措施是否符合安全要求；施工用电、用火、用气等安全管理是否规范。

ii. 关注施工设备和机械的安全性能，包括塔吊、起重机、升降机等设备的安装、使用、维护是否符合相关标准；设备的安全装置是否齐全有效等。

iii. 审查施工人员的安全行为，如是否正确佩戴和使用劳动防护用品；是否遵守安全操作规程等。

(3) 风险评估

① 风险识别

i. 识别建设工程中存在的各类安全风险，如高处坠落、物体打击、坍塌、触电等。

ii. 根据审计发现的问题，分析可能导致安全事故发生的潜在危险因素。

② 风险分析

i. 对识别出的安全风险进行分析，评估其发生的可能性和后果的严重程度。

ii. 可以采用定性或定量的方法进行风险评估，如风险矩阵法、事故树分析法等。

③ 风险评价

根据风险分析的结果，对安全风险进行分级，确定重大风险、较大风险、一般风险和低风险的分布情况。

(4) 审计结论

① 总体评价

i. 对建设工程的安全管理状况进行总体评价，明确指出安全管理工作中的优点和不足之处。

ii. 根据审计结果，判断建设工程是否符合相关安全法规、标准和合同约定的安全要求。

② 合规性结论

i. 说明建设工程在安全管理方面是否符合法律法规的规定，是否存在违法违规行为。

ii. 对于发现的违法违规问题，应明确指出其性质和严重程度。

(5) 整改建议

① 针对性建议

i. 根据审计发现的问题和风险评估的结果，提出具体的整改措施和建议。

ii. 整改建议应具有针对性和可操作性，能够有效解决存在的安全问题和降低安全风险。

② 时间要求

i. 明确整改措施的实施时间要求，设定合理的整改期限，确保问题得到及时解决。

ii. 可以分阶段提出整改目标，以便于对整改工作进行跟踪和监督。

(6) 附件

将审计过程中收集到的重要证据作为附件，如现场检查照片、文件审查复印件、访谈记录等。

应确保附件的真实性、完整性和相关性，能够为审计报告中的内容提供有力的支撑。

【案例 7-2】 工程安全管理审计案例

案例背景

某大型商业综合体建设项目，包括高层写字楼、购物中心和地下停车场等部分。该项目施工周期长、涉及多个施工单位和复杂的施工工艺。

审计过程

1）安全管理制度审计

（1）发现问题

审计人员在查阅相关文件时，发现安全责任制度虽然建立，但部分职责划分不够清晰。例如，在交叉施工区域，不同施工单位之间对于安全责任的界定存在模糊地带。

（2）证据收集

收集了项目的安全管理手册、各施工单位的合同以及相关会议纪要等文件作为证据。这些文件明确显示在某些关键施工环节没有明确的安全责任主体。

2）施工现场安全审计

（1）发现问题

在施工现场检查中，发现部分临边防护栏杆存在缺失和损坏的情况，尤其是在一些人流量较少的区域，如建筑物背面的楼梯间临边。

（2）证据收集

通过现场拍照和测量，记录了防护栏杆缺失和损坏的具体位置、长度以及损坏程度等信息。同时，对现场施工人员进行了访谈，证实了防护栏杆损坏后未及时修复的情况。

3）施工设备安全审计

（1）发现问题

检查塔吊时，发现塔吊的定期维护保养记录不完整，部分关键部件的检查时间间隔超过了设备说明书规定的标准。

（2）证据收集

获取了塔吊的维护保养日志以及设备说明书等资料，对比发现了维护保养工作中的漏洞。

4）审计结果与整改措施

（1）审计报告中明确指出了上述问题，并根据问题的严重程度和相关法规要求提出了整改建议。

（2）对于安全责任制度不清晰的问题，建议重新修订安全管理手册，明确各施工单位在交叉施工区域的安全责任，并建立联合安全检查机制。

（3）针对临边防护栏杆的问题，要求施工单位立即对损坏的防护栏杆进行修复和加固，并加强日常巡检工作，确保防护设施的完整性。

（4）对于塔吊维护保养记录不完整的问题，责令设备管理单位按照设备说明书的要求重新制订维护保养计划，并严格执行，同时对以往的维护保养工作进行自查自纠。

5）后续跟进

在规定的整改期限后，审计人员对项目进行了复查。

(1) 发现施工单位已重新修订了安全管理手册,明确了交叉施工区域的安全责任,并建立了联合安全检查机制。

(2) 临边防护栏杆已全部修复和加固,现场巡检记录完整。

(3) 塔吊的维护保养工作按照新的计划执行,记录详细且规范。

第8章

工程造价审计

8.1 工程造价概述

工程造价审计是建设项目审计的基础内容与重要组成部分，随着我国工程造价计价模式的发展变化、工程造价管理模式改革的深化，工程造价审计工作也有了很大的发展，工程造价审计的重点、内容以及方法、风险都发生了较大的变化，工程造价审计表现出了新的特点，同时工程造价审计也面临着一些问题，如造价审计结论与工程合同之间的矛盾、造价审计方式要求与造价管理要求之间的协调问题等。本章即对当前工程造价管理模式下的造价审计工作进行阐述。

8.1.1 工程造价含义

工程造价是指为完成某项工程的建设，预计或实际在设备市场、劳务技术市场以及工程承发包市场等交易活动中所形成的设备工器具购置费用、建筑安装工程费等各类工程交易价格。这里的"工程"其内涵与范围有很大的不确定性，可能是一个建设项目，也可能是一个单位工程或分部工程；可能是一个建设项目的全部建设过程，也可能是其中的某一阶段，如设计施工阶段等。

8.1.2 工程造价确定过程

建设工程项目建设周期长、规模大、造价高，其建设过程是按程序分阶段进行的，相应地其价格也要按不同建设阶段的特点分别进行确定，以保证工程造价确定与控制的科学性，工程造价在确定过程中随着建设程序的进展由粗到细、由浅入深、由概略到精确地逐步深化逐步接近实际造价。

1）投资估算

投资估算是指在项目建议书和可行性研究阶段对拟建项目所需投资，通过编制估算文件预先测算和确定的过程。也可表示估算出的建设项目的投资额，或称估算造价。

投资估算是在设计工作开始前编制的，具有较大的不确定性，大多是利用估算指标进行测算，因此投资估算不会太具体，其编制成果仅仅是粗略成果，但从项目决策管理者的角度看，投资估算有着十分重要的作用，首先它是建设单位编制计划任务书、可行性研究中进行经济评价和项目决策的重要依据，也是项目主管部门审批项目建议书的依据之一；其次它是建设单位制订项目建设资金筹措计划的依据；最后，在项目决策后的实施过程中，为保证有效控制投资，应保证设计概算不得突破批准的投资估算额，并应控制在投资估算额以内，投资估算是投资控制的依据。

2）设计概算

设计概算是指在初步设计阶段，根据设计意图，通过编制工程概算文件预先测算和确定的工程造价。设计概算是工程建设项目初步设计文件的重要组成部分，它是工程初步设计阶段计算建筑物、构筑物的造价以及从筹建开始起至交付使用止所发生的全部建设费用的文件。根据国家有关规定，建设工程在初步设计阶段，必须编制设计概算；在报批设计文件的同时，必须报批设计概算；施工图设计阶段，必须按照经批准的初步设计及其相应的设计概算进行施工图的设计工作。设计概算的费用内容与投资估算相同，但由于二者编制时间不同，设计概算编制时所用的资料依据也不完全相同，比投资估算造价的准确性有所提高。按照国家规定，投资估算控制设计概算，设计概算不应该超过投资估算的10%以上。

设计概算是国家制定和控制建设投资的依据，设计概算经主管部门批准后，将作为控制项目投资的最高限额，在项目建设过程中，国家拨款、银行贷款、施工图设计及预算、竣工决算，都不能突破这个限额。设计概算是设计方案的技术经济效果的反映，不同的设计方案具有了设计概算就能进行比较，选出技术上先进和经济上合理的设计方案，达到节约投资的目的，设计概算是考核设计经济合理性的依据。对于施工期限较长的大中型建设项目，可以根据批准的建设计划、初步设计和总概算文件确定工程项目的总承包价，采用工程总承包的方式进行建设，而设计概算一般可用作建设单位和工程总承包单位签订总承包合同的依据。另外设计概算也可作为办理工程拨款、贷款的依据，作为控制施工图设计的依据，以及考核和评价工程建设项目成本和投资效果的依据。

3）施工图预算

施工图预算是指工程建设进入施工图设计阶段，根据施工图这个研究对象，按照各专业工程的预算工程量计算规则计算出的工程数量，并考虑实施施工图的施工组织确定的施工方案或方法，按照现行预算定额或计价定额、工程建设费用定额、材料预算价格和建设主管部门规定的费用计算程序及其他取费规定等，确定的单位工程或单项工程造价的经济文件。显然，施工图预算不是工程建设产品的价格，它仅仅是指工程建设产品生产过程中的计划造价。

施工图预算分为单位工程预算、单项工程预算、建设项目总预算。单位工程预算是根据施工图设计文件、现行预算定额、费用定额及人工、材料、设备、机械台班等预算价格编制；单项工程预算是所有单位工程施工图预算的汇总；建设项目总预算是所有单项工程施工图预算的汇总。施工图要比初步设计图更具体、更完善，它是指导施工活动开展的技术文件，根据初步设计图所做的设计概算，有控制施工图预算的作用，但概算定额比预算定额更综合、扩大，设计概算不能准确反映各专业工程的造价。而施工图预算依据施工图和预算定额等取费规定编制，确定的工程造价是该单位工程实际的计划成本或者说是社会平均成本，投资方或建设单位按施工图预算修正筹集建设资金，并控制资金的合理使用，更具有实际的意义。

招标人根据经过技术审查的施工图预算确定建筑及安装工程招标标底，工程标底是招标人对拟建工程的期望价格，采用工程量清单招标的招标人则编制招标控制价，标底或招标控制价的金额一般按施工图预算确定，通常在施工图预算的基础上考虑工程特殊施工措施费、工程质量要求、目标工期、招标工程的范围、自然条件等因素编制而成。

投标人则根据施工图预算确定投标报价。在竞争激烈的建筑市场，积极参与投标的施工企业，根据施工现场情况编制施工方案或施工组织设计，根据招标文件、施工图纸等有关计算工程造价的资料,在工程施工图预算造价的基础上,再考虑投标策略及各种影响工程造价的因素,然后提出投标报价。施工图预算与中标人投标报价以及施工签约合同价的差值,可视为中标人对建筑安装产品的销售折扣(让利)。

4) 竣工决算

竣工决算是单项工程或建设项目完工后,由建设单位根据工程结算资料及其他有关资料按照一定要求编制的反映整个项目从筹建到全部竣工的各项建设费用的文件。按照财政部、国家发改委和住房城乡建设部的有关文件规定,竣工决算由竣工财务决算说明书、竣工财务决算报表、工程竣工图和工程竣工造价对比分析四部分组成。前两部分又称建设项目竣工财务决算,是竣工决算的核心内容。竣工决算是反映竣工项目建设成果和财务情况的总结性文件,是考核项目投资效果的依据,是办理交付、动用、验收的依据,是竣工验收报告的重要组成部分。

工程竣工结算是指施工单位按照合同规定的内容全部完成所承包的工程,经验收合格,并符合合同要求之后,向发包单位进行的最终工程价款结算。工程竣工结算是由施工单位根据施工合同,以及根据工程实施过程中发生的超出施工合同范围的工程变更情况,调整施工图预算价格,确定的工程项目最终结算价格。因此竣工结算与施工图预算是前呼后应的,反映的是建设单位所发包工程项目的实际造价,它产生的基础是承发包双方签订的合同价,是承包商的投标报价。竣工结算分为单位工程竣工结算、单项工程竣工结算和建设项目竣工总结算。工程竣工结算是核定建设工程造价的依据,也是建设项目竣工验收后编制竣工决算和核定新增固定资产价值的依据。竣工结算直接关系到施工单位的切身利益,也是建设单位建设项目进行投资控制的最后有效环节,因此做好这项工作意义重大。

工程竣工结算是确定发包工程最终造价,建设单位和施工单位结清工程价款并完结承发包双方合同责任的依据,从财务上来看是建设单位与施工单位账务往来的依据,是建设单位落实投资完成额的依据。竣工结算是竣工决算的组成部分,是竣工决算的编制基础。在项目建设过程中竣工结算与竣工决算都是必不可少的,因为工程项目财务决算在本书中另章介绍,所以本章重点介绍关于确定工程造价的竣工结算与审计工作的有关内容。

8.1.3 工程项目划分与造价文件构成

工程造价的计价基本原理是将建设项目分解为许许多多的便于计价的最小工程项目,即分项工程(假定的建筑安装产品),按照“建设项目—单项工程—单位工程—分部工程—分项工程”完成工程的层次划分,然后计算分项工程量,汇总得到分部工程造价,如此逐级汇总得到项目总造价。工程建设项目是一个有机的整体,对项目的分解不仅有利于工程的计价,还有利于对工程建设的管理以及工程经济的核算。

与工程建设项目的上述几种形式相对应,建设项目的造价文件通常包括:单位工程概(预)算、单项工程综合概(预)算、工程建设其他费用概(预)算和工程建设项目总概(预)算等四种主要文件形式。

(1) 单位工程概(预)算文件。单位工程概(预)算是确定某一工程项目中某一单位工程建设费用的文件,按其工程性质可分为建筑工程概(预)算和设备及安装工程概(预)算。

(2) 单项工程综合概(预)算文件。单项工程综合概(预)算是确定工程建设项目所属每个工程项目(单项工程)所需建设费用的文件,它是由单项工程中的各单位工程概(预)算汇总编制而成。

(3) 工程建设其他费用概(预)算文件。工程建设其他费用概(预)算是确定工程建设项目所属的各项工程建设其他费用的文件。可根据工程的具体情况,采用一览表的形式,分别计算各项工程建设其他费用并汇总。

(4) 工程建设项目总概(预)算文件。工程建设项目总概(预)算是计算确定该工程建设项目整个建设费用的文件。它是由该建设项目内的所有单项工程综合概(预)费用汇总和相应的工程建设其他费用概(预)算构成。当一个建设项目内仅有一个单项工程时,则其建设项目总概(预)算等于单项工程综合概(预)算。

工程建设项目造价文件之间的关系如图 8-1 所示。

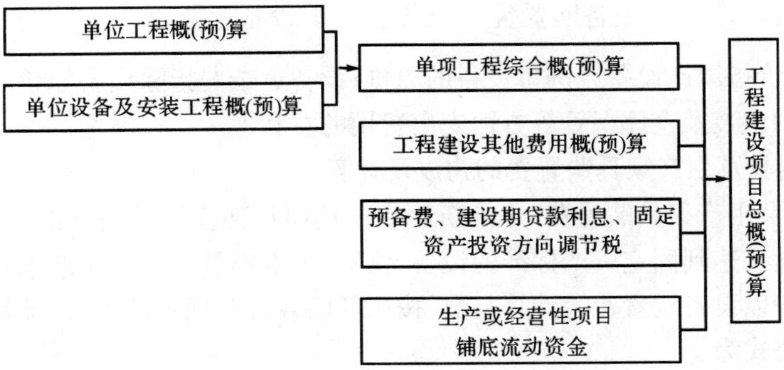

图 8-1 造价文件关系图

8.2 工程项目造价构成与确定

8.2.1 建设工程投资构成

建设项目总投资含固定资产投资和流动资产投资两部分,其中,建设项目总投资中的固定资产投资与建设项目的工程造价在量上相等。

我国现行工程造价的构成主要划分为建筑安装工程费、设备及工器具购置费、工程建设其他费用、预备费、建设期贷款利息、固定资产投资方向调节税等。具体构成内容如图 8-2 所示。

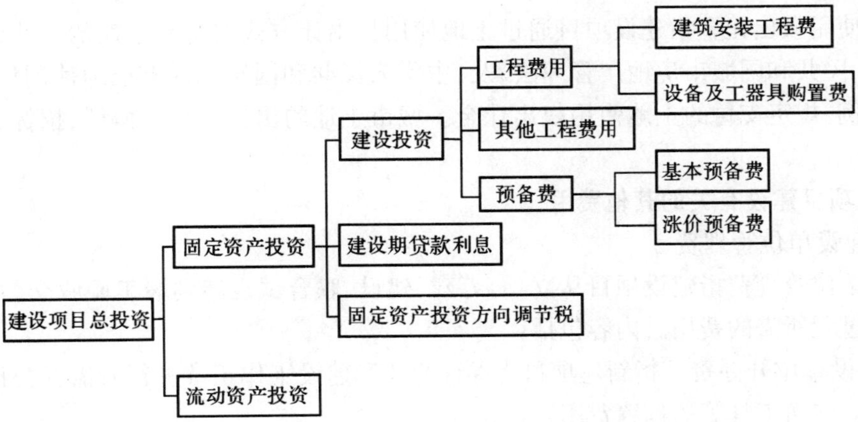

图 8-2 我国现行工程造价构成简图

根据建标〔2013〕44号《建筑安装工程费用项目组成》,建筑安装工程费按照费用构成要素由人工费、材料费、施工机具使用费、企业管理费、利润、规费和税金组成,详见8.3节。

8.2.2 设备及工器具购置费

设备及工器具购置费用由设备购置费和工具、器具及生产家具购置费组成。

1) 设备购置费

设备购置费是指一切需要安装和不需要安装的设备的购置费用。它由设备原价和设备运杂费构成。

设备购置费＝设备原价＋设备运杂费

上式中,设备原价指国产设备或进口设备的原价;设备运杂费指除设备原价之外的关于设备采购、运输、途中包装及仓库保管等方面支出费用的总和。

2) 工具、器具及生产家具购置费的构成及计算

工具、器具及生产家具购置费,是指新建或扩建项目初步设计规定的,保证初期正常生产必须购置的没有达到固定资产标准的设备、仪器、工卡模具、器具、生产家具和备品备件的购置费用。一般以设备购置费为计算基数,按照部门或行业规定的工具、器具及生产家具费率计算。计算公式为:

工具、器具及生产家具购置费＝设备购置费×定额费率

8.2.3 工程建设其他费用

1) 土地使用费

土地使用费是指建设项目通过划拨方式取得土地使用权,所需支付的土地征用补偿费,或者通过土地使用权出让方式取得土地使用权所需支付的土地使用权出让金。

(1) 土地征用及迁移补偿费

土地征用及迁移补偿费指建设项目通过划拨方式取得无限期的土地使用权,依照《中华人民共和国土地管理法》等所支付的按照被征收土地的原用途所给予的补偿费用。征收耕地的补偿费用包括土地补偿费、安置补助费以及地上附着物和青苗的补偿费。

(2) 土地使用权出让金

土地使用权出让金指建设项目通过土地使用权出让方式取得有限期的土地使用权,依照《中华人民共和国城市房地产管理法》及《中华人民共和国城镇国有土地使用权出让和转让暂行条例》规定支付的土地使用权出让金。城市土地的出让可采用协议、招标、公开拍卖等方式。

2) 与项目建设有关的其他费用

(1) 建设单位管理费

建设单位管理费指建设项目从立项、筹建、建设、联合试运转到竣工验收交付使用及后评估等全过程所需的费用。内容包括:

① 建设单位开办费。指新建项目为保证筹建和建设工作正常进行所需办公设备、生活家具、用具、交通工具等的购置费用。

② 建设单位经费。包括工作人员的基本工资、工资性津贴、职工福利费、劳动保护费、劳动保险费、办公费、差旅交通费、工会经费、职工教育经费、固定资产使用费、工具用具使用费、技术图书资料费、生产人员招募费、工程招标费、合同契约公证费、勤务员质量监督检测费、工程咨询费、法律顾问费、审计费、业务招待费、排污费、竣工交付使用清理及竣工验收费、后评估等费用。

建设单位管理费按照单项工程费用之和(包括建筑安装工程费用和设备工程购置费用)乘以建设单位管理费率计算。建设单位管理费率按照工程建设项目的不同性质、不同规模确定。

(2) 勘察设计费

勘察设计费是指对工程项目进行工程水文地质勘察、工程设计所发生的费用。包括:工程勘察费、初步设计费(基础设计费)、施工图设计费(详细设计费)、设计模型制作费。

(3) 研究试验费

研究试验费是指为本建设项目提供或验证设计参数、数据资料等进行必要的研究试验,以及设计规定在施工中必须进行的试验、验证所需的费用。

(4) 场地准备及临时设施费

建设项目场地准备费是指为使工程项目的建设场地达到开工条件所产生的由建设单位组织进行的场地平整和对建设场地遗留的有碍于施工建设的设施进行拆除清理的费用。

建设单位临时设施费是指为满足工程项目建设、生活、办公的需要,用于临时设施建设、维修、租赁、使用所发生或摊销的费用。

(5) 工程监理费

工程监理费是指委托工程监理单位对工程实施监理工作所需的费用。

(6) 可行性研究费

可行性研究费是指在工程项目投资决策阶段,依据调研报告对有关建设方案、技术方案或生产经营方案进行的技术经济论证,以及编制、评审可行性研究报告所需的费用。

(7) 专项评价及验收费

专项评价及验收费包括环境影响评价费、安全预评价及验收费、职业病危害预评价及控制效果评价费、地震安全性评价费、地质灾害危险性评级费、水土保持评价及验收费、压覆矿产资源评价费、节能评估及评审费、危险与可操作性分析及安全完整性评价费以及其他专项评价及验收费。

(8) 工程保险费

工程保险费是指建设项目在建设期间根据需要实施工程保险所需的费用。包括建筑工程一切险、安装工程一切险,以及机器损坏保险等。

(9) 特殊设备及安全监督检验费

特殊设备及安全监督检验费是指安全监察部门对在施工现场组装的锅炉及压力容器、压力管道、消防设备、燃气设备、电梯等特殊设备和设施实施安全检验收取的费用。

(10) 引进技术和进口设备其他费

引进技术和进口设备其他费包括:① 出国人员费用。包括买方人员出国设计联络、出国考察、联合设计、监造、培训等所产生的差旅费、生活费等。② 国外工程技术人员来华的差旅费、生活费和接待费用等。③ 国外设计及技术资料费、专利和专有技术费、延期或分期付款利息。④ 引进设备检验及商检费。

(11) 市政公用设施建设及绿化补偿费

市政公用设施建设及绿化补偿费是指使用市政公用设施的建设工程项目,按照项目所在地省级人民政府有关规定缴纳的市政公用设施建设配套费用,以及绿化工程补偿费用。该项费用按工程所在地人民政府规定标准计列;不发生或按规定免征项目不计取。

3) 与未来企业生产有关的费用

(1) 联合试运转费

联合试运转费是指新建企业或新增加生产工艺过程的扩建企业在竣工验收前,按照设计规定的工程质量标准,进行整个车间的负荷或无负荷联合试运转发生的费用支出大于试运转收入的亏损部分。不包括应由设备安装工程费项目开支的单台设备调试费及试车费用。

(2) 生产准备费

生产准备费是指新建企业或新增生产能力的企业,为保证竣工交付使用进行必要的生产准备所发生的费用。费用内容包括:① 生产人员培训费,包括自行培训、委托其他单位培训人员的工资、工资性补贴、职工福利费、差旅交通费、学习资料费、学习费、劳动保护费;② 生产单位提前进厂参加施工、设备安装、调试以及熟悉工艺流程与设备性能等人员的工资、工资性补贴、职工福利费、差旅交通费、劳动保护费等。

(3) 办公和生活家具购置费

办公和生活家具购置费是指为保证新建、改建、扩建项目初期正常生产、使用和管理所必须购置的办公和生活家具、用具的费用。改、扩建项目所需的办公和生活用具购置费,应低于新建项目。

8.2.4 预备费

按我国现行规定,预备费包括基本预备费和价差预备费。

1) 基本预备费

基本预备费是指针对项目实施过程中可能发生难以预料的支出而事先预留的费用,主要指设计变更及施工过程中可能增加工程量的费用,主要内容如下:

(1) 在批准的初步设计范围内,技术设计、施工图设计及施工过程中所增加的工程费用;设计变更、工程变更、材料代用、局部地基处理等增加的费用。

(2) 一般自然灾害造成的损失和预防自然灾害所采取的措施费用。实行工程保险的工程项目,该费用应适当降低。

(3) 竣工验收时为鉴定工程质量对隐蔽工程进行必要的挖掘和修复费用。

(4) 超规超限设备运输增加的费用。

基本预备费计算公式为:

$$基本预备费=(工程费用+工程建设其他费用)\times 基本预备费费率$$

基本预备费费率的取值应执行国家及部门的有关规定。

2) 价差预备费

价差预备费是指为在建设期内利率、汇率或价格等因素的变化而预留的可能增加的费用，亦称为价格变动不可预见费。价差预备费的内容包括：人工、设备、材料、施工机械的价差费，建筑安装工程费及工程建设其他费用调整，利率、汇率调整等增加的费用。

价差预备费一般根据国家规定的投资综合价格指数，以估算年份价格水平的投资额为基数，采用复利方法计算。计算公式为：

$$PF=\sum_{t=1}^{n} I_t[(1+f)^m(1+f)^{0.5}(1+f)^{t-1}-1]$$

式中：PF ——价差预备费；

n ——建设期年份数；

I_t ——建设期第 t 年的投资计划额，包括工程费用、工程建设其他费用及基本预备费，即第 t 年的静态投资计划额；

f ——年涨价率（政府部门有规定的按规定执行，没有规定的由可行性研究人员预测）；

m ——建设前期年限（从编制估算到开工建设所需要的时间）。

8.2.5 建设期贷款利息

建设期贷款利息包括向国内银行和其他非银行金融机构贷款、出口信贷、外国政府贷款、国际商业银行贷款以及在境内外发行的债券等在建设期内应偿还的借款利息。

一般按下式计算：

$$建设期每年应计利息=\left(年初借款累计+\frac{1}{2}\times 当年借款额\right)\times 年利率$$

8.2.6 固定资产投资方向调节税

为了贯彻国家产业政策，控制投资规模，引导投资方向，调整投资结构，加强重点建设，促进国民经济持续稳定协调发展，对在我国境内进行固定资产投资的单位和个人（不含中外合资经营企业、中外合作经营企业和外商独资企业）征收固定资产投资方向调节税。

目前，固定资产投资方向调节税已停征。

8.2.7 经营性项目铺底流动资金

经营性项目铺底流动资金指经营性建设项目为保证生产和经营正常进行，按规定应列入建设项目总资金的铺底流动资金。

8.3 建筑安装工程造价构成与确定

8.3.1 建筑安装工程造价内容

在工程建设中，建筑安装工程是创造价值的生产活动，由建筑工程和安装工程两部分组成。建筑安装工程费用作为建筑安装工程的货币表现，亦被称为建筑安装工程造价。

1) 建筑工程费

建筑工程费的内容具体包括:

(1) 各类房屋建筑工程的建造费用和列入房屋建筑工程的供水、供暖、供电、卫生、通风、煤气等设备及其安装工程的费用,以及列入建筑工程的各种管道、电力、电信和电缆导线敷设工程的费用。

(2) 设备基础、支柱、工作台、烟囱、水塔、水池等附属工程的建造费用。

(3) 为施工而进行的场地平整,工程和水文地质勘察,原有建筑物和障碍物的拆除以及施工临时用水、电、气、路和完工后的场地清理、环境绿化、美化等工作费用。

(4) 矿井开凿、井巷延伸、石油、天然气钻井,以及修建铁路、公路、桥梁、水库、堤坝、灌渠及防洪等工程建造费用。

2) 安装工程费

安装工程费是指为使项目投入使用而必须安装的设备在其安装过程中所发生的费用,实际工作中常见的设备有动力设备、起重设备、运输设备、医疗设备、试验设备等,安装工程费也包括与设备相连的工作台、梯子、栏杆等设施的工程费用,附属于被安装设备的管线敷设工程和被安装设备的绝缘、防腐、保温、油漆等费用。另外,为测定安装工程质量,对单个设备进行单机试运行和对系统设备进行系统联动无负荷试运转而进行的调试工作所需费用也属于安装工程费。

需注意的是,对设备进行系统联动有负荷试运转而进行的调试工作所需费用不属于安装工程费,它包含在工程建设其他费用中。附属于房屋建筑工程的给排水工程、电气照明工程、供热通风工程等的安装费用不属于安装工程费,而是被列入了建筑工程费中。

8.3.2 建筑安装工程造价构成

为适应深化工程计价改革的需要,住房城乡建设部、财政部根据国家有关法律、法规及相关政策,在总结建标〔2003〕206 号执行情况的基础上,修订了《建筑安装工程费用项目组成》,且有按费用构成要素划分、按造价形成划分两种形式,同时还制定了《建筑安装工程费用参考计算方法》《建筑安装工程计价程序》,明确规定自 2013 年 7 月 1 日起施行。

根据建标〔2013〕44 号《建筑安装工程费用项目组成》,建筑安装工程费按照费用构成要素划分:由人工费、材料(包含工程设备,下同)费、施工机具使用费、企业管理费、利润、规费和税金组成。

1) 人工费

人工费是指按工资总额构成规定,支付给从事建筑安装工程施工的生产工人和附属生产单位工人的各项费用。内容包括:

(1) 计时工资或计件工资:是指按计时工资标准和工作时间或对已做工作按计件单价支付给个人的劳动报酬。

(2) 奖金:是指对超额劳动和增收节支支付给个人的劳动报酬。如节约奖、劳动竞赛奖等。

(3) 津贴补贴:是指为了补偿职工特殊或额外的劳动消耗和因其他特殊原因支付给个人的津贴,以及为了保证职工工资水平不受物价影响支付给个人的物价补贴。如流动施工津贴、特殊地区施工津贴、高温(寒)作业临时津贴、高空津贴等。

(4) 加班加点工资：是指按规定支付的在法定节假日工作的加班工资和在法定日工作时间外延时工作的加点工资。

(5) 特殊情况下支付的工资：是指根据国家法律、法规和政策规定，因病、工伤、产假、计划生育假、婚丧假、事假、探亲假、定期休假、停工学习、执行国家或社会义务等原因按计时工资标准或计时工资标准的一定比例支付的工资。

2) 材料费

材料费是指施工过程中耗费的原材料、辅助材料、构配件、零件、半成品或成品、工程设备的费用。内容包括：

(1) 材料原价：是指材料、工程设备的出厂价格或商家供应价格。

(2) 运杂费：是指材料、工程设备自来源地运至工地仓库或指定堆放地点所发生的全部费用。

(3) 运输损耗费：是指材料在运输装卸过程中不可避免的损耗。

(4) 采购及保管费：是指为组织采购、供应和保管材料、工程设备的过程中所需要的各项费用。包括采购费、仓储费、工地保管费、仓储损耗。

其中，工程设备是指构成或计划构成永久工程一部分的机电设备、金属结构设备、仪器装置及其他类似的设备和装置。

3) 施工机具使用费

施工机具使用费是指施工作业所发生的施工机械、仪器仪表使用费或其租赁费。内容包括：

(1) 施工机械使用费：以施工机械台班耗用量乘以施工机械台班单价表示，施工机械台班单价应由下列七项费用组成：

① 折旧费：指施工机械在规定的使用年限内，陆续收回其原值的费用。

② 大修理费：指施工机械按规定的大修理间隔台班进行必要的大修理，以恢复其正常功能所需的费用。

③ 经常修理费：指施工机械除大修理以外的各级保养和临时故障排除所需的费用。包括为保障机械正常运转所需替换设备与随机配备工具附具的摊销和维护费用，机械运转中日常保养所需润滑与擦拭的材料费用及机械停滞期间的维护和保养费用等。

④ 安拆费及场外运费：安拆费指施工机械(大型机械除外)在现场进行安装与拆卸所需的人工、材料、机械和试运转费用以及机械辅助设施的折旧、搭设、拆除等费用；场外运费指施工机械整体或分体自停放地点运至施工现场或由一施工地点运至另一施工地点的运输、装卸、辅助材料及架线等费用。

⑤ 人工费：指机上司机(司炉)和其他操作人员的人工费。

⑥ 燃料动力费：指施工机械在运转作业中所消耗的各种燃料及水、电等。

⑦ 税费：指施工机械按照国家规定应缴纳的车船使用税、保险费及年检费等。

(2) 仪器仪表使用费：是指工程施工所需使用的仪器仪表的摊销及维修费用。

4) 企业管理费

企业管理费是指建筑安装企业组织施工生产和经营管理所需的费用。内容包括：

(1) 管理人员工资：是指按规定支付给管理人员的计时工资、奖金、津贴补贴、加班加点工资及特殊情况下支付的工资等。

(2) 办公费：是指企业管理办公用的文具、纸张、账表、印刷、邮电、书报、办公软件、现场监控、会议、水电、烧水和集体取暖降温(包括现场临时宿舍取暖降温)等费用。

(3) 差旅交通费：是指职工因公出差、调动工作的差旅费、住勤补助费，市内交通费和误餐补助费，职工探亲路费，劳动力招募费，职工退休、退职一次性路费，工伤人员就医路费，工地转移费以及管理部门使用的交通工具的油料、燃料等费用。

(4) 固定资产使用费：是指管理和试验部门及附属生产单位使用的属于固定资产的房屋、设备、仪器等的折旧、大修、维修或租赁费。

(5) 工具用具使用费：是指企业施工生产和管理使用的不属于固定资产的工具、器具、家具、交通工具和检验、试验、测绘、消防用具等的购置、维修和摊销费。

(6) 劳动保险和职工福利费：是指由企业支付的职工退职金、按规定支付给离休干部的经费，集体福利费、夏季防暑降温、冬季取暖补贴、上下班交通补贴等。

(7) 劳动保护费：是企业按规定发放的劳动保护用品的支出。如工作服、手套、防暑降温饮料以及在有碍身体健康的环境中施工的保健费用等。

(8) 检验试验费：是指施工企业按照有关标准规定，对建筑以及材料、构件和建筑安装物进行一般鉴定、检查所发生的费用，包括自设试验室进行试验所耗用的材料等费用。不包括新结构、新材料的试验费，对构件做破坏性试验及其他特殊要求检验试验的费用和建设单位委托检测机构进行检测的费用，对此类检测发生的费用，由建设单位在工程建设其他费用中列支。但对施工企业提供的具有合格证明的材料进行检测不合格的，该检测费用由施工企业支付。

(9) 工会经费：是指企业按《工会法》规定的全部职工工资总额比例计提的工会经费。

(10) 职工教育经费：是指按职工工资总额的规定比例计提，企业为职工进行专业技术和职业技能培训，专业技术人员继续教育、职工职业技能鉴定、职业资格认定以及根据需要对职工进行各类文化教育所发生的费用。

(11) 财产保险费：是指施工管理用财产、车辆等的保险费用。

(12) 财务费：是指企业为施工生产筹集资金或提供预付款担保、履约担保、职工工资支付担保等所发生的各种费用。

(13) 税金：是指企业按规定缴纳的房产税、车船使用税、土地使用税、印花税等。

(14) 其他：包括技术转让费、技术开发费、投标费、业务招待费、绿化费、广告费、公证费、法律顾问费、审计费、咨询费、保险费等。

5) 利润

利润是指施工企业完成所承包工程获得的盈利。

6) 规费

规费是指按国家法律、法规规定，由省级政府和省级有关权力部门规定必须缴纳或计取的费用。包括：

(1) 社会保险费：是指企业按照规定标准为职工缴纳的社会保险费，包括：

① 养老保险费；

② 失业保险费；

③ 医疗保险费；

④ 生育保险费；

⑤ 工伤保险费。

(2) 住房公积金：是指企业按规定标准为职工缴纳的住房公积金。

(3) 工程排污费：是指按规定缴纳的施工现场工程排污费。

其他应列而未列入的规费，按实际发生计取。

7) 税金

税金是指国家税法规定的应计入建筑安装工程造价内的营业税、城市维护建设税、教育费附加以及地方教育附加。

根据财政部、国家税务总局《关于全面推开营业税改征增值税试点的通知》(财税〔2016〕36号)，我国建筑业自2016年5月1日起纳入营业税改征增值税试点范围。即自2016年5月1日起应计入建筑安装工程造价内的税费有：增值税、城市维护建设税、教育费附加以及地方教育附加。

8.3.3 建筑安装工程造价计算规则

建筑安装工程费用是建设工程投资构成的主要组成部分，也是招投标阶段工程价格的主要内容。现阶段可采用建筑安装工程费用计算规则作为计算建筑安装工程造价的重要依据，在承包商投标报价时，建筑安装工程费用计算规则也是重要依据。由于我国各地区的建筑经济水平不一致，费用计算规则目前没有全国统一的标准，一般是以国家有关部门颁发的《建筑安装工程费用项目组成》为依据，结合各地区的实际情况，编制费用计算规则。本书以江苏省住房和城乡建设厅组织编制的《江苏省建设工程费用定额》(2014年)为例，介绍建筑安装工程费用的计算方法。

江苏省住房城乡建设厅根据《建设工程工程量清单计价规范》(GB 50500—2013)及其计量规范和《建筑安装工程费用项目组成》(建标〔2013〕44号)等有关规定，结合江苏省实际情况，组织编制了《江苏省建设工程费用定额》(2014年)。《江苏省建设工程费用定额》(2014年)适用于在江苏省行政区域内新建、扩建和改建的建筑与装饰、安装、市政、仿古建筑及园林绿化、房屋修缮、城市轨道交通工程等，与江苏省现行的各相关专业计价定额配套使用。

建筑安装工程费用内容参照《建筑安装工程费用项目组成》按造价形成划分的形式，由分部分项工程费、措施项目费、其他项目费、规费和税金组成。其中，安全文明施工措施费、规费和税金为不可竞争费，应按规定标准计取。

1) 分部分项工程费

分部分项工程费是指各专业工程的分部分项工程应予列支的各项费用，由人工费、材料费、施工机具使用费、企业管理费和利润构成。

(1) 人工费、材料费、施工机具使用费。人工费、材料费、施工机具使用费的概念及费用内容，与建标〔2013〕44号《建筑安装工程费用项目组成》按照费用构成要素划分中的相关内容一致。

(2) 企业管理费：是指施工企业组织施工生产和经营管理所需的费用。内容包括：

① 管理人员工资：是指按规定支付给管理人员的计时工资、奖金、津贴补贴、加班加点工资及特殊情况下支付的工资等。

② 办公费：是指企业管理办公用的文具、纸张、账表、印刷、邮电、书报、办公软件、监控、会议、水电、燃气、采暖、降温等费用。

③ 差旅交通费：是指职工因公出差、调动工作的差旅费、住勤补助费，市内交通费和误餐补助费，职工探亲路费，劳动力招募费，职工退休、退职一次性路费，工伤人员就医路费，工地转移费以及管理部门使用的交通工具的油料、燃料等费用。

④ 固定资产使用费：是指企业及其附属单位使用的属于固定资产的房屋、设备、仪器等的折旧、大修、维修或租赁费。

⑤ 工具用具使用费：是指企业施工生产和管理使用的不属于固定资产的工具、器具、家具、交通工具和检验、试验、测绘、消防用具等的购置、维修和摊销费，以及支付给工人自备工具的补贴费。

⑥ 劳动保险和职工福利费：是指由企业支付的职工退职金、按规定支付给离休干部的经费，集体福利费、夏季防暑降温、冬季取暖补贴、上下班交通补贴等。

⑦ 劳动保护费：是企业按规定发放的劳动保护用品的支出。如工作服、手套、防暑降温饮料、高危险工作工种施工作业防护补贴以及在有碍身体健康的环境中施工的保健费用等。

⑧ 工会经费：是指企业按《工会法》规定的全部职工工资总额比例计提的工会经费。

⑨ 职工教育经费：是指按职工工资总额的规定比例计提，企业为职工进行专业技术和职业技能培训，专业技术人员继续教育、职工职业技能鉴定、职业资格认定以及根据需要对职工进行各类文化教育所发生的费用。

⑩ 财产保险费：是指企业管理用财产、车辆的保险费用。

⑪ 财务费：是指企业为施工生产筹集资金或提供预付款担保、履约担保、职工工资支付担保等所发生的各种费用。

⑫ 税金：是指企业按规定缴纳的房产税、车船使用税、土地使用税、印花税等。

⑬ 意外伤害保险费：企业为从事危险作业的建筑安装施工人员支付的意外伤害保险费。

⑭ 工程定位复测费：是指工程施工过程中进行全部施工测量放线和复测工作的费用。

⑮ 检验试验费：是施工企业按规定进行建筑材料、构配件等试样的制作、封样、送达和其他为保证工程质量进行的材料检验试验工作所发生的费用。

⑯ 非建设单位所为，4 小时以内的临时停水停电费用。

⑰ 企业技术研发费：建筑企业为转型升级、提高管理水平所进行的技术转让、科技研发，信息化建设等费用。

⑱ 其他：业务招待费、远地施工增加费、劳务培训费、绿化费、广告费、公证费、法律顾问费、审计费、咨询费、投标费、保险费、联防费、施工现场生活用水电费等。

⑲ 附加税：“营改增”后按国家税法规定应计入建筑安装工程造价内的城市维护建设税、教育费附加及地方教育附加。城市维护建设税是为加强城市公共事业和公共设施的维护建设而开征的税；教育费附加及地方教育附加是为发展地方教育事业，扩大教育经费来源而征收的税种。

(3) 利润：是指施工企业完成所承包工程获得的盈利。

2) 措施项目费

措施项目费是指为完成建设工程施工，发生于该工程施工前和施工过程中的技术、生活、安全、环境保护等方面的费用。

根据现行工程量清单计算规范，措施项目费分为单价措施项目与总价措施项目。

(1) 单价措施项目是指在现行工程量清单计算规范中有对应工程量计算规则，按人工费、材料费、施工机具使用费、管理费和利润形式组成综合单价的措施项目。单价措施项目根据专业不同，包括的项目分别为：

① 建筑与装饰工程：脚手架工程；混凝土模板及支架(撑)；垂直运输；超高施工增加；大型机械设备进出场及安拆；施工排水、降水。

② 安装工程：吊装加固；金属抱杆安装、拆除、移位；平台铺设、拆除；顶升、提升装置安装、拆除；大型设备专用机具安装、拆除；焊接工艺评定；胎(模)具制作、安装、拆除；防护棚制作、安装、拆除；特殊地区施工增加；安装与生产同时进行施工增加；在有害身体健康环境中施工增加；工程系统检测、检验；设备、管道施工的安全、防冻和焊接保护；焦炉烘炉、热态工程；管道安拆后的充气保护；隧道内施工的通风、供水、供气、供电、照明及通信设施；脚手架搭拆；高层施工增加；其他措施(工业炉烘炉、设备负荷试运转、联合试运转、生产准备试运转及安装工程设备场外运输)；大型机械设备进出场及安拆。

③ 市政工程：脚手架工程；混凝土模板及支架；围堰；便道及便桥；洞内临时设施；大型机械设备进出场及安拆；施工排水、降水；地下交叉管线处理、监测、监控。

④ 仿古建筑工程：脚手架工程；混凝土模板及支架；垂直运输；超高施工增加；大型机械设备进出场及安拆；施工降水、排水。

⑤ 园林绿化工程：脚手架工程；模板工程；树木支撑架、草绳绕树干、搭设遮阴(防寒)棚工程；围堰、排水工程。

⑥ 房屋修缮工程中土建、加固部分单价措施项目设置同建筑与装饰工程；安装部分单价措施项目设置同安装工程。

⑦ 城市轨道交通工程：围堰及筑岛；便道及便桥；脚手架；支架；洞内临时设施；临时支撑；施工监测、监控；大型机械设备进出场及安拆；施工排水、降水；设施、处理、干扰及交通导行(混凝土模板及安拆费用包含在分部分项工程中的混凝土清单中)。

单价措施项目中各措施项目的工程量清单项目设置、项目特征、计量单位、工程量计算规则及工作内容均按现行工程量清单计算规范执行。

(2) 总价措施项目是指在现行工程量清单计算规范中无工程量计算规则，以总价(或计算基础乘费率)计算的措施项目。其中各专业都可能发生的通用的总价措施项目如下：

① 安全文明施工：为满足施工安全、文明、绿色施工以及环境保护、职工健康生活所需要的各项费用。本项为不可竞争费用。

② 夜间施工：规范、规程要求正常作业而发生的夜班补助、夜间施工降效、夜间照明设施的安拆和摊销、照明用电以及夜间施工现场交通标志、安全标牌、警示灯安拆等费用。

③ 二次搬运：由于施工场地限制而发生的材料、成品、半成品等一次运输不能到达堆放地点，必须进行的二次或多次搬运费用。

④ 冬雨季施工：在冬雨季施工期间所增加的费用。包括冬季作业、临时取暖、建筑物门窗洞口封闭及防雨措施、排水、工效降低、防冻等费用。不包括设计要求混凝土内添加防冻剂的费用。

⑤ 地上、地下设施、建筑物的临时保护设施：在工程施工过程中，对已建成的地上、地下设施和建筑物进行的遮盖、封闭、隔离等必要保护措施。在园林绿化工程中，还包括对已有植物的保护。

⑥ 已完工程及设备保护费：对已完工程及设备采取的覆盖、包裹、封闭、隔离等必要保

护措施所发生的费用。

⑦ 临时设施费：施工企业为进行工程施工所必需的生活和生产用的临时建筑物、构筑物和其他临时设施的搭设、使用、拆除等费用。

⑧ 赶工措施费：施工合同工期比本省现行工期定额提前，施工企业为缩短工期所发生的费用。

⑨ 工程按质论价：施工合同约定质量标准超过国家规定，施工企业完成工程质量达到经有权部门鉴定或评定为优质工程所必须增加的施工成本费。

⑩ 特殊条件下施工增加费：地下不明障碍物、铁路、航空、航运等交通干扰而发生的施工降效费用。

总价措施项目中，除通用措施项目外，各专业措施项目如下：

① 建筑与装饰工程

a. 非夜间施工照明：为保证工程施工正常进行，在如地下室、地宫等特殊施工部位施工时所采用的照明设备的安拆、维护、摊销及照明用电等费用。

b. 住宅工程分户验收：按《住宅工程质量分户验收规程》(DGJ32/TJ 103—2010)的要求对住宅工程进行专门验收(包括蓄水、门窗淋水等)发生的费用。室内空气污染测试不包含在住宅工程分户验收费用中，由建设单位直接委托检测机构完成，由建设单位承担费用。

② 安装工程

a. 非夜间施工照明：为保证工程施工正常进行，在如地下(暗)室、设备及大口径管道内等特殊施工部位施工时所采用的照明设备的安拆、维护及照明用电、通风等；在地下(暗)室等施工引起的人工工效降低以及人工工效降低引起的机械降效。

b. 住宅工程分户验收：按《住宅工程质量分户验收规程》(DGJ32/TJ 103—2010)的要求对住宅工程安装项目进行专门验收发生的费用。

③ 市政工程：行车、行人干扰：由于施工受行车、行人的干扰导致的人工、机械降效以及为了行车、行人安全而现场增设的维护交通与疏导人员费用。

④ 仿古建筑及园林绿化工程：

a. 非夜间施工照明：为保证工程施工正常进行，仿古建筑工程在地下室、地宫等，园林绿化工程在假山石洞等特殊施工部位施工时所采用的照明设备的安拆、维护及照明用电等。

b. 反季节栽植影响措施：因反季节栽植在增加材料、人工、防护、养护、管理等方面采取的种植措施以及保证成活率措施。

3) 其他项目费

(1) 暂列金额：建设单位在工程量清单中暂定并包括在工程合同价款中的一笔款项。用于施工合同签订时尚未确定或者不可预见的所需材料、工程设备、服务的采购，施工中可能发生的工程变更、合同约定调整因素出现时的工程价款调整以及发生的索赔、现场签证确认等的费用。由建设单位根据工程特点，按有关计价规定估算；施工过程中由建设单位掌握使用，扣除合同价款调整后如有余额，归建设单位。

(2) 暂估价：建设单位在工程量清单中提供的用于支付必然发生但暂时不能确定价格的材料的单价以及专业工程的金额。包括材料暂估价和专业工程暂估价。材料暂估价在清单综合单价中考虑，不计入暂估价汇总。

(3) 计日工：是指在施工过程中，施工企业完成建设单位提出的施工图纸以外的零星项目或工作所需的费用。

(4) 总承包服务费：是指总承包人为配合、协调建设单位进行的专业工程发包，对建设单位自行采购的材料、工程设备等进行保管以及施工现场管理、竣工资料汇总整理等服务所需的费用。总包服务范围由建设单位在招标文件中明示，并且发承包双方在施工合同中约定。

4) 规费

规费是指省级政府和省级有关权力部门规定必须缴纳的费用。目前规费包括：

(1) 工程排污费：包括废气、污水、固体及危险废物和噪声排污费等内容。

(2) 社会保险费：企业应为职工缴纳的养老保险、医疗保险、失业保险、工伤保险和生育保险等五项社会保障方面的费用。为确保施工企业各类从业人员社会保障权益落到实处，省、市有关部门可根据实际情况制定管理办法。

(3) 住房公积金：企业应为职工缴纳的住房公积金。

5) 税金

税金是指根据建筑服务销售价格，按规定税率计算的增值税销项税额。

8.3.4 建筑安装工程造价计算程序

建筑安装工程造价计算程序是指建筑安装工程造价各项费用的计算方法与程序，但这一程序目前全国并没有统一规定，一般由各地区建设行政主管部门结合本地区的实际情况自行规定。现以《江苏省建设工程费用定额》为例介绍建筑安装工程造价的计算程序。

1) 建筑安装工程造价各组成部分费用计算

(1) 分部分项费用计算

分部分项费用＝综合单价×工程量

其中：综合单价＝人工费＋材料费＋机械费＋管理费＋利润

管理费＝(人工费＋机械费)×费率

利润＝(人工费＋机械费)×费率

管理费、利润的费率计算以相应不同专业的工程类别按费用定额规定执行，各专业工程类别划分是根据不同的单位工程，按施工难易程度，结合江苏省建筑市场近年来施工项目的实际情况确定的，在费用定额中给出了各专业工程类别划分标准及说明。包工不包料、点工的管理费和利润包含在工资单价中，如建筑工程企业管理费、利润标准如表8-1所示。

表8-1 建筑工程企业管理费、利润取费标准表表

序号	项目名称	计算基础	企业管理费率/%			利润率/%
			一类工程	二类工程	三类工程	
一	建筑工程	人工费＋除税施工机具使用费	32	29	26	12
二	单独预制构件制作		15	13	11	6
三	打预制桩、单独构件吊装		11	9	7	5
四	制作兼打桩		17	15	12	7
五	大型土石方工程		7			4

(2) 措施项目费用

① 单价措施项目以清单工程量乘以综合单价计算,即:

措施项目费=综合单价×工作量

综合单价按照各专业计价定额中的规定,依据设计图纸和经建设方认可的施工方案进行组价。

② 总价措施项目中部分是以费率计算的,即:

措施项目费=(分部分项工程费+单价措施项目费-工程设备费)×费率

总价措施项目的费率应根据费用定额中各对应专业的"措施项目费取费标准表",并结合工程实际情况确定。

其他总价措施项目,则按项计取,综合单价按实际或按可能发生的费用进行计算。

③ 安全文明施工措施费作为不可竞争费,费用定额规定了计算方法和各专业工程的取费标准。

(3) 其他项目费用计算

暂列金额、暂估价、总承包服务费中均不包括增值税可抵扣进项税额。其中:

① 暂列金额、暂估价按发包人给定的标准计取。

② 计日工:由发承包双方在合同中约定。

③ 总承包服务费:应根据招标文件列出的内容和向总承包人提出的要求,参照下列标准计算:

a. 建设单位仅要求对分包的专业工程进行总承包管理和协调时,按分包的专业工程估算造价的1%计算;

b. 建设单位要求对分包的专业工程进行总承包管理和协调,并同时要求提供配合服务时,根据招标文件中列出的配合服务内容和提出的要求,按分包的专业工程估算造价的2%~3%计算。

(4) 规费

① 工程排污费:按工程所在地环境保护等部门规定的标准缴纳,按实计取列入。

② 社会保险费及住房公积金:

(分部分项费用+措施项目费用+其他项目费用)×费率

费率标准应根据费用定额中各对应专业的"社会保险费及公积金取费标准表"选取。并且规定:

a. 社会保险费包括养老保险费、失业保险费、医疗保险费、工伤保险费、生育保险费;

b. 点工和包工不包料的社会保险费和公积金已经包含在人工工资单价中;

c. 大型土石方工程适用各专业中达到大型土石方标准的单位工程;

d. 社会保险费费率和公积金费率将随着社保部门要求和建设工程实际缴纳费率的提高,适时调整。

(5) 税金

① 税金以除税工程造价为计取基础,费率为11%。

除税工程造价中不包含增值税可抵扣进项税额,即组成建设工程造价的要素价格中,除无增值税可抵扣项的人工费、利润、规费外，材料费、施工机具使用费、管理费均按扣除增值税可抵扣进项税额后的价格计入。

② 清包工工程、甲供工程、合同开工日期在2016年4月30日前的建设工程可采用简易计税方法。简易计税方法中税金包括增值税应缴纳税额、城市维护建设税、教育费附加及地方教育附加：

a. 增值税应纳税额＝包含增值税可抵扣进项税额的税前工程造价×适用税率，税率：3%；

b. 城市维护建设税＝增值税应纳税额×适用税率，税率：市区7%、县镇5%、乡村1%；

c. 教育费附加＝增值税应纳税额×适用税率，税率：3%；

d. 地方教育附加＝增值税应纳税额×适用税率，税率2%。

以上四项合计，以包含增值税可抵扣进项额的税前工程造价为计费基础，税金费率为：市区3.36%、县镇3.30%、乡村3.18%。如各市另有规定的，则按各市规定计取。

2）工程造价计算程序

江苏省现行费用定额中工程造价程序分一般计税法和简易计税法两种程序。

(1) 一般计税法工程量清单法计算程序(包工包料)

一般计税法下包工包料工程造价计算程序如表8-2所示。

表8-2 包工包料工程造价计算程序

<table>
<tr><th>序号</th><th colspan="2">费用名称</th><th>计算公式</th></tr>
<tr><td rowspan="6">一</td><td colspan="2">分部分项工程费</td><td>清单工程量×除税综合单价</td></tr>
<tr><td rowspan="5">其中</td><td>1. 人工费</td><td>人工消耗量×人工单价</td></tr>
<tr><td>2. 材料费</td><td>材料消耗量×除税材料单价</td></tr>
<tr><td>3. 施工机具使用费</td><td>机械消耗量×除税机械单价</td></tr>
<tr><td>4. 管理费</td><td>(1＋3)×费率或(1)×费率</td></tr>
<tr><td>5. 利润</td><td>(1＋3)×费率或(1)×费率</td></tr>
<tr><td rowspan="3">二</td><td colspan="2">措施项目费</td><td></td></tr>
<tr><td rowspan="2">其中</td><td>单价措施项目费</td><td>清单工程量×除税综合单价</td></tr>
<tr><td>总价措施项目费</td><td>(分部分项工程费＋单价措施项目费－除税工程设备费)×费率或以项计费</td></tr>
<tr><td>三</td><td colspan="2">其他项目费</td><td></td></tr>
<tr><td rowspan="4">四</td><td colspan="2">规费</td><td></td></tr>
<tr><td rowspan="3">其中</td><td>1. 工程排污费</td><td rowspan="3">(一＋二＋三－除税工程设备费)×费率</td></tr>
<tr><td>2. 社会保险费</td></tr>
<tr><td>3. 住房公积金</td></tr>
<tr><td>五</td><td colspan="2">税金</td><td>[一＋二＋三＋四－(除税甲供材料费＋除税甲供设备费)/1.01]×费率</td></tr>
<tr><td>六</td><td colspan="2">工程造价</td><td>一＋二＋三＋四－(除税甲供材料费＋除税甲供设备费)/1.01＋五</td></tr>
</table>

(2) 简易计税法工程量清单法计算程序

① 简易计税法下包工不包料工程造价计算程序如表 8-3 所示。

表 8-3 包工不包料工程造价计算程序

<table>
<tr><th>序号</th><th colspan="2">费用名称</th><th>计算公式</th></tr>
<tr><td>一</td><td colspan="2">分部分项工程费人工费</td><td>清单人工消耗量×人工单价</td></tr>
<tr><td rowspan="2">二</td><td colspan="2">措施项目费中人工费</td><td></td></tr>
<tr><td>其中</td><td>单价措施项目中人工费</td><td>清单人工消耗量×人工单价</td></tr>
<tr><td>三</td><td colspan="2">其他项目费</td><td></td></tr>
<tr><td rowspan="2">四</td><td colspan="2">规费</td><td></td></tr>
<tr><td>其中</td><td>工程排污费</td><td>(一+二+三-工程设备费)×费率</td></tr>
<tr><td>五</td><td colspan="2">税金</td><td>(一+二+三+四)×费率</td></tr>
<tr><td>六</td><td colspan="2">工程造价</td><td>一+二+三+四+五</td></tr>
</table>

② 简易计税法下包工包料工程造价计算程序如表 8-4 所示。

表 8-4 包工包料工程造价计算程序

<table>
<tr><th>序号</th><th colspan="2">费用名称</th><th>计算公式</th></tr>
<tr><td rowspan="6">一</td><td colspan="2">分部分项工程费</td><td>清单工程量×综合单价</td></tr>
<tr><td rowspan="5">其中</td><td>1. 人工费</td><td>人工消耗量×人工单价</td></tr>
<tr><td>2. 材料费</td><td>材料消耗量×材料单价</td></tr>
<tr><td>3. 施工机具使用费</td><td>机械消耗量×机械单价</td></tr>
<tr><td>4. 管理费</td><td>(1+3)×费率或(1)×费率</td></tr>
<tr><td>5. 利润</td><td>(1+3)×费率或(1)×费率</td></tr>
<tr><td rowspan="3">二</td><td colspan="2">措施项目费</td><td></td></tr>
<tr><td rowspan="2">其中</td><td>单价措施项目费</td><td>清单工程量×综合单价</td></tr>
<tr><td>总价措施项目费</td><td>(分部分项工程费+单价措施项目费-工程设备费)×费率或以项计费</td></tr>
<tr><td>三</td><td colspan="2">其他项目费</td><td></td></tr>
<tr><td rowspan="4">四</td><td colspan="2">规费</td><td></td></tr>
<tr><td rowspan="3">其中</td><td>1. 工程排污费</td><td rowspan="3">(一+二+三-工程设备费)×费率</td></tr>
<tr><td>2. 社会保险费</td></tr>
<tr><td>3. 住房公积金</td></tr>
<tr><td>五</td><td colspan="2">税金</td><td>[一+二+三+四-(甲供材料费+甲供设备费)/1.01]×费率</td></tr>
<tr><td>六</td><td colspan="2">工程造价</td><td>一+二+三+四-(甲供材料费+甲供设备费)/1.01+五</td></tr>
</table>

8.4 工程项目概算审计

8.4.1　工程项目概算审计时间

工程项目概算主要是指设计概算，也包括修正设计概算，概算造价对于项目建设的筹建、开工、建设管理、竣工投产都有极其重要的作用。

从对工程项目造价控制效果来讲，设计阶段是造价控制的关键性阶段，不过在设计阶段进行有效造价控制是有条件的：一方面建设单位非常真诚而且迫切需要控制造价，要求设计单位不仅有好的设计人员，还应有完善的造价控制系统，对每一建设项目都有一套完整的估算、概算、预算，让有资质的单位和人编制估算、概算、预算，提高设计概算的编制质量；另一方面建设单位应从内部控制制度上保证设计概算审计工作正常有序地开展，让设计概算审计与设计工作同步进行，即对工程项目实施跟踪审计。对于设计招标的工程项目，审计人员应在开标时就参与介入，详细分析初步设计方案，审核设计单位设计概算的真实性与准确性，提出审计意见与合理的审计建议，使评标委员会在评标时能予以考虑，也以此进一步保证招标投标工作的公平公正性和合法合规性，确保设计方案的经济、适用。跟踪审计的优点在于它能够及时发现问题，并及时进行审计分析，不断与工程项目的建设目标进行对比，以此为依据，向决策层提出建议，便于建设单位吸取教训，提高决策水平，将设计概算的误差控制在合理范围以内，使设计概算额度在批准的投资估算控制范围内，有利于合理分配投资资金，避免了事后审计的被动性。

按《中华人民共和国审计法》及其实施条例的规定，审计机关应当对国家建设项目概算的执行情况依法进行审计监督，而针对设计概算编制的审计工作未做明确规定要求。因此，在工程审计实践中概算审计以事后审计为主，即在项目建设阶段或竣工验收阶段进行审计工作，一方面审查设计概算编制的准确程度，另一方面审查设计概算的执行情况。由于当前普遍存在设计概算编制比较粗糙以及大多设计概算事后审计的时滞性、被动性，工程建设项目竣工决算超概算、概算投资控制失控的问题成为建设单位投资控制中的一个普遍问题，概算审计效果并不理想。对工程项目概算编制审计实施“同步审计”是审计监督关口的前移，是由事后审计向全过程的延伸，目前只有内部审计机构有条件实施“同步审计”。对工程项目开展跟踪审计，国家审计由于受到审计体制、审计资源等众多因素的影响限制，还不能做到对工程项目的跟踪审计，但也开始有地方政府审计机构对政府投资的重点建设项目概算进行了同步审计。据中国经济网资料：2013 年 8 月南京市审计局对新加坡 · 南京生态科技岛全岛开发概算成本进行审计，包括征地拆迁、安置房建设、市政配套设施、交通路桥、园林水利和管理财务费用等多项内容。该项目由开发商与政府各持有一半股份，预计项目总建筑面积约 700 万 m^2，总投入资金超过千亿元。实施中，项目实施单位负责编制整体开发的初步设计概算，审计部门负责对此进行审计，以确定整体开发的初步成本，分期开发完成后，审计部门再实施分期结算审计，经累加形成整体开发成本的最终决算。

为保证政府投资项目资金更合理、高效地使用，我们相信，随着建设主体对工程投资控制全过程控制意识的加强、投资审计工作力度的加大，工程建设项目概算的跟踪审计工作也会普遍开展的。

8.4.2 工程项目概算审计依据

在审计工程项目概算造价之前,审计人员需按设计概算审计的要求收集与设计概算编制有关的资料,作为审核设计概算的依据,主要资料如下:

(1) 经批准的可行性研究报告(或经批准的工程项目的设计任务书)。工程建设项目的可行性研究报告,是决定是否进行工程项目建设的依据,也是编制设计文件和进行项目建设准备工作的重要依据,由国家或地方计划或建设主管部门批准。国家规定凡编制可行性研究的建设项目,不附可行性研究报告及审批意见的,不得审批设计任务书,因而也不可能编制设计概算。

(2) 投资估算文件。经批准的投资估算是设计概算的最高额度标准。投资概算不得突破投资估算,投资估算应切实控制投资概算。根据国家有关规定,如果投资概算超过投资估算的10%以上,那么要进行初步设计(或扩大初步设计)及概算的修正。

(3) 初步设计或扩大初步设计图纸和说明书。有了初步设计图纸和说明书,才能了解工程的具体设计内容和要求,并计算主要工程量。这些是编制设计概算的基础资料,并在此基础上制定概算的编制方案、编制内容和编制步骤。

(4) 概算定额、概算指标。概算定额、概算指标是由国家或地方建设主管部门编制颁发的一种能综合反映某种类型的工程建设项目在建设过程中资源和资金消耗量的数量标准,这种数量标准的大小与一定时期社会平均的生产率发展水平以及生产效率水平相一致。所以,概算定额、概算指标是计算设计概算的依据,一般使用工程项目所在地区的概算定额或概算指标,不足部分可参照与其相应的预算定额或其他有关资料进行补充。

(5) 设备价格资料。各种定型的标准设备(如各种用途的泵、空压机、蒸汽锅炉等)均按国家有关部门规定的现行产品出厂价格计算。非标准设备按非标准设备制造厂的报价计算。此外,还应具备计算供销部门的手续费、包装费、运输费及采购保管费等费用的资料。

(6) 地区材料价格、工资标准。用于编制设计概算的材料价格及人工工资标准一般是由国家或地方工程建设造价主管部门编制颁发的、能反映一定时期材料价格及工资标准一般水平的指导价格。

(7) 有关取费标准和费用定额。地区规定的各种费用、取费标准、计算范围、材差系数等有关文件内容,必须符合建设项目主管部门制定的基本原则。

(8) 设计概算书。设计概算书是设计概算审计的对象,同时也是设计概算审计的依据,因此也是审计人员应收集的审计资料之一。

8.4.3 工程项目概算审计目标与内容

造价审计的实质是项目评估中的经济性审核,设计概算审计的主要目标就是确定工程项目概算的编制是否严格执行了有关规定,设计总概算是否控制在工程项目计划投资额内,审查概算造价编制的真实性、准确性、合法性,检查是否存在虚列项目、套取资金、弄虚作假、高估冒算的行为等;概算实施阶段审计主要针对工程实施过程中的执行情况,审计概算调整是否依照国家规定的编制办法,检查概算调整编制的准确性,审计是否存在提高建设标准、扩大建设规模的行为。

工程项目的概算编制审计一般以概算文件为主要对象,审计的主要内容如下:

1）审计概算编制依据

概算编制依据的审计工作依下列步骤开展：

（1）审查概算编制依据的合法、合规性

设计概算必须依据经过国家有权部门批准的可行性研究报告及投资估算进行编制，未经批准的不可采用，不能强调情况特殊擅自提高概算定额、概算指标或费用标准。对设计概算超过可行性研究报告投资估算在规定幅度以上的，应分析原因，并要求建设单位重新上报审批。

（2）审查概算编制依据的适用性

各种编制依据都有规定的适用范围，如各部门制定的各种专业定额、费用计算规则标准，只适用于该部门的专业工程；各地区规定的相应专业定额、费用内容与取费标准，只适用于本地区的工程，特别是材料预算价格区域性更强，如某市造价部门根据当地市场情况定期颁布市区的材料价格信息，同时又编制了该市某郊区内某电厂建设工程的材料价格信息，则在编制该电厂工程的概算时均应采用郊区电厂工程的材料价格。

（3）审查概算编制依据的时效性

设计概算的大部分编制依据是国家相关主管部门颁布的规定性文件，有相应的时间性，因此应注意检查概算编制时间与其所使用的文件资料规定的适用期限是否相吻合，注意有无调整和新的规定，如有则应按新的调整办法和规定执行，不能使用过时的文件资料。

2）审计概算编制的完整性

（1）审查编制说明

通过审查编制说明检查概算的编制方法、深度和编制依据等重大原则问题，因为如果编制说明有差错，那么具体概算必定有差错。

（2）审查编制深度

审查编制说明和分级概算、总概算表、分段或单项工程概算表、单位工程概算表、分项工程概算表等是否完整，是否按有关规定的深度进行编制，对于一般大中型项目的设计概算，应有完整的编制说明和“三级概算”（即建设项目总概算书、单项工程概算书、单位工程概算书），各级概算的编制是否达到了规定的编制深度要求。

（3）审查编制范围

审查概算的编制范围及具体内容是否与主管部门批准的工程项目范围及具体工程内容相一致；审查分期建设项目的建设范围及具体工程内容有无重复交叉，是否重复计算或漏算；审查其他费用项目是否符合规定；静态投资、动态投资和经营性项目铺底流动资金是否分别列出。

3）审计设计概算的内容

（1）审计项目总概算书

重点审计建设项目总概算书中所列的项目是否符合建设项目前期决策批准的项目内容，项目的建设规模、生产能力、设计标准、建设用地、建筑面积、主要设备、配套工程、设计定员等是否符合批准的可行性研究报告或立项批文的标准，各项目费用是否可能产生，各项目费用之间是否重复计算，总投资额是否控制在批准的投资估算以内，如概算总投资是否超过原批准投资估算10%以上，如有，应进一步审查超估算的原因。总概算的内容是否完整地包括了工程项目从筹建到竣工验收交付使用的全部费用。在项目总概算的审计中应注意检查总概算中各项综合指标和单项指标与同类工程项目的技术经济指标对比是否合理。

(2) 审计单项工程综合概算和单位工程概算

重点审计概算书中所体现的各项费用的计算方法是否得当,单位工程概算编制方法的选择是否合适,所使用的概算指标或概算定额项目的选用是否适当、有无漏项或重复计算,单位工程概算工程量计算的方法是否正确、计算结果是否准确。对建筑工程应注意所采用工程所在地的相应概算定额或概算指标、费用定额、价格指数是否符合当地的现行规定,概算指标调整系数、有关人工、材料、机械台班的单价是否符合现行规定或当地市场行情。

安装工程概算除了注意审核概算中采用的有关的人工、主材、机械台班的单价是否符合工程所在地区的市场价格水平或是否按照当地造价管理部门的现行政策规定外,还应注意设备安装费率或计取标准是否按有关部门的规定计取。

(3) 审计设备及工器具投资概算

审计人员应对设备及工器具购置费用概算给予足够重视,特别是生产性建设项目设备费用占工程造价比重较大,设备及工器具购置费用比重的增加,意味着生产技术的进步和资本有机构成的提高,它是固定资产投资中的积极部分,因此,生产性建设项目对设备费的审计也就显得十分重要。审计人员应注意设备及工器具与生产家具购置费的范围划分是否正确,需注意审查设备估价指标的时效性和可靠性,对于附属配套设备投资较大的项目,应注意审查所选用的设备规格、台数是否与服务功能配套一致,材质、自动化程度有无随意提高标准,引进设备是否配套、合理,备用设备台数是否适当,专用设备如消防、环保等设备是否已计算,注意设备及相关材料价格是否合理、是否偏离市场价格、是否符合有关规定等。

(4) 审计工程建设其他费用

工程建设其他费用是指从工程筹建起到工程竣工验收交付使用的整个建设期间,除了建筑工程费用和设备购置及安装费以外的,为保证工程建设顺利完成和交付后能正常发挥效用而发生的各项费用开支。重点审计其他费用的内容是否真实,在具体工程项目中是否有可能产生,费用计算的依据是否适当,费用之间是否重复计算等有关内容。工程建设其他费一般占到工程总造价的25%以上,费用内容多,弹性大,审计人员必须对此项费用加以重视认真审计。工程建设其他费用审计的要点及难点主要表现在与土地相关费用审计、建设单位管理费审计和联合试运转费审计等方面,审计人员在审计时应加以注意。如土地使用费应注意项目土地使用权取得的方式以及不同土地使用权取得方式下其所包含的不同费用内容,需注意有无重复计取、交叉计取及漏计,计算方法与所采用标准是否符合有关规定标准。

在审计设计概算的内容时,审计人员应注意把握工程项目所对应的各项费用内容与范围界定:

(1) 建设项目总造价对应的项目工作内容

建设项目总造价所对应的项目工作内容应为建设项目生产过程中所有环节的工作,包括建筑安装工程、设备和工器具的购置及与其相联系的土地征购、勘察设计、研究试验、技术引进、职工培训、联合试运转等其他建设工作,其构成的费用内容就是设计概算(也是投资估算)所要确定的全部费用。因此,建设项目造价的构成问题,实质上就是设计概算(也是投资估算)所要考虑的计算范围问题。

(2) 明确建筑安装工程内容的界定

建筑工程包括了各类房屋建筑工程和列入房屋建筑工程的供水、供暖、供电、卫生、通风、煤气等设备及其安装工程，以及为施工而进行的场地平整，工程和水文地质勘察，原有建筑物和障碍物的拆除以及施工临时用水、电、气、路和完工后的场地清理、环境绿化、美化等工作，因此项目中常见的给排水工程、电气照明工程、暖气通风工程等实际工作中称之为安装工程的，均属于建筑工程的范围，其费用亦是建筑工程费；在建筑工程费用中除了永久性建筑工程费用外，还包括临时性建筑设施的费用，如临时宿舍、文化福利及公用事业房屋与构筑物、仓库、办公室、加工厂以及规定范围内的道路、水、电、管线等临时设施和小型临时设施。需要注意，若是建设单位为便于工作所搭建的临时设施，其费用则应视作是与项目建设有关的费用，应计入工程建设其他费中。

安装工程指的是生产、动力、起重、运输、传动和医疗、实验等各种需要安装的机械设备的装配及对单个设备进行单机试运行和对系统设备进行系统联动无负荷试运转而进行的调试工作，需要安装的设备才产生安装费，不需安装的设备则不存在安装费；另外，需分清安装费中所指的安装设备是项目建成后的生产设备，在项目实施过程中的需安装的施工设备不在此列，施工中所用的设备的安装费已包含在建筑工程费用中。

【案例 8-1】　单项工程概算表

某工厂电解车间项目，表 8-5 是按工程所在地现行概算定额和价格编制的该项目综合概算，材料用量分析表及单位工程概算表此处从略。

表 8-5　单项工程概算表

序号	工程或费用名称	概算价值					技术经济指标		
		建筑工程费/元	安装工程费/元	设备工器具购置费/元	工程建设其他费/元	合计/元	单位	数量	单位价值/(元/m²)
①	②	③	④	⑤	⑥	⑦	⑧	⑨	⑩
1	建筑工程	6 357 984				6 357 984	m^2	3 450	1 842.89
1.1	一般土建	4 514 400				4 514 400			
1.2	电解槽基础	237 600				237 600			
1.3	氧化铝	151 200				151 200			
1.4	工业炉窑	1 386 900				1 386 900			
1.5	工艺管道	28 404				28 404			
1.6	照明	39 480				39 480			
2	设备及安装工程		4 179 412	3 198 486		7 377 898	m^2	3 450	2 138.52
2.1	机械设备及安装		2 231 200	3 156 060		5 387 260			
2.2	电解系列母线安装		1 886 400			1 886 400			
2.3	电力设备及安装		59 472	37 836		97 308			
2.4	自控系统设备及安装		2 340	4 590		6 930			

(续表)

序号	工程或费用名称	概算价值					技术经济指标		
		建筑工程费/元	安装工程费/元	设备工器具购置费/元	工程建设其他费/元	合计/元	单位	数量	单位价值/(元/m^2)
3	工器具和生产家具购置			49 404		49 404	m^2	3 450	14.32
4	合计	6 357 984	4 179 412	3 247 890		13 785 286			3 995.73
5	占综合概算造价比例	46.1%	30.3%	23.6%		100%			

8.4.4 工程项目概算审计方法

为确保概算审查质量、提高审查效率,应根据不同的审查内容采用不同的方法进行概算的审查,常用的方法有对比分析法、查询核实法和联合会审法。

1) 对比分析法

对比分析法主要是指对项目的建设规模、标准与立项批文的对比分析;概算表中工程数量与设计图纸的对比分析;分项项目综合范围、内容与编制方法、规定的对比分析;各项取费与规定标准的对比分析;材料、人工单价与造价部门信息价的对比分析;引进设备、技术投资与报价要求的对比分析;技术经济指标与同类工程的对比分析,通过以上对比,可容易地发现设计概算中存在的偏差及主要问题。对比分析法是概算审计中应用比较多的一种方法。

2) 查询核实法

查询核实法是对一些设备和设施或是重要的装置等因种种原因难以核价,而进行多方查询核对、逐项落实的方法。一般设备的市场价格可向设备供应部门询价或直接向生产企业供销部门查询核实;重要的生产装置、生产设施可向同类的企业查询了解;而引进设备的价格及税费情况可向进出口公司调查核实;复杂的建筑安装工程问题可向同类工程的施工、建设单位或咨询公司征询意见;对于价格信息中缺项的单价和主要材料的价格,应通过实地调查或查询予以补充和核实,当设计深度不够或设计不清楚时则可以直接与原设计人员沟通,或向原概算编制人员询问清楚。

3) 联合会审法

联合会审方式通常的做法是先由各单位分头审查,然后集中共同研究定案;或者组织有关部门,建立专门的审查班子,按照审查人员的业务专长,将拟审概算分成几个部分,分头审查,最后集中起来讨论定案。

在审查概算的过程中,对遇到的问题,应进行调查研究,在此基础上,依据有关定额、指标、标准和有关文件规定,实事求是地进行处理,并写出审查报告和调整概算,审查报告的内容主要包括:审查单位、审查依据、审查中发现的问题、概算修改意见等。经有关部门研究、定案后,应及时调整概算,并经原批准单位下达文件。

8.4.5 工程项目概算审计注意事项

为取得良好的审计效果,审计人员在概算审计工作中应注意以下几方面:

1）概算审计人员平时要注重对各类工程项目技术经济指标的积累

虽然在审核设计概算时有政府造价管理部门颁布的概算定额可用，但技术经济指标的积累对概算审查还是非常有必要的。审计人员首先可以利用已收集的同类项目概算指标中的相应数据，与设计概算进行分析比较，找出差距，为审查提供线索；对于一些时间紧迫或者未做设计但也要求包括在概算中的部分工程，则可以通过同类工程的技术经济指标来加以控制。所以平时审核的工程项目，都应作为基础资料保存。

2）审计人员要注意审查依据和资料的更新

审计人员需及时掌握各相关部门颁发的与概算编制有关的各种政策性文件，如新概算定额的颁布、新的费用计取规定的出台等，及时跟上政策的变化，及时进行信息资料的更新。

3）审计应针对工程特征确定审计重点

每个工程项目都有其自身的特点和要求，审计人员在进行设计概算审核前，要充分掌握工程项目的总体概况，充分了解工程项目的作用、目的，根据工程项目的要求，掌握工程建设的标准，针对工程项目的具体情况确定审计工作重点。

4）注意审计方法的选择

在审计工作中审计人员注意审计方法的选择，提高审计效率，取得良好审计效果，在概算审计工作中应抓住重点，特别是在力量和时间上不可能进行全面审查时，更有必要抓住主要部分，有重点地审查。如一般应重点审查投资大或性质重要的建设项目、主要工程项目，单位工程项目中工程量大、单价高、容易出错和经常算错以及缺乏编制依据而临时补充的项目。

概算审查是合理确定建设项目总投资的一个重要环节，这是一项政策性、技术性、经济性和实践性都很强的技术经济工作。经审查后的概算，为项目的经济评价、投资控制、招标投标、实施等提供了可靠的依据。概算审计人员要确保审查质量，使经审查的概算全面、客观、真实地反映工程实际，从而达到合理确定造价、有效控制造价的目的。

8.5 工程项目预算审计

8.5.1 工程项目预算审计时间

单位工程施工图预算一般在工程开工前编制，在我国，长期以来，除总包交钥匙工程外，一般的建筑安装工程产品，都以施工图预算的工程造价作为招标、投标和工程价款结算的主要依据，如直接发包的工程，建设单位和施工企业双方以施工图预算为基础签订工程承包合同。目前国内使用国有资金投资的工程建设项目按规定应实行工程量清单招标，并编制工程量清单与招标控制价，这是以工程量清单单价法编制的施工图预算，在形式上与采用传统的定额法编制的施工图预算略有所区别，但编制原理、方法是相同的，招标控制价相当于政府采购中的采购预算，是工程的最高限价，投标人的投标报价不能超过招标控制价，否则其投标将被拒绝。目前国内依法招标的工程基本实行工程量清单计价，并采取合理低价中标，施工企业应根据自身特点确定合理报价，传统的施工图预算在投标报价中的作用已逐渐弱化，但是，施工图预算的原理、依据、方法和编制程序仍是施工企业投标报价重要的参考资料。所以施工图预算对工程建设各参与方都有着重要的作用。为了保证造价审计结果的有效性,建设单位应安排审计人员在签订工程施工合同之前审计施工图预算,对采用工程量清单招标的项目,在招标文件发放之前审计工程量清单与招标控制价,在招标投标过程中,开标之际审计投标报价。

8.5.2 工程项目预算审计依据

在对工程项目进行预算审计时,首先需取得建设、施工等相关单位和部门的支持,了解工程有关的基本情况,搜集有关资料作为审计依据。

工程量清单作为招标文件的组成部分,一个最基本的功能是作为信息的载体,为潜在的投标者提供必要的信息,它是工程量清单计价的基础,也是招标人的招标控制价、投标报价、支付工程款、调整合同价款、办理竣工结算以及工程索赔等的重要依据。工程量清单审计的依据主要有:

(1)《建设工程工程量清单计价规范》。按照计价规范中的有关项目编码、项目名称、项目特征、工程内容、计量单位、工程量计算规则等规定编制出的工程量清单,能为投标者提供一个公开、公平、公正的竞争环境。

(2) 招标文件。招标人在招标文件中会结合工程情况向投标人提出一些实质性要求,在编制工程量清单时一定要注意这些要求,工程量清单应符合招标文件的条件。

(3) 经审批的施工图纸及设计说明书。工程施工用图纸必须是建设单位已经报县级以上人民政府建设行政主管部门或者其他有关部门审查批准后的设计文件,施工图纸不仅是施工单位签订合同后组织施工的主要依据,也是工程量清单中工程量计算的主要依据。

(4) 有关的工程施工规范与工程验收规范。

(5) 施工现场和周边环境及施工条件。

(6) 本工程的工程量清单。

施工图预算(招标控制价及投标报价)的审计依据主要有:

(1) 工程招标文件(包括招标答疑文件)与工程量清单。对采用工程量清单计价的工程,工程量清单是编制招标控制价、投标报价的重要依据,如果工程量清单内容与施工图纸发生矛盾时是以工程量清单为准,因此工程量清单也是施工图预算审计的依据之一。

(2) 施工图纸及设计说明书。

(3) 由主管部门颁发的适用于本地区的现行计价定额。由国家或地区颁发的预算定额或专业工程计价表是确定建筑产品价格的基础资料,计价定额中人、材、机的消耗量水平反映的是当前生产力平均水平,是施工企业进行估价、报价的重要参考资料,也是施工图预算审计的重要依据资料。

(4) 施工组织设计或施工方案。施工组织设计或施工方案是确定措施项目费用的重要依据之一。施工组织设计是由施工企业根据工程特点、现场状况以及企业自身所具备的施工技术手段、队伍素质和经验等主客观条件制定的综合实施方案;编制招标控制价时一般应按照常规施工方案考虑。

(5) 与工程项目相关的标准、规范、技术资料。

(6) 工程造价管理机构发布的工程造价信息及市场行情。计价定额中人工、材料、机械台班的价格只限于编制定额时的市场价格水平,在编制预算造价时应根据现阶段的行情,一般可按工程造价管理机构发布的工程造价信息指导价，造价信息没有发布的参照市场价。施工企业则可按市场价或信息价或其市场询价的结果确定其报价。

(7) 费用定额及各项取费标准。费用定额及其各项取费标准由当地造价管理部门编制颁发，适用于当地工程的费用计算，在计算工程造价时，应根据工程性质和工程类别、工程承发包方式等不同情况分别套用。

(8) 本工程的预算造价文件。根据需审计的造价类型，工程的招标控制价或投标报价文件是审计资料之一。

8.5.3 工程项目预算审计目标与内容

在工程实施阶段对施工图预算实施的造价审计，是指对工程项目成本的真实性、合法性进行的审查和评价，检查是否存在虚列工程、套取资金、弄虚作假、高估冒算的行为等。工程预算造价审计的目标主要包括：

(1) 确定项目预算的真实性，即检查所编预算与施工图纸是否一致。

(2) 确定项目预算的正确性，主要检查各项计算是否符合有关规定，内容、计算结果是否合理、准确，是否存在虚假与错误，验证预算编制的可靠度。

(3) 确定项目预算的合规性，主要查证预算编制是否符合相应定额、标准和有关规定，认定预算的合法性，即能否作为签订工程施工合同的合法依据，使其具有法律效力。

(4) 检查预算内容的完整性，一个工程项目中各单位工程的施工图预算所涉及的专业有很多，需分别按各自的专业图纸和不同的专业定额、标准分别计列，组成一份完整的工程项目的预算文件，反映项目完整的预算造价，所以需检查各分项工程项目是否完整以及资料的完整、齐备程度。

工程项目预算审计的内容与工程合同确定方式是有关的，对于采用工程量清单计价的工程，工程量清单在计价中起到基础性作用，是整个工程量清单计价活动的重要依据之一，贯穿于整个施工过程中。招标文件中的工程量清单标明的工程量是投标人投标报价的共同基础，工程量清单的编制质量与工程项目招标的效果及后期的工程投资效果直接相关，因此在审计招标项目预算时首先应审计工程量清单的编制，然后再审计采用清单计价法编制的施工图预算造价。

1) 工程量清单的审计内容

在审计工程量清单时主要检查的内容是：

(1) 审核实行清单计价工程的合规性。审核清单编制单位及编制人是否具有相应的编制资格；检查工程量清单的编制依据是否规范；依照清单规范，检查工程量清单文件编制的格式及签章要求是否符合规范要求；检查工程量清单计价是否符合国家清单计价规范要求的"四统一"，即统一项目编码、统一项目名称、统一计量单位和统一工程量计算规则。

(2) 检查工程实体消耗和措施消耗的清单的准确性、完整性。

① 注意检查工程量清单项目划分的合理性。工程量清单项目划分要求项目之间界限清楚，项目作业内容、工艺和质量标准清楚，既便于计量及支付，也便于报价；项目划分尽量要细，避免不平衡报价。清单项目的设立，还应照顾到标底及投标报价的编制工作，为其提供方便，方便工程结算的审查与确定。

注意检查措施工程设置，由招标人提供施工图纸和工程量清单的措施项目，投标人自主报价的，应按照分部分项项目进行投标报价，但其中的脚手架、模板等非实体项目，仍然应按照措施项目进行投标报价；只有由投标人自主确定施工方案、自主报价的工程非实体项目才能作为措施项目；措施项目中包含的分部分项项目(实体项目)仍为措施项目。

② 审核工程量清单项目的特征描述的合理性。项目特征是工程量清单极其重要的组成部分，工程量清单必须对项目特征进行描述。根据计价规范风险分担的规定，工程数量的风险应由招标人承担，而工程量清单除了数量风险外，主要指的是项目特征描述的风险。清单说明应言简意赅，包括工作内容的补充说明、施工工艺特殊要求说明、主要材料规格型号及质量要求说明、现场施工条件、自然条件说明等。尤其是现场施工条件、自然条件说明，应准确表述，便于投标人与清单编制者所了解情况的对照。

③ 审核清单工程量的计算，是否按统一工程量计算规则、计算是否准确，重点关注量大、价高的子目。注意审核工程量计算规则容易混淆的部位，对于分项工程量，工程量计算规则明确了哪些部位是它的计算范围，哪些部位则不应计算在内，审计人员应熟知这些区别，审查工程量计算是否符合相应计算规则。注意审查综合内容较多的分项，防止重复列项，要检查核实有没有重复计算和漏算的，该增加或扣除的部分是否按规定增减。

④ 审核工程量清单中特殊项目工程量计算规则，对于计价规范中特别是计算规则不够明确的地方，应明确计算规则，应遵循净数量。

⑤ 注意计价规范中的缺项项目处理。对于计价规范中的缺项项目，计价规范有关解释明确由清单编制人进行补充，补充项目应填写在工程量清单项目相应分部分项之后，并应加“补”字，同时应报省、自治区、直辖市工程造价管理机构备案。在实际操作时，对于缺项项目的有关内容应补充齐全，即除了要有项目编码、项目名称、计量单位以外，还应将项目特征、工程量计算规则、工程内容等内容同时补齐，这样才能真正满足工作上的需要。

(3) 审核其他项目清单。重点审核暂估价，检查需要纳入分部分项工程量清单项目综合单价的暂估价是否为材料费，是否包含在其他项目合计中；以项为计量单位给出的专业暂估价是否为包含除规费、税金外的所有费用的综合暂估价。

(4) 审核规费项目清单。审核规费项目清单内容是否齐全，如工程排污费、住房公积金是否漏项。

总之，在审计工程量清单时，主要审计内容是对招标人或其委托的中介机构编制的工程量清单的准确性、完整性的检查。

2) 施工图预算的审计内容

施工图预算审计主要检查施工图预算的量、价、费计算是否正确，计算依据是否合理。检查工程量清单招标过程中清单计价工程的合规性、招标控制价的准确性以及检查由投标人编制的工程量清单报价文件是否响应招标文件，具体审计内容如下：

(1) 审核工程量。工程量是施工图预算造价的重点，尤其是采用计价定额计价的工程工程量与工程造价直接相关，而实行工程量清单计价的工程竣工结算时的工程量按发、承包双方在合同中约定应予计量且实际完成的工程量确定。工程量计算是工作量大且烦琐的工作，也是审核工作量较大的一部分工作，在审核时要抓住重点，对一些造价大、易出错的分项工程应认真审计，并针对具体的工程内容有针对性地予以审计。注意点如下：

① 注意审核工程量计算规则容易混淆的部位，对于分项工程量，工程量计算规则明确了哪些部位是它的计算范围，哪些部位则不应计算在内，审计人员应熟知这些区别，审查工

程量计算是否符合相应计算规则。

② 注意审查综合内容较多的分项，防止重复列项，要检查核实有没有重复计算和漏算的，该增加或扣除的部分是否按规定增减。

③ 审查使用范围有限制的分项。在定额总说明、注释中，往往有些工程内容规定在有限制的范围内需列项计算，不可任意扩大计算范围，不可重复计算。

如某住宅工程审计中发现墙体工程量计算误差较大，墙体按计算规则应扣除混凝土柱、梁等内容，而本工程的图纸中绘出的圈梁、构造柱体积虽已扣除，但构造柱与墙体嵌接的马牙槎的体积、设计说明中规定的墙体中按构造要求增加的圈梁、构造柱体积及窗台板、卫生间等部位的止水带等体积均未扣除，多计墙体体积 85 m^3，占该工程墙体总量的 9.5%；另有两道轴线间墙重复计算。

(2) 审核计价定额的套用。检查是否套用规定的计价定额、有无高套和重套现象，主要有以下几点：

① 检查预算中所列各分项工程是否与定额一致，其名称、规格、计量单位、施工方法、材料构成和所包括的工程内容是否与定额相同。因为分项工程结构构件的形式不同、大小不同、施工方法不同、工程内容不同，所以其相应的人、材、机的耗用量也不同，单价自然也不能相同。

② 检查换算项目。对换算的项目首先要检查该项目是否为定额中允许换算的，然后审查换算是否正确，如有些项目规定只调整材料用量、机械台班消耗量，人工不变，则换算时应遵循这一规定。

③ 检查补充定额。要检查补充定额的编制是否符合定额编制原则、单价计算是否正确、补充定额的有关资料数据是否符合实际情况，是否经过有权部门审批。

(3) 审核工料分析。建筑工程中人工、材料费用约占工程预算造价的 80%，因此需重视工料分析。

① 需审查各分部分项子目的工料消耗量是否符合预算定额的规定，计算是否正确，总用工量与总人工费是否一致、某些材料用量与费用是否一致。

② 审查设计施工图，施工现场实际使用的构件、配件、材料、成品、半成品的名称、规格、品种、质量与预算定额是否一致。

③ 审查应该换算、调整的材料是否进行了换算、调整，换算、调整的方法是否正确。

(4) 审核人工、材料、机械台班的价格。

① 审查人工价格标准。施工图预算中人工工资单价应按照当地造价管理部门的规定，注意检查有无不合规定的人工单价调整。投标报价中的人工工资不应低于当地最低工资标准。

② 审查材料价格。建筑工程中某些地方材料、安装工程辅助材料的价差调整与否、如何调整应符合当地规定，审查按实调整的材料所采用的价格是否符合当地市场行情；审查材料的产地、品种、规格、质量等级是否与价格相符。

③ 审查施工机械价格。即审查机械费调整的方法是否符合规定，规定按系数调整的不能按单项调整，规定按单项调整的不能按系数调整，对施工企业实际进场的在大型施工机械与预算中所列的机械名称、品牌规格、施工能力是否一致等。

(5) 审核费用计算情况。首先应审核工程总造价的计算程序是否正确，其次审核各项费用计算标准,如工程类别是决定取费标准的重要依据,应根据工程项目的结构类型、檐口高度、层数、建筑面积、跨度、实物量、设备的规模、性质和工艺要求等指标来确定;措施项目和其他项目费用则要审核其是否符合常规施工方案或投标施工组织设计的要求,取费是否合理;审核各项规费取费是否符合规定、各项计费基础、计费程序、费率是否符合规定;各项数据计算是否准确等。

(6) 审核招标控制价的准确性。

① 检查招标控制价是否按《建设工程工程量清单计价规范》的规定进行填制。

② 检查招标控制价价格水平确定的合理性。重点检查人工费确定的标准以及对量大、价高的项目组价的合理性。

③ 检查招标控制价费用编制是否根据工程量清单项目内容进行一一报价,有无漏项;应重点关注措施项目。

(7) 检查由投标人编制的工程量清单报价文件是否响应招标文件。清单报价的审核可以在评标前(清标)也可以在发放中标通知书前,实践中多在经济标详细评审前。检查工程量清单报价应关注以下重点:

① 偏差审查:即对照招标文件,查看投标单位的投标报价文件是否完全响应招标文件,有无偏差以及偏差程度。

② 符合性审查:主要对各投标文件中是否存在擅自更改招标文件中工程量清单内容进行审查。

③ 计算错误审查:对中标单位的投标报价是否存在算术性错误进行审查。

④ 合理价分析:对中标单位的投标报价中工程量大的单价和单价过高或过低的项目进行重点审查、分析,评价是否存在明显的不平衡报价。

⑤ 措施费用审查:对投标单位的投标报价中措施费用的合理性进行审查,对措施费用总价包干的项目单价,要对照施工方案的可行性进行审查。

针对以上内容,在评标/签约谈判过程中如发现不合理现象,都应在中标/签约前澄清提出,由投标人做出解释或在保证投标报价不变的情况下,由投标人对其不合理或错误进行修正。

3) 合同价审计内容

重点检查合同价的合法性与合理性,包括固定总价合同的审计、可调合同价的审计、成本加酬金合同的审计。对于固定总价合同,一般是除业主增减工程量和设计变更外,一律不调整价格,量、价的风险由承包商承担,审计人员应注意审核合同价的合理性,防止业主利用其在工程合同中的优势地位,迫使承包商减少应有合同价款;也应审计合同中关于调整条款文字的严密性,防止总价合同包而不死,在工程后期结算中无正当理由调增合同价款,变成开口合同。通过审计工作的开展,也促使合同双方更严肃地对待合同价,避免阴阳合同的产生,为后继工程的顺利完成打下良好工作基础。可调合同价一般在工程招标文件中规定:在合同中签订的单价,根据合同约定的条款,如在工程实施过程中物价发生变化等,可做调整,主要应审计综合单价调整、物价波动引起的价格调整的范围和方法的合理性,检查可调整的内容范围是否合适,若实际发生合同约定的调整内容,则应检查其真实性和费用计取方式的正确性。成本加酬金合同在合同签订时,工程实际成本往往不能确定,只能确定酬金的取值比例或者计算原则,这种合同下业主承担所有价格变化、工程量变化的风险,不利于业主的投资控制，而承包商则往往缺乏控制成本的积极性，常常不仅不愿意控制成本，甚至还会期望提高成本以提高自己的经济效益，所以应该尽量避免采用这种合同。但如果采用了成本加酬金合同，那么审计人员应检查酬金计算的合理性。

合同是甲乙双方约定的权利和义务关系的协议，对工程造价的许多因素给予约定。因此在审计合同价的同时，还应注意合同的严密性、完备性审查，对影响工程造价的各项条款进行把关，特别注意材料价格、取费依据、计价方式、索赔处理等内容，均应做明确规定，为结算的审计工作主动打下基础。对于采用定额计价方式的招标项目，在审计合同价时要区分清楚其价格是中标价，还是中标后的让利价。因为有些施工单位为了得到工程项目，在投标文件中明确表示，如果中标，可让利几个点数作为优惠条件，所以搞清楚这一点十分重要。

虽然无论是哪种类型的合同价都会涉及工程造价，但在审计合同价时，对于通过施工图预算计价方式招标投标确定的合同报价部分，只审计其合法合理性，而不必再深入内容进行从工程量计算到定额套用等内容的审计(注意投标报价不低于成本)，以维护合同及招标投标过程的严肃性。

8.5.4 工程项目预算审计方法

工程项目预算审计方法有很多，如全面审计法、分组计算审计法、对比审计法、重点审计法等。

1) 全面审计法

全面审计法又称逐项审计法，即按预算项目顺序内容，从头到尾逐一审核各分项工程细目的工程量计算、套价应用、费用计算，其优点是全面、细致，审查质量高、效果好，缺点是工作量大、时间较长。这种方法只适合于一些工程量较小、工艺比较简单且审计时间充裕的工程，或是在预算编制质量差、发现错漏较多的情况下使用。

2) 分组计算审计法

分组计算审计法就是把预算中有关项目按类别划分成若干组，利用同组中的一组数据审查分项工程量的一种方法。施工图预算项目较多，特别是建筑装饰工程的分项工程少的有几十个，多的有数百甚至上千个，逐项计算费时费力，也很难做到准确，但有些项目数据之间存在一定相关关系，分组计算审计法正是抓住工程项目工程量之间存在数量关系的特点，摒弃按预算定额中分项工程顺序计算工程量的做法，而对存在数量关系的项目的工程量一次性地加以审计。一般地说，这些工程量之间有减与被减、一个数据被几个分项工程重复应用的情况，如建筑装饰工程中建筑面积、场地平整、地面、楼板、楼面、天棚等可作为一组，在这一组中，地面与天棚的工程量一般是基本一致的，只需计算一个工程量即可；场地平整的工程量则可借助建筑面积来计算，如工程量清单计价规范中场地平整的工程量等于建筑物首层建筑面积，而江苏计价定额中规定的计算规则是建筑物外墙外边线各加两米计算，用公式可表示为“平整场地面积＝底层建筑面积＋2×底层外墙外边线周长＋16”。分组计算的优点是审查速度快、工作量小，提高了审计效率，保证了审计质量。

3) 对比审计法

对比审查法是当工程条件相同时，用已完工工程的预算或未完但已经过审计修正的工程预算对比审查拟建工程的同类工程预算的一种方法。对比审计法中对比的范围和内容可根据需要而定，或对一个工程采用多角度多层次的对比审计方法加以审核，提高审计精度。

具体来说，对比审计法一般有以下几种情况：

① 相同或近似工程的对比分析方法

若要审计的工程与已有资料工程设计有95%以上相同，即可把这两个工程的建筑面积与单位工程分部分项工程量的比值进行计算，对照要审计工程的各分部分项工程量与建筑面积的相应比值，若数量基本接近，说明要审核的施工图预算是基本正确的；若发现数量相差较大，则必须认真复算查找原因，加以更正。另外也需注意这两个工程之间设计与施工条件的差异而引起的工程造价的增减，使拟审计项目的施工图预算更趋于合理，提高审计质量。

② 每平方米造价对比分析方法

任何一个工程，其经济指标都离不开每平方米造价这一主要指标，设计合理的相同性质的工程，其每平方米造价都在一定的范围内合理浮动。我们往往可以根据这一指标的对比分析，获得对施工图预算正确性的初步判断。

③ 费用对比分析方法

任何一个工程费用都可以分为分部分项工程费、措施项目费、规费等，以前的工程费用则可分成直接费和间接费等部分，性质和内容相同的工程费用之间存在一定的比例关系。可以把要审核的施工图预算与已有工程预算资料进行对比，如发现偏差较大，则可以从工程类别、取费标准等方面进行对比，如发现分部分项工程费偏差较大，则必须对分部分项工程采用其他方法进行审计。

④ 分部工程和分项工程对比分析方法

这种审计方法审查各分部分项工程费占分部分项工程费的比例，以及各分部工程包括的常规分项工程的内容和工程量。各分部分项工程费与分部分项工程费之间存在一定的比例关系，一般造价管理部门也会定期发布各种典型工程的分部分项工程与工程造价之间的构成关系，审计人员平时也可将代表性工程的施工图预算在审定之后自制成工程造价分析表，对工程的结构形式、装饰情况等做扼要概述，把各分部分项工程所占的造价比例填列于表中，总结规律，以便日后对比审核施工图预算时使用。审计时，首先审计各分部工程，某一分部工程施工图预算价格差异较大时，就进一步审核其分项工程。分项工程审计是施工图预算审计的基础和重点，必须加以高度重视。对比审计分项工程，就是检查预算项目列项是否重复漏项，定额套价是否正确，计算单位是否一致，工程量计算是否准确，在对比中发现问题、解决问题，做到步步为营、各个突破。

⑤ 工、料、机消耗指标的对比分析方法

施工图预算中各分项工程最主要的组成部分是人工费、材料费、机械费，每个施工图预算在工程量计算完毕之后都需汇总人工、材料、机械的消耗数量，虽然这是施工图预算的后期工作，但是工、料、机有关数据的准确性是由前面各分项工程的工程量计算结果所决定的。在审计时正好应用逆向思维的方法，对工、料、机的计算结果进行对比，从而推算出前面施工图预算分项工程量计算是否准确。这同样可达到对施工图预算审计的目的。

对比审计法可大大简化施工团预算的审计工作量，减少工作时间，提高工作效率，避免对待审核施工图预算重复计算。当然这种审计方法要求审计人员在长期工作中注意收集资料，积累经验，特别要注重对资料进行整理分析、有效取舍，从而提高审计效率与审计质量。

4) 重点审计法

重点审计法即选择工程建设项目中的重点部分进行全面审计的方法，重点审计法是帕累托原则在工程审计中的应用，其优点是突出重点、审计时间短、效果显著，通常的审计重点是：工程量大或造价高的项目、补充单价的项目以及工程费用。其中工程量大或造价高的项目，对于土建工程来说，也可以理解成：该工程是什么结构，重点就应审计什么，如结构为框架结构，其重点就是审计钢筋混凝土工程，例如某建筑面积为6 500 m^2 的五层框架结构办公楼，经重点审计钢筋与混凝土工程两项就发现其钢筋与混凝土多计工程量，多计工程造价达46.4万元，约占原施工图预算总造价的5%。被抽查到的审计项目必须具有代表性，要能起到以点带面的作用，这需要审计人员有丰富的实践经验，并掌握翔实的第一手资料；而对于审计经验不太丰富的审计人员，则应谨慎从事，认真分析原施工图预算，以选择工程量大或造价高的项目审计为主，以免因抽查项目不当造成审计结果的失真。

以上几种审计方法各有特点，在审计时具体采用什么方法应根据工程特点、审计条件研究确定，如有必要，可综合运用。

【案例8-2】 某幼儿园工程招标控制价审核

案例背景：某机关幼儿园扩建工程，工程内容为土建、装饰、安装、市政、景观、绿化等。该工程为公开招投标项目。建设单位为某城市建设有限公司，由某招标代理单位代理招标，工程量清单及招标控制价由该市A造价咨询公司编制，由B工程咨询管理有限公司审核。招标文件中给出结算方式：固定综合单价，供料方式为乙供。B公司在审核工程量清单及招标控制价时发现存在一些问题并给出了审计意见。主要问题及审计解决意见如下：

1）工程量清单项目漏项

（1）设计文件中的屋面保温项目全部漏项，这是工作不认真造成的后果，应根据设计文件补上。

（2）检查井的问题，是因设计深度不够，在工程量清单中没有单独列出。需与设计人员沟通，补充相关资料，以便于准确计算其工程量列入分部分项清单项目中，或者是以暂估价的形式列入其他项目清单中。

2）工程量清单中多处分部分项清单项目特征不明确、不准确

（1）本清单中所有涉及的挖土方项目特征描述不完整（未注明挖土深度、运输距离）。

（2）本清单中所有涉及的填土项目特征描述不完整（未注明密实度要求）。

（3）序号为×××的保温隔热墙的清单特征描述内容仅为“40厚复合发泡水泥板”，其余未做任何说明。

（4）地质勘查报告中工程土壤类别为二类土，本工程清单中所有涉及的挖土方项目特征中土壤类别均为三类土。

工程量清单中的项目特征是构成分部分项工程清单项目、措施项目自身价值的本质特征。工程量清单项目的特征决定了工程实体的实质内容，直接决定了工程实体的自身价值（价格），所以要仔细全面描述。项目特征是投标人确定综合单价的前提，也是区分其他清单项目的依据和履行合同的基础，只要和造价有关系的都应描述，而且应准确描述，有些不能准确描述的也应考虑到，如上述挖土方的运输距离，可注上“由投标人自行考虑”。编制工程量清单时应根据工程量清单规范的要求、施工规范的要求，对项目特征的描述应该完整，以避免合同履行时因项目特征描述不完整引起争议。

A造价咨询公司造价编制人员结合工程实际情况，将编制的清单中项目特征描述不完

整的内容补充完整、准确。

3) 清单中工程量计算规则有误

工程量清单中钢筋混凝土顶管长度没有扣除检查井所占长度。

在2008清单计价规范中钢筋混凝土顶管工程量计算规则为“顶管按设计图示尺寸以长度计算”,在2013清单计价规范中钢筋混凝土顶管工程量计算规则为“顶管按设计图示长度以延长米计算,扣除附属构筑物(检查井)所占长度”。新旧规范表述虽然不同,但说法是一致的：顶管按设计图示尺寸以长度计算,即图中检查井所占长度必须扣除。为了减少分歧,2013清单计价规范补充说明了长度扣除检查井所占长度。如果不需要扣除检查井所占长度,2008清单计价规范中顶管工程量计算规则表述就应同混凝土管道铺设一样“按设计图示管道中心线长度以延长米计算,不扣除中间井及管件、阀门所占的长度”,因此钢筋混凝土顶管工程量应扣除检查井所占长度。

4) 控制价计算中分部分项工程量清单计价多处组价有问题,如土建项目中的“屋面刚性层防水”,该项目的项目特征按设计要求为:“1. 刚性层厚度：50 mm,压光;2. 混凝土种类：泵送商品混凝土;3. 混凝土强度等级：C30;4. 干铺塑料薄膜隔离层;5. 钢筋规格、型号：ϕ4@150冷拔钢筋;6. 部位：平屋面”。A公司计算控制价时根据江苏省现行计价定额对其组价的项目是:“1. 10-80 刚性防水屋面 C30 泵送预拌细石混凝土 有分格缝 40 mm 厚;2. [10-82]×2 C30 泵送预拌细石混凝土每增(减)5 mm;3. 13-26 水泥砂浆加浆抹光随捣随抹厚 5 mm;4. 5-4 现浇构件 冷轧带肋钢筋”。余略。

“屋面刚性层防水”项目组价中有以下几点不妥之处：

(1) 套用定额“10-80 刚性防水屋面有分隔缝”是正确的,虽然设计中没有明确提出有分隔缝,但是刚性防水屋面在温度影响下容易产生不可逆变的变形,从而造成防水表面产生裂缝而使防水失效,因此,屋面刚性防水必须设置分隔缝。

但是,在套用定额“10-80”“[10-82]×2”后再套用“13-26”有重复,因为江苏省计价定额中的刚性防水屋面是按苏J01—2005图集做法编制的,工作内容中已包含了混凝土面层抹面。

另外,防水砂浆、细石混凝土、水泥砂浆有分隔缝项目中(“10-80”)均已包括分格缝及嵌缝油膏在内,细石混凝土项目中还包括了干铺油毡滑动层(“石油沥青油毡350#”),定额规定设计要求与图集不符时应换算,因此该油毡项目应在计价时扣除。

(2) “干铺塑料薄膜隔离层”组价时遗漏,应补上。

【案例8-3】 某商住楼工程招标控制价复核

案例背景：江苏省J市某沿街商住楼工程,结构为短肢剪力墙结构,地下1层,地上10层,建筑面积约7 080 m^2,建筑总高度36 m。地上1层为层高4 m的商业用房,2～10层为层高3 m的居住用房,建筑檐口标高为31.6 m,室外地坪标高为−0.6 m。招标文件中说明,本工程采用固定总价合同,投标人的投标报价应为完成施工图纸的全部工程,若无相关设计变更,除招标文件及施工合同约定允许调整外,价格不予调整。建设单位采用邀请招标的方式选择承包商,有5家施工单位应邀投标。建设单位委托某咨询单位编制了招标文件、工程量清单和招标控制价。招标人要求投标人对工程量清单、招标控制价进行复核,并在规定时间内向招标人提出问题,问题属实则由招标人进行澄清、更正。

问题提出：

各投标人在规定时间内，对土建工程的招标控制价提出了一些问题，其中主要问题如下：

(1) 投标人A提出，本工程类别有误，应为二类工程，而控制价中按三类考虑。

(2) 投标人B提出，本工程挖土方组价方式错误，全部为机械挖土，没有考虑人工修整。

(3) 投标人C提出，措施费计算有误，超高费、脚手架超高增加费计算有遗漏。

(4) 投标人D提出，本工程中剪力墙中的暗柱应套用T、L型子目。

问题分析与解决：

(1) 投标人A提出，本工程虽然从楼层数、檐口高度来看达不到二类工程的类别标准，但是根据江苏省费用定额中建筑工程类别划分说明："有地下室的建筑物，工程类别不低于二类。"所以本工程应按照二类工程计取管理费和利润。

招标人、招标控制价编制人员又查阅了相关定额、文件规定后，同意在计价时按照二类工程考虑。

(2) 投标人B提出，本工程挖土方组价方式错误，根据江苏省建筑工程计价定额土、石方工程的说明："机械挖土方工程量，按机械实际完成工程量计算。机械确实挖不到的地方，用人工修边坡、整平的土方工程量按人工挖一般土方定额(最多不得超过挖方量的10%)，人工乘以系数2。"常规做法是挖土土方量的90%按机械挖土，土方量的10%按人工挖土，人工乘以系数2。B还提出，因本工程挖土深度达4.8 m，因此还应考虑"挖土深度超过1.5 m增加费"，套用相关定额。

招标人、造价编制人咨询了造价管理处专家后给出意见：挖土工作量中考虑部分人工是应该的，但是这里类似于借用定额，已经考虑了工作量差异给了2倍的人工消耗量，不可再考虑"挖土深度超过1.5 m增加费"，因此，挖土按"土方量的90%按机械挖土，土方量的10%按人工挖土，人工乘以系数2"进行组价。

(3) 投标人C提出，本工程超高费只计算了"超过6层部分的按其超过部分的建筑面积计算"的超高增加费，没有计算底层"如层高超过3.6 m时，层高每增高1 m"的增加费。

脚手架部分只计算了按建筑面积计算的综合脚手架，根据江苏省建筑工程计价定额脚手架的说明，单位工程在计算了综合脚手架后，遇到下列有关情况还应另列项目计算：各种基础自设计室外地面起深度超过1.50 m(砖基础至大方脚砖基底面、钢筋混凝土基础至垫层上表面)，同时混凝土带形基础底宽超过3 m、满堂基础或独立柱基(包括设备基础)混凝土底面积超过16 m^2 应计算砌墙、混凝土浇捣脚手架。砖基础以垂直面积按单项脚手架中里架子、混凝土浇捣按相应满堂脚手架定额执行。层高超过3.60 m的钢筋混凝土框架柱、梁、墙混凝土浇捣脚手架按单项定额规定计算。本工程混凝土基础的深度、混凝土底面积都满足要求，应按此规定计算混凝土基础浇捣脚手架费用；底层层高为4 m，因此也应按钢筋混凝土框架柱、梁、墙混凝土浇捣脚手架单项定额规定计算。

招标人澄清：超高增加费中"如层高超过3.6 m时，层高每增高1 m"的增加费，定额考虑的是20 m以上的层高超高增加人工部分所对应的降效，20 m以下部分是不考虑人工降效的。因此本工程4 m的底层是不可以计算这一费用的。

脚手架工程中在计算了综合脚手架后，按照江苏省定额规定，遇到混凝土基础超大超深、混凝土框架超过3.6 m，确实应按投标人C所说计算单项脚手架，因此补充这两项单项脚手架。

(4) 投标人D提出,根据结构施工图,本工程剪力墙中有若干暗柱两边之和小于2 m,应套用T、L型柱子目,而招标控制价中基本套用的是直形墙,不妥。

招标人澄清:暗柱属于剪力墙中的加强部位,本身属于混凝土墙体的一部分,若L、T、十字型的暗柱、端柱两边之和超过2 000 mm,则按直形墙相应定额执行;只有两面突出墙体、两边之和小于2 m的暗柱、端柱才按L、T、十字型柱相应定额执行。所以本工程中暗柱定额套用是正确的,不用改。

8.6 工程项目结算审计

8.6.1 工程项目结算审计时间

这里所说的结算主要是工程竣工结算,是在工程合同实施完毕后进行的价款结算,一般竣工结算的审计也是在工程竣工后再进行。近年来,随着内审工作的不断深化,跟踪审计也越来越多地被应用到建设项目审计中,特别是建设过程中施工的审计,针对主要的施工管理活动进行跟踪审计,在不影响施工进度和施工程序的情况下,对投资、进度、质量控制情况进行跟踪审计;造价方面在施工阶段进行的是工程进度款的审计,跟踪审计更便于掌握工程项目的整体情况,它为审计参与管理提供了可能,也为审计对管理过程实施更加有效和直接的监督提供了方便。

8.6.2 工程项目竣工结算审计依据

竣工结算审计与工程预算、标底(招标控制价)、工程量清单及投标报价审计的时间不同,但审计的最基本方法和内容基本是一致的,审计的依据也基本相同,只是审计竣工结算时还需审计人员再搜集工程实施过程中的一些资料,主要有:

(1) 工程合同文件及补充协议、投标文件等资料。

(2) 工程竣工图纸及竣工相关资料。

(3) 工程材料价格确认资料。

(4) 双方确认的追加(或减)工程价款。

(5) 工程变更、索赔、现场签证事项及价款。

(6) 竣工结算文件。

8.6.3 工程项目竣工结算审计目标与内容

工程项目竣工结算审计目标与工程预算的审计目标一致,主要是对工程项目成本的真实性、合法性进行审查和评价:

(1) 确定竣工结算的真实性,即检查竣工结算资料与竣工图纸和实际工程是否一致。

(2) 确定竣工结算资料的有效性,即确认每一类工程资料必须是真实有效的,如竣工图必须要有建设单位或经授权的监理单位有权人员签字确认,变更材料核价表、清单外单价审批等工程签证要有建设单位或经授权的监理单位有权人员确认。

(3) 确定竣工结算的合法性。主要是查证竣工结算的编制是否符合相应原合同、定额、标准和有关规定，认定竣工结算的合法性，即检查其能否作为竣工结算的合法依据，使其具有法律效力。

(4) 确定竣工结算的正确性。主要检查各项计算是否符合有关规定，内容、计算结果是否合理、准确，是否存在虚假与错误，验证竣工结算编制的可靠性。

工程项目的竣工结算审计是工程项目造价控制的最后一道关卡，也一直是审计工作的重点。随着工程项目造价管理模式的发展、工程合同计价方式的不同以及审计重心的前移，竣工结算审计的内容也有所不同。一般工程项目竣工结算的审计包括以下内容：

1) 审核工程合同及履行情况

工程合同是明确建设、施工双方责任、权利、义务的重要文件，合同签订方式也直接影响工程竣工结算的编制与审计。在进行工程竣工结算审计时，首先必须了解工程合同价款的形式及价款调整的约定条款，尤其是早期没有参与工程对工程情况不熟悉的审计人员，更应首先研读施工合同及补充协议、招投标文件，正确理解相关条款约定，对照合同相关条款审核双方是否存在违约行为，并确定审计重点，主要注意以下内容：

(1) 合同范围的约定

审核工程施工合同，审核该工程是否具备办理竣工结算的条件。审核合同价款包括的施工范围是施工设计图纸范围内全部工程还是部分工程。审计时，应根据竣工图纸并结合现场查看是否完成了所有内容，是否有变更增减项目。特别应关注未做工程项目，需将相应价款扣减。

(2) 合同计价方式

审核计价方式是工程量清单计价还是定额计价，工程量清单计价模式广泛应用及推广后，规定全部使用国有资金或以国有资金投资为主体的建设工程执行工程量清单计价。工程量清单计价模式与传统的定额计价模式有很大的不同，因而结算方式在合同的相关条款上也有很大的区别，而2024清单计价标准与2013清单计价规范在有关计价条款数量、条款深度方面也都有了较大的改变。传统的定额计价，合同条款常约定为工程结算造价按约定的省市相关计价定额、指导信息价及取费标准计价后，整体下浮一定的比例。工程量清单计价，合同条款的约定为采用固定单价合同，合同中明确了固定单价包含的风险范围，禁止在工程总价基础上进行优惠(或降价、让利)，投标人对投标总价的任何优惠(或降价、让利)应反映在相应清单项目的综合单价中，且在合同中明确约定工程量变化时，是否调整综合单价，以及如何调整等内容。审计人员应注意区别不同计价方式下的价格确定方法，注意审核合同约定的合同价款方式，审核其是否与投标文件承诺相符。

(3) 合同中特殊条款的约定

对照合同中工期、质量、违约责任等条款审核双方是否完全履行合同，是否存在违约行为，审计人员应正确理解合同条款的约定，工程合同中有诸如总承包服务费的比例及计取方式、甲供的设备需要现场搬运及保管的搬运及保管的费用计取方式、甲供材料计取哪些费用等条款，在审计时应注意此部分造价或费用是否正确计取。目前也有工程合同签订后，甲乙双方都会签订补充协议，补充协议往往会对合同的价格结算条款进行补充或更改，这种情况下补充协议条款的有效性问题，可参照《最高人民法院关于审理建设工程施工合同纠纷案件适用法律问题的解释(一)》。如果只是对合同主条款和招投标文件内容进行补充或进行一些次要内容的更改,应视为有效;如果对合同主条款或招投标文件进行了较大的更改,违背了主合同和招投标文件的主要意思,应视为无效。施工合同由建设方、施工方共同签订,双方的权利、义务以合同中的约定为准。如出现争议,应当以合同为解决争议的依据。审计时,一定要认真阅读施工合同,正确理解合同条款约定,才能在审计过程中发现问题,并采取正确有效的方法解决。

2) 经济指标的审查

即审核各单位工程的经济指标,计算各单位工程的工程技术经济指标并与该地区的平均造价指标相比较,以此决定审计重点与审计方法。

3) 工程量的审查

工程量的审计工作是造价审计中的一个重要环节,是结算审计的基础工作,特别是采用工程量清单计价的工程,2024 清单计价标准规定结算时工程量应按履行合同义务过程中实际完成的工程量计量,若发现工程量清单中出现漏项、工程量计算偏差,应按实计量。因此,工程量审计的准确与否,直接影响到工程价款的结算工作与工程项目的造价控制。重点应审查以下两方面:

(1) 原合同范围内的工程量

对工程原合同内工程量的审计是工程结算审计的重要组成部分,也是降低审计风险的重要保证。对于采用施工图预算计价的工程项目应审查工程是否完成了合同规定的工作内容,有无按施工图、合同规定的内容、范围、方法、工艺、材质等施工,审核发包图纸的工程内容、范围、方法、工艺、材质,结合隐蔽工程资料、验收资料,并到工程现场进行踏勘等方式进行核实。为保证合同的严肃性,已完成的合同内项目的工程数量按合同约定,对原合同中未完成的项目内容应予以核减。

对于采用工程量清单计价的工程项目,竣工结算时原合同范围内的工程量应按承发包双方在合同中约定应予计量且实际完成的工程量确定,工程量按实计取,其审计方法同施工图预算工程量的审计方式。结算是依据竣工图编制的,竣工图应该如实反映工程实际情况,竣工图的绘制应该根据施工图、设计变更单、技术核定单、隐蔽记录等工程签证汇总绘制。施工单位在编制竣工结算时常会有意或无意地扩大工程量,审计人员需将上述有关资料与竣工图进行对比,若发现差异则按相应工程量计算规则核查工程数量。

审计人员需注意的是当工程量清单项目工程量的变化幅度超过一定幅度时该部分项目单价的变化,如一般工程量清单项目工程量的变化幅度超过 10%,且其影响分部分项工程费超过 0.1%时,受益方在合同约定时间内向合同的另一方提出工程价款调整要求,由承包人提出增加部分的工程量或减少后剩余部分的工程量的综合单价调整意见,经发包人确认后作为结算的依据,合同有另外约定的则按合同执行。

(2) 原合同范围外的工程量

原合同范围外的工程量主要包括由于设计变更、额外增加的工程以及合同容许的原清单漏错项的调整等,如由设计单位提出的对原设计资料做出的补充、完善、优化导致的工程量变化,或者可能是由于发包方要求的功能改变而做出的相应设计改变。合同范围外工程量的审计应注意两方面问题:一是资料的真实有效性,如设计变更单必须是设计单位编制的,设计变更资料上应有设计人员签名和设计单位印章,并且该项变更是经建设单位同意的;二是工程量计算的准确性,工程量计算应遵照工程量计算规则,在工程量审核过程中,对审核中出现的疑问可深入施工现场逐一核对、查实，全面掌握工程实况，尽量减少和避免计算误差。

4）工程变更与现场签证的审查

在工程项目实施过程中，按照合同约定的程序对部分或全部工程在材料、工艺、功能、构造、尺寸、技术指标、工程数量及施工方法等方面做出改变，工程变更往往是由设计单位或承包人或工程监理方根据工程实际情况对承包合同的设计资料做出的补充、完善、优化、做法确认，及根据发包方要求的功能改变而做出的相应变更；现场签证是由发包人现场代表与承包人现场代表就施工过程中涉及的责任事件所做的签证证明，如关于零星用工量、零星用机械量、设计变更或工程洽商所引致返工量、合同外新增零星工程量的确认证明。工程变更与现场签证是工程结算审计的重要内容，因为它涉及的内容广泛、构成原因复杂、规律性较差、发生的时间长，这些给竣工结算的审核增加了难度。工程变更、现场签证的审计包括以下几方面：

(1) 审计工程变更与签证内容的真实有效性

符合要求的工程变更必须有变更通知单，并具有建设单位、施工单位的签字盖章，对于影响较大的结构变更，如改变柱、梁个数、体积、配筋等，必须有设计部门的确认。审计人员应审核变更手续是否合理、合规，可通过实地勘察或查看施工验收记录，确认设计变更的真实性。

审计人员需正确甄别现场签证的有效性与合法性，检查现场签证的签字或盖章是否齐全有效，签字人员是否为合同中规定的相关人员，否则应视为无效签证不予采用；审核签证的内容是否真实、签证的真实意图，审核时要做好调查研究，对签证程序及内容进行认真分析、区别对待，并不是所有签证都可照搬照用。判断现场签证的有效性与合法性还应和招投标文件、施工合同、施工情况等资料结合起来。

(2) 审计工程变更与现场签证的准确性

对工程变更内容计算准确性的审核包括审核工程变更部位的工程量增减是否正确；审核工程变更部位的增减变化是否得到了如实的反映，实践中施工单位在编制结算资料时，常常对增加的工程内容记得增加，而对减少的工程会尽量遗忘；审核工程变更的计算过程是否规范，对工程变更的审核重点应放在工程量是否重复计算上，对变更所发生的费用，应严格根据合同和有关协议分清责任方和费用的承担方，必要时审计人员应现场测量与核实。

现场签证审计时应认真分析签证内容、数据是否客观公正，有无重大偏差现象，签证事件的责任方是谁，是否属于合同允许调整的范围等来评价其合理性。

(3) 工程变更项目单价与费用的审计

审计人员应根据工程变更的具体情况审核其单价，如因分部分项工程量清单漏项或非承包人原因的工程变更，造成增加新的工程量清单项目，其对应的综合单价可按下列原则确定：合同中已有适用的综合单价，按合同中已有的综合单价确定；合同中有类似的综合单价，参照类似的综合单价确定；合同中没有适用或类似的综合单价，由承包人提出综合单价，经发包人确认后执行。因分部分项工程量清单漏项或非承包人原因的工程变更，引起措施项目发生变化，造成施工组织设计或施工方案变更，原措施费中已有的措施项目，按原有措施费的组价方法调整；原措施费中没有的措施项目，由承包人根据措施项目变更情况，提出适当的措施费变更，经发包人确认后调整。因非承包人原因引起的工程量增减，该项工程量变化在合同约定幅度以内的，应执行原有的综合单价；该项工程量变化在合同约定幅度以外的，其综合单价及措施费应予以调整。现场签证的费用应依据发、承包双方签证资料确认的金额计算。

(4) 工程变更合理性审计

当前的建筑市场竞争激烈，施工单位为取得工程承包权报价时往往压缩利润空间，而在工程实施过程中充分利用工程变更来增加利润，因此审计人员应注意加强对工程变更合理性的审计，考虑工程变更的必要性、经济性、优化性，不仅将工程变更文件作为审计的依据，还应将它作为审计对象加以监督，从而更有效地控制工程造价。

【案例 8-4】 工程变更及签证案例分析

江苏某中学新建教学综合楼，包括基坑围护、土建、安装、市政工程。该工程建筑面积为 3 391.97 m^2，其中地下车库为框架一层，建筑面积为 1 208.17 m^2，地上框架三层，建筑面积为 2 183.8 m^2。合同约定采用固定单价合同，采用包工包料承包方式，质量要求为合格。招标控制金额为 8 271 083.63 元，中标金额为 8 000 468.88 元，合同价款为 8 000 468.88 元，送审金额为 9 924 242.02 元。在送审竣工结算资料中有以下几份设计变更单和签证单：

(1) 工程变更通知单 001：因该中学教学楼临近居民楼，为防止在施工过程中出现因土方开挖引起的地基不均匀沉降，经专家现场勘查后提出基坑支护采用“树根桩＋土钉墙”的形式。

(2) 工程变更通知单 002：根据施工质检意见，本工程中地下室外墙外侧加涂 K11 防水涂料；地下室外墙水平分布钢筋放在纵向钢筋外侧。

(3) 工程变更通知单 003：应校方要求，地下室中增设三道内墙(图纸位置略)。

(4) 工程现场签证单 001：因为基础开挖时遇到暗塘，所以在该部位深挖并用 1∶1 砂石回填，回填量见图(图略)，工程量若干。

(5) 工程现场签证单 002：该中学地处市中心，附近居民楼密集，车行道路狭小且一般运输车辆无法进入，工程材料的运输只能在夜间进行，且从道路口运至学校全靠人力推车。施工方提出应增加二次搬运费。

(6) 工程现场签证单 003：原清单中天棚保温板 15 mm 厚，施工单位在施工过程中提出市场无此厚度的保温板，改为购买 20 mm 厚度的保温板。施工方要求结算按 20 mm 厚度的保温板。

审计分析与解决如下：

(1) 工程变更通知单 001：审计发现在合同中没有基坑支护工程内容，基坑支护是合同外新增内容，设计采用“树根桩＋土钉墙”的支护形式，基坑围护设计方案要求压密注浆采用 P. O 42.5 普通硅酸盐水泥。压密注浆注入率为 80 kg/m，注浆压力为 0.1～0.2 MPa。浆液为纯水泥浆，水灰比为 0.5。在施工过程中跟踪审计单位现场勘察发现监理单位对基坑支护无任何记录资料，且压密注浆施工密度未达到设计方案的规定。施工单位则提出无任何证据证明压密注浆施工密度不符合设计要求。基坑支护工程属于隐蔽工程，且本项目已投入使用，结算应以实际数据资料为准，但实际隐蔽验收资料的欠缺、监理工作的未尽责使得校方不能提出有力证据。后经三方协商，考虑本项目的客观情况，校方承担东、西、北三侧基坑支护费用，予以结算；南侧基坑支护费用则由施工单位承担，不予结算。

审计建议：施工各方应权责明确，施工过程中隐蔽工程要有数据记录、影像资料存档，以利于施工阶段的造价控制，并减少结算审核阶段的矛盾产生。对于设计图纸要求实验确定的数据要按图纸及有关规程进行实验，并做好相关记录，避免结算审核时因实验数据不清而导致的计价不实的争议。

(2) 工程变更通知单002：这是由施工方提出的工程变更，变更程序符合规定，变更内容真实有效，其中地下室外墙外侧加涂K11防水涂料费用应增加，经审计工程量计算准确，所用材料价格按施工期间当地造价部门提供的信息价计算，综合单价基本合理，按实结算；地下室外墙水平分布钢筋位置不涉及钢筋用量的增减，不予调整、结算。

(3) 工程变更通知单003：这是由业主方(校方)提出的工程变更，变更程序符合规定，变更内容真实有效，结算应增加该内墙及相关内容的费用，如内墙内包含的构造柱相关费用、内墙粉刷装饰相关费用；但不计内墙砌墙脚手架、抹灰脚手架等措施性项目的费用。按江苏省脚手架计算规则，脚手架分为综合脚手架和单项脚手架两部分。单项脚手架适用于单独地下室、装配式和多(单)层工业厂房、仓库、独立的展览馆、体育馆、影剧院、礼堂、饭堂(包括附属厨房)、锅炉房、檐高未超过3.60 m的单层建筑、超过3.60 m高的屋顶构架、构筑物和单独装饰工程等，除此之外的单位工程均执行综合脚手架项目。因此该教学楼工程执行综合脚手架，而综合脚手架的工程量按建筑面积计算，内墙的增加不涉及建筑面积的变化，因此不结算施工方提出的砌墙脚手架等措施性项目的费用。

(4) 工程现场签证单001：本项现场签证相关的签字、盖章均齐全，且时间也较及时，经查询该签证事由是真实的，且增加的工程量也是准确的，综合单价采用的是本合同中原有价格，是合理的。予以结算。

(5) 工程现场签证单002：本项现场签证相关的签字、盖章均齐全，时间也较及时，签证事由是真实的，但不应另行计取二次搬运费。

该工程地处市中心闹市区，且周围全是居民小区，进入学校的道路弯曲狭小，普通的运输车辆无法进入，实际施工时全靠人力车运输材料从道路口至校区内，校方对此情况也认同。在原招标控制价中已按规定计取了二次搬运费，投标单位投标时已踏勘现场，但投标单位的报价中没有计取二次搬运费。在施工条件未变的情况下，作为措施项目费的二次搬运费不应另行计取。且作为一个有经验的承包商，应该在招投标阶段根据施工现场情况并结合自身施工组织设计以及施工进度在投标报价中对相关措施性费用进行考虑，中标后该费用应为包干费用，不应再向业主要求支付由此产生的增加费用。

(6) 工程现场签证单003：这是由施工方提出的材料代换，本项现场签证单中相关的签字、盖章均齐全，时间也较及时，但是投标时没有投标单位提出清单所用材料的合理性，合同签订时施工方也没有提出，并且施工方无法提供市场“无此厚度的保温板”的证明依据，因此，结算仍按15 mm厚度的保温板计入。

最终送审金额9 924 242.02元，审定金额8 961 776.06元，核减额962 465.96元，核减率为9.7%。

【案例8-5】 工程设计变更案例分析

某工程在审计竣工结算时，发现某部位出现了工程变更，有一张有设计单位、建设单位、施工单位盖章的变更图；同时该变更内容又有一手续齐全的现场签证单，签证单中只有一个工程量计算结果而无计算公式，且无其他原始资料，有施工方、监理方、建设方三方代表签字盖章。但是按照变更图计算出来的工程量和签证结果却不一致,那么审计应以什么为准?

问题分析:对于现场签证单中的工程量签证,《最高人民法院关于审理建设工程施工合同纠纷案件适用法律问题的解释(一)》第二十条规定:“当事人对工程量有争议的,按照施工过程中形成的签证等书面文件确认。承包人能够证明发包人同意其施工,但未能提供签证文件证明工程量发生的,可以按照当事人提供的其他证据确认实际发生的工程量。”根据该规定,如果是工程量签证,那么应以工程量签证确定工程量。但是如果签证与设计变更反映的工程量不一致,那么应以事实为依据;如果现场能够反映实际的工程量与设计变更一致,按照物证效力(现场)优先于书证(签证)效力之规定,应以反映实际工程量的设计变更为准。

一般有了设计变更是可以不再需要现场签证的,只有当设计变更文件不能正确反映整个变更涉及的工程量时,才需要现场签证加以补充,签证当事人应负责签证工程量的准确性。当然如果合同约定:当发生了设计变更,双方应办理签证,那么也应办理签证。

5) 材料与设备费的审查

材料与设备费用是整个工程造价中所占比例最大的部分,又是工程造价中最活跃的部分,如何审核材料价格,将材料费用控制在合理水平上,对整个工程造价的控制尤为重要。竣工结算材料价格审核的关键是审核材料价格的计算、调整是否按照合同约定进行。一般采用工程量清单计价的工程是固定综合单价,这个价格一般是不变的,材料的价格也是不变的,但为体现风险共担的原则,当施工期内主要材料的市场价格波动超过合同约定幅度时,则按照合同事先约定来调整材料价格和工程价款,调整的方法按照合同中商定的方法;如果合同没有约定或约定不明确,那么按照工程所在地建设行政主管部门的规定执行,审计人员应对材料价格变化的真实性进行审核、对调整材料费用计算的正确性进行审核。招标时有些材料采用的是暂估价,一般甲方列出暂估的材料单价及使用范围,乙方按照此价格进行组价,结算时审计人员对这部分材料的价格、用量应认真审核。另外,工程中因工程变更、材料代用等情况下的材料均需要进一步审计。材料费用的审计重点体现在对材料用量计算准确性和材料价格的真实性方面,主要有以下几方面:

(1) 主要材料消耗量数据是否准确,这主要通过材料分析得到,对钢筋应进行抽样计算分析,特别是有些项目签合同时钢筋是按含量计算的,结算时应按实调整计算。

(2) 审核材料价格的真实性。认真审核材料价格,搞好市场调研,是提高审计质量的一个重要环节。工程实践中大量施工合同关于材料价格约定的相关条款为:材料价格执行某省市某期价格信息,结算时主体结构中所用的材料价格及安装主材价格遵照此约定。而对于装饰装修工程中所用材料,由于品牌、档次的不同,价格也千差万别,价格信息中此部分价格缺失或者不能真实地反映工程中所用材料的实际情况。对于合同中没有约定的,一般处理办法为:有建设方签字确认的价格执行该价格,建设方无签字确认价格的参照同期市场价。审计过程中,应由施工方提供经建设方认可使用于该工程的材料品牌、档次的相关资料,然后根据这些资料有的放矢地进行市场调研,提高询价的工作效率。同时审计人员也应该清楚地知道,材料供应商的报价与实际的材料采购价会存在一定的差距。

(3) 材料代用和变更的审核,检查其是否有签证,对材料代用和变更手续的有效性进行审计,检查其手续是否完善和有效;另外注意价格的真实可靠性,检查其是否为施工期间的真实价格,材料市场波动变化较大,而建设工程生产周期又长,对这部分价格的审核要注意其使用的材料价格是否与工程施工的时间相吻合，是否与合同约定相一致。审计人员应严格按合同约定计算方法正确核定材料价格，同时对有疑问的材料价格还要认真做好市场询价调研，认真核实。

（4）工程中设备与材料划分是否准确，计价方式是否符合合同约定。设备价格容易出现重复计列的问题。另外设备和材料常出现重复计取运杂费，如有的设备按合同约定为运至现场价，结算中在该合同价的基础上又计取运杂费，造成费用的重复计算。

（5）对甲供材及设备审计。在工程实施过程中，建设方常采取对主要材料自行采购后交付施工方使用的方式，以达到节约建设资金，提高资金使用效益的目的。对甲供材及设备的审计首先应研究甲供材购销合同，了解甲供材数量与结算方法，审核甲供材及设备的用量是否准确，核对甲供材库存数量，审核有无多计欠供、少算超供的现象，返还的超供材料是否与所供材料品牌、规格、材质相符。如有则需查明原因，如果是施工单位多领用的，必须要求其退还或在结算中按多领数量扣除；如果是建设单位管理不善，分析其原因，如果有触犯法律的事情发生，应及时将线索移送司法机关。

6）竣工结算与设计概算对比

这部分工作重点是在工程竣工结算审计的基础上，进行概算对比分析，查证超支和节约的原因。另外，在对该审计内容进行审计时，还应注意要将造价部门的结算书与财务已入账的结算进行核对，审查是否有漏项和其他项目的结算挤占该项目的问题。通过对工程结算审计结果的分析，从根本上查找超概算及节约的原因，进而评价内部控制管理的有效性，真正发现企业的管理状况和存在的问题。

8.6.4　工程项目竣工结算审计方法

《第 3201 号内部审计实务指南——建设项目审计》中规定，工程造价审计的主要方法有：重点审计法、现场检查法、对比审计法等，实践中结算造价的审计方法与预算造价的审计方法总体是相似的，但由于竣工结算的特殊性，在竣工结算审计中使用较多的且效果也较好的有以下几种方法：

1）全面审计法

全面审计法就是将工程竣工结算书及造价有关方的招投标、合同等文件对照图纸、变更、签证、实物、国家和地方定额、政策性文件进行全面审查，对有变化的工程量进行计算核实，对有变化的定额子目进行套用或换算，对有变化的材料数量及价格进行一一确定，对所有规费进行一一计取，然后直接得出审计定价。这种审计方法的优点是全面、细致，审计质量高，效果好；缺点是工作量相对较大，时间长。

2）重点审计法

重点审计法主要适应于国内采用总价合同的工程，审计重点放在工程变更和索赔上，其结果是重点突出，所花费审计时间短，效果好。审计人员也可以利用其他审计方法手段作为补充，以保证审计的准确性、高效性。

3）现场检查法

现场检查法是指对施工现场直接考察的方法，以观察现场工作人员及管理活动，检查工程量、工程进度，所用材料质量是否与设计相符、是否与其报审的相符。

审计竣工结算的方法有多种，审计人员在审计前，应收集与竣工结算有关的各种资料，明确审计重点,选取合适的审计方法,审计方法可根据情况采用一种或综合使用几种,目的是取得好的审计效果。

【案例8-6】 老旧小区宜居改造工程竣工结算

案例背景:Y市某宜居改造工程的招标人为Y市C建设投资有限公司,该小区原排水管道管径较小,堵塞破损严重,管道私拉乱,化粪池多年未清掏,污水横流,小区地势低洼,雨水口堵塞,局部存在积水点。本次改造涉及基础设施建设(翻建道路、雨污分流)、公共设施建设(绿化提升、景观工程、停车位、健身设施、物业和养老用房、监控系统、照明等),道路和停车位工程约35 000 m^2,绿化提升工程约17 500 m^2,物业和养老用房约360 m^2,铺设雨污水管道约6 500 m。此项目采用公开招标的方式确定中标人,中标价为1 757.29万元,其中消防设施费暂列金额5万元;合同价格形式为固定单价合同。本项目结算送审价为2 802.96万元,结算审定价为1 962.07万元,核减840.89万元。

竣工结算过程中,审计单位与施工单位产生了一些争议。

1) 签证事项的真实性争议

(1) 混凝土道路拆除厚度的签证

该项目中标单位为某建设集团有限公司,因项目工期比较紧迫,且在老旧小区,居民的阻挠事项较多,因此中标单位将工程分为A、B、C三个区域同步进行施工作业。

审计人员在核查混凝土道路拆除相关工程量时,发现A区签证的拆除厚度是:混凝土路面25 cm+碎石垫层15 cm;而B区、C区签证的拆除厚度却是:混凝土路面15 cm+碎石垫层10 cm。

审计人员不同意直接按签证单(A区签证)上的厚度计算工程量,施工方提出:签证资料有监理单位、项目管理单位、跟踪审计单位、建设单位相关人员签名及加盖公章,签证真实有效,为什么不可计取?审计人员提出:按常理同一个老小区内(规模不大)原有道路设计不会有较大的区别,即混凝土路面、碎石垫层厚度基本相同,因此拆除的厚度也应基本一致。并要求施工方给出道路拆除厚度的现场测量照片或其他证据,施工方没有提供并很爽气地同意了审计意见:A区混凝土路面与碎石垫层拆除厚度同B区、C区。

(2) 挖除砖渣外运的签证

送审资料中有一签证:A区施工范围内,小区东西车行道拆除混凝土路面下基层砖渣并外运,工程量共计1 066.64 m^3。但是B区、C区无此内容。

审计分析:砖渣应为原小区道路软弱路基处理所用,若在改造中铺设管道所在部位有砖渣层,按常规施工确需挖除。但是其他部位无特殊情况一般是不用挖除,仍可作为路基处理层。施工单位未能提供有效管道施工开挖照片、标高及尺寸测量资料予以佐证,审计认为此项签证工程量存疑,建议仅计取管道部位砖渣挖除的工程量。施工方不同意。为此召开参建各方协调会议,经参建各方证实:工程施工时只有管沟范围内的砖渣挖除外运。最终此项签证按参建各方协调会议结论调整:管沟范围内按挖砖渣外运,其余仍作为路基基层。

(3) 管沟超挖签证与隐蔽工程检查验收记录不符

送审结算资料中有管道基础超挖的签证,分别说明A区超挖及回填断面按1.7 m×0.6 m计,B区、C区超挖及砂回填按断面0.6 m×0.6 m计。但是该项却与隐蔽工程检查验收记录矛盾,验收记录中描述为“槽底土壤未受扰动,无超挖现象,槽底未受水浸泡,地基承载力满足设计要求”，说明管道基础没有超挖。审计不同意该签证费用计取，施工方大声叫屈，但是也不能提供超挖以及有效管道施工断面的开挖现场照片、标高及尺寸测量作为佐证。那么，管道基础是否超挖？如果超挖，断面尺寸是否与签证相同？审计再请参建各方现场代表参会予以证实协调。最终此问题的解决方案为：各方均证明管道基础确有超挖现象，但同一小区排水管道管径一致，超挖尺寸一致，超挖和回填断面按 0.6 m×0.6 m 统一计算，断面 1.7 m×0.6 m 仅为极少部位。

2）小区内道路基层回填水泥土的施工疑问

审计发现结算资料中有A区道路基层水泥土的工程量，报送了外购水泥土结算的相关费用，但是送审部分水泥土未提供材料进场报验资料。而B区、C区均未报送水泥土相关费用。那么问题是：现场A区道路基层水泥土究竟是否施工？如果A区确有此内容，作为同一小区的B区、C区是否施工？如果有道路基层水泥土施工，厚度是多少？水泥土中土为外购土还是现场原土利用？

审计认真查阅送审资料，通过跟踪审计报告以及跟踪审计的现场图片资料找出本项目道路基层状况。招标图纸路面结构图说明：路基利用现状老路基，老路基平整压实，若有不良路段难以压实，可掺4%水泥土改良，处理深度 20 cm。在《图纸会审、设计变更、洽商记录》中，“关于路基掺4%水泥土改良”设计回复：“现状老路基部位，新建路基采用 20 cm 厚4%水泥土处理；拓宽及原绿化部位，新建路基采用 40 cm 厚4%水泥土处理，按实计量。”施工中设计院出具《设计变更通知单》：中部南北向主干路混行车道路基处理调整为 60 cm 厚6%水泥土，水泥混凝土路面增设钢筋网。以上证明：小区道路基层水泥土确有施工，且不局限于A区。

A区送审结算资料中小区中南北主干道 60 cm 厚6%水泥土和车行道、停车位及宅前停车位通道处理 20 cm 厚4%水泥土。审核核对过程中A区提供了4%、6%水泥土土工检测报告，但未能提供购土回填前后高程及范围的原始资料。施工单位的签证资料中没有挖土外运签证，但要保持新路面与原路面高程一致，路基确实为外购 60 cm 厚6%水泥土，则应该有路基范围内挖土外运。后经参建方协调证实：小区中南北向主干道为外购 60 cm 厚6%水泥土，水泥土范围内原土挖除外运；小区车行道及停车位范围内路基均按外购 20 cm 厚4%水泥土处理（说明施工方将应该签证的项目遗漏了）。本着实事求是的原则，审计要求施工方补报B区、C区道路基层水泥土相关结算资料。

3）措施项目费拉森钢板桩单价计取争议

送审结算资料中有一B区出水口处施工时拉森钢板桩的签证，施工方送审单价为2 500元/(t·d)，使用8 d，并要求按每10 t摊销0.7 t槽型钢板桩。审计则提出应按市场租赁价核算，两者之间差价有争议。

拉森钢板桩属于措施费，且原招标项目中没有此项措施费，属于增项。招标文件及合同对增项的约定是：“原措施费中没有的措施项目，由承包人提出适当的措施变更要求，经发包人确认后调整。如果承包人未事先将拟实施的方案提交给发包人确认，那么视为工程变更不引起措施项目费的调整或承包人放弃调整措施项目费的权利。”施工单位的送审资料仅提供签证单，未提供经监理、甲方审批的钢板桩支护方案。审计不同意结算。直至召开协调会，施工方补充了该方案资料。对照施工方案的维护设计图纸和现场施工照片，施工方未施工工字钢围檩。

审计分析：施工单位报送结算单价中每 10 t 摊销 0.7 t 钢板，此摊销含量借用的是 2014 江苏省建筑与装饰工程计价定额“2-41 打钢板桩，桩长在 15 m 内”子目中钢板桩摊销，又另计了钢板桩租赁费 25 元/(t·d)及钢板桩接头费，以致该措施费单价高达 2 500 元/t(含钢板桩使用费)。审计则认为按照该项目所需费用组成，现场用主要材料钢板桩的材料费用可根据实际情况按市场价计取租赁费，不再考虑钢板桩摊销及接头，另有部分次要材料、人工费、机械费则参考江苏计价定额“2-41 打钢板桩，桩长在 15 m 内”“2-43 拔钢板桩，桩长在 15 m 内”中的内容，租赁费经市场询价按除税价 9 元/(t·d)计，最后确认按该分部分项综合单价 1 081.20 元/t(含钢板桩使用费)计取相关费用，按合同条款同比让利。

本案例最引人深思的是签证内容的真实性。通常结算审计人员审核签证内容真实有效的重点首先是各参与单位代表的签字、盖章，参与单位代表的签字、盖章齐全的，至少说明该事项真实存在。但是本案例项目的参建方施工单位、监理单位、项目管理单位、跟踪审计单位、建设单位，众多签证资料中五方的签字、盖章确实齐全，但是也只是程序上的齐全、真实，签证内容与事实不符、矛盾，签证资料所附照片不能反映、证明签证内容，也只是表示有图片。从本案例中的签证中可以明显看出各参与方的工作责任感有待加强，本项目的跟踪审计工作基本没有发挥其对项目“实施过程的合法性、真实性、规范性进行跟踪审计监督”应有的作用，没有体现造价人员“严谨细致、一丝不苟”的工作作风。

【案例 8-7】 某桩基工程按实结算问题分析

案例背景：某居住小区项目合同约定依据江苏省相关计价规定按实结算，再根据第三方审计结果下浮 7%结算。该项目位于长三角漫滩地貌单元，场地浅部土层以软塑淤泥质土、粉土为主，工程设计桩基础，采用钻孔灌注桩结合局部深层搅拌桩暗墩地基加固，钻孔灌注桩结合三轴深层搅拌桩止水帷幕作为挡土止水体系。设计说明桩基施工采用桩长和持力层双控。工程竣工结算过程中，施工单位与审计单位在结算审计过程中产生了一些争议。

1）灌注桩充盈系数争议

施工单位认为根据合同约定计价方式，钻孔混凝土灌注桩项目综合单价应根据江苏省计价定额确定，其中灌注桩充盈系数为 1.2，不调整；审计单位认为结算时充盈系数应按打桩记录灌入量进行调整。

根据现行江苏省建筑与装饰工程计价定额中桩基工程说明，“各种灌注桩中的材料用量预算暂按约定的充盈系数和操作损耗计算，结算时充盈系数按打桩记录灌入量进行调整，操作损耗不变”，很明确，定额中充盈系数 1.2 是临时数据，结算时需按打桩记录灌入量进行调整。本工程灌注桩设计要求充盈系数不小于 1.1，根据本工程经监理签字确认的隐蔽工程验收记录“一桩一表”，约 91%的灌注桩充盈系数为 1.09～1.13，约 8%的桩为 1.06～1.08，个别桩为 1.14～1.18，加权平均数为 1.11，因此确认灌注桩充盈系数取 1.11。此项核减约 280 万元。

2）工程桩桩长争议

施工方提交的混凝土灌注桩工程量结算资料中桩长普遍比设计桩长长 3～4 m，且提供了真实有效的经现场监理签字确认的“一桩一表”佐证，但是审计单位不同意对此灌注桩的工程量按实结算。

本工程处于长三角漫滩地貌单元，地层软弱，工程地质条件复杂，因此设计工程桩按摩擦端承桩设计，施工采取有效桩长和入岩深度双控，入岩深度不小于0.5 m。施工单位认为根据地质勘探报告发现本工程持力层埋深分布极不规律，无法指导旋挖机钻孔的深度控制，现场只能通过观察反循环工艺抽出的泥浆性状判断是否入岩。主张根据监理签字确认的“一桩一表”载明的桩长按实结算。

审计分析：根据地质勘探报告本工程所在持力层为中风化泥质粉砂岩，其上一地层是强风化泥质粉砂岩，这二者颜色相同，被泥浆裹挟后无法从颜色上区分开来。在施工过程中欲凭借泥浆性状变化来判断是否入岩，需要泥浆中岩石碎屑明显增多，而本工程设计桩长长达44 m，泥浆变化较为滞后，因此按此方法产生超挖是必然的。

至于施工单位提及本工程持力层埋深分布极不规律事实，仔细查看勘探报告就可发现虽然本工程持力层标高在项目整体上分布不规律，但是持力层标高在各单体项目平面范围内变动较小。施工单位得出地质勘探报告“无法指导旋挖机钻孔的深度控制”的结论依据不足。即使按照施工单位的方法施工，施工单位也应根据地质勘探报告分区域控制桩入岩深度，在一定范围内取持力层标高最低值作为判定入岩的标准，从而可以在满足设计要求和经济效益之间取得较好的平衡，保守起见可在此基础上适当增加入岩深度，如此不仅可以降低桩长控制的难度，还可以总体提高桩长控制精度并节省人工成本。

另外，工程施工过程中发生合同约定范围外的事项，施工单位更适合的做法是加强与建设方沟通、进行工程签证或技术核定、集思广益改进施工方法等，尽可能地防范风险，既能降低施工成本，也能使建设单位投资风险可控。

鉴于桩长超挖客观上加强了灌注桩的承载力(虽然很可能是不必要的)，并且严格按照0.5 m控制入岩深度确实有难度，征得建设单位同意，认可按项目范围平均入岩1.5 m计算桩长。此项核减约1 370万元。

3) 暗墩地基加固争议

本工程地基坑中局部采用三轴深层搅拌桩暗墩加固。设计桩长7 m，桩径850 mm，桩中心距1 800 mm，水泥掺量20%，暗墩顶部距离地面高度2 m，设计图纸中注明为“空搅段”，空搅段水泥掺量8%。施工单位认为应按自然地面至设计桩底标高计算桩全长(按定额计算规则+0.5 m)，并按水泥掺量的不同分别套用定额计算。审计不同意施工方的这一计价方式。

审计分析：桩长的确定。本工程暗墩顶至原地面设计为水泥掺量8%的空搅段，说明此处不参与坑底暗墩加固，是为更好保证搅拌桩暗墩质量而设置，空搅段后期土方施工时要被挖除，因此根据江苏计价定额规定，“深层搅拌桩地基，按设计长度另加500 mm(设计有规定的按设计要求)乘以设计截面积以立方米计算”，即本工程深层搅拌桩暗墩处桩长应为7.5 m。

对于空搅段8%的水泥掺量，江苏计价定额中深层搅拌桩定额子目下注释：定额考虑2 m以内的“钻进空搅”因素，超过2 m以外的空搅体积按相应子目人工、深层搅拌机乘以系数0.3计算，其他不计算；深层搅拌桩水泥掺入比按12%计算，设计要求掺入比与定额取定不同时，水泥用量可以调整，其他不变。因此空搅段可按定额规定增加水泥用量，而不是对该段再套用定额。增加水泥用量的空搅段长度为1.5 m(计算深层搅拌桩长度时在暗墩顶增加0.5 m)。

此项最终核减造价约160万元。

4) 土方工程量争议

施工方提交的结算资料中土方工程量包含两部分：一部分是根据江苏计价定额规定按天然密实体积计算的大开挖土方；还有一部分是深层搅拌桩施工后留下的堆土签证。本工程位于长三角漫滩地貌，地下水位高，根据工程勘察报告，稳定水位埋深 1.3 m，原状土接近饱水状态，深层搅拌桩成桩后返浆在地面留下堆土，施工单位认为本工程应按实结算，地面上的堆土工程量应单独计算，再并入大开挖土方工程量，因此施工方办理了签证手续，监理方及业主代表均有确认并签字，签证时间及时，工程部位、事由表达清楚、真实，并附有照片及计算简图。但是，审计方不同意计算签证工程量。

审计分析：根据合同约定，本工程按江苏省相关计价规定按实结算，即土方工程量应按照江苏省建筑与装饰工程计价定额中规定的计算方式：按天然密实体积计算。深层搅拌桩施工后因浮浆隆起的土堆其实质是在原天然密实体积内的，已经在土方开挖中计算过，不可再重复计算。因此，虽然本现场签证相关签字、盖章均齐全，时间也及时，签证事由也是真实的，但是该签证堆土开挖工程量不能再计算，此签证的出现是因为现场监理方及业主代表对计价定额及有关计价规定的理解掌握不准确，出现了不应该签证的内容。

【案例 8-8】 某教学楼工程跟踪审计问题

案例背景：2020 年 3 月，某造价咨询公司中标承担了某高校教学楼项目的跟踪审计任务，该项目总建筑面积 26 121 m^2(地上 17 970 m^2，地下 8 151 m^2)，主要建设内容包括教学楼工程的桩基、土建、安装及室外配套工程。该项目招标控制价：78 066 742.14 元，中标价：68 337 131.08 元[主要让利出处：管理费、利润、部分材料(保温板、砌体、门窗、预拌砂浆、商品混凝土)价格下浮，总体让利幅度达到 12.46%]。合同工期：480 天，固定单价合同。合同工期为 2020 年 5 月 18 日至 2021 年 9 月 9 日(以监理开工通知为准)，总工期 480 日历天。实际开工时间：2020 年 7 月 3 日(监理实际通知开工日期)。该项目施工期间众多原因导致该项目施工单位施工成本和管理成本增加，也为施工单位申请索赔找到理由。现就本工程项目跟踪审计过程中几个突出问题分析如下：

1) 增加回灌井点的签证

根据现场踏勘报告施工场地内无地下管网、线，拟建工程的基坑东侧正北有已建成的化工楼，化工楼距基坑边缘 12.0 m。基坑开挖使用轻型井点降水，影响半径 20.0 m>12.0 m，即井点降水会影响化工楼的安全使用。为保证工程的顺利进行，采用回灌井点，形成一道隔水帷幕，阻止回灌井点外侧建筑物下的地下水流失，使地下水位保持不变，土层压力仍处于原始平衡状态，从而有效地防止了降水井点对周围建筑物的影响。施工单位就此情况编制了降水与基坑支护专项方案，并经建设单位、监理及相关专家会审，同意该专项方案。原校区化工楼离南教学楼东北角距离约 12 m 处增设回灌井点一套；在化工楼西侧、南侧、停车场北侧，共布置 3 个观察井，观察井深度为 4 m。施工单位就此办理了增加回灌井点的签证，并请求相关费用。跟踪审计认可增加回灌井点事项，但并未同意增加回灌井点的相关费用。

审计分析意见：

首先，根据本工程的施工合同，在合同价格形式中约定：工程措施费除安全文明施工中的基本费、脚手架和模板工程量可调整外，其他措施费项目结算时一律不予以调整。井点降水显然不在可调整的工程措施费的范围内。

其次，本工程的招标文件的10.2.4条约定：投标人在按照工程量清单进行报价时，除投标人根据工程实际情况结合施工组织设计要求对招标人提供的措施项目清单的内容进行细化或增减外，不得改变招标人提供的分部分项工程量清单和其他项目清单；11.2条约定：投标人到现场实地勘踏，应充分了解工地位置、情况、道路、储存空间、装卸限制、相关专业施工队伍的配合与衔接及任何其他（包括且不限于：施工临时设施、脚手架及现场运输设备、施工现场因政府部门规定而造成的各种限制条件等）足以影响承包价的情况，任何忽视或误解工地情况而导致的索赔或工期延长申请将不获得批准。

最后，在“省住房城乡建设厅关于《建设工程工程量清单计价规范》(GB 50500—2013)及其9本工程量计算规范的贯彻意见”（苏建价〔2014〕448号）一文中明确规定：对2013版计价规范中未列的措施项目，招标人可根据建设工程实际情况进行补充。对招标人所列的措施项目，投标人可根据工程实际与施工组织设计进行增补，但不应更改招标人已列措施项目。结算时，除工程变更引起施工方案改变外，承包人不得以招标工程措施项目清单缺项为由要求新增措施项目。

综合以上几点，跟踪审计组提出以下意见：跟踪审计组认为本工程基础埋深未发生变更，新建房屋与原有建筑物及周边道路关系未发生变化，即工程实体未发生变更。在无任何变更发生的情况下，甲方、监理及专家都认为应该增加回灌井点及观察井，说明这些措施都是必要的，作为一个有经验的承包商，投标时就应该将这些费用纳入考虑范围，所以此部分费用应视为已经包含在施工单位投标总价中。增加回灌井点的相关费用不予计取。

2) 混凝土中添加抗冻剂的签证

施工单位签证申报事由：根据某教学楼混凝土冬季施工要求，在2020年12月至2021年2月期间所浇筑的混凝土均添加了抗冻剂，对此部分增加的抗冻剂费用报请建设单位、监理、跟踪审计予以认可。

对于该项签证要求，跟踪审计组查阅了施工单位报送、监理单位批准的总施工进度计划，大规模混凝土浇筑原应在冬季来临前结束，完全是由于施工单位原因导致工程进度严重滞后，使混凝土浇筑时间拖延至冬季；并且设计单位并未出具相关设计变更，建设单位也未提出相应要求；掺加抗冻剂属于施工单位为了保证冬季施工质量而采取的一项措施。所以综上所述，跟踪审计组的建议是此部分费用不予认可。

3) 赶工措施费的索赔

建设单位于2020年10月下旬提出赶工，以保证工程能在2021年7月30日竣工验收。施工单位就此提出赶工措施费索赔，并报送赶工措施方案，从人、材、机以及措施等各项成本费用增加的角度计算出所需要的赶工措施费为85万元，请求建设单位、监理、跟踪审计确认。

建设单位认为施工单位报送的赶工措施费金额与预期差距较大，但是合同中对于赶工措施费的计算没有明确约定。实际操作中建设单位对施工单位增加的各项成本难以准确统计，并且施工单位也有成本因为工期的缩短而相应减少，如工期提前导致管理人员和施工人员驻场时间的缩短减少了人力成本、各项机械（如垂直运输机械）的使用时间缩短减少了机械使用成本，还有模板脚手架等租赁费用减少、贷款利息的减少、资金回收期变短等，这些对施工单位有利的因素也无法具体数字化。审计没有依据支持同意或否决施工单位申报的各项成本费用。

跟踪审计组接到施工单位的索赔申请后，再度学习造价理论、造价政策规定，分析该索赔费用的构成，以寻求合适的计算方法依据。配套现行工程量清单计价的《江苏省建设工程费用定额》(2014 年)对施工过程中发包人要求实际工期比合同工期提前赶工措施费的计取方式给出了计算方法：分部分项工程费乘以费率，分部分项工程费由具体工程确定，费率在费用定额中给出的是相当宽泛的费率区间，确切费率需要发承包双方另行约定。由于没有最新文件对赶工措施费计算进行细化指导，当前可以参照的文件为 Y 市 2009 年 8 月发布的《关于合理约定建设工程施工工期及赶工措施费的指导意见》，该指导意见给出了当约定的施工工期少于定额工期时，不同情况下的赶工措施费的计取标准(计费基础为分部分项工程费)，如当$\dfrac{\text{合同工期}}{\text{定额工期}}(\delta)$满足 $0.8\leqslant\delta<0.9$ 时，建筑工程(其他)赶工措施费费率取 1.0%。据此，跟踪审计组给出赶工措施费的分析计算：

(1) 赶工时间确定。根据业主的赶工要求，跟踪审计组首先认真分析了招标文件和承包合同，查阅了相关条款。开竣工日期，合同规定以监理通知开工日期为准，所以正式开工日期应为 2020 年 7 月 3 日，合同工期 480 日历天，所以竣工日期应为 2021 年 10 月 25 日。现业主要求竣工日期为 2021 年 7 月 30 日，则需提前工期 87 天。

(2) 业主提出赶工要求时剩余工作量分析。按照经监理单位批准的施工进度计划，列出截至 2020 年 11 月 1 日工程剩余工程量：南北教学楼屋面构架施工、二次结构砌墙工程量剩余 46%、装修工程剩余 100%、安装剩余工程量 85%、室外配套工程剩余 100%。分析计算出剩余工程量的分部分项工程费为 3 113.96 万元(土建 2 200.51 万元，安装 713.45 万元，室外配套工程 200 万元)。

(3) 剩余工作所需天数测算。剩余工作所需天数根据剩余工程量查阅工期定额测算确定。通过查阅工期定额得出单独装修工程定额工期 190 天，剩余的土建局部工程量对应的定额工期无法直接查阅，暂按施工单位报送的进度计划测算：剩余二次结构砌墙约 167 天(投标进度计划 2020 年 5 月 18 日至 2020 年 10 月 31 日)－121 天(现场实际已施工天数 2020 年 7 月 3 日至 2020 年 10 月 31 日)＝46 天，安装工程同步进行，室外配套工期 60 天，合计定额工期约 190＋46＋60＝296(天)；合同工期从 2020 年 11 月 1 日开始计算至 2021 年 7 月 30 日共 272 日历天。

(4) 根据 Y 市的《关于合理约定建设工程施工工期及赶工措施费的指导意见》，因为合同工期/定额工期＝272/296＝0.919，执行建筑工程(其他)大于 0.8 小于 0.9 项目，计取 1% 的赶工措施费，所以赶工措施费为 3 113.96 万元(剩余工程量的分部分项工程费)×1%＝31.14(万元)。

由于跟踪审计组提供的参考价与施工单位报送的赶工措施费差距较大，为了统筹学校建设与运营管理的需要，后经发承包双方多轮谈判，最终协商一致确定赶工措施费 60 万元。

本案例启示：在招标文件和施工合同未约定赶工措施费用的计算方式时，本着实事求是的原则，可参照历史文件规定，根据施工单位测算的增加成本，采取协商谈判的方式给予施工单位合理的补偿不失为一种较为稳妥的方法。跟踪审计人员不能简单就施工单位的索赔方案做出经济补偿分析，一定要结合施工合同、招投标文件(包含工程量清单和招标控制价总说明)，以及投标施工方案、总进度计划等进行详细分析，发现可能存在的不予补偿的索赔事项和费用，向建设单位提出合理的建议，充分发挥跟踪审计的作用。

【案例 8-9】 某大型水下停车场结算案例分析

案例背景：Y 市政府鼓励节约土地资源在市内核心区域兴建某大型水下停车场，建成后恢复原状既不影响原外部环境，也能解决附近某大型综合三甲医院的就医停车难问题。停车场水下二层，建筑面积 3.1 万 m^2，水深 1.8 m，基坑底面积 1.6 万 m^2，采用 4.1 m×8 m 矩形顶管与医院相连。工程主体采用框剪结构，主要施工项目有支护工程、土方工程、钢筋混凝土工程、防水工程、楼地面装饰工程以及顶管工程。本工程经公开招标确定了承包商，采用的是固定单价合同形式。相比常规工程水下工程条件更复杂、施工难度大、不可控因素更多，涉及周边住户与商户协调，以及原有地下管线保护等，因此施工过程需要不时优化设计变更、更新优化局部施工工艺及方案，这给建设单位工程造价控制带来一定的挑战。项目完成后，施工单位与审计单位在结算审核中也产生了些分歧，主要分歧如下：

1) 淤泥工程量确定

本工程为水下工程，工程所在地为 Y 市内一开放公园的池塘，工程施工需先抽干河塘中水，再进行河塘底部的清淤，然后进行开挖。在本工程工程量清单中挖淤泥项目淤泥层厚度是 300 mm。施工单位在报送的结算资料中将所有挖土均按挖淤泥考虑，理由是在实际开挖时，河底淤泥与湿土一并开挖，根本不能明确分清哪部分是淤泥，哪部分是湿土，其施工难度是一样的。审计方不同意。

审计理由：根据施工现场土方原始测量记录，实际清淤时已进行了抽沟疏水，实际淤泥与湿土部分一并开挖，测量记录对挖淤泥、挖湿土的总面积及总深度进行了确认，并未说明所挖深度的土均为淤泥，也没有任何其他证据说明淤泥层厚度不同于清单，即该工程没有出现变更；在江苏计价定额中，机械挖土是不分干土、湿土、淤泥的，其单价是一样的，说明一般对机械挖土来说，挖干土、湿土、淤泥其难度没有太大差别，且本工程挖土是在河塘中水抽干后进行的。因此，淤泥部分按原清单特征中 300 mm 厚计算，余下的按湿土计算。

2) 施工工艺变更后相关单价的确定

本工程的基坑支护在原施工方案中支撑梁是按排架支撑方案编制的，这也是常规施工方案，招标控制价中也如此编制。在施工过程中建设单位听取专家意见，为安全考虑，改为采用全部素土回填到梁底标高加 100 mm 高、四周回填到冠梁的方案。施工单位在结算资料中对相关部分费用报送如下：回填土方工程量按实计算，单价按原投标时综合单价计算；支撑梁未发生改变，按原投标时综合单价计算；支撑模板，因为工艺已发生改变应执行新工艺模板单价重新组价，按基础梁模板定额套用组价。建设单位对模板价格持不同意见：施工方投标报价时本项模板施工已给出大幅度的让利，让利金额约 100 万元，让利幅度为 50%。重新组价也可以，但是应按原投标时 50%幅度让利。

审计意见：由于建设单位发出改变工艺联系单，基坑支护方案的改变应属于变更，变更则应按合同中变更的原则进行：已有的单价按已有的计算；类似的参照类似的执行；没有的重新组价。其中，回填土方是“已有的”，单价按原投标时综合单价计算；支撑梁部分也可按原投标时综合单价计算；支撑模板应重新组价，按基础梁模板定额套用定额组价，按本工程总体让利幅度为 12%让利。建设单位、施工单位都对此表示同意。

3) 管涌事件处理

在施工过程中由于雨季时间长，河水暴涨导致基坑管井出现管涌（涌砂）现象，经专家分析及认证,采取封井后再水泥浆注浆的方案。在原招标工程量清单、招标控制价中未编制封井项目工程,施工方的投标文件中也没有封井项目工程。本工程施工前施工单位按常规施工方案报建设、监理、设计单位进行确认,均同意按施工方施工方案施工。施工方在浇筑筏板前根据施工图纸进行了相应的预埋工作。管涌现象出现后,施工方按专家认证的方法进行封井施工,但由于井内水压过高,施工方无法成功封井,后邀请有类似经验的水利工程施工单位进行协助施工,并得到了各方的同意。专业单位进场施工前就此项工程内容向总包单位报价,6 800 元/口(含专有技术等费用),经协商确认此项价格为 6 200 元/口。施工方配合专业单位进场后的施工,问题得到解决。分歧:施工方在配合专业施工单位清理管涌淤泥时产生的费用如何解决?

审计分析:对出现管涌的责任进行分析,施工方按要求降水,中途出现此现象属于地质条件的不可控因素,但是本工程中施工方在出现涌水时未能及时汇报,也没能采取临时有效的措施以减少损失,则也应承担一定的责任,但责任具体划分比例比较困难,最后商定协调清理管涌淤泥时产生的费用建设单位、施工方各承担一半。

4) 支撑梁拆除时绳锯费用的问题

本项目支撑梁为两层,按设计工况两层支撑梁及格构柱在施工完负一层顶板时拆除二层支撑梁,负一层顶板施工结束后拆除一层支撑梁,拆除时不能对在建工程结构造成影响。施工方根据要求选择静力切割(绳锯切割),将支撑梁切割成块状构件,移到对结构没有影响的部位进行破碎后外运出场外,并报送经专家论证的拆除施工方案进行认证,得到了监理单位的审批。竣工结算时施工方在结算资料中要求增加实际使用的绳锯机械的切割费用,理由是在工程量清单项目特征中没有此项内容,而且招标控制价该项目组价中也没有此费用,所以应增加此项费用。审计没有同意。

审计理由:在本工程的工程量清单中,支撑梁拆除项目特征描述为机械拆除,就是说已经说明是机械拆除,只是未明确要求是何种机械拆除方式。按照设计要求拆除工作是不可能对在建工程的结构造成影响的,施工方采用何种方式切割由施工单位选择,且在投标报价时考虑体现。施工单位投标报价时不能仅考虑清单特征描述字面内容,还应考虑完成该工作的质量要求等工况进行分析报价,比如××混凝土在一般清单项目特征内会描述为预拌混凝土或自拌混凝土,施工要求会描述为泵送或非泵送;而混凝土施工过程中的养护要求,是采用麻袋加湿养护还是采用塑料薄膜养护一般情况下不做描述、不做要求,这是由施工方自主确定的,但是“养护”费用包含在该混凝土项目中。至于该项目组价问题,招标控制价中某分部分项清单项目的定额组价并不是投标报价的依据,若施工方对招标控制价有疑义,应在投标前向招标人提出疑问。因此支撑梁拆除时绳锯费用的增加不成立。

5) 春节期间甲供材看护

本工程地处市核心区域,施工现场场地狭小,建设方特安排了几处仓库作为甲供材堆放点。春节期间,为保证甲供材安全,施工方特安排人手对这几处仓库进行看护。施工方认为材料属于甲供的,甲供材堆放地又是建设方提供的,看护工作应由建设单位自行解决。现在看护工作由施工方来实施,那么为保证甲方供应的材料安全而产生的看护费用应由建设单位承担。因此办理了春节时间甲供材看护费的签证单,签证单已由工程各参建单位签字确认,情况属实。审计没有同意该签证单的费用。

审计理由：根据施工合同约定甲供材进入施工现场后，是交由施工单位进行保管的，建设单位支付给施工单位的甲供材保管费按照甲供材料费合计的1%计取；施工单位已经收取了甲供材保管费用，原则上甲供材从进入施工现场到工程竣工交付使用前的这一段时间内都应由施工单位进行保管，不应再以任何名义或原因向建设方收取关于甲供材保管的费用。春节期间甲供材看护工作也属于甲供材保管工作范围以内，因此，签证单中甲供材看护费用是不合理的，不应计取。

【案例 8-10】　某工程基坑支护结算争议

案例背景：这是位于江苏某县市区的一个广场项目，工程总建筑面积约 110 万 m^2，由 7 幢塔楼和大面积的内圈商业组成，其中建筑物最高高度约 200 m，地下三层(局部四层)。基坑面积约 13.8 万 m^2，开挖深度在 15 m 至 24 m 之间。工程质量等级为合格，合同工期 408 天。工程采用工程量清单招标，合同约定为固定单价合同。合同履行完毕建设方委托某造价咨询公司进行竣工结算审计，结算时争议点较多，其中基坑有关部分金额较大的争议如下：

1）地下连续墙计算规则争议

结算时施工方对地下连续墙的工程量要求应严格执行 2013 清单规范的计算规则，审计则认为应按招标时清单编制说明中关于地下连续墙的说明执行。

施工方认为，既然是按工程量清单方式进行招标计价，则相应工程量应按照工程量清单计算规则执行，2013 建设工程工程量清单计价规范下《房屋建筑与装饰工程工程量计算规范》(GB 50854—2013)中“B.2 基坑与边坡支护”对于地下连续墙工程量的计算规则为“按设计图示墙中心线长乘以厚度乘以槽深以体积计算”，即地下连续墙的深度按槽深计算。

审计不同意的理由是本项目招标工程量清单编制说明中交代“本清单部分项目特征在《建设工程工程量清单计价规范》(GB 50500—2013)、《房屋建筑与装饰工程工程量计算规范》(GB 50854—2013)等基础上根据工程的具体情况进行了调整，故工作内容也应做相应调整，请投标人在投标报价时关注”。后又有专门关于地下连续墙工程量的编制：“清单编制中地下连续墙清单工程量=连续墙设计有效高度(即：1985 国家高程 1.1 m～设计连续墙顶标高)×设计墙厚×地墙中心线长，投标单位在报价时应注意清单所描述内容、设计图纸及招标文件要求进行报价，而在报价中需计算黄海高程 1.1～1.9 m 部分的混凝土浇筑费用，该黄海高程 1.1～1.9 m 部分的混凝土浇筑费用作为本分部分项工程的组价内容；若实际施工中承包人未施工至黄海高程 1.9 m，则未施工部分所涉及的相关费用按该项目组价内容在竣工结算时予以扣除。”即结算时地下连续墙的深度按实际施工深度计算。

问题分析与解决：问题至此已很清楚，施工方与审计在地下连续墙的深度计取上产生了争议，而且审计认为争议本不必产生：招标工程量清单编制说明中已经提醒潜在投标人本项目的清单特征已在规范基础上进行了调整，且清单编制说明明确提出地墙深度按有效高度计取，未施工部分在竣工结算时予以扣除。但施工方以投标过程中从未接收到该清单编制说明为由，拒不接受审计意见。

审计再次咨询发包人，发包人肯定清单编制说明随工程量清单一起发放至各个投标人。但由于项目时间较久，招标过程中的相关资料有所缺失或不完整，施工方要求发包人举证此清单编制说明一起发放的证据或相关书面资料，发包人拿不出证明材料，项目结算审计工作一时陷入僵持。后审计想到了江苏建设工程招投标网站上的有关招投标公示信息,经查阅招投标网站公示信息,终于查到确有此信息。经下载相关文件资料,翔实的资料足以证明当时清单编制说明、招标答疑等资料已发放至每个投标人。但是,即使面对如此明了的证据,施工方仍然坚持不肯接受审计意见。最后将该问题列为争议问题报请当地造价管理处进行咨询,在当地造价管理处工作人员的解释协调下,施工方终于同意按审计意见执行,此项核减地下连续墙工程量约 5 000 m^3。

施工方应注重施工过程中相关资料的收集、整理、保管工作,建设单位同样应重视该工作,本项目如果没能在网站上找到相关公示文件,那么结果是不容建设单位乐观的。而如果建设单位当初能完善留存相关档案,如当时在招标过程中投标单位领取相关文件时有书面签字等资料,那么承包人可能就不会狡辩未收到地墙说明资料,甚至该争议就不会形成。

2) 工程专业类别的争议

施工方在结算时提出应重新调整基坑混凝土支撑的专业类别。施工方认为在本工程招标清单及控制价中,基坑混凝土支撑部分清单提供的安全文明基本费的费率是 1.8%,规费中社保费率是 1.2%,公积金是 0.22%,很明显发包人提供的混凝土支撑部分的取费标准是按照制作兼打桩执行的,但是《江苏省建设工程费用定额》(2014 年)"建筑工程类别划分说明"的第(8)条明确写着:"强夯法加固地基、基础钢筋混凝土支撑和钢支撑均按建筑工程二类标准执行。深层搅拌桩……"苏工价〔2013〕16 号文第十八条第 4 款写着"基坑砼支撑按建筑工程二类标准执行"。因此工程结算时基坑混凝土支撑应按照建筑工程二类标准调整结算。但是审计不同意。(建筑工程二类标准部分取费标准:安全文明基本费的费率是 3.3%,规费中社保费率是 3.0%,公积金是 0.5%;另外,企业管理费率、利润率也不相同。)

审计意见:在本项目《招标文件》中招标人要求"投标人应仔细阅读和检查招标文件的全部内容。如发现缺页或附件不全,应及时向招标人提出,以便补齐。如有疑问或对招标控制价有异议,应在投标人须知前附表规定的时间前以书面形式(包括信函、传真等可以有形地表现所载内容的形式,下同),要求招标人对招标文件予以澄清。招标人及时核实,经核实确有错误的,招标人调整招标人最高限价"。而在整个招投标过程中,包括施工方在内的各投标单位均未对招标控制价、工程类别的问题提出异议。既然投标人在投标过程中从未对招标控制价的工程类别有异议,说明投标人对此是予以认可的。中标单位的投标价是投标人依据招标文件、招标工程量清单、工程设计文件及相关资料、施工现场情况及工程特点,结合自身的施工技术、装备和管理水平,依据有关计价规定自主确定的,是投标人希望达成工程承包交易的期望价格。中标的投标价构成的合同价是招投标双方在工程价款方面达成的一致意见。

按照《江苏省建设工程费用定额》(2014 年)以及施工单位提到的苏工价〔2013〕16 号文,确实本工程基坑混凝土支撑可按建筑工程二类标准执行,但是这仅说明该工程实际可执行的工程类别,并非合同价款调整依据。本工程合同中工程价款调整的约定:政策性调整、不可抗力、设计变更或招标人要求变动的内容。很显然,因工程类别不同而涉及的价款调整,不在合同约定的价款调整范围内,故结算不应调整。施工合同是工程建设过程中合同双方的最高行为准则,合同一经签订,双方必须全面地完成合同约定的责任和义务。

3) 政策文件引起索赔争议

结算审计中有施工方提出赶工补贴经济补偿索赔的内容,但审计未同意。本工程实际完成时间在当年10月，而同年夏季遇罕见高温天气，为避免一线工人高温中暑，中午停工休息，市造价管理处10月发出《关于今年高温天气如何调整施工工期的指导意见》。意见中第一条为"合同开工日期在7月12日以前且竣工日期在8月8日以后的工程，工期顺延14天。"本工程正好适用这一政策规定，工期可顺延14天。但是，后来本工程如期完成工期并未延后，施工方便以工期提前14天为由向业主方提出赶工补贴的经济补偿索赔。

审计意见：本工程实际情况虽适用指导意见的第一条，但合同中约定："双方在确定竣工日期及各项控制工期时，已充分考虑可能出现的雨雪、冰雹、台风、高温天气、停水、停电、节假日、扰民和民扰、施工交叉、道路交通影响等不利因素及甲方平行发包工程的合理工期。中高考、节假日、市内重大活动期间以及发包人需要的时间段内，可能对施工提出某些限制及配合要求，承包人应予服从，并按照要求进行必要的配合，这可能降低承包人的工效，发包人不向承包人增加费用支出，工期也不得顺延。"而且此14天延期仅能作为施工方延期免责依据，而不可作为索赔依据。当然这亦可理解为承包人赶工14天，但本合同中约定无赶工奖励措施。故此索赔不成立。

因此，对于相关政策性文件引起造价的调整，审计人员需仔细研究政策性文件，再结合工程相关合同条款做出相应判断。

【案例8-11】 某住宅小区项目的竣工结算

案例背景：江苏省××县某房产开发公司与某施工单位就新建某一住宅小区达成一致意见，并于2017年5月签订工程施工合同。该工程项目包括4幢高层建筑，地下一层，地面以上20层加阁楼层，框架剪力墙结构，基础形式为桩基加整板基础，建筑面积46 526 m^2；8幢小高层建筑，地面以上11层加阁楼层，框架剪力墙结构，桩基加基础承台，建筑面积40 184 m^2；整体地下室加社区活动中心，地下一层，地面以上三层建筑，整板基础，框架结构，建筑面积4 492 m^2，以及围墙、雨污水管网、道路及铺装等配套工程。

合同约定该工程项目结算方式为按实结算，工程价款为工程竣工验收合格经审计后下浮3%，审计结束后支付工程款的95%，其余作为工程保修款。工程量计算及工程价款的结算依据：《江苏省建筑与装饰工程计价定额》(2014年)、《江苏省安装工程计价定额》(2014年)、《江苏省市政工程计价定额》(2014年)、省市补充定额及定额解释，取费类别执行《江苏省建设工程费用定额》(2014年)；按竣工图及竣工资料结算工程量，人工单价、机械台班单价按施工期间的文件执行，材料价格按"××县建设工程造价信息"指导价自开工之日起至竣工验收合格之日止的施工阶段月算术平均值计算，不可竞争费用按相应的规定计取，措施项目、其他项目按双方约定计算。若施工期间定额有更新，则按新定额及相关文件执行。

2020年4月，建设方委托某造价事务所对施工单位于2019年陆续提交的、经建设方初步审核的竣工结算进行结算审计。以下是审计过程中存在的争议较大并最终获得圆满解决的几个问题。

1) 铝合金门窗的单价问题

本建设项目门窗设计为铝合金门窗，设计注明型材表面进行氟碳喷涂处理。施工单位认为铝合金门窗综合单价应在当期信息价及定额综合单价基础上再增加"××县建设工程造价信息"公布的氟碳喷涂单价(100元/m^2)进行结算。

本工程设计要求铝合金门窗的选用、制作、安装施工、工程验收及保养维修应符合《铝合金门窗工程技术规程》(DGJ32/J07—2009)的要求,铝合金窗规格为断热型63系列,铝合金门为100系列,铝合金型材主型材主要受力部位基材最小实测壁厚:门2.0 mm,窗1.4 mm,型材表面处理均为氟碳喷涂,装饰面上涂层最小局部厚度≥40 μm,压痕硬度要求涂层抗压痕性≥80,经耐盐酸性试验后,目视检查试验后的涂层表面,不应有气泡及其他明显变化。

结算过程中施工单位出具了检测单位对铝合金门窗型材的复检报告,报告主要对各种系列铝合金型材的壁厚进行了检测并证明其符合设计要求,而在报告单上型材表面处理一项上填写了氟碳喷涂,施工单位据此认为铝合金门窗符合设计要求并达到氟碳喷涂的效果,所以要求按信息价公布的材料单价增加100元/m^2进行结算。而建设方认为此项内容不符合现场实际,不同意按此单价结算。

审计分析意见:施工方提供的复检报告数据翔实,但仅能证明铝合金型材的壁厚符合设计要求,并不能证明型材表面处理为氟碳喷涂,因为价格高的氟碳喷涂和价格略便宜的粉末喷涂常常易混淆,氟碳喷涂工艺应有更权威的检测来证明。审计建议建设方与施工方协商后请省有关方面专家来现场鉴定。专家解释铝合金型材表面喷涂处理国家标准只有氟碳漆喷涂(GB/T 5237.5—2017)和粉末喷涂(GB/T 5237.4—2017),而没有氟碳喷涂的名称,本案设计中氟碳喷涂没有明确涂层遍数及厚度要求,且设计标准并不符合氟碳漆喷涂的国家标准;现场门窗的表面经初步观测也达不到氟碳漆喷涂的光泽要求,如果需要进一步确认喷涂工艺,需要现场取样回南京进行检测。在这种情况下施工单位承认了铝合金型材表面处理的工艺为粉末喷涂,经电话咨询××定额站确认信息价中公布的氟碳喷涂为金属面氟碳漆喷涂工艺单价。因此,本案例工程中铝合金门窗单价不能按此信息价增加100元/m^2,而后经测算按粉末喷涂工艺增加30元/m^2结算,此项结算核减造价约110万元。

审计认为本工程单价问题纠纷的产生,主要是由于工程设计引用规范的不明确。设计图纸中没有注明氟碳喷涂所引用的国家标准,使参建各方容易产生误解,监理人员难以实行工程质量的控制,工程造价人员难以确定材料的单价。建设方应重视设计阶段的质量控制,尽量明确设计材料的要求,以实现对项目建设中质量及造价的有效控制。

2) 深井降水费用的结算分歧

由于现场地下水位较高,而挖土深度达到5 m,局部接近7 m,且场地内有地下废弃暗河,故基础施工时需要采取降水措施,施工单位报送的签证资料上深井降水天数合计27 162套·d,深井降水时间最长达446天,监理单位及建设单位已在签证上签字确认,结算送审额达1 074万元。建设方初审认为此造价太高,应按施工方实际支出费用结算。

江苏省关于深井降水的定额为《江苏省市政工程计价定额》(2014)中省补1-5、常补1-B13、通补1-21,《江苏省建筑与装饰工程计价定额》(2014)中常补21-B3,其中《江苏省市政工程计价定额》(2014)省补1-5定额中潜水泵机械台班为每天1.8个台班,而其他定额中机械台班均为每天3个台班。施工单位在结算送审资料中套用的是《江苏省市政工程计价定额》(2014)省补1-5定额,综合单价390元/(套·d)~403元/(套·d)。建设方认为此单价太高,经调研降水专业队伍,根据他们的施工经验综合单价在150元/(套·d)左右。建设方认为只能按此单价结算,而施工方认为这种结算方式不符合合同规定,拒不接受。

审计分析意见:审计检查签证资料时发现签证注明了管井的直径、降水开始时间和停泵时间，并没有注明各单位工程降水使用的水泵规格以及期间耗用的人工。监理单位证明在整个降水期间潜水泵一直不间断地工作，没有中途停泵，施工方认为套用市政工程省补1-5定额已是主动让利。但审计认为降水工程开工之前施工方没有向建设方申报降水的具体施工方案以及可能发生的费用，使得建设方没能及早预见此项措施可能存在的高额费用，且部分单位工程降水时间明显多于常规情况所需的降水时间，施工方存在有意拖延停泵时间的嫌疑。虽说合同规定根据相关定额按实结算，但施工方在降水措施中有明显缺陷，有失合同公平准则，给建设方带来巨大损失，所以审计认为施工方应和建设方共同承担降水措施费用，后与双方多次协商，最终由建设方承担此费用的55%，深井降水时间总计按14 940套·d计算，核减造价约484万元。

3）部分甲方分包工程总分包配合费问题

合同规定施工单位的承包范围为施工图内的土建（含桩基）、安装及配套工程的施工，同时合同规定施工单位可以收取建设方指定分包工程的配合费，配合费按分包工程造价的3%结算。在工程建设中建设方的分包工程有电梯工程、地下室入口钢构工程、绿化、供水、供电、供气、太阳能、交通标线等，施工方认为以上的分包工程全部可以收取分包配合费。建设方不同意。

审计分析意见：审计认为电梯工程、地下室入口钢构工程在土建总包施工范围内，况且在安装过程中需要土建施工总包单位的配合管理，施工方可以按合同约定计取分包工程的配合费；绿化、供水、供电、供气、太阳能、交通标线等工程不在施工方的总承包范围内，这些分包工程不属于合同约定的建设方指定分包的工程内容，且施工过程中也没有土建总承包配合服务的内容，施工方不应向建设方收取相应的总分包配合费，最终施工方同意不计取这部分的配合费。

4）工程结算材料单价问题

本工程2017年5月开工至2019年11月竣工验收，历时两年多达920天，合同工期为778天，超出合同工期142天。建设方要求按合同所有单位工程材料价格从开工时间到竣工验收合格当月按平均价计算，施工方则要求按各单位工程实际施工阶段的平均值计算。

审计分析意见：按照合同约定，本案例工程材料价格是“自开工之日起至竣工验收合格之日止的施工阶段月算术平均值”，而由于工程延期，延期后部分材料价格又有变化（下降），延期还可能会有依据合同条款的工期处罚等，因此，施工方、建设方就材料单价计算产生矛盾。

合同约定开工时间为2017年5月，竣工时间为2019年6月；而实际施工中受当地拆迁进度等影响，各单项工程陆续开工，最早开工时间为2017年5月，最晚开工时间为2018年4月，项目整体竣工验收在2019年11月完成，总工期延误近5个月。审计检查结算资料时发现施工方与建设方就工期延期情况做了说明（双方都签字盖章）：因拆迁、桩基变更等设计变更以及供水供电等配套设施的拖延影响了最终竣工验收时间。这些都很明确不是施工方原因造成的工程延期，建设方同意施工方不承担工期违约责任。

资料显示施工方在2018年、2019年曾多次向建设方申请已完单项工程的竣工验收，监理单位及建设方均已签字表明收到该函，但因供水供电等未及时完成没有组织竣工验收，资料中有明确的各单项工程的开工时间、基槽验收时间、主体结构验收时间、屋面及装饰等分部工程验收时间；建设方及监理单位也证实了各单项工程在申请验收时已完成全部图纸内容,故审计认为材料单价不应从2017年5月至2019年11月按平均计算,而应根据各单项工程的开工时间至单项工程竣工验收申请时间的具体施工阶段计算材料平均价,最终双方同意按审计的意见结算。

这一问题的解决应归功于施工方较完整完善的施工资料,施工现场管理、资料收集整理是承包人的一项重要工作,特别是做好隐蔽工程的数据、影像资料的留存,能为工程结算提供强有力的证据,能够减少双方因时间久远、事实不清楚等导致的结算隐患。

第9章 工程项目财务审计

9.1 业务概述

9.1.1 工程项目财务审计的概念和目标

1）工程项目财务审计的概念

工程项目财务审计，是指审计机关或审计单位按照《审计法》《审计法实施条例》和各级政府及本单位财务审计准则规定的程序和方法对建设项目资金筹措、资金使用及其账务处理的真实性、合规性进行审计监督，对被审计企业会计报表反映的会计信息依法做出客观、公正的评价，形成审计报告，出具审计意见和决定的活动。

实行工程项目财务审计的目的是对项目建设过程中建设资金使用的真实性、合法性、合规性进行审计鉴证，揭露和反映建设资金使用过程中存在的问题，保证建设工程财务资料真实、准确、完整，查处被审计单位工程项目财务收支中各种违法违规问题，提高资金使用率，维护所有者权益。

做好工程项目财务管理工作，应当注意加强财务管理的基础工作，按规定设置独立的财务管理机构或指定专人负责基本工程项目财务工作；要严格按照批准的概预算内容，做好账务设置和账务管理，建立健全内部财务管理制度；对基本建设活动中的材料、设备采购、存货、各项财产物资及时做好原始记录；要及时掌握工程进度，定期进行财产物资清查；并要按规定向上级报送基建财务报表等。

工程项目财务审计需要针对建设项目财务管理和会计核算工作各项目标，依据国家、组织各项财务会计管理制度要求，对建设项目资金管理、会计核算等工作及其结果进行审计，就财务报告的真实性和相关工作的合规性、效益性提出审计意见。

2）工程项目财务审计的目标

工程项目财务审计的总体目标是，依法筹集和使用项目建设资金，防范财务风险；合理编制项目资金预算，加强预算审核，严格预算执行；加强项目核算管理，规范和控制建设成本；及时准确编制建设项目竣工财务决算，全面反映基本建设活动的财务状况；加强对建设项目活动的财务控制和监督，实施绩效评价。

工程项目财务审计的具体目标包括：

（1）建设项目财务总体合理性

审计人员根据事先所掌握的有关被审核项目的财务信息，对项目财务资金使用的合理性进行评价。

(2) 财务资料真实性

指工程项目财务资料真实性，包括报表反映的事项真实存在，与项目财务相关的业务确实发生在特定会计期间并与账户记录相符合，无虚列资产、负债余额和收入、费用发生额。

(3) 财务资料完整性

主要指特定会计期间发生的会计事项均被记录在有关账簿并在会计报表中列示，没有遗漏、隐瞒经济业务和会计事项，无账外资产，准确无误地对报表各项目进行分析、汇总并反映在有关会计报表中。

(4) 工程估价正确性

主要指项目财务决算表所列项目工程量经过准确计量，单价套用及换算正确，取费合理。

(5) 财务合法性

主要指报表的结构、项目、内容及编制程序和方法符合《企业会计准则》及国家其他有关财务会计法规的规定，存货计价、固定资产折旧、成本计算、销售确认、投资、报表合并基础等方法的改变经过财税部门批准，经过调整后没有违规事项。

(6) 财务公允性

指编制报表时，在会计处理方法的选用上前后期保持一致，各种会计报表之间、报表内各项目之间、本期报表与前期报表之间的资产项目、数量、金额的列示、计算、加总及钩稽关系是正确的。

(7) 表达与揭示

指会计项目在资产负债表、损益表及现金流量表中被恰当地分类、描述和揭示，并对报表使用者关心或会计报表无法揭示的内容在会计报表附注中予以充分揭示和披露。

9.1.2 工程项目财务审计的依据

1) 法律法规及规章制度

(1)《中华人民共和国会计法》；

(2)《中华人民共和国注册会计师法》；

(3)《政府会计制度——行政事业单位会计科目和报表》；

(4)《国有建设单位会计制度》及补充规定；

(5)《基本建设财务规则》(财政部令第 81 号)；

(6)《工程造价咨询企业管理办法》(住房和城乡建设部令第 50 号)。

2) 与项目有关的资料

(1) 可行性研究报告；

(2) 设计文件、概算及其审批文件；

(3) 工程招投标文件、工程承包合同；

(4) 工程结算资料；

(5) 建设期历年基建投资计划、财务预算及其批复文件；

(6) 工程项目点交清单；

(7) 财产、物资移交和盘点清单；

(8) 银行往来及债权债务对账签证资料；

(9) 其他相关会计凭证、账簿、报表；

(10) 施工同期国家有关工程造价和工程结算方面的规定等。

9.1.3 工程项目财务审计的内容

1) 建设资金筹措的审计

(1) 检查筹资备选方案论证的充分性，决策方案选择的可靠性、合理性及审批程序的合法性、合规性；

(2) 检查筹资方式的合法性、合理性、效益性；

(3) 检查筹资数额的合理性，分析所筹资金的偿还能力；

(4) 评价筹资环节的内部控制。

2) 资金支付及账务处理的审计

(1) 检查、评价建设项目会计核算制度的健全性、有效性及其执行情况，主要内容包括：

① 检查会计核算一级科目、明细科目的设置是否符合会计准则和制度规定；

② 是否与批复的概算项目一一对应；

③ 是否有利于对照分析概算执行情况，并满足编制竣工决算报告及工程管理要求。

(2) 检查建设项目税收优惠政策是否充分运用，税务缴纳和账务调整是否合规、合理。

(3) 检查“工程物资”科目，主要包括以下内容：

① 检查“专用材料”“专用设备”明细科目中的材料和设备是否与设计文件相符，有无盲目采购的情况；

② 检查“预付大型设备款”明细科目所预付的款项是否按照合同支付，有无违规多付的情况；

③ 检查材料设备出入库的会计核算是否及时、准确，是否账实相符、账账相符，是否存在价值流与实物流脱节现象；

④ 检查据以付款的原始凭证是否按规定进行了审批，是否合法、齐全；

⑤ 检查支付物资结算款时是否按合同规定扣除了质量保证期间的保证金；

⑥ 检查工程完工后剩余工程物资的盘盈、盘亏、报废、毁损等是否做出了正确的账务处理。

(4) 检查“在建工程”科目，主要包括以下内容：

① 检查“在建工程—建筑安装工程”科目累计发生额的真实性，主要包括以下内容：

a. 是否存在设计概算外其他工程项目的支出；

b. 是否将生产领用的备件、材料列入建设成本；

c. 据以付款的原始凭证是否按规定进行了审批，是否合法、齐全；

d. 是否按合同规定支付预付工程款、备料款、进度款；

e. 支付工程结算款时，是否按合同规定扣除了预付工程款、备料款和质量保证期间的保证金等。

② 检查“在建工程—安装设备”科目累计发生额的真实性，主要包括以下内容：

a. 是否将设计概算外的其他工程或生产领用的仪器、仪表等列入本科目；

b. 是否在本科目中列入了不需要安装的设备、为生产准备的工具器具、购入的无形资产及其他不属于本科目工程支出的费用。

③ 检查“在建工程—其他支出”科目累计发生额的真实性、合法性、合理性，主要包括以下内容：

a. 工程管理费、征地费、可行性研究费、临时设施费、公证费、监理费等各项费用支出是否存在扩大开支范围、提高开支标准以及将用于集资或提供赞助的建设资金列入其他支出；

b. 是否存在以试生产为由，有意拖延办理固定资产交付手续，从而增加负荷联合试车费用的问题；

c. 是否存在截留负荷联合试车期间发生的收入，不将其冲减试车费用的问题；

d. 试生产产品出售价格是否合理；

e. 是否存在将应由生产承担的递延费用列入本科目的问题；

f. 检查投资借款利息资本化计算的正确性，有无将应由生产承担的财务费用列入本科目的问题；

g. 本科目累计发生额摊销标准与摊销比例是否适当、正确；

h. 是否设置了“在建工程其他支出备查簿”，登记按照建设项目概算内容购置的不需要安装的设备、现成房屋、无形资产以及发生的递延费用等，登记内容是否完整、准确，有无弄虚作假、随意扩大开支范围及舞弊迹象。

在基本建设项目审计实施阶段，开展财务收支审计的目的主要是为竣工财务决算报表的审计提供相应的证据支撑，为其顺利开展打下良好的基础。

3) 工程项目竣工决算审计

工程项目竣工决算审计是依照国家政策及法律法规，对工程建设项目财务收支活动的合法性、真实性，以及整个投资活动的合法性、合规性、效益性进行的监督与评价活动。主要内容包括：

(1) 检查所编制的竣工决算是否符合建设项目实施程序，有无将未经审批立项、可行性研究、初步设计等环节而自行建设的项目编制竣工工程决算的问题。

(2) 检查竣工决算编制方法的可靠性，有无造成交付使用的固定资产价值不实的问题。

(3) 检查有无将不具备竣工决算编制条件的建设项目提前编制竣工决算导致决算与工程实际不符的情况。

(4) 检查“竣工工程概况表”中的各项投资支出，并分别与初步设计概算数相比较，分析节约或超支情况，分析投资支出偏离初步设计概算的主要原因。

(5) 检查移交资产相关的产权证明文件是否完整，是否与国家相关规定相符，权属关系是否清晰。

(6) 审查工程质量验收报告，检查验收报告是否符合国家、行业主管部门或主管单位规定，手续是否完备；若未经过质量验收，提请建设单位提供说明文件，并考虑建设项目是否具备竣工决算条件。

(7) 检查建设项目结余资金及剩余设备材料等物资的真实性和处置情况，包括：检查建设项目“工程物资盘存表”、核实库存设备、专用材料账实是否相符；检查建设项目现金结余的真实性；检查应收、应付款项的真实性，关注合同结算支付中是否按合同规定预留了承包商在工程质量保证期间的保证金或保函。

4) 其他事项的审计

除上述内容外，建设项目财务审计还应包括以下内容：

(1) 基本建设项目概预算执行情况审计

主要是基于前述财务收支及相关决算报表的审计工作,对建设项目概预算执行情况及投资超支及节余情况进行分析,找出超支或节余的原因。此项工作应以造价工程师的工作为主,财务审计人员负责提供分析所需数据。

(2) 竣工财务决算说明书的审计

竣工财务决算说明书是基本建设项目竣工决算报告的重要组成部分,其主要内容包括:

① 基本建设项目概况;

② 会计账务的处理、财产物资清理及债权债务的清偿情况;

③ 基建结余资金的分配情况;

④ 主要技术经济指标的分析、计算情况;

⑤ 基本建设项目管理及决算中存在的问题、建议;

⑥ 决算与概算的差异和原因分析;

⑦ 需说明的其他事项。

9.1.4　工程项目财务审计的流程

1) 财务审计的一般流程

根据《第 3201 号内部审计实务指南——建设项目审计》,结合我国工程项目的实际情况,工程项目财务审计流程可划分为审计准备阶段、实施阶段和终结阶段,主要流程如图 9-1 所示。

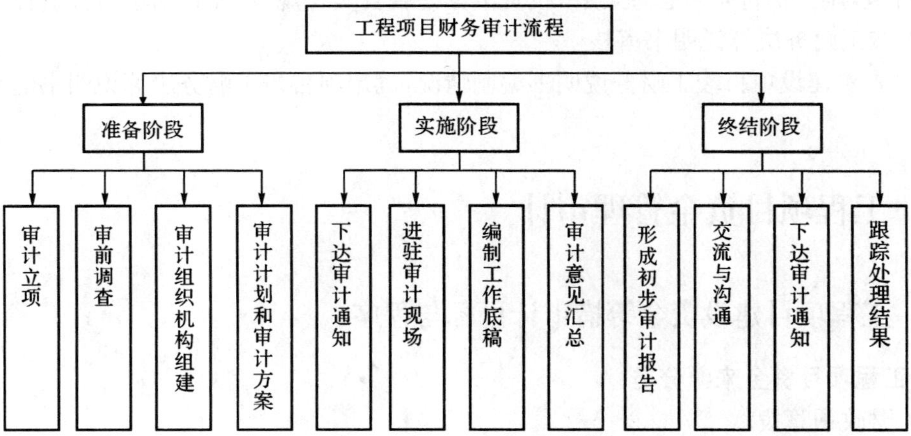

图 9-1　工程项目财务审计流程

2) 财务审计步骤

(1) 财务管理内部控制测试

① 检查工程财务机构的设置、岗位职责与权限分工情况;

② 检查工程财务制度的建立健全情况,包括:

a. 工程项目筹资管理制度;

b. 工程货币资金管理制度;

c. 工程款项支付管理制度;

d. 工程财务核算管理制度;

e. 建设单位管理费使用管理制度。

通过内部控制测试,评估项目管理的内部控制的效用,进而估计审计风险,确定实质性测试的工作量,同时争取为被审计单位改善财务管理提供建设性意见。

(2) 建设项目的立项、审批情况审计

通过立项、审批的程序及相应资料的完整性的审计,确定项目建设的合法性。

(3) 项目财务收支情况审核

通过对建设项目资金来源、基本建设资金支出、建设项目设备和材料采购、建设项目基本建设收入、建设项目税费、建设项目交付使用资产、建设项目财务报表情况的审计,确定建设项目财务收支的真实性和合法性。

(4) 项目财务决算报表审核

通过查看建设项目竣工财务决算报表,审查财务决算报表所列的各项资产在竣工决算中是否存在,资产负债是否列入,权属是否属于被审计单位,表中金额估价是否适当,表中特定决算要素是否进行适当分类和披露,资产或负债是否合理,余额是否真实,报表中所列金额是否正确估价和计量,表中表间钩稽关系是否正确,报表中反映账户余额的分类是否恰当,披露是否符合规范要求等。通过审计,确定财务报表的真实性和合法性。

(5) 项目概算执行情况审核

通过审核建设项目概算执行情况,包括审查概算调整原则、调整系数是否准确,各单位工程建设是否按照批准的概算执行,待摊投资、其他投资支出是否合法,尾工工程是否合理、真实和规范,尾工估价是否合理,预留投资金额是否真实合规,从而评估项目投资控制情况。

(6) 竣工财务决算说明书审核

通过查看建设项目竣工财务说明书编制情况,确定项目竣工财务决算说明书的真实性。

9.2 工程项目资金管理审计

9.2.1 工程项目建设资金筹措审计目标与程序

1) 工程项目资金来源分类

(1) 财政预算拨款

财政预算拨款是指由国家或地方财政拨入建设单位无偿使用的建设资金。根据财政预算拨款的概念,拨付资金来源有两个:一个是中央财政;另一个是地方财政。尽管两种资金拨付的性质类似,但在当前分税制改革的制度背景下,这两种资金拨付方式会直接影响到地方政府的经济利益。概念中的建设单位是指行政事业单位、没有还款能力的企业和经过批准的特殊的建设单位。另外由中央财政拨款的工程项目一般属于非经营性项目,即项目建成后一般不产生经济效益,按照国家规定,非经营性资金主要用于中央各部门直接举办的无经济收入的文化、教育、卫生、科研等建设和水利水电工程中的防汛抗旱和河道治理等。

(2) 建设单位自有资金

建设单位自有资金是指建设单位为工程项目建设专门配备的资金额。根据国家现行规定，各种行政事业经费、各种租赁资金、企业应上缴税金和利润、流动资金、更新改造基金和大修理基金不得用于自筹投资建设项目；不得通过向企业摊派的方式筹集资金；不得占挤成本；不得采取提价或变相提价方式筹集资金。

（3）金融机构贷款

金融机构贷款是指建设单位按规定条件向金融机构借入的有偿使用的基本建设资金。金融机构贷款种类包括：国家开发银行投资贷款、国家专业投资公司委托贷款、商业银行贷款、其他投资贷款等。一般情况下，商业银行贷款和私人资本贷款还款利率高于其他形式，并且对项目的审查比较严格，而国家开发银行和国家专业投资公司的贷款利率较低，主要用于扶持经济欠发达地区的基础设施项目或者关系到民生的工程项目。与商业银行贷款相比，私人资本贷款具有不稳定性，商业银行贷款利率相对稳定并且贷款数额总量较大，私人资本贷款要根据项目实施的具体情况确定，项目实施环境、存款利率、项目类型、投资风险大小等都会影响私人资本贷款利率。

（4）发行债券融资

发行债券融资的种类有：国家发行债券、企业上市融资和地方政府发行债券。企业发行债券是指企业通过上市的方式进行融资，用于企业的发展和项目建设。在我国，目前只有中央政府具备发行债券的权利，中央政府通过发行债券将融得资金用于基础设施建设，一定程度上缓解了国家建设资金的压力。地方政府发行债券目前并不是合法形式，但是地方政府面临着基础设施和民生工程建设的巨大资金缺口，而总量巨大的社会闲散资本为地方政府的项目建设融资提供了前提条件，所以部分地方政府已经尝试通过多种方式变相进行项目建设融资。

（5）国际金融组织和国外政府贷款

国际金融组织贷款主要是指世界银行和亚洲开发银行贷款，世界银行项目和亚洲开发银行项目审查严格，对项目类型的限制也比较大，操作规范，项目立项周期较长，一般用于关系民生的基础设施项目。国外政府贷款项目是由国外政府提供的利息较低或无息的援助性贷款。

2）工程项目资金来源审计的目的

（1）确定建设资金的完整性

建设资金的完整性关系到项目供应商、咨询机构和承包商的直接利益，是项目建设成功度的重要考核指标。完整性审计是指确定各项建设资金来源所形成的建设资金是否完整，是否符合工程建设需要。

（2）检查资金来源的真实性

建设项目立项审批条件中资金来源是基本条件之一，建设单位为了项目的批准和立项可能存在虚假资金来源的情况。资金来源审计必须审查工程项目建设需要的各项资金来源是否真实存在。

（3）检查资金来源的合理合法性

检查各项资金来源业务的会计处理是否正确，资金的取得是否符合法律规定，被审计单位是否遵守了有关债务契约的规定。

（4）检查资金到位时间和契约及工程进度的吻合度

资金到位时间必须符合契约规定，资金来源反映在正确的会计期间。另外，要根据工程进度计划、劳动力使用计划、材料设备购置计划检查各项资金到位时间能否满足工程建设需要。

3) 建设资金筹措审计的目标

(1) 完整性：确定各项建设资金是否完整记录。

(2) 真实性：确认所记录的各项资金来源是否确实存在。

(3) 准确性：各项建设资金的会计处理是否正确，资金的取得是否符合法律规定，被审计单位是否遵守了有关债务契约的规定。

(4) 截止日：所有资金是否均反映在正确的会计期间。

(5) 表达与披露：各项资金来源是否均进行了正确分类，并在会计报表中予以恰当、充分的反映。

4) 建设资金筹措审计的程序

(1) 收集与工程项目资金来源审计有关的资料

审计人员应收集与工程项目资金筹措审计有关的资料，编制与建设资金筹措审计有关资料清单。资料清单如表 9-1 所示。

表 9-1　工程项目资金筹措审计有关资料清单

客　户			签　名	日　期		
项　目		编制人			索引号	
截止日		复核人			页　次	
序号	资料名称	资金来源		提供时间	备　注	
1	汇总资金平衡表					
2	资金来源明细表					
3	项目资本金政策					
4	政府拨款文件					
5	年度投资计划					
6	各种借款合同					
7	有关反映资金来源的账簿及凭证					

(2) 调查了解工程项目资金来源的情况

工程项目资金筹措情况审计调查表如表 9-2 所示。

表 9-2　工程项目资金筹措情况审计调查表

客　户			签　名	日　期		
项　目		编制人			索引号	
截止日		复核人			页　次	
调查内容				是	否	备　注
1. 项目是否实行项目法人责任制?						
2. 项目法人是否负责筹集项目建设所需资金?						
3. 是否实行项目资本金制度?						

（续表）

调查内容	是	否	备　注
4. 国家资本金是否到位？			
5. 地方、部门配套资金是否到位？			
6. 是否有具体的投资计划？			
7. 投资计划是否落实？			
8. 基建拨款是否按计划、按程序、按预算、按进度拨款？			
9. 基建借款是否到位？			
10. 是否借用外资？			
审计小结：			

(3) 审查基建拨款的真实、合规性

(4) 审查国内借款的真实、合规性

(5) 审查国外借款的真实、合规性

(6) 审查应付器材款的真实、合规性

(7) 审查应付工程款的真实、合规性

(8) 审查应付福利费的真实、合规性

(9) 审查其他应付款的真实、合规性

(10) 综合评价工程项目资金来源的总体情况

5) 建设资金筹措的内部控制测评

(1) 内部控制调查

检查项目是否制定了财务管理办法，是否配置了专业人员并合理分工，是否建立了内部制约措施。

(2) 内部控制测试

检查财务管理办法是否符合法律法规、企业会计准则、行业和上级主管部门的相关规定并有效执行，重点关注大额现金流、项目融资等主要环节。

6) 建设资金筹措情况审计

(1) 检查筹资方案论证的充分性，决策方案选择的可靠性、合理性及审批程序的合法性、合规性；

(2) 检查实际收到的资本金是否与相关约定相符，是否与项目进展同步；

(3) 检查资本金是否履行验资手续，若未经验资，检查账面资本金的真实性与正确性；

(4) 检查长期、短期贷款合同的实际执行情况，分析所筹资金的偿还能力。

9.2.2　基建拨款审计

1) 基建拨款审计目标

(1) 完整性：确定基建拨款是否完整记录。

(2) 真实性：确认所记录的基建拨款是否确实存在。

(3) 准确性：基建拨款业务的会计处理是否正确，资金的取得是否符合法律规定，被审计单位是否遵守了有关债务契约的规定。

(4) 截止日：基建拨款是否反映在正确的会计期间。

(5) 表达与披露：基建拨款是否在会计报表中予以恰当、充分的反映。

2) 基建拨款审计程序

(1) 取得或编制项目预算拨款明细表,并加计复核。

(2) 查阅项目设计任务书、初步设计概算批复等文件,了解对项目建设资金来源的要求,对照项目拨款总账和明细账记录,检查拨款是否按规定及时、足额到位。

(3) 对各级政府拨款,取得财政或主管部门划拨资金记录,核对建设项目取得的预算拨款与财政或主管部门拨出资金是否一致。

(4) 审查资金拨入时的银行对账单,并与银行存款日记账进行核对,检查资金到位的真实性。

(5) 项目拨款明细账中出现借方的项目,应审查其记账凭证和原始凭证,查明对项目拨款的冲转是否合规、手续是否完备,有无转移项目拨款的情况。

(6) 检查项目拨款在财务报表及财务报表说明中是否进行了充分披露。

9.2.3 基建借款审计

1) 基建借款审计目标

(1) 完整性：确定基建借款是否完整记录。

(2) 真实性：确认所记录的基建借款是否确实存在。

(3) 准确性：基建借款业务的会计处理是否正确,资金的取得是否符合法律规定,被审计单位是否遵守了有关债务契约的规定。

(4) 截止日：基建借款是否反映在正确的会计期间。

(5) 表达与披露：基建借款是否在会计报表中予以恰当、充分的反映。

2) 基建借款审计程序

(1) 审查国内借款的真实、合规性

① 取得或编制国内借款明细表,复核加计是否正确,并与明细账、总账核对,检查是否相符。

② 查阅建设项目初步设计概算批复等,了解项目建设资金来源中借款数额、借款银行情况,检查借款合同和授权批准,核实借款数额、借款条件、日期、期限、借款利率,并与相关的会计记录进行核对。

③ 向有关银行发函,对重大借款项目进行询证,查明国内借款反映的借款数额是否真实、准确。

④ 对年度内增加的长期借款,应取得借款合同,检查借款合同和授权批准,了解借款数额、借款条件、借款期限和借款利率,并与相关会计记录进行核对。

⑤ 对年度内减少的借款,应检查相关记录和银行支付单据、银行支付通知单等原始凭证,核实还款数额的合规性和真实性。

⑥ 对以前年度借款,应检查年末有无到期未偿还的借款,逾期借款是否办理了展期手续。

⑦ 取得相关利息支付单据,复核已计借款利息是否正确,并与待摊投资、银行借款等相应科目的记录进行核对,检查会计处理是否正确。

⑧ 检查国内借款是否在会计报表中充分披露。

(2) 审查国外借款的真实、合规性

① 取得或编制国外借款明细表,复核加计是否正确,并与明细账、总账核对,检查是否相符。

② 查阅《贷款/信贷协定》和《转贷协定》,了解借款数额、借款用途、借款条件、借款日期、还款期限、借款利率和承诺费等,并与相关的会计记录进行核对。

③ 将国外贷款外币明细账中贷款增加的外币金额与年度内国外银行的付款通知单、支付月报进行核对,或与上级单位的拨付通知单、银行收款凭单和债务分割单等原始凭证进行核对,检查两者是否相符;同时检查年末按人民币汇率折算金额是否正确。

④ 将国外贷款外币明细账中减少的外币金额与银行付款凭单、财政部门或上级单位的还款通知单进行核对,核实贷款归还金额是否正确。

⑤ 检查国外借款是否已在会计报表中充分披露。

基建借款情况表如表9-3所示。

表9-3 基建借款情况表

借款种类	行次	年初借款余额	本年实际借款数		本年还款数		本年贷款转资本金数		本年豁免数		年末借款余额
			本金	利息	本金	利息	本金	利息	本金	利息	
		1	2	3	4	5	6	7	8	9	10
1. 基建投资借款合计	1										
(1) 拨改贷投资借款	2										
(2) 国家开发银行投资借款	3										
其中:用软贷款安排的投资借款	4										
(3) 国家专业投资公司委托借款	5										
其中:基建基金委托借款	6										
其他委托借款	7										
(4) 部门统借基建基金借款	8										
(5) 部门基建基金借款	9										
(6) 国债转贷资金	10										
(7) 特种拨改贷投资借款	11										
(8) 商业银行投资借款	12										
(9) 煤代油投资借款	13										
(10) 停缓建维护费借款	14										
(11) 国外借款	15										

(续表)

借款种类	行次	年初借款余额	本年实际借款数		本年还款数		本年贷款转资本金数		本年豁免数		年末借款余额
			本金	利息	本金	利息	本金	利息	本金	利息	
		1	2	3	4	5	6	7	8	9	10
(12)其他投资借款	16										
2. 国内储备借款	17										
其中:中央基建储备借款	18										
3. 周转借款	19										
4. 生产自立借款	20										
合计	21										

9.2.4 建设项目企业债券资金审计

1) 建设项目企业债券资金审计目标

(1) 完整性:确定债券资金是否完整记录。

(2) 真实性:确认所记录的债券资金是否确实存在。

(3) 准确性:债券资金业务的会计处理是否正确,资金的取得是否符合法律规定,被审计单位是否遵守了有关债务契约的规定。

(4) 截止日:债券资金是否反映在正确的会计期间。

(5) 表达与披露:债券资金是否在会计报表中予以恰当、充分的反映。

2) 建设项目企业债券资金审计程序

(1) 取得或编制企业债券资金明细表,复核加计是否正确,并与总账、明细账及财务报表有关数字核对,检查是否相符。

(2) 取得项目评估报告等立项文件和企业发行企业债券时有关批准文件、合同等,检查企业发行债券是否经过有关部门批准,并了解有关企业债券资金用于本项目建设的规定,以及债券期限、利率等。

(3) 查看企业债券资金总账和明细账,检查企业是否按规定及时、足额地将筹集的企业债券资金拨入建设项目。

(4) 对当年增加的债券资金,将记账凭证与所附原始凭证进行核对,检查所附原始凭证是否齐全,内容和金额是否一致。如属当年增加的债券本金,应检查与有关债券发行批准文件的规定是否相符,与银行进账单和对应的银行存款记录是否一致;如属计付的债券利息,应对照债券发行条款,复算所计利息是否正确,与对应待摊投资记录是否相符。

(5) 检查企业债券资金存入银行所取得的存款利息收入是否按规定冲减了工程成本,并检查与银行存款和待摊投资科目的记录是否一致。

(6) 结合对投资支出等内容的审计,检查企业债券资金是否按规定的用途使用。

(7) 检查企业债券资金是否在财务报表中进行了充分披露。

9.2.5 其他资金来源审计

1）其他资金来源审计目标

（1）完整性：确定其他资金是否完整记录。

（2）真实性：确认所记录的其他资金是否确实存在。

（3）准确性：其他资金业务的会计处理是否正确，资金的取得是否符合法律规定，被审计单位是否遵守了有关会计准则的规定。

（4）截止日：其他资金是否反映在正确的会计期间。

（5）表达与披露：其他资金来源是否在会计报表中予以恰当、充分的反映。

2）其他资金来源审计程序

（1）审查应付器材款、应付工程款和应付有偿调入器材及工程款

① 取得或编制应付器材款、应付工程款、应付有偿调入器材及工程款明细表，复核加计是否正确，并与明细账、总账及财务报表核对，检查是否相符。

② 对长期挂账、有借方余额、债权人为主要供货商及业务内容异常的项目，发函询证，证实其真实性。对未回函的，可再次发函，或采用查阅合同、协议，核对验收单、订货单等替代审计程序验证债务的真实性和准确性。

③ 从明细账中抽取一定项目，并取得相关记账凭证和原始凭证，执行以下审计程序：

a. 审阅明细账、记账凭证摘要和金额，检查有无异常项目；

b. 检查应付器材款、应付工程款和应付有偿调入器材及工程款的入账依据是否充分，是否附有发票、验收入库单、工程价款结算账单和资产调拨单等，与对应科目的记录是否一致；

c. 检查应付器材款、应付工程款明细账是否存在借方余额，如有，应查明原因，必要时应做重分类调整；

d. 检查应付器材款、应付工程款、应付有偿调入器材及工程款是否在财务报表及报表说明中进行了恰当分类和充分揭示。

（2）审查应付职工薪酬

① 取得或编制应付职工薪酬明细表，复核加计是否正确，并与明细账、总账及财务报表核对是否相符。

② 对本期职工薪酬费用的发生情况进行分析性复核：

a. 检查各月职工薪酬费用的发生额是否有异常波动，若有，则要求被审计单位做出解释；

b. 将本期职工薪酬费用总额与上期进行比较，要求被审计单位解释其增减变动原因。

③ 检查职工薪酬的计提是否正确，分配方法是否与上期一致，并将应付职工薪酬计提数与相关的成本费用项目核对，检查是否一致。

④ 检查应付职工薪酬的披露是否正确。

（3）审查其他应付款

a. 取得或编制其他应付款明细表，复核加计是否正确，并与明细账、总账及财务报表核对，检查是否相符。

b. 对金额较大、挂账时间长的款项和异常项目，发函询证，证实其真实性。对未回函的

项目,应进一步查阅有关记账凭证及原始凭证,核实经济业务活动的真实性和合法性,有无虚假挂账。

c. 分析有借方余额的项目,查明原因,必要时做重分类调整。

d. 结合基建收入审计,核实有无将取得的基建收入在其他应付款挂账;结合设备材料采购审计,核实建设单位有无将供货单位退回余款或折让、折扣在其他应付款科目挂账。

e. 对于用非记账本位币结算的其他应付款项,检查其折算汇率是否正确。

f. 审核资产负债表日后的付款事项,确定有无未及时入账的其他应付款事项。

g. 检查长期未结的应付款项,并做妥善处理。

h. 检查其他应付款是否在财务报表及报表说明中进行了恰当分类和充分披露。

9.3 工程项目会计核算审计

9.3.1 工程项目建设资金支付审计

1) 建设资金支付内容

建设资金支付是指工程项目在建设过程中所发生的各类实际支出。在建设单位会计报表中,基本建设支出分为交付使用资金和在建工程两部分。在建工程包括建筑安装工程投资、设备投资、待摊投资和其他投资四部分内容。资金占用审定表如表9-4所示。

表9-4 工程项目资金占用审定表

项目名称			
资金占用	报表数	调整数	调整后数
一、基本建设支出			
1. 交付使用的固定资产			
(1) 固定资产			
(2) 流动资产			
(3) 无形资产			
(4) 递延资产			
2. 在建项目			
(1) 建筑安装工程投资			
(2) 设备投资			
(3) 待摊投资			
(4) 其他投资			
二、应收生产单位投资借款			
三、拨付所属投资借款			

（续表）

项目名称			
资金占用	报表数	调整数	调整后数
其中：待处理器材损失			
四、器材			
五、货币资金合计			
六、预付及应收款合计			
(1) 预付备料款			
(2) 预付工程款			
(3) 预付大型设备款			
(4) 应收有偿调出器材及工程款			
(5) 应收票据			
(6) 其他应收款			
七、有价证券			
八、固定资产			
(1) 固定资产原值			
(2) 减：累计折旧			
(3) 固定资产净值			
(4) 固定资产清理			
(5) 待处理固定资产损失			
资金占用总计			

2) 建设资金支付审计目标

(1) 确认资金管理和使用的合法合规性。资金支付程序应完整有效，支出受到概算、预算恰当控制，财务报告应符合相关会计准则。

(2) 审查建设项目财务报告是否真实、完整地反映了项目建设成本状况和资金使用情况。

(3) 审查建筑安装工程、设备投资、待摊投资等管理使用是否真实。

(4) 审查建筑安装工程、设备投资、待摊投资等是否全部用于本项目范围之内。

3) 建设资金支付审计内容

(1) 工程项目建筑安装工程支出情况

① 审查建筑安装工程结算的真实性，建设单位支付工程款是否合理；

② 资金支付是否按规定进行了审批，付款手续是否合法、齐全；

③ 是否按合同约定支付预付工程款、备料款、工程进度款，有无因付款不及时，导致项目建设成本增加的问题。

(2) 设备投资支出情况

① 审查设备投资支出的真实性,是否全部用于本项目范围之内;

② 资金支付是否按规定进行了审批,付款手续是否合法、齐全;

③ 是否按合同约定支付预付款、进度款,有无因付款不及时导致项目建设成本增加的问题。

(3) 建设项目待摊投资支出情况

① 审查各项待摊投资支出的真实性,是否全部用于本项目范围之内;

② 资金支付是否按规定进行了审批,付款手续是否合法、齐全;

③ 是否按合同约定支付,有无因付款不及时导致项目建设成本增加的问题。

4) 建设资金支付内部控制测评

(1) 内部控制调查

检查项目是否制定了会计核算办法,是否配置了专业人员并合理分工,是否建立了内部制约措施。

(2) 内部控制测试

检查项目会计核算办法,是否符合法律法规、企业会计准则、行业和上级主管单位的相关规定并有效执行,重点关注工程物资、工程成本等主要核算环节。

5) 建设资金支付情况审计

(1) 检查建设项目业主单位是否按合同约定的时间和金额支付工程预付款项,支付预付款项时是否按合同约定取得银行开具的履约保函或者收取履约保证金,是否按合同要求及时扣回预付款;

(2) 检查是否存在无合同付款现象,是否有合同外为施工单位垫支材料款现象;

(3) 检查大额资金的使用是否依据充分,是否按规定履行了审查程序;

(4) 评价资金使用的内部控制是否严格,是否分级。

9.3.2 建筑安装工程支出审计

1) 建筑安装工程支出审计目标

(1) 完整性:确定建筑安装工程投资是否完整记录。

(2) 真实性:确认所记录的建筑安装工程投资是否确实存在。

(3) 准确性:建筑安装工程投资业务的会计处理是否正确,计价是否准确。

(4) 截止日:建筑安装工程投资是否反映在正确的会计期间。

(5) 表达与披露:建筑安装工程投资是否在会计报表中予以恰当、充分的反映。

2) 建筑安装工程支出审计程序和内容

(1) 取得或编制建筑安装工程投资明细表,复核加计是否正确,并与总账、明细账和会计报表核对是否相符。

(2) 对照有关财务核算办法,检查建筑安装工程投资的科目设置是否恰当、合理,是否按单项工程和单位工程进行明细核算。

(3) 取得项目概算说明书、年度投资计划以及与项目建设有关的施工合同,了解工程价款结算办法、材料供应方式、施工承包合同总金额、预付款、质量保证金等内容,主要检查:

① 发生的支出是否属于项目概算范围之内。

② 会计记录的支出是否确实发生，是否与所附工程价款结算单一致，工程价款结算单是否经建设单位、监理单位审核签证。

(4) 对转入交付使用资产科目的转出数额，应取得交付使用资产明细表，检查是否经过批准，手续是否完备，转出数额是否正确。

(5) 抽查单项工程形象进度和实际完成投资支出情况，核实是否与账面投资数额相符。

(6) 检查建筑安装工程投资是否在财务报表中进行了恰当分类和充分揭示。

9.3.3　工程项目设备投资支出审计

1) 工程项目设备投资支出审计目标

(1) 完整性：确定设备投资是否完整记录。

(2) 真实性：确认所记录的设备投资是否确实存在。

(3) 准确性：设备投资业务的会计处理是否正确，计价是否准确。

(4) 截止日：设备投资是否反映在正确的会计期间。

(5) 表达与披露：设备投资是否在会计报表中予以恰当、充分的反映。

2) 工程项目设备投资支出审计程序和内容

(1) 取得或编制设备投资明细表，复核加计是否正确，并与总账、明细账财务报表核对是否相符。

(2) 依据有关财务核算办法，检查设备投资的科目设置是否恰当、合理，是否按“在安装设备”、“不需安装设备”和“工具及器具”设置明细科目，并按单项工程和设备、工具、器具的类别、品名、规格等进行明细核算。

(3) 查阅设计概算说明书，审核发生的设备投资是否属于项目概算范围之内，有无概算外投资或挤占项目投资的问题。

(4) 检查不需安装设备、工具、器具的记账凭证所附的发票、银行结算单等单据是否齐全，数字是否正确，内容是否与明细科目相符。

(5) 检查需安装设备是否依据设备出库单入账，并符合以下条件：设备的基础和支架已经完成；安装设备所必需的图纸资料已经具备；设备已经到达安装现场，开箱检验完毕，吊装就位，并继续进行安装。

(6) 当年转出计入交付使用资产的设备投资，应检查是否经过批准，手续是否齐备，并与交付使用资产验收交接清单核对是否一致。

(7) 抽查部分设备进行现场查看，确认设备确实存在并与账面记录相符。

(8) 检查设备投资是否在财务报表中进行了恰当分类和充分揭示。

9.3.4　建设项目待摊投资支出审计

1) 建设项目待摊投资支出审计目标

(1) 完整性：确定待摊投资是否完整记录。

(2) 真实性：确认所记录的待摊投资是否确实存在。

(3) 准确性：待摊投资业务的会计处理是否正确，计价是否准确。

(4) 截止日：待摊投资是否反映在正确的会计期间。

(5) 表达与披露：待摊投资是否在会计报表中予以恰当、充分的反映。

2) 建设项目待摊投资支出审计程序和内容

(1) 取得或编制待摊投资明细表，复核加计是否正确，并与总账、明细账和财务报表核对是否相符。

(2) 检查待摊投资科目是否按会计制度规定的内容设置明细科目，建设单位管理费是否按费用项目进行明细核算。

(3) 抽取部分项目的记账凭证及原始凭证，检查待摊投资是否确实发生，是否应由该建设项目承担，所发生支出是否符合国家有关规定。

(4) 检查分摊转出的待摊投资是否准确，是否按规定比例进行合理分摊，与竣工决算清单的相关记录是否一致。

(5) 检查待摊投资是否在财务报表中进行恰当分类和充分揭示。

9.3.5 其他投资审计

1) 其他投资审计目标

(1) 完整性：确定其他投资是否完整记录。

(2) 真实性：确认所记录的其他投资是否确实存在。

(3) 准确性：其他投资业务的会计处理是否正确，计价是否准确。

(4) 截止日：其他投资是否反映在正确的会计期间。

(5) 表达与披露：其他投资是否在会计报表中予以恰当、充分的反映。

2) 其他投资审计程序和内容

(1) 取得或编制其他投资明细表，复核加计是否正确，并与明细账、总账及财务报表核对是否相符。

(2) 查阅项目设计概算，并与复核后的其他投资明细表核对，检查所发生的房屋购置，基本畜禽、林木等的购置、饲养、培育支出，办公生活用家具、器具购置，可行性研究固定资产购置，无形资产和递延资产是否属概算范围，是否与概算确定的内容、数量和标准相符，是否应由该项目承担。

(3) 查阅其他投资明细账，检查科目设置是否恰当，投资支出是否按会计制度规定正确分类，并进行明细核算。

(4) 查阅有关合同及协议，了解合同双方权利、义务、付款方式、付款时间等，并抽查有关记账凭证及其所附银行支付单、收款单位开具的发票、收据等原始凭证，检查其他投资支出是否确实发生，计价是否正确，法律程序是否完备，会计处理是否符合会计制度规定。

(5) 对其他投资贷方转出数额，应检查是否经过有关部门批准，并办理了交接验收手续，与交付使用资产表中记录是否一致。

(6) 检查其他投资是否在财务报表中予以恰当分类和充分揭示。

9.3.6 待核销项目支出审计

1) 待核销项目支出审计目标

(1) 完整性：确定待核销项目支出是否完整记录。

(2) 真实性：确认所记录的待核销项目支出是否确实存在。

(3) 准确性：待核销项目支出业务的会计处理是否正确，计价是否准确。

(4) 截止日：待核销项目支出是否反映在正确的会计期间。

(5) 表达与披露：待核销项目支出是否在会计报表中予以恰当、充分的反映。

2) 待核销项目支出审计程序和内容

(1) 取得或编制待核销项目支出明细表，检查年初余额是否与上年度的财务报表及相关审计工作底稿的记录一致，年末余额是否与财务报表、总分类账以及明细账的数额一致，记录上述核对中发现的差异，结合具体明细项目的审查对这些差异进行分析调整。

(2) 对照有关财务核算办法，检查"待核销项目支出"的科目设置是否恰当、合理，是否按项目评估文件列明的项目内容设置二级明细账，并按支付类别设置三级明细账。

(3) 抽取一定项目的记账凭证和所附原始凭证，对照财务、会计制度规定，检查所附原始凭证是否齐全、真实；检查不能形成资产的投资转增前是否经过批准，是否与"建安工程投资"等对应科目一致，是否借记"项目拨款"等科目、贷记"待核销项目支出"；发生的待核销项目支出是否在下年初进行冲销，是否与"项目拨款"等科目相对应。

(4) 检查待核销项目支出是否在财务报表及财务报表说明中进行了恰当的分类和充分的揭示。

9.3.7　转出投资及往来支出审计

转出投资及往来支出审计的主要内容包括：

(1) 取得或编制转出投资及往来支出明细表，检查年初余额是否与上年度的财务报表及相关审计工作底稿的记录一致，年末余额是否与财务报表、总分类账以及明细账的数额一致，记录上述核对中发现的差异，结合具体明细项目的审查对这些差异进行分析调整。

(2) 对照有关财务核算办法，检查"转出投资"和"往来支出"的科目设置是否恰当、合理；是否按项目评估文件列明的项目内容设置二级明细账，并按支付类别设置三级明细账。

(3) 抽取一定项目的记账凭证和所附原始凭证，对照财务、会计制度规定，检查所附原始凭证是否齐全、真实；核实当年所增的转出投资及往来支出是否确实不属于本项目单位所有，数额是否准确，是否与"建安工程投资"有关记录一致；检查当年冲销的上年末余额是否准确。

(4) 检查转出投资及往来支出是否在财务报表及财务报表说明中进行了恰当的分类和充分的揭示。

(5) 检查往来支出中有无挤占、挪用工程建设资金的情况。

9.3.8　建设项目设备和材料采购审计

为了配合工程项目的施工进展，合理利用建设场地，确保工程建设资金使用的最优化，建设单位应根据工程需求编制项目设备和材料采购计划。建设项目设备和材料采购计划中设备选型、材料种类和数量、设备价格及材料进场时间是最重要的考虑因素。

1) 建设项目设备采购审计程序和内容

(1) 复核设备采购明细表，并与有关明细账、总账和财务报表进行核对，检查其符合性。

(2) 查阅建设单位编制的设备采购供应计划，审查计划采购的设备、工具、器具的种类、规格、型号、数量等，与建设项目设计概述中编列的设备清单进行核对，检查项目所采购的设备是否符合概述范围，重点检查有无采购预算范围之外的设备。

(3) 审查设备采购合同的合法性和合规性,根据部门规章和行业规范要求,检查需要进行招投标的大型设备是否按照规范要求通过招投标方式选择供货单位,招投标过程是否规范,有无违法或违规行为。

(4) 查阅设备采购明细账、记账凭证及有关银行付款单、销货单位发票等原始凭证,检查设备采购入账金额是否正确,设备采购成本的核算是否正确。

(5) 检查设备采购是否在财务报表中进行恰当分类和充分揭示。

2) 建设项目材料采购审计程序和内容

(1) 复核材料采购清单,了解主要材料供应单位、数量及价格等内容,并与明细账、总账和财务报表等进行核对,检查其符合性。

(2) 查阅材料采购供应计划,检查主要材料种类、数量、规格等,检查材料采购及进场时间是否满足工程建设进度需要,重点审查材料采购的有效性和设置合理的损耗率。

(3) 查阅材料采购招投标情况和材料采购合同文件,审查材料采购中对供货单位选择是否合理,建设单位与供货商签订合同时有无遵循经过批准的基本建设计划和材料采购供应计划,有无人为指定材料供应单位等违规行为,材料价格和市场价格的符合程度。

(4) 核对付款凭证、销货发票等会计资料,检查购进材料的价款计算是否正确,材料价款和运杂费付款情况,检查材料的采购费用是否真实,所发生采购费用是否全部入账。

(5) 检查材料采购成本计算是否正确,买价、运杂费和采购保管费是否全部计入,有无漏列或者挤占材料采购成本。

(6) 检查材料采购是否在财务报表中进行充分揭示。

9.3.9 建设项目基本建设收入审计

1) 建设项目基本建设收入审计目标

明确基本建设收入范围,各项收入取得是否合法,税金缴纳和留成收入分成是否合规,核实与基本建设有关的成本、费用的真实性,核实基本建设成本费用和收入是否全部到账。

2) 建设项目基本建设收入审计程序和内容

(1) 复核基本建设收入明细表,并与总账、明细账及财务报表有关数据进行核对,检查其符合性。

(2) 检查会记账簿设置是否符合会计制度的规定,收入、成本和费用、税金、留成收入分成等核算是否符合会计制度。

(3) 抽取一定数量的销售发票,检查开票、记账、发货日期是否相符,品名、数量、规格、单价、金额等是否与发票凭证等一致,确定基本建设收入已正确计价。

(4) 进行基本建设收入的截止测试,可采取三种方法:

① 以账簿记录为起点进行测试,从报表日前后若干天的账簿记录追查至记账凭证,检查发票存根与发运凭证,证实已入账收入是否在同一期间开具发票并发货,有无多计收入;

② 以销售发票为起点进行测试,抽取若干张在报表日前后开具的发票存根,追查至发运凭证和账簿记录,确定已开具发票的货物是否已发货并于同一会计期间确认收入,查明有无漏计收入;

③ 以发运凭证为起点进行测试,抽取若干张在报表日前后开具的发运凭证,追查至销货发票存根和账簿记录,确定基本建设收入是否已入账。

(5) 查阅应交基本建设收入明细账中有关费用记录及相关的会计记账凭证、银行支付单等会计资料,检查成本、费用是否真实,是否符合会计制度规定的开支范围,检查试生产期间是否违反规定计提了固定资产折旧。

(6) 查阅国家规定的建设项目试运行期,或经项目设计文件审批机关批准的试运行期,检查有无超过批准的试运行期,试运行期之外的经营收入不得作为基本建设收入。

(7) 检查工程项目各项索赔和违约金等是否按规定首先用于弥补项目损失,结余部分才能作为基建收入。

(8) 检查各项基建收入是否按规定缴纳了销售税金和所得税,将税后收入作为建设单位留成收入。

(9) 检查留成收入是否按规定比例使用,即 70%用于组织和管理建设项目方面的开支,30%用于职工奖励和福利;检查基本建设收入及留成收入是否在财务报表中进行了充分披露。

9.3.10　建设项目税费审计

建设项目税费审计重点为建设单位税费征收范围,税率计算,有无偷漏、少交税金现象,各项所交税费是否真实发生,有无虚列税费问题等。

建设项目税费审计程序和内容包括:

(1) 复核应交税费明细表,并与总账、明细账和财务报表有关数据进行核对,检查符合性。

(2) 查阅建设单位纳税鉴定或纳税通知,相关征集、减免税费的批准文件,了解适用税种、计税基础、税率以及征集、减免税费的范围与期限和本工程项目是否吻合,确认本项目应缴纳税费的内容。

(3) 查阅税务部门下达的代扣代缴施工单位营业税通知,检查建设单位与施工单位办理的工程价款结算单,核实代扣营业税或增值税计算是否正确,是否按照征收期限及时入账,检查建设单位代缴营业税完税凭证,核实是否及时、足额缴纳,是否按规定进行了会计处理。

(4) 结合基本建设收入审计,核实基建净收入是否准确,基建净收入应计提所得税是否正确,查阅缴纳所得税的会计凭证及纳税申报、税收缴款单等原始凭证,核实实际缴纳税费是否及时、足额,是否按规定进行了会计处理。

(5) 检查应缴车船牌照税和房产税计算是否正确,是否及时缴纳。

(6) 对实行基建投资包干节余的项目,应取得建设单位与主管部门签订的基建投资包干合同或协议,核实计提的投资包干节余是否与合同规定相符,所计提投资包干节余的会计处理是否正确,检查投资包干节余的支用及上交业务的记账凭证及有关原始凭证,核实投资包干节余的使用及上缴是否合法,会计处理是否正确。

(7) 检查建设单位有关税费是否在财务报表中进行了恰当分类和充分披露。

9.3.11　建设项目交付使用资产审计

1) 建设项目交付使用资产审计目标

(1) 确认建设项目投资形成的交付使用资产确实存在,并在竣工验收后移交给生产经营单位。

(2) 确认建设项目投资形成的交付使用资产符合设计概算所确定的建设内容,未超出设计概算范围。

(3) 建设项目交付使用资产的数量、价值证券,财务报表中反映的数额与账簿、凭证等会计记录相一致。

2) 建设项目交付使用资产审计程序和内容

(1) 复核交付使用资产明细表,并与总账、明细账和财务报表的有关数据进行核对,检查符合性。

(2) 审查交付使用资产明细账,检查账簿设置是否符合相关会计制度的规定,是否按规定设置了固定资产、流动资产、无形资产和递延资产明细科目,按资产类别和名称进行明细核算,并抽查部分会计记账凭证和原始凭证,检查有无资产划分不清、互相混淆的现象。

(3) 查阅工程项目设计概算,与交付使用资产明细表进行核对,检查所交付使用资产是否属于概算范围,有无建设概算外项目或购置概算外设备,对全部完工项目,还要检查概算中所列项目是否建设完成,有无自行减少建设内容。

(4) 查阅工程项目竣工决算资料,对照各类投资明细账,检查交付使用资产计价的正确性。房屋、建筑物、管道等固定资产成本应包括建筑工程成本和应分摊的待摊费用;动力设备和生产设备等固定资产成本应包括设备采购成本、安装工程成本、设备基础/支柱等建筑工程成本或砌筑锅炉及各种特殊的建筑工程成本。应分摊的待摊投资;运输设备及其他不需要安装设备、器具、工具、家具等固定资产和流出资产成本,一般仅计算采购成本,不分摊待摊投资;无形资产和递延资产的成本,一般按取得或发生时的实际成本计算,不分摊待摊投资。

(5) 检查建设单位使用基建投资构建的建设期间自用的固定资产,是否按规定计入了交付使用资产。

(6) 检查交付使用资产在财务报表中是否进行了恰当分类和充分揭示。

9.3.12 工程项目财务决算审计

1) 工程结算与财务决算

(1) 工程结算

工程结算是指施工企业(承包商)按照承包合同及招标投标文件确定的计价方式、清单价或计价定额,根据双方共同计量确认的已完工工程量,向建设单位(业主)办理工程价款清算的经济文件。工程建设周期长,耗用资金数额大,为使建筑安装企业在施工中耗用的资金及时得到补偿,需要对工程价款进行中间结算(进度款结算)、年终结算,全部工程竣工验收后应进行竣工结算。工程竣工结算是施工单位与建设单位之间清算工程款的依据。

结算价是发包方与承包方依据国家有关法律、法规和标准规定,按照合同约定的计价方式计算的工程的最终造价,结算价既包括完成合同规定内容的价,也包括项目变更、签证和索赔的价款。

(2) 工程项目竣工决算

① 竣工决算的概念

工程项目竣工决算是指工程项目各单项(单位)工程在竣工验收合格、交付使用阶段,由建设单位编制的反映建设项目从筹建到竣工投入使用全过程实际费用的经济文件。工程项目竣工决算是综合反映工程项目从筹建到竣工全过程的实际总投资、财务状况及其建设成果的总结性文件。

工程项目竣工决算由单项(单位)工程结算和征地拆迁费、前期工程费、建设单位管理费、建设期项目贷款利息等建设期全部费用组成。

② 竣工决算的内容

竣工决算由竣工决算报表和竣工决算报告情况说明书两部分组成。建设规模不同,工程项目竣工决算的内容也有所差异。一般大、中型建设项目的竣工决算报表包括:建设项目竣工决算审批表、竣工工程概况表、竣工财务决算表、建设项目交付使用资产总表和交付使用资产明细表等。而小型建设项目的竣工财务决算报表一般包括:建设项目竣工决算审批表、竣工决算总表和交付使用资产明细表两部分。除此之外,还可以根据需要,编制结余设备材料明细表、应收应付款明细表、结余资金明细表等,将其作为竣工决算报表的附件。内容包括以下4个方面:

a. 竣工决算报告情况说明书

竣工决算报告情况说明书主要反映竣工工程建设结果和经验,是对竣工决算报表进行分析和补充说明的文件,是全面考核分析工程投资与造价的书面总结。

b. 建设项目竣工决算报表

建设项目竣工决算报表要根据大、中型建设项目和小型建设项目分别制定。大、中型建设项目的竣工决算报表包括:建设项目竣工决算审批表、竣工工程概况表、竣工财务决算表、交付使用资产总表、交付使用资产明细表。小型建设项目的竣工财务决算报表包括:建设项目竣工决算审批表、竣工决算总表、建设项目交付使用资产明细表。

c. 建设工程竣工图

建设工程竣工图是真实地记录各种地上、地下建筑物、构筑物等情况的技术文件,是工程进行交工验收、维护、改建和扩建的依据,是国家的重要技术档案。

国家规定:各项新建、扩建、改建的基本建设工程,特别是基础、地下建筑、管线、结构、井巷、桥梁、隧道、港口、水坝以及设备安装等隐蔽部位,都要编制竣工图。为确保竣工图质量,必须在施工过程中(不能在竣工后)及时做好隐蔽工程检查记录,整理好设计变更文件。

d. 工程造价对比分析

工程造价对比分析是整个竣工决算工作的核心环节之一。对比内容可分为分部分项工程费用对比分析,单位工程对比分析,总造价对比分析和量、价、费分离对比分析。分析的核心是将竣工决算的实际数据与投资估算、设计概算和施工图预算进行逐层、分项的对比,找出差异并分析原因,从而对项目投资管理水平进行全面检验和总结。

③ 工程项目竣工决算与结算区别

a. 依据不同

工程结算主要是根据国家有关法规和政策,依据国家建设行政主管部门颁发的工程定额、工程消耗标准、取费标准以及人工、材料、机械台班价格参数、设计图纸和工程实物量,确定工程造价。在工程项目实施阶段,以承包合同为基础,在竣工验收后结合施工变更、工程签证情况,得出符合施工实际的竣工造价审查结果,它是承发包双方结算的依据,也是工程决算的基础资料和依据。

竣工决算主要是根据国家的会计法和相关财务规定,由建设单位编制的反映建设项目从筹建到竣工投入使用全过程实际费用的经济文件。工程项目竣工决算是综合反映工程项目从筹建到竣工全过程的实际总投资、财务状况及其建设成果的总结性文件。

b. 标的不同

工程结算以单位工种为标的,只对单位工程造价的合理性负责。

工程竣工财务决算以基建项目为目标,包括资金来源、基建计划、前期工程、征用土地、勘察设计、施工实施的一切财务收支。

c. 二者的目标不同

结算是在施工完成、工程已经竣工后编制的,是运用科学、技术原理和经济法律手段,解决工程建设活动中工程造价的确定与控制,从而达到提高投资效益及经济效益目的的行为,是确定造价的实施过程和行为。

决算是竣工验收报告的重要组成部分,是加强对投资者资金的控制,正确核算新增固定资产价值、考核分析投资效果、建立健全经济责任的依据,是反映建设项目实际造价和投资效果的文件。竣工决算要正确核定新增固定资产价值,考核投资效果。其职能是一种监督行为。

d. 编制人和审查人不同

单位工程竣工结算由承包人编制,发包人审查;实行总承包的工程,由具体承包人编制,在总承包人审查的基础上,发包人审查,以工程经济和工程技术人员为主。单项工程竣工结算或建设项目竣工总结算由总(承)包人编制,发包人可直接审查,也可以委托具有相应资质的工程造价咨询机构进行审查。

建设工程竣工决算文件,由建设单位负责组织会计和审计人员编写,上报主管部门审查,同时抄送有关设计单位。大、中型建设项目的竣工决算还应抄送财政部、建设银行总行和省、自治区、直辖市的财政局和建设银行分行各一份。

e. 二者包含的范围不同

工程竣工结算是指按工程进度、施工合同、施工监理情况办理的工程价款结算,以及根据工程实施过程中发生的超出施工合同范围的工程变更情况,调整施工图预算价格,确定工程项目最终结算价格。它分为单位工程竣工结算、单项工程竣工结算和建设项目竣工总结算。竣工结算工程价款等于合同价款加上施工过程中合同价款调整数额减去预付及已结算的工程价款再减去保修金。

竣工决算包括从筹集到竣工投产全过程的全部实际费用,即包括建筑工程费、安装工程费、设备工器具购置费用及预备费等费用。按照财政部、国家发展改革委和住房城乡建设部的有关文件规定,竣工决算由竣工财务决算情况说明书、竣工财务决算报表、工程竣工图和工程竣工造价对比分析四部分组成。前两部分又称建设项目竣工财务决算,是竣工决算的核心内容。

f. 审计的法律效力不同

工程结算审计以施工承包合同为基础,以承发包双方发生的实物交易为依据,按照国家或地方施工工、料、机消耗标准进行核算,对双方有约束力。其工程结算审核结果可作为双方结算的法律依据。

工程竣工财务决算审计机关和被审计单位是一种审计行政法律关系,审计机关的审计监督只对被审计单位产生法律效力,对其他单位不产生连带法律约束力。凡对建设单位投资项目进行的审计结果,对施工单位的造价结算不具有约束力。

2) 工程项目竣工决算审计

(1) 工程项目竣工决算审计的概念

工程项目竣工决算审计,是指工程项目正式竣工验收前,审计机关依法对工程项目竣工决算的真实性、合法性、效益性进行的审计监督。其目的是保障建设资金合理、合法使用,正确评价投资效益,总结建设经验,提高工程项目管理水平。

竣工决算审计为工程项目全过程审计的重要内容之一,其主要目的是确定竣工财务决算的准确性、合理性,确认工程项目竣工财务决算是否真实、合法、有效。

(2) 工程项目竣工决算审计的作用

① 全面真实地反映竣工项目的实际财务状况和最终建设成果。目前,在决算中脱离实际、高估冒算、弄虚作假、多列费用加大工程支出等问题十分突出。加强决算审计有利于杜绝这些问题的发生,有助于保证决算中相关指标的准确性,有利于科学评估投资效益和效果。

② 全面考核竣工项目的基本建设计划、概算的执行情况和投资效果。通过竣工决算审计,可以准确反映竣工项目设计及实际新增生产能力(或效益)、建设时间、工程质量、概算的实际建设成本、主要材料的概算消耗量和实际消耗量,从而可以全面考核计划的执行情况和投资效果。

③ 促进工程项目节约投资。竣工决算是办理新增固定资产移交转账手续的依据,及时编报并审计竣工决算可以缩短建设周期,节约项目投资。

④ 有利于强化固定资产的管理。及时办理工程交付手续,建设单位可以及时掌握本单位固定资产情况,对各类固定资产做到心中有数,也方便对固定资产的维护管理。

⑤ 及时确定施工单位的财务成果,计算施工单位利润,及时缴纳税收,为国家增加积累。

⑥ 有利于总结建设经验。通过决算与概算、预算的对比分析,可以总结经验,积累经济技术资料,进一步提高投资效果。

⑦ 有利于提高决算编制质量。在审计中不断发现在决算上存在的问题,有利于不断完善决算管理制度,提高决算编制的及时性和准确性。

(3) 工程项目竣工决算审计的特点

① 政策性强

基本建设具有投资大、周期长的特点。为了加强对建设资金的管理,使有限的资金发挥最大的效益,国家对管理和使用建设资金制定了许多制度和规定。工程项目竣工决算审计涉及的法律法规较多,除了《中华人民共和国建筑法》《中华人民共和国审计法》以外,还涉及《中华人民共和国预算法》《国家基本建设资金管理办法》《国家重点建设项目管理办法》《财政性基本建设资金投资项目工程预、决算审查操作规程》《国家重大建设项目稽察办法》《基本建设财务管理若干规定》《审计法实施条例》《审计机关国家建设项目审计准则》《财政投资评审管理规定》《审计机关对国家建设项目预算(概算)执行情况审计实施办法》《审计机关关于国家建设项目竣工决算审计实施办法》《政府投资条例》等。正确执行和运用这些法规是管好、用好建设资金的保证,更是审计人员进行竣工决算审计的重要依据。因此,工程项目竣工决算审计人员必须严格按照现行法律法规的规定履行审计义务。

② 技术要求高

工程项目竣工决算涉及财务、经济、工程技术、法律、管理等方面,对工程竣工决算进行审计,不仅要具备一定的基建财务知识,而且要熟悉、精通工程图纸的识读、工程量的计算,定额的套用、各项取费标准的计算、施工程序和施工经验的掌握。对这些工程技术知识的正确掌握和运用,会直接影响到竣工决算审计的质量。

③ 审计目标明确

竣工决算审计为工程项目全过程审计的重要内容之一,其主要目的是确定竣工财务决算的准确性、合理性,确认工程项目竣工财务决算是否真实、合法、有效。

④ 审计时效性强

《基本建设财务管理规定》(财建〔2002〕394号)第三十七条规定:"建设单位及其主管部门应加强对基本建设项目竣工财务决算的组织领导,组织专门人员,及时编制竣工财务决算。设计、施工、监理等单位应积极配合建设单位做好竣工财务决算编制工作。建设单位应在项目竣工后3个月内完成竣工财务决算的编制工作。在竣工财务决算未经批复之前,原机构不得撤销,项目负责人及财务主管人员不得调离。"这就决定了竣工财务决算审计工作实施的时限。

⑤ 审计范围的广泛性

工程竣工决算审计既涉及资金来源、使用、往来、结算的资金运动全过程,又涉及材料供应、图纸变更、国家政策调整、价格浮动等环节。审计人员在进行竣工决算审计时必须全面把握所涉及的各个环节,做到实事求是、客观公正地调查、审核、认定。

⑥ 审计方式方法的多样性

工程竣工决算审计涉及的内容较多,因此,审计的方法也各不相同,如工程技术审计主要采用分析性复核法、复算法、文字描述法等方法,工程财务审计主要采用审阅法、核对法、盘存法、抽查法等方法,投资效益审计主要采用对比法、因素分析法等方法。

(4) 工程项目竣工决算审计的内容

① 竣工验收工作的审计

竣工验收是全面考核建设工作,检查其是否符合设计要求和工程质量的重要环节,对促进建设项目及时投产、发挥经济效益、总结建设经验有重要作用。因此,竣工验收是编制竣工决算的前提条件。审计时,主要审查建设单位在竣工验收之前是否系统整理有关工程建设的技术资料;各种设备技术档案是否齐全;各项资料是否分类立卷,分别保管,并在竣工验收时移交生产单位统一保管。如发现建设单位未按规范办事,应督促其及时整理资料,认真执行验收工作规范。

② 资金来源的审计

第一,审查建设单位资金来源的可靠度。将竣工财务决算表或竣工决算表中的"本年预算拨款""本年基建资金拨款""本年自筹资金拨款""基建借款"等项目所列实际数,同批准的概算进行比较,做出客观评价。如果各项资金来源的实际数等于或大于概算数,说明基建资金有足够的保证。相反,则表示资金来源不足。第二,检查各项资金来源是否正当、合理。特别要注意对自筹资金拨款的审查,防止乱拉滥用,损害国家或其他单位的利益。

③ 投资支出的审计

首先审查"建筑安装工程投资""设备投资""其他投资""待摊投资"等项目的数额,是否与历年资金平衡表中该项目期末数的合计一致。其次,审查基建投资支出的节超情况。根据竣工工程概况表,将基建投资支出的实际合计数与概算合计数进行比较,以考核基建投资节超情况。通过调查研究,查清情况,总结经验,并查出不当或不法行为,以提高基本建设管理水平。

④ 结余资金的审计

建设项目竣工后,编制竣工决算前,建设单位应彻底清理施工现场和仓库,对剩余的设备、材料及其他财产物资,都要及时处理,收回资金,做到应收尽收,不得丢失、走漏或私分。对债权债务也应全面清理完毕。在正常的情况下,竣工财务决算表内除了银行存款和现金外,不应该有其他结余资金项目。如果还有设备、材料物资和应收、应付账款,应说明还有尚未处理的积压物资和不能及时清理的应收、应付账款。为此,应对建设单位设备材料结算明细表、应收应付款明细表进行分析,查明情况,提出处理意见。对收回的结余资金,首先应交清各项应付税款和其他应交款项,归还其他应付款项,然后按资金来源渠道进行处理,或归还基建投资借款,或上缴财政或主管部门。

⑤ 建设工期的审计

将实际与计划建设时间进行比较,看其是否按计划时间开工或竣工,并查明建设速度加快或延缓的原因。审计人员应查明影响建设工期的主观、客观原因和责任,做出客观公正的评价。

⑥ 工程质量的审计

工程质量的审计,可以根据竣工决算中所附的工程竣工验收技术资料进行。主要审查有多少单位工程符合国家颁发的工程质量检验评定标准和验收规范,工程质量优良品率和合格品率有多少,不符合质量要求的有多少,质量事故有多少。对于不符合质量要求的,必须督促施工单位进行返工或加固补修,确保工程质量达到国家规定的质量标准。

(5) 工程项目竣工决算审计的程序

① 审核委托

凡是政府投资或是国有资产形成的基本建设工程项目的竣工财务决算审核,统一由财政部门安排审核任务,指定一家编制(或审核)单位实施,然后办理委托手续。这是因为财政部门是政府投资和国有资产形成的基本建设工程的财务主管单位,它代表政府行使财政财务监管的职能,是投资性质所决定的。

建设单位根据财政部门指定且具有审查资格的编制(或审核)单位确定竣工决算审计单位,与之签订"业务约定书",明确双方的责任和工作要求,商定审核费用。

② 审核准备

编制(或审核)单位接受业务委托后,即进入审核准备阶段,着手开展如下工作:

a. 成立审核小组,提出审核人员名单,确定主审人员;

b. 调查了解工程项目的基本情况:工程进度、项目管理、财务收支及账务处理等,摸清被审核单位的条件是否已经具备;

c. 探查工程建设中的主要问题,特别是与财务相关联事项;

d. 向建设单位提出审核所需资料(可以列出清单交给建设单位);

e. 分析情况,拟订审核计划,明确审核目标、实施的方法、步骤、人员分工、审核应掌握的重点问题,以及时间安排等;

f. 与建设单位联系确定具体实施时间、方法。

③ 审核实施

实施方式通常是就地实施,也可以送达审核。就地实施方式下需要做好的工作:

a. 取得审核资料,主要包括综合性资料;会计资料(账册、凭证、报表);书面情况介绍,可以结合听取口头介绍。

b. 踏勘工程项目竣工状况,了解完工工程实体、竣工验收的资产状态。

c. 综合性资料审查。对项目建议书、可行性研究报告、扩初设计、批准总投资概算、招投标方式、施工、监理、开工、竣工及工程验收、设施试运行等相关资料进行符合性审查,查明工程项目履行基本建设程序是否规范、合理,存在什么问题。

d. 审查会计账目。对工程项目全部财务收支全过程进行审核,逐项审查建设成本、资金来源(拨款贷款和其他来源)、债权、债务、设备和材料采购(收进、付出、结存)、工程价款结算、工程结余资金及竣工财务决算办理情况,查明财务处理的法规、政策依据、会计核算是否真实、准确,资金、财产是否账实一致。

e. 实物测试,核查库存情况,包括货币资金(银行存款、现金)、库存设备、器材的账面数与实存数是否一致,发现差异,查明原因,结合检查内部控制制度执行情况,账控物是否严密,手续制度是否完备。

f. 检查财务决算应办而未办事项,有无财务收支已发生而未进账,账实差异及坏账损失未处理,尚有的尾工工程、待清理的账款及悬案等待处理的财务事项。

g. 竣工财务决算报表的审核。对已编制的竣工财务决算报表及文字说明,进行账与表数字稽核,表表之间钩稽关系的复查,建设成本分配与交付使用资产成本计算的审核及文字说明内容的合理性与完整性的审查,尚未编制竣工财务决算报表的则审核财务决算日的资金平衡表。

h. 汇总审核工作底稿,分类汇集审核资料。按照审核程序将各类工作底稿分类汇总,归集审核发现的问题,检查审核证据是否充分齐全,问题是否查清,主审人审阅提出意见。

i. 整理反馈材料,将审核实施结果整理成书面汇报材料,能够反映工程项目总体状况和审核发现的问题,初拟出处理意见。

④ 审核反馈

将审核实施结果向授权机关和业务委托单位如实反馈,听取意见,便于进一步核实审核成果,妥善处理问题。

向财政部门口头汇报审核情况和发现的问题,并提出初步处理意见,听取财政部门的看法,商酌有关问题的处理,必要时再征求建设单位主管部门、税务机关的意见,做好政策咨询等工作。

向建设单位反馈审核结果,听取建设单位的认定和否定意见,发现与事实还有出入的问题,进一步核实情况,取足证据,得出最终结论。

⑤ 审核处理

在反馈和复查的基础上,取得建设单位认同后,落实有关问题的处理。

a. 财务事项的处理

尚未进账的成本费用;不属于工程项目列支的费用;需要补办审批手续的财务事项;账实差异,盘盈盘亏;悬宕账款;缺口资金(尚未到位的投资);债权债务;涉税事项;其他。应当按照相关法规、政策进行调整。

b. 会计账务的调整

与财务处理相关的账项调整,按处理结果调账;成本费用项目之间的账项调整,包括一级账户和明细账户发生额的调整;其他账户发生额、余额调整。

c. 审核竣工财务决算报表

建设单位根据审核处理后的账簿记录,编制(或调整)项目竣工财务决算报表和文字说明,审核小组予以指导、帮助;审核小组审核竣工财务决算报表。

⑥ 完成审核报告

(6) 工程项目竣工决算审计的依据

竣工决算的审计依据包括法律法规依据和工程依据。其中法律法规依据包括:《中华人民共和国建筑法》《中华人民共和国审计法》及《中华人民共和国预算法》等法律,《国家基本建设项目资金管理办法》和《国家重点建设项目管理办法》等工程项目管理办法,以及《审计机关国家建设项目审计准则》与《中国注册会计师审计准则》等审计准则。

工程依据主要包括:

① 项目建议书、可行性研究报告及其投资估算;

② 施工图纸、图纸会审记录及设计变更通知单;

③ 工程施工合同及补充协议;

④ 经审批的施工图预算及修正预算;

⑤ 有关财务账簿、凭证、记录及工程结算资料;

⑥ 隐蔽工程检查验收记录;

⑦ 工程竣工验收报告及竣工结算报表;

⑧ 材料、设备和其他各项费用的调整依据;

⑨ 预算外费用现场签证及批准的索赔报告;

⑩ 工程项目竣工情况说明书等。

(7) 需要被审计单位提供的资料

① 工程管理资料

a. 建设项目立项批复文件(提供复印件)。

b. 建设项目建议书及批复文件(提供复印件)。

c. 建设项目可行性研究报告及批复文件(提供复印件)。

d. 建设项目初步设计概算及调整概(预)算批复文件(提供复印件)。

e. 建设项目招标文件,包括项目招标工程量清单和招标控制价资料。

f. 建设项目投标文件,包括投标承诺书、商务标(投标报价)、技术标(施工方案)。

g. 项目评标资料,如评标报告等。

h. 中标通知书(提供复印件)。

i. 工程项目合同、协议及协议性文件,包括:工程勘察、设计合同;工程施工合同以及相关补充协议(提供复印件);工程设备、物资采购合同及执行情况;工程监理合同及执行情况。

j. 建设项目管理制度相关资料,包括:建设项目“五制”除前述的应当提供的建设项目招标制、合同制等资料外还应提供实施“项目法人责任制”和“资本金制”的资料;建设项目工程管理办法;建设项目设备、材料的采购和验收管理等资料。

k. 建设项目效益等评价资料。主要是对生产、营运及重大公益性项目的建设进行后评价。

l. 建设项目规划、土地、环境许可等资料。

m. 项目建设许可证复印件。

n. 项目竣工验收资料。

② 工程造价资料

除前述工程管理资料中涉及与工程结算(造价)有关的工程招投标、中标及合同协议等资料外还应当提供：

a. 建设项目设计图纸、图纸会审纪要、工程变更签证及经济技术核定单。

b. 工程竣工图纸。

c. 施工单位资质等级证书、取费证书和《安全文明施工措施评价及费率测定表》(提供复印件)。

d. 施工过程中的相关资料，含隐蔽工程记录、主要材料的合同及清单、重大设计变更资料、施工签证单、监理资料等，如地基验槽或测量记录、隐蔽工程验收记录、混凝土及砂浆检验报告、结构吊装记录等基础资料，施工及监理日志。

e. 质量检验评定表、质检部门核发的有关证书及各种调试方案或记录。

f. 施工期间协调会议记录。

g. 甲供材料或设备明细表。

h. 建设施工双方签字认可的材料价格等资料。

i. 工程相关图片或文字资料。

j. 施工单位编制的单项工程竣工结算书(业主应在送审结算封面签“同意送审”字样并盖章，同时提供复印件)含工程量计算式等(提供复印件)。

k. 施工期间当地建设局造价站公布的造价信息。

l. 中介机构已审核的工程竣工结算报告。

③ 工程财务及工程拆迁资料

a. 建设项目资金、物资等财务管理办法。

b. 建设单位各年度报表、会计账簿、会计凭证。

c. 建设项目竣工财务决算报表，包含基本建设项目概况表、交付使用资产表、建设项目竣工财务决算报表编制说明书等(提供复印件)。

d. 建设项目开户银行、账号、银行对账单。

e. 建设工程拆迁补偿标准文件、政策法规依据。

f. 拆迁工程拆迁补偿合同、补充协议等。

g. 工程拆迁征用对象的原土地使用权证、房屋产权证等。

h. 拆迁土地赔付总额表、拆迁土地赔付分户金额明细表。

i. 拆迁青苗和树木赔付总额表、拆迁青苗树木赔付金额明细表。

j. 拆迁建筑物费用和拆除的废旧设备、材料处理情况资料。

k. 拆迁原房屋评估资料以及拆迁土地评估资料。

l. 拆迁工程补偿与安置方案。

m. 被拆迁对象的补充安置情况资料。

(8) 工程项目竣工决算审计的环节

① 审查决算资料的完整性

建设、施工等与建设项目相关的单位应提供的资料：

a. 经批准的可行性研究报告、初步设计、投资概算、设备清单；
b. 工程预算(投标报价)、结算书；
c. 同级财政审批的各年度财务决算报表及竣工财务决算报表；
d. 各年度下达的固定资产投资计划及调整计划；
e. 各种合同及协议书；
f. 已办理竣工验收的单项工程的竣工验收资料；
g. 施工图、竣工图和设计变更、现场签证，施工记录；
h. 建设项目设备、材料采购及入、出库资料；
i. 财务会计报表、会计账簿、会计凭证及其他会计资料；
j. 工程项目交点清单及财产盘点移交清单；
k. 其他资料，如收尾工程、遗留问题等。

② 竣工财务决算报表和说明书完整性、真实性审计

大、中型建设项目财务决算报表包括：
a. 基本建设项目竣工决算审批表；
b. 大、中型建设项目竣工工程概况表；
c. 竣工工程财务决算表；
d. 交付使用资产总表；
e. 交付使用资产明细表。

小型基建项目财务决算报表包括：
a. 竣工工程决算总表；
b. 交付使用资产明细表。

对建设项目竣工财务决算报表的审计重点主要包括：
a. 竣工决算报表是否按规定的期限编制；
b. 竣工决算各种报表是否填列齐全，有无漏报、缺报；
c. 已报的决算各表中项目的填列是否正确完整；
d. 各表之间钩稽关系是否正确；
e. 报表中有关概算数和计划数是否与批准的概算数和计划数一致；
f. 竣工决算表中的主要项目金额是否与其历年批准的财务决算报表中的主要项目金额相符；
g. 审查结余资金的合理性、合法性。

③ 各项建设投资支出的真实性、合规性审计

包括：建安工程投资审计、设备投资审计、待摊投资列支的审计、其他投资支出的审计、待核销基建支出的审计、转出投资审计。

④ 建设工程竣工结算的真实性、合规性审计

a. 约定的合同价款、合同价款调整内容以及索赔事项是否规范；
b. 工程设计变更价款调整事项是否约定；
c. 施工现场的造价控制是否真实合规；
d. 工程进度款结算与支付是否合规；
e. 工程造价咨询机构出具的工程结算文件是否真实合规。

⑤ 概算执行情况审计

包括：实际完成投资总额的真实合规性审计，概算总投资、投入实际金额、实际投资完成额的比较；分析超支或节余的原因。

⑥ 交付使用资产真实性、完整性审计

包括：是否符合交付使用条件；交接手续是否齐全；应交使用资产是否真实、完整。

⑦ 结余资金及基建收入审计

a. 结余资金管理是否规范，有无小金库；

b. 库存物资管理是否规范，数量、质量是否存在问题，库存材料价格是否真实；

c. 往来款项、债权债务是否清晰，是否存在转移挪用问题，债权债务清理是否及时；

d. 基建收入是否及时清算，来源是否核实，收入分配是否存在问题。

⑧ 尾工工程审计

包括：未完项目工程量的真实性和预留投资金额的真实性。

(9) 工程项目竣工决算审计的审核重点

审核重点是审计必须重点关注的内容，也是审核质量控制的关键所在，工程项目竣工决算审计的重点，应当根据项目实际情况确定。工程项目竣工决算审计应当掌握的重点问题主要包括：工程建设总成本、建筑安装成本、借款利息资本化、建设单位管理费、收纳不合规票据、工程价款结算、印花税及其他税金、材料及水电费结算、长期悬宕账款、尾工工程与或有性支出、试运行期费用列支、拆迁补偿费、工程项目混合建账、投资概算执行结果考核等。

① 工程建设总成本

审核的范围：建筑安装投资、设备投资、待摊投资和其他投资。

审核依据：以批准概算为准，各种费用按概算口径确定。

费用界限：必须是本项目实际发生的成本费用，否则应予剔除。

成本项目归集：以会计制度规定为准，归集不当的逐项调账。

成本费用完整性：财务决算截止日期各项成本费用实际发生数是否已归集齐全(对外投资，被没收财物，支付的罚金、滞纳金、违约金、赔偿金以及捐赠、赞助费不能计入成本)。

确认建设总成本明细科目发生额，同时确认其对应账户发生额。

② 工程造价

工程造价是建设总成本的主要构成之一，这是审计发现问题频发区域，需特别关注。

工程造价确认，一般以工程造价审计的审定数为准，但也需进行复查认定，发现造价审计有不实之处可以重新审定。

未经造价审计而直接计入成本的建筑安装支出要列出清单，待办审计手续后再认定，少量小额土建费用的认定可以不受此限。

单项工程造价需账内、账外同时审查，防止已完工未审计而不进账的情况发生。

结合施工、监理合同有关条款审查，关注工程款结算和附加条件执行(如奖励、投资等)。

③ 借款利息资本化

列支范围：概算中规定有银行借款，是本项目实际使用的借款发生的利息支出。

统贷统用的借款进入本项目的利息，先查明分摊标准是否合理，以及本项目实际占用的借款额度与时间，再确认支出数。

资本化截止时限，项目批准筹建开始，至工程交付使用时止，最长不超过竣工验收后3个月，超过时限的报财政审批同意。

不属于本项目使用的借款利息一律剔除，延期还款的罚息、滞纳金不能列支，特殊情况发生的借款先审核后慎重确认。

银行存款利息不作收入，冲减利息支出。

④ 建设单位管理费

真实性审查，确认账面发生的管理费是本项目使用的实际费用，剔除应由行政（生产）负担的管理费，属于待摊投资的其他项目开支的应予转出。

控制标准按财政部〔2002〕394号文件规定，分档计算，业务招待费不得超过管理总额的10%，对照标准画出超支或节约数，分析原因，超支部分需报经财政部门认可才能列支。

管理费发生时限为从项目筹建之日起至办理竣工财务决算之日止（竣工财务决算日与竣工验收交付使用日一致）。

⑤ 收纳不合规票据

在建安成本审核中逐笔清查建筑安装发票，非本地发票详细列出清单（单位、工程项目、结算总额、缺发票金额）。

在设备投资审核中注意采购金额与发票金额是否一致，尚缺器材发票的详细记录。

按不合规票据应纳税金计算涉税金额。

确定期限（一般为发现之日起15天内）由建设单位向对方换取合规票据，逾期不能换取或索取的应由建设单位（票据收受者）负责补税、罚款（不能进入成本）。

⑥ 工程价款结算

审核方法：将建筑安装工程分项目和结算对象列出工程价款结算数（应付、已付、未付、应扣、欠付），清理有关账户发生额、余额；征询、核对账户余额，取得证明；发现差错或重复支付的查明原因加以纠正。

对照合同条款，检查有无遗漏的结算事项。

建筑安装投资、不合规票据、工程价款结算三者结合在一起连贯检查，有甲供材料、代垫水电费的要同时扣收甲供材料、水电费款项。

总结工程价款结算制度上的经验、教训。

⑦ 印花税及其他税金

特别关注印花税漏交，清查各类经济合同（施工、监理、设计、供货）应缴未缴的印花税。

清查工程收入（房租、出借资金利息收入、罚款、赔偿金收入等）、应缴未缴的所得税。

列出"涉税事项清单"计算应缴税金，提出缴款期限。

⑧ 材料、水电费结算

检查材料收、发、存管理制度，存在哪些薄弱环节。

稽核材料收入、领用、库存数，核对施工单位收取、扣回数，如有出入，查明数量金额，提出处理意见。

水电费实际代付数与扣回数之差额按合同规定处理。

工程价款结算的发票金额应包括材料、水电费，少开漏开的要补足发票金额。

材料收付不建账的需由建设单位采取补救措施清理后再进行审核,先查明建设单位与施工单位之间的结算往来,再审查建设单位材料的账务处理,核实建设成本。

⑨ 长期悬宕账款

不能落实债权的应收款项、未处理的物资报损和坏账损失、报废工程占用资金等。

逐笔审查,逆向追溯原因,查明数量金额,落实责任。

属于经办人员或施工单位责任的损失,留置账面继续追究和回收账款,确实无法追究单位和个人责任的损失,报经财政或主管部门批准列作待摊投资。

⑩ 尾工工程与或有性支出

尾工工程进成本数根据项目投资控制在总概算的5%以内,超过5%的不能办理竣工财务决算。

尾工工程支出,应有概算内容和具体支付项目,经审核确认需实际支付的款项。

或有性支出没有确切的政策依据和计算依据不能以“预提费用”名义进入成本,此类费用一般应予剔除。

⑪ 试运行期费用列支

试运期时间确认,根据批准的项目设计文件规定,引进设备的试运期按合同规定,超过期限并已符合验收条件的视同投产。

经过核实的试运期成本费用减除产品销售净收入后的差额作增加或冲减建设成本,列入负荷联合试车费。

试运行成本费用的收入与支出另行单独设账的应进行延伸检查。

⑫ 拆迁补偿费

要熟悉政府拆迁补偿的政策及本项目有关规定,拆迁补偿合同明确拆迁补偿的具体项目内容、支付标准、期限等。

有安置房补偿的,查清安置房购入面积(套数/m^2)金额,安置分配的面积(套数/m^2)金额,超面积部分处理面积(套数/m^2)金额,以及与安置相关的费用(补贴)支出,应支付数与已支付数,结出未支付数。

安置拆迁由专职机构负责,拆迁费用另列账目的,拆迁安置补偿费列支应进行延伸审核,核查项目承担部分有无出入。

拆迁补偿有遗留问题的,查明情况和原因,提出合理界定项目应承担的费用。

发现疑点,把握实质性问题,深入取证,及时汇报。

⑬ 工程项目混合建账

按照财政部财建〔2003〕724号文规定“一个建设单位同时承建多个建设项目,根据基本建设有关规定,每个基本建设项目都必须单独建账,单独核算”,但是,一些建设单位常常是混合建账,统一核算,分不清资金来源,致使很难办理竣工财务决算。

在遇到部分项目已竣工、部分项目继续在建的情况时,如何办理已竣工项目的财务决算,要视账务运作的具体情况而定。方法上可以先查明竣工财务决算项目的成本费用,交付使用资产及其相关资产、负债,并做好调账处理;然后相应地确定本项目投资来源,从总账到明细账双向分割出本项目的资金占用和资金来源,产生本项目决算日资金平衡表。在建设单位确认之后,再进行竣工财务决算审核,同时关注在建项目账实、账账的一致性、真实性,对今后的核算方法如何改进提出意见。

(10) 工程项目竣工决算审计的方法

① 竣工决算审计方式

a. 工程结算审计应从事后审计为主转变为事前介入、事中参与、事后审计。

b. 基建专账与财务大账审计相结合。

c. 工程竣工结算(造价)审计与工程财务(决算)审计相结合。

d. 工程技术方法与财务审计方法相结合。

e. 资料审查与现场勘验相结合。

f. 内查与外调相结合。

② 工程项目竣工决算审计的方法

工程项目竣工决算审计的方法主要有：调查表法、复核法、抽查法等。

a. 调查表法

调查表法是指工程项目在竣工决算审计前通过对项目基本情况和项目建设情况等的资料调查，掌握审计所需基本信息，为项目决算审计提供完整的基础资料。常用的工程项目竣工决算审计前的调查表包括工程项目基本情况表和建设情况表。

● 工程项目基本情况表

工程项目基本情况表的内容包括：建设地址、占地面积、工程项目建设的各参与方、项目建设批准文件、投资总额、建设规模、建设起止时间、资金来源渠道、主要建设指标、未完工程说明等。表 9-5 反映了工程项目基本情况表的内容。

表 9-5　工程项目基本情况表

建设地址		主管单位	
占地面积		监督单位	
项目建设批准文件		项目法人	
		设计单位	
		监理单位	
		土建施工单位	
		安装施工单位	
		装饰施工单位	
		设备供应单位	
		其他	
投资总额	计划		
	实际		
建设规模	计划		
	实际		
建设起止时间	计划		
	实际		

（续表）

<table>
<tr><td colspan="2" rowspan="2">资金来源渠道</td><td colspan="2">应到位</td><td colspan="2">实际到位</td></tr>
<tr><td>原币：</td><td>人民币：</td><td>原币：</td><td>人民币：</td></tr>
<tr><td rowspan="10">主要建设指标</td><td>项目/万元</td><td>概算</td><td>实际</td><td>项目负责人</td><td></td></tr>
<tr><td>建筑安装总费</td><td></td><td></td><td>工程负责人</td><td></td></tr>
<tr><td>设备投资总额</td><td></td><td></td><td>财务负责人</td><td></td></tr>
<tr><td>待摊投资总额</td><td></td><td></td><td>会计</td><td></td></tr>
<tr><td>其他投资总额</td><td></td><td></td><td>出纳</td><td></td></tr>
<tr><td>待核销基建支出总额</td><td></td><td></td><td>出纳</td><td></td></tr>
<tr><td></td><td></td><td></td><td>联系地址</td><td></td></tr>
<tr><td></td><td></td><td></td><td>电话</td><td></td></tr>
<tr><td></td><td></td><td></td><td>传真</td><td></td></tr>
<tr><td></td><td></td><td></td><td>邮编</td><td></td></tr>
</table>

未完工程说明				
项目内容	占概算投资比例/%	已完成投资金额/万元	尚需投资金额/万元	预计完成时间
合计				

● 工程项目建设情况表

工程项目建设情况表主要反映了工程项目法人职责履行情况、项目立项情况、招投标情况、合同管理情况和财务核算情况，工程项目建设情况表内容如表 9-6 所示。

表 9-6 工程项目建设情况表

序号	内容	评价	备注
一	项目法人职责履行情况		
1	是否按照国家规定设立项目法人		
2	机构是否健全		
3	是否制定相应管理制度		
4	项目法人在立项时，是否严格执行国家有关利用基建资金建设有关基本建设项目的建设程序		
5	是否在工程项目开工前，到当地工程质量、安全监督机构办理工程质量、安全监督手续		
6	是否按照财务通则、会计准则和有关财务制度进行财务管理和会计核算		

（续表）

序号	内容	评价	备注
二	项目立项情况		
1	项目立项程序是否合规、手续是否齐全，主要包括：		
(1)	是否编制可行性研究报告和项目管理建议书		
(2)	可行性研究报告的审批程序是否符合国家规定程序		
(3)	是否编制设计任务书		
(4)	设计任务书的编制是否在项目建议书和可行性研究报告批准后进行，是否报经国家有关部门批准		
(5)	初步设计是否报经国家有关部门批准		
(6)	初步设计是否在开工前一次完成，有无边设计边施工情况		
(7)	概述的调整是否按照国家规定的编制方法、定额、标准，由有资质的单位编制，是否经国家有关部门批准		
(8)	工程建设项目是否向当地建设行政主管部门或授权机构进行报建，开工前是否向建设行政主管部门申请领取施工许可证		
(9)	工程项目是否纳入上级主管部门下达的年度建设计划		
2	项目建设具体内容是否符合国家有关部门审定的概述要求，主要包括：		
(1)	有无概算外项目		
(2)	有无超概算的情况（非主观情况）		
(3)	有无扩大建设规模和提高建设标准问题		
(4)	有无因人为因素造成损失浪费问题		
三	招投标情况		
1	项目建设单位是否制定招投标管理制度		
2	工程所有重大项目是否实施招投标		
3	招投标制度是否得到了有效执行		
四	合同管理情况		
1	合同的签订人是否经过适当的授权批准		
2	合同的签订是否采用了相关的合同范本		
3	合同的履行是否由管理单位项目责任人负责		
4	合同是否按照内部规定进行统一编号		
5	合同的内容是否恰当		

(续表)

序号	内容	评价	备注
五	财务核算情况		
1	是否按照国家及企业相关文件建立财务核算制度		
2	是否具备专职的财务核算人员		
3	是否定期编制报表		
4	会计账簿、凭证、报表是否规范		

b. 复核法

复核法是指审计人员对被审计单位经济活动的历史记录进行一次重复性的验算或验总,是对相关的记录和数据的正确性、完整性进行查对的一种审计方法。通过将有关的两个或两个以上的记录和数据进行比较对照,看其是否相符,同时查明各个记录间的连续性。通过复核,寻找不同记录间存在的差异,进一步分析差异产生的原因及导致的后果,收集必要的审计证据。

复核的内容主要是:证证复核,即原始凭证与有关的原始凭证、记账凭证同所附的原始凭证,以及记账凭证与汇总记账凭证等的复核,主要考查所附原始凭证的数量是否齐全,日期、业务、内容、金融同记账凭证上的会计科目及金额是否相符,原始凭证之间以及记账凭证与汇总记账凭证之间内容是否一致;账证复核,即记账凭证或原始凭证与账户记录间的复核,主要考查凭证日期、科目、金额与账户记录内容是否一致,各账簿转次页、承前页金额是否前后相符;账账复核,即会计账簿记录与会计报表记录是否相符;账表复核,即明细表各个项目之间的钩稽关系与各种会计报表自我钩稽关系的相互复核;表表复核,即明细表与其他有关报表及各种会计报表间的复核。

c. 抽查法

作为众多审计方法之一的抽查法,已被我国的常规审计工作广泛采用,其意义在于可大幅度地提高审计效率,即用较小的投入(尤其是时间和精力的投入)来获得审计人员所要的审计结论。抽查法,实际上就是从已确定的总体中抽取样本进行审查,并由此得出相应的审计结论的一种方法。因此,抽样就成了抽查法中一个至关重要的过程,这一过程包括以下两项主要内容:确定抽取多少样本及如何按已确定的样本数量将样本从总体中抽取出来。从理论上讲,抽样的方法有三种:任意抽样、判断抽样、统计抽样。

任意抽样无须确定应该抽多少样本,也不用考虑怎样将样本从总体当中抽取出来。利用这种方法得到的样本,其优点在于样本的随机性强,弱点是无法保证其特性代表了总体的特性,也不可能使抽取出来的样本正好触及被审对象的重要部分或薄弱环节,最终由此样本推断出的审计结论的风险程度就完全不可控,审计质量也就得不到保障。判断抽样的方法在使用时以审计人员的各种判断为前提,抽样过程是有针对性的,可以针对审计对象的重要部分或薄弱环节进行抽样,但这样做降低了样本的随机性。此外,审计人员的判断可能存在偏差。不过这种抽样方法从很大程度上克服了任意抽样方法的不足,具有很强的可操作性。统计抽样方法是概率论与数理统计理论在审计中的具体运用,这就决定了这种抽样方法的科学性。用这种方法抽样,既能科学地确定抽样规模(即样本数量的多少),又能采用随机的方法从总体中抽取样本，并且还能保证最终的审计结论的精确度和可靠度。与任意抽样方法相比，既保留了任意抽样方法下抽样随机性的优点，又避免了任意抽样方法无法控制审计风险程度及无法保证审计质量的致命弱点。与判断抽样相比，统计抽样将风险程度量化并加以控制，避免可能产生的人为偏见。但其运用的广泛性要弱于判断抽样。

审计人员在开展审计业务时若使用抽查法，应考虑遵循“先统计抽样，再判断抽样，弃任意抽样”的原则。在审计业务的具体实施阶段，首先应联系被审计单位的实际，确定采用何种抽样方法是适宜的，然后才能按照确定的抽样方法具体地实施抽样，并进行审查。在具体选择抽样方法时，首先保证在统计抽样方法所需的条件具备的情况下，选用统计抽样方法；当统计抽样方法无法实施时，再考虑采用判断抽样方法；对于风险程度完全不可控的任意抽样方法，则尽量不要采用。

(11) 编写工程项目竣工决算审计报告

① 使用要求

工程竣工财务决算审计报告不同于注册会计师执业中的会计报表审计报告，由于用途的不同，报告的形式、内容、结构也有不同要求。

使用者对报告的需求主要是：

a. 能够反映工程总体财务状况（投资及其使用结果，财务收支与建设成本形成，工程概算、预算的执行等）；

b. 较为详细地反映审核发现的问题与处理意见；

c. 提出投资效益评价与建议。

② 报告形式

在实际工作中，通常采用的报告格式有两种：一种是详式审计报告，以正文详细表述报告内容，并以附件补充报告内容；另一种是简式审计报告，以正文概要叙述报告内容，而以附件详细补充报告内容，根据需要分别采用。

③ 注意的问题

a. 形式的选择，因项目情况而定，不必强求一致，还需通过实践探索取得经验，力求形式完善，方便报告使用者易看、易懂、易用。

b. 报告用词要通俗易懂，简洁明了，叙述层次清楚，内容写实为主，尽量少用或不用难以理解的专业术语，适应报告使用者的要求。

c. 披露情况和问题讲究实质重于形式，观点明确不含糊其辞，充分把握事实，点明性质，涉及财政投资违法违纪问题要如实反映按明文规定处理。

d. 审计建议切合实际有针对性，便于采纳应用见实效。

e. 审计报告阐述的内容相关数据要与建设单位编报的项目竣工财务决算报表及文字说明一致。

④ 建设项目竣工决算审计报告参考格式

a. 决算审计报告，如：“关于××市××工程竣工决算的审计报告”。

b. 收件人：委托人。

c. 建设项目基本情况，包括：建设项目立项；可行性研究报告及投资概算情况；建设项目开工竣工情况；建设项目法人制、资本金制、招投标制、合同制和监理制的实施情况；建设项目构成和审计工作开展的总体情况。

d. 审核范围、审核依据、程序实施情况、审计承诺、被审计单位的会计责任及相关责任。

e. 审计结果,包括:工程竣工结算(造价)审计结果、工程财务决算(交付使用资产)审计结果和建设资金到位情况。

f. 审计评价,包括:

• 总体评价:即对被审计单位内控制度、工程项目实施情况做一个概括评价。

• 真实性评价:即评价被审计单位财务管理和会计核算是否符合国家审计、会计准则规定,会计资料是否真实反映了建设项目资金来源、资金运用和交付使用资产情况。

• 合法性评价:即评价被审计单位建设项目财务收支是否符合基本建设财务管理规定和其他相关法规的规定,是否存在漏计缴税金、将原有资产处置费用列入新建工程成本、多计施工单位编制的工程竣工结算等问题。

• 效益性评价:建设项目工期、投资概算,建设规模及标准、设计生产能力或功能、环保指标及相关的财务指标是否按照可研、概算预定的目标实现,从定性和定量两个方面进行评价。

g. 审计查出的主要问题及处理意见。

h. 审计意见和建议。

i. 签章和地址。签章应由具有工程预决算审核资格的相关人员签署。

j. 报告日期一般以外勤工作结束日为准。

k. 附件,如竣工财务决算表等。

3) 提出意见和建议

审计人员应针对建设项目在资金管理、会计核算方面存在的薄弱环节,为组织和项目提供有关改进建设项目财务管理、提高建设资金使用效率、增强会计信息可靠性和有用性等方面的意见。

【案例 9-1】 深圳市地铁集团 2 号线三期工程建设情况专项审计调查结果公告

(2022 年第 2 号公告)

根据《中华人民共和国审计法》第二十七条的规定,2021 年 11 月 1 日至 12 月 31 日,深圳市审计局对我市城市轨道交通 2 号线三期工程建设情况进行了专项审计调查。

一、基本情况

(一) 建设单位及项目建设基本情况

深圳市地铁集团有限公司(以下简称地铁集团)是深圳市国资委直管的国有独资大型企业,负责地铁、轻轨交通项目的建设经营、开发和综合利用。

城市轨道交通 2 号线三期工程项目为 2 号线延长线,西起新秀站,终至莲塘站后顺接 8 号线一期工程,线路全长 3.78 km,设车站 3 座,3 个地下区间及一个站后折返线,车站分别是莲塘口岸站、仙湖路站、莲塘站,全部为地下车站,平均站间距约为 1.242 km。项目包含了市发展改革委分别于 2018 年 2 月和 2020 年 4 月批复的城市轨道交通 2 号线三期工程(以下简称 2 号线三期工程)、城市轨道交通 2 号线三期前期工程(以下简称前期工程)两个项目,批复总概算为 338 235.00 万元。

(二) 建设资金使用情况

前期工程项目批复项目总概算 36 471.00 万元,资金来源为市政府投资。截至 2021 年

10月31日，累计发生成本支出20 699.53万元。2号线三期工程项目批复项目总概算为301 764.00万元，截至2021年10月31日，累计发生成本支出177 896.41万元。

二、审计调查评价意见

审计调查结果表明，地铁集团在工程管理、财务管理、招标采购等方面制定了相应的规章制度；在工期和质量等方面基本实现预定目标，建设投资控制效果较好，设备及固定资产管理较为规范。审计调查也发现，在建设程序履行、招投标管理、设计管理及合同管理、现场设备管理、试运营管理、资金管理及成本核算等方面存在一些问题。

三、审计调查发现的主要问题

（一）建设程序履行方面

1. 2号线三期工程初步设计批复一年后，地铁集团才将作为初步设计文件重要组成部分的项目概算向市发展改革委进行申报，导致项目概算在投资计划下达后批复，概算无法起到投资控制作用。

2. 已竣工验收的8个单项工程中有7个未按相关规定完成工程结算报告的编制并送审，也未申请延期。

（二）招投标管理方面

1. 部分工程定标过程未参考技术标综合评审意见。前期工程部分标段的定标环节中未充分参考技术标综合评审意见，逐轮票决确定的中标候选人在商务标一致的情况下，技术标综合评审意见劣于其他部分投标人，定标过程资料无相应依据。

2. 2号线三期工程主体工程中的人防工程未按招标文件及合同要求在建设工程交易服务中心公开招标，涉及金额1 297.00万元。

（三）设计管理及合同管理方面

1. 交通疏解工程(含路灯改迁及恢复工程)设计发生较大变化，合同暂定价超概算批复11 945.89万元，地铁集团未及时与承包单位签订补充协议调减。

2. 设计总承包管理不到位，莲塘站建设规模申报不准确，未将原可行性研究报告中“莲塘站为地下二层标准站”在概算申报中调整为地下二层(局部三层)。

3. 设计总承包单位专业设计失误，特殊减震段轨道预留高度不符合环评要求，导致工程变更造成损失，涉及金额约14.00万元。

4. 地铁集团将2号线新秀站既有线结构渗漏引起的渗漏水处理工程列为本项目变更事项，列支不属于本项目的工程变更费用，涉及金额39.90万元。

（四）现场设备管理方面

一是综合安防摄像机部分设备型号安装与设计图纸不符，设计为球形摄像机，现场实际为枪形或半球形摄像机。二是将仙湖路站B出入口已取消的球形摄像机送审结算。三是节能照明装置中LED平板灯移交数量比实际安装数量多，多出的设备未在仓库且无其他存放或移交记录。

（五）试运营管理方面

1. 2号线三期工程项目地铁车站商业包括8个商铺，涉及面积初步测量为165.85 m^2，截至2021年10月31日，车站商业仍未完成交付工作。

2. 2号线三期工程未按初步设计批复的12个月试运营期开展试运营工作，截至2021年10月31日，该项目已试运营14个月，且试运营费用超分项概算1 090.86万元。

（六）资金管理及成本核算方面

1. 地铁集团在申报概算时，未按实际情况申报建设期利息，在项目资本金已于2017年12月全部到位且优先使用的情况下，地铁集团仍申报了2016年至2020年度建设期利息。

2. 未明确成本分摊原则，存在成本少计、多计的情况。将2号线三期工程2019年12月13日至2020年10月31日产生的电费全部计入8号线一期工程。将部分不属于项目支出的人员薪酬费用、新员工生产培训费用计入本项目。

3. 未按概算批准的建设内容列支建设成本，将属于前期工程中小规模通信管线改迁及恢复工程项目成本计入2号线三期工程项目成本，涉及金额126.60万元。

4. 存在超合同总价支付及合同应付未付情况，其中1份合同付款金额超过合同总价，21份合同存在应付未付情况，涉及金额2 188.60万元。

四、审计调查处理情况和建议

对审计调查发现的问题，深圳市审计局已出具了审计调查报告，提出了相应的处理意见。

一是关于建设程序履行方面的问题，要求地铁集团总结轨道交通项目建设经验，认真分析概算申报严重滞后的主客观原因，有效解决概算申报管理存在的问题，在今后的轨道交通建设项目中及时报送初步设计概算，防范投资控制风险；按照《深圳经济特区政府投资项目管理条例》的有关规定，及时办理工程结算和竣工决算，确需延长报审时间的，应当按照规定提出延期申请并经批准。

二是关于招投标管理方面的问题，要求地铁集团健全内部定标管理制度，完善定标细则，对于明显与评审意见不符的定标结果应依据充分；加强工程管理，严格执行相关法律法规和合同文件。

三是关于设计管理及合同管理方面的问题，要求地铁集团加强合同管理，梳理建设规模、设计变更发生较大变化的合同，及时签订补充协议，调减合同金额，明确权责，防范风险；加强设计管理，严格做好履约评价，按照合同相关条款约定对违约情形做出相应处罚，厘清工程变更责任，核减不属于本项目的支出。

四是关于现场设备管理方面的问题，要求地铁集团开展物资设备安装情况专项核查，核查物资设备设计、移交与安装情况，做好设备维修更换记录；梳理设备去向不明原因，落实相关责任，扣除未安装的设备费用，避免浪费及虚列建设成本，确保物资设备规范管理。

五是关于试运营管理方面的问题，要求地铁集团按照相关规定尽快完成地铁车站商业的交付工作；按照规定尽快向相关主管部门申请办理正式运营相关手续，并严格按照概算批复控制项目成本。

六是关于资金管理及成本核算方面的问题，要求地铁集团在今后的项目中根据实际情况，合理编制申报项目概算，按实申报竣工决算；对薪酬费用列支进行自查，严格按照《基本建设财务规则》和相关会计规定，制定成本分摊标准，合理核算项目建设成本；加大项目进度款支付审核力度，严格按照会计规定和合同约定、进度情况进行支付。

五、审计调查发现问题的整改情况

对本次审计调查发现的问题，被调查单位采取措施，积极整改，截至2022年6月，整改情况如下：

一是关于建设程序履行方面的问题，地铁集团组织了设计、概算等管理部门进行专题分析，总结了2号线三期工程存在概算批复滞后的问题，分析了工程可行性研究与初步设计衔接工作、初步设计管理不到位、概算申报前沟通不充分等原因，并将提前启动轨道交通五期工程的初步设计工作，提高概算申报效率；完成了部分标段结算审核内部呈批工作，制订了其他标段结算审核工作计划，抓紧推进结算审核工作。

二是关于招投标管理方面的问题，地铁集团强化了定标管理工作，在项目招标方案中明确了“先择优、后竞价”的定标原则，要求定标委员会专家推荐中标候选人应明确推荐理由，对所提意见和理由承担个人责任；在后续建设项目中将建立健全工程采购（招标）事前审查和备案机制，完善相关管理制度及合同条款。

三是关于设计管理及合同管理方面的问题，地铁集团对全部在建轨道交通工程车站规模进行了全面梳理和自查，确保规模与报批及批复文件一致；根据合同约定及相关考核办法对设计总承包单位设计失误事项进行罚款；已提请相关手续拟将既有线渗漏的工程变更费用划转至运营成本，确保建设成本真实可靠。

四是关于现场设备管理方面的问题，地铁集团将设备（材料）现场管理情况列入2022年度内部审计工作计划，对设备（材料）实际管理现状、相关单位责任划分、内控管理制度是否有效执行、各环节管理工作是否规范等情况进行专项核查。

五是关于试运营管理方面的问题，地铁集团立行立改，已完成2号线三期商业移交工作；按照合同条款约定，完成对备品备件多计的建设成本冲销工作，并向相关单位发送了“物资中心关于明确建设工程合同质保期内备品备件使用消耗相关工作要求的函”，规范备品备件管理；与相关主管部门协调正式运营手续办理事项，且自2022年1月1日起，已将2号线三期发生的费用计入正式运营成本。

六是关于资金管理及成本核算方面的问题，地铁集团申报2号线三期工程竣工决算时，按实计列建设期利息；对部分多计、少计或列支错误的建设成本问题，已完成部分调账，个别未完成调账部分已明确了调账日期；对支付超合同总价的合同已签订补充协议，向各相关供货商发出申请工程款的通知，已完成部分合同应付款项支付工作，并在持续推进剩余部分应付款项支付工作。

（摘编自深圳市审计局网站2022年8月2日公告）

【案例9-2】 YZ市生活垃圾焚烧发电项目三期工程财务竣工决算编制报告

YZTD环保有限公司：

我们接受贵公司委托，对YZTD环保有限公司（简称“YZTD公司”）负责建设的YZ市生活垃圾焚烧发电项目三期工程截至2025年1月31日财务竣工决算情况进行了编制。

一、管理层对财务资料的责任

建立健全内部控制制度，严格按照《中华人民共和国会计法》及相关会计制度的规定核算，提供真实、完整的会计资料和其他资料是YZTD公司管理层的责任。

二、我们的责任

我们的责任是根据贵公司提供的YZ市生活垃圾焚烧发电项目三期工程会计资料和其他资料，按照财政部发布的《基本建设财务管理规定》、《基本建设项目竣工财务决算报表》和《基本建设项目竣工财务决算报表填制说明》的规定编制竣工财务决算报表及相关资料。同时我们根据财政部发布的《会计师事务所从事基本建设工程预算、结算、决算审核暂行办法》的规定对上述资料进行了审核。

在编制过程中,我们结合YZ市生活垃圾焚烧发电项目三期工程的实际情况,实施了包括抽查会计记录、审阅相关合同等我们认为必要的程序。

三、项目基本情况

(一) 初步设计概算情况

1. 工程立项的有关批文

(1) 工程核准的批复

2018年9月27日,YZ市发展和改革委员会以《YZ市发改委关于YZ市生活垃圾焚烧发电项目三期工程核准的批复》(Y发改许发〔2018〕254号)批复了工程核准的申请,核准内容如下:

a. 同意YZTD环保有限公司实施YZ市生活垃圾焚烧发电项目三期工程。

b. 项目建设地点:××区××环保产业园YZTD焚烧发电厂一期南侧,拟用地面积约2.6 ha。

c. 建设规模及内容:拟建设400 t/d垃圾焚烧生产线2条及20 MW汽轮机发电系统1套,配套建设综合厂房、公用工程以及环保处理等相关辅助设施。项目建成后每年可新增约29.2万t的垃圾处理能力,额定工况下年发电量约1.14×10^{9} kW·h。项目建设期18个月。

d. 总投资及资金来源:总投资为46 531.00万元,全部由YZTD环保有限公司自筹解决,项目资本金占比不低于20%。

(2) 工程环境影响的批复

2019年3月4日,YZ市××区环境保护局以《关于YZTD环保有限公司YZ市生活垃圾焚烧发电项目三期工程环境影响报告书的批复》(YH环审〔2019〕22号)批复了环境影响报告书。批复经审查和技术评估,同意YZ市生活垃圾焚烧发电项目三期工程环境影响报告书中的评价结论。

2. 初步设计概算总投资

《YZ市生活垃圾焚烧发电项目三期工程初步设计》确认本项目概算总投资46 512.99万元,其中:工程费22 717.22万元,设备费17 254.15万元,其他费用3 658.17万元,基本预备费1 288.11万元,建设期贷款利息1 463.64万元,铺底流动资金131.70万元。

3. 初步设计的项目建设内容

本工程建设内容主要包括:垃圾焚烧及发电系统、垃圾接收处理及助燃系统、除灰渣系统、水处理系统、供水系统、电气系统、热工控制系统、附属生产工程、厂区绿化工程、附属生产工程、厂区绿化工程(草坪灌木)、厂区土石方工程、地基处理、红线外市政配套道路、红线外电力接入系统以及给水工程等(不包括主厂房二次精装修、环保展厅及景观绿化)。

4. 施工图设计审查情况

YZ市建设工程施工图设计审查中心对YZ市生活垃圾焚烧发电项目三期工程施工图设计进行了审查,经审查确认为合格,并于2019年8月13日颁发了《JS省房屋建筑和市政基础设施工程施工图设计文件合格书》(编号:10161〔2019〕第0585号)。

（二）项目实际建设资金来源情况

截至2025年1月31日，该项目建设资金已到位47 800.98万元，其中：项目资本金10 000.00万元，银行贷款18 000.00万元，中央预算内资金1 750.00万元，自筹资金18 050.98万元。

（三）项目建设管理情况

1. 项目概况

YZ市生活垃圾焚烧发电项目三期工程位于YZ市××区××环保产业园赵庄路南侧（YZ市××镇赵庄垃圾卫生填埋场一期工程西侧），环保大道西侧，原一期、二期厂房南侧。三期工程拟扩建规模800 t/d，配置2台400 t/d的炉排炉式垃圾焚烧炉和1台20 MW凝汽式汽轮发电机组，焚烧锅炉全年运行大于8 000 h，年可焚烧生活垃圾29.2万t。服务范围包括××区、××区、××市。运营年限28年，含建设期。

2. 主要参建单位

勘察单位：YZ市××岩土工程勘测有限公司

设计单位：××工程技术有限公司（总承包方委托）

监理单位：××工程管理股份有限公司

工程总承包单位：××工程局有限公司

3. 工程开竣工时间

工程设计工期：工程于2019年3月20日开工，2020年9月20日完工。

工程实际工期：工程于2019年9月27日开工，2021年12月14日完工，工期延误主要是因新冠疫情影响。

4. 招标投标情况

项目公司委托××投资咨询管理有限公司负责本工程的招标代理工作。根据工程特点，对该工程施工采用EPC总承包方式，将工程施工、工程监理、造价咨询等招标信息在YZ市公共资源交易平台上公开发布，评标委员会从工程评标专家库中随机抽取专家组成，经综合评分，最终确定中标单位。

项目公司通过询比价的方式确定水土保持方案编制和监测、基坑监测、安全评价、环保验收、质量检测等事项的承接单位。

5. 合同管理情况

项目公司与可行性研究、勘测、监理、施工总承包、设备采购以及质量检测等单位签订了相关合同，根据不同合同内容特点，施工总承包合同采用综合单价承包方式，其余服务类合同一般采用固定总价承包方式。

截至审计决算基准日，各参建单位基本能按合同约定完成相应的建设任务，未发生相关经济合同纠纷。

6. 工程监理情况

××工程管理股份有限公司承担本工程建设监理工作，监理部设置在工地现场。工程建设期间，监理部针对本工程编制了监理规划和监理细则，监理工程师根据监理规范、监理合同和授权规定的权利和义务，进行了监理工作，结合重要部位和关键工序实行跟班旁站，基本履行监理职责。

7. 工程验收情况

YZ市××区建筑工程质量安全监督站对YZ市生活垃圾焚烧发电项目三期工程EPC总承包(综合主厂房、附属工程)出具了建设工程质量监督报告。

2025年1月10日,建设单位、设计单位、勘察单位、施工单位和监理单位对YZ市生活垃圾焚烧发电项目三期工程EPC总承包(综合主厂房、附属工程)联合进行了验收,单位工程竣工验收评定为合格。

8. 项目管理情况

建设单位配备了相应的工程管理人员,分工明确,责任到人,工程建设有序开展。财务部门对该项目进行单独核算,会计核算按照建设单位会计制度设置明细科目,核算清晰,资金支付和费用审批履行了单位制定的审批制度。

四、编制内容及工作开展情况

(一) 编制内容

根据财政部关于工程竣工财务决算的一般要求,我们主要对以下方面进行编制确认:

1. 竣工财务决算报表的完整性和真实性;
2. 项目建设资金来源情况;
3. 项目建设成本的真实性与合规性;
4. 项目结余资金情况;
5. 概算执行情况;
6. 交付使用资产情况;
7. 项目资金管理和财务制度执行情况;
8. 基建收入及其他情况;
9. 工程项目管理情况。

(二) 编制依据

1. 财政部《基本建设财务管理规定》;
2. 财政部《国有建设单位会计制度》;
3. 财政部《基本建设项目竣工财务决算管理暂行办法》;
4.《中国注册会计师审计准则》;
5. JS省财政厅《JS省基本建设财务管理办法》;
6. 基本建设工程决算审核业务约定书;
7. 建设单位提供的设计文件、招标文件、承包合同、协议书等;
8. 建设单位提供的工程基本建设项目决算、结算(支付)证书、建设单位验收及监理资料等;
9. 建设单位提供的财务管理制度和会计账册、会计凭证等。

(三) 编制时间

从YZ市生活垃圾焚烧发电项目三期工程项目开始之日至2025年1月31日。

(四) 编制原则

从YZ市生活垃圾焚烧发电项目三期工程开始之日至2025年1月31日,发生的属于该项目的成本,不论发票是否开具,款项是否支付,均列入该项目的成本支出,不属于该项目的成本,不论发票是否开具,款项是否支付,均不列入该项目的成本支出。

（五）编制工作开展情况

1. 确定编制决算报表所需的资料范围

包括YZ市生活垃圾焚烧发电项目三期工程财务账册、凭证以及其他相关资料在内的所有基建档案是本次审核的范围。

2. 建立编制小组和制订编制计划

我们组织成立了YZ市生活垃圾焚烧发电项目三期工程竣工财务决算编制小组，明确项目负责人和主审人员，制订相应的工作计划和分阶段计划，按编制计划组织实施。

3. 编制方式

对YZ市生活垃圾焚烧发电项目三期工程的竣工财务决算编制，我们采取了先审核相关资料的方式确认数据的真实性和完整性，后按照审核结果对竣工财务决算进行编制。

编制小组对建设单位提交的各年度基建财务会计报表、项目竣工财务决算报表、有关财务账册凭证、工程结算审核资料、项目批文、合同附件和其他重要资料进行整理分析，听取建设单位的情况介绍；在充分了解YZ市生活垃圾焚烧发电项目三期工程的投资、建设、管理和竣工财务决算等相关情况的基础上，认真核查有关会计账簿和会计凭证，对核查中发现的问题对照建设单位会计制度和基建财务相关规定查证落实，并及时做好原始记录，汇总整理审核事项；把对建设成本的核实和费用支出的核查作为财务审核的重点，归集和分析基建支出投资结构，为最终编制竣工财务决算提供依据；对存在问题及时整理并沟通协商。

在审核中，我们把对工程造价结算审核结果的理解和财务决算审核结合在一起，前后对照，相互查证，交叉核实。

五、竣工决算编制情况

（一）审核情况

该工程概算总投资46 512.99万元，其中：建筑工程投资16 709.42万元，设备投资17 254.15元，安装工程6 007.80万元，其他费用3 658.17万元，基本预备费1 288.11万元，基建期贷款利息1 463.64万元，铺底流动资金131.70万元。

该工程账面总投资503 833 586.59元，其中：建筑安装工程投资328 277 749.00元，设备投资94 490 619.04元，待摊投资81 065 218.55元。

1. 调增决算情况

(1) 补记未开票未记账的三期工程厂区南侧彩钢板护栏安装施工费33 666.79元；

(2) 补记未开票未记账的三期工程决算编制费177 358.49元；

(3) 补记三期工程结算造价审计部分未开票未记账咨询费222 082.08元；

(4) 补记××工程局有限公司总承包未开票未记账金额2 522 588.78元。

2. 调减决算情况

(1) 扣减非本项目停车场工程施工支出545 871.56元；

(2) 扣减非本项目高低压开关室改造支出158 800.00元；

(3) 扣减非本项目办公室装修支出74 000.00元；

(4) 扣减非本项目压泥机水池、设备房施工支出969 494.95元；

(5) 扣减非本项目运输栈桥下部封闭施工支出365 371.37元；

(6) 扣减离任审计费94 339.62元；

(7) 扣减运行后发生的炉渣外运费用 43 631.07 元;

(8) 扣减非本项目垃圾运输通道下部扩建非机动车车库等设计费 10 000.00 元;

(9) 扣减运行需要采购的纱布、彩条支出 14 654.87 元;

(10) 扣减运行需要采购的叉车支出 50 973.45 元;

(11) 扣减运行需要采购的热电偶支出 50 548.67 元;

(12) 扣减运行需要采购的排水管道流量计支出 48 115.05 元;

(13) 扣减运行需要采购的机械密封等备品备件支出 44 621.23 元;

(14) 扣减运行需要采购的防尘布支出 45 318.58 元;

(15) 扣减运行需要采购的防雨布支出 8 070.80 元;

(16) 扣减运行需要采购的绝缘防滑垫、黑纱布支出 7 212.38 元;

(17) 扣减运行需要采购的黑纱布支出 3 292.04 元;

(18) 扣减非本项目空调成套设备部分调整升级支出 252 212.39 元;

(19) 扣减非本项目 1 台 200 m^2 自动拉板隔膜压滤机及成套设备采购支出 387 610.62 元;

(20) 扣减采购某工程造价软件支出 4 867.26 元;

(21) 扣减申请国家补助发生的咨询服务费 1 650 943.35 元;

(22) 扣减申请国家资金文本复印装订费 990.10 元;

(23) 扣减非本项目监控维修费支出 18 739.81 元;

(24) 扣减企业负责人安全证培训费支出 800.00 元;

(25) 扣减新员工入职体检费 87.00 元;

(26) 扣减企业购入文件柜、衣架、电话机支出 4 019.60 元;

(27) 扣减运行需要采购的渗滤液膜支出 218 053.10 元;

(28) 扣减非本项目需要采购的户外 LED 全彩屏支出 118 811.88 元;

(29) 扣减本项目完工后继续计提的资本化利息 8 388 535.98 元;

(30) 扣减因工信局核查该项目委托事务所审计出具本项目投资金额的审计费用 5 660.38 元;

(31) 扣减代××工程局有限公司支付往来款记入工程成本的金额 1 702 450.00 元;

(32) 扣减包含在××局总承包合同内记入工程成本的渗滤液站安装款 1 682 657.22 元;

(33) 扣减包含在××局总承包合同内记入工程成本的渗沥液处理站及其他零星工程施工费 6 054 187.21 元。

经调整后,工程实际投资 483 584 341.19 元,其中:建筑安装工程投资 238 308 838.83 元,设备投资 168 930 230.93 元,待摊投资 76 345 271.43 元。

该项目实际投资对应的税金为 43 148 491.81 元,其中:建筑安装工程投资对应税金 19 812 221.19 元,设备投资对应税金 22 033 748.58 元,待摊投资对应税金 1 302 522.04 元。该工程含税总投资 526 732 833.00 元,其中:建筑安装工程投资(含税)258 121 060.02 元,设备投资(含税)190 963 979.51 元,待摊投资(含税)77 647 793.47 元。

(二) 工程结算审核情况

××工程局有限公司实施的 YZ 市生活垃圾焚烧发电项目三期工程 EPC 总承包项目,按 YZ 市生活垃圾焚烧发电项目三期工程 EPC 总承包合同确认工程结算金额为 417 519 602.41 元。

(三) 实际支出(含税)与概算比较分析

工程实际支出情况与概算比较分析见表9-7。

表9-7　YZ市生活垃圾焚烧发电厂三期工程概算核对表

单位：万元

项目	概算部分	实际部分	节约(超支)
建筑工程费	16 709.42	25 812.11	-3 094.89
安装工程费	6 007.80		
设备购置费	17 254.15	19 096.40	-1 842.25
其他费用	3 658.17	4 188.38	-530.21
预备费	1 288.11		1 288.11
建设期贷款利息	1 463.64	3 576.39	-2 112.75
铺底流动资金	131.70		131.70
合计	46 512.99	52 673.28	-6 160.29

超支原因分析：

1. 大宗物资材料价格上涨；

2. 不可抗力因素导致工期延期，特别是疫情等不可预见事件，对项目进度造成了严重影响，造成贷款利息大幅增加；

3. 设计与实际施工差异，签证变更较多：相较于初步设计，桩基工程和降水支护工程在实际施工过程中出现了较大幅度的调整与增加；

4. 工期延长引发的人、材、机价格调整。

(四) 尚未支付应付款情况

截至2025年1月31日，尚有48 723 044.85元应付款未支付，具体见表9-8。

表9-8　YZ市生活垃圾焚烧发电厂三期应付未付款情况表

单位：元

序号	项目	承包方	合同金额/审定金额	已付金额	应付金额
一	应付工程款				
1	工程现场零星变更施工	××建设有限公司	370 667.00	352 133.65	18 533.35
2	三期零星工程	××建设集团有限公司	352 000.00	334 400.00	17 600.00
3	三期围挡、防尘网工程	××建设集团有限公司	435 000.00	413 250.00	21 750.00
4	光纤铺设工程	××通信工程有限公司	228 282.00	216 383.30	11 898.70
5	电动伸缩门采购安装	××中心自动门窗厂	19 139.50	18 182.53	956.97
6	三期厂房装修款	××文化科技有限公司	5 824 909.32	5 358 365.7	466 543.62
7	厂区彩钢板护栏安装施工	××建设有限公司	36 696.80		36 696.80

(续表)

序号	项目	承包方	合同金额/审定金额	已付金额	应付金额
8	三期工程EPC总承包工程款	××工程局有限公司	327 199 002.41	304 240 733.40	22 958 269.01
9	垃圾吊控制室装修施工	××建设工程有限公司	87 000.00	84 390.00	2 610.00
二	应付器材款				
1	三期2×400 t/d焚烧余热锅炉配套布袋除尘器采购、三期2×400 t/d焚烧余热锅炉	××工程局有限公司	5 594 600.00	3 916 220.00	1 678 380.00
2	渗滤液回喷设备款	××环保工程有限公司	485 000.00	460 750.00	24 250.00
3	2台烟气净化成套设备款	××工程局有限公司	13 598 000.00	10 878 400.00	2 719 600.00
4	液压垃圾抓斗桥式起重机	××工程局有限公司	4 430 000.00	3 101 000.00	1 329 000.00
5	三期渣吊备用抓斗	××机械有限公司	282 000.00	267 900.00	14 100.00
6	三期电源箱、不锈钢球阀等设备采购	××机电设备有限公司	98 772.00	93 833.40	4 938.60
7	三期热控安装辅材费用	××机电设备有限公司	99 676.00	89 708.40	9 967.60
8	多级液压机械式生活垃圾焚烧炉排炉	××工程局有限公司	16 350 000.00	4 087 500.00	12 262 500.00
9	汽轮发电机组	××工程局有限公司	10 960 000.00	4 932 000.00	6 028 000.00
10	高压余热锅炉	××工程局有限公司	25 400 000.00	25 200 000.00	200 000.00
11	三期渣仓悬臂吊采购安装	××起重设备有限公司	8 280 000	78 660.00	4 140.00
12	综合主厂房集中采暖设备	××暖通工程有限公司	456 026.00	410 422.80	45 603.20
三	其他应付款				
1	三期工程电力信息系统安全等级保护建设咨询服务	××网络信息有限公司	8 000.00	6 400.00	1 600.00
2	竣工财务决算代编费	××联合会计师事务所	188 000.00		188 000.00
3	锅炉、压力容器检测费	××特种设备安全监督检验研究院	12 228.00	10 128.00	2 100.00

（续表）

序号	项目	承包方	合同金额/审定金额	已付金额	应付金额
4	三期建设工程监理费	××工程管理股份有限公司	1 958 000.00	1 862 000.00	96 000.00
5	三期工程造价咨询合同	××工程项目管理有限公司	800 000.00	560 000.00	240 000.00
6	生产安全事故应急预案技术服务	××环境科技有限公司	50 000.00		50 000 00
7	三期工程主厂房参观通道、VI形象展示及办公室精装设计	××文化科技有限公司	182 000.00	127 400.00	54 600.00
8	三期工程结算复审费	××工程咨询有限公司	470 815.00	235 408.00	235 407.00
	合计		416 058 614.03	367 335 569.18	48 723 044.85

六、编制结果

YZTD环保有限公司负责建设的YZ市生活垃圾焚烧发电项目三期工程实际建成交付使用资产价值为483 584 341.19元，其中：房屋建筑物及构筑物283 802 521.63元，设备、工具、器具、家具199 693 332.83元，流动资产88 486.73元。

附表：基本建设项目竣工财务决算报表（略）。

××联合会计师事务所（普通合伙）

第10章 工程项目绩效审计

10.1 概述

10.1.1 绩效审计理论

1）绩效审计产生的国际背景

绩效审计起源于20世纪40年代中期。在这之前，传统审计着力于财务报告的正确性和完整性，称为财务审计。第二次世界大战后，政府在社会经济活动中的作用与日俱增，导致公营部门大批涌现和国家公共资金占用成倍增加，由此，人们对公营部门提高支出效率和明确经济责任的要求越来越高，同时，人们对获得政府使用和管理公共资源的效率和效果方面信息的愿望也不断高涨。

美国开辟了绩效审计的先河，早在1945年通过《联邦公司控制法案》，要求会计总署不仅应直接评价公营企业的合规性，而且应对管理效率和内部控制系统的效率加以评价，它要求公营企业应将年度经营预算和工作计划经预算总局提交总统和国会，由审计总署进行审计。这是美国最早的绩效审计方面的规范。

20世纪60年代，美国审计总署率先把注意力转向经济性审计（Economy Audit）、效率性审计（Efficiency Audit）和效果性审计（Effectiveness Audit）（也称3E审计），开始进行绩效审计试点。

20世纪70年代，美国审计总署的3E审计走向准则化。1972年，美国审计总署制定了《政府的机构、计划项目、活动及职责的审计准则》，提出了"绩效型审计"的要求，明确规定实施3E审计，这在国家审计史上还是第一次，这份被称为"黄皮书"的审计标准对绩效审计的内容、实施和报告做了具体规定。从此3E审计走上了规范化的道路，并得以快速发展。在这一时期，美国政府审计工作量的86%以上是从事3E审计。

1993年，美国制定了《政府绩效与结果法案》，要求各部门明确任务，确定目标，制定绩效衡量标准。目前，绩效审计已发展到对受托责任、风险管理等进行评价，政府审计工作已占全部审计工作的90%以上。同时为了避免3E审计的片面性，美国的政府绩效审计评价体系由硬性指标和软指标共同构成。

1994年，美国审计总署修订的《政府的机构、计划项目、活动和职责的审计准则》指出，绩效审计就是客观地、系统地检查证据，以实现对政府组织、项目、活动和功能进行独立评价的目标，以便为改善公共责任性，为实施监督的、采取纠正措施的有关各方进行决策提供信息。

通过绩效审计和其他服务，美国审计总署每年为联邦政府节约了大量的资金。1999年财政年度中，美国审计总署的工作带来了201亿美元的财政收益。即在审计活动方面每投资1美元带来了57美元的收益。2000年财政年度，美国审计总署评估分析了社会安全改革、国防采购、军队维和行动、税收政策、计算机政策、管理人力资本的经济性、效率性和效果性，通过工作实现了230.2亿美元以上的直接财政收益，经费每投入1美元带来了61美元的收益。

进入21世纪后，美国《政府审计准则》更趋完善，有两章分别为绩效审计现场作业准则和绩效审计报告准则，详细规定了绩效审计的操作步骤和要求。过去的十多年里，绩效审计有力地削减了美国政府的预算和可避免开支，提高税收1 000多亿美元；美国审计总署每年发表1 000多份报告，审计官员在国会作证300多次。现在美国政府绩效审计工作已经占其审计工作总量的90%以上。美国审计总署在开展绩效审计方面取得了惊人的业绩，且对世界范围内政府绩效审计的开展起到了巨大的推动作用。

在美国带动下，西方许多国家，如英国、加拿大等政府审计机构先后从单纯的财务收支审计逐渐发展到绩效审计。这就使得绩效审计在西方国家快速发展。

2）绩效审计产生的国内背景

我国的绩效审计起步较晚。20世纪80年代初，随着审计署的成立及改革开放和市场经济体制的建立，我国绩效审计得到了较快发展，其发展经历了一个由微观到宏观，由单纯的企业经济效益审计到并重绩效审计的过程。中国加入世界贸易组织（WTO）后，为了迅速与国际审计惯例接轨，全国审计工作会议明确提出，绩效审计是更高层次的审计目标，是审计工作的发展方向，并在《审计署2003至2007年审计工作发展规划》中指出：实行财政财务收支的真实合法审计与效益审计并重，逐步加大效益审计分量，争取到2007年，投入效益审计力量占整个审计力量的一半左右。各地审计机关也广泛开展以绩效审计为主的行业审计调查、离任审计、经济责任审计、专项资金及公共工程的绩效审计，取得一定成效，向审计现代化迈出可喜一步。审计署印发的《“十三五”国家审计工作发展规划》提出：提升审计能力，提高审计效率；提高审计监督整体效能。《“十四五”国家审计工作发展规划》进一步提出，全面加强审计业务管理，向统筹要效率，靠创新提效能。在中央审计委员会第一次会议上，习近平总书记提出努力构建集中统一、全面覆盖、权威高效的审计监督体系，将“高效”作为新时期我国审计监督体系的内在特征之一。

国内较早的绩效审计论著是1992年吕文基撰写的《经济效益审计教程》；1991年至2005年中国审计学会多次举行绩效审计专题研讨会；1997年郭振乾审计长主编的《中国审计学》中也对绩效审计进行了专门论述。审计机关积极开展绩效审计研究和试点工作，绩效审计不断向深度和广度发展，比如全国审计机关同时开展了建设项目开工前审计，共审计20 000多个项目，总投资额105 815亿元，审计后对716个不具备开工条件的工程项目提出了意见，压缩建设规模资金128.5亿元；同时，还在全国范围内组织对165个国家重点工程项目进行审计，审计项目总投资2 007亿元，查出有问题金额106.5亿元，经审计处理后，为国家节省投资38亿元。2004年6月，审计署审计长李金华在第十届全国人民代表大会常务委员会第十次会议上所做的《关于2003年度中央预算执行和其他财政收支的审计工作报告》，从八个方面指出了财政预算执行中存在的问题，反映了财政收支的弊端。在审计中抽查的28个省份利用国债建设的500多个城市基础设施项目，1/4都未按期建成：抽查已建成的320个城市基础设施项目中，有32个没有投入运营，69个运营水平未达到设计能力。

党的十九届五中全会提出,我国已转向高质量发展阶段。"十四五"时期,经济社会发展要以推动高质量发展为主题,各个领域都要体现高质量发展的要求,推动质量变革、效率变革、动力变革,实现更高质量、更有效率、更加公平、更可持续、更为安全的发展。作为国家治理体系的重要组成部分,国家审计对实现经济社会高质量发展具有重要意义。要在审计资源的现实约束下最大限度地实现国家审计的治理效能,审计自身也要实现高质量发展。这就要求国家审计必须通过创新审计理念、推进审计资源配置、组织实施、成果利用等改革,不断提高审计效能,使审计能够更好助力国家治理现代化和经济社会高质量发展。因此,持续提高国家审计绩效,是实现审计高质量发展的重要途径和必然要求。

3) 绩效审计的概念

关于绩效审计的定义,世界各国都不尽相同,如美国由3E审计到现在的绩效审计(Performance Auditing),英国称为资金价值审计(Value for Money Auditing),加拿大称为综合审计(Comprehensive Audit),澳大利亚称为效率审计(Efficiency Audit),瑞典称为效果审计(Effectiveness Audit)。

最高审计机关国际组织(INTOSAI)在1986年第12届国际会议上,建议以绩效审计来统一各种有关效益审计的名称,并在《关于绩效审计、公营审计、公营企业审计质量控制的总声明》中进行了解释:"除了合规性审计,还有另一种类型的审计,它涉及对公营部门管理的经济性(Economy)、效益性(Efficiency)和效果性(Effectiveness)的评价,这就是绩效审计。"因此,绩效审计又称为3E审计。其中,经济性是指在适当考虑质量的情况下,尽量减少购置或使用资源的成本,即是否能够在不影响工作质量的前提下,节约支出;效率性是指提供的商品、劳务或其他成果与其所耗费的资源之间的关系,即如何能在资源投入一定的情况下,得到最大产出,或在产出一定时,使所需投入的资源最少;效果性是指项目、计划或其他活动的实际结果与预期结果之间的关系,即在多大程度上达到了政策目标、经营目标以及其他预期效果。随着西方国家审计目标的发展,在3E审计的基础上,又出现对经济活动的适当性(Equity)和环境性(Environment)两个审计目标进行分析、评价的审计行为。适当性涉及事前经济效益的评价,即指预计资金所占(所花费)同预计资金所得相比是否有利,如有利则为适当。环境性是指影响经济效益的外部环境,诸如政治稳定、经济形势良好、民主法制健全、交通运输便利、资源丰富、管理机制健全、规章制度完备、职工素质良好以及生态环境平衡等有利环境,反之,则为不利环境。以上五种审计的英文单词首字母都是E,故称3E审计、5E审计。

美国审计总署发布的《政府审计准则》中,将绩效审计定义为:"就是客观、系统地检查证据,以实现对政府组织、项目、活动和功能进行独立评价的目标,从而增强公共责任性,为有关各方提供决策信息,以便对项目实施监督和采取纠正措施。"

1983年,英国公布的《国家审计法》将绩效审计定义为:"检查某一组织为履行其职责而使用所掌握资源的经济性、效率性和效果情况。"

综上所述,绩效审计就是审计人员采用现代技术方法,依据一定的审计标准,客观、系统地对政府部门及企事业单位的项目、活动和功能就其实现经济性、效率性和效果性的程度进行独立的评价,提出改进意见,加强公共责任,为有关方面决策提供信息。

4) 绩效审计的特点

(1) 审计工作的独立性与客观性

绩效审计结果是否真实客观,主要取决审计机构和人员能否独立地开展工作,审计人员不应承担被审计单位、部门或经济活动的经营管理责任；能够不受干扰独立审计；根据需要可以独立地取得和评价审计证据；审计报告中应充分、客观、公正地阐述自己的观点。

客观性不仅指审计人员的客观性，而且指审计过程和结论的客观性。审计人员在审计中应客观地收集与被审经济活动有关的证据，并对审计证据进行系统而客观的评价，最后提出审计意见时必须客观、公正，使审计结论可以验证。客观性是审计独立性的体现和结果。衡量客观性的一个重要标志是容许那些合格的绩效审计人员相互独立地对同一事项进行审查，会得出基本相似的结论。

在绩效审计的评价过程中，由于涉及许多价值标准，只有审计人员站在独立、客观的立场，实事求是，以正直诚实的态度不偏不倚地进行工作，排除自身偏见好恶的影响，克服在审计过程中来自各个方面的干扰，其得出的结论才能为经济责任的委托方和受托方所接受，也才能最终实现绩效的审计目标。

(2) 审计结论的建设性

绩效审计目的在于提高未来的绩效，揭示影响绩效高低的问题所在，向被审计单位提出改进建议，指出进一步提高绩效的具体途径和办法，因此绩效审计结果应当具备建设性特点，表现在：

① 以促进提高绩效、降低风险为目的；

② 以评价、服务为其主要职能，监督、鉴证为次要职能；

③ 其审计报告以指出被审计单位问题和潜力所在、提出改善和提高的途径和措施为主要内容。

(3) 审计对象的真实性和合法性

为了保证绩效审计结论客观、真实，在填写审计工作底稿时要保证反映被审计单位财政、财务收支及经济活动的会计资料、情况报告等记录载体的真实性。另外，被审计单位财政、财务收支及经济活动本身应是合法的，因此，在进行绩效审计以前，应先对有关的财政、财务收支和经济活动进行合法性、真实性审计。

(4) 内容范围的广泛性和限定性

绩效审计的内容范围是很广泛的，既包括宏观经济活动，也包括微观经济活动；既包括国家和政府的经济行为，又包括企业、单位和其他组织的经济行为。同时由于被审计单位的业务活动涉及面广，故而审计时需同时涉及诸多单位。因此，绩效审计的对象既包括物质生产部门，也包括非物质生产部门，还有对投资项目的审计等；应用范围也宽广得多，既包括被审计单位各项业务活动，也包括其他非经济范畴的管理活动。它除了通常的政府机构财政收支和公共工程审计之外，还包括对政府投资的经济性、效率性、效果性进行必要的审查。

(5) 审计过程的延续性

被审计单位的绩效，有些可以马上体现出来，有些业务活动的绩效则需要经过一段时间才能表现出来。特别是公共工程项目，尤其是有些公共投入，如治理生态失衡，难以在短期内见到可以用数字描述的效益。因此，在进行绩效审计时只对当期业务活动的直接绩效进行审查，难以获得充分的审计证据来全面评价其绩效。所以要进行追踪审计，即对业务活动的滞后性效益进行审查。

(6) 审计标准的多样性

绩效审计往往缺乏明确的法律制度或指标作为评价的标准。非营利机构业务活动的绩效既有经济效益,又有社会效益。经济效益的衡量可运用价值指标,有的可以用经济效益指标进行评价,而有的则只能用定性标准来衡量。这就需要考虑分析各个被审计单位或项目的具体情况进行综合评定。因此,必须用不同的标准进行审计评价。

(7) 审计方法的灵活性

审计内容的变化性决定了审计方法的灵活性。政府绩效审计不仅采用传统的、通用的财务审计的方法(如顺查法、逆查法、详查法、抽查法等),而且更多地是采用分析法、系统论、论证法、评价法,有的甚至采用模糊综合评判法等。审计人员必须根据审计对象、目标的不同制定不同的审计方案,选择适当的审计方法。

(8) 审计的风险性

绩效审计的风险大于其他的审计类别,其原因有两方面:

① 事前、事中和事后审计的并存,有些审计结论和建议只能根据趋势证据、环境证据间接得出,有一定的科学理论依据,但并不反映已发生的实际情况,客观证明力较弱;

② 绩效审计的风险往往表现为审计建议执行结果与预期不符,从而导致决策失误,或遭受严重实质性损失。

5) 绩效审计与传统财政财务收支审计的联系与区别

绩效审计与传统的财政财务收支审计既有联系又有区别,财政财务收支审计是基础,绩效审计是财政财务收支审计的发展和提高,是更高层次的审计形式。两者的区别主要体现在以下几方面:

(1) 目的不同

传统的财务审计主要是对被审计组织的财政财务收支的真实性、合法性进行审计,也就是人们通常讲的制度基础审计,重点审查财务收支的准确性、合规性、合法性。而绩效审计的目的主要是审查被审计单位是否进行有效的管理(经营),着眼点于管理的计划、控制和决策过程,强调对未来的改进,把重点放在经济性、效率性、效果性方面。

(2) 标准不同

传统的财务审计主要依据会计准则、审计准则和相关法律法规,这些标准具有固定性、约束性、强制性。而绩效审计迄今为止还没有一个公认的适用各种情况的审计标准,因而绩效审计标准具有相对性和灵活性。

(3) 作用不同

传统的财务审计主要是对既成的事实进行财务收支审计,更大程度上起到了查错防弊及证明作用。而绩效审计关注的是未来经济活动的改进,是面向未来的审计。在评价绩效的同时,更侧重提出促进绩效提高的建议,使审计更具有建设性。

(4) 报告形式不同

由于绩效审计涉及的对象较复杂,审计报告的形式很难用一种统一的形式固定下来。传统的审计报告形式已由审计准则将其固定下来,可变性较小。

10.1.2 工程项目绩效审计

1) 工程项目绩效审计的概念

工程项目绩效审计,是指内部审计机构和内部审计人员,依据相关标准,综合运用各种技术和方法,对建设项目的经济性、效率性和效果性进行检查和评价的活动。其基本内涵包括:

（1）工程项目绩效审计的主体是接受政府或其他相关单位委托的审计机构或审计人员，它不仅包括政府审计机构和审计人员，还包括社会中介机构如审计事务所及其他工作人员。

（2）工程项目绩效审计的客体是工程项目，包括国家预算拨款项目、银行贷款项目、企业联合投资项目、企业自筹项目、利用外资项目和外资项目等。

（3）工程项目绩效审计的目的是对工程项目的经济性、效率性和效果性进行审查和评价，以揭示工程项目在建设和管理过程中存在的问题，并提出改进工作的意见。

（4）工程项目绩效审计的本质是一种经济监督活动，通过审计监督，促进工程管理部门加强管理，提高工程项目投资效率。

2）工程项目绩效审计的意义

开展工程项目绩效审计，是指以真实性和合法性审计为基础，以资金安全和效益为目标，以资金流向为主线，通过对工程项目的全过程审计，确保工程项目的经济性、效率性和效果性。因此，工程项目绩效审计对改善工程项目管理水平，提高工程项目投资效益具有重要意义。

（1）实施绩效审计是投资者实行有效监督的需要

无论是国家投资项目，还是民资、外商投资项目，项目投资者不仅需要了解工程项目的建设情况，而且还需要获得项目建设方工程建设管理的效率和效果等方面的信息。审计机构从独立的第三者的角度，向投资者以及其他利害关系人提供客观公正的绩效审计报告，有利于投资者对工程实施进行有效的监督。

（2）实施绩效审计是加强对工程项目权力制约和监督的需要

建设领域的权力主要表现为决策权、筹资权、审批权、监管权、建设资金支配权。实施绩效审计主要在以下几方面加强监督：

① 通过工程项目绩效审计，跟踪工程项目是否存在因决策不科学、不合理或决策失误造成的无效投资及损失浪费等问题，监督决策者的决策行为。

② 通过对建设资金的审计，检查投资者有无财力严重透支的情况，监督融资行为是否合理、适当。

③ 通过工程项目绩效审计，检查工程项目建设过程中是否存在项目概算与实际严重脱节或弄虚作假申报项目、骗取财政资金的情况，监督投资监管部门的项目审批工作有无失察、失职的问题。

④ 通过对项目建设管理的审计，监督建设单位或有关部门领导是否有违反法律法规的规定，利用权力干预建设活动，如干预工程招标投标活动，干预工程合同的签订，在工程建设过程滥用权力，损害其他项目参加者的合法权益的行为。

⑤ 通过项目审计和审计调查，检查是否存在建设领域因政府部门监管不力或监管滞后，造成损失浪费的问题，监督政府部门的监管行为是否及时有效。

⑥ 对政府工程而言，通过对建设资金的审计，检查各级政府及相关部门是否存在违反基本建设程序，滥用权力建设“政绩工程”“形象工程”等违规行为，监督政府领导对建设资金的支配权。

（3）有利于提高资金管理水平和使用效率

开展绩效审计，通过对工程项目财政支出的监督和审查，促进被审计单位提高建设财政资金的管理水平和使用效益,重点揭露挤占、挪用、截留和挥霍浪费、贪污私分专项资金等违法违纪问题,确保专项资金专款专用,保障建设资金能够发挥最大效益,确保工程项目顺利完成。

(4) 有利于工程项目后续运营达到预期效果

工程项目的效益是在项目建成后的投产运营过程中实现的。项目建成后如果不能正常运行,就会造成资产闲置浪费,甚至报废毁损。开展绩效审计,调查已建成项目的运营状况,对建成项目的效益状况予以综合审计评价,并与预期效益进行对比分析,分析产生差距的原因,从项目建设管理体制及运营机制等方面提出审计建议,促进工程项目的后续运营达到预期效果。

(5) 促进投资管理体制不断完善

开展绩效审计,可以从经济效益、社会效益和环境效益三方面去衡量项目投资的效率,为政府投资决策提供依据,使政府投资能充分发挥改善投资与经济结构,引导社会投资方向的宏观导向作用,促进投资管理体制的不断完善,有利于少投入多产出,提高建设资金的管理水平和投资效益,促进国民经济和社会持续、快速、健康地发展。

(6) 促进审计自身发展的需要

从世界范围来看,发达国家在20世纪40年代就进入了以绩效审计为重点,效益审计与财务收支审计并存的现代审计阶段。而我国传统的投资审计都是以财务收支为主的真实合法性审计,大多数是事中审计、事后审计,对事前的决策失误无能为力。审计署早在《审计署2003至2007年审计工作发展规划》提出:实行财务收支的真实合法审计与效益审计并重,逐年加大效益审计分量,争取到2007年,投入效益审计力量占整个审计力量的一半左右。固定资产审计以效益审计为主,促进提高建设资金的管理水平和投资效益,深化投融资体制改革。这标志着我国的投资审计工作将由单纯的关注工程项目本身违纪违规问题向投资绩效审计转变。因此,探索和开展工程项目投资绩效审计有利于适应审计大环境的变革,也是审计事业本身发展的需要。

10.2 工程项目绩效审计目标与内容

10.2.1 工程项目绩效审计的目标

1) 工程项目绩效审计目标

明确目标是确定绩效审计内容、范围、方式和方法的基础。要进行绩效审计,首先需明确工程绩效审计的定位,确定绩效审计的目标,并以审计目标为指导,制定具体审计方案,做好绩效审计的审前准备,认真实施绩效审计,形成有说服力的审计报告。按照英国国家审计署的解释,绩效审计有两个主要目标:

(1) 对主要收支项目和资源管理的经济性、效率性和效果性向议会提出独立的资料、保证和建议;

(2) 确定提高效益的途径,帮助被审计机构采取必要的措施改进控制系统。

工程绩效审计应当将真实性审计、合法性审计与效益性审计相结合,兼顾项目的经济效益、社会效益、环境效益,以所产生的效果为前提,在效果一定的前提下,从立项、资金拨付、资金使用、管理这几个环节，对经济性、效率性、效果性进行评价。当审计发现存在不经济、效率不高等问题时，分析原因，提出相应建议。

具体来说，工程绩效审计包括以下目标：

(1) 经济性

在充分考虑工程质量的前提下尽量减少投资成本，包括项目立项、勘察、设计、施工、监理、供货等环节的资金投入和工程造价控制情况。

(2) 效率性

项目建设与其所用的资源（如土地、建筑材料、机械、人工等）之间的关系，即一定的投入所能得到的最大产出，或一定的产出所需的最少投入，包括项目立项、勘察、设计、施工、监理、供货等环节的管理措施、资金使用及项目执行情况。

(3) 效果性

项目的预期结果和实际结果之间的关系，也就是说，项目在多大程度上达到政策目标、经营目标以及其他预期效果。包括项目的预期目标实现情况、经济效益、社会效益、生态效益等情况。

2）工程项目绩效审计依据

(1) 工程项目前期的有关依据。包括国家有关法律、法规和规章、制度；项目可行性研究报告；项目评估报告；项目立项、设计文件、计划；招标文件及中标单位投标书等。

(2) 工程项目实施阶段相关依据。包括项目实施规划方案；审计指南；施工及竣工图纸；现场签证及会议纪要；勘察、设计、监理、施工、采购、技术服务等技术合同；设计变更；工程财务资料等。

(3) 工程项目竣工阶段相关依据。包括工程验收及备案资料；工程竣工验收资料；监理档案资料；工程质量及安全事故报告；主要材料合格证及试验报告等。

(4) 工程项目运营阶段相关依据。包括建成后使用效果，经营状况，项目经济和社会效益，资金回收情况等。

10.2.2 工程项目绩效审计的内容

工程项目管理是以工程项目为管理对象，在一定约束条件下，为最优化实现项目投资目标，对项目生命周期全过程进行有效的计划、组织、指挥、控制和协调，使生产要素优化组合、合理配置的系统管理活动。为提高工程投资的经济效益，确保国家建设计划和工程项目的顺利实施，必须加强对工程建设全过程项目管理工作绩效的审计，以提高项目管理水平，保证项目建成后达到预期的目标。

工程绩效审计应关注如何将真实性、合法性和效益性三者有机地结合起来进行，不但要重视投资项目的建设成果，同时对项目建设过程中是否遵守法律法规也应予以重点关注。因此，工程绩效审计的范围和内容是非常广泛的，具体来说包括投资决策、建设方案、计划管理、资金管理、物资管理、施工管理、财务管理等方面。

由于内容的广泛性，对工程绩效审计内容进行分类时采用的标准不尽相同，分类的结果也有所差别。有些学者从宏观方面对工程项目绩效审计的内容进行了概括，强调其社会效益、经济效益和环境效益。更多的学者则根据工程项目管理的特点，重点通过对工程项目的决策、项目管理、工程造价的真实性和综合效益四个环节的审查来评价其经济性、效率性和效果性。

工程项目管理贯穿工程项目生命周期,因此,只有对工程项目管理工作进行全过程审计,才能对工程项目管理工作绩效做出一个完整、有效、合理的评价。根据工程项目生命周期管理理论以及《第 3201 号内部审计实务指南——建设项目审计》,工程绩效审计主要包括三方面内容:

1) 项目建设经济性审查和评价

项目建设经济性审查和评价,包括项目立项、招投标、设计、施工等各环节的质量、投入和项目造价控制;后评价中还需要考虑项目运营成本是否节约。

2) 项目建设行为效率性审查和评价

项目建设行为效率性审查和评价,包括项目立项、招投标、设计、施工等各环节的管理政策、原则、制度、措施、组织机构、资金利用及其执行情况;后评价中还需要考虑建成的项目是否有利于提高运营效率。

3) 项目建设效果审查和评价

项目建设效果审查和评价,包括项目的预期目标、经济效益、社会效益以及环境保护设施与工程建设的同步性、有效性。

10.3 工程项目绩效审计程序与方法

10.3.1 工程项目绩效审计程序

工程项目绩效审计包括需要取得的资料、审计取证。

1) 需要取得的资料

经批准的建设项目的项目建议书、可行性研究报告,建设单位初步编制的竣工财务决算报表,分部分项工程结算文件等资料。项目建设期间的财务账簿、报表、凭证,相关会议记录、纪要;行业、地区相关经济指标等数据。环境影响报告书、相关签证变更,环保、水利等监督管理部门监测数据等资料。开展项目后评价时还需要取得项目运营期间的财务账簿、报表、凭证,相关管理过程记录、相关会议记录、纪要等资料。

2) 审计取证

绩效审计的审计取证工作过程,主要是收集数据,计算指标,做出评价。各项审计取证工作可平行开展。需要特别注意的是,绩效评价标准有两大类:一类是规范性标准,如有关的法规、制度、相关程序要求等强制性的标准;另一类是推荐或建议标准,如用来衡量绩效的计量标准和其他良好实务与规范化控制模式等非强制性标准。在审计中采用非强制性标准进行评价时,一要注意评价的客观性;二要加强审计人员与被审计单位管理人员的交流沟通,尽量达成双方都能接受的评价标准;三要向专家和权威机构进行咨询,确定评价标准;四要把握好分寸,做到适度评价,尽量减少审计人员的主观判断。

(1) 审查和评价项目目标达成情况

审计人员开展对一系列建设目标是否实现的复核和比较,主要参照对象是项目可行性研究预测值、行业参考值或同类项目实现值。主要的项目建设目标包括:

① 工程竣工质量验收合格。建设项目工程质量合格是首要目标，主体工程不合格的项目应当视为建设失败，非主体部位局部质量缺陷应当在竣工验收中指出并及时修补，消除缺陷。

② 工期控制在设计工期内。建设工期控制在设计工期之内是建设项目的主要目标之一，工期延长应有合理原因。

③ 工程投资控制在项目概算之内。项目概算是初步设计提出的投资控制目标值，其中已经包含了必要的基本预备费和价差预备费。如果工程竣工后总投资突破概算值，应当深入分析原因。

④ 工程施工过程安全受控。建设项目应当以不出现施工安全事故为目标，至少应当确保不出现较大或重大安全事故。

（2）审查和评价项目效益实现情况

项目效益实现情况的审计主要考核建设项目运营后实际实现的财务效益、经济效益等指标，重点关注运营技术指标、运营单位财务效益状况及项目财务内部收益率、财务净现值等内容，以定量分析为主。常用指标主要反映项目盈利能力、清偿能力等特征。其中盈利能力方面的指标，主要有总投资收益率、静态投资回收期、财务净现值、净现值率、获利指数、财务内部收益率等指标。清偿能力评价主要围绕项目运营技术指标、运营单位财务效益状况、资产运营状况、偿债能力状况等多项内容，来考察分析项目在寿命期内各年的财务状况及偿还债务能力。主要指标包括偿债备付率、借款偿还期等。具体计算方式是：

① 总投资收益率＝年息税前利润或年均息税前利润/项目总投资×100%，作为衡量投资项目获利水平的指标，总投资收益率≥基准总投资收益率时，投资项目才具备财务可行性。

② 静态投资回收期＝建设期发生的原始投资合计/运营期内前若干年每年相等的净现金流量×100%。静态投资回收期≤基准投资回收期时，投资项目才具备财务可行性。

③ 财务净现值 $=\sum_{t=1}^{n}(CI_t - CO_t)R_t$

CI_t—— 年份 t 的现金流入量；

CO_t—— 年份 t 的现金流出量；

R_t ——与基准折现率相对应的第 t 年的折现系数［$R_t=(1+i)^{-t}$，i 为预定的贴现率］。

财务净现值是将项目寿命期内各年的财务净现金流量按照规定的折现率折现到项目实施初期的价值之和，它反映了项目在整个寿命期内的获利能力。净现值≥0 时，投资项目才具有财务可行性。

④ 净现值率＝项目的净现值/初始投资额×100%，净现值率≥0 时，投资项目才具有财务可行性。

⑤ 获利指数＝投产后各年现金流入量的现值合计/初始投资额的总现值合计，获利指数≥1 时，投资项目才具有财务可行性。

⑥ 财务内部收益率 $=\sum_{t=1}^{n}(CI_t - CO_t)R_t=0$

财务内部收益率是反映公共工程投资效益的主要评价指标，即反映公共工程对国民经济净贡献的相对指标。它是项目在计算期内各年经济净收益流量的现值累计等于零时的折现率。当经济内部收益率≥社会折现率时,表明对国民经济的净贡献达到或超过了要求的水平,有好的经济效益。

⑦ 偿债备付率=可用于还本付息的资金/当期应还本付息的金额×100%,是反映可用于还本付息的资金偿还借款本息的保证倍率的指标,偿债备付率正常情况下应大于1,且越高越好。

⑧ 借款偿还期=(借款偿还开始出现盈余年份数-1)+(应于当年应偿还借款额/盈余当年可用于还款的余额),借款偿还期>经济寿命期时,投资项目不可行。

(3) 审查和评价项目对社会的影响情况

建设项目对利益关系人、周边环境和社会带来的影响,是建设项目绩效审计和评价的重要内容。主要包括下列方面:

① 项目征地拆迁、移民对原住民的影响

对原住民的影响十分复杂,既包括对其经济方面如家庭收入的影响,也包括对其生活、心理等人文方面的影响,在审计中应量力而行。其中:移民家庭收入变化指数=移民后家庭年净收入/移民前家庭年净收入×100%。

② 项目建设对上下游产业的影响

对上下游产业的影响,主要是由较大的建设项目建设过程及建成后,对上下游供给、需求关系产生的影响带来的,应结合项目具体情况分析。

③ 对周边住户和环境的影响

项目环境影响和生态效益影响包括项目建设中产生的噪声、污水、粉尘等污染物对周边住户和环境的影响,具体可参照项目环境影响报告进行检查。其中重点关注环境质量指数、水质影响等指标,以定量分析为主。如环境质量指数反映项目实施造成污染物排放与国家相关标准允许的最大排放量相比较的结果。其计算公式为:

$$\text{环境质量指数}=\sum_{i=1}^{n}\frac{Q_i}{Q_{io}}$$

n 为该项目排出的污染环境的有害物质的种类,如废水、废气、废渣、噪声、放射物等。Q_i 为 i 种有害物质的排放量。Q_{io} 为国家规定的 i 种物质的最大允许排放量。

再如,生态环境影响评价指标包括:

植被和野生生物栖息地面积变化=(开发后栖息地面积-开发前栖息地面积)/开发前栖息地面积×100%,植被和野生生物栖息地面积变化指标>0,效益良好。

$$\text{动植物数量(种类)变化}=\frac{\text{开发后数量(种类)}-\text{开发前数量(种类)}}{\text{开发前数量(种类)}}\times 100\%$$

动植物数量(种类)变化指标>0,效益良好。

④ 对古迹和自然景观的影响评价

项目的开发可能会对古建筑或历史遗迹、自然景观造成损害,此类受影响的总价值可以通过价值评估的方式来计算。

⑤ 对自然灾害的风险分析评价

项目可能会因地形改变、植被影响、土壤渗透性等而增加(或减少)自然灾害的损失或者增加(或减少)自然灾害发生的可能性。对有可能产生自然灾害的项目,应进行环境影响的风险分析。

主要指标：自然灾害的影响数＝发生一次自然灾害造成的财产损失×增加或减少的发生自然灾害的概率。如小于项目实施前的自然灾害的影响数，则绩效良好。

⑥ 社会效益和影响

社会效益是指依据国家有关法律法规，运用定性和定量分析相结合的方法，对建设项目建成后的社会效益进行审查并做出评价，重点关注单位投资就业人数及人均收入增长率等指标，以定性评价为主。社会效益是指公共工程在建成投产后对国民经济和社会发展所产生的影响，主要包括社会经济、文教卫生、人民生活、就业效果、分配效果等内容。公共工程的社会效益评价，主要从项目的社会经济效益和社会影响效益、移民安置效益评价三方面来进行。

就业效益指标：反映因项目的建设而增加的就业机会，及减少失业人口带来的社会稳定的效益，可按目前一般采用的单位投资就业人数计算。单位投资就业人数＝新增总就业人数（包括本项目与相关项目）/项目总投资（包括直接投资与间接投资），该指标大于等于该行业、地区平均就业效益水平为合格。

居民生活质量改善效益指标：可通过人均收入增长率指标来进行衡量。人均收入增长率＝（项目投产后人均收入－项目投产前人均收入）/项目投产前人均收入×100%。人均收入增长率越高，则绩效效益越好。

经济结构和产业结构效益指标：指给当地经济结构和产业结构带来的较大影响，带动当地经济增长情况，可用投资经济增长率指标来衡量。投资经济增长率＝国内总产值的增加（包括项目本身贡献以及因项目的带动间接增加的产值）/项目总投资×100%。投资经济增长率越高，则绩效效益越好。

对社会环境影响评价指标主要包括对居民生活水平和生活习惯的影响、对弱势群体的影响、对社会结构及社会稳定的影响、对人口的影响、对文化教育的影响等，往往无可量化的表现形式，以定性评价为主。

（4）审查和评价项目持续发展能力

项目持续性审计和评价是指对项目建成投入运营后，项目的既定目标是否能够按期实现，并产生较好的效益，项目业主是否愿意，并可以依靠自己的能力继续实现既定目标，项目是否具有可重复性等事项的考核和评价。可持续性评价主要包括以下几方面。

① 政策法规因素

包括国家法律法规变化趋势因素、参与该项目的政府部门各自作用和目的、对项目目标的理解是什么；根据这些目的所提出的条件和各部门的政策是否符合实际，如果不符合实际，需要做哪些修改，政策的变化是否会影响到该项目的持续性。

② 管理、组织和参与因素

如项目管理人员的素质和能力、管理机构和制度、组织形式和作用、人员培训等对持续性的影响。

③ 技术因素

主要包括技术因素对项目管理和财务持续性的影响，在技术领域的成果是否可以被接受并推广应用。对照前评价确定的关键技术内容和条件，分析当地时间条件是否满足所选择技术装备的需求，并分析技术选择与运转操作费用的关系，新产品的开发能力和使用新技术的潜力等。

(5) 项目管理审计和评价

对项目管理情况的全面审计和评价，要涵盖项目建设管理全过程，包括前期工作、建设实施和竣工验收三个主要阶段，也要覆盖各参建单位。在实践中通常有重点地开展。

① 项目前期工作管理评价

主要对项目前期工作是否合规开展、是否高效、是否及时取得报批报建手续并完成征地拆迁保证项目开工需要等进行评价，也要结合后续建设实施中发现的问题评价前期工作质量。

② 项目实施工作管理评价

主要对项目施工管理(包括安全质量工期等管理工作)、勘察设计管理、监理管理、技术和咨询管理等逐项做出评价。

③ 项目竣工阶段管理评价

主要对项目组织合同完工结算、编制竣工决算、结转固定资产、组织生产培训和试生产、移交生产部门等工作管理情况进行评价。

④ 项目运行管理评价

主要对是否达产、是否保证运行时间、质量缺陷是否及时消除保证运行等事项开展评价。

10.3.2 工程项目绩效审计方法

1) 审计方案的制定

审计方案分为审计工作方案和审计实施方案。审计工作方案是审计部门或单位为了统一组织多个审计组实施审计而制订的总体工作计划，审计实施方案是审计组为了完成审计项目任务，从发送审计通知书到处理审计报告全部过程的工作安排。审计实施方案是审计组的行动计划，通过审计方案中对于审计目标、审计评价标准、审计证据来源和审计步骤的规划，明确审计组成员各自的任务，为审计人员的行为提供指南。

编制审计实施方案必须综合考虑被审计事项本身特点、审计环境、对被审计事项了解的充分程度、审计人员的经验水平。在制定审计方案时应重点把握以下环节：

(1) 明确审计目标。工程项目绩效审计是指对工程项目的经济性、效率性、效果性进行审查，做出独立、客观、公正的评价，并提出改进意见。明确工程项目绩效审计的目标是确定审计内容、范围、方式和方法的基础。

(2) 确定审计范围，明确工程项目绩效审计的定位，制定具体审计方案，做好绩效审计的审前准备，细化审计重点内容，认真实施审计，形成有说服力的审计报告。

要重点把握三个结合：

① 将工程项目可行性研究科学性审计、投资决策的合理性审计以及工程造价审计与经济性审计相结合；

② 将概算执行审计、建设工期审计以及资金使用的真实合法审计与效率性审计相结合；

③ 将项目建设规模、质量管理、项目招投标审计、合同执行审计、目标实现程度审计与效果性审计相结合。

(3) 合理安排审计人员。针对不同的项目特点，成立审计小组，整合审计资源，根据审计人员的专业特点，确定审计人员工作职责，让每一位参审人员充分发挥特长，圆满完成工程绩效审计的任务。

(4) 明确评价指标的选取原则，把握动态，适时调整。根据项目的实际情况，明确选取原则，留有余地，以便于将来可能涉及的审计范围的扩展、审计深度的延伸、审计评价标准的创新等。

2) 工程项目绩效审计的组织方式

工程项目绩效审计应当根据工程项目管理的特点，结合审计工作的实际，将绩效审计与传统财务审计有机结合起来，选择适当的组织方式。

工程项目绩效审计可采用以下组织方式：

(1) 过程跟踪审计

跟踪审计又称同步审计，是指审计人员按照基本建设程序，逐步开展对工程项目绩效建设前工作的审计、在建期工作的审计和竣工后工作的审计等相关工作，并实现从以资金为主线转移到以项目建设为主线的审计重心转移。通过跟踪审计，更加重视对前期决策执行情况、资金筹集与使用情况、项目建设与管理情况以及项目建设效益情况等相关内容的审计工作，更加注重审计质量与审计效率的提高。

实行跟踪审计，可以将绩效审计的目标、内容与跟踪审计形式有机结合，深化和拓展了传统竣工决算审计方法，可以及时督促有关部门和单位纠正问题，有利于加强管理、减少损失浪费、提高投资效益。同时，跟踪审计法的有效实施还有利于规避审计风险，减少因审计结果与合同约定的工程价款不一致所引起的法律诉讼。

(2) 制度基础审计

审计单位通过对工程投资项目内部控制制度的描述、测试和评价，确认其内部控制制度是否健全和有效，并通过这种审计方式，寻找投资管理中的薄弱环节，并以此为基础，明确审计重点，充分体现审计的监督作用。

工程项目的内部控制一般分为三个层次：第一层次是经营责任制控制。包括项目法人责任制、资本金责任制、招标投标责任制、建设监理责任制和合同管理责任制五个方面。第二层次是项目建设程序控制。主要表现为建设全过程的进度控制、质量控制和投资控制等相关内容。第三层次是具体的现场控制，即现场签证控制、设计变更控制、授权控制等。

(3) 战略协作审计

主要是指国家审计机关、社会审计组织和内部审计机构之间的协作性审计，充分利用国家审计机关在财务审计方面的专业优势、社会审计组织在工程造价审计方面的专长和内部审计机构全过程介入项目建设监督工作的优势，实现在工程审计中的优势互补。

(4) 审计调查

用专项审计调查的方法，向建设单位、设计单位、施工单位、监理单位、政府主管部门等项目相关者进行查证。

(5) 综合审计

即绩效审计与其他专业审计，如财务收支、经济责任、专项资金等审计相结合，综合运用各种专业技能，围绕技术、管理，以及相关资金运行等经济活动，充分开展对工程项目建设全过程的综合效益审计。

3) 工程项目绩效审计的方法

工程项目绩效审计方法是指在审计实施过程中收集和分析审计证据的技术和手段。工程项目绩效审计对象和审计目标的多样性，导致审计技术和方法具有多样性，工程项目绩效审计方法是多种审计方法的综合运用,包括财务收支审计法、基本建设预决算审计法、计算机审计法。这些审计方法在具体操作中,经过多年的审计实践,有的已形成了一套较为成熟的方法体系,如财务收支审计方法中的详查法、抽查法、顺查法、逆查法、调节法、对比/环比分析法、从以账项检查为基础到以制度检查为基础的审计方法等,基本建设预决算审计方法中的询证法、观察法、鉴定法、实地丈量法、实物图纸对照法、现场取样法等。多种审计方法的综合运用是工程项目绩效审计的特点之一。绩效审计要与财务收支审计相结合,对利用财务收支审计方法发现的问题,要从绩效的角度去审视和进一步剖析。

常用的绩效审计技术和方法可以分为数据收集方法和数据分析方法两大类。常用的数据收集方法有:审阅法、观察法、调查问卷法、访谈法、文献研究法、研讨会法等。常用的数据分析方法可以分为定性分析法和定量分析法两种。在搜集和评价信息的过程中,除了运用财务审计中广泛使用的审阅、观察、计算等技术和方法以外,还要运用调查研究和统计分析技术。具体方法为:

(1) 审阅法

审阅被审计单位的书面文件资料是绩效审计获取数据资料最基本、最直接也是最有效的方法。审阅和研究已有的书面文件是工程项目绩效审计中重要的技术与方法之一,审阅的对象可以是历史的和现实的文件资料,如财务资料、统计数据、预(决)算、合同、签证单、报告、会议记录和被审计单位内部的备忘录等,也可以是对未来和前景进行预测的数据资料,如现金流量预测、生产计划等。对文件资料的审阅和研究有助于审计人员掌握有用的信息和数据,但必须紧密围绕审计目标,并需对文件内容的可靠性做出适当评估。

(2) 观察法

观察法是指审计人员到被审计单位的建设现场或被审计事项发生的现场进行实地察看,以了解有关活动的运转状况,了解现场施工(或建设)的意图,并将其与通过其他方法获取的信息进行对比的方法。如观察操作过程和程序、了解有关设备的运转情况、参观工作场所和实物建筑、实地验证资产等。审计人员可以采用录音、录像、拍照等方式增强观察法所获取资料的可信度与说服力。实地观察的结果可用于证实从其他途径获取的信息,也可直接用作审计证据。当书面文件和管理部门成为唯一的信息来源时,观察就是绩效审计中不可或缺的一种审计方法。

(3) 调查问卷法

调查法是采用特定的形式从特定群体中系统地获取信息的方法。调查法获取信息的方式是非交互式的,通常采取问卷的形式,一次性获取特定的信息,被调查群体的规模一般较大。除采用问卷形式外,调查法还可以采用信件、电话、电子邮件、互联网等形式。调查时先要对调查内容和问卷进行精心设计,采用抽样方法,选取要调查的对象,然后向这些调查对象邮寄问卷、电话调查或当面进行询问,通过对样本调查结果的整理和分析获取证据,从比较分散的群体中获取对某一事项的评价意见和信息,并借此推断总体和形成结论。

(4) 访谈法

在绩效审计中,审计人员经常需要当面向有关人员了解情况,获取某些特殊证据,因此访谈法在绩效审计中是一种十分常用的审计方法。采用这种方法不仅可以帮助审计人员加强对所审工程项目的理解,而且可以当面向访谈对象问清楚工程项目有关事项的来龙去脉,十分方便灵活。使用这种方法时,审计人员在审计的不同阶段也有不同的访谈形式和方式,在不同的环节，使用不同技巧，如采用单独会谈和集体讨论等形式发现问题，或采用结构化和非结构化的问题列表。访谈的对象不仅包括被审计单位，还包括其他相关单位、部门和个人。访谈的结果通常以访谈笔记、证词、录音等形式保存，访谈的结果需要有关部门的认可或进一步的证实。

(5) 利用文献资料法

审计人员通过回顾审计项目相关领域的研究报告、书籍和文章等，或过去的审计和评估资料等，来获取相关的重要信息，如背景资料或一些细节的信息，并更新和扩展自己在特定领域的知识。审计人员还可以利用其他单位或部门所提供或拥有的相关数据资料，如统计部门、财政部门等，如果面对电子数据环境，审计人员还会用到数据检索技术。

(6) 研讨会法

研讨会可以聚集拥有不同知识、经验和观点的人员，通过与这些人员的沟通和讨论，审计人员可以获取专家的经验，对问题、观点和可能采取的措施进行讨论，了解各个方面的观点，听取不同的意见和建议。审计中可根据不同目的和要求，邀请合适的人员进行研讨，参加研讨会的人可以是政府部门从事相关工作的人员、研究机构的专家和其他富有经验的人员。通过研讨会的深入沟通和讨论，审计人员不仅受到启发，而且还可以得到一些有价值的建议，这对于科学地安排审计工作，得出正确的审计结论，形成适当的审计建议等都大有帮助。如对建设方案合理性的审计，聘请专家进行研讨就是一个非常有效的方法。

(7) 案例研究法

案例研究法是指审计人员选择一个或若干个对象作为案例进行研究，以便对被审计事项进行深入的调查和分析。在实践中所执行的试点审计程序就是案例研究法的最好应用。案例研究的结果可以用来证实已存在的问题，还可以佐证通过其他方法得出的结论，并且研究案例的过程也是经验的积累过程。审计人员在研究案例时不应过分关注所选择的对象本身，主要应利用所得出的结论性意见和所获取的经验。

(8) 利用被审计单位拥有的数据资料法

被审计单位通常会拥有有关行业、单位和部门，或相关领域等的重要数据、信息和资料，审计人员利用被审计单位拥有的数据资料进行分析是非常重要的，这些数据包括管理信息系统的数据或从其他途径搜集来的数据，一般由管理部门提供。如果被审计单位的信息化程度较高，通常会建有管理信息系统或建立统一或专门的数据库和资料库。审计人员通过对被审计单位数据资料库的检索可以发现大量有用的信息和数据资料。

(9) 利用专家工作法

由于投资绩效审计涉及面较广，对于一些审计人员不具备相关知识、经验与技能的领域，往往需要聘请专家或专业人员从事部分工作，并利用他们的专业判断和工作成果，或审计人员直接取得并利用专家的报告、意见、评论和声明等。利用专家可以有效地补充和扩展审计资源。利用专家的有利之处是能够快速地获得相关的信息，能够有力地保证审计的权威性和专业性；不利之处是难以对专家的能力和工作成果进行判断和评估。审计人员可以将专家的工作成果作为审计证据，但必须对审计结论和审计建议承担全部责任。

(10) 比较分析法

比较分析法是指将反映被审计单位业绩的数据指标与相关的投入、业务指标、判断指标等进行比较，或通过与评价标准的对比来了解情况、获取证据或进行评价的方法。如对工程投资进行审计,将不同建设规模或生产能力与建设成本进行比较,确定其建设资金的利用情况。用大量的技术经济分析方法,去分析其投入与产出的比率关系,以考查是否实现了经济、效率和效果。

(11) 定性分析与定量分析相结合法

一个工程项目往往存在多重目标,如投资、功能、工期、范围等。这些目标中有些可以用量化指标来评价,如投资额、工期等,而有些指标则难以量化,如功能质量、社会效益等。在审计实践中,要根据项目的不同特征,灵活采用定性分析和定量分析方法进行评价。

4) 工程绩效审计报告

审计报告是审计小组或审计人员在审计工作结束后,将审计工作任务完成情况和审计工作的结果,向审计机构、委托者或有关部门提交的书面文件。它是记载审计人员实施审计的情况、反映审计目标实现程度和表达审计意见的书面文件。撰写审计报告是审计工作的最终产品,是审计过程中极为重要的一个环节。

工程绩效审计报告的格式与内容因审计评价对象、内容及审计目标的不同而不同。一般来说工程绩效审计报告应该包括以下内容:

(1) 项目基本情况。主要介绍被审计项目和单位的基本情况,审计实施的基本情况,审计的目标与范围,审计的重点和审计标准。

(2) 审计发现。审计发现是审计人员在对被审计单位的经营活动与内部控制的检查和测试过程中所得到的积极或消极的事实,一般应包括:所发现事实的现状;所发现事实应遵照的标准,如政策、程序和相关法律法规;所发现事实与预定标准的差异;所发现事实已经或可能造成的影响;所发现事实在现状下产生的原因(包括内在原因与环境原因)。

审计中发现的主要问题,要与审计评价相对应,反映项目建设和运营管理中存在的主要问题,并揭示影响项目运行效益的主要原因。

(3) 审计结论。审计结论是内部审计人员对审计发现所做出的职业判断和评价,表明内部审计人员对被审计单位的经营活动和内部控制所持有的态度和看法。

在得出审计结论时,审计人员应针对本次审计的目的和要求,根据已掌握的证据和已查明的事实,对被审计单位的经营活动和内部控制做出评价。

(4) 审计建议。审计建议针对的是重要领域,要客观、合理、可行。绩效审计报告主要是建设性的,要站在帮助被审项目提高效益的角度上,从改进被审计单位管理的体制和方法、提高管理效率、以更好地完成项目建设目标的角度提出建议。

10.4 工程项目投资效益审计

10.4.1 概述

1) 工程项目投资效益审计的概念

工程项目投资效益审计就是审计机构或审计人员对工程项目的投资活动和结果进行综合系统的审查、分析,对照一定的标准,综合评价项目所产生的经济效益、社会效益和生态效益的现状和潜力,提出提高项目效益的建议,促进建设单位加强管理和提高效益的活动。

2）工程项目投资效益审计的目的

工程项目投资效益审计的目的就是对项目的经济性、效率性、效果性进行审查，做出客观评价，揭示工程项目建设过程中存在的问题，最终提出改进意见，促使被审计单位改善管理，确保工程项目建设目标得以顺利实现。工程项目的经济性主要是考虑生命周期费用，目标是在投资决策、工程设计、施工和维护过程中在满足使用目标的前提下减少项目投资，尽量节约，避免浪费。效率性主要是指工程项目的资金运用是否得当、工程的工期是否达到预定的标准，有无延误工期的情况，工程采购的物资是否得到充分利用。效果性主要是关注工程投资目标的实现情况，是否达到预定的标准，是否取得预定的效益，这里的效益不仅包括经济效益，还包括微观经济效益、宏观经济效益、环境保护、社会效益等相关内容。

3）工程项目投资效益审计的范围

工程项目投资效益审计涉及工程项目建设活动的全过程，包括投资决策、计划安排、资金来源与使用、设计与施工、竣工决算、效益评价等诸多环节。工程项目投资效益审计范围包括微观和宏观两个层次。

（1）微观层次效益审计主要是对项目实施效果和项目财务效益进行审计，包括建设效果审计、预算效益审计、预算执行效益审计和财务效益审计。

① 建设效果审计主要是对工程项目建设内容、规模、标准和概算投资等完成情况进行审计，包括建设内容完成情况、概算执行及完成投资情况、建设工期情况、工程质量及项目运行情况、建设安全情况、建成生产能力及生产情况、工程技术经济资料管理等情况的审计。

② 预算效益审计主要是对前期项目管理、决策、筹资、预算等工作进行审计，包括立项、可行性研究、环保评价、初步设计及其概算、施工图设计及其预算、招标投标、合同订立、项目法人责任制、内控制度的建立、征地和拆迁补偿以及前期财务收支情况的审计核查。重点是可行性研究、决策、概算、预算及招投标的核查。

③ 预算执行效益审计主要是对建设实施期的成本、进度、质量和安全的有效控制情况进行审计，包括工程结算、工程质量、施工安全、建设工期和进度、设备材料采购、物资管理、合同管理、监理管理、技术经济资料管理、会计核算和财务管理等审计核查工作。重点是工程结算、工程质量、建设工期、建设成本管理的核查。

④ 财务效益审计主要是从项目角度出发，根据现行的财税制度和价格体系从项目财务角度分析、计算项目的财务盈利能力和清偿能力，考察工程项目财务效益状况及如何提高工程项目财务效益，据以判断工程项目的效益性的审计过程。主要包括交付使用资产情况、项目运行情况、建成新增生产能力情况、达产达标情况、生产经营情况、投资回报情况和债务偿还情况等。重点是财务决算情况、项目运行情况、生产经营管理和效益情况的核查。工程项目财务效益审计主要依照《建设项目经济评价方法与参数》和现行的财务制度进行。

（2）宏观层次效益审计主要是对工程项目建成后对国民经济、社会和环境的影响进行评价。包括国民经济效益审计、社会效益审计、环境效益审计和项目可持续性评价。

① 国民经济效益审计主要是按照资源配置原则，从国家整体角度考虑，计算工程项目对国民经济的净贡献，即需要国家付出的代价和对国家所做的贡献，审计工程项目是否符合国家当前产业政策和生产力合理布局情况，是否符合地方经济发展情况，对国民经济增长的贡献情况，对国家和地方财政收入增长的贡献情况，对促进和带动相关产业发展情况等，据

此判断工程项目的效益性。

② 社会效益审计主要是从全社会的角度考查评价项目对实现国家和地方的各项社会发展目标的贡献与影响,以及项目与社会的相互适应性,以实现资源的最佳配置。具体包括加强和完善地方基础设施的建设情况;改善投资环境,促进增加就业机会情况;健全地方总体功能,为各行业的建设和发展夯实基础,为地方经济发展和社会进步提供必要的条件情况;促进人的全面发展、素质的提高和社会文明情况;促进人民身体健康水平提高情况;促进地方树立良好形象和塑造诚信情况等。

③ 环境效益审计主要是从工程项目对环境影响的角度,来分析评价工程项目对各项污染物治理达到国家和地方规定标准的程度,从而全面反映工程项目对自然环境与生态环境的贡献和影响。具体包括"三废处理"和美化环境情况;治理和预防污染情况;促进当地社会经济可持续发展情况;促进环境资源的再生和可持续利用情况;改善人居环境和生活空间,促进人民生活质量的提高情况;增强人们的环境意识,自觉保护环境情况等。

④ 项目可持续性评价是指在项目建设完成投入运行之后,按照可持续发展理论,对项目的既定目标是否能按期实现,项目是否可以持续保持产出较好的效益,接受投资的项目业主是否愿意并可以依靠自己的能力继续实现既定的目标,项目是否具有可重复性等方面做出评价。

实际操作中,投资效益审计以财政性资金为主线,包括财务效益评价和国民经济效益评价,兼顾社会效益评价和环境保护评价。

4) 工程项目投资效益审计的方式

根据中国内部审计协会2007年颁布的《内部审计具体准则第25号——经济性审计》《内部审计具体准则第26号——效果性审计》《内部审计具体准则第27号——效率性审计》的要求,经济性审计可以在工程项目实施前、实施中和竣工验收投入使用后进行,即事前审计、事中审计和事后审计,其重点是工程立项决策和建设成本确定过程的审计,即事前审计。效率性审计主要是在实施中和竣工验收投入使用后进行,即事中审计和事后审计,审计重点是注重工程建设过程的控制,表现为事中控制。效果性审计则是在竣工验收投入使用后进行,注重工程支出结果的审查,表现为事后控制。

5) 工程项目投资效益审计的程序

工程项目投资效益审计程序与其他项目效益审计程序的基本步骤大体相同,一般来讲分为"以过程为导向"的效益审计程序和"以结果为导向"的效益审计程序。

(1) "以过程为导向"的审计程序

"以过程为导向"的效益审计程序就是沿着项目实施过程的时间顺序,把项目从立项审批、实施、竣工、运营等各个阶段的实际投入、产出、成果、影响与项目文件规定的目标和要求进行比较和评价,对内部控制系统是否健全有效进行检查,及时发现内部控制系统中影响项目目标实现具有重大风险的环节和存在问题的原因。一般包括下列11个步骤:

① 选择和确定效益审计项目。一般应考虑以下因素:审计可能产生的影响、被审计事项的重要程度、被审计事项的风险程度、被审计项目本身是否属于重大项目、被审计事项的难易程度、拟确定的审计项目最近是否接受过审计或其他类型的检查、审计的成本效益分析等。

② 进行审前调查,编制效益审计方案。内容主要有:确定效益审计目标、确定审计重

点、确定审计评价标准、确定审计方法、确定审计组织方式和分工、确定具体时间安排、确定审计报告程序、规定审计纪律等。

③ 确定重要性水平。考虑一个数额在规模上是否重要时，审计师应该将该数额与相应的基础进行比较。考虑一个数额在性质上是否重要时，审计师应该重点从这个项目的特点方面去考虑，如政治因素、责任性联系、社会敏感性和法律要求等。存在四种潜在的影响效益的因素：数量、质量、时效性以及成本。决定成本的两个因素是节约和效率。

④ 分析审计风险。审计结论与实际存在差异会形成一定的风险。审计风险通常被划分为三大类：固有风险、控制风险和审查风险。固有风险指没有控制制度时财务会计信息或其他信息错报的可能性。控制风险指控制制度未能查出会计等信息错报的可能性。这两类风险是审计师无法直接控制的，因为这两类风险与被审计单位的业务环境和管理环境密切相关。实务中，审计师通过对固有风险和控制风险的估计来选择适当的实质性审计程序，将审计风险控制在可以接受的范围。

⑤ 测评内部控制。在效益审计中，进行内部控制测评时主要应关注以下内部控制：有助于被审计单位经济地、有效率地和有效果地运行，保证管理政策的贯彻执行和产生及时可靠的财务和管理信息。内部测评内容包括了解被审计单位内部控制并进行初步评价，审查和评价被审计单位内部控制的恰当程度、有效性和健全性，以及在履行职责时的执行效果等内容。如果会计或其他信息系统实行电算化，审计人员还应确定内部控制是否有效运行以保证数据的真实性、可靠性和完整性。

⑥ 进行效益比较和评价。选择确定恰当的、应当实现的标准与项目实际达到的情况进行对比，评价其实现效益的程度。评价标准应当是客观的、全面的、可比的、公认的、明确的。评价标准是一种审计证据，被审计单位必须认可并签字盖章。

⑦ 对可能产生的审计效果进行中期评估，以决定是否改变审计思路和比较方法，或是否进一步审计，以避免浪费时间和审计成果较少。

⑧ 分析造成效益不好的原因。

⑨ 与被审计单位交流审计结果。

⑩ 编写审计报告。以恰当的形式陈述审计结果，报告内容应易于理解，避免含糊不清，只需包括有充分的、相关的审计证据支持的信息，并应独立、客观、公正和富于建设性。效益审计报告的结构主要包括：审计项目介绍、审计目标和范围、审计标准、审计事项和成果、结论和建议，还可包括被审计单位的反馈意见。

⑪ 后续跟踪。审计人员在出具审计报告后，应对审计报告中提出的审计建议的整改情况进行跟踪，同时对审计项目进行总结和分析。此外，还要对是否有必要开展后续跟踪审计以及何时开展后续跟踪审计进行初步规划。

(2)“以结果为导向”的审计程序

“以结果为导向”的效益审计程序最突出的特点是把项目立项文件中确定的项目建设内容和应实现目标与项目实际情况进行比较，把对项目实现的目标和产生的社会影响等项目最终结果的审计评价作为审计的起点向前追溯，直到发现问题存在的原因。

该审计程序与“以过程为导向”的审计程序同为 11 个步骤，只是在第 3 个至第 6 个步骤有区别，列示如下：

③ 收集所有与项目成果有关的项目可行性研究报告、项目协议和其他立项文件，确定

项目应实现目标,研究确定审计评价标准。

④ 对项目建设目标完成情况进行审计评价。根据项目应实现的技术经济指标评价项目是否达到预期建设目标,分析影响项目建设目标实现的主要原因,包括项目建设过程和管理情况等,如有必要,可对项目立项的科学性和应实现目标的合理性进行分析。

⑤ 对项目运营管理情况进行审计评价。根据项目应实现的技术经济指标评价项目完成后是否按照项目目标正常运营;有无由于缺少资金和管理不善等原因,致使项目倒闭、毁损、荒废和效益低下等问题;评价项目的可持续发展能力和实现经济、社会、环境效益的程度。

⑥ 对项目还贷情况进行评价。审查项目执行单位还贷情况,审查项目执行单位是否故意拖欠贷款债务;分析项目无力还贷或长期拖欠贷款本息的原因。重点审查项目执行单位有无悬空债务、逃废债务等问题。

10.4.2 微观层次效益审计

微观层次效益审计主要是对项目实施效果和项目财务效益进行审计,包括建设效果审计、预算效益审计、预算执行效益审计和财务效益审计。其中,建设效果审计和预算效益审计已经在相关章节做出说明,这里主要阐述预算执行效益审计和财务效益审计。

1) 预算执行效益审计

预算执行效益审计主要是对建设实施期的成本、进度、质量和安全的有效控制情况进行审计,包括工程结算、工程质量、施工安全、建设工期和进度、设备材料采购、物资管理、合同管理、监理管理、技术经济资料管理、会计核算和财务管理等审计核查工作。预算执行效益审计包括投资额分析法、建设期分析法、建设质量评价法。

(1) 投资额分析法

投资额分析法是一种定量分析法,根据分析对比的标准不同,分为投资额差异分析法和单位功能的造价分析法。

① 投资额差异分析法。投资额是在正常的生产条件、合理的生产经营管理水平下,根据各个施工单位的社会劳动平均耗用水平确定的。分析实际投资额与预算投资额的差异,可以发现项目建设成本与社会平均水平的差异,找到项目建设和管理的成功或失误之处。具体分析以下几点:

a. 概算调整和设计变更情况。分析因工程设计变更、材料代用而产生的预算变更,调整后技术上能否匹配,经济上是否合理,是否存在计入计划外项目和超标准建设情况。

b. 设备和材料采购情况。检查设备和材料采购是否实行招标方式以节约建设资金;是否按设计要求进行采购,有无盲目采购造成损失浪费;设备和材料等的验收、保管、使用与维护是否有效;建设物资是否与同期生产耗用物资严格区别核算。

c. 待摊投资超支幅度和原因。检查房屋购置、办公生活用家具及器具购置、为进行可行性研究而发生的固定资产购置、无形资产和递延资产购置等是否属概算范围,是否与概算确定的内容、数量和标准相符,是否应由该项目承担,有无滥发奖金或把乱摊派费用计入工程项目投资内。

d. 损失浪费项目分析,如施工中出现的塌方、返工、建筑物倾斜、人身安全事故等。

② 单位功能的造价分析法。工程项目单位功能工程造价,是建设项目每一单位生产能

力或功能的实际投入成本，如工业企业单位生产能力造价、建筑物单位造价。将工程项目单位功能实际造价与同期其他地区技术条件类似的工程项目进行横向比较，可以找到工程项目管理的横向总差距。

（2）建设期分析法

通过对比标准化项目计划建设工期和其他地区或单位类似工程的建设工期，找到建设过程中项目时间管理的差距。形成差距的原因取决于建设方工程前期准备是否充分，项目前期可行性研究工作、地质勘探设计工作的准确性，工程建设过程中项目调整的次数，施工单位、施工组织设计衔接精确程度，先进施工工艺、技术、设备和材料的采用情况。

（3）建设质量评价法

审计可以借用建设质量监督部门日常质量抽查记录和项目竣工质量验收文件，来判断工程项目质量水平。可以检查施工单位资质等级和质量保证体系认证证书，审查施工单位是否存在越级承包工程和转包工程。审计还要检查施工单位对建筑材料、构配件、设备进场试验检测的记录，审查施工现场质量控制情况；审查工程监理人员日常工作记录，看其是否认真履行工程监理职责；审查工程施工过程是否符合设计要求、施工技术和工程质量性安全标准。

2）财务效益审计

工程项目财务效益审计主要依照《建设项目经济评价方法与参数》和现行的财务制度进行。财务效益审计可建立以下三层指标体系：

（1）第一层指标

① 财务净现值（$FNPV$）

财务净现值是指按行业的基准收益率或设定的折现率，将项目计算期内各年净现金流量折现到建设期初的现值之和。它是考查项目在计算期内盈利能力的动态评价指标。其公式表达为：

$$FNPV=\sum_{t=1}^{n}(CI-CO)_t(1+i_c)^{-t}$$

式中：CI ——现金流入量；

CO ——现金流出量；

$(CI-CO)_t$ ——第 t 年的净现金流量；

n ——计算期；

i_c—— 基准收益率或设定的折现率。

$FNPV$ 可通过各年净现金流量的现值求得。当 $FNPV\geqslant 0$ 时，认为项目的盈利能力满足行业基准或社会折现要求。

② 财务内部收益率（$FIRR$）

财务内部收益率是反映项目盈利能力常用的动态评价指标。财务内部收益率本身就是一个折现率，它是指项目在整个计算期内各年净现金流量累计等于零时的折现率。公式表示如下：

$$\sum_{t=1}^{n}(CI-CO)_t(1+FIRR)^{-t}=0$$

财务内部收益率是一个较综合的效益评价指标，其优点是比较直观。当 $FIRR>i_c$ 时，认为项目的增量盈利能力满足要求,其经济效益是可接受的。

③ 投资利润率(R_p)

投资利润率是指项目达到设计生产能力后的一个正常生产年份的年利润总额与项目总投资的比率,它是考察项目单位投资盈利能力的静态指标。对于生产期内各年的利润总额变化幅度较大的项目,应计算生产期内年平均利润总额与项目总投资的比率。其计算公式为:

$$R_p = NB/K$$

式中:NB ——项目正常运行后年净利润总额;

K ——项目投资总额。

将投资利润率与行业平均投资利润率对比,以判别项目单位投资盈利能力是否达到本行业的平均水平。

④ 投资利税率(R_t)

投资利税率是指项目达到设计生产能力后的一个正常年份的年利税总额或项目生产期内的年平均利税总额与项目总投资的比率。其计算公式为:

$$R_t = B_t/K$$

式中:B_t ——实际所得利税总额或平均实际利税总额;

K ——项目投资总额。

将投资利税率与行业平均投资利税率对比,以判别单位投资对国家积累的贡献水平是否达到本行业的平均水平。

⑤ 资本金利润率(R_c)

资本金利润率是指项目达到设计生产能力后的一个正常年份的年利润总额与资本金K_c的比率,它反映投资项目的资本金的盈利能力。其计算公式为:

$$R_c = NB/K_c$$

⑥ 投资回收期

它是指以项目的净收益抵消全部投资(包括固定资产等)所需要的时间。投资回收期可根据财务现金流量表中的累计现金流量计算求得。其计算公式为:

$$P_t = m - 1 + \frac{\left|\sum_{t=0}^{m-1} NPV_t\right|}{NPV_m}$$

式中:m ——累计净现值开始出现正值的年份;

$\left|\sum_{t=0}^{m-1} NPV_t\right|$ ——上一年累计净现值的绝对值;

NPV_m ——当年净现金流量。

将在财务评价中求出的投资回收期(P_t)与行业的基准投资回收期(P_e)进行比较,当$P_t < P_e$时,表明项目投资在规定的时间内收回,项目可行。

⑦ 资产负债率

资产负债率是反映项目各年所面临的财务风险程度及偿债能力指标。它是负债总额与全部资产总额之比。其计算公式为：

$$资产负载率=\frac{负债总额}{资产总额}\times 100\%$$

资产负债率可用以衡量项目利用债权人提供的资金进行经营活动的能力，也反映债权人发放贷款的安全程度，其基准值没有确定的说法。对债权人而言，资产负债率越低越好；对投资者而言，一般希望比率高些，但过高也会影响到项目资金筹措能力。通常，资产负债率大于 100%时，说明项目资不抵债，视为已达到破产的临界值。

⑧ 流动比率

流动比率是反映项目各年偿付流动负债能力的指标，它是流动资产总额与流动负债总额之比。其计算公式为：

$$流动比率=\frac{流动资产总额}{流动负债总额}\times 100\%$$

流动比率可用以衡量项目流动资产在短期债务到期前可以变为现金用于偿还流动负债的能力。通常，清偿能力分析时，还应计算速动比率。

(2) 第二层指标

反映项目后评价与前评价两者之间财务指标偏离程度的指标，主要包括：净现值变化率、内部收益率变化率、投资利润率变化率、投资利税率变化率、资本金利润率变化率、投资回收期变化率、资产负债率变化率、流动比率变化率等。

(3) 第三层指标

分析财务指标偏离原因的指标，主要包括：固定资产投资变化率、销售收入变化率、经营成本变化率、销售利润变化率、生产能力变化率、项目工期变化率、项目资金综合成本变化率等。

需要说明的是项目工期的提前或滞后对项目的费用、效益均有很大的影响，从而极大地影响了项目的财务指标。另外，不同的资金筹集渠道不仅影响项目的还款方式、利息的多少，相应地也影响了项目的财务指标。

10.4.3　宏观层次效益审计

宏观层次效益审计主要是指对工程项目建成后对国民经济、社会、环境影响及项目的可持续发展情况进行评价。包括国民经济效益审计、社会效益审计、环境效益审计和项目可持续性评价。

1) 项目的国民经济效益审计

(1) 国民经济效益和费用的划分

项目国民经济效益审计中的效益与费用是指实际产生的或根据项目生产期的实际情况判断或预测将要产生的效益和费用，应遵循统一的效益和费用的划分和确定原则。

项目的实际效益是指项目对国民经济所做的贡献，有直接效益和间接效益之分。直接效益是指项目产出物(按实际产出数量或重新预测的产出数量计)用影子价格计算的经济价值。一般表现为：为满足国内需求而增产的该产出物效益；替代或部分替代其他同类产品生产企业的产出物，使被替代企业停产或减产以减少国家有用资源耗费的效益；增加出口或减少进口所增收或节支的国家外汇等。间接效益(外部效益)是指项目为社会做出了贡献，而项目本身并未得益的那部分效益。

项目的实际费用是指国民经济为项目实际付出的代价，也有直接费用和间接费用之分。直接费用是指用影子价格计算的项目投入物(包括一次性实际投入额和经常性实际投入额)的经济价值。一般表现为其他企业为供应本项目投入物而扩大生产规模所实际耗用的资源费用；减少对其他项目投入物的供应而放弃的实际效益；增加进口或减少出口所实际耗用的或减收的外汇等。间接费用(外部费用)是指社会为项目付出了代价，但项目本身并不需要支付的那部分费用。

项目的间接效益和间接费用统称“外部影响”或“外部效果”。国民经济效益审计中的“外部影响”的衡量和计算尤为重要，因为这些“外部影响”都是实际发生的，因而具有客观的计算或估算依据。

(2) 国民经济指标体系

国民经济效益审计指标可分为三类：一是反映项目投资的实际国民经济效益的指标。它们主要是实际经济内部收益率、实际经济净现值、实际经济净现值率和实际投资净效益率，前三个指标为动态指标，后一个指标为静态指标。二是反映项目效益的实际国民经济效益指标与前评价或其他同类项目的国民经济效益指标偏离程度的指标。它们主要是实际经济内部收益率变化率、实际经济净现值变化率、实际经济净现值率变化率和实际投资净效益率变化率。三是项目的经济影响评价，主要分析和评价项目对所在国家及地区等外部环境经济发展的作用和影响。包括分配效果、技术进步和产业结构。

(3) 具体指标

① 实际经济内部收益率(*REIRR*)

它是反映项目对国民经济实际贡献的相对指标，是使项目生命期内实际经济净现值累计等于零时的折现率。其表达式为：

$$\sum_{t=1}^{n}(RECI-RECO)_t(1+REIRR)^{-t}=0$$

式中：*RECI* ——实际的或根据实际情况重新预测的经济现金流入量；

RECO ——实际的或重新预测的经济现金流出量；

n ——计算期；

$(RECI-RECO)_t$ ——第 t 年的实际或重新预测的净经济现金流量；

t ——年份，$t=1, 2, \cdots, n$。

项目实际内部收益率大于或等于社会折现率时，项目的实际国民经济效益较好。

② 实际经济净现值(*RENPV*)

它是反映项目对国民经济实际贡献的绝对指标，是用社会折现率将项目生命期内各年的实际净效益折算到建设起点(建设期初)的现值之和。其计算公式为：

$$RENPV=\sum_{t=1}^{n}(RECI-RECO)_t(1+i_{RS})^{-t}$$

式中：i_{RS} ——后评价时选定的社会折现率。

实际经济净现值大于零，表明项目除按社会折现率水平取得收益外，还有额外收益；实际经济净现值等于零，表明项目刚好以社会折现率作为投资收益率取得的国民经济净效益；实际经济净现值小于零，表明项目的实际投资收益率低于社会折现率，比以社会折现率作为投资收益率取得的国民经济效益差。

③ 实际经济净现值率（*RENPVR*）

它是实际经济净现值与实际投资总额现值的比率，是衡量项目投资的国民经济净效益的相对指标。其计算公式为：

$$RENPVR = \frac{RENPV}{R_{P(I)}} \times 100\%$$

式中：$R_{P(I)}$——实际投资总额的现值。

④ 实际投资净效益率

它是反映项目投产后，单位实际投资对国民经济年实际净效益所做贡献的静态指标，是项目达到设计生产能力后的正常年份内的年实际净效益与项目实际投资总额的比率。当正常年份的实际年净效益变化幅度较大时，应计算年平均实际净效益与项目实际投资总额的比率。其计算公式为：

$$\text{实际投资净效益率} = \frac{\text{年实际净效益或年平均实际净效益}}{\text{实际投资总额}} \times 100\%$$

$$\text{实际投资净效益} = \text{年实际产品销售收入} + \text{年实际外部收益} - \text{年实际经营成本} - \text{年实际折旧费} - \text{年实际技术转让费} - \text{年实际外部成本}$$

⑤ 实际经济内部收益率变化率

它是反映项目效益审计实际经济内部收益率与前评价预测的经济内部收益率或与国内外其他同类项目经济内部收益率偏离程度的指标。其计算公式为：

$$\text{实际经济内部收益率变化率} = \frac{\text{实际经济内部收益率} - \text{预测（或其他项目）经济内部收益率}}{\text{预测（其他项目）经济内部收益率}} \times 100\%$$

⑥ 实际经济净现值变化率

它是反映项目效益审计经济净现值与前评价预测的经济净现值或国内外其他同类项目经济净现值偏离程度的指标。其计算公式为：

$$\text{实际经济净现值变化率} = \frac{\text{实际经济净现值} - \text{预测（或其他项目）经济净现值}}{\text{预测（或其他项目）经济净现值}} \times 100\%$$

⑦ 实际经济净现值率变化率

它是反映项目效益审计经济净现值率与前评价预测的经济净现值率或国内外其他同类项目经济净现值率偏离程度的指标。其计算公式为：

$$\text{实际经济净现值率变化率} = \frac{\text{实际经济净现值率} - \text{预测（或其他项目）经济净现值率}}{\text{预测（或其他项目）经济净现值率}} \times 100\%$$

⑧ 实际投资净效益率变化率

它是反映项目效益审计投资净效益率与前评价预测的投资净效益率或国内外其他同类项目投资净效益率偏离程度的指标。计算公式为：

$$\text{实际投资净效益率变化率}=\frac{\text{实际投资净效益率}-\text{预测(或其他项目)投资净效益率}}{\text{预测(或其他项目)投资净效益率}}\times 100\%$$

⑨ 分配效果

分配效果主要指项目效益在各个利益主体之间的分配比例是否合理。衡量分配效果的方法是在效益评价的基础上,以财务评价将分配效果进一步明确为从各出资者角度出发的财务分配效果,将国民经济评价进一步细化为分别以中央、地方、公众和外商为主体的经济效果评价。现金流入部分应采用出资者的股利收入和盈余资金之和,现金流出部分采用出资者的自有资本投入。其评价指标为各利益主体利益分配的比例,计算公式如下:

$$\alpha_i=\frac{ENPV_i}{\sum ENPV_i}$$

其中:α_i ——中央财政、地方经济和社会公众的利益分享比例;

$ENPV_i$ ——中央财政、地方经济和社会公众的经济净现值。

各利益主体的经济现金流量的具体内容如下:

a. 中央财政经济评价部分

现金流量中的流入部分有:资本收益(中央部分),包括股利、盈余资金;中央税,包括增值税、消费税、营业税(中央分享部分)、资源税(中央分享部分)、中央所属企业所得税、关税、汇出税;国有银行收益,包括政策性银行贷款本息回收、商业性银行贷款本息回收。

流出部分有:国家资本投入;国有银行贷款;中央财政补贴,包括对资本货物的补贴、对原材料和燃料动力的补贴、对产品的补贴以及其他补贴。

b. 地方经济评价部分

资金流量中的流入部分有:资本收益(地方部分),包括股利、盈余资金;中央税,包括增值税、消费税、营业税(地方分享部分)、资源税(地方分享部分)、地方所属企业所得税、个人所得税、土地补偿和土地出让所得、城市维护建设税等;地方银行及财政贷款本息回收;就业效果,包括职工工资、奖金、福利等。

流出部分有:地方资本投入、地方财政及银行贷款、土地机会成本、城市设施补贴、其他补贴和外部费用。

c. 公众经济评价部分

流入部分有:资本收益(公众部分),包括股利和盈余资金;公众债券本息回收。

流出部分有:公众资本投入、债券投资和个人所得税。

d. 外商经济评价部分

流入部分有:资本收益(外商部分)、包括股利和盈余资金、国外银行贷款本息回收。

流出部分有:外商资本投入额、国外银行贷款。

此外,分配效果分析中还应包括项目对于不同地区的收入分配的影响。对于相对富裕地区和贫困地区的收入分配可设立不同的权重系数,以体现国家鼓励项目对经济不发达地区投资的政策取向。

⑩ 技术进步

技术进步是人们在生产中使用效率更高的劳动手段、先进的工艺方法,以推动社会生产力不断发展的运动过程。技术进步的类型有:

a. 劳动节约型的技术进步。由劳动者技能的提高而增加产品产量、减少活劳动消耗的技术进步。

b. 资金节约型的技术进步。技术进步带来的效果超过了新的投资。

c. 劳动与资金不变型的技术进步。在投入生产过程的劳动力和资金不变的情况下，增加了产品产量的技术进步。

一定时期的技术水平、技术发展速度和技术对经济、社会发展的作用，表明技术进步的程度。它反映了生产力中物质技术基础的变革，是促进经济增长的主要因素。

根据国家发展改革委、科技部等部门颁布的技术政策、产业政策，并参照同行业国际技术发展水平，评价项目对技术进步和适用程度的作用，项目对技术开发、技术创新、技术改造、技术引进的作用，项目对高新技术产业化、商品化和国际化的作用，以及项目对国家部门和地方技术进步的推动作用，并运用价值工程的原理，分析其经济合理性。

⑪ 产业结构

改革开放 40 多年来，我国开始进入产业结构升级与高级化的新阶段。因此，评价项目建成后对国家、地方的生产力布局、结构调整和产业结构合理化的影响是经济影响评价的一个重要内容。

2）项目社会效益审计

项目的社会效益审计是指分析项目对国家或地方社会发展目标的贡献和影响。项目社会效益审计包括项目对社会发展目标的贡献情况审计和项目对社会发展目标的影响情况审计。项目对社会发展目标的贡献，是指项目的实施对社会各项发展目标带来的好处(效益)，包括经济效益、社会效益、环境效益、有形效益和无形效益。项目对社会发展目标的影响，包括自然影响与社会影响。前者如对自然与生态环境的影响，对自然资源的影响；后者如对社会人口、劳动形式、劳动组织、社会就业、社会政治、文化艺术的影响等。

（1）项目对社会发展目标的贡献

① 对国家或区域经济发展目标的贡献。审计时应侧重于从宏观角度对项目的社会经济贡献和影响进行评价。

② 对项目影响区综合经济发展的贡献。主要包括项目对项目区经济生产总值的总贡献和人均贡献；对项目区生产结构改变，工、农、服务业产值比例的变化产生的影响；项目引起的项目区土地利用调整和土地增值分析等。

③ 对项目影响区部门经济发展的贡献。主要包括对农业经济发展的贡献；对工业经济发展的贡献、对服务业等第二产业经济发展的贡献。

④ 项目的负经济效益。包括项目本身直接造成的经济损失或付出的社会代价和项目投产后带来的社会负效应中的经济负效益。

⑤ 项目社会经济效益分配的公平、公正性分析。即考查项目对公平分配和扶贫政策的影响，主要从公平原则和效益分配两个方面进行分析。

⑥ 项目对人民生活水平和生活质量的贡献和影响分析。该影响包括居民收入变化、人口和计划生育、住房条件和服务设施、教育和卫生、营养和体育活动、文化历史和娱乐等。

⑦ 对自然资源的开发利用分析。主要包括对土地资源合理利用情况分析，野生生物的保护措施分析，文物、古迹、旅游景点的保护分析等。

（2）项目对社会发展目标的影响

① 对人口发展的影响。交通基础设施对项目区的经济发展所起的作用，必定对项目区

人口的发展和变化有影响,其影响面包括人口数量、人口质量、人口增长率、男女比例、文化结构、职业结构、家庭结构等。项目对上述诸方面的影响应予以分析评价。

② 项目对劳动者就业的贡献。包括短期就业、长期直接就业、长期间接就业等方面。对项目的就业评价,可用一个类别相同且采用了影子价格的已评价项目进行对比,其就业率指标可用下列公式计算:

$$单位投资就业人数=新增就业人数/项目总投资$$

其中:新增就业人数包括项目及其相关的新增就业人数;项目总投资包括直接和间接的投资。

③ 项目对居民生活质量改善效益的贡献。包括居民人均可支配收入的增长、消费水平的提高等方面,可通过人均收入增长率指标来进行衡量:

$$人均收入增长率=(项目投产后人均收入-项目投产前人均收入)/项目投产前人均收入$$

④ 项目对改善经济结构、提高经济增长的影响,可通过地区投资 GDP 系数来衡量。

$$地区投资\ GDP\ 系数=评价年度地区\ GDP\ 增加额/项目总投资$$

⑤ 项目对贫困人口数量变化的影响。主要是针对项目有无本身对贫困人口数量的影响,用以反映经济改善结构,具体通过贫困人口数量变化率来衡量。

$$\begin{matrix}贫困人口\\数量变化率\end{matrix}=\left(\begin{matrix}无项目时\\贫困人口数\end{matrix}-\begin{matrix}有项目时\\贫困人口数\end{matrix}\right)\Big/\begin{matrix}无项目时\\贫困人口数\end{matrix}$$

⑥ 项目对征地拆迁移民的影响,通过移民拆赔指数、移民家庭收入变化指数来进行衡量。

$$移民拆赔指数=(项目拆赔费用/项目总概算)\times 100\%$$

$$移民家庭收入变化指数=(移民后家庭年净收入/移民前家庭年净收入)\times 100\%$$

⑦ 对项目区和社会安全稳定的影响分析。项目影响的范围很广,有人受益、有人受损;还可能引发其他消极因素产生,对消极因素处理不当就形成了社会不稳定因素。对项目在这方面产生的影响应给以恰当的评价,包括项目对当地城镇和地区基础设施建设和未来发展的影响,社区的社会安定、社区福利、社区组织机构和管理机制等。

⑧ 项目对社会的负面影响。项目往往要征用大量土地,会影响当地居民的生产生活甚至导致部分人员居住地的迁移,有的补偿不到位,会引起群众的不满,造成一些负面的影响。项目对社会环境生产的负面影响是多种多样的。应阐明审计项目的具体负面影响、采取的补救措施,对遗留问题的处理意见等。

3) 项目环境效益审计

《中华人民共和国环境影响评价法》自 2003 年 9 月 1 日正式实施,2018 年 12 月 29 日经第十三届全国人民代表大会常务委员会第七次会议第二次修正并施行,这充分说明了国家对环境保护的重视。环境评价制度的建立和推行,为有效地减少新污染和环境破坏起到了很大作用。

项目的环境效益审计是指对照项目前评价时批准的《环境影响报告书》重新审查项目环境影响的实际结果,审查项目环境管理的决策、规定、规范、参数的可靠性和实际效果。在审查已批准的环境评价报告和评价环境影响现状的同时，要对未来进行预测，判断其在以后过程中对环境造成影响的可能性。

环境效益审计包括以下内容：

（1）资源利用指标

单位投资占用耕地＝项目耕地占用面积（亩）/ 项目总投资（万元）

（2）污染控制

检查和评价项目排放的废气、废水、废渣和噪声是否在总量和浓度上达到了国家和地方政府颁布的标准。项目选用的设备和装置在经济和环保效益方面是否合理，项目的环保治理装置是否运转正常。项目环保的管理和监测是否有效。

（3）项目对地区环境质量的影响

环境质量评价要分析项目中对当地环境影响较大的若干种污染物，这些物质与环境背景值相关，并与项目的三废排放有关。环境质量指数的计算公式为：

$$I_{EQ}=\sum_{i=1}^{n}Q_i/Q_{io}$$

其中：n ——表示项目排放的污染物种类；

Q_i ——表示第 i 种污染物的排放数量；

Q_{io} ——表示第 i 种污染物政府允许的最大排放量。

（4）项目对自然资源的利用和保护

项目对自然资源的利用和保护，包括水、海洋、土地、森林、渔业和野生动植物等自然界中对人类有用的一切物质和能源的合理开发、综合利用、保护和再生增值。资源利用分析的重点是节约能源、节约水资源、土地利用和资源的综合利用等，评价项目实施后对其影响程度。

（5）项目对生态平衡的影响

项目对生态平衡的影响主要指人类活动对自然资源环境的影响，其内容包括人类对植物和动物种群，特别是对珍稀濒危野生动植物、重要水源涵养区、具有重要科教文化价值的地质构造以及其相互依存关系的影响。对可能引起或加剧自然灾害和危害的影响，如土壤退化、植被破坏、洪水和地震等，分析项目所带来的正面和负面影响。可通过以下两种方式测定项目对生态平衡的影响：

一种是测定受威胁物种的数量，即：

动植物数量和种类变化率＝[（开发前数量－开发后数量）/ 开发前数量]×100%

另一种是测定受破坏或损害的野生生物栖息地（或植被）的百分数，即：

受破坏或损害的野生生物栖息地（或植被）的百分数＝[（开发前栖息地面积－开发后栖息地面积）/ 开发前栖息地面积]×100%

（6）古迹和自然景观方面的影响

项目的开发可能会对古建筑或历史遗迹、自然景观造成损害，此类影响的总价值可通过价值评估的方式来计算。

4）项目可持续性评价

项目可持续性评价是指在项目建设完成投入运行之后，按照可持续发展理论，对项目的既定目标是否能按期实现，项目是否可以持续保持较好的产出效益，接受投资的项目业主是否愿意并可以依靠自己的能力继续实现既定的目标，项目是否具有可重复性等方面做出评价。

工程项目可持续性分析包括两层含义。一是项目对业主方持续发展的影响；二是项目对国家持续发展的影响。项目可持续性评价应该对这两方面所涉及的持续发展因素进行分析。

工程项目可持续性后评价应包括社会经济可持续性评价、工程项目效果可持续性评价、项目环境可持续性评价、项目资源利用可持续性评价、管理体制与政策可持续性评价和协调性评价。

（1）社会经济可持续性评价

工程项目社会经济可持续性评价，主要是评价项目对社会的交通、文教、卫生、就业、治安的影响，对人口与资源、环境的平衡关系、社会分配关系、失业和社会平等、文化教育和卫生健康以及社会保障体系的健全状况等进行分析、评价。工程项目收益分配是否公平，是否有利于消除贫困等社会问题，是否增加项目所在区域的经济财富和福利都是工程项目复杂系统可持续的重要条件。其评价指标包括：人均GDP增长率、人均收入增长率、利税增长率、人口增长率、居民就业率、生活收入等。根据不同类型的工程项目，应选择不同的具体评价指标。

（2）工程项目效果可持续性评价

工程项目效果可持续性评价包括四个方面：

① 财务经济性

主要评价项目实际的年财务现金净流量、年国民经济效益费用净流量等是否达到项目的预期目标，评价项目工程使用效果、设施实际利用情况和工程设施维护情况是否能保证项目的可持续运转，根据项目实际营运的情况，对项目未来年期的财务现金净流量或国民经济效益费用净流量实现的可能性进行合理评价，以判断工程项目的经济效益和运营是否可持续。

在持续性分析中要强调三点：一是评价时点之前的所有项目投资都应作为沉没成本不再考虑；二是要通过项目的资产负债表等来反映项目的投资偿还能力，并分析和计算项目是否可以如期偿还贷款和实际还款期；三是通过项目未来的不确定性分析确定项目持续性的条件。

② 项目科技进步性

项目只有具有先进的技术才能避免被淘汰的命运或延长其淘汰时限，其科技进步性可通过项目设计的先进性和所采用技术的先进性两方面来进行评价。

a. 项目设计的先进性

项目的设计要具有科学性、超前性，并有发展余地。设计时除了要考虑人们现在生活需要，还要考虑未来需要，使项目具有一定的前瞻性，能与以后的经济、技术、文化发展相衔接。

设计的先进性还表现在尽可能利用已有的新技术、新材料、新工艺，并具有一定的超前性，为以后发展留出接口，在设计时应考虑空间的合理利用，并为用户自己的改造提供条件，使改造成为可能，延长淘汰时限。

b. 技术的先进性

项目的技术先进性主要指项目实施技术和运营技术的先进性。项目的技术先进性表现在已有先进技术成果的应用上和为以后技术发展留出的接口上，项目的技术先进性使项目能经得起时间考验，同时具有可持续发展前景。

③ 项目的可改造性

由于科学技术的发展，项目的生命周期逐渐缩短。如果项目具有一定的可改造性，能够与技术发展相适应，就能延长项目的生命周期，实现项目的可持续发展。项目的可改造性评价可从两方面进行：一是改造的经济可能性；二是改造的技术可能性。

a. 改造的经济可能性

改造的经济可能性是指项目改造过程中的追加投资成本效益分析，即评价项目改造时追加投资与项目产出比，由此决定是对该项目进行投资改造还是按报废进行处理。对项目的改造再应用也是延长项目生命周期、提高项目资源利用率、降低项目生命周期成本的有效措施。要提高项目的持续发展能力，必须降低项目改造成本，使改造具有经济可能性。

b. 改造的技术可能性

改造的技术可能性是指对原项目进行改造的技术支持度，改造实现的可能性，改造后运营的安全性、可靠性的评价。项目改造的技术可能性与项目的技术先进性相辅相成，只有采用先进的技术，并且所用的技术完全支持以后项目的改造，改造才可能成为现实，才能延长项目的生命周期，为持续发展创造条件。

④ 项目的可维护性

项目的可维护性是指项目运营期间维修、维护的难易程度，运营期间的维修、维护费用的高低，项目与新技术接口处理的难易程度及接口处理的费用状况。只有项目维护简单、费用低，项目才具有生命力，才有发展前景。项目的可维护性是项目可持续发展的前提，并为可持续发展提供保障。

(3) 项目环境可持续性评价

任何项目都处于一定的自然环境和社会环境中，对环境不可避免地产生影响，对环境的影响是决定项目能否持续发展乃至能否存在的主要因素之一。工程项目的环境可持续性评价，主要是评价项目对土地、水、大气的影响，项目的环境质量控制能力，污染治理和综合利用等。项目对环境的影响包括自然环境、社会环境、生态环境等几方面。

① 对自然环境的影响

对自然环境的影响是指项目是否造成环境污染，如光污染、噪声污染、废气污染、污水污染等，也是指项目与周围自然环境是否具有相容性、协调性，即项目是否破坏了周围自然环境，是否与周围自然景观相协调。只有当项目能达到污染治理标准，并且与周围自然环境相协调，项目才具有持续发展的可能。

② 对社会环境的影响

对社会环境的影响包括对周围居民生活的影响、对社会文化的影响、对社会经济环境的影响等，也就是说项目是否与社会文化相容，是否与人们的生活习惯相协调，是否与经济发展相吻合，并具有一定的前瞻性。一个项目只有符合社会文化要求，不影响居民生活，与经济发展协调，才有存在的可能和继续发展的必要。

③ 对生态环境的影响

项目处在一定的环境中，都或多或少地对生态环境产生影响，对生态环境影响的评价主要是比较项目存在前后生态环境的变化，如三峡工程、小浪底工程等大型水利工程项目，必须考虑其对生态环境的影响，将对生态环境影响的评价作为可持续评价的一个主要方面。

(4) 项目资源利用可持续性评价

项目在整个生命周期的各个阶段都离不开资源,资源的持续性和资源利用的合理性直接关系到项目能否持续发展,可持续发展条件下的工程项目作为经济-社会-环境的复合系统,是资源、环境与经济社会发展之间的合理平衡,是在保证生态环境系统的稳定性和均衡性及不损害后代人利益的条件下的可持续发展。资源利用可持续性评价可按项目的建设期、运营期、报废后三个阶段进行分析。

① 项目建设期资源利用情况

建设期资源利用主要是建筑材料的选择利用。建筑材料的选择不仅关系到项目的建设质量,而且关系到运营成本(效益),还关系到项目拆除后资源的回收利用。因此必须对建筑材料的选择进行评价,并通过它来评价项目的可持续性。为了实现项目的可持续发展,应尽可能选择对环境影响小的和可再生的节能环保建材。

② 项目运营期资源利用情况

影响项目可持续发展能力的项目运营期资源包括项目运营所需资源和项目运营产生的废弃物两方面,项目运营所需资源供应的连续性、项目废弃物处理的合理性直接影响项目的持续发展能力。

a. 项目运营所需资源。项目运营所需资源主要指项目运营所需原材料。原材料的可再生性和对环境的影响直接关系到项目的可持续性。对项目的可持续性进行评价必须对项目运营所需资源进行评价,只有这样,才能全面论证项目的可持续发展能力。

b. 项目运营产生的废弃物处理和利用情况。对于化工厂、造纸厂、热电厂等大型工业项目,必须对项目废弃物的处理和再利用进行评价,由此来判定项目是否具有持续发展的前景。如造纸厂、化工厂都是用水量很大的项目,而水是不可再生资源,必须考虑水的循环利用和污染处理;对于热电厂、煤矿等项目,则必须考虑项目废弃物的处理,因为项目的废弃物处理和利用关系到项目对环境的影响,直接关系到项目的存在与发展,所以在进行可持续评价时必须考虑项目的废弃物利用和处理状况,并对其做出评价,通过它进一步评价项目是否具有持续发展能力。

③ 项目报废后资源的再利用情况。项目报废后的资源再利用主要指项目拆除后的废弃物、主要设备、设施的再利用或处理。项目报废后资源的回收再利用,是对社会资源的节约。只有合理利用或处理了这些废弃物,才能减少其对环境的影响,才有利于整个社会和经济可持续发展。

(5) 管理体制与政策可持续性评价

即评价项目的科学决策水平、工程质量、项目规模、项目运行机制、经营管理、用户满意度、配套设施建设以及对政策法规的适应性等。主要包括项目组织机构后评价和经营管理机制后评价两个方面。

① 工程项目组织机构是实现项目目标、保证项目持续运营的基础,其主要评价内容有:

a. 工程项目组织机构的构成评价,包括项目的实际人员数量、实际工作能力、工作能力效率与工程项目预期的人员数量、工作能力、工作效率评价。

b. 项目组织机构的能力评价,包括机构的发展趋势、经营管理能力、维持能力、吸收或应用新技术的能力等方面的评价。

c. 项目组织机构的资源获得能力评价,指项目组织机构是否具备或能获取足够的资源

（人才、物质、资金资源），以保证项目目标的顺利实现。

d. 项目组织机构的协调能力评价，指机构内部和外部的协调能力，主要包括项目机构内部协调性评价、项目与外部环境协调性评价、项目与社区协调性评价、项目与政府的协调性评价等。

② 经营管理机制后评价主要包括项目机构各部门、成员之间是否有合理明确的分工合作机制评价，机构成员的待遇、服务和晋升机制评价，项目运营是否有健全的管理机制和激励机制，项目机构经常性维护机制评价，项目组织机构的计划、预算、组织、协调机制评价等。

（6）协调性评价

影响工程项目可持续性的因素涉及社会、经济、生态环境、管理机制等诸多方面，系统内各子系统的结构组合模式，决定了工程项目的综合效益。根据复杂系统理论，系统的结构决定功能，功能决定效益，当系统结构合理，各子系统间协调一致时，系统产生整体协同放大效应，总体功能效益大于各子系统功能效益的简单加和，反之亦然。所以，评价这些因素发展是否协调，是否有利于项目产生协同放大效应，也是工程项目可持续性后评价的一个重要内容。其评价指标包括：经济与环境协调系数、经济与社会协调系数、社会与环境协调系数等。

10.5 工程项目绩效审计评价指标体系的构建和评价方法

工程项目绩效审计评价指标体系是反映工程项目投资总体效益的概念和具体标准，是衡量和评价工程项目经济性、效率性和效果性，揭示工程建设存在问题的重要手段，是根据工程绩效评价工作的要求，按照一定的标准，对工程项目进行科学合理、层次清晰、实用可行的分类而形成的指标体系。

10.5.1 工程项目绩效审计的评价指标体系框架

1）工程项目绩效审计标准

工程项目绩效审计标准应采取定量与定性相结合的方法。其中定性标准包括国家的法律法规，党和政府的各项方针、政策，主管部门的有关规定等；定量标准则包括工程预算、计划的各项具体指标，各项业务规范和经济技术指标等。总之，工程项目绩效审计标准是能综合反映物化劳动和活劳动消耗的绝对量指标。

工程项目绩效审计标准应具备以下特征：

（1）客观性。即选用的评价标准能客观地反映工程的效益。

（2）相关性。即投资效益评价指标必须与建设工程效益有关。

（3）可靠性。即投资效益审计评价标准的内容必须科学、合理，保证正确使用审计评价标准，不会得出错误的结论。

（4）可理解性。评价要避免空洞的理论，要易于被使用者理解。

（5）可操作性。无论是定性评价还是定量评价，根据评价指标均能得出结论。

（6）可接受性。效益评价标准要能够被评价者与评价对象接受，还要能够被有关管理部门接受。

（7）可比性。要力求使审计评价标准与有关计划标准相适应，并能够进行历史的纵向比较和与国内外先进水平进行横向比较。

(8) 恰当性。即对工程的效益恰如其分地给予判断和评价。

(9) 完整性。目的是保证对被审计单位和工程项目绩效做出全面、完整的衡量和评价。

(10) 代表性。所选定的评价标准必须能代表并适用于同类工程。

2) 工程项目绩效审计评价指标选择的要求

工程项目绩效审计需要多少指标,用什么样的指标是一个比较困难的问题,也是一个比较复杂的问题。目前,我国政府对此还没有统一的规定。我们应从实际出发,按照绩效审计工作的要求,根据具体情况选用。一般来说,工程项目绩效审计的评价指标选择要注意以下问题:

(1) 全面评价工程项目的经济性、效率性和效果性

指标的选取一定要全面,不能漏缺重要的指标。由于工程的评价指标很多,没办法也不可能把所有的评价指标都选用上,所以在选取指标时,要有代表性。首先,要抓住反映工程项目绩效主要方面的主要指标;其次,要注意指标内容的相关性,不仅要有个体指标,还要有相关指标;最后,要注意指标形态的统一性,不仅要有价值量指标,还要有使用价值量指标,既要有横向比较指标,又要有纵向比较指标。

(2) 指标设置要适当、合理

工程项目个体差异较大,所以选择审计指标应根据具体情况确定,所采用的审计指标数量也要适宜。比如大项目多设几个指标,小项目少设几个指标;重要问题和有疑问的地方多设几个指标,问题比较清楚的地方少设几个指标。

(3) 效益与公平应相互结合

在制定评价标准、确定评价指标时,要注重效益与公平相结合。工程利用资源的效率与效果是效益问题,不同主体的利益分配是公平问题,要考虑到不同利益主体对效益和公平有不同偏好。因此,在设置工程绩效审计评价指标时,不能只满足于对工程经济性、效率性和效果性进行评价,还应该考虑到项目的实施对所在地社会效益、自然环境的影响,应坚持独立性,不能偏于一方,力图找到一个最佳平衡点。

(4) 要兼顾各种评价依据的互补性

任何一个绩效审计项目,其效益评价依据的来源均有多种,包括相关的法律、法规,有关部门的政策、准则、考评办法、专业标准及专家意见,其他具有类似情况或在该领域居领先地位的单位的效益水平、预算或计划指标等。对此,要根据被审计项目的特点统筹兼顾各种评价依据,以便对被审计项目做出全面、客观的综合评价。

(5) 注意定性指标与定量指标相结合

建立工程项目绩效审计评价指标体系,应考虑绩效评价的特殊性,将定量评价与定性评价相结合,尽可能采取量化指标。工程项目支出的结果往往包含着多重的社会、政治及经济目标的要求,有的可以用量化指标来评价,有的难以用量化指标来评价而又对被审计项目产生重大影响的资源和耗费,也应采用一些特殊的方法进行估量,并纳入评价范围。对于可以定量描述的项目,必须通过多角度、多层次的指标进行量化评价,才能使定量评价更具有证明力和说服力,评价结果才更直观,更具有可比性,才能有效降低审计风险。而对于只能定性描述的项目,还需要全方位评价社会效益,提高定性评价的科学性。因此,建立工程项目绩效审计评价指标体系,定量评价与定性评价的有机结合是确保评价质量的关键。

3）工程项目绩效审计的评价指标体系框架

工程项目绩效审计的评价指标体系应当与工程项目绩效审计的内容相一致。根据绩效审计内容，可建立四级绩效审计的评价指标体系，其指标体系如表 10-1 所示。

表 10-1 工程项目绩效审计的评价指标体系

一级评价指标	二级评价指标	三级评价指标	四级评价指标
工程项目管理审计	项目内控制度	内控制度体系	控制环境、风险评估、控制活动、信息与沟通、监督
	项目目标成功度	项目目标成功度	功能目标、技术目标、经济目标、社会目标、生态目标
	项目过程成功度	策划阶段成功度	工作费用和质量、决策周期、程序的合理性、方法的科学性
		实施阶段成功度	从项目实施各环节方面进行审计
		投资执行成功度	资金筹措、施工期各年度资金到位率及投资完成情况、工程竣工决算与投资估算设计概算的比较分析、工程投资节余或超支的原因
		运营阶段成功度	设计能力达标率、财务状况、市场需求状况、竞争能力现状、运营外部条件等
工程项目投资效益审计	微观效益审计	预算执行效益审计	投资额差异、单位功能造价、建设期、质量
		财务效益审计	财务净现值及变化率、财务内部收益率及变化率、投资利润率及变化率、投资利税率及变化率、资本金利润率及变化率、投资回收期及变化率、资产负载率及变化率、流动比率及变化率
	宏观效益审计	国民经济指标	实际经济净现值及变化率、实际经济净现值率及变化率、实际投资净效益率及变化率、实际经济内部收益率及变化率、分配效果、技术进步、产业结构
		社会效益	项目对社会发展目标的贡献率、项目对社会发展目标的影响
		环境效益	污染物排放总量、环境质量指数、自然资源利用和保护、项目对生态平衡的影响
		可持续性评价	社会经济可持续性、项目效果可持续性、项目环境可持续性、项目资源利用可持续性、管理体制与政策可持续性、项目协调性

10.5.2 工程项目绩效审计的评价方法

1) 绩效评价方法概述

上述评价指标中,既有定量分析指标,如净现值、内部收益率、单位功能造价等,又有大量定性分析指标,如可持续发展指标、项目对社会发展目标的影响指标等。要使工程项目绩效审计更加客观、真实,应当采用以定性分析为主、相关评价指标分析为辅的方法,将动态与静态、定量与定性、价值量与实物量等分析结合起来做出正确评价。

随着科学技术的发展,越来越多的评价方法在项目绩效评价工作中得到了广泛应用,比较典型的有专家评价法、数据包络分析(DEA)方法、人工神经网络分析法、项目执行报告体系(PPR)、平衡计分卡、物元分析法、层次分析法、灰色理论、模糊综合评价法、熵评价法和路径分析法等。这里重点介绍采用层次分析法和模糊综合评价法对工程项目绩效进行综合评价。

2) 层次分析法

(1) 层次分析法的基本原理

层次分析法(Analytic Hierarchy Process,简称 AHP 法)是美国运筹学家 T. L. Saaty 于 20 世纪 70 年代提出来的,它是一种定性与定量分析相结合的多目标决策分析方法,适用于结构较复杂、决策准则多且不易量化的决策问题。它把一个复杂问题表示为一个有序的递阶层次结构,利用人们的判断,对决策方案的优劣进行排序。这种方法能够统一处理决策中的定性与定量因素,具有实用性、系统性、简洁性的特点。运用层次分析法有很多优点,其中最重要的一点就是简单明了。层次分析法不仅适用于存在不确定性和主观信息的情况,还允许以合乎逻辑的方式运用经验、洞察力和直觉。

层次分析法的理论核心是将一个复杂系统分解为若干个组成部分或因素。这些因素按不同属性被分成若干个组,每个因素又受到一系列子因素的影响,形成不同层次。同一层次的因素作为准则,对下一层次的某些因素起支配作用,同时它又受上一层次因素的影响。根据目标、因素和子因素相互间的支配关系构成一个多层次递阶结构模型。在一个层次递阶结构模型中,自上而下通常包括目标层、准则层和方案层。

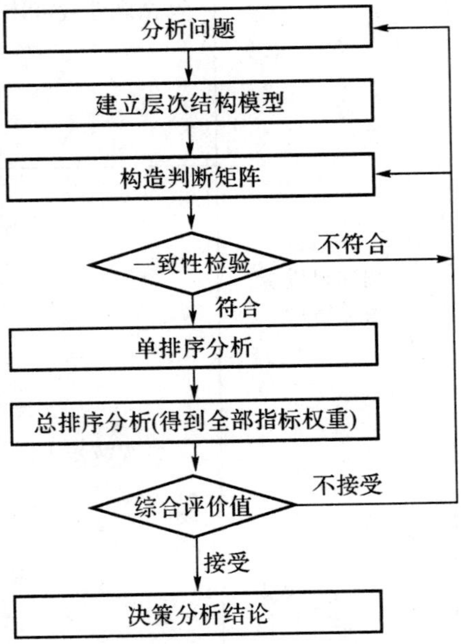

图 10-1　层次分析法的总体思路

层次分析法的总体思路见图 10-1。

按上述总体思路,层次分析法解决问题的一般步骤为:

① 建立层次结构模型

在深入分析所要研究的问题之后,将问题中所包含的指标划分为不同层次,包括目标层、准则层和方案层。将同一层次的指标作为比较和评价的准则,其对下一层次的某些指标起支配作用,同时它又从属于上一层次的指标。分层结构图如图 10-2 所示。

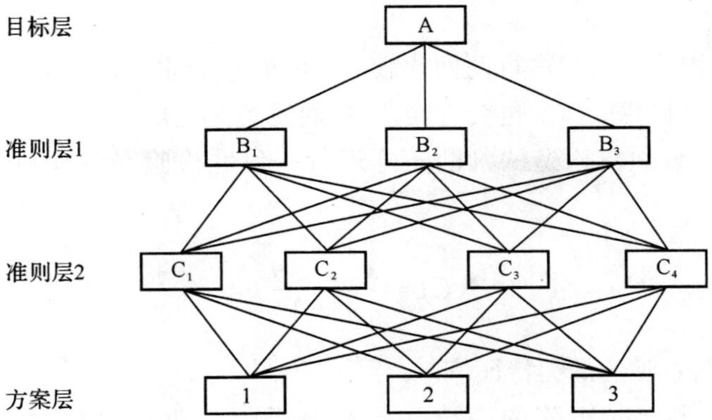

图 10-2　递阶层次结构示意图

② 构造判断矩阵

在建立层次结构模型以后，上下层次之间指标的隶属关系就被确定了。在此基础上，需要对每一层次中各指标的相对重要性做出判断。在层次分析法中，为了使判断量化，将这些判断通过引入合适的标度用数值表示出来，构成判断矩阵（以下用 **A** 表示）。判断矩阵表示针对上一层次的某指标，本层次与之有关指标之间相对重要性的两两比较。判断矩阵通常引用下面的 1～9 标度方法，如表 10-2 所示。

表 10-2　1～9 标度法

标度（a_{ij}）	判断矩阵标度的含义
1	表示两个指标相比，具有同样重要性
3	表示两个指标相比，一个指标比另一个指标稍微重要
5	表示两个指标相比，一个指标比另一个指标明显重要
7	表示两个指标相比，一个指标比另一个指标强烈重要
9	表示两个指标相比，一个指标比另一个指标极端重要
2,4,6,8	为上述相邻判断的中值
倒数（$1/a_{ij}$）	a_{ij} 为 i 指标与 j 指标比较得到的判断值，$1/a_{ij}$ 为 j 指标与 i 指标比较得到的判断值

假设某上级指标的下层有 n 个指标与之相关，则这 n 个指标相对于这个上级指标的重要性可以采用判断矩阵的方式计算出来，这时的判断矩阵 **A** 可以表示为：

$$\mathbf{A}=(a_{ij})_{m\times n} \quad (i=1,2,\cdots,m;\ j=1,2,\cdots,n)$$

其中：a_{ij} —— i 指标与 j 指标比较得到的判断值，并且 $a_{ij}=1/a_{ji}$。

层次分析法通过求取判断矩阵的特征值和特征向量的办法来确定指标的权重，最大非零特征值（λ_{max}）所对应的特征向量 $\boldsymbol{W}$ 即为各指标的权重向量。

在精度要求不高的情况，可以用近似方法计算 λ_{max} 和 $\boldsymbol{W}$，一般可以采用“和法”和“方根法”。在此不做详细描述。

③ 一致性检验

人们对复杂事物的各因素进行两两比较时,不可能做到完全一致,难免存在估计误差,这就必然导致特征值和特征向量也会有误差,从而得到的也是有偏差的指标相对权重向量。为了减小这种误差,必须对构造的判断矩阵进行一致性检验。检验判断矩阵一致性的指标为:

$$CI = \frac{\lambda_{max} - n}{n-1}$$

其中:λ_{max} ——判断矩阵的最大特征值。

该指标越大说明判断矩阵的完全一致性越差。一般只要相对一致性指标 $CR < 0.1$($CR = CI/RI$,RI 为平均随机一致性指标,见表 10-3)就认为判断矩阵的一致性可以接受,否则需要重新进行两两比较判断,重新得到判断矩阵。

判断矩阵的维数越高,其一致性也越差,故应适当放宽对高维判断矩阵一致性的要求。

表 10-3 平均随机一次性指标

n	1	2	3	4	5	6	7	8	9	10	11
RI	0	0	0.52	0.89	1.12	1.26	1.36	1.41	1.46	1.49	1.52

④ 指标总排序

对通过了一致性检验的判断矩阵求特征值和特征向量,最大特征值对应的特征向量即为对应指标的相对上层指标重要性,经过归一化处理即可得到指标的权重。所有指标都可以通过上述方法确定其相对重要性,最终得到全部指标的总排序,并通过归一化处理得到各指标的权重。

⑤ 建立综合评价模型

假定全部评价指标共有 t 个,则构造的综合评价模型为:

$$V = \sum_{i=1}^{t} W_i Y_i$$

其中:V ——项目绩效评价的综合评判值;

W_i ——各指标的权重;

Y_i ——第 i 个评价指标经过标准化处理后的值。

层次分析法最大的优点是提出了层次本身,它使得评价人能够认真地考虑和衡量指标的相对重要性。但是影响工程项目绩效评价的因素较多,很多定性指标的判断是比较模糊的,层次分析法在解决这类模糊问题时,用确切的 1∶9 尺度显得过于武断,加之在评价的过程中,由于人为的参与,待评估或优选的方案的实际情况或多或少地受决策者的主观判断、偏好及对问题的理解等因素的干扰,给实际的评价带来了一定的误差。

3) 模糊综合评价法

现实生活与工程领域存在着许多不确定性。这些不确定性,给人们分析、判断及应用事物带来诸多不便。人们需要以一种有效、客观、实用的方法来解决不确定性问题。

美国控制论专家扎德(Zadeh)于 1965 年首次提出了模糊集的概念。之后,人们基于模糊集，发展出了多种多样的模糊数学方法。模糊综合评价就是根据模糊集的理论和方法来确定不确定性问题，它能够全面、合理地考虑各种不确定性因素，对解决问题的方案进行全面审查和综合评价。工程项目绩效审计涉及诸多评价指标，为使在审计时尽可能客观地考虑诸多影响因素，克服部分因素间相互连锁给权重分配带来的困难，模糊综合评价法为我们客观、科学、合理地评价工程项目提供了一条有效的途径。

模糊综合评价法以隶属度来描述模糊界限，通过 $\boldsymbol{W}$（权重集）与 $\boldsymbol{R}$（关系矩阵）的合成运算 $\boldsymbol{B}$（综合隶属度）来完成这一过程，其实质是对评价因子的加权过程，即 $\boldsymbol{B}=\boldsymbol{W}\circ\boldsymbol{R}$（$\circ$ 为模糊算子）。根据运算结果按照隶属度最大原则即可求出评价结果。

（1）模糊目标决策数学模型

① 一级模糊多目标决策的数学模型

设有两个有限论域：$U=\{x_1, x_2, \cdots, x_n\}$，$V=\{y_1, y_2, \cdots, y_m\}$。其中 U 代表多目标决策的多种因素组成的集合，称之为因素集；V 为多种决策目标构成的集合，称之为评语集或评判集。一般而言，因素集中的各因素对被评判事物的影响是不一致的。因此各因素就有各自的重要性分配，称为权重分配，是 U 上的一个模糊向量，记为：

$$\boldsymbol{A}=(a_1, a_2, \cdots, a_n)\in F(U)$$

其中：a_i ——U 中第 i 个因素的权重，且满足 $\sum_{i=1}^{n} a_i=1$。

此外，m 个评语在模糊环境下也非绝对的肯定或否定。因此，综合决策的结果可看作 V 的模糊集，记为：

$$\boldsymbol{B}=(b_1, b_2, \cdots, b_m)\in F(V)$$

其中：b_j ——第 j 种评语在评判目标总体 V 中所占的地位。

如果从 U 到 V 有模糊关系 $\boldsymbol{R}=(r_{ij})_{n\times m}$，那么利用 $\boldsymbol{R}$ 就可得到一个模糊变换 $T_{\boldsymbol{R}}$。因此便有如下结构的模糊多目标决策的数学模型：

- 因素集 $U=\{x_1, x_2, \cdots, x_n\}$
- 评判集 $V=\{y_1, y_2, \cdots, y_m\}$
- 构造模糊变换

$$T_{\boldsymbol{R}}: F(U)\rightarrow F(V)$$

即：$\boldsymbol{B}=\boldsymbol{A}\circ\boldsymbol{R}$。

这样，由 $(U, V, \boldsymbol{R})$ 三元体就构成了一个模糊多目标决策的数学模型。此时，若输入一个权重分配 $\boldsymbol{A}=(a_1, a_2, \cdots, a_n)\in F(U)$，通过模糊变换 $T_{\boldsymbol{R}}$，则可得到一个综合决策 $\boldsymbol{B}=(b_1, b_2, \cdots, b_m)\in F(V)$。也就是

$$(b_1, b_2, \cdots, b_m)=(a_1, a_2, \cdots, a_n)\circ\begin{pmatrix} r_{11} & r_{12} & \cdots & r_{1m} \\ r_{21} & r_{22} & \cdots & r_{2m} \\ \vdots & \vdots & & \vdots \\ r_{n1} & r_{n2} & \cdots & r_{nm} \end{pmatrix}$$

使用 Zadeh 算子有 $b_j=\bigvee_{i=1}^{n}(a_i\wedge r_{ij})$，$j=1, 2, \cdots, m$。简记此综合评价模型为 $M=$

($\wedge^*$, $\vee^*$)。

如果 $b_k = \max\{b_1, b_2, \cdots, b_m\}$，那么按最大隶属原则对该事物做出的综合决策为 b_k。这样将模糊变换 $T_{\boldsymbol{R}}$ 作为转换器就构成模糊多目标决策系统。

模糊多目标决策的核心在于综合各因素的结果做决策。众所周知，对由单因素确定的事物做出决策是容易的。但是，事物涉及多个因素时，就要综合考虑诸多因素对事物的影响而做出一个接近于实际的决策，从而避免仅根据一个因素就做出评价而带来的片面性，这就是多目标决策系统的特点。模糊多目标决策一级决策系统见图 10-3。

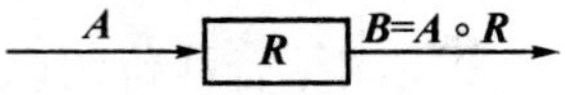

图 10-3　模糊多目标决策一级决策系统

② 多目标多级模糊综合评价决策模型

由于工程项目绩效审计采用的是多级评价指标体系，以克服单级评价中权重向量难以确定的困难，因此在对各指标进行评价时，必须根据指标所处的不同层次，从最低级进行评价，逐级向上。对于一些复杂的系统，需要考虑的因素很多，这时会出现两个方面的问题：一是因素过多，对它们的权数分配难于确定，即使确定了，由于因素多，每个因素的权值都很小，常会出现经运算后显现不出有价值的结果；二是因素可能有层次或类别，难以在同一水平上确定出权重。这时可采用多级模糊多目标决策系统，某一级的评价结果就成为上一级模糊集上的模糊关系矩阵，直至得到最高一级的评价结果，即可得到方案的综合评价系数向量。下面以二级模糊多目标决策来说明其步骤。

第一步：将因素集 $U=\{x_1, x_2, \cdots, x_n\}$ 按某种属性分成 s 个子因素集 $u_1, u_2, \cdots, u_s$，或者说影响 U 的 s 个指标。其中：

$$u_i = \{x_1, x_2, \cdots, x_i\} \quad (i = 1, 2, \cdots, s)$$

且满足：

◆ $u_1 \cup u_2 \cup \cdots \cup u_s = U$

◆ 对任意的 $i \neq j$，$u_i \cap u_j = \varnothing$

第二步：对每一子因素集 u_i 分别做出一级多目标决策。若设评语集 $V=\{y_1, y_2, \cdots, y_m\}$，且 u_i 中各因素相对 V 的权重分配是：

$$\boldsymbol{A} = (a_{i1}, a_{i2}, \cdots, a_{im})$$

若 $\boldsymbol{R}_i$ 为单因素评价矩阵，则可得一级评判向量

$$\boldsymbol{B}_i = \boldsymbol{A}_i \circ \boldsymbol{R}_i = (b_{i1}, b_{i2}, \cdots, b_{im}) \quad (i = 1, 2, \cdots, s)$$

第三步：将每个 u_i 看作一个因素，记

$$K = \{u_1, u_2, \cdots, u_s\}$$

这样，K 又构成一个因素集，K 的单因素评判矩阵就由一级评判向量组成：

$$\boldsymbol{R} = \begin{pmatrix} \boldsymbol{B}_1 \\ \boldsymbol{B}_2 \\ \vdots \\ \boldsymbol{B}_s \end{pmatrix} = \begin{pmatrix} b_{11} & b_{12} & \cdots & b_{1m} \\ b_{21} & b_{22} & \cdots & b_{2m} \\ \vdots & \vdots & & \vdots \\ b_{s1} & b_{s2} & \cdots & b_{sm} \end{pmatrix}$$

每个 u_i 作为 U 的一部分，反映了 U 的某种属性，可以按它们的重要性给出权重分配。

$$\boldsymbol{A}=(a_1,\ a_2,\ \cdots,\ a_s)$$

从而可得二级模糊多目标决策：

$$\boldsymbol{B}=\boldsymbol{A}\circ\boldsymbol{R}=(b_1,\ b_2,\ \cdots,\ b_m)$$

如果每个子因素 $u_i(i=1,\ 2,\ \cdots,\ s)$ 还含有不同类型的或不同层次的子因素，那么可将 u_i 再进行划分，类似于二级决策过程可得三级决策模型，甚至四级、五级模型等。

对于多级综合评价的过程，可建立多层次综合评价模型。其上下级指标的综合评价过程可用如图 10-4 所示的框图表示。将第 $i+1$ 级综合评价结果作为第 i 级综合评价的输入值，依此类推。

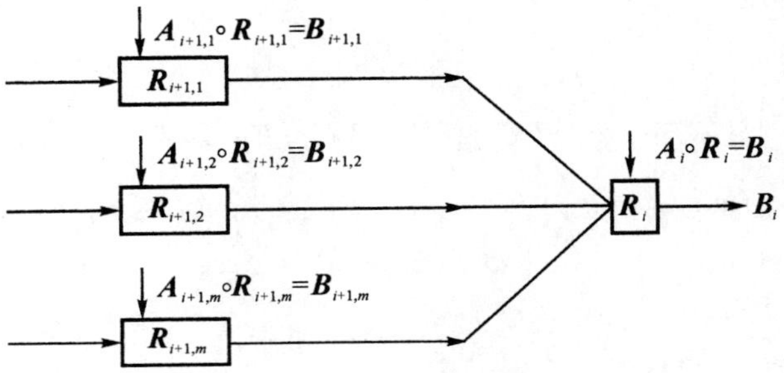

图 10-4　上下级综合评价模型

于是可建立多级综合评价模型，如图 10-5 所示。

图 10-5　多级综合评价模型

③ 评价指标隶属度的确定

多指标评价的一个显著特点是指标间的不可公度性，即各个目标之间没有统一的度量标准，因而难以比较。所以在进行综合评价前，应先确定评价指标体系中各个指标的隶属度。指标可以分为定量指标和定性指标，计算方法分别如下：

a. 指标临界值的确定

定量指标对应于指标评语集 $V=\{$很好，好，一般，较差，差$\}$，V 的 5 级指标临界值 $(x_1,\ x_2,\ x_3,\ x_4,\ x_5)$ 的确定可通过研究不同项目绩效审计报告计算得到，计算方法和思路如下：

由于我国不同区域的社会、经济、环境差异比较大，笼统地确定一个指标临界值是欠妥的，为此，将我国领域划分为三个区域：东部、中部、西部，分别确定各区域范围内的指标临界值。

对某一区域，尽可能收集各项目的绩效审计报告，根据各个项目的绩效审计报告，统计各定量指标的指标值 $U_i(i=1,\ 2,\ \cdots,\ k,\ k$ 为指标统计数$)$。

对于效益型指标,

$$x_5=\max U_i,\ x_1=\min U_i$$

$$x_3=\frac{\sum_{i=1}^{k}U_i}{k}$$

$$x_4=(x_3+x_5)/2,\ x_2=(x_1+x_3)/2$$

对于成本型指标,$x_1=\max U_i$,$x_5=\min U_i$,x_2、x_3、x_4 求法与上述相同。

b. 定量指标隶属度计算

定量指标隶属度的确定方法可以分为效益型指标、成本型指标(越小越好型)两种情况考虑,将指标值代入下列公式即可求出各指标的隶属度。

效益型指标隶属度:

$$r_{ij}^1=\begin{cases}1 & u_{ij}\geqslant x_5\\(u_{ij}-x_4)/(x_5-x_4) & x_4\leqslant u_{ij}<x_5\end{cases}$$

$$r_{ij}^k=\begin{cases}(x_{6-k+1}-u_{ij})/(x_{6-k+1}-x_{6-k}) & x_{6-k}\leqslant u_{ij}\leqslant x_{6-k+1}\\(u_{ij}-x_{6-k-1})/(x_{6-k}-x_{6-k-1}) & x_{6-k-1}\leqslant u_{ij}<x_{6-k}\end{cases}$$

$$r_{ij}^5=\begin{cases}1 & u_{ij}\leqslant x_1\\(x_2-u_{ij})/(x_2-x_1) & x_1<u_{ij}\leqslant x_2\end{cases}$$

式中:$k=2,\ 3,\ 4$;

x_i ——指标临界值;

u_{ij} ——指标值;

r_{ij}^s ——指标隶属度 ($s=1,\ 2,\ 3,\ 4,\ 5$)。

成本型指标隶属度:

$$r_{ij}^1=\begin{cases}1 & u_{ij}\leqslant x_5\\(x_4-u_{ij})/(x_4-x_5) & x_5<u_{ij}\leqslant x_4\end{cases}$$

$$r_{ij}^k=\begin{cases}(x_{6-k+1}-u_{ij})/(x_{6-k}-x_{6-k+1}) & x_{6-k}\leqslant u_{ij}\leqslant x_{6-k+1}\\(x_{6-k-1}-u_{ij})/(x_{6-k-1}-x_{6-k}) & x_{6-k-1}<u_{ij}\leqslant x_{6-k}\end{cases}$$

$$r_{ij}^5=\begin{cases}1 & u_{ij}\geqslant x_1\\(u_{ij}-x_2)/(x_1-x_2) & x_2\leqslant u_{ij}<x_1\end{cases}$$

式中:$k=2,\ 3,\ 4$;

x_i ——指标临界值;

u_{ij} ——指标值;

r_{ij}^s ——指标隶属度 ($s=1,\ 2,\ 3,\ 4,\ 5$)。

c. 定性指标隶属度的确定

对于定性指标,利用模糊集值统计法来确定其指标值。这里给出定性指标量化的计算方法,其计算步骤如下:

首先建立定性评价指标集：$U=\{u_1, u_2, \cdots, u_n\}$，其中 u_i 为各定性评价指标。

给出定性评价指标临界值标准 $\widetilde{\boldsymbol{B}}=(1, 0.8, 0.6, 0.4, 0.2)^{\mathrm{T}}$，然后建立指标评价的评语集 $V=\{$好,较好,一般,较差,差$\}$，评语集对应的模糊子集为 $E=\{E_1, E_2, E_3, E_4, E_5\}$。为了后面数据处理的方便性，在此有必要将上述指标数量化，即

$$V=\{好(1),较好(0.8),一般(0.6),较差(0.4),差(0.2)\}$$

让评价者(共 m 人)分别对所调查的问题发表看法并统计结果。应用专家调查法确定出评价指标集中第 i 个元素 u_i 对备择集中 j 个元素 V_j 的隶属度。具体确定方法如表10-4所示。

表10-4 定性评价指标隶属度的确定

评价指标(U)	评价等级(备选集)V					专家人数
	(0.8,1]	(0.6,0.8]	(0.4,0.6]	(0.2,0.4]	[0,0.2]	
u_1	m_{11}	m_{12}	m_{13}	m_{14}	m_{15}	m
u_2	m_{21}	m_{22}	m_{23}	m_{24}	m_{25}	
…	…	…	…	…	…	
u_n	m_{n1}	m_{n2}	m_{n3}	m_{n4}	m_{n5}	

其中 $\sum_{j=1}^{5} m_{ij}=m(i=1, 2, \cdots, n)$。

对以上矩阵 $\boldsymbol{M}=(m_{ij})$ 中的元素进行归一化处理：$r_{ij}=m_{ij}/m$，进而得到模糊隶属度矩阵 $\boldsymbol{R}$。$\boldsymbol{R}$ 的行向量即为本层各指标的隶属度值。

(2) 综合评价结果最大隶属度有效度检验

一般情况下，采用综合评价最终结果向量 $\widetilde{\boldsymbol{A}}$ 提供的信息，根据最大隶属度原则，对结果做出判断。但最大隶属度原则损失的信息太多，有效度不高，因此在运用此方法时，必须检验其有效度，检验公式为：

$$\alpha=\frac{n\beta-1}{2\gamma(n-1)}$$

式中：α ——最大隶属度；

β ——评语集中第一大分量比重；

γ ——评语集中第二大分量比重；

n ——评语个数。

当 $\alpha \geqslant 0.5$ 时，认为使用最大隶属度原则有效；当 $\alpha < 0.5$ 时，可采用加权平均判定被评对象的等级。

以等级 $\boldsymbol{a}=(a_1, a_2, \cdots, a_n)$ 作为变量，如 $\boldsymbol{a}=(1, 2, 3, 4, 5)$，以综合评价结果 $\boldsymbol{b}=(b_1, b_2, \cdots, b_n)$ $(0 \leqslant b_j \leqslant 1$，$n$ 为可能出现的评语个数) 作为权数，则被评价对象所隶属

的等级值为：

$$A=\frac{\sum_{j=1}^{n}a_jb_j}{\sum_{j=1}^{n}b_j}$$

10.6 工程绩效审计的其他方面

10.6.1 结合型绩效审计

1) 结合型绩效审计模式的提出

结合型绩效审计模式是国外早期绩效审计的重要方式。20 世纪 40 年代晚期，美国审计总署开始对政府法人实行“综合审计”，对公共基金使用的合理性、合法性、真实性和效率性进行检查。加拿大早期的绩效审计也是把传统的财务审计与绩效审计结合，既检查和评价被审计单位遵守法律法规及会计准则的情况，又检查和评价被审计单位的绩效情况。作为具有丰富绩效审计经验的国家——印度，财务审计仍作为基本审计大量存在，而且，它通常是与绩效审计结合进行的。这说明，世界各国开展绩效审计并非一开始就是“独立型”，而是由结合型绩效审计向独立型绩效审计转化的一个由量变到质变的实践积累过程。

另外，最高审计机关国际组织环境审计委员会于 2000 年所做的第三次环境审计问卷调查，将世界各国 1997 年到 1999 年提供的 560 份环境审计报告分为三类，第一类是合规审计；第二类是绩效审计；第三类是包含合规审计与绩效审计的结合型审计，结合型审计类型占所有类型的 30%。这也说明，一个审计项目可以兼顾财务审计和绩效审计的要求。

目前，世界各国绩效审计仍处于发展阶段。经济发达国家开展绩效审计虽已有半个多世纪的历史，但真正开展起来也就是 30 年左右的时间，并面临许多问题。2005 年 11 月 8 日，美国华盛顿州《政府部门绩效审计》法案方获通过，授予州审计师开展绩效审计的权力。在这之前，多年来，政治家一直阻止州审计师实施绩效审计。在澳大利亚，审计机关近年来的一些重要绩效审计报告，仍有部分审计建议没有被接受，而且遭到了被审计单位和政府的激烈反对。这说明，绩效审计在国外也处于发展阶段，面临着诸如权限之争、审计风险、社会认可等问题，这些对探索我国绩效审计模式有很好的借鉴意义。

我国选择结合型绩效审计模式是现实的需要。根据 2002 年以来我国各地绩效审计的实践，绩效审计项目无论是采取独立型，还是结合型，都是建立在真实合法审计基础上的。比如，2005 年深圳市审计局开展的深圳大学 2004 年度部门预算独立绩效审计项目，审计报告列示的六类主要问题，只有前两类问题属于绩效问题，其余四类问题都属于真实合法问题。我国的绩效审计环境，决定了绩效审计的审计目标不能把真实合法性排除在外，而应把它作为一个重要的基础。选择与财务审计相结合的绩效审计模式是我国绩效审计的现实选择：一是可以适应目前的外部环境；二是符合全面履行财务审计与绩效审计职责的需要；三是当前审计机关和审计人员的情况适合开展结合型绩效审计。

2) 结合型绩效审计特点

结合型绩效审计是建立在真实合法性审计基础之上的 3E 审计或 5E 审计,真实合法性应被纳入审计目标,这种模式既区别于独立型绩效审计模式,又与所谓的"财务审计的延伸"有本质区别,是我国绩效审计走向独立型绩效审计模式的基础。

3) 结合型绩效审计方式

建设项目绩效审计可以单独开展,也可以与对建设项目各阶段工作的合规审计、财务审计、造价审计等结合进行。开展结合型建设项目绩效审计的方式主要包括:

(1) 在项目决策审计中,要评价投资项目立项是否符合国家的方针政策和社会发展需求,是否存在后期投产即面临市场萎缩或关停并转等要求的风险。

(2) 在工程管理审计中,要评价项目各参建单位是否勤勉尽责,是否具备较高管理能力,是否提升了项目各项资源的运用效率,是否按期或提前完工。

(3) 在工程造价审计中,要评价项目投资是否控制在概算内,是否采取得力措施降低了工程造价,避免了投资浪费和损失。

(4) 在工程质量审计中,要评价项目建设质量是否合格,工作能力和寿命是否满足设计要求。

(5) 在工程竣工决算审计中,要结合工程验收工作,考核项目性能指标是否达到设计目标,运营效率是否达到预期,外部市场和资源条件是否符合预期。

(6) 在项目后评价中,要测算项目投资回收期、财务净现值、内部收益率、投资收益率等经济指标,评价项目投资的获利能力和偿债能力。

(7) 要对投资项目的社会效益、环境效益做出评价。分析投资项目建成投产后,对当地乃至周边地区的经济建设、社会发展、人民生活改善、劳动就业、节能降耗、资源利用、防灾减灾、环境保护、生态平衡等的影响。

(8) 要高度重视对项目未来若干年份的运营中经营现金流所做预测固有的不确定性和经营风险不可控给审计工作带来的风险。

(9) 要综合考虑建设过程中内外部环境因素变化情况,提出改进项目管理工作,提高建设项目综合绩效的意见或建议。

10.6.2 大数据背景下的工程绩效审计

近年来,随着我国经济的快速发展,我国基本建设项目投资规模也迅猛扩大,相关的审计需求也日益增加。2014 年 10 月,国务院印发的《关于加强审计工作的意见》中,明确了审计监督全覆盖的范围,要实现审钱、审人、审政策的全覆盖并指出"构建国家审计数据系统,探索在审计实践中运用大数据技术的途径";2015 年,《关于完善审计制度若干重大问题的框架意见》明确要求"构建大数据审计工作模式,提高审计能力、质量和效率,扩大审计监督的广度和深度"。2018 年 5 月,中央审计委员会第一次会议中,习近平总书记为当今审计改革指明了方向:加强全国审计工作统筹,优化审计资源配置,做到应审尽审、凡审必严、严肃问责,努力构建集中统一、全面覆盖、权威高效的审计监督体系,更好地发挥审计在党和国家监督体系中的重要作用。同时习近平总书记也给出了方法:坚持科技强审,加强信息化建设;审计就像体检,不仅要查病,更要治已病、防未病。胡泽君审计长也强调积极推进大数据审计,坚持科技强审,通过信息化、数字化,努力提高审计监督的质量和效益。

大数据作为新兴技术手段引发了新一轮的技术狂潮。它能够以非常经济的手段、更高的效率对海量信息进行分析以获取价值。在审计监督全覆盖背景下,政府绩效审计面临着审计内容增加、审计对象趋于复杂、审计信息处理烦琐、审计工作开展受限的困境,而大数据技术所具有的强大信息处理的特点,为提高政府绩效审计的有效性提供了强有力的技术支持。

1) 智能绩效审计运行机制

大数据对于绩效审计效率的提升并非只通过数据处理方法的高端、速度的快捷来体现,它是审计资料交互模式的转变,包含了审计参与角色的交互和审计数据的交互,通过多部门联合搭建审计数据云平台来实现审计资源整合、审计经验分享、绩效评价体系完善、绩效审计效率评估及审计目标长期追踪。

首先,要进一步加强对基层审计数据的收集,然后逐步建立跨生产行业、跨政府部门,还有跨年度的大数据审计方法框架,建立可以通用的信息查询模型,从而实现动态以及规范化的审计问题发现预警机制。

其次,要进一步提高数字化信息平台的实际效果,从而实现可以跨地区以及跨部门,甚至跨行业的大数据信息分析。而且运用大数据技术开展审计不仅能提高基层审计数据类型的丰富性,还有利于基层审计数据资源在各单位之间的共享以及通用。

因此,加快对审计数据资源的共享,然后对各级审计机构所掌握的数据资源,运用大数据技术进行系统的整合还有统一的管理,真正拓展大数据技术在基层审计机关的应用。

2) 智能绩效审计评价系统

一是基层审计机关要完善当前的审计岗位。要密切关注中央政府对于审计部门的改革要求与重点,时刻关注在经济发展以及社会运行过程中存在的问题,如在新旧系统之间如何做到顺畅连接;进一步完善漏洞,揭示在社会经济发展过程中存在的问题,并及时提出相关制度的合理化建议;对部门运转机制的完善提出具有建设性的意见以及建议,从而充分发挥审计力量助推宏观经济治理体系改革。

二是要强化基于绩效审计的工作理念。因为从传统的审计模式到基于大数据技术的绩效审计模式,要求我们从微观和宏观层面深入审视绩效审计工作。要注重对公共财政资金各部门分配的合理性以及有效性,要深入剖析被审计单位开展项目预算的"业务指标"工作流程,重点分析开展预算编制以及实际执行工作中的差异问题。

三是深化审计成果,提升监督治理效能。基层审计机关运用大数据技术,通过对海量的审计数据开展多维度、多层次的深入分析,可以发现在不同的单位中,审计数据中所包含的部门运转规律和发展特征,从而揭示某种基于社会现象的运行规律;通过挖掘有价值的审计线索,重点突出审计工作在加强基层单位反腐败风险防控、规范权力监督效能中的价值作用,进一步提升基层审计机关的审计效率。

3) 加强大数据绩效审计综合人才培养

绩效审计较为复杂,要求专业性的同时,也要求审计人员具备综合性知识。针对审计监督全覆盖背景下绩效审计人员数量不足以及知识结构单一化问题,首先,基层审计机关要组织学习相关专业学科的知识内容,从而使基层审计人员吸纳掌握计算机技术、云计算技术、大数据技术,适当调整审计队伍结构,加强审计人员的互补性;其次,针对大数据技术开展专门培训,建设大数据学习平台,落实人才的培养机制,让审计人员熟悉运用大数据的审计工作方法，通过不断学习新的业务知识，从而真正提高基于大数据审计的工作效率；最后，提高审计人员的信息处理能力，审计人员可以根据不同业务性质做出不同的判断。

4）大数据安全规范与标准

审计监督全覆盖背景下，绩效审计数据量增加，海量数据的安全性难以保障。审计数据标准与安全规范可参照全国信息技术标准化技术委员会大数据标准工作组提出的《信息技术　大数据　术语》和《信息技术　大数据　技术参考模型》等基础性标准以及中国电子技术标准化研究院、全国信息技术标准化技术委员会大数据标准工作组2018年3月发布的《大数据标准化白皮书(2018版)》。首先，应当建立大数据标准体系，集中力量解决数据规范和安全问题；其次，要注意审计大数据采集的合理尺度，同时制定大数据安全规范标准，构建审计数据架构；最后，针对数据安全性，出台数据安全相关法规制度，防止国家机密审计数据外泄。

参考文献

[1] 赵庆华. 工程审计[M]. 2 版. 南京：东南大学出版社，2015.
[2] 高雅青，李三喜. 工程项目全过程审计实务案例分析[M]. 北京：中国时代经济出版社，2017.
[3] 高雅青，李三喜. 工程项目审计经典案例精选[M]. 北京：中国时代经济出版社，2017.
[4] 中天恒建设项目审计编写组. 建设项目审计操作案例分析[M]. 北京：中国市场出版社，2015.
[5] 时现. 建设项目审计[M]. 北京：中国时代经济出版社，2015.
[6] 杨明亮. 建设工程项目全过程审计案例[M]. 修订版. 北京：中国时代经济出版社，2016.
[7] 樊金枝，杨淑芝. 工程审计实务[M]. 北京：中国电力出版社，2015.
[8] 曲炜. 我国政府投资项目审计监督法律问题研究[D]. 北京：中国政法大学，2007.
[9] 高志明. 论国家建设项目审计决定与承包合同的法律效力及其协调[J]. 审计月刊，2005(8)：14-17.
[10] 冯均科. 基于过程控制的公共投资项目绩效审计评价制度建设与指标设计研究[M]. 北京：经济科学出版社，2014.
[11] 韦梅东. 审计方法在固定资产投资项目审计中的应用研究[D]. 南宁：广西大学，2008.
[12] 马志永. 天津开发区建设项目审计管理研究[D]. 天津：天津大学，2006.
[13] 卫益. 基于证据推理的大型工程前期决策审计研究[D]. 南京：南京大学，2012.
[14] 高雅青，李玲，时现. 基本建设项目审计案例分析[M]. 3 版. 北京：中国时代经济出版社，2008.
[15] 李三喜，李玲. 建设项目审计精要与案例分析[M]. 北京：中国市场出版社，2006.
[16] 王翔. 我国环境审计存在的问题及对策探析[D]. 南昌：江西财经大学，2014.
[17] 苑志钢. 公共投资项目绩效审计之研究[D]. 开封：河南大学，2008.
[18] 陈冠蕾. 建设项目投资绩效审计研究[D]. 长沙：中南大学，2006.
[19] 吕耀俊. 建设项目绩效审计的理论和实务研究[D]. 上海：华东师范大学，2005.
[20] 陈华. 中国政府外债项目效益审计评价[D]. 上海：同济大学，2006.
[21] 陆小建. 高速公路可持续发展后评价指标体系及方法研究[D]. 成都：西南交通大学，2007.
[22] 徐科. 交通基础设施项目后评价研究[D]. 重庆：重庆大学，2007.
[23] 凌云鹏. 海勃湾电厂三期工程项目经济效益后评价研究[D]. 保定：华北电力大学，2007.
[24] 刘新民. 政府公共工程绩效审计研究[D]. 北京：首都经济贸易大学，2005.
[25] 王春飞. 政府投资项目绩效的审计研究：以青岛市为例[D]. 青岛：中国海洋大学，2008.
[26] 周文东. 工程项目管理审计的研究与实证分析[D]. 杭州：浙江大学，2005.
[27] 中国内部审计协会. 第 3201 号内部审计实务指南：建设项目审计[EB/OL].(2021-07-05)[2024-06-19]. https://www.ciia.com.cn/ueditor/jsp/upload/file/20210705/1625452655415095135.pdf.
[28] 赵庆华，余璠璟，邵荣庆. 工程审计[M]. 北京：机械工业出版社，2020.
[29] 许长青，李芸. 工程质量审计的主要关注点：以某大型公共工程项目为例[J]. 审计月刊，2011(4)：31-33.
[30] 赵庆华，裴昭辉，金蕾. 基于区块链技术的工程项目全过程审计作业模式研究[J]. 财会通讯，2022(19):1396-140,166.